경찰공무원의 필수 바이블

맞춤형 경찰관 법규편람

편저 : 박태곤

법문 북스

✻ 머리말

경찰관이 일선에서 법을 집행함에 있어 경찰장구 못지않게 중요하며 필요로 하는 것이 있다면 두말할 것 없이 맞춤형 경찰법전일 것이다.

수험 준비를 하고 있는 경찰 수험생들 또한 항상 가까이 두고 활용할 수 있는 소법전이야말로 필기도구처럼 꼭 필요한 것으로 누구나 한 권쯤은 소유하고 싶은 지침서이다.

이런 경찰관들의 욕구 충족을 위해 오랜 경찰 경험을 바탕으로 맞춤형 경찰관 법규편람을 출간하기에 이르렀다.

『맞춤형 경찰관 법규편람』의 특징은 다음과 같다.

첫째, 2018년 3월 1일 기준으로 경찰상용 필수 32개 법령을 엄선하여 경찰업무 관련 법조문과 벌칙(과태료 포함)을 위주로 정리하였다.

둘째, 일반 법전의 경우 본법과 시행령(대통령령), 시행규칙(부령)이 별도 정리되어 있어 찾아보는 데 어려움이 있으나 본 법전은 중요 시행령과 시행규칙을 해당 법조문 바로 밑에 박스로 정리하여 업무활용의 효율성을 높였다.

셋째, 형법과 특별법의 죄명표를 부록으로 정리하여 죄명표기방법에 도움이 되도록 하였다.

아무쪼록 본 『맞춤형 경찰관 법규편람』이 수험생은 물론 일선 경찰관들이 법을 집행함에 있어 많은 도움이 되고 활용되기를 바란다.

이 법규편람이 출판되도록 도와주신 법문북스 김현호 사장님과 임직원들에게 지면을 통해 감사의 말씀을 전한다.

2018년 3월 저자 朴 泰 坤

공소시효의 계산법

(형사소송법 제249조)

구 분	2007. 12. 20. 까지	2007. 12. 21. 부터
사 형	15	25
무 기	10	15
장기10년 이상의 징역금고	7	10
장기10년 미만의 징역금고	5	7
장기5년 미만의 징역금고, 장기10년 이상의 자격정지, 1만원 이상 벌금	3	
장기5년 미만의 징역금고, 장기10년 이상의 자격정지, 벌금		5
장기5년 이상의 자격정지	2	3
장기5년 미만의 자격정지, 구류, 과료, 몰수, 1만원 미만 벌금	1	
장기5년 미만의 자격정지, 구류, 과료, 몰수		1
사람을 살해한 범죄(종범 제외)로 사형에 해당하는 범죄	공소시효의 적용 배제	

◆ 개정법(2007.12.21.) 시행 전 범한 죄에 대하여는 종전의 규정 적용
◆ 사건접수일 기준이 아니고 범죄발생일 기준

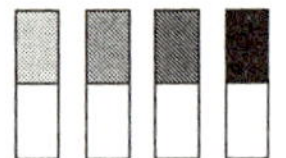 Contents 

가정폭력범죄의 처벌 등에 관한 특례법

[시행 2017.10.31.]

제1장 총 칙

제1조(목적) 이 법은 가정폭력범죄의 형사처벌 절차에 관한 특례를 정하고 가정폭력범죄를 범한 사람에 대하여 환경의 조정과 성행(性行)의 교정을 위한 보호처분을 함으로써 가정폭력범죄로 파괴된 가정의 평화와 안정을 회복하고 건강한 가정을 가꾸며 피해자와 가족구성원의 인권을 보호함을 목적으로 한다.

제2조(정의) 이 법에서 사용하는 용어의 뜻은 다음과 같다.

1. "가정폭력"이란 가정구성원 사이의 신체적, 정신적 또는 재산상 피해를 수반하는 행위를 말한다.

2. "가정구성원"이란 다음 각 목의 어느 하나에 해당하는 사람을 말한다.

   가. 배우자(사실상 혼인관계에 있는 사람을 포함한다. 이하 같다) 또는 배우자였던 사람

   나. 자기 또는 배우자와 직계존비속관계(사실상의 양친자관계를 포함한다. 이하 같다)에 있거나 있었던 사람

   다. 계부모와 자녀의 관계 또는 적모(嫡母)와 서자(庶子)의 관계에 있거나 있었던 사람

   라. 동거하는 친족

3. "가정폭력범죄"란 가정폭력으로서 다음 각 목의 어느 하나에 해당하는 죄를 말한다.

   가. 「형법」 제2편제25장 상해와 폭행의 죄 중 제257조(상해, 존속상해), 제258조(중상해, 존속중상해), 제258조의2(특수상해), 제260조(폭행, 존속폭행) 제1항·제2항, 제261조(특수폭행) 및 제264조(상습범)의 죄

   나. 「형법」 제2편제28장 유기와 학대의 죄 중 제271조(유기, 존속유기) 제1항·제2항, 제272조(영아유기), 제273조(학대, 존속학대) 및 제274조(아동혹사)의 죄

   다. 「형법」 제2편제29장 체포와 감금의 죄 중 제276조(체포, 감금, 존속체포, 존속감금), 제277조(중체포, 중감금, 존속중체포, 존속중감금), 제278조(특수체포, 특수감금), 제279조(상습범) 및 제280조(미수범)의 죄

   라. 「형법」 제2편제30장 협박의 죄 중 제283조(협박, 존속협박) 제1항·제2항, 제284조(특수협박), 제285조(상습범)(제283조의 죄에만 해당한다) 및 제286조(미수범)의 죄

   마. 「형법」 제2편제32장 강간과 추행의 죄 중 제297조(강간), 제297조의2(유사강간), 제298조(강제추행), 제299조(준강간, 준강제추행), 제300조(미수범), 제301조(강간등 상해·치상), 제301조의2(강간등 살인·치사), 제302조(미성년자등에 대한 간음), 제305조(미성년자에 대한 간음, 추행), 제305조의2(상습범)(제297조, 제297조의2, 제298조부터 제300조까지의 죄에 한한다)의 죄

   바. 「형법」 제2편제33장 명예에 관한 죄 중 제307조(명예훼손), 제308조(사자의 명예훼손), 제309조(출판물등에 의한 명예훼손) 및 제311조(모욕)의 죄

   사. 「형법」 제2편제36장 주거침입의 죄 중 제321조(주거·신체 수색)의 죄

   아. 「형법」 제2편제37장 권리행사를 방해하는 죄 중 제324조(강요) 및 제324조의5(미수범)(제324조의 죄에만 해당한다)의 죄

   자. 「형법」 제2편 제39장 사기와 공갈의 죄

중 제350조(공갈), 제350조의2(특수공갈) 및 제352조(미수범)(제350조, 제350조의2의 죄에만 해당한다)의 죄

차. 「형법」제2편제42장 손괴의 죄 중 제366조(재물손괴등)의 죄

카. 가목부터 차목까지의 죄로서 다른 법률에 따라 가중처벌되는 죄

4. "가정폭력행위자"란 가정폭력범죄를 범한 사람 및 가정구성원인 공범을 말한다.

5. "피해자"란 가정폭력범죄로 인하여 직접적으로 피해를 입은 사람을 말한다.

6. "가정보호사건"이란 가정폭력범죄로 인하여 이 법에 따른 보호처분의 대상이 되는 사건을 말한다.

7. "보호처분"이란 법원이 가정보호사건에 대하여 심리를 거쳐 가정폭력행위자에게 하는 제40조에 따른 처분을 말한다.

7의2. "피해자보호명령사건"이란 가정폭력범죄로 인하여 제55조의2에 따른 피해자보호명령의 대상이 되는 사건을 말한다.

8. "아동"이란 「아동복지법」 제3조제1호에 따른 아동을 말한다.

제3조(다른 법률과의 관계) 가정폭력범죄에 대하여는 이 법을 우선 적용한다. 다만, 아동학대범죄에 대하여는 「아동학대범죄의 처벌 등에 관한 특례법」을 우선 적용한다.

제2장 가정보호사건

제4조(신고의무 등) ① 누구든지 가정폭력범죄를 알게 된 경우에는 수사기관에 신고할 수 있다.
② 다음 각 호의 어느 하나에 해당하는 사람이 직무를 수행하면서 가정폭력범죄를 알게 된 경우에는 정당한 사유가 없으면 즉시 수사기관에 신고하여야 한다.

1. 아동의 교육과 보호를 담당하는 기관의 종사자와 그 기관장

2. 아동, 60세 이상의 노인, 그 밖에 정상적인 판단 능력이 결여된 사람의 치료 등을 담당하는 의료인 및 의료기관의 장

3. 「노인복지법」에 따른 노인복지시설, 「아동복지법」에 따른 아동복지시설, 「장애인복지법」에 따른 장애인복지시설의 종사자와 그 기관장

4. 「다문화가족지원법」에 따른 다문화가족지원센터의 전문인력과 그 장

5. 「결혼중개업의 관리에 관한 법률」에 따른 국제결혼중개업자와 그 종사자

6. 「소방기본법」에 따른 구조대·구급대의 대원

7. 「사회복지사업법」에 따른 사회복지 전담공무원

8. 「건강가정기본법」에 따른 건강가정지원센터의 종사자와 그 센터의 장

③ 「아동복지법」에 따른 아동상담소, 「가정폭력방지 및 피해자보호 등에 관한 법률」에 따른 가정폭력 관련 상담소 및 보호시설, 「성폭력방지 및 피해자보호 등에 관한 법률」에 따른 성폭력피해상담소 및 보호시설(이하 "상담소등"이라 한다)에 근무하는 상담원과 그 기관장은 피해자 또는 피해자의 법정대리인 등과의 상담을 통하여 가정폭력범죄를 알게 된 경우에는 가정폭력피해자의 명시적인 반대의견이 없으면 즉시 신고하여야 한다. <개정 2017.10.31.>

④ 누구든지 제1항부터 제3항까지의 규정에 따라 가정폭력범죄를 신고한 사람(이하 "신고자"라 한다)에게 그 신고행위를 이유로 불이익을 주어서는 아니 된다.

제5조(가정폭력범죄에 대한 응급조치) 진행 중인 가정폭력범죄에 대하여 신고를 받은 사법경찰관리는 즉시 현장에 나가서 다음 각 호의 조치를 하여야 한다.

1. 폭력행위의 제지, 가정폭력행위자·피해자의 분리 및 범죄수사

2. 피해자를 가정폭력 관련 상담소 또는 보호시설로 인도(피해자가 동의한 경우만 해당한다)

3. 긴급치료가 필요한 피해자를 의료기관으로 인도

4. 폭력행위 재발 시 제8조에 따라 임시

조치를 신청할 수 있음을 통보

제6조(고소에 관한 특례) ① 피해자 또는 그 법정대리인은 가정폭력행위자를 고소할 수 있다. 피해자의 법정대리인이 가정폭력행위자인 경우 또는 가정폭력행위자와 공동으로 가정폭력범죄를 범한 경우에는 피해자의 친족이 고소할 수 있다.

② 피해자는 「형사소송법」 제224조에도 불구하고 가정폭력행위자가 자기 또는 배우자의 직계존속인 경우에도 고소할 수 있다. 법정대리인이 고소하는 경우에도 또한 같다.

③ 피해자에게 고소할 법정대리인이나 친족이 없는 경우에 이해관계인이 신청하면 검사는 10일 이내에 고소할 수 있는 사람을 지정하여야 한다.

제7조(사법경찰관의 사건 송치) 사법경찰관은 가정폭력범죄를 신속히 수사하여 사건을 검사에게 송치하여야 한다. 이 경우 사법경찰관은 해당 사건을 가정보호사건으로 처리하는 것이 적절한지에 관한 의견을 제시할 수 있다.

제8조(임시조치의 청구 등) ① 검사는 가정폭력범죄가 재발될 우려가 있다고 인정하는 경우에는 직권으로 또는 사법경찰관의 신청에 의하여 법원에 제29조제1항제1호·제2호 또는 제3호의 임시조치를 청구할 수 있다.

② 검사는 가정폭력행위자가 제1항의 청구에 의하여 결정된 임시조치를 위반하여 가정폭력범죄가 재발될 우려가 있다고 인정하는 경우에는 직권으로 또는 사법경찰관의 신청에 의하여 법원에 제29조제1항제5호의 임시조치를 청구할 수 있다.

③ 제1항 및 제2항의 경우 피해자 또는 그 법정대리인은 검사 또는 사법경찰관에게 제1항 및 제2항에 따른 임시조치의 청구 또는 그 신청을 요청하거나 이에 관하여 의견을 진술할 수 있다.

④ 제3항에 따른 요청을 받은 사법경찰관은 제1항 및 제2항에 따른 임시조치를 신청하지 아니하는 경우에는 검사에게 그 사유를 보고하여야 한다.

※ **가정보호심판규칙**

제10조(임시조치의 청구) ① 법 제8조의 규정에 의한 임시조치의 청구는 서면으로 하되 그 청구서에는 범죄사실의 요지 및 제29조제1항제1호, 제2호 또는 제4호의 임시조치를 필요로 하는 사유를 기재하고 이를 소명하여야 한다.

② 제1항의 청구를 받은 판사는 신속히 임시조치의 여부를 결정하여야 하고, 임시조치의 사유를 판단하기 위하여 필요하다고 인정하는 때에는 행위자·피해자·가정구성원 기타 참고인을 소환하거나 동행영장을 발부하여 필요한 사항을 조사·심리할 수 있다.

③ 제1항의 청구를 받은 판사가 임시조치결정 또는 임시조치청구를 기각하는 결정을 한 때에는 결정서 등본을 검사에게 송달하고, 검사 또는 사법경찰관은 이를 수사기록에 편철하여야 한다.

④ 법원은 제1항의 청구에 의하여 임시조치를 결정할 때에는 검사·행위자·피해자에게 결정을 통지하여야 한다.

⑤ 검사가 사건을 가정보호사건으로 송치하는 때에는 이미 행하여진 임시조치는 그 효력을 잃지 않는다.

⑥ 검사가 사건을 기소, 불기소 또는 소년부에 송치하는 때에는 이미 행하여진 임시조치는 그 효력을 잃는다. 이 경우 검사는 그 취지를 행위자 및 피해자에게 통지하여야 한다.

제8조의2(긴급임시조치) ① 사법경찰관은 제5조에 따른 응급조치에도 불구하고 가정폭력범죄가 재발될 우려가 있고, 긴급을 요하여 법원의 임시조치 결정을 받을 수 없을 때에는 직권 또는 피해자나 그 법정대리인의 신청에 의하여 제29조제1항제1호부터 제3호까지의 어느 하나에 해당하는 조치(이하 "긴급임시조치"라 한다)를 할 수 있다.

② 사법경찰관은 제1항에 따라 긴급임시

조치를 한 경우에는 즉시 긴급임시조치결
정서를 작성하여야 한다.
③ 제2항에 따른 긴급임시조치결정서에는
범죄사실의 요지, 긴급임시조치가 필요한
사유 등을 기재하여야 한다.

제8조의3(긴급임시조치와 임시조치의 청구)
① 사법경찰관이 제8조의2제1항에 따라 긴
급임시조치를 한 때에는 지체 없이 검사에
게 제8조에 따른 임시조치를 신청하고, 신
청받은 검사는 법원에 임시조치를 청구하
여야 한다. 이 경우 임시조치의 청구는 긴
급임시조치를 한 때부터 48시간 이내에
청구하여야 하며, 제8조의2제2항에 따른
긴급임시조치결정서를 첨부하여야 한다.
② 제1항에 따라 임시조치를 청구하지 아니하
거나 법원이 임시조치의 결정을 하지 아니한
때에는 즉시 긴급임시조치를 취소하여야 한다.

제9조(가정보호사건의 처리) ① 검사는 가
정폭력범죄로서 사건의 성질·동기 및 결
과, 가정폭력행위자의 성행 등을 고려하
여 이 법에 따른 보호처분을 하는 것이
적절하다고 인정하는 경우에는 가정보호
사건으로 처리할 수 있다. 이 경우 검사
는 피해자의 의사를 존중하여야 한다.
② 다음 각 호의 경우에는 제1항을 적용
할 수 있다.
1. 피해자의 고소가 있어야 공소를 제기할
   수 있는 가정폭력범죄에서 고소가 없거
   나 취소된 경우
2. 피해자의 명시적인 의사에 반하여 공소
   를 제기할 수 없는 가정폭력범죄에서
   피해자가 처벌을 희망하지 아니한다는
   명시적 의사표시를 하였거나 처벌을 희
   망하는 의사표시를 철회한 경우

제18조(비밀엄수 등의 의무) ① 가정폭력
범죄의 수사 또는 가정보호사건의 조사·
심리 및 그 집행을 담당하거나 이에 관여
하는 공무원, 보조인, 상담소등에 근무하
는 상담원과 그 기관장 및 제4조제2항제

1호에 규정된 사람(그 직에 있었던 사람
을 포함한다)은 그 직무상 알게 된 비밀
을 누설하여서는 아니 된다.
② 이 법에 따른 가정보호사건에 대하여
는 가정폭력행위자, 피해자, 고소인, 고발
인 또는 신고인의 주소, 성명, 나이, 직업,
용모, 그 밖에 이들을 특정하여 파악할
수 있는 인적 사항이나 사진 등을 신문
등 출판물에 싣거나 방송매체를 통하여
방송할 수 없다.
③ 피해자가 보호하고 있는 아동이나 피해
자인 아동의 교육 또는 보육을 담당하는
학교의 교직원 또는 보육교직원은 정당한
사유가 없으면 해당 아동의 취학, 진학,
전학 또는 입소(그 변경을 포함한다)의 사
실을 가정폭력행위자인 친권자를 포함하여
누구에게든지 누설하여서는 아니 된다.

제18조의2(형사소송법의 준용) 이 장에서
따로 정하지 아니한 사항에 대하여는 가
정보호사건의 성질에 위배되지 아니하는
범위에서 「형사소송법」을 준용한다.

제28조(보조인) ① 가정폭력행위자는 자신
의 가정보호사건에 대하여 보조인을 선임
(選任)할 수 있다.
② 변호사, 가정폭력행위자의 법정대리인·
배우자·직계친족·형제자매, 상담소등의
상담원과 그 기관장은 보조인이 될 수 있
다. 다만, 변호사가 아닌 사람을 보조인으
로 선임하려면 법원의 허가를 받아야 한다.
③ 제2항에 따라 선임된 변호사가 아닌
보조인은 금품, 향응, 그 밖의 이익을 받
거나 받을 것을 약속하거나 제3자에게 이
를 제공하게 하거나 제공하게 할 것을 약
속하여서는 아니 된다.
④ 법원은 가정폭력행위자가 「형사소송법」
제33조제1항 각 호의 어느 하나에 해당하
는 경우에는 직권으로 변호사를 가정폭력행
위자의 보조인으로 선임할 수 있다.
⑤ 제4항에 따라 선임된 보조인에게 지급

하는 비용에 대하여는 「형사소송비용 등에 관한 법률」을 준용한다.

제29조(임시조치) ① 판사는 가정보호사건의 원활한 조사·심리 또는 피해자 보호를 위하여 필요하다고 인정하는 경우에는 결정으로 가정폭력행위자에게 다음 각 호의 어느 하나에 해당하는 임시조치를 할 수 있다.

1. 피해자 또는 가정구성원의 주거 또는 점유하는 방실(房室)로부터의 퇴거 등 격리
2. 피해자 또는 가정구성원의 주거, 직장 등에서 100미터 이내의 접근 금지
3. 피해자 또는 가정구성원에 대한 「전기통신기본법」 제2조제1호의 전기통신을 이용한 접근 금지
4. 의료기관이나 그 밖의 요양소에의 위탁
5. 국가경찰관서의 유치장 또는 구치소에의 유치

② 동행영장에 의하여 동행한 가정폭력행위자 또는 제13조에 따라 인도된 가정폭력행위자에 대하여는 가정폭력행위자가 법원에 인치된 때부터 24시간 이내에 제1항의 조치 여부를 결정하여야 한다.

③ 법원은 제1항에 따른 조치를 결정한 경우에는 검사와 피해자에게 통지하여야 한다.

④ 법원은 제1항제4호 또는 제5호의 조치를 한 경우에는 그 사실을 가정폭력행위자의 보조인이 있는 경우에는 보조인에게, 보조인이 없는 경우에는 법정대리인 또는 가정폭력행위자가 지정한 사람에게 통지하여야 한다. 이 경우 제1항제5호의 조치를 하였을 때에는 가정폭력행위자에게 변호사 등 보조인을 선임할 수 있으며 제49조제1항의 항고를 제기할 수 있음을 고지하여야 한다.

⑤ 제1항제1호부터 제3호까지의 임시조치기간은 2개월, 같은 항 제4호 및 제5호의 임시조치기간은 1개월을 초과할 수 없다. 다만, 피해자의 보호를 위하여 그 기간을 연장할 필요가 있다고 인정하는 경우에는 결정으로 제1항제1호부터 제3호까지의 임시조치는 두 차례만, 같은 항 제4호 및 제5호의 임시조치는 한 차례만 각 기간의 범위에서 연장할 수 있다.

⑥ 제1항제4호의 위탁을 하는 경우에는 의료기관 등의 장에게 가정폭력행위자를 보호하는 데에 필요한 사항을 부과할 수 있다.

⑦ 민간이 운영하는 의료기관 등에 위탁하려는 경우에는 제6항에 따라 부과할 사항을 그 의료기관 등의 장에게 미리 고지하고 동의를 받아야 한다.

⑧ 판사는 제1항 각 호에 규정된 임시조치의 결정을 한 경우에는 가정보호사건조사관, 법원공무원, 사법경찰관리 또는 구치소 소속 교정직공무원으로 하여금 집행하게 할 수 있다.

⑨ 가정폭력행위자, 그 법정대리인이나 보조인은 제1항에 따른 임시조치 결정의 취소 또는 그 종류의 변경을 신청할 수 있다.

⑩ 판사는 직권으로 또는 제9항에 따른 신청에 정당한 이유가 있다고 인정하는 경우에는 결정으로 해당 임시조치를 취소하거나 그 종류를 변경할 수 있다.

제29조의2(임시조치의 집행 등) ① 제29조제8항에 따라 임시조치 결정을 집행하는 사람은 가정폭력행위자에게 임시조치의 내용, 불복방법 등을 고지하여야 한다.

② 피해자 또는 가정구성원은 제29조제1항제1호 및 제2호의 임시조치 후 주거나 직장 등을 옮긴 경우에는 관할 법원에 임시조치 결정의 변경을 신청할 수 있다.

제33조(피해자의 진술권 등) ① 법원은 피해자가 신청하는 경우에는 그 피해자를 증인으로 신문하여야 한다. 다만, 다음 각 호의 어느 하나에 해당하는 경우에는 그러하지 아니하다.

1. 신청인이 이미 심리 절차에서 충분히 진술하여 다시 진술할 필요가 없다고 인정되는 경우
2. 신청인의 진술로 인하여 심리 절차가 현저하게 지연될 우려가 있는 경우

② 법원은 제1항에 따라 피해자를 신문하

는 경우에는 해당 가정보호사건에 관한 의견을 진술할 기회를 주어야 한다.

③ 법원은 심리를 할 때에 필요하다고 인정하는 경우에는 피해자 또는 가정보호사건조사관에게 의견 진술 또는 자료 제출을 요구할 수 있다. 이 경우 판사는 공정한 의견 진술 등을 위하여 필요하다고 인정할 때에는 가정폭력행위자의 퇴장을 명할 수 있다.

④ 제1항부터 제3항까지의 경우 피해자는 변호사, 법정대리인, 배우자, 직계친족, 형제자매, 상담소등의 상담원 또는 그 기관장으로 하여금 대리하여 의견을 진술하게 할 수 있다.

⑤ 제1항에 따른 신청인이 소환을 받고도 정당한 이유 없이 출석하지 아니한 경우에는 그 신청을 철회한 것으로 본다.

제35조(검증, 압수 및 수색) ① 법원은 검증, 압수 및 수색을 할 수 있다.

② 제1항의 경우에는 가정보호사건의 성질에 위배되지 아니하는 범위에서 「형사소송법」 중 법원의 검증, 압수 및 수색에 관한 규정을 준용한다.

제36조(협조와 원조) ① 법원은 가정보호사건의 조사·심리에 필요한 경우 관계 행정기관, 상담소등 또는 의료기관, 그 밖의 단체에 협조와 원조를 요청할 수 있다.

② 제1항의 요청을 받은 관계 행정기관, 상담소등 또는 의료기관, 그 밖의 단체가 그 요청을 거부할 때에는 정당한 이유를 제시하여야 한다.

제40조(보호처분의 결정 등) ① 판사는 심리의 결과 보호처분이 필요하다고 인정하는 경우에는 결정으로 다음 각 호의 어느 하나에 해당하는 처분을 할 수 있다.

1. 가정폭력행위자가 피해자 또는 가정구성원에게 접근하는 행위의 제한
2. 가정폭력행위자가 피해자 또는 가정구성원에게 「전기통신기본법」 제2조제1호의 전기통신을 이용하여 접근하는 행위의 제한

3. 가정폭력행위자가 친권자인 경우 피해자에 대한 친권 행사의 제한
4. 「보호관찰 등에 관한 법률」에 따른 사회봉사·수강명령
5. 「보호관찰 등에 관한 법률」에 따른 보호관찰
6. 「가정폭력방지 및 피해자보호 등에 관한 법률」에서 정하는 보호시설에의 감호위탁
7. 의료기관에의 치료위탁
8. 상담소등에의 상담위탁

② 제1항 각 호의 처분은 병과(併科)할 수 있다.

③ 제1항제3호의 처분을 하는 경우에는 피해자를 다른 친권자나 친족 또는 적당한 시설로 인도할 수 있다.

④ 법원은 보호처분의 결정을 한 경우에는 지체 없이 그 사실을 검사, 가정폭력행위자, 피해자, 보호관찰관 및 보호처분을 위탁받아 하는 보호시설, 의료기관 또는 상담소등(이하 "수탁기관"이라 한다)의 장에게 통지하여야 한다. 다만, 수탁기관이 민간에 의하여 운영되는 기관인 경우에는 그 기관의 장으로부터 수탁에 대한 동의를 받아야 한다.

⑤ 제1항제4호부터 제8호까지의 처분을 한 경우에는 가정폭력행위자의 교정에 필요한 참고자료를 보호관찰관 또는 수탁기관의 장에게 보내야 한다.

⑥ 제1항제6호의 감호위탁기관은 가정폭력행위자에 대하여 그 성행을 교정하기 위한 교육을 하여야 한다.

제41조(보호처분의 기간) 제40조제1항제1호부터 제3호까지 및 제5호부터 제8호까지의 보호처분의 기간은 6개월을 초과할 수 없으며, 같은 항 제4호의 사회봉사·수강명령의 시간은 200시간을 각각 초과할 수 없다.

제42조(몰수) 판사는 보호처분을 하는 경우에 결정으로 가정폭력범죄에 제공하거나 제공하려고 한 물건으로서 가정폭력행위자 외의 자의 소유에 속하지 아니하는 물건을 몰수할 수 있다.

제55조의2(피해자보호명령 등) ① 판사는 피해자의 보호를 위하여 필요하다고 인정하는 때에는 피해자 또는 그 법정대리인의 청구에 따라 결정으로 가정폭력행위자에게 다음 각 호의 어느 하나에 해당하는 피해자보호명령을 할 수 있다.

1. 피해자 또는 가정구성원의 주거 또는 점유하는 방실로부터의 퇴거 등 격리
2. 피해자 또는 가정구성원의 주거, 직장 등에서 100미터 이내의 접근금지
3. 피해자 또는 가정구성원에 대한 「전기통신사업법」 제2조제1호의 전기통신을 이용한 접근금지
4. 친권자인 가정폭력행위자의 피해자에 대한 친권행사의 제한

② 제1항 각 호의 피해자보호명령은 이를 병과할 수 있다.

③ 피해자 또는 그 법정대리인은 제1항에 따른 피해자보호명령의 취소 또는 그 종류의 변경을 신청할 수 있다.

④ 판사는 직권 또는 제3항에 따른 신청에 상당한 이유가 있다고 인정하는 때에는 결정으로 해당 피해자보호명령을 취소하거나 그 종류를 변경할 수 있다.

⑤ 법원은 피해자의 보호를 위하여 필요하다고 인정하는 경우에는 피해자 또는 그 법정대리인의 청구 또는 직권으로 일정 기간 동안 검사에게 피해자에 대하여 다음 각 호의 어느 하나에 해당하는 신변안전조치를 하도록 요청할 수 있다. 이 경우 검사는 피해자의 주거지 또는 현재지를 관할하는 경찰서장에게 신변안전조치를 하도록 요청할 수 있으며, 해당 경찰서장은 특별한 사유가 없으면 이에 따라야 한다.

1. 가정폭력행위자를 상대방 당사자로 하는 가정보호사건, 피해자보호명령사건 및 그 밖의 가사소송절차에 참석하기 위하여 법원에 출석하는 피해자에 대한 신변안전조치
2. 자녀에 대한 면접교섭권을 행사하는 피해자에 대한 신변안전조치
3. 그 밖에 피해자의 신변안전을 위하여 대통령령으로 정하는 조치

제2조(신변안전조치의 청구 등) ① 「가정폭력범죄의 처벌 등에 관한 특례법」(이하 "법"이라 한다) 제55조의2제5항에 따른 신변안전조치의 청구 및 요청은 각각 별지 제1호서식의 신변안전조치 청구서 및 별지 제2호서식의 신변안전조치 요청서로 하여야 한다. 다만, 긴급한 경우에는 구두로 또는 전화 등으로 할 수 있으며, 사후에 지체 없이 관련 서면을 제출하거나 송부하여야 한다.

② 제1항에 따른 신변안전조치를 청구하거나 요청할 때에는 신변안전조치가 필요한 사유, 신변안전조치의 종류 및 기간을 구체적으로 기재하여야 하며, 그 내용을 입증할 수 있는 자료 등을 첨부할 수 있다.

제3조(신변안전조치의 종류) 법 제55조의2제5항제3호에서 "그 밖에 피해자의 신변안전을 위하여 대통령령으로 정하는 조치"란 다음 각 호의 조치를 말한다.

1. 피해자를 보호시설이나 치료시설 등으로 인도
2. 참고인 또는 증인 등으로 법원 출석·귀가 시 또는 면접교섭권 행사 시 동행
3. 다음 각 목의 조치 등 피해자의 주거에 대한 보호
  가. 피해자의 주거에 대한 주기적 순찰
  나. 폐쇄회로 텔레비전의 설치
4. 그 밖에 피해자의 신변안전에 필요하다고 인정되는 조치

⑥ 제5항에 따른 신변안전조치의 집행방법, 기간, 절차, 그 밖에 필요한 사항은 대통령령으로 정한다.

제55조의3(피해자보호명령의 기간) ① 제55조의2제1항 각 호의 피해자보호명령의 기간은 6개월을 초과할 수 없다. 다만, 피해자의 보호를 위하여 그 기간의 연장이 필요하다고 인정하는 경우에는 직권이나 피해자 또는 그 법정대리인의 청구에 따른 결정으로 2개월 단위로 연장할 수 있다.

② 제1항 및 제55조의2제3항에 따라 피해

자보호명령의 기간을 연장하거나 그 종류를 변경하는 경우 종전의 처분기간을 합산하여 2년을 초과할 수 없다.

제55조의4(임시보호명령) ① 판사는 제55조의2제1항에 따른 피해자보호명령의 청구가 있는 경우에 피해자의 보호를 위하여 필요하다고 인정하는 경우에는 결정으로 제55조의2제1항 각 호의 어느 하나에 해당하는 임시보호명령을 할 수 있다.
② 임시보호명령의 기간은 피해자보호명령의 결정 시까지로 한다. 다만, 판사는 필요하다고 인정하는 경우에 그 기간을 제한할 수 있다.
③ 임시보호명령의 취소 또는 그 종류의 변경에 대하여는 제55조의2제3항 및 제4항을 준용한다. 이 경우 "피해자보호명령"은 "임시보호명령"으로 본다.

제56조(배상신청) ① 피해자는 가정보호사건이 계속(繫屬)된 제1심 법원에 제57조의 배상명령을 신청할 수 있다. 이 경우 인지를 붙이지 아니한다.

제63조(보호처분 등의 불이행죄) ①다음 각 호의 어느 하나에 해당하는 가정폭력행위자는 2년 이하의 징역 또는 2천만원 이하의 벌금 또는 구류(拘留)에 처한다.
1. 제40조제1항제1호부터 제3호까지의 어느 하나에 해당하는 보호처분이 확정된 후에 이를 이행하지 아니한 가정폭력행위자
2. 제55조의2에 따른 피해자보호명령 또는 제55조의4에 따른 임시보호명령을 받고 이를 이행하지 아니한 가정폭력행위자
② 상습적으로 제1항의 죄를 범한 가정폭력행위자는 3년 이하의 징역이나 3천만원 이하의 벌금에 처한다.

제64조(비밀엄수 등 의무의 위반죄) ① 제18조제1항에 따른 비밀엄수 의무를 위반한 보조인(변호사는 제외한다), 상담소등의 상담원 또는 그 기관장(그 직에 있었던 사람을 포함한다)은 1년 이하의 징역

이나 2년 이하의 자격정지 또는 1천만원 이하의 벌금에 처한다.
② 제18조제2항의 보도 금지 의무를 위반한 신문의 편집인·발행인 또는 그 종사자, 방송사의 편집책임자, 그 기관장 또는 종사자, 그 밖의 출판물의 저작자와 발행인은 500만원 이하의 벌금에 처한다.

제65조(과태료) 다음 각 호의 어느 하나에 해당하는 사람에게는 500만원 이하의 과태료를 부과한다.
1. 정당한 사유 없이 제24조제1항에 따른 소환에 응하지 아니한 사람
2. 정당한 사유 없이 제44조에 따른 보고서 또는 의견서 제출 요구에 따르지 아니한 사람
3. 정당한 사유 없이 검사나 법원이 가정보호사건으로 송치한 제9조 또는 제12조에 따른 가정보호사건으로서 제40조제1항제4호부터 제8호까지의 보호처분이 확정된 후 이를 이행하지 아니하거나 집행에 따르지 아니한 사람
4. 정당한 사유 없이 제29조제1항제1호부터 제3호까지의 어느 하나에 해당하는 임시조치를 이행하지 아니한 사람

제66조(과태료) 다음 각 호의 어느 하나에 해당하는 사람에게는 300만원 이하의 과태료를 부과한다.
1. 정당한 사유 없이 제4조제2항 각 호의 어느 하나에 해당하는 사람으로서 그 직무를 수행하면서 가정폭력범죄를 알게 된 경우에도 신고를 하지 아니한 사람
2. 정당한 사유 없이 제8조의2제1항에 따른 긴급임시조치(검사가 제8조의3제1항에 따른 임시조치를 청구하지 아니하거나 법원이 임시조치의 결정을 하지 아니한 때는 제외한다)를 이행하지 아니한 사람

부 칙 <2017.10.31.>
이 법은 공포한 날부터 시행한다.

검사의 사법경찰관리에 대한 수사지휘 및 사법경찰관리의 수사준칙에 관한 규정

[시행 2017.7.26.]

제1장 총 칙

제1조(목적) 이 규정은 「형사소송법」 제196조제3항에 따른 검사의 수사지휘에 관한 사항과 사법경찰관리의 수사에 관한 집무상의 준칙을 규정함으로써 수사과정에서 국민의 인권을 보호하고, 수사절차의 투명성과 수사의 효율성을 보장함을 목적으로 한다.

제2조(수사지휘의 원칙) 검사는 사법경찰관을 존중하고 법률에 따라 사법경찰관리의 모든 수사를 적정하게 지휘한다.

제3조(수사지휘 일반) ① 지방검찰청 검사장 또는 지청장은 국민의 인권을 보호하고 수사절차의 투명성과 수사의 효율성을 보장하기 위하여 사법경찰관리에게 필요한 일반적 수사준칙 또는 지침을 마련하여 시행할 수 있다.
② 제1항에 따른 수사준칙 또는 지침은 검찰총장이 수사에 대한 일반적 수사준칙 또는 지침을 시행하면 사법경찰관리에게 이를 시달하는 방식으로 이루어져야 한다.
③ 검사는 사법경찰관리에게 구체적 사건의 수사에 관하여 필요한 지휘를 할 수 있다.

제4조(수사지휘 건의) 사법경찰관은 사건을 수사할 때 검사의 지휘가 필요하면 검사에게 건의하여 구체적 지휘를 받아 수사할 수 있다.

제5조(수사지휘의 방식) ① 검사는 사법경찰관리에게 사건에 대한 구체적 지휘를 할 때에는 서면 또는 「형사사법절차 전자화 촉진법」에 따른 형사사법정보시스템(이하 "형사사법정보시스템"이라 한다)을 이용하여 지휘하여야 한다. 다만, 천재

지변, 긴급한 상황, 이미 수사지휘한 내용을 보완하거나 지휘 내용이 명확한 경우, 수사 현장에서 지휘하는 경우 등 서면 또는 형사사법정보시스템에 의한 지휘가 불가능하거나 필요 없다고 인정되는 경우 등에는 구두나 전화 등 간편한 방식으로 지휘할 수 있다.
② 사법경찰관은 검사가 제1항 단서에 따라 간편한 방식으로 지휘하였을 때에는 서면 또는 형사사법정보시스템을 이용하여 지휘해 줄 것을 요청할 수 있다.
③ 검사는 수사지휘를 위하여 필요할 때에는 사법경찰관리에게 모든 관계 서류와 증거물을 송부할 것을 지시할 수 있다.
④ 검사는 사건이 복잡하여 설명이 필요한 경우 사법경찰관리에게 대면하여 설명할 것을 요구할 수 있고, 사법경찰관리는 수사 중인 사건에 관하여 필요할 때에는 검사에게 대면하여 보고할 수 있다.

제6조(신속한 수사지휘) 검사는 사법경찰관으로부터 수사지휘 건의를 받은 때에는 지체 없이 지휘하여야 한다. 다만, 사안이 복잡하거나 장기간 검토하여야 할 특별한 사정이 있을 때에는 그러하지 아니하다.

제7조(수사지휘 기한 준수) ① 사법경찰관리는 검사가 기한을 지정하였을 때에는 그 기한 내에 지휘 사항을 이행하여야 한다.
② 사법경찰관리가 검사가 지휘한 기한 내에 지휘 사항을 이행하지 못하였을 때에는 그 사유를 소명하여 검사에게 별지 제1호서식에 따라 수사기일 연장지휘를 건의하여야 한다.

제8조(수사지휘에 대한 재지휘 건의) ① 사

법경찰관은 구체적 사건과 관련된 검사의 수사지휘의 적법성 또는 정당성에 이견이 있거나 지휘 내용이 명확하지 않아 이행하기 어려울 때에는 해당 검사에게 의견을 밝히고 재지휘를 건의할 수 있다.
② 검사는 제1항에 따라 재지휘 건의를 받은 때에는 재지휘 여부를 결정하고, 필요한 조치를 하여야 한다.
③ 해당 사법경찰관이 소속된 관서의 장은 제2항의 조치에 의견이 있으면 해당 검사가 소속된 관서의 장에게 그 의견을 제시할 수 있다.

제9조(민감정보 및 고유식별정보 등의 처리) 사법경찰관리는 「형사소송법」(이하 "법"이라 한다) 제196조에 따라 범죄 수사 업무를 수행하기 위하여 불가피한 경우 「개인정보 보호법」 제23조에 따른 민감정보, 같은 법 시행령 제19조에 따른 주민등록번호, 여권번호, 운전면허의 면허번호, 외국인등록번호나 그 밖의 개인정보가 포함된 자료를 처리할 수 있다.

제10조(문서의 서식) 사법경찰관리가 범죄 수사에 관하여 사용하는 문서와 장부는 별지 제1호서식부터 별지 제158호서식까지의 서식에 따른다. 다만, 단순하고 정형적인 사건에 관하여 사용하는 문서는 별지 제159호서식부터 별지 제170호서식까지의 서식에 따른다.

제2장 수사

제1절 통칙

제11조(관할) 사법경찰관리는 소속 관서의 관할구역 내에서 직무를 수행한다. 다만, 관할구역 내의 사건과 관련성이 있는 사실을 발견하기 위하여 필요할 때에는 관할구역 외에서도 그 직무를 수행할 수 있다.

제12조(신속한 수사) 사법경찰관리가 수사를 개시한 때에는 피의자나 사건관계인의 인권이 침해되지 않도록 신속하게 수사를 마쳐야 한다.

제13조(비밀의 엄수 등) 사법경찰관리가 범죄를 수사할 때에는 기밀(機密)을 엄수하여 수사에 지장을 주지 아니하도록 하여야 하며 피의자, 피해자, 그 밖의 사건관계인의 명예를 훼손하지 아니하도록 하여야 한다. 사건을 송치하여 검찰에서 수사 중인 경우에도 또한 같다.

제14조(수사의 협조) 사법경찰관리는 직무를 수행할 때 사법경찰관리 상호간에 성실하게 협조하여야 한다.

제15조(수사의 회피) 사법경찰관리는 피의자, 피해자, 그 밖의 사건관계인과 친족관계 또는 이에 준하는 관계로 인하여 수사의 공정성을 의심받을 염려가 있는 사건에 대해서는 소속 관서의 장의 허가를 받아 그 수사를 담당하지 아니하여야 한다.

제16조(사건의 단위) 다음 각 호의 어느 하나에 해당하는 범죄사건은 1건으로 처리한다.

1. 법 제11조에 따른 관련 사건. 이미 검찰청 또는 이에 상응하는 관서에 송치하거나 이송한 후에 수리(受理)한 사건도 또한 같다.
2. 불기소처분이 내려진 사건과 그 처분이 내려진 후 검사의 지휘에 따라 다시 수사를 개시한 사건
3. 검사의 수사지휘를 받은 사건
4. 다른 관서로부터 이송받은 사건
5. 검찰청에 송치하기 전의 맞고소 사건
6. 판사가 청구기각 결정을 한 즉결심판 청구 사건
7. 피고인으로부터 정식재판이 청구된 즉결심판 사건

제2절 수사 개시와 사건기록의 관리

제17조(수사 개시) ① 사법경찰관은 법 제196조제2항에 따라 범죄의 혐의가 있다고 인식하는 때에는 수사를 개시하고 지

체 없이 별지 제2호서식의 범죄인지서를
작성하여 수사기록에 편철하여야 한다.
② 제1항의 범죄인지서에는 피의자의 성
명, 주민등록번호, 직업, 주거, 범죄경력,
죄명, 범죄사실의 요지, 적용법조 및 수사
의 단서와 범죄 인지 경위를 적어야 한다.

제18조(사건기록의 관리) ① 사법경찰관리
가 다음 각 호의 어느 하나에 해당하는
행위를 한 때에는 범죄인지서 작성 여부
와 관계없이 관계 서류와 증거물을 검사
에게 제출하여야 한다.
1. 피의자신문조서를 작성한 때
2. 긴급체포를 한 때
3. 검사에게 체포·구속영장을 신청한 때
4. 사람의 신체, 주거, 관리하는 건조물, 자동
   차, 선박, 항공기 또는 점유하는 방실에 대
   하여 압수·수색·검증영장을 신청한 때
② 사법경찰관리는 다음 각 호의 어느 하
나에 해당하는 행위를 하고, 범죄인지서
를 작성하지 아니한 사건에 대해서는 매
분기별로 해당 사건의 목록과 요지를 검
사에게 제출하여야 한다.
1. 제1항제4호의 압수·수색·검증을 제외한
   압수·수색·검증, 통신제한조치, 통신사
   실확인자료 제공 등 법원으로부터 법 및
   다른 법령에 따른 영장 또는 허가서를 발
   부받아 대물적 강제처분을 집행한 때
2. 피혐의자를 출석시켜 조사한 때
3. 현행범인을 체포·인수한 때
③ 제2항의 경우 사건관계인이 검사에게
이의를 제기하거나, 검사가 사건관계인의
인권이 침해되었다고 인정할 만한 현저한
이유가 있다고 판단하여 검사가 구체적
사건을 특정하여 관계 서류와 증거물을
제출할 것을 서면으로 지시한 때에는 사
법경찰관리는 그 지시에 따라야 한다.

제3절 출석요구와 조사

제19조(출석요구) ① 사법경찰관이 피의자
또는 참고인에게 출석을 요구할 때에는
별지 제4호서식 또는 별지 제5호서식에
따른 출석요구서를 발부하여야 한다. 이
경우 출석요구서에는 출석요구의 취지를
명백하게 적어야 한다.
② 사법경찰관은 신속한 출석요구 등을 위
하여 필요할 때에는 전화, 팩스, 그 밖의
상당한 방법으로 출석을 요구할 수 있다.
③ 사법경찰관은 출석요구서를 발부하였을
때에는 그 사본을 수사기록에 첨부하여야
하며, 출석요구서 외의 방법으로 출석을
요구하였을 때에는 그 취지를 적은 수사
보고서를 수사기록에 첨부하여야 한다.
④ 피의자나 참고인이 출석하였을 때에는
지체 없이 진술을 들어야 하며, 오랫동안
기다리게 하는 일이 없도록 하여야 한다.
⑤ 외국인을 조사할 때에는 국제법과 국
제조약에 위배되는 일이 없도록 유의하여
야 한다.

제20조(피의자에 대한 조사사항) ① 사법경
찰관리는 피의자를 상대로 조사를 하면서
다음 각 호의 사항에 유의하여야 한다.
1. 피의자의 성명·나이·주민등록번호·등
   록기준지·주거·직업 및 전과·기소유예
   나 선고유예 등의 처분을 받은 사실 유
   무, 피의자가 외국인인 때에는 국적·주
   거·출생지·입국연월일·입국목적 및 외
   국인등록번호, 피의자가 법인 또는 단체
   인 때에는 명칭·상호·소재지·대표자의
   성명 및 주거·설립목적 및 그 기구
2. 피의자가 자수하거나 자복하였을 때에
   는 그 동기와 경위
3. 피의자의 훈장·기장·포장·연금의 유무
4. 피의자의 병역관계
5. 피의자의 환경, 교육, 경력, 가족상황,
   재산 정도, 생활수준 및 종교관계
6. 범죄의 동기·원인·성질·일시·장소
   ·방법 및 결과
7. 피해자의 주거·직업·성명 및 나이
8. 피의자와 피해자가 친족관계이거나 그
   밖의 특수관계인 경우에는 죄의 성립

여부, 형의 경중(輕重)이 있는 사건에 대해서는 그 사항

9. 피의자의 처벌로 인하여 그 가정에 미치는 영향

10. 범죄로 인하여 피해자 및 사회에 미치는 영향

11. 피해의 상태, 손해액, 피해 회복의 여부 및 처벌 희망의 유무

12. 피의자에게 이익이 될 만한 사항

13. 제1호부터 제12호까지의 사항을 증명할 수 있는 사항

② 피의자의 진술은 별지 제6호(갑)서식, 별지 제6호(을)서식 또는 별지 제7호서식의 피의자신문조서에 적어야 하며, 별지 제8호서식 또는 별지 제9호서식의 조서 끝 부분에 피의자로부터 기명날인 또는 서명을 받아야 한다.

제21조(변호인의 피의자신문 참여) ① 사법경찰관은 법 제243조의2제1항에 규정된 자의 신청을 받았을 때에는 정당한 사유가 없으면 변호인을 피의자신문에 참여하게 하여야 한다. 이 경우 정당한 사유란 변호인의 참여로 인하여 신문 방해, 수사기밀 누설 등 수사에 현저한 지장을 줄 우려가 있다고 인정되는 경우를 말한다.

② 사법경찰관은 제1항의 신청을 받았을 때에는 신청인으로 하여금 변호인 참여 전에 변호인 선임에 관한 서면을 제출하도록 하여야 한다.

③ 제1항의 변호인 참여 신청을 받았을 때에도 변호인이 상당한 시간 내에 출석하지 아니하거나 출석할 수 없으면 변호인의 참여 없이 피의자를 신문할 수 있다.

④ 사법경찰관은 변호인의 참여로 인하여 다음 각 호의 어느 하나에 해당하는 사유가 발생하여 신문 방해, 수사기밀 누설 등 수사에 현저한 지장이 있을 때에는 피의자신문 중이라도 변호인의 참여를 제한할 수 있다.

1. 사법경찰관의 승인 없이 부당하게 신문에 개입하거나 모욕적인 말과 행동 등을 하는 경우

2. 피의자를 대신하여 답변하거나 특정한 답변 또는 진술 번복을 유도하는 경우

3. 법 제243조의2제3항 단서에 반하여 부당하게 이의를 제기하는 경우

4. 피의자신문 내용을 촬영·녹음·기록하는 경우. 다만, 기록의 경우 피의자에 대한 법적 조언을 위하여 변호인이 기억을 되살리기 위해 하는 간단한 메모는 제외한다.

제22조(피의자의 신뢰관계자 동석) ① 법 제244조의5에 따라 피의자와 동석할 수 있는 신뢰관계에 있는 사람은 피의자의 직계친족, 형제자매, 배우자, 가족, 동거인, 보호시설 또는 교육시설의 보호 또는 교육담당자 등 피의자의 심리적 안정과 원활한 의사소통에 도움을 줄 수 있는 사람(이하 "신뢰관계자"라 한다)을 말한다.

② 피의자나 법정대리인이 신뢰관계자의 동석 신청을 하였을 때에는 사법경찰관은 신청인으로부터 별지 제10호서식에 따른 동석신청서 및 동석 대상자와 피의자의 관계를 소명할 수 있는 자료를 제출받아 기록에 편철하여야 한다. 다만, 동석신청서를 작성할 시간적 여유가 없는 경우 등에는 이를 작성하게 하지 아니하고 수사보고서나 조서에 그 취지를 적는 것으로 갈음할 수 있으며, 조사의 긴급성 또는 동석의 필요성 등이 현저한 경우에는 동석 조사 이후에 동석 대상자와 피의자의 관계를 소명할 자료를 제출받아 기록에 편철할 수 있다.

③ 사법경찰관은 제2항에 따른 신청이 없더라도 동석의 필요성이 있다고 인정되면 피의자와의 신뢰관계 유무를 확인한 후 직권으로 신뢰관계자를 동석하게 할 수 있다. 이 경우 그 취지를 수사보고서나 조서에 적어야 한다.

④ 사법경찰관은 신문 방해, 수사기밀 누설 등으로 수사에 부당한 지장을 줄 우려가 있다고 인정할 만한 상당한 이유가 있으면

신뢰관계자의 동석을 거부할 수 있다.

⑤ 피의자신문에 동석하는 신뢰관계자는 피의자의 심리적 안정과 원활한 의사소통에 도움을 주는 행위 외의 불필요한 행위를 하여서는 아니 되고, 사법경찰관은 신문 방해, 수사기밀 누설 등으로 수사에 부당한 지장을 줄 우려가 있다고 인정할 만한 상당한 이유가 있거나 신뢰관계자가 부당하게 수사의 진행을 방해할 때에는 피의자신문 도중에 동석을 중지하게 할 수 있다.

제23조(피해자의 신뢰관계자 동석) ① 법 제221조제3항에서 준용하는 법 제163조의2에 따라 피해자와 동석할 수 있는 신뢰관계에 있는 사람은 피해자의 직계친족, 형제자매, 배우자, 가족, 동거인, 보호시설 또는 교육시설의 보호 또는 교육담당자 등 피해자의 심리적 안정과 원활한 의사소통에 도움을 줄 수 있는 사람을 말한다.

② 피해자와 신뢰관계에 있는 사람의 동석에 관하여는 제22조제2항부터 제5항까지의 규정을 준용한다. 이 경우 "피의자"는 "피해자"로, "신문"은 "조사"로 각각 본다.

제24조(참고인의 진술) ① 사법경찰관리가 참고인의 진술을 들을 때에는 법 제317조에 따라 증거로 사용될 수 있도록 그 진술의 임의성을 보장하여야 하며, 조금이라도 진술을 강요하는 일이 있어서는 아니 된다.

② 참고인의 진술은 별지 제12호서식 또는 별지 제13호서식에 따른 진술조서에 적어야 하며, 별지 제8호서식 또는 별지 제9호서식에 따른 조서 끝 부분에 참고인으로부터 기명날인 또는 서명을 받아야 한다.

③ 진술사항이 복잡하거나 참고인이 서면진술을 원할 때에는 진술서를 작성하여 제출하게 할 수 있다.

④ 제3항의 경우에는 가능하면 자필로 작성할 것을 권고하여야 하며 수사담당 사법경찰관리가 대필하지 아니하도록 한다.

제25조(영상녹화) ① 사법경찰관은 피의자 또는 참고인에 대한 조서를 작성할 때에는 필요하면 그 조사과정을 영상녹화할 수 있다.

② 사법경찰관은 조사과정을 영상녹화할 때에는 그 조사의 시작부터 조서에 기명날인 또는 서명을 마치는 시점까지의 모든 과정을 영상녹화하여야 한다. 다만, 조사 도중 영상녹화의 필요성이 발생하였을 때에는 그 시점에서 진행 중인 조사를 종료하고, 그 다음 조사의 시작부터 조서에 기명날인 또는 서명을 마치는 시점까지의 모든 과정을 영상녹화하여야 한다.

③ 사법경찰관은 조사를 마친 후 조서 정리에 오랜 시간이 필요할 때에는 조서 정리과정을 영상녹화하지 아니하고, 조서 열람 시부터 영상녹화를 재개할 수 있다.

④ 사법경찰관은 피의자에 대한 조사과정을 영상녹화할 때에는 피의자에게 다음 각 호의 사항을 고지하여야 한다.

1. 조사자·참여자의 성명과 직책
2. 영상녹화 사실 및 장소, 시작 및 종료 시각
3. 법 제244조의3에 따른 진술거부권 등
4. 조사를 중단·재개하는 경우 중단 이유와 중단 시각, 중단 후 재개하는 시각

⑤ 사법경찰관은 참고인에 대한 조사과정을 영상녹화할 때에는 별지 제14호서식에 따른 영상녹화 동의서에 따라 영상녹화 동의 여부를 확인하고, 제4항제1호·제2호 및 제4호의 사항을 고지하여야 한다.

⑥ 사법경찰관은 영상녹화를 할 때 조사실 전체를 확인할 수 있고 조사받는 사람의 얼굴과 음성을 식별(識別)할 수 있도록 하여야 한다.

⑦ 사법경찰관은 피의자에 대한 조사과정을 영상녹화할 때에는 법 제243조의 참여 규정을 준수하여야 하며, 이 때 참여자는 반드시 조사실에 동석하여야 한다.

제26조(영상녹화물의 제작 등) ① 사법경찰관은 영상녹화를 하였을 때에는 영상녹화용 컴퓨터에 저장된 영상녹화 파일을 이용하여 영상녹화물(CD, DVD 등을 말한다) 2개를 제작하고, 그 중 하나는 조사받는 사람의 기명날인 또는 서명을 받아 조사받는 사람 또는 변호인의 면전에서 봉인(封印)하여 보관하고, 나머지 하나는 수사기록에 편철한다.

② 사법경찰관은 영상녹화물을 제작한 후 영상녹화용 컴퓨터에 저장되어 있는 영상녹화 파일을 데이터베이스 서버에 전송하여 보관할 수 있다.

③ 사법경찰관은 손상 또는 분실 등으로 인하여 제1항의 영상녹화물을 사용할 수 없을 때에는 데이터베이스 서버에 저장되어 있는 영상녹화 파일을 이용하여 다시 영상녹화물을 제작할 수 있다.

④ 사법경찰관은 영상녹화물을 생성한 후 별지 제15호서식에 따른 영상녹화물 관리대장에 등록하여야 한다.

제27조(임상의 조사) 사법경찰관이 치료 중인 피의자나 참고인이 있는 곳에서 임상신문(臨床訊問)할 때에는 상대방의 건강상태를 충분히 고려하여야 하며, 수사에 중대한 지장이 없으면 가족, 의사, 그 밖의 적당한 사람을 참여시켜야 한다.

제28조(수사과정의 기록) ① 법 제244조의 4에 따라 사법경찰관은 피의자나 참고인을 조사하면서 별지 제16호서식의 수사과정 확인서에 수사과정을 기록하고, 확인서를 조서의 끝 부분에 편철하여 조서와 함께 간인(間印)함으로써 조서의 일부로 하거나, 별도의 서면으로 기록에 편철하여야 한다.

② 수사과정을 기록할 때에는 조사장소에 도착한 시각, 조사의 시작 및 종료 시각 등을 적고, 조사장소에 도착한 시각과 조사를 시작한 시각에 상당한 시간적 차이가 있으면 그 구체적인 이유 등을 적으며, 조사가 중단되었다가 재개되면 그 이유와 중단 시각 및 재개 시각 등을 구체적으로 적는 등 조사과정의 진행 경과를 확인하기 위하여 필요한 사항을 적어야 한다.

제4절 체포와 구속

제29조(구속영장의 신청) ① 사법경찰관이 피의자에 대하여 구속영장을 신청할 때에는 별지 제17호부터 별지 제20호까지의 서식에 따른다. 이 경우 체포한 피의자에 대하여 구속영장을 신청할 때에는 체포영장, 긴급체포서, 현행범인 체포서 또는 현행범인 인수서를 제출하여야 한다.

② 사법경찰관은 피의자에 대하여 구속영장을 신청하면서 법 제209조에 따라 준용되는 법 제70조제2항의 필요적 고려사항이 있을 때에는 구속영장 신청서에 적어야 한다.

③ 사법경찰관은 검사로부터 법 제201조의 2제3항에 따른 심문기일과 장소를 통지받으면 검사의 지휘를 받아 지정된 기일과 장소에 체포된 피의자를 출석시켜야 한다.

제30조(영장의 재신청) 사법경찰관은 다음 각 호의 어느 하나에 해당하는 경우에 동일한 범죄사실로 다시 체포·구속·압수·수색 또는 검증영장의 발부를 신청할 때에는 그 취지를 신청서에 적어야 한다.

1. 영장의 유효기간이 지난 경우
2. 영장을 신청하였으나 발부받지 못한 경우
3. 피의자가 체포·구속되었다가 석방된 경우

제31조(영장의 집행) ① 사법경찰관리는 영장을 신속하고, 정확하게 집행하여야 한다.

② 사법경찰관리가 영장을 집행할 때에는 피의자와 관계인의 인권을 침해하지 않도록 특히 유의하여야 하고 피의자 또는 관계인의 신체 및 명예를 보전하는 데에 유의하여야 한다.

③ 영장은 검사의 서명, 날인 또는 집행지

휘서에 의하여 집행한다.

④ 사법경찰관리가 법 제81조제1항 단서에 따라 재판장·수명법관 또는 수탁판사로부터 구속영장의 집행지휘를 받았을 때에는 즉시 구속영장을 집행하여야 한다.

⑤ 사법경찰관리는 피의자를 체포·구속할 때에는 법 제200조의5(법 제209조에 따라 준용되는 경우를 포함한다)에 따라 피의자에게 피의사실의 요지, 체포·구속의 이유와 변호인을 선임할 수 있음을 알려주고, 변명할 기회를 준 후 피의자로부터 별지 제21호서식의 확인서를 받아 수사기록에 편철하여야 한다. 다만, 피의자가 확인서에 기명날인 또는 서명하기를 거부할 때에는 피의자를 체포·구속하는 사법경찰관리는 확인서 끝 부분에 그 사유를 적고 기명날인 또는 서명하여야 한다.

⑥ 사법경찰관리가 영장을 집행할 때에는 법 제89조 및 제90조를 준수하여야 한다.

제32조(체포·구속의 통지 등) ① 사법경찰관이 피의자를 체포·구속하였을 때에는 법 제200조의6 또는 제209조에서 준용하는 법 제87조에 따라 변호인이 있으면 변호인에게, 변호인이 없으면 법 제30조제2항에 규정된 자 중 피의자가 지정한 자에게 체포·구속한 때부터 늦어도 24시간 이내에 별지 제22호서식의 체포·긴급체포·현행범인체포·구속 통지서로 체포·구속의 통지를 하여야 한다. 이 경우 법 제30조제2항에 규정된 자가 없어 체포·구속의 통지를 하지 못할 때에는 별지 제23호서식에 따라 그 취지를 적은 수사보고서를 기록에 편철하여야 한다.

② 사법경찰관은 긴급한 경우에는 전화, 팩스, 전자우편, 휴대전화 문자전송, 그 밖에 상당한 방법으로 체포·구속의 통지를 할 수 있다. 이 경우 다시 서면으로 체포·구속의 통지를 하여야 한다.

③ 체포·구속의 통지서 사본은 수사기록에 편철하여야 한다.

④ 법 제214조의2제2항에 따라 법 제214조의2제1항에 규정된 자 중에서 피의자가 지정한 자에게 적부심사를 청구할 수 있음을 통지할 때에는 제1항부터 제3항까지의 규정을 준용한다.

제33조(체포·구속영장 등본의 교부) 사법경찰관은 법 제214조의2제1항에 규정된 자가 체포·구속영장 등본의 교부를 청구하면 그 등본을 교부하여야 하고, 그 사실을 별지 제24호서식의 체포·구속영장 등본 교부대장에 적어야 한다.

제34조(영장 등의 반환) ① 사법경찰관은 법 제200조의6 또는 제209조에서 준용하는 법 제75조에 따라 체포·구속영장을 반환할 때에는 영장 및 별지 제25호서식의 영장반환 보고서 사본을 그 사건기록에 편철하여야 한다.

② 법 제82조에 따라 체포·구속영장이 여러 통 발부되었을 때에는 이를 전부 반환하여야 한다.

③ 영장반환 보고서에는 발행 통수 및 집행 불능의 사유를 적어야 한다.

④ 통신제한조치의 집행이 불가능하거나 필요 없게 되었을 때에는 제1항부터 제3항까지의 규정을 준용하여 통신사실확인자료 제공요청 또는 통신제한조치 허가서를 법원에 반환하여야 한다. 이 경우 서식은 별지 제26호서식의 통신사실확인자료 제공요청 허가서 반환 보고서 또는 별지 제27호서식의 통신제한조치 허가서 반환 보고서에 따른다.

제35조(긴급체포) ① 사법경찰관이 법 제200조의3제1항에 따른 긴급체포를 할 때에는 피의자의 나이·경력·범죄성향이나 범죄의 경중·태양, 그 밖의 여러 사정을 고려하여 인권의 침해가 없도록 신중히 하여야 한다.

② 사법경찰관이 피의자를 긴급체포하였을 때에는 즉시 별지 제28호서식의 긴급

체포서를 작성하고, 별지 제29호서식의 긴급체포원부에 그 내용을 적어야 한다.

③ 사법경찰관은 긴급체포 후 12시간 내에 관할 지방검찰청 또는 지청의 검사에게 긴급체포를 승인해 달라는 건의를 하여야 한다. 다만, 기소중지된 피의자를 해당 수사관서가 위치하는 특별시·광역시·도 또는 특별자치도 외의 지역에서 긴급체포하였을 때에는 24시간 내에 긴급체포에 대한 승인 건의를 할 수 있다.

④ 제3항에 따른 긴급체포에 대한 승인 건의는 별지 제30호서식의 긴급체포 승인 건의서로 하여야 한다. 다만, 긴급한 경우에는 긴급체포한 사유와 체포를 계속하여야 할 사유를 상세히 적어 팩스 또는 형사사법정보시스템을 이용하여 긴급체포에 대한 승인 건의를 할 수 있다.

⑤ 사법경찰관은 긴급체포한 피의자를 석방할 때에는 긴급체포원부에 석방일시 및 석방사유를 적어야 한다.

⑥ 피의자의 긴급체포에 관하여는 제31조제5항·제6항, 제32조 및 제33조를 준용한다.

제36조(피의자의 석방) ① 사법경찰관은 체포하거나 구속한 피의자를 석방하려면 별지 제31호서식의 피의자 석방 건의서를 작성·제출하여 미리 검사의 지휘를 받아야 한다.

② 제1항의 경우 검사의 석방지휘가 있을 때에는 즉시 석방하여야 한다.

③ 사법경찰관은 긴급체포한 피의자 또는 제2항에 따라 체포하거나 구속한 피의자를 석방하였을 때에는 별지 제32호서식 또는 별지 제33호서식의 석방 보고서를 작성하여 지체 없이 그 사실을 검사에게 보고하여야 하며, 그 사본을 수사기록에 편철하여야 한다.

④ 제1항에 따른 피의자 석방 건의는 서면으로 하여야 한다. 다만, 긴급한 경우에는 전화, 팩스, 전자우편, 그 밖의 상당한 방법으로 석방을 건의할 수 있다.

⑤ 제4항의 경우 검사는 사건 내용을 파악하기 위하여 필요하다고 인정되면 사법경찰관리에게 수사기록 및 증거물을 송부하도록 지시할 수 있다.

제37조(현행범인의 체포) ① 사법경찰관리가 현행범인을 체포하였을 때에는 별지 제34호서식에 따라 체포의 경위를 상세히 적은 현행범인 체포서를 작성하여야 한다.

② 사법경찰관리가 현행범인을 인도받았을 때에는 체포한 사람으로부터 그 성명·주민등록번호·직업·주거 및 체포의 일시·장소·사유를 청취한 후 별지 제35호서식의 현행범인 인수서를 작성하여야 한다.

③ 사법경찰관리가 현행범인을 체포하거나 현행범인을 인도받았을 때에는 특히 인권의 침해가 없도록 신중히 하여야 하며, 별지 제36호서식의 현행범인 체포원부에 그 내용을 적어야 한다.

④ 현행범인을 체포하거나 인수하는 경우에 관하여는 제31조제5항·제6항, 제32조 및 제33조를 준용한다.

제38조(현행범인의 조사 및 석방) ① 사법경찰관리가 현행범인을 체포하거나 인수하였을 때에는 약물 복용 또는 음주 등으로 인하여 조사가 현저히 곤란한 경우가 아니면 지체 없이 조사하고, 계속 구금할 필요가 없다고 인정할 때에는 즉시 석방하여야 한다.

② 사법경찰관은 제1항에 따라 현행범인을 석방하였을 때에는 별지 제32호서식의 피의자 석방 보고서에 석방일시와 석방사유를 적어 지체 없이 그 사실을 검사에게 보고하여야 하며, 그 문서의 사본을 수사기록에 편철하여야 한다.

③ 체포한 현행범인을 석방할 때에는 현행범인 체포 원부에 석방일시 및 석방사유를 적어야 한다.

제39조(피의자의 접견 등) ① 변호인 또는 변호인이 되려는 자가 체포·구속된 피의

자와의 접견, 서류·물건의 접수 또는 수진(受診)을 요청할 때에는 친절하게 응하여야 한다.

② 변호인 또는 변호인이 되려는 자가 아닌 자로부터 제1항의 요청이 있을 때에도 법 제91조에 규정된 사유가 없으면 제1항에 준하여 처리한다.

③ 제1항과 제2항에 따른 접견 등의 장소는 될 수 있으면 유치장 외의 방실에서 하도록 하여야 한다.

제40조(체포·구속 장소 감찰에 따른 조치) 검사가 법 제198조의2에 따라 체포·구속 장소를 감찰한 후 인치되거나 구금된 자의 석방을 명하거나 사건을 송치할 것을 명하였을 때에는 사법경찰관은 즉시 피의자를 석방하거나 사건을 송치하여야 한다. 이 경우 피의자 석방 명령서 또는 사건 송치 명령서를 그 사건기록에 편철하여야 한다.

제41조(피의자의 도주 등) 사법경찰관은 체포 중이거나 구속 중에 피의자가 도주 또는 사망하거나 그 밖의 이상이 발생하였을 때에는 즉시 관할 지방검찰청 또는 지청의 검사에게 보고하여야 한다.

제5절 증거의 확보

제42조(증거보전의 신청) 사법경찰관은 미리 증거를 보전하지 아니하면 그 증거를 사용하기 곤란한 사정이 있을 때에는 그 사유를 소명하여 검사에게 별지 제37호서식에 따라 증거보전 청구를 신청하여야 한다.

제43조(실황조사) ① 사법경찰관은 수사상 필요하다고 인정되면 범죄 현장이나 그 밖의 장소에 가서 실황을 조사하여야 한다.

② 제1항에 따른 조사를 할 때에는 별지 제38호서식의 실황조사서를 작성하여야 한다.

제44조(압수조서 등) ① 사법경찰관은 증거물 또는 몰수할 물건을 압수하였을 때에는 별지 제39호서식의 압수조서와 별지 제40

호서식의 압수목록을 작성하여야 한다.

② 압수조서에는 압수경위를, 압수목록에는 물건의 특징을 각각 구체적으로 적어야 한다.

③ 제1항의 경우에는 피의자신문조서, 진술조서, 검증조서 또는 실황조사서에 압수의 취지를 적어 압수조서를 갈음할 수 있다.

제45조(증거물 등의 보전) ① 사법경찰관리는 혈흔, 지문, 발자국, 그 밖에 멸실할 염려가 있는 증거물은 특히 보전에 유의하여야 하며, 별지 제41호서식의 검증조서 또는 다른 조서에 그 성질·형상을 상세히 적거나 사진을 촬영하여야 한다.

② 시체 해부 또는 증거물이 훼손되거나 형상이 변경될 우려가 있는 검증이나 감정을 위촉할 때에는 제1항에 준하여 변경 전의 형상을 알 수 있도록 특히 유의하여야 한다.

제46조(압수물의 보관 등) ① 사법경찰관리는 압수물을 다른 사람에게 보관시킬 때에는 보관자를 수의 깊게 선정하여 성실하게 보관하도록 하고 별지 제42호서식의 압수물건 보관 서약서를 받아야 한다.

② 압수물을 법 제130조제2항에 따라 폐기할 때에는 별지 제43호서식의 폐기조서를 작성하고 사진을 촬영하여 수사기록에 첨부하여야 한다.

③ 압수물에는 사건명, 피의자의 성명, 압수목록에 적은 순위·번호를 기입한 표찰을 견고하게 붙여야 한다.

④ 압수물의 환부·가환부 또는 압수장물의 피해자 환부에 관하여 검사의 지휘가 있을 때에는 법 제135조에 규정된 자에게 지체 없이 통지를 한 후 신속히 환부하여야 한다.

⑤ 압수물이 유가증권일 때에는 지체 없이 별지 제44호서식의 유가증권 원형보존 지휘 건의서를 검사에게 제출하여 원형보존 여부에 관한 검사의 지휘를 받아야 하며, 원형을 보존할 필요가 없다는

내용의 검사 지휘가 있으면 지체 없이 환전(換錢)하여 보관하여야 한다.

⑥ 「통신비밀보호법」에 따른 통신제한조치 집행으로 취득한 물건은 통신제한조치 허가서 및 집행조서와 함께 봉인한 후 허가번호 및 보존기간을 표기하여 별도로 보관하고, 수사담당자 외의 자가 열람할 수 없도록 하여야 한다.

⑦ 통신제한조치를 집행하고 범죄인지서를 작성하지 아니하였을 때에는 그 집행으로 취득한 물건·자료 등은 보존기간이 지난 후 검사의 지휘를 받아 즉시 폐기하여야 한다.

제47조(압수물의 폐기) 사법경찰관은 법 제130조제2항에 따라 위험발생의 염려가 있는 압수물을 폐기하기 위하여 검사의 지휘를 받을 때에는 검사에게 별지 제45호서식의 압수물 폐기처분 지휘 건의서를 제출하여 지휘를 받아야 한다.

제48조(압수물의 환부 및 가환부) 사법경찰관은 압수물에 관하여 소유자, 소지자, 보관자 또는 제출자로부터 환부 또는 가환부의 청구를 받으면 지체 없이 별지 제46호서식의 압수물 환부 지휘 건의서 또는 별지 제47호서식의 압수물 가환부 지휘 건의서를 검사에게 제출하여 지휘를 받아야 한다.

제49조(긴급통신제한조치 통보서 제출) 사법경찰관은 「통신비밀보호법」 제8조제5항에 따라 긴급통신제한조치가 단시간 내에 종료되어 법원의 허가를 받을 필요가 없을 때에는 지체 없이 별지 제48호서식의 긴급통신제한조치 통보서를 작성하여 관할 지방검찰청 검사장 또는 지청장에게 제출하여야 한다.

제50조(통신제한조치 등 집행사실 통지) 사법경찰관은 「통신비밀보호법」 제9조의2제6항(같은 법 제13조의3제2항에 따라 준용되는 경우를 포함한다)에 따라 우편물의 검열, 전기통신의 감청 등 통신제한조치를 집행한 사실 또는 통신사실확인자료를 제공받은 사실과 집행·제공 요청기관 및 그 기간 등을 별지 제49호서식 또는 별지 제50호서식에 따라 그 통지대상자에게 통지하여야 한다.

제6절 변사자의 검시

제51조(변사자의 검시) ① 사법경찰관리는 변사자(變死者) 또는 변사한 것으로 의심되는 사체가 있으면 별지 제51호서식의 변사사건 발생 보고 및 지휘 건의서 또는 별지 제52호서식의 교통사고 변사사건 발생 보고 및 지휘 건의서를 작성하여 즉시 관할 지방검찰청 또는 지청의 검사에게 보고하고 지휘를 받아야 한다. 이 경우 검사는 신속하게 지휘하여야 한다.

② 사법경찰관리는 변사사건에 대한 검사의 지휘 내용 등에 대하여 조사를 마쳤을 때에는 별지 제53호서식의 변사사건 처리결과 및 지휘 건의서를 작성하여 관할 지방검찰청 또는 지청의 검사에게 보고하고 지휘를 받아야 한다.

③ 검사의 지휘를 받아 검시(檢視)를 하였을 때에는 별지 제54호서식에 따른 검시조서를 작성하여야 한다.

제52조(검시의 주의사항) ① 사법경찰관리는 검시에 착수하기 전에 변사자의 위치, 상태 등이 변하지 아니하도록 현장을 보존하여야 한다.

② 변사자의 소지품이나 그 밖에 변사자가 남겨 놓은 물건이 수사에 필요하다고 인정될 때에는 이를 보존하는 데에 유의하여야 한다.

③ 검시할 때에는 잠재지문 및 변사자의 지문을 채취하는 데에 유의하고 의사로 하여금 사체검안서를 작성하게 하여야 한다.

제53조(검시와 참여자) 사법경찰관리는 검시에 특별한 지장이 없다고 인정하면 변사자의 가족·친족·이웃사람·친구, 시·군·구·읍·면·동의 공무원이나 그 밖에 필

요하다고 인정하는 자를 참여시켜야 한다.

제54조(자살자의 검시) 사법경찰관리는 자살한 사람을 검시할 때에는 자살을 교사(敎唆)하거나 방조한 자가 있는지를 조사하여야 하며, 유서가 있으면 그 진위를 조사하여야 한다.

제7절 고소·고발 사건

제55조(고소의 대리) 사법경찰관리는 법 제236조에 따른 대리인이 고소를 하거나 고소를 취소할 때에는 본인의 위임장을 제출받아야 한다.

제56조(고소사건 등에 대한 주의사항) 사법경찰관은 고소사건에 대하여서는 고소권의 유무, 친고죄에 있어서는 법 제230조에 따른 고소기간의 경과 여부, 간통죄에 있어서는 법 제229조의 규정에 의한 조건의 구비 여부, 피해자의 명시한 의사에 반하여 죄를 논할 수 없는 사건에 있어서는 처벌을 희망하는지 여부를 각각 조사하여야 한다.

제57조(고소사건의 수사기간) ① 사법경찰관이 고소나 고발에 의하여 범죄를 수사할 때에는 고소나 고발이 있는 날부터 2개월 이내에 수사를 마쳐야 한다.
② 제1항의 기간 내에 수사를 마치지 못하였을 때에는 검사에게 별지 제1호서식에 따라 수사기일 연장지휘를 건의하여야 한다.

제58조(고소 등의 취소) ① 사법경찰관은 고소나 고발의 취소가 있을 때에는 그 사유를 명백히 조사하여야 한다.
② 피해자의 명시한 의사에 반하여 죄를 논할 수 없는 사건의 경우 피해자가 처벌을 희망하는 의사표시를 철회하였을 때에도 제1항과 같다.

제8절 소년사건, 가정폭력사건 등에 대한 특칙

제59조(소년사건 수사의 기본원칙) 소년사건을 수사할 때에는 보호처분 또는 형사처분에 대한 특별한 심리자료를 제공하기 위한 것이라는 점에 유의하여야 하며, 소년의 건전한 성장을 도우려는 자세로 수사하여야 한다.

제60조(소년의 특성 고려) 소년사건을 수사할 때에는 소년의 특성에 비추어 되도록 다른 사람의 이목을 끌지 아니하는 조용한 장소에서 온정과 이해를 가지고 부드러운 어조로 조사하여야 하며, 그 소년의 심정을 충분히 배려하여야 한다.

제61조(범죄의 원인 등과 환경조사) ① 소년사건을 수사할 때에는 범죄의 원인 및 동기와 그 소년의 성격·행실·태도·경력·교육정도·가정상황·교우관계와 그 밖의 환경 등을 상세히 조사하여 별지 제55호서식의 소년환경 조사서를 작성하여야 한다.
② 소년의 심신에 이상이 있다고 인정될 때에는 지체 없이 의사로 하여금 진단하게 하여야 한다.

제62조(구속에 관한 주의) 소년에 대해서는 되도록 구속을 피하여야 하며, 부득이 구속하거나 동행할 때에는 그 시기와 방법에 관하여 특히 주의를 하여야 한다.

제63조(보도상의 주의) 소년 범죄에 대해서는 「소년법」의 취지에 따라 신속히 처리하여야 하며, 소년의 주거·성명·나이·직업·용모 등에 의하여 본인을 알 수 있는 정도의 사실이나 사진이 보도되지 아니하도록 특히 주의하여야 한다.

제64조(학생 범죄) 소년이 아니더라도 학생의 범죄사건에 관하여는 제59조부터 제63조까지의 규정을 준용한다.

제65조(여성 범죄) 피의자가 여자일 때에는 제60조와 제62조를 준용한다.

제66조(가정폭력범죄 수사 시 유의사항) 가정폭력범죄를 수사할 때에는 보호처분 또

는 형사처분의 심리를 위한 특별자료를 제공하기 위한 것이라는 점에 유의하여야 하며, 가정폭력범죄로 파괴된 가정의 평화와 안정을 회복하고 건강한 가정의 육성을 도우려는 자세로 수사하여야 한다.

제67조(가정환경 조사서의 작성) 가정폭력범죄를 수사할 때에는 범죄의 원인 및 동기와 행위자의 성격·행실·태도·경력·교육정도·가정상황과 그 밖의 환경 등을 상세히 조사하여 별지 제56호서식의 가정환경 조사서를 작성하여야 한다.

제68조(가정폭력범죄에 관한 응급조치) 사법경찰관리가 「가정폭력범죄의 처벌 등에 관한 특례법」 제5조에 따라 응급조치를 하였을 때에는 별지 제57호서식의 응급조치 보고서에 가정폭력 행위자의 성명, 주소, 생년월일, 직업, 피해자와의 관계, 범죄사실의 요지, 가정상황, 피해자와 신고자의 성명, 응급조치의 내용 등을 상세히 적은 후 사건기록에 편철하여야 한다.

제69조(가정폭력범죄에 관한 임시조치 등) ① 사법경찰관은 제68조에 따른 응급조치에도 불구하고 가정폭력범죄가 재발될 우려가 있다고 인정할 때에는 「가정폭력범죄의 처벌 등에 관한 특례법」 제8조제1항에 따라 검사에게 같은 법 제29조제1항제1호, 제2호 또는 제3호의 임시조치를 법원에 청구할 것을 신청할 수 있다. 이 경우 신청은 별지 제58호서식의 임시조치 신청서에 따른다.

② 사법경찰관은 가정폭력 행위자가 제1항에 따른 임시조치를 위반하여 가정폭력범죄가 재발될 우려가 있다고 인정할 때에는 「가정폭력범죄의 처벌 등에 관한 특례법」 제8조제2항에 따라 검사에게 같은 법 제29조제1항제5호의 임시조치를 법원에 청구할 것을 신청할 수 있다. 이 경우 신청은 별지 제58호서식의 임시조치 신청서에 따른다.

③ 사법경찰관리는 제1항 또는 제2항의 신청을 하였을 때에는 별지 제59호서식의 임시조치 신청부에 정해진 사항을 적어야 한다.

④ 사법경찰관리가 임시조치의 결정을 집행하였을 때에는 집행일시 및 집행방법을 적은 서면을 사건기록에 편철하여야 한다.

⑤ 임시조치 결정에 대하여 항고가 제기되어 법원으로부터 수사기록 등본의 제출을 요구받았을 때에는 사법경찰관리는 항고심 재판에 필요한 범위에서 수사기록 등본을 관할 검찰청으로 보내야 한다.

⑥ 사법경찰관이 「가정폭력범죄의 처벌 등에 관한 특례법」 제8조의2제1항에 따라 같은 법 제29조제1항제1호부터 제3호까지의 어느 하나에 해당하는 조치(이하 "긴급임시조치"라 한다)를 한 때에는 별지 제60호서식의 긴급임시조치결정서를 작성한 후 사건기록에 편철하여야 한다.

⑦ 사법경찰관이 「가정폭력범죄의 처벌 등에 관한 특례법」 제8조의3제1항 전단에 따라 검사에게 임시조치에 관한 신청을 하는 때에는 제1항부터 제5항까지의 규정을 준용한다.

제70조(동행영장의 집행) ① 사법경찰관리는 「가정폭력범죄의 처벌 등에 관한 특례법」 제27조제1항에 따른 법원의 요청이 있으면 동행영장을 집행하여야 한다.

② 동행영장을 집행할 때에는 동행할 사람에게 동행영장을 제시하고 신속히 지정된 장소로 동행하여야 한다.

③ 동행영장을 소지하지 아니한 경우 긴급한 경우에는 동행할 사람에게 범죄사실과 동행영장이 발부되었음을 고지하고 집행할 수 있다. 이 경우 집행을 마친 후 신속히 동행영장을 제시하여야 한다.

④ 동행영장을 집행하였을 때에는 동행영장에 집행일시와 장소를, 집행할 수 없을 때에는 그 사유를 각각 적고 서명날인하여야 한다.

제71조(보호처분 결정의 집행) 사법경찰관

리는 「가정폭력범죄의 처벌 등에 관한 특례법」 제43조제1항에 따른 법원의 요청이 있을 때에는 보호처분의 결정을 집행하여야 한다.

제9절 마약류범죄 관련 보전절차 등

제72조(마약류범죄 수사 관련 입국·상륙 절차 특례 등의 신청) ① 사법경찰관이 「마약류 불법거래 방지에 관한 특례법」 제3조제5항 또는 제4조제3항에 따라 검사에게 입국·상륙 절차의 특례, 체류 부적당 통보, 반출·반입의 특례 등을 신청할 때에는 별지 제61호서식부터 별지 제63호서식까지의 입국·상륙절차 특례 신청서, 체류 부적당 통보 신청서, 세관절차 특례 신청서 등을 제출하여야 한다.

② 사법경찰관이 제1항에 따라 신청을 하였을 때에는 별지 제64호서식의 특례조치 등 신청부를 작성하고, 필요한 사항을 적어야 한다.

제73조(마약류범죄 수사 관련 몰수·부대보전 신청) ① 사법경찰관이 「마약류 불법거래 방지에 관한 특례법」 제34조제1항에 따라 검사에게 몰수·부대보전을 신청할 때에는 별지 제65호서식의 몰수·부대보전 신청서를 제출하여야 한다.

② 사법경찰관이 제1항에 따라 신청을 하였을 때에는 별지 제66호서식의 몰수·부대보전 신청부를 작성하고, 필요한 사항을 적어야 한다.

제3장 수사지휘

제1절 수사에 관한 보고

제74조(수사 개시 보고) 사법경찰관은 다음 각 호의 어느 하나에 해당하는 범죄의 혐의가 있다고 인식하는 때에는 즉시 수사를 개시하고 관할 지방검찰청 검사장 또는 지청장에게 보고하여야 한다.
1. 내란의 죄
2. 외환(外患)의 죄
3. 국기(國旗)에 관한 죄
4. 국교(國交)에 관한 죄
5. 공안을 해하는 죄. 다만, 공무원자격의 사칭죄는 제외한다.
6. 폭발물에 관한 죄
7. 살인의 죄
8. 13세 미만 아동 또는 장애인에 대한 성폭력범죄
9. 「국가보안법」을 위반한 범죄
10. 각종 선거법을 위반한 범죄
11. 공무원에 관한 죄(국회의원 및 지방의회의원, 4급 또는 4급 상당 이상 공무원의 범죄 및 기관장인 5급 또는 5급 상당 이하 공무원의 직무와 관련된 범죄에 한한다.)
12. 피해 규모, 광역성, 연쇄성, 수법 등에 비추어 사회의 이목을 끌만한 범죄
13. 검찰총장 승인을 얻어 지방검찰청 검사장 또는 지청장이 지정한 범죄

제75조(범죄통계원표) 사법경찰관은 형사사법정보시스템을 이용해 사건마다 범죄통계원표를 작성하여 검찰총장이나 관할 지방검찰청 검사장 또는 지청장에게 제출하여야 한다.

제2절 수사지휘의 이행

제76조(중요 범죄의 입건) 사법경찰관은 대공·선거(정당 관련 범죄 포함)·노동·집단행동·출입국·테러 및 이에 준하는 공안 관련 범죄에 대하여 수사를 개시한 때에는 검사에게 지휘를 건의하고 입건 여부에 대한 검사의 의견에 따라야 한다.

제77조(송치 전 지휘 등) ① 사법경찰관은 다음 각 호의 어느 하나에 해당하는 범죄에 대해서는 사건 송치 전에 검사의 구체적 지휘를 받아야 한다.
1. 제76조에 따라 입건 지휘를 받은 사건
2. 「폭력행위 등 처벌에 관한 법률」 제4조 또는 제5조 및 그 미수범으로 입건한 사건

3. 사건관계인의 이의 제기 등의 사유로 사건관계인의 인권 보호, 수사의 투명성을 위해 사건 송치 전에 지휘가 필요하다고 인정되는 사건

② 검사가 송치의견에 대하여 지휘할 때에는 법률 적용 및 증거 판단 등에 대한 의견을 지휘서에 적어야 한다.

제78조(송치 지휘 등) ① 검사는 사법경찰관리가 수사를 진행하고 있는 사건에 대하여 수사절차상 이의가 제기되거나 동일한 사건이나 관련된 사건을 2개 이상의 기관에서 수사하는 경우 등 수사과정에서 사건관계인의 인권이 침해될 우려가 현저하여 검사가 직접 수사할 필요가 있다고 인정되는 경우에는 즉시 사법경찰관에게 사건을 송치하도록 지휘할 수 있다.

② 사법경찰관은 제1항에 따라 지휘를 받은 때에는 즉시 수사를 중단하고 검찰에 사건을 송치하여야 한다.

제79조(송치 이후 보완 지휘) ① 사법경찰관은 사건을 송치한 후 검사로부터 보완수사 지휘를 받은 때에는 지휘 내용을 이행하고, 그 결과를 검사에게 보고하여야 한다.

② 제1항의 경우 사법경찰관리는 사건관계인을 소환하거나 조사할 때 검사로부터 보완수사를 지휘받았다는 사실을 고지하여야 한다.

제80조(검사 수사사건 지휘) ① 사법경찰관리가 검사로부터 검사가 접수한 사건에 대하여 수사할 것을 지휘받은 때에는 신속히 수사한 후 사건 송치 전에 검사의 구체적 지휘를 받아야 한다.

② 사법경찰관리가 제1항에 따른 지휘를 받아 고소인, 피의자 등 사건관계인을 소환하거나 조사할 때에는 그 취지를 고지하여야 한다.

제4장 사건 송치

제81조(사건 송치) 사법경찰관이 사건을 입건하여 수사를 종결하였을 때에는 이를 모두 관할 지방검찰청 검사장 또는 지청장에게 송치하여야 한다.

제82조(송치 서류) ① 사건을 송치할 때에는 수사 서류에 별지 제67호서식부터 별지 제71호서식까지의 사건송치서, 압수물 총목록, 기록목록, 의견서와 범죄경력 조회 회보서, 수사경력 조회 회보서 등 필요한 서류를 첨부하여야 한다. 다만, 「형의 실효 등에 관한 법률」 제5조제1항제2호에 해당하는 경우로서 피의자가 그 신원을 증명하는 자료를 제시하지 아니하거나 제시하지 못하는 경우, 피의자가 제시한 자료에 의하여 피의자의 신원을 확인하기 어려운 경우 또는 수사상 특히 필요하다고 인정하여 피의자의 동의를 얻은 경우에 해당하지 아니하는 피의자에 대하여 다음 각 호의 어느 하나의 의견으로 송치할 때에는 범죄경력 조회 회보서 및 수사경력 조회 회보서를 첨부하지 아니할 수 있다.

1. 혐의없음
2. 공소권없음
3. 죄가안됨
4. 각하(却下)
5. 참고인중지

② 사건 송치 전에 범죄경력 조회 회보 및 수사경력 조회 회보를 받지 못하였을 때에는 사건송치서(비고란)에 그 사유를 적고, 송치 후에 범죄경력 및 수사경력을 발견하였을 때에는 즉시 주임검사에게 보고하여야 한다.

③ 송치 서류는 다음 순서에 따라 편철하여야 한다.

1. 사건송치서
2. 압수물 총목록
3. 법 제198조제3항에 따라 작성된 서류 또는 물건 전부를 적은 기록목록
4. 의견서
5. 그 밖의 서류

④ 제3항제2호부터 제4호까지의 서류에는 송치인이 직접 간인을 하여야 한다.

⑤ 제3항제4호의 서류에는 각 장마다 면수를 기입하되, 1장으로 이루어진 경우에는 "1"로 표시하고, 2장 이상으로 이루어진 경우에는 "1-1", "1-2", "1-3" 등으로 표시하여야 한다.

⑥ 제3항제5호의 서류는 접수하거나 작성한 순서에 따라 편철하고, 각 장마다 면수를 표시하되, "2"부터 시작하여 순서대로 매겨야 한다.

⑦ 사법경찰관이 다음 각 호의 어느 하나에 해당하는 귀중품을 송치할 때에는 감정서 3부를 첨부하여야 한다.

1. 통화·외국환 및 유가증권에 준하는 증서
2. 귀금속류 및 귀금속제품
3. 문화재 및 고가예술품
4. 그 밖에 검사 또는 법원이 특수압수물로 분류지정하거나 고가품 또는 중요한 물건으로서 특수압수물로 인정하는 물건

⑧ 통신제한조치를 집행한 사건의 송치 시에는 수사기록표지 승거품 란에 "통신제한조치"라고 표기하고 통신제한조치 집행으로 취득한 물건은 담당 사법경찰관리가 직접 압수물 송치에 준하여 송치하여야 한다.

⑨ 사건 송치 전 수사진행 단계에서 구속영장, 압수·수색·검증영장, 통신제한조치 허가를 신청하거나 신병지휘 건의 등을 하는 경우에 영장신청 서류 또는 신병지휘 건의 서류 등에 관하여는 제3항부터 제6항까지의 규정을 준용한다.

제83조(송치인 및 의견서 작성인) ① 제81조에 따라 사건을 송치할 때에는 소속 관서의 장인 사법경찰관의 명의로 하여야 한다. 다만, 소속 관서의 장이 사법경찰관이 아닐 때에는 수사 주무부서의 장인 사법경찰관의 명의로 하여야 한다.

② 제82조제1항의 의견서는 사법경찰관이 작성하여야 한다.

제84조(영상녹화물의 송치) ① 사법경찰관은 영상녹화를 실시하였을 때에는 사건 송치 시 봉인된 영상녹화물을 기록과 함께 송치하여야 한다.

② 영상녹화물 송치 시 사법경찰관은 송치서 표지 비고란에 영상녹화물의 종류와 개수를 표시하여야 한다.

제85조(추송) 사법경찰관이 사건 송치 후에 다시 서류 또는 물건을 추송할 때에는 앞서 송치한 사건명, 그 연월일, 피의자의 성명과 추송하는 서류 및 증거물 등을 적은 별지 제72호서식의 추송서를 첨부하여야 한다.

제86조(송치 후의 수사 등) ① 사법경찰관리는 사건을 송치한 후에 수사를 계속하려면 미리 주임검사의 지휘를 받아야 한다.

② 사법경찰관리는 사건을 송치한 후에 해당 사건 피의자의 다른 범죄를 발견하였을 때에는 즉시 주임검사에게 보고하고 지휘를 받아야 한다.

③ 사법경찰관이 고소·고발사건을 기소·기소중지 또는 참고인중지의 의견으로 송치한 후에 관할 지방검찰청 또는 지청의 사건사무담당직원으로부터 그 사건에 대한 혐의없음·공소권없음·죄가안됨·각하의 처분결과와 함께 피의자에 대한 수사자료표를 폐기하도록 통보받았을 때에는 그 수사자료표가 지체 없이 폐기될 수 있도록 조치하여야 한다.

제87조(소재불명자의 처리) 사법경찰관은 제74조에서 규정한 죄에 해당하는 사건을 송치할 때에는 소재불명 피의자의 지명수배 내용과 사진, 그 밖에 별지 제73호서식의 인상서 등을 첨부하여야 한다.

제88조(참고인 등의 소재수사) ① 사법경찰관이 참고인중지 의견으로 사건을 송치할 때에는 별지 제74호서식의 참고인 등 소재수사 지휘부를 작성하고 그 사본 1부를 수사기록에 편철하여야 한다.

② 사법경찰관리는 제1항에 따라 작성된 참고인 등 소재수사 지휘부를 편철하여

관리하고 분기마다 1회 이상 참고인 등에 대한 소재수사를 하여야 한다. 다만, 검사가 송치의견과 다른 결정을 하였을 때에는 참고인 등 소재수사 지휘부에 그 취지를 적고 소재수사를 하지 아니한다.

제89조(기소중지 또는 참고인중지 처분된 자에 대한 수사) ① 사법경찰관은 검사가 피의자 소재불명의 사유로 기소중지한 자를 발견하였을 때에는 즉시 수사에 착수하고 별지 제75호서식의 기소중지자 소재발견 보고서를 작성하여 관할 지방검찰청 또는 지청의 검사에게 보고하여야 한다.

② 기소중지가 특정증거의 불명으로 인한 것인 경우에 이를 발견하였을 때 또는 참고인중지의 경우에 참고인 등을 발견하였을 때에도 제1항과 같다. 다만, 참고인 등의 소재를 발견하였을 때에는 별지 제76호서식에 따른다.

③ 사법경찰관이 제1항의 사유로 수사에 착수하였을 때에는 별지 제77호서식의 피의자 소재발견 처리부에 적어야 한다.

제5장 수사관계 서류

제90조(수사서류의 작성) 수사서류를 작성할 때에는 내용의 정확성과 진술의 임의성을 확보하기 위하여 특히 다음 사항에 유의하여야 한다.

1. 일상용어에 사용하는 쉬운 문구를 사용한다.
2. 복잡한 사항은 항목을 나누어 기술한다.
3. 사투리, 약어, 은어 등은 그 다음에 괄호를 하고 간단한 설명을 붙인다.
4. 외국어 또는 학술용어에는 그 다음에 괄호를 하고 간단한 설명을 붙인다.
5. 지명, 인명 등으로서 혼동할 우려가 있을 때, 그 밖에 특히 필요하다고 인정할 때에는 그 다음에 괄호를 하고 한자 등을 기입하거나 설명을 붙인다.
6. 각 서류마다 작성 연월일을 적고 간인하게 한 후 기명날인 또는 서명하도록 한다.

제91조(형사사법정보시스템의 이용) 사법경찰관리는 「형사사법절차 전자화 촉진법」 제2조제1호에서 정한 형사사법업무와 관련된 문서를 작성할 때에는 형사사법정보시스템을 이용하여야 하며, 작성한 문서는 형사사법정보시스템에 저장·보관하여야 한다. 다만, 형사사법정보시스템을 이용하는 것이 곤란한 다음 각 호의 어느 하나에 해당하는 경우는 예외로 한다.

1. 피의자, 피해자, 참고인 등 사건관계인이 직접 작성하는 문서
2. 형사사법정보시스템에 작성 기능이 구현되어 있지 아니한 문서
3. 형사사법정보시스템을 이용할 수 없는 시간 또는 장소에서 불가피하게 작성해야 하거나 형사사법정보시스템 장애 또는 전산망 오류 등으로 형사사법정보시스템을 이용할 수 없는 상황에서 불가피하게 작성해야 하는 문서

제92조(외국어로 된 서면) 외국어로 적은 서류가 있을 때에는 번역문을 첨부하여야 한다.

제93조(장부와 비치서류) 사법경찰 사무를 처리하는 관서에는 다음의 장부 및 서류를 갖추어 두어야 한다.

1. 범죄사건부
2. 압수부
3. 구속영장 신청부
4. 체포영장 신청부
5. 체포·구속영장 집행원부
6. 긴급체포원부
7. 현행범인 체포원부
8. 피의자 소재발견 처리부
9. 압수·수색·검증영장 신청부
10. 출석요구통지부
11. 체포·구속인 접견부
12. 체포·구속인 교통부
13. 물품차입부
14. 체포·구속인 수진부
15. 체포·구속인명부

16. 수사종결사건철(송치사건철)
17. 변사사건종결철
18. 수사미제사건기록철
19. 통계철
20. 처분결과통지서철
21. 검시조서철
22. 통신제한조치 허가신청부
23. 통신제한조치 집행대장
24. 긴급통신제한조치 대장
25. 긴급통신제한조치 통보서발송부
26. 통신제한조치 집행사실통지부
27. 통신제한조치 집행사실 통지유예 승인신청부
28. 통신사실확인자료 제공요청 허가신청부
29. 긴급통신사실확인자료 제공요청대장
30. 통신사실확인자료 제공요청 집행대장
31. 통신사실확인자료 회신대장
32. 통신사실확인자료 제공요청 집행사실 통지부
33. 통신사실확인자료 제공요청 집행사실 통지유예 승인신청부
34. 영상녹화물 관리대장
35. 특례조치 등 신청부
36. 몰수·부대보전 신청부

제94조(장부와 비치서류의 전자화) ① 제93조 각 호의 장부와 비치서류 중 형사사법정보시스템에 그 작성·저장·관리 기능이 구현되어 있는 것은 전자적으로 관리할 수 있다.

② 제1항의 경우 전자 장부와 전자 비치서류는 종이 장부와 서류의 개별 항목을 포함하여야 한다.

제95조(수사종결사건철) 수사종결사건철(송치사건철)에는 검사에게 송치한 사건의 기록 목록 및 의견서의 사본을 편철하여야 한다.

제96조(수사미제사건기록철) 수사미제사건기록철에는 장차 검거할 가망이 없는 도난이나 그 밖의 피해신고 사건 등의 기록

을 편철하여야 한다.

제97조(통계철) 통계철에는 사법경찰업무에 관한 각종 통계서류를 편철하여야 한다.

제98조(처분결과통지서철) 처분결과통지서철에는 검사의 기소·불기소(기소유예·혐의없음·공소권없음·죄가안됨·각하)·기소중지·참고인중지·이송 등 결정 및 각 심급의 재판 결과에 관한 통지서를 편철하여야 한다.

제99조(서류철의 색인목록) ① 서류철에는 색인목록을 붙여야 한다.

② 서류 편철 후 그 일부를 빼낼 때에는 색인목록 비고란에 그 연월일 및 사유를 적고 담당 사법경찰관이 도장을 찍어야 한다.

제100조(임의 장부 등) 사법경찰관은 필요하다고 인정할 때에는 제10조 및 제93조에서 규정한 장부 및 서류 외에 필요한 장부 또는 서류철을 갖추어 둘 수 있다.

제101조(장부 등의 갱신) ① 사법경찰사무에 관한 장부 및 서류철은 해마다 갱신하여야 한다. 다만, 필요에 따라서는 계속 사용할 수 있다.

② 제1항 단서의 경우에는 그 연도를 구분하는 종이 등을 삽입하여 연도별로 분명히 구분하여야 한다.

제102조(장부 및 서류의 보존기간) 장부 및 서류는 다음 각 호의 기간 동안 보존하여야 한다.

1. 범죄사건부: 25년
2. 압수부: 25년
3. 구속영장 신청부: 2년
4. 체포영장 신청부: 2년
5. 체포·구속영장 집행원부: 2년
6. 긴급체포원부: 2년
7. 현행범인 체포원부: 2년
8. 피의자 소재발견 처리부: 25년
9. 압수·수색·검증영장 신청부: 2년
10. 출석요구통지부: 2년

11. 체포·구속인 접견부: 2년
12. 체포·구속인 교통부: 2년
13. 물품차입부: 2년
14. 체포·구속인 수진부: 2년
15. 체포·구속인명부: 25년
16. 수사종결사건철(송치사건철): 25년
17. 변사사건종결철: 25년
18. 수사미제사건기록철: 25년
19. 통계철: 5년
20. 처분결과통지서철: 2년
21. 검시조서철: 2년
22. 통신제한조치 허가신청부: 3년
23. 통신제한조치 집행대장: 3년
24. 긴급통신제한조치 대장: 3년
25. 긴급통신제한조치 통보서발송부: 3년
26. 통신제한조치 집행사실통지부: 3년
27. 통신제한조치 집행사실 통지유예 승
　인신청부: 3년
28. 통신사실확인자료 제공요청 허가신청
　부: 3년
29. 긴급통신사실확인자료 제공요청대장: 3년
30. 통신사실확인자료 제공요청 집행대장: 3년
31. 통신사실확인자료 회신대장: 3년
32. 통신사실확인자료 제공요청 집행사실
　통지부: 3년
33. 통신사실확인자료 제공요청 집행사실
　통지유예 승인신청부: 3년
34. 영상녹화물 관리대장: 25년
35. 특례조치 등 신청부: 2년
36. 몰수·부대보전 신청부: 10년

제103조(보존기간의 기산 등) ① 제102조
의 보존기간은 사건처리를 완결하거나 최
종 절차를 마친 다음 해 1월 1일부터 기
산(起算)한다.
② 보존기간이 지난 장부 및 서류철은 폐
기목록을 작성한 후 폐기하여야 한다.

제6장 약식절차에서의 전자문서 이용 등

제104조(동의) 사법경찰관리는 「약식절차
에서의 전자문서 이용 등에 관한 법률」

제3조에 해당하는 사건(이하 "전자약식사
건"이라 한다)을 수사할 때에는 피의자를
신문하기 전에 전자문서 등을 이용하여 처
리되는 약식절차(이하 "전자약식절차"라
한다)에 관하여 안내하고 동의 여부를 확
인하여야 한다. 피의자가 동의할 때에는
별지 제78호서식의 동의서를 형사사법정보
시스템에서 전자문서로 작성하여야 한다.

제105조(전자약식절차의 예외) 사법경찰관
리는 「약식절차에서의 전자문서 이용 등
에 관한 법률」 제3조제3항제2호에 해당
하여 전자약식절차에 따르는 것이 적절하
지 아니하다고 판단할 때에는 그 취지를
적은 수사보고서를 작성하여 수사기록에
편철하여야 한다.

제106조(전자화문서) ① 사법경찰관리가 피
의자나 그 밖의 사건관계인으로부터 해당
사건에 관한 종이문서나 그 밖에 전자적
형태로 작성되지 아니한 문서(이하 "전자
화대상문서"라 한다)를 접수하였을 때에는
즉시 스캐너 등을 이용하여 형사사법정보
시스템에서 처리할 수 있는 문서(이하 "전
자화문서"라 한다)로 변환하여 작성한다.
② 제1항의 문서 작성자는 전자화문서에
행정전자서명을 하여야 한다.
③ 전자약식사건을 송치하였을 때에는 전
자화대상문서를 추송하여야 한다.
④ 전자화문서 작성 후 사건 송치 전에
피의자가 「약식절차에서의 전자문서 이
용 등에 관한 법률」 제3조제1항의 동의
를 철회하는 등의 사유로 전자약식사건에
해당하지 아니하게 되었을 때에는 해당
전자화대상문서를 수사기록에 편철하여
송치하여야 한다.

제7장 보칙

제107조(수사협의회) 대검찰청, 경찰청 및
해양경찰청 간에 수사에 관한 제도 개선
방안을 논의하고, 서로 의견을 교환하기
위하여 협의회를 둔다.

제108조(상황 정보 공유) 사법경찰관은 소요의 발생, 집단 불법행위 등의 사유로 사회적 불안이 조성되거나, 그러한 상황이 계속되고 있을 때에는 그 사실과 경찰 조치에 관한 자료를 관할 지방검찰청 또는 지청의 검사와 공유하여야 한다.

제109조(특별사법경찰관리에 대한 적용 제외) 법 제197조 및 「사법경찰관리의 직무를 수행할 자와 그 직무범위에 관한 법률」에 따른 사법경찰관리에 대해서는 이 영을 적용하지 아니한다.

※ 형사소송법

제197조(특별사법경찰관리) 삼림, 해사, 전매, 세무, 군수사기관 기타 특별한 사항에 관하여 사법경찰관리의 직무를 행할 자와 그 직무의 범위는 법률로써 정한다.

※ 사법경찰관리의 직무를 수행할 자와 그 직무범위에 관한 법률

제1조(목적) 이 법은 「형사소송법」 제197조에 따라 사법경찰관리의 직무를 수행할 자와 그 직무범위를 정함을 목적으로 한다.

부 칙 <제28211호, 2017.7.26.>

제1조(시행일) 이 영은 공포한 날부터 시행한다. 다만, 부칙 제8조에 따라 개정되는 대통령령 중 이 영 시행 전에 공포되었으나 시행일이 도래하지 아니한 대통령령을 개정한 부분은 각각 해당 대통령령의 시행일부터 시행한다.

게임산업진흥에 관한 법률

[시행 2017.7.26.]

제1장 총 칙

제1조(목적) 이 법은 게임산업의 기반을 조성하고 게임물의 이용에 관한 사항을 정하여 게임산업의 진흥 및 국민의 건전한 게임문화를 확립함으로써 국민경제의 발전과 국민의 문화적 삶의 질 향상에 이바지함을 목적으로 한다.

제2조(정의) 이 법에서 사용하는 용어의 정의는 다음과 같다.

1. "게임물"이라 함은 컴퓨터프로그램 등 정보처리 기술이나 기계장치를 이용하여 오락을 할 수 있게 하거나 이에 부수하여 여가선용, 학습 및 운동효과 등을 높일 수 있도록 제작된 영상물 또는 그 영상물의 이용을 주된 목적으로 제작된 기기 및 장치를 말한다. 다만, 다음 각 목의 어느 하나에 해당하는 것을 제외한다.
   가. 사행성게임물
   나. 「관광진흥법」 제3조의 규정에 의한 관광사업의 규율대상이 되는 것
   다. 게임물과 게임물이 아닌 것이 혼재되어 있는 것으로서 문화체육관광부장관이 정하여 고시하는 것
1의2. "사행성게임물"이라 함은 다음 각 목에 해당하는 게임물로서, 그 결과에 따라 재산상 이익 또는 손실을 주는 것을 말한다.
   가. 베팅이나 배당을 내용으로 하는 게임물
   나. 우연적인 방법으로 결과가 결정되는 게임물
   다. 「한국마사회법」에서 규율하는 경마와 이를 모사한 게임물
   라. 「경륜·경정법」에서 규율하는 경륜·경정과 이를 모사한 게임물
   마. 「관광진흥법」에서 규율하는 카지노와 이를 모사한 게임물
   바. 그 밖에 대통령령이 정하는 게임물

> **제1조의2(사행성게임물)** 「게임산업진흥에 관한 법률」(이하 "법"이라 한다) 제2조제1호의2바목에서 "그 밖에 대통령령이 정하는 게임물"이란 다음 각 호의 어느 하나에 해당하는 게임물을 말한다.
> 1. 「사행행위 등 규제 및 처벌 특례법」 제2조제2호에 따른 사행행위영업을 모사한 게임물
> 2. 「복권 및 복권기금법」 제2조제1호에 따른 복권을 모사한 게임물
> 3. 「전통소싸움경기에 관한 법률」 제2조제1호에 따른 소싸움을 모사한 게임물

2. "게임물내용정보"라 함은 게임물의 내용에 대한 폭력성·선정성(煽情性) 또는 사행성(射倖性)의 여부 또는 그 정도와 그 밖에 게임물의 운영에 관한 정보를 말한다.
3. "게임산업"이라 함은 게임물 또는 게임상품(게임물을 이용하여 경제적 부가가치를 창출하는 유·무형의 재화·서비스 및 그의 복합체를 말한다. 이하 같다)의 제작·유통·이용제공 및 이에 관한 서비스와 관련된 산업을 말한다.
4. "게임제작업"이라 함은 게임물을 기획하거나 복제하여 제작하는 영업을 말한다.
5. "게임배급업"이라 함은 게임물을 수입(원판수입을 포함한다)하거나 그 저작권을 소유·관리하면서 게임제공업을 하는 자 등에게 게임물을 공급하는 영업을 말한다.
6. "게임제공업"이라 함은 공중이 게임물을 이용할 수 있도록 이를 제공하는 영업을 말한다. 다만, 다음 각 목의 어느 하나에 해당하는 경우를 제외한다.
   가. 「관광진흥법」에 의한 카지노업을 하는 경우
   나. 「사행행위 등 규제 및 처벌특례법」에

의한 사행기구를 갖추어 사행행위를 하는 경우

다. 제4호 내지 제8호에 규정한 영업 외의 영업을 하면서 고객의 유치 또는 광고 등을 목적으로 해당 영업소의 고객이 게임물을 이용할 수 있도록 하는 경우로서 대통령령이 정하는 종류 및 방법 등에 의하여 게임물을 제공하는 경우

제2조(게임제공업 등에서 제외되는 게임물제공의 범위) ① 법 제2조제6호 다목에서 "대통령령이 정하는 종류 및 방법 등에 의하여 게임물을 제공하는 경우"란 다음 각 호에서 정하는 기준을 모두 충족하여 게임물을 제공하는 경우를 말한다.

1. 전체이용가 게임물만을 제공할 것
2. 1개의 영업소당 문화체육관광부장관이 정하여 고시하는 수 이하의 게임물을 설치할 것
3. 게임물을 당해 영업소 건물 내에 설치할 것

② 법 제2조제7호 단서에서 "대통령령으로 정하는 종류 및 방법 등에 따라 게임물을 제공하는 경우"란 다음 각 호에서 정하는 기준을 모두 충족하여 게임물을 제공하는 경우를 말한다.

1. 전체이용가 게임물만을 제공할 것
2. 1개의 영업소당 게임물을 이용할 수 있는 컴퓨터 등 필요한 기자재를 문화체육관광부장관이 정하여 고시하는 수 이하로 설치할 것
3. 컴퓨터 등 필요한 기자재를 해당 영업소 건물 내에 설치할 것

라. 제7호의 규정에 의한 인터넷컴퓨터게임시설제공업의 경우

마. 제22조제2항의 규정에 따라 사행성 게임물에 해당되어 등급분류 거부결정을 받은 게임물을 제공하는 경우

6의2. 제6호의 게임제공업 중 일정한 물리적 장소에서 필요한 설비를 갖추고 게임물을 제공하는 영업은 다음 각 호와 같다.

가. 청소년게임제공업 : 제21조의 규정에 따라 등급분류된 게임물 중 전체이용가 게임물을 설치하여 공중의 이용에 제공하는 영업

나. 일반게임제공업 : 제21조의 규정에 따라 등급분류된 게임물 중 청소년이용불

가 게임물과 전체이용가 게임물을 설치하여 공중의 이용에 제공하는 영업

7. "인터넷컴퓨터게임시설제공업"이라 함은 컴퓨터 등 필요한 기자재를 갖추고 공중이 게임물을 이용하게 하거나 부수적으로 그 밖의 정보제공물을 이용할 수 있도록 하는 영업을 말한다. 다만, 제4호부터 제6호까지, 제6호의2, 제7호 및 제8호에 규정한 영업 외의 영업을 하면서 고객의 유치 또는 광고 등을 목적으로 컴퓨터 등 필요한 기자재를 갖추고 해당 영업소의 고객이 게임물을 이용하게 하거나 부수적으로 정보제공물을 이용할 수 있도록 하는 경우로서 대통령령으로 정하는 종류 및 방법 등에 따라 게임물을 제공하는 경우는 제외한다.

8. "복합유통게임제공업"이라 함은 청소년게임제공업 또는 인터넷컴퓨터게임시설제공업과 이 법에 의한 다른 영업 또는 다른 법률에 의한 영업을 동일한 장소에서 함께 영위하는 영업을 말한다.

9. "게임물 관련사업자"라 함은 제4호 내지 제8호의 영업을 하는 자를 말한다. 다만, 제6호다목 및 제7호 단서에 따른 영업을 하는 자는 제28조의 적용에 한하여 게임물 관련사업자로 본다.

10. "청소년"이라 함은 18세 미만의 자(「초·중등교육법」제2조의 규정에 의한 고등학교에 재학 중인 학생을 포함한다)를 말한다.

제12조의3(게임과몰입·중독 예방조치 등) ④ 문화체육관광부장관은 대통령령으로 정하는 바에 따라 게임물 관련사업자에게 예방조치와 관련한 자료의 제출 및 보고를 요청할 수 있다. 이 경우 요청을 받은 자는 특별한 사유가 없는 한 이에 따라야 한다.

⑤ 문화체육관광부장관은 제4항에 따라 게임물 관련사업자로부터 제출 또는 보고받은 내용을 평가한 결과 예방조치가 충분하지 아니하다고 인정하면 해당 게임물

관련사업자에게 시정을 명할 수 있다.

⑥ 게임물 관련사업자는 제5항에 따른 시정명령을 받은 때에는 10일 이내에 조치결과를 문화체육관광부장관에게 보고하여야 한다.

제21조(등급분류) ⑤등급분류를 받은 게임물의 내용을 수정한 경우에는 문화체육관광부령이 정하는 바에 따라 24시간 이내에 이를 위원회에 신고하여야 한다. 이 경우 위원회는 신고된 내용이 등급의 변경을 요할 정도로 수정된 경우에는 신고를 받은 날부터 7일 이내에 등급 재분류 대상임을 통보하여야 하며, 통보받은 게임물은 새로운 게임물로 간주하여 위원회규정이 정하는 절차에 따라 새로이 등급분류를 받도록 조치하여야 한다.

제21조의5(해외 게임물의 이용제공) ① 자체등급분류사업자는 다음 각 호의 요건을 모두 갖춘 경우에 국내에 유통하는 것을 주된 목적으로 하지 아니한 게임물(이하 "해외 게임물"이라 한다)을 이용자에게 제공할 수 있다. 다만, 제21조제2항제4호에 해당하거나 청소년게임제공업과 일반게임제공업에 제공되는 게임물은 제외한다.

1. 자체등급분류사업자는 해외 유통사업자와 해외 게임물의 국내 이용제공에 관한 계약을 체결할 것
2. 자체등급분류사업자가 해외 게임물을 등급분류 할 것
3. 자체등급분류사업자는 이용자가 해외 게임물 이용 시 등급분류 결과를 용이하게 인지할 수 있도록 할 것
4. 자체등급분류사업자는 해외 게임물에 대한 등급분류 결과를 5영업일 이내에 위원회에 통보할 것

② 제1항에 따라 자체등급분류사업자가 등급분류한 해외 게임물은 다른 사업자가 이를 이용자에게 제공할 수 없다.

제25조(게임제작업 등의 등록) ①게임제작업 또는 게임배급업을 영위하고자 하는 자는 문화체육관광부령이 정하는 바에 따라 시장·군수·구청장에게 등록하여야 한다. 다만, 다음 각 호의 어느 하나에 해당하는 경우에는 등록하지 아니하고 이를 할 수 있다.

1. 국가 또는 지방자치단체가 제작하는 경우
2. 법령에 의하여 설립된 교육기관 또는 연수기관이 자체교육 또는 연수의 목적으로 사용하기 위하여 제작하는 경우
3. 「정부투자기관 관리기본법」제2조의 규정에 의한 정부투자기관 또는 정부출연기관이 그 사업의 홍보에 사용하기 위하여 제작하는 경우
4. 그 밖에 게임기기 자체만으로는 오락을 할 수 없는 기기를 제작하는 경우 등 대통령령이 정하는 경우

> **제15조(등록대상에서 제외되는 게임물 제작의 경우)** 법 제25조제1항제4호에서 "대통령령이 정하는 경우"라 함은 다음 각 호의 어느 하나에 해당하는 경우를 말한다.
> 1. 게임기기 자체만으로는 오락을 할 수 없는 기기를 제작하는 경우
> 2. 유통·시청제공 및 오락제공의 목적이 아닌 목적으로 특정한 자만을 대상으로 한 게임물을 제작하는 경우
> 3. 법 제21조제1항 각 호에 따른 등급분류 대상에 해당되지 아니하는 게임물을 제작하는 경우

②제1항의 규정에 의하여 등록한 자가 문화체육관광부령이 정하는 중요사항을 변경하고자 하는 경우에는 변경등록을 하여야 한다.

③시장·군수·구청장은 제1항 또는 제2항의 규정에 의한 등록 또는 변경등록을 받은 경우에는 신청인에게 등록증을 교부하여야 한다.

제26조(게임제공업 등의 허가 등) ①일반게임제공업을 영위하고자 하는 자는 허가의 기준·절차 등에 관하여 대통령령이 정하는 바에 따라 시장·군수·구청장의 허가를 받아 영업을 할 수 있다. 다만, 「국토의 계획 및 이용에 관한 법률」 제36조제1항제1호가

목의 주거지역에 위치하여서는 아니 된다.
②청소년게임제공업 또는 인터넷컴퓨터게
임시설제공업을 영위하고자 하는 자는 문
화체육관광부령이 정하는 시설을 갖추어
시장·군수·구청장에게 등록하여야 한다.
다만, 정보통신망을 통하여 게임물을 제공
하는 자로서 「전기통신사업법」에 따라 허
가를 받거나 신고 또는 등록을 한 경우에
는 이 법에 의하여 등록한 것으로 본다.
③복합유통게임제공업을 영위하고자 하는
자는 문화체육관광부령이 정하는 바에 따
라 시장·군수·구청장에게 등록하여야 한
다. 다만, 제2항에 따라 청소년게임제공업
또는 인터넷컴퓨터게임시설제공업의 등록
을 한 자가 복합유통게임제공업을 영위하
고자 하는 때에는 시장·군수·구청장에게
신고하여야 한다.
④제1항 내지 제3항의 규정에 따라 허가를
받거나 등록 또는 신고를 한 자가 문화체
육관광부령이 정하는 중요사항을 변경하고
자 하는 경우에는 변경허가를 하거나 변경
등록 또는 변경신고를 하여야 한다.
⑤시장·군수·구청장은 제1항 내지 제4항
의 규정에 따른 허가·변경허가를 하거나
등록·변경등록 또는 신고·변경신고를 받
은 경우에는 문화체육관광부령이 정하는 바
에 따라 신청인에게 허가증 또는 등록증·
신고증을 교부하여야 한다.

제27조(영업의 제한) 제25조 및 제26조의
규정에 의한 허가를 받거나 등록 또는 신
고를 하고자 하는 자가 다음 각 호의 어느
하나에 해당하는 경우에는 제25조 또는
제26조의 규정에 따른 허가를 받거나 등
록 또는 신고를 할 수 없다.
1. 제35조제1항·제2항 및 제38조제1항의
  규정에 의하여 영업폐쇄명령 또는 허가
  ·등록 취소처분이나 폐쇄 및 수거 등
  조치를 받은 후 1년이 경과되지 아니하
  거나 영업정지처분을 받은 후 그 기간이
  종료되지 아니한 자(법인의 경우에는 그

대표자 또는 임원을 포함한다)가 같은
  업종을 다시 영위하고자 하는 경우
2. 제35조제1항·제2항 및 제38조제1항의
  규정에 의하여 영업폐쇄명령 또는 허가
  ·등록 취소처분이나 폐쇄 및 수거 등
  조치를 받은 후 1년이 경과되지 아니하
  거나 영업정지처분을 받은 후 그 기간
  이 종료되지 아니한 경우에 같은 장소
  에서 그 영업과 같은 업종을 영위하고
  자 하는 경우
3. 「청소년 보호법」 제2조제5호가목의 규정
  에 의한 청소년 출입·고용금지업소를 영
  위하는 자가 복합유통게임제공업을 하고
  자 하는 경우

제28조(게임물 관련사업자의 준수사항) 게
임물 관련사업자는 다음 각 호의 사항을
지켜야 한다.
1. 제9조제3항의 규정에 의한 유통질서 등
  에 관한 교육을 받을 것
2. 게임물을 이용하여 도박 그 밖의 사행
  행위를 하게 하거나 이를 하도록 내버
  려 두지 아니할 것
2의2. 게임머니의 화폐단위를 한국은행에서
  발행되는 화폐단위와 동일하게 하는 등
  게임물의 내용구현과 밀접한 관련이 있는
  운영방식 또는 기기·장치 등을 통하여
  사행성을 조장하지 아니할 것
3. 경품 등을 제공하여 사행성을 조장하지
  아니할 것. 다만, 청소년게임제공업의
  전체이용가 게임물에 대하여 대통령령
  이 정하는 경품의 종류(완구류 및 문구
  류 등. 다만, 현금, 상품권 및 유가증권
  은 제외한다)·지급기준·제공방법 등
  에 의한 경우에는 그러하지 아니하다.

제16조의2(경품의 종류 등) 법 제28조제3
호 단서에 따라 제공할 수 있는 경품의 종
류와 그 지급기준 및 방법은 다음과 같다.
1. 경품의 종류
 가. 완구류 및 문구류

나. 문화상품류 및 스포츠용품류. 다만, 「청소년 보호법」 제2조에 따른 청소년유해매체물, 청소년유해약물 및 청소년유해물건을 제외한다.

2. 경품의 지급기준

지급되는 경품은 소비자판매가격(일반 소매상점에서의 판매가격을 말한다) 5천원 이내의 것으로 한다.

3. 경품의 제공방법

등급분류 시 심의된 게임물의 경품지급 장치를 통해서만 제공하여야 하며, 영업소 관계자 등이 경품을 직접 제공하여서는 아니된다.

4. 제2조제6호의2가목의 규정에 따른 청소년게임제공업을 영위하는 자는 청소년 이용불가 게임물을 제공하지 아니할 것

5. 제2조제6호의2나목의 규정에 따른 일반게임제공업 또는 제2조제8호에 따른 복합유통게임제공업(「청소년　보호법」에 따라 청소년 출입을 허용하는 경우는 제외한다)을 영위하는 자는 게임장에 청소년을 출입시키지 아니할 것

6. 게임물 및 컴퓨터 설비 등에 문화체육관광부장관이 고시하는 음란물 및 사행성게임물 차단 프로그램 또는 장치를 설치할 것. 다만, 음란물 및 사행성게임물 차단 프로그램 또는 장치를 설치하지 아니하여도 음란물 및 사행성게임물을 접속할 수 없게 되어 있는 경우에는 그러하지 아니하다.

7. 대통령령이 정하는 영업시간 및 청소년의 출입시간을 준수할 것

제16조(영업시간 및 청소년 출입시간제한 등) 법 제28조제7호에 따른 영업시간 및 청소년의 출입시간은 다음 각 호와 같다.

1. 영업시간

가. 일반게임제공업자의 영업시간은 오전 9시부터 오후 12시까지로 한다.

나. 복합유통게임제공업자의 영업시간은 오전 9시부터 오후 12시까지로 한다. 다만, 다음의 경우에는 영업시간의 제한을 받지 아니한다.

1) 다목 단서에 따라 영업시간의 제한을 받지 아니하는 청소년게임제공업과 이 법에 따른 다른 영업 또는 다른 법률에 따른 영업을 동일한 장소에서 함께 영위하는 복합유통게임제공업자

2) 라목에 따라 영업시간의 제한을 받지 아니하는 인터넷컴퓨터게임시설제공업과 이 법에 따른 다른 영업 또는 다른 법률에 따른 영업을 동일한 장소에서 함께 영위하는 복합유통게임제공업자

다. 청소년게임제공업자의 영업시간은 오전 9시부터 오후 12시까지로 한다. 다만, 청소년게임제공업자 중 게임 이용에 따라 획득된 결과물(법 제28조제3호 단서에 따라 제공하는 경품을 포함한다)의 제공이 가능한 전체이용가 게임물의 대수 및 설치면적이 전체 대수 및 설치면적의 100분의 20을 초과하지 않는 경우에는 영업시간의 제한을 받지 아니한다.

라. 가목, 나목 본문 및 다목 본문 외의 게임물 관련사업자는 영업시간의 제한을 받지 아니한다.

2. 청소년의 출입시간

가. 청소년게임제공업자, 복합유통게임제공업자(「청소년 보호법 시행령」 제5조 제1항제2호 단서에 따라 청소년의 출입이 허용되는 경우만 해당한다), 인터넷컴퓨터게임시설제공업자의 청소년 출입시간은 오전 9시부터 오후 10시까지로 한다. 다만, 청소년이 친권자·후견인·교사 또는 직장의 감독자 그 밖에 당해 청소년을 보호·감독할 만한 실질적인 지위에 있는 자를 동반한 경우에는 청소년 출입시간 외의 시간에도 청소년을 출입시킬 수 있다.

나. 가목 외의 게임물 관련사업자는 청소년 출입시간의 적용을 받지 아니한다.

8. 그 밖에 영업질서의 유지 등에 관하여 필요한 사항으로서 대통령령이 정하는 사항을 준수할 것

제17조(게임물 관련사업자의 준수사항)
법 제28조제8호에서 "대통령령이 정하는
사항"이라 함은 별표 2와 같다.

제29조(영업의 승계) ①제25조 또는 제26조
의 규정에 의하여 허가를 받은 영업자 또는
등록·신고를 한 영업자가 그 영업을 양도
하거나 사망한 때 또는 그 법인의 합병이
있는 때에는 그 양수인·상속인 또는 합병
후 존속하는 법인이나 합병에 의하여 설립
되는 법인은 그 영업자의 지위를 승계한다.
②제30조의 규정에 의한 폐업신고에 의하
여 허가가 취소되거나 등록 또는 신고가
말소된 자가 1년 이내에 폐업한 장소에서
같은 업종으로 다시 허가를 받거나 등록
또는 신고를 하고자 하는 경우에는 해당
영업자는 폐업신고 전의 영업자의 지위를
승계한다.
③「민사집행법」에 의한 경매, 「채무자 회생
및 파산에 관한 법률」에 의한 환가나 「국
세징수법」·「관세법」 또는 「지방세징수법」
에 의한 압류재산의 매각 그 밖에 이에 준
하는 절차에 따라 영업자의 시설·기구(대
통령령이 정하는 주요시설 및 기구를 말한
다)의 전부를 인수한 자는 그 영업자의 지
위를 승계한다.

제18조(영업의 승계) 법 제29조제3항에서 "
대통령령이 정하는 주요시설 및 기구"라 함
은 다음 각 호와 같다.
1. 게임제작업 및 게임배급업 : 영업소, 영업
설비와 기구
2. 게임제공업 : 영업소, 게임물
3. 복합유통게임제공업 : 영업소, 게임물, 다
른 영업을 영위하는 데 필요한 설비와 기구

④제1항 내지 제3항의 규정에 의하여 영업
자의 지위를 승계받은 자는 관할 시장·군
수·구청장에게 신고하여야 한다.

제32조(불법게임물 등의 유통금지 등) ①누
구든지 게임물의 유통질서를 저해하는 다
음 각 호의 행위를 하여서는 아니 된다.

다만, 제4호의 경우 「사행행위 등 규제 및
처벌특례법」에 따라 사행행위영업을 하는
자를 제외한다.
1. 제21조제1항의 규정에 의하여 등급을
받지 아니한 게임물을 유통 또는 이용
에 제공하거나 이를 위하여 진열·보관
하는 행위
2. 제21조제1항의 규정에 의하여 등급을 받
은 내용과 다른 내용의 게임물을 유통
또는 이용에 제공하거나 이를 위하여 진
열·보관하는 행위
3. 등급을 받은 게임물을 제21조제2항 각
호의 등급구분을 위반하여 이용에 제공
하는 행위
4. 제22조제2항의 규정에 따라 사행성게임
물에 해당되어 등급분류가 거부된 게임
물을 유통시키거나 이용에 제공하는 행
위 또는 유통·이용제공의 목적으로 진
열·보관하는 행위
5. 제22조제3항제1호의 규정에 의한 등급분
류필증을 매매·증여 또는 대여하는 행위
6. 제33조제1항 또는 제2항의 규정을 위반하
여 등급 및 게임물내용정보 등의 표시사항
을 표시하지 아니한 게임물 또는 게임물의
운영에 관한 정보를 표시하는 장치를 부착
하지 아니한 게임물을 유통시키거나 이용
에 제공하는 행위
7. 누구든지 게임물의 이용을 통하여 획득
한 유·무형의 결과물(점수, 경품, 게임
내에서 사용되는 가상의 화폐로서 대통
령령이 정하는 게임머니 및 대통령령이
정하는 이와 유사한 것을 말한다)을 환
전 또는 환전 알선하거나 재매입을 업
으로 하는 행위
8. 게임물의 정상적인 운영을 방해할 목적
으로 게임물 관련사업자가 제공 또는
승인하지 아니한 컴퓨터프로그램이나
기기 또는 장치를 배포하거나 배포할
목적으로 제작하는 행위
9. 게임물 관련사업자가 제공 또는 승인하

지 아니한 게임물을 제작, 배급, 제공 또는 알선하는 행위

10. 제9호에 따른 불법행위를 할 목적으로 컴퓨터프로그램이나 기기 또는 장치를 제작 또는 유통하는 행위

②누구든지 다음 각 호에 해당하는 게임물을 제작 또는 반입하여서는 아니 된다.

1. 반국가적인 행동을 묘사하거나 역사적 사실을 왜곡함으로써 국가의 정체성을 현저히 손상시킬 우려가 있는 것

2. 존비속에 대한 폭행·살인 등 가족윤리의 훼손 등으로 미풍양속을 해칠 우려가 있는 것

3. 범죄·폭력·음란 등을 지나치게 묘사하여 범죄심리 또는 모방심리를 부추기는 등 사회질서를 문란하게 할 우려가 있는 것

제33조(표시의무) ①게임물을 유통시키거나 이용에 제공할 목적으로 게임물을 제작 또는 배급하는 자는 해당 게임물마다 제작 또는 배급하는 자의 상호(도서에 부수되는 게임물의 경우에는 출판사의 상호를 말한다), 등급 및 게임물내용정보를 표시하여야 한다.
②게임물을 유통시키거나 이용에 제공할 목적으로 게임물을 제작 또는 배급하는 자는 대통령령이 정하는 게임물에 대하여 게임물의 운영에 관한 정보를 표시하는 장치를 부착하여야 한다.

제34조(광고·선전의 제한) ①누구든지 다음 각 호의 행위를 하여서는 아니된다.

1. 등급을 받은 게임물의 내용과 다른 내용의 광고를 하거나 그 선전물을 배포·게시하는 행위

2. 등급분류를 받은 게임물의 등급과 다른 등급을 표시한 광고·선전물을 배포·게시하는 행위

3. 게임물내용정보를 다르게 표시하여 광고하거나 그 선전물을 배포·게시하는 행위

4. 게임물에 대하여 내용정보 외에 경품제공 등 사행심을 조장하는 내용을 광고

하거나 선전물을 배포·게시하는 행위
②게임제공업,   인터넷컴퓨터게임시설제공업 또는 복합유통게임제공업을 하는 자는 사행행위와 도박이 이루어지는 장소로 오인할 수 있는 광고물로서 대통령령이 정하는 광고물을 설치 또는 게시하여서는 아니 된다.

제20조(광고·선전의 제한) 법 제34조제2항에서 "대통령령이 정하는 광고물"이라 함은 다음 각 호의 매체 또는 수단을 이용한 광고물을 말한다.

1. 「옥외광고물 등의 관리와 옥외광고산업 진흥에 관한 법률」 제2조제1호에 따른 옥외광고물

2. 「정보통신망 이용촉진 및 정보보호 등에 관한 법률」 제2조제1항제1호에 따른 정보통신망

3. 「신문 등의 진흥에 관한 법률」 제2조제1호 및 제2호에 따른 신문·인터넷신문 또는 「잡지 등 정기간행물의 진흥에 관한 법률」 제2조제1호에 따른 정기간행물

4. 「방송법」 제2조제1호에 따른 방송

5. 「전기통신기본법」 제2조제1호에 따른 전기통신

6. 전단지·견본 또는 입장권

7.   비디오물·음반·서적·간행물·영화 또는 연극

8. 그 밖에 문화체육관광부령이 정하는 매체 또는 수단

제35조(허가취소 등) ①시장·군수·구청장은 제25조제1항의 규정에 의하여 게임제작업 또는 게임배급업의 등록을 한 자가 다음 각 호의 어느 하나에 해당하는 때에는 6월 이내의 기간을 정하여 영업정지를 명하거나 영업폐쇄를 명할 수 있다. 다만, 제1호 또는 제2호에 해당하는 때에는 영업폐쇄를 명하여야 한다.

1. 거짓 그 밖의 부정한 방법으로 등록한 때

2. 영업정지명령을 위반하여 영업을 계속한 때

3. 제25조제2항의 규정을 위반하여 변경등록을

하지 아니한 때

4. 제28조의 규정에 의한 준수사항을 위반한 때

5. 제32조의 규정에 의한 불법게임물 등의 유통금지의무 등을 위반한 때

②시장·군수·구청장은 제26조의 규정에 의하여 게임제공업·인터넷컴퓨터게임시설제공업 또는 복합유통게임제공업의 허가를 받거나 등록 또는 신고를 한 자가 다음 각 호의 어느 하나에 해당하는 때에는 6월 이내의 기간을 정하여 영업정지를 명하거나 허가·등록취소 또는 영업폐쇄를 명할 수 있다. 다만, 제1호 또는 제2호에 해당하는 때에는 허가·등록취소 또는 영업폐쇄를 명하여야 한다.

1. 거짓 그 밖의 부정한 방법으로 허가를 받거나 등록 또는 신고를 한 때

2. 영업정지명령을 위반하여 영업을 계속한 때

3. 제26조제1항 내지 제3항의 규정에 의한 허가·등록기준을 갖추지 아니한 때

4. 제26조제4항의 규정에 의한 변경허가를 받지 아니하거나 변경등록·변경신고를 하지 아니한 때

5. 제28조의 규정에 따른 준수사항을 위반한 때

6. 제1항제4호 및 제5호에 해당한 때

③제1항 또는 제2항의 규정에 의하여 영업의 폐쇄명령 또는 허가·등록의 취소처분을 받은 자는 그 처분의 통지를 받은 날부터 7일 이내에 허가증 또는 등록증·신고증을 반납하여야 한다.

제36조(과징금 부과) ①시장·군수·구청장은 게임제공업·인터넷컴퓨터게임시설제공업 또는 복합유통게임제공업을 하는 자가 다음 각 호의 어느 하나에 해당하여 영업정지처분을 하여야 하는 때에는 대통령령이 정하는 바에 따라 그 영업정지처분에 갈음하여 2천만원 이하의 과징금을 부과할 수 있다.

1. 제26조제1항·제2항 또는 제3항 본문의 규정에 따른 허가기준·등록기준을 갖추지 아니한 때

2. 제28조제4호 내지 제8호의 규정에 의한 준수사항을 위반한 때

②시장·군수·구청장은 제1항의 규정에 의하여 과징금으로 징수한 금액에 상당하는 금액을 다음 각 호의 용도에 사용하여야 하며 매년 다음 연도의 과징금운용계획을 수립·시행하여야 한다.

1. 건전한 게임물의 제작 및 유통

2. 게임장의 건전화 및 유해환경 개선

3. 모범영업소의 지원

4. 불법게임물 및 불법영업소의 지도·단속 활동에 따른 지원

5. 압수된 불법게임물의 보관장소 확보 및 폐기

③시장·군수·구청장은 제1항의 규정에 의한 과징금을 납부하여야 할 자가 납부기한까지 이를 납부하지 아니하는 때에는 「지방세외수입금의 징수 등에 관한 법률」에 따라 징수한다.

제38조(폐쇄 및 수거 등) ①시장·군수·구청장은 제25조 또는 제26조의 규정에 따른 허가를 받지 아니하거나 등록 또는 신고를 하지 아니하고 영업을 하는 자와 제35조제1항 또는 제2항의 규정에 의하여 영업폐쇄명령을 받거나 허가·등록 취소처분을 받고 계속하여 영업을 하는 자에 대하여는 관계 공무원으로 하여금 그 영업소를 폐쇄하기 위하여 다음 각 호의 조치를 하게 할 수 있다.

1. 해당 영업 또는 영업소의 간판 그 밖의 영업표지물의 제거·삭제

2. 해당 영업 또는 영업소가 위법한 것임을 알리는 게시물의 부착

3. 영업을 위하여 필요한 기구 또는 시설물을 사용할 수 없게 하는 봉인

③문화체육관광부장관, 시·도지사 또는 시장·군수·구청장은 유통되거나 이용에 제

공되는 게임물 또는 광고·선전물 등이 다음 각 호의 어느 하나에 해당하는 때에는 이를 수거하거나 폐기 또는 삭제할 수 있다. 다만, 제2호의 경우 「사행행위 등 규제 및 처벌특례법」에 의한 사행행위영업을 하는 경우를 제외한다.

1. 등급분류를 받지 아니하거나 등급분류를 받은 것과 다른 내용의 게임물

1의2. 시험용 게임물로서 제21조제1항제3호의 대통령령이 정하는 대상·기준과 절차 등을 위반한 게임물

2. 사행성게임물에 해당되어 등급분류가 거부된 게임물

2의2. 제2조제6호다목의 대통령령이 정하는 종류 및 방법 등을 위반하여 제공된 게임물

3. 제25조의 규정에 의하여 등록을 하지 아니한 자가 영리의 목적으로 제작하거나 배급한 게임물

4. 제34조의 규정을 위반하여 배포·게시한 광고·선전물

5. 게임물의 기술적 보호조치를 무력하게 하기 위하여 제작된 기기·장치 및 프로그램

⑦ 문화체육관광부장관은 정보통신망을 통하여 제공되는 게임물 또는 광고·선전물 등이 제3항 각 호의 어느 하나에 해당하는 경우 「정보통신망 이용촉진 및 정보보호 등에 관한 법률」 제2조제1항제3호의 정보통신서비스 제공자 또는 같은 항 제9호의 게시판을 관리·운영하는 자로 하여금 그 취급을 거부·정지 또는 제한하는 등의 시정을 명할 수 있다. 이 경우 사전에 위원회의 심의 및 시정권고의 절차를 거쳐야 한다.

제39조의2(포상금) ①정부는 다음 각 호의 어느 하나에 해당하는 자를 관계 행정기관 또는 수사기관에 신고 또는 고발하거나 검거한 자에 대하여 예산의 범위 안에서 포상금을 지급할 수 있다.

1. 제28조제2호의 규정을 위반하여 도박 그 밖의 사행행위를 하게 하거나 이를 하도록 방치한 자

2. 제28조제3호의 규정을 위반하여 사행성을 조장한 자

3. 제32조의 규정에 따른 불법게임물 등의 유통금지의무 등을 위반한 자

4. 제34조제1항 각 호의 어느 하나의 행위를 한 자

②제1항의 규정에 따른 포상금 지급의 기준·방법 및 절차 등에 관하여 필요한 사항은 대통령령으로 정한다.

제40조(청문) 시장·군수·구청장은 제35조제1항 또는 제2항의 규정에 의하여 영업폐쇄명령, 허가취소 또는 등록취소를 하고자 하는 경우에는 청문을 실시하여야 한다.

제42조(권한의 위임·위탁) ①문화체육관광부장관 또는 시·도지사는 이 법의 규정에 의한 권한의 일부를 대통령령이 정하는 바에 따라 시·도지사 또는 시장·군수·구청장에게 위임할 수 있다.

②이 법의 규정에 따른 문화체육관광부장관, 시·도지사 또는 시장·군수·구청장의 권한은 대통령령이 정하는 바에 의하여 위원회 및 협회등에 위탁할 수 있다.

제43조(벌칙 적용에서의 공무원 의제) 제16조부터 제18조까지의 규정에 따른 위원회 및 사무국의 임직원, 제24조의2와 제42조제2항에 따라 위탁한 업무에 종사하는 등급분류기관 및 협회등의 임직원은 「형법」 제129조부터 제132조까지의 규정에 따른 벌칙의 적용에서는 공무원으로 본다.

제44조(벌칙) ①다음 각 호의 어느 하나에 해당하는 자는 5년 이하의 징역 또는 5천만원 이하의 벌금에 처한다.

1. 제28조제2호의 규정을 위반하여 도박 그 밖의 사행행위를 하게 하거나 이를 하도록 방치한 자

1의2. 제28조제3호의 규정을 위반하여 사행성을 조장한 자

2. 제32조제1항제1호·제4호·제7호·제9호

또는 제10호에 해당하는 행위를 한 자

3. 제38조제1항 각 호의 규정에 의한 조치를 받고도 계속하여 영업을 하는 자

②제1항의 규정에 해당하는 자가 소유 또는 점유하는 게임물, 그 범죄행위에 의하여 생긴 수익(이하 이 항에서 "범죄수익"이라 한다)과 범죄수익에서 유래한 재산은 몰수하고, 이를 몰수할 수 없는 때에는 그 가액을 추징한다.

③제2항에서 규정한 범죄수익 및 범죄수익에서 유래한 재산의 몰수·추징과 관련되는 사항은 「범죄수익은닉의 규제 및 처벌 등에 관한 법률」 제8조 내지 제10조의 규정을 준용한다.

제45조(벌칙) 다음 각 호의 어느 하나에 해당하는 자는 2년 이하의 징역 또는 2천만원 이하의 벌금에 처한다.

1. 제12조의3제5항에 따른 문화체육관광부장관의 시정명령을 따르지 아니한 자

1의2. 제22조제4항의 규정에 의한 정당한 권원을 가지지 아니하거나 거짓 그 밖의 부정한 방법으로 게임물의 등급분류를 받은 자

1의3. 제21조의8제4항에 따른 문화체육관광부장관의 명령을 이행하지 아니한 자

2. 제25조 또는 제26조제1항·제2항·제3항 본문의 규정을 위반하여 허가를 받지 아니하거나 등록을 하지 아니하고 영업을 한 자

3의2. 제28조제4호의 규정을 위반하여 청소년이용불가 게임물을 제공한 자

4. 제32조제1항제2호의 규정을 위반하여 등급분류를 받은 게임물과 다른 내용의 게임물을 유통 또는 이용제공 및 전시·보관한 자

5. 제32조제1항제5호의 규정을 위반하여 등급분류필증을 매매·증여 또는 대여한 자

6. 제32조제2항 각 호의 규정을 위반하여 게임물을 제작 또는 반입한 자

7. 제32조제1항제6호 및 제33조의 규정을 위반하여 표시의무를 이행하지 아니한 게임물을 유통시키거나 이용에 제공한 자

8. 제35조제1항제1호·제2항제1호의 규정에 의한 거짓 그 밖의 부정한 방법으로 허가를 받거나 등록 또는 신고를 한 자

9. 제35조제2항제2호의 규정에 의한 영업정지명령을 위반하여 영업한 자

10. 제38조제3항제3호 또는 제4호의 규정에 해당하는 게임물 및 게임상품 등을 제작·유통·시청 또는 이용에 제공하거나 그 목적으로 전시·보관한 자

제46조(벌칙) 다음 각 호의 어느 하나에 해당하는 자는 1년 이하의 징역 또는 1천만원 이하의 벌금에 처한다.

1. 제26조제3항 단서의 규정을 위반하여 신고를 하지 아니하고 영업을 한 자

2. 제28조제7호의 규정에 의한 청소년의 출입시간을 위반하여 청소년을 출입시킨 자

3. 제32조제1항제3호의 규정에 의한 제21조제2항제4호의 등급구분을 위반하여 게임물을 제공한 자

3의2. 제32조제1항제8호를 위반하여 게임물 관련사업자가 제공 또는 승인하지 아니한 컴퓨터프로그램이나 기기 또는 장치를 배포하거나 배포할 목적으로 제작하는 행위를 한 자

5. 제35조제1항제2호의 규정에 의한 영업정지명령을 위반하여 영업한 자

6. 제38조제7항 및 제8항에 따른 문화체육관광부장관의 명령을 이행하지 아니한 자

제47조(양벌규정) 법인의 대표자나 법인 또는 개인의 대리인·사용인 그 밖의 종업원이 그 법인 또는 개인의 업무에 관하여 제44조 내지 제46조의 규정에 의한 위반행위를 한 때에는 행위자를 벌하는 외에 그 법인 또는 개인에 대하여도 각 해당 조의

벌금형을 과한다. 다만, 법인 또는 개인이 그 위반행위를 방지하기 위하여 해당 업무에 관하여 상당한 주의와 감독을 게을리하지 아니한 경우에는 그러하지 아니하다.

제48조(과태료) ①다음 각 호의 어느 하나에 해당하는 자는 1천만원 이하의 과태료에 처한다.

1. 제12조의3제4항에 따른 문화체육관광부장관의 자료 제출 또는 보고 요청에 따르지 아니한 자
1의2. 제12조의3제6항에 따른 보고를 하지 아니한 자
1의3. 제25조제2항의 규정을 위반하여 변경등록을 하지 아니한 자
2. 제26조제4항의 규정을 위반하여 변경허가를 받지 아니하거나 변경등록 또는 변경신고를 하지 아니한 자
2의2. 제21조제5항의 규정을 위반하여 변경신고를 하지 아니한 자
2의3. 제21조의3제2항제1호를 위반하여 협력의무를 준수하지 아니한 자
2의4. 제21조의3제2항제2호를 위반하여 위원회에 통보하지 아니한 자
2의5. 제21조의5제2항을 위반하여 해외 게임물을 이용자에게 제공한 자
2의6. 제21조의9제3항에 따른 문화체육관광부장관의 명령을 이행하지 아니한 자
3. 제28조제1호의 규정을 위반하여 교육을 받지 아니한 자
4. 제28조제5호의 규정을 위반하여 일반게임장 또는 복합유통게임장(「청소년 보호법」에 따라 청소년 출입을 허용하는 경우는 제외한다)에 청소년을 출입시킨 자
5. 제28조제6호의 규정을 위반하여 음란물 및 사행성게임물 차단 프로그램 또는 장치를 설치하지 아니한 자
6. 제29조제4항의 규정을 위반하여 신고를 하지 아니한 자
7. 제31조제2항의 규정에 의한 보고를 하지 아니하거나 관계공무원의 출입·조사 또는 서류열람을 거부·방해 또는 기피한 자
7의2. 제32조제1항제3호에 따른 제21조제2항제2호 및 제3호의 등급구분을 위반하여 위원회로부터 시정조치를 받고 이를 이행하지 아니한 상태로 게임물을 제공한 자
8. 제34조의 규정을 위반한 자
③제2항의 규정에 의한 과태료 처분에 불복이 있는 자는 그 처분의 고지를 받은 날부터 30일 이내에 부과권자에게 이의를 제기할 수 있다.

부칙 <2017.7.26.>
제1조(시행일) ① 이 법은 공포한 날부터 시행한다. 다만, 부칙 제5조에 따라 개정되는 법률 중 이 법 시행 전에 공포되었으나 시행일이 도래하지 아니한 법률을 개정한 부분은 각각 해당 법률의 시행일부터 시행한다.

경범죄처벌법

[시행 2017.10.24.]

제1조(목적) 이 법은 경범죄의 종류 및 처벌에 필요한 사항을 정함으로써 국민의 자유와 권리를 보호하고 사회공공의 질서유지에 이바지함을 목적으로 한다.

제2조(남용금지) 이 법을 적용할 때에는 국민의 권리를 부당하게 침해하지 아니하도록 세심한 주의를 기울여야 하며, 본래의 목적에서 벗어나 다른 목적을 위하여 이 법을 적용하여서는 아니 된다.

제2장 경범죄의 종류와 처벌

제3조(경범죄의 종류) ① 다음 각 호의 어느 하나에 해당하는 사람은 <u>10만원 이하</u>의 벌금, 구류 또는 과료(科料)의 형으로 처벌한다. <개정 2017.10.24.>

1. (빈집 등에의 침입) 다른 사람이 살지 아니하고 관리하지 아니하는 집 또는 그 울타리·건조물(建造物)·배·자동차 안에 정당한 이유 없이 들어간 사람

2. (흉기의 은닉휴대) 칼·쇠몽둥이·쇠톱 등 사람의 생명 또는 신체에 중대한 위해를 끼치거나 집이나 그 밖의 건조물에 침입하는 데에 사용될 수 있는 연장이나 기구를 정당한 이유 없이 숨겨서 지니고 다니는 사람

3. (폭행 등 예비) 다른 사람의 신체에 위해를 끼칠 것을 공모(共謀)하여 예비행위를 한 사람이 있는 경우 그 공모를 한 사람

4. 삭제 <2013.5.22.>

5. (시체 현장변경 등) 사산아를 감추거나 정당한 이유 없이 변사체 또는 사산아가 있는 현장을 바꾸어 놓은 사람

6. (도움이 필요한 사람 등의 신고불이행) 자기가 관리하고 있는 곳에 도움을 받아야 할 노인, 어린이, 장애인, 다친 사람 또는 병든 사람이 있거나 시체 또는 사산아가 있는 것을 알면서 이를 관계 공무원에게 지체 없이 신고하지 아니한 사람

7. (관명사칭 등) 국내외의 공직(公職), 계급, 훈장, 학위 또는 그 밖에 법령에 따라 정하여진 명칭이나 칭호 등을 거짓으로 꾸며 대거나 자격이 없으면서 법령에 따라 정하여진 제복, 훈장, 기장 또는 기념장, 그 밖의 표장(標章) 또는 이와 비슷한 것을 사용한 사람

8. (물품강매·호객행위) 요청하지 아니한 물품을 억지로 사라고 한 사람, 요청하지 아니한 일을 해주거나 재주 등을 부리고 그 대가로 돈을 달라고 한 사람 또는 여러 사람이 모이거나 다니는 곳에서 영업을 목적으로 떠들썩하게 손님을 부른 사람

9. (광고물 무단부착 등) 다른 사람 또는 단체의 집이나 그 밖의 인공구조물과 자동차 등에 함부로 광고물 등을 붙이거나 내걸거나 끼우거나 글씨 또는 그림을 쓰거나 그리거나 새기는 행위 등을 한 사람 또는 다른 사람이나 단체의 간판, 그 밖의 표시물 또는 인공구조물을 함부로 옮기거나 더럽히거나 훼손한 사람 또는 공공장소에서 광고물 등을 함부로 뿌린 사람

10. (마시는 물 사용방해) 사람이 마시는 물을 더럽히거나 사용하는 것을 방해한 사람

11. (쓰레기 등 투기) 담배꽁초, 껌, 휴지, 쓰레기, 죽은 짐승, 그 밖의 더러운 물건이나 못쓰게 된 물건을 함부로 아무 곳에나 버린 사람

12. (노상방뇨 등) 길, 공원, 그 밖에 여러 사람이 모이거나 다니는 곳에서 함부로 침을 뱉거나 대소변을 보거나 또는 그

렇게 하도록 시키거나 개 등 짐승을 끌
고 와서 대변을 보게 하고 이를 치우지
아니한 사람

13. **(의식방해)** 공공기관이나 그 밖의 단
체 또는 개인이 하는 행사나 의식을 못
된 장난 등으로 방해하거나 행사나 의
식을 하는 자 또는 그 밖에 관계 있는
사람이 말려도 듣지 아니하고 행사나
의식을 방해할 우려가 뚜렷한 물건을
가지고 행사장 등에 들어간 사람

14. **(단체가입 강요)** 싫다고 하는데도 되
풀이하여 단체 가입을 억지로 강요한
사람

15. **(자연훼손)** 공원·명승지·유원지나
그 밖의 녹지구역 등에서 풀·꽃·나
무·돌 등을 함부로 꺾거나 캔 사람 또
는 바위·나무 등에 글씨를 새기거나
하여 자연을 훼손한 사람

16. **(타인의 가축·기계 등 무단조작)**
다른 사람 또는 단체의 소나 말, 그 밖
의 짐승 또는 매어 놓은 배·뗏목 등을
함부로 풀어 놓거나 자동차 등의 기계
를 조작한 사람

17. **(물길의 흐름 방해)** 개천· 도랑이나
그 밖의 물길의 흐름에 방해될 행위를
한 사람

18. **(구걸행위 등)** 다른 사람에게 구걸하
도록 시켜 올바르지 아니한 이익을 얻
은 사람 또는 공공장소에서 구걸을 하
여 다른 사람의 통행을 방해하거나 귀
찮게 한 사람

20. **(음주소란 등)** 공회당·극장·음식점
등 여러 사람이 모이거나 다니는 곳 또
는 여러 사람이 타는 기차·자동차·배
등에서 몹시 거친 말이나 행동으로 주
위를 시끄럽게 하거나 술에 취하여 이
유 없이 다른 사람에게 주정한 사람

21. **(인근소란 등)** 악기·라디오·텔레비
전·전축·종·확성기·전동기(電動機)
등의 소리를 지나치게 크게 내거나 큰

소리로 떠들거나 노래를 불러 이웃을
시끄럽게 한 사람

22. **(위험한 불씨 사용)** 충분한 주의를 하
지 아니하고 건조물, 수풀, 그 밖에 불
붙기 쉬운 물건 가까이에서 불을 피우
거나 휘발유 또는 그 밖에 불이 옮아붙
기 쉬운 물건 가까이에서 불씨를 사용
한 사람

23. **(물건 던지기 등 위험행위)** 다른 사람
의 신체나 다른 사람 또는 단체의 물건
에 해를 끼칠 우려가 있는 곳에 충분한
주의를 하지 아니하고 물건을 던지거나
붓거나 또는 쏜 사람

24. **(인공구조물 등의 관리소홀)** 무너지거
나 넘어지거나 떨어질 우려가 있는 인공
구조물이나 그 밖의 물건에 대하여 관계
공무원으로부터 고칠 것을 요구받고도
필요한 조치를 게을리하여 여러 사람을
위험에 빠트릴 우려가 있게 한 사람

25. **(위험한 동물의 관리 소홀)** 사람이나
가축에 해를 끼치는 버릇이 있는 개나
그 밖의 동물을 함부로 풀어놓거나 제대
로 살피지 아니하여 나다니게 한 사람

26. **(동물 등에 의한 행패 등)** 소나 말을
놀라게 하여 달아나게 하거나 개나 그
밖의 동물을 시켜 사람이나 가축에게
달려들게 한 사람

27. **(무단소등)** 여러 사람이 다니거나 모
이는 곳에 켜 놓은 등불이나 다른 사람
또는 단체가 표시를 하기 위하여 켜 놓
은 등불을 함부로 끈 사람

28. **(공중통로 안전관리소홀)** 여러 사람이
다니는 곳에서 위험한 사고가 발생하는
것을 막을 의무가 있으면서도 등불을
켜 놓지 아니하거나 그 밖의 예방조치
를 게을리한 사람

29. **(공무원 원조불응)** 눈·비·바람·해
일·지진 등으로 인한 재해, 화재·교통
사고·범죄, 그 밖의 급작스러운 사고가
발생하였을 때에 현장에 있으면서도 정

당한 이유 없이 관계 공무원 또는 이를 돕는 사람의 현장출입에 관한 지시에 따르지 아니하거나 공무원이 도움을 요청하여도 도움을 주지 아니한 사람

30. **(거짓 인적사항 사용)** 성명, 주민등록번호, 등록기준지, 주소, 직업 등을 거짓으로 꾸며대고 배나 비행기를 타거나 인적사항을 물을 권한이 있는 공무원이 적법한 절차를 거쳐 묻는 경우 정당한 이유 없이 다른 사람의 인적사항을 자기의 것으로 거짓으로 꾸며댄 사람

31. **(미신요법)** 근거 없이 신기하고 용한 약방문인 것처럼 내세우거나 그 밖의 미신적인 방법으로 병을 진찰·치료·예방한다고 하여 사람들의 마음을 홀리게 한 사람

32. **(야간통행제한 위반)** 전시·사변·천재지변, 그 밖에 사회에 위험이 생길 우려가 있을 경우에 경찰청장이나 해양경찰청장이 정하는 야간통행제한을 위반한 사람

33. **(과다노출)** 공개된 장소에서 공공연하게 성기·엉덩이 등 신체의 주요한 부위를 노출하여 다른 사람에게 부끄러운 느낌이나 불쾌감을 준 사람

34. **(지문채취 불응)** 범죄 피의자로 입건된 사람의 신원을 지문조사 외의 다른 방법으로는 확인할 수 없어 경찰공무원이나 검사가 지문을 채취하려고 할 때에 정당한 이유 없이 이를 거부한 사람

35. **(자릿세 징수 등)** 여러 사람이 모이거나 쓸 수 있도록 개방된 시설 또는 장소에서 좌석이나 주차할 자리를 잡아주기로 하거나 잡아주면서, 돈을 받거나 요구하거나 돈을 받으려고 다른 사람을 귀찮게 따라다니는 사람

36. **(행렬방해)** 공공장소에서 승차·승선, 입장·매표 등을 위한 행렬에 끼어들거나 떠밀거나 하여 그 행렬의 질서를 어지럽힌 사람

37. **(무단 출입)** 출입이 금지된 구역이나 시설 또는 장소에 정당한 이유 없이 들어간 사람

38. **(총포 등 조작장난)** 여러 사람이 모이거나 다니는 곳에서 충분한 주의를 하지 아니하고 총포, 화약류, 그 밖에 폭발의 우려가 있는 물건을 다루거나 이를 가지고 장난한 사람

39. **(무임승차 및 무전취식)** 영업용 차 또는 배 등을 타거나 다른 사람이 파는 음식을 먹고 정당한 이유 없이 제 값을 치르지 아니한 사람

40. **(장난전화 등)** 정당한 이유 없이 다른 사람에게 전화·문자메시지·편지·전자우편·전자문서 등을 여러 차례 되풀이하여 괴롭힌 사람

41. **(지속적 괴롭힘)** 상대방의 명시적 의사에 반하여 지속적으로 접근을 시도하여 면회 또는 교제를 요구하거나 지켜보기, 따라다니기, 잠복하여 기다리기 등의 행위를 반복하여 하는 사람

② 다음 각 호의 어느 하나에 해당하는 사람은 <u>20만원 이하</u>의 벌금, 구류 또는 과료의 형으로 처벌한다.

1. **(출판물의 부당게재 등)** 올바르지 아니한 이익을 얻을 목적으로 다른 사람 또는 단체의 사업이나 사사로운 일에 관하여 신문, 잡지, 그 밖의 출판물에 어떤 사항을 싣거나 싣지 아니할 것을 약속하고 돈이나 물건을 받은 사람

2. **(거짓 광고)** 여러 사람에게 물품을 팔거나 나누어 주거나 일을 해주면서 다른 사람을 속이거나 잘못 알게 할 만한 사실을 들어 광고한 사람

3. **(업무방해)** 못된 장난 등으로 다른 사람, 단체 또는 공무수행 중인 자의 업무를 방해한 사람

4. **(암표매매)** 흥행장, 경기장, 역, 나루터, 정류장, 그 밖에 정하여진 요금을 받고 입장시키거나 승차 또는 승선시키는 곳

에서 웃돈을 받고 입장권·승차권 또는 승선권을 다른 사람에게 되판 사람

③ 다음 각 호의 어느 하나에 해당하는 사람은 <u>60만원 이하</u>의 벌금, 구류 또는 과료의 형으로 처벌한다.

1. (관공서에서의 주취소란) 술에 취한 채로 관공서에서 몹시 거친 말과 행동으로 주정하거나 시끄럽게 한 사람
2. (거짓신고) 있지 아니한 범죄나 재해 사실을 공무원에게 거짓으로 신고한 사람

제4조(교사·방조) 제3조의 죄를 짓도록 시키거나 도와준 사람은 죄를 지은 사람에 준하여 벌한다.

제5조(형의 면제와 병과) 제3조에 따라 사람을 벌할 때에는 그 사정과 형편을 헤아려서 그 형을 면제하거나 구류와 과료를 함께 과(科)할 수 있다.

제3장 경범죄 처벌의 특례

제6조(정의) ① 이 장에서 "범칙행위"란 제3조제1항 각 호 및 제2항 각 호의 어느 하나에 해당하는 위반행위를 말하며, 그 구체적인 범위는 대통령령으로 정한다.

② 이 장에서 "범칙자"란 범칙행위를 한 사람으로서 다음 각 호의 어느 하나에 해당하지 아니하는 사람을 말한다.

1. 범칙행위를 상습적으로 하는 사람
2. 죄를 지은 동기나 수단 및 결과를 헤아려볼 때 구류처분을 하는 것이 적절하다고 인정되는 사람
3. 피해자가 있는 행위를 한 사람
4. 18세 미만인 사람

③ 이 장에서 "범칙금"이란 범칙자가 제7조에 따른 통고처분에 따라 국고 또는 제주특별자치도의 금고에 납부하여야 할 금전을 말한다.

제7조(통고처분) ① 경찰서장, 해양경찰서장, 제주특별자치도지사 또는 철도특별사법경찰대장은 범칙자로 인정되는 사람에 대하여 그 이유를 명백히 나타낸 서면으로 범칙금을 부과하고 이를 납부할 것을 통고할 수 있다. 다만, 다음 각 호의 어느 하나에 해당하는 사람에게는 통고하지 아니한다. <개정 2017.7.26.>

1. 통고처분서 받기를 거부한 사람
2. 주거 또는 신원이 확실하지 아니한 사람
3. 그 밖에 통고처분을 하기가 매우 어려운 사람

② 제1항에 따라 통고할 범칙금의 액수는 범칙행위의 종류에 따라 대통령령으로 정한다.

③ 제주특별자치도지사, 철도특별사법경찰대장은 제1항에 따라 통고처분을 한 경우에는 관할 경찰서장에게 그 사실을 통보하여야 한다.

제8조(범칙금의 납부) ① 제7조에 따라 통고처분서를 받은 사람은 통고처분서를 받은 날부터 10일 이내에 경찰청장·해양경찰청장 또는 철도특별사법경찰대장이 지정한 은행, 그 지점이나 대리점, 우체국 또는 제주특별자치도지사가 지정하는 금융기관이나 그 지점에 범칙금을 납부하여야 한다. 다만, 천재지변이나 그 밖의 부득이한 사유로 말미암아 그 기간 내에 범칙금을 납부할 수 없을 때에는 그 부득이한 사유가 없어지게 된 날부터 5일 이내에 납부하여야 한다. <개정 2017.7.26.>

② 제1항에 따른 납부기간에 범칙금을 납부하지 아니한 사람은 납부기간의 마지막 날의 다음 날부터 20일 이내에 통고받은 범칙금에 그 금액의 100분의 20을 더한 금액을 납부하여야 한다.

③ 제1항 또는 제2항에 따라 범칙금을 납부한 사람은 그 범칙행위에 대하여 다시 처벌받지 아니한다.

제8조의2(범칙금의 납부) ① 범칙금은 제8조에 따른 납부 방법 외에 대통령령으로 정하는 범칙금 납부대행기관을 통하여 신

용카드, 직불카드 등(이하 "신용카드등"이라 한다)으로 낼 수 있다. 이 경우 "범칙금 납부대행기관"이란 정보통신망을 이용하여 신용카드등에 의한 결제를 수행하는 기관으로서 대통령령으로 정하는 바에 따라 범칙금 납부대행기관으로 지정받은 자를 말한다.

② 제1항에 따라 신용카드등으로 내는 경우에는 범칙금 납부대행기관의 승인일을 납부일로 본다.

③ 범칙금 납부대행기관은 납부자로부터 신용카드등에 의한 과태료 납부대행 용역의 대가로 대통령령으로 정하는 바에 따라 납부대행 수수료를 받을 수 있다.

④ 범칙금 납부대행기관의 지정 및 운영, 납부대행 수수료 등에 관하여 필요한 사항은 대통령령으로 정한다.

제9조(통고처분 불이행자 등의 처리) ① 경찰서장, 해양경찰서장 및 제주특별자치도지사는 다음 각 호의 어느 하나에 해당하는 사람에 대하여는 지체 없이 즉결심판을 청구하여야 한다. 다만, 즉결심판이 청구되기 전까지 통고받은 범칙금에 그 금액의 100분의 50을 더한 금액을 납부한 사람에 대하여는 그러하지 아니하다. <개정 2017.7.26.>

1. 제7조제1항 각 호의 어느 하나에 해당하는 사람

2. 제8조제2항에 따른 납부기간에 범칙금을 납부하지 아니한 사람

② 제1항제2호에 따라 즉결심판이 청구된 피고인이 통고받은 범칙금에 그 금액의 100분의 50을 더한 금액을 납부하고 그 증명서류를 즉결심판 선고 전까지 제출하였을 때에는 경찰서장, 해양경찰서장 및 제주특별자치도지사는 그 피고인에 대한 즉결심판 청구를 취소하여야 한다. <개정 2017.7.26.>

③ 제1항 단서 또는 제2항에 따라 범칙금을 납부한 사람은 그 범칙행위에 대하여 다시 처벌받지 아니한다.

④ 철도특별사법경찰대장은 제1항 각 호의 어느 하나에 해당하는 사람이 있는 경우에는 즉시 관할 경찰서장 또는 해양경찰서장에게 그 사실을 통보하고 관련 서류를 넘겨야 한다. 이 경우 통보를 받은 경찰서장 또는 해양경찰서장은 제1항부터 제3항까지의 규정에 따라 이를 처리하여야 한다. <개정 2017.7.26.>

부 칙 <2017.10.24.>
이 법은 공포한 날부터 시행한다.

경찰관 직무집행법

[시행 2017.7.26.]

제1조(목적) ① 이 법은 국민의 자유와 권리를 보호하고 사회공공의 질서를 유지하기 위한 경찰관(국가경찰공무원만 해당한다. 이하 같다)의 직무 수행에 필요한 사항을 규정함을 목적으로 한다.

② 이 법에 규정된 경찰관의 직권은 그 직무 수행에 필요한 최소한도에서 행사되어야 하며 남용되어서는 아니 된다.

제2조(직무의 범위) 경찰관은 다음 각 호의 직무를 수행한다.

1. 국민의 생명·신체 및 재산의 보호
2. 범죄의 예방·진압 및 수사
3. 경비, 주요 인사(人士) 경호 및 대간첩·대테러 작전 수행
4. 치안정보의 수집·작성 및 배포
5. 교통 단속과 교통 위해(危害)의 방지
6. 외국 정부기관 및 국제기구와의 국제협력
7. 그 밖에 공공의 안녕과 질서 유지

제3조(불심검문) ① 경찰관은 다음 각 호의 어느 하나에 해당하는 사람을 정지시켜 질문할 수 있다.

1. 수상한 행동이나 그 밖의 주위 사정을 합리적으로 판단하여 볼 때 어떠한 죄를 범하였거나 범하려 하고 있다고 의심할 만한 상당한 이유가 있는 사람
2. 이미 행하여진 범죄나 행하여지려고 하는 범죄행위에 관한 사실을 안다고 인정되는 사람

② 경찰관은 제1항에 따라 같은 항 각 호의 사람을 정지시킨 장소에서 질문을 하는 것이 그 사람에게 불리하거나 교통에 방해가 된다고 인정될 때에는 질문을 하기 위하여 가까운 경찰서·지구대·파출소 또는 출장소(지방해양경찰관서를 포함하며, 이하 "경찰관서"라 한다)로 동행할 것을 요구할 수 있다. 이 경우 동행을 요구받은 사람은 그 요구를 거절할 수 있다. <개정 2017.7.26.>

③ 경찰관은 제1항 각 호의 어느 하나에 해당하는 사람에게 질문을 할 때에 그 사람이 흉기를 가지고 있는지를 조사할 수 있다.

④ 경찰관은 제1항이나 제2항에 따라 질문을 하거나 동행을 요구할 경우 자신의 신분을 표시하는 증표를 제시하면서 소속과 성명을 밝히고 질문이나 동행의 목적과 이유를 설명하여야 하며, 동행을 요구하는 경우에는 동행 장소를 밝혀야 한다.

⑤ 경찰관은 제2항에 따라 동행한 사람의 가족이나 친지 등에게 동행한 경찰관의 신분, 동행 장소, 동행 목적과 이유를 알리거나 본인으로 하여금 즉시 연락할 수 있는 기회를 주어야 하며, 변호인의 도움을 받을 권리가 있음을 알려야 한다.

⑥ 경찰관은 제2항에 따라 동행한 사람을 6시간을 초과하여 경찰관서에 머물게 할 수 없다.

⑦ 제1항부터 제3항까지의 규정에 따라 질문을 받거나 동행을 요구받은 사람은 형사소송에 관한 법률에 따르지 아니하고는 신체를 구속당하지 아니하며, 그 의사에 반하여 답변을 강요당하지 아니한다.

제4조(보호조치 등) ① 경찰관은 수상한 행동이나 그 밖의 주위 사정을 합리적으로 판단해 볼 때 다음 각 호의 어느 하나에 해당하는 것이 명백하고 응급구호가 필요하다고 믿을 만한 상당한 이유가 있는 사람(이하 "구호대상자"라 한다)을 발견하였을 때에는 보건의료기관이나 공공구호기관에 긴급구호를 요청하거나 경찰관서에 보호하는 등 적절한 조치를 할 수 있다.

1. 정신착란을 일으키거나 술에 취하여 자

신 또는 다른 사람의 생명·신체·재산
에 위해를 끼칠 우려가 있는 사람
2. 자살을 시도하는 사람
3. 미아, 병자, 부상자 등으로서 적당한
보호자가 없으며 응급구호가 필요하다
고 인정되는 사람. 다만, 본인이 구호
를 거절하는 경우는 제외한다.
② 제1항에 따라 긴급구호를 요청받은 보
건의료기관이나 공공구호기관은 정당한 이
유 없이 긴급구호를 거절할 수 없다.
③ 경찰관은 제1항의 조치를 하는 경우에
구호대상자가 휴대하고 있는 무기·흉기
등 위험을 일으킬 수 있는 것으로 인정되
는 물건을 경찰관서에 임시로 영치(領置)
하여 놓을 수 있다.
④ 경찰관은 제1항의 조치를 하였을 때에
는 지체 없이 구호대상자의 가족, 친지 또
는 그 밖의 연고자에게 그 사실을 알려야
하며, 연고자가 발견되지 아니할 때에는
구호대상자를 적당한 공공보건의료기관이
나 공공구호기관에 즉시 인계하여야 한다.
⑤ 경찰관은 제4항에 따라 구호대상자를
공공보건의료기관이나 공공구호기관에 인
계하였을 때에는 즉시 그 사실을 소속 경
찰서장이나 해양경찰서장에게 보고하여야
한다. <개정 2017.7.26.>
⑥ 제5항에 따라 보고를 받은 소속 경찰서
장이나 해양경찰서장은 대통령령으로 정하
는 바에 따라 구호대상자를 인계한 사실을
지체 없이 해당 공공보건의료기관 또는 공
공구호기관의 장 및 그 감독행정청에 통보
하여야 한다. <개정 2017.7.26.>
⑦ 제1항에 따라 구호대상자를 경찰관서
에서 보호하는 기간은 24시간을 초과할
수 없고, 제3항에 따라 물건을 경찰관서
에 임시로 영치하는 기간은 10일을 초과
할 수 없다.

제5조(위험 발생의 방지 등) ① 경찰관은
사람의 생명 또는 신체에 위해를 끼치거
나 재산에 중대한 손해를 끼칠 우려가 있

는 천재(天災), 사변(事變), 인공구조물의
파손이나 붕괴, 교통사고, 위험물의 폭발,
위험한 동물 등의 출현, 극도의 혼잡, 그
밖의 위험한 사태가 있을 때에는 다음 각
호의 조치를 할 수 있다.
1. 그 장소에 모인 사람, 사물(事物)의 관
리자, 그 밖의 관계인에게 필요한 경고
를 하는 것
2. 매우 긴급한 경우에는 위해를 입을 우
려가 있는 사람을 필요한 한도에서 억
류하거나 피난시키는 것
3. 그 장소에 있는 사람, 사물의 관리자,
그 밖의 관계인에게 위해를 방지하기
위하여 필요하다고 인정되는 조치를 하
게 하거나 직접 그 조치를 하는 것
② 경찰관서의 장은 대간첩 작전의 수행이나
소요(騷擾) 사태의 진압을 위하여 필요하다
고 인정되는 상당한 이유가 있을 때에는 대
간첩 작전지역이나 경찰관서·무기고 등 국
가중요시설에 대한 접근 또는 통행을 제한
하거나 금지할 수 있다.
③ 경찰관은 제1항의 조치를 하였을 때에
는 지체 없이 그 사실을 소속 경찰관서의
장에게 보고하여야 한다.
④ 제2항의 조치를 하거나 제3항의 보고를
받은 경찰관서의 장은 관계 기관의 협조를
구하는 등 적절한 조치를 하여야 한다.

제6조(범죄의 예방과 제지) 경찰관은 범죄행
위가 목전(目前)에 행하여지려고 하고 있다
고 인정될 때에는 이를 예방하기 위하여 관
계인에게 필요한 경고를 하고, 그 행위로 인
하여 사람의 생명·신체에 위해를 끼치거나
재산에 중대한 손해를 끼칠 우려가 있는 긴
급한 경우에는 그 행위를 제지할 수 있다.

제7조(위험 방지를 위한 출입) ① 경찰관은
제5조제1항·제2항 및 제6조에 따른 위험
한 사태가 발생하여 사람의 생명·신체 또
는 재산에 대한 위해가 임박한 때에 그 위
해를 방지하거나 피해자를 구조하기 위하

여 부득이하다고 인정하면 합리적으로 판단하여 필요한 한도에서 다른 사람의 토지·건물·배 또는 차에 출입할 수 있다.

② 흥행장(興行場), 여관, 음식점, 역, 그 밖에 많은 사람이 출입하는 장소의 관리자나 그에 준하는 관계인은 경찰관이 범죄나 사람의 생명·신체·재산에 대한 위해를 예방하기 위하여 해당 장소의 영업시간이나 해당 장소가 일반인에게 공개된 시간에 그 장소에 출입하겠다고 요구하면 정당한 이유 없이 그 요구를 거절할 수 없다.

③ 경찰관은 대간첩 작전 수행에 필요할 때에는 작전지역에서 제2항에 따른 장소를 검색할 수 있다.

④ 경찰관은 제1항부터 제3항까지의 규정에 따라 필요한 장소에 출입할 때에는 그 신분을 표시하는 증표를 제시하여야 하며, 함부로 관계인이 하는 정당한 업무를 방해해서는 아니 된다.

제8조(사실의 확인 등) ① 경찰관서의 장은 직무 수행에 필요하다고 인정되는 상당한 이유가 있을 때에는 국가기관이나 공사(公私) 단체 등에 직무 수행에 관련된 사실을 조회할 수 있다. 다만, 긴급한 경우에는 소속 경찰관으로 하여금 현장에 나가 해당 기관 또는 단체의 장의 협조를 받아 그 사실을 확인하게 할 수 있다.

② 경찰관은 다음 각 호의 직무를 수행하기 위하여 필요하면 관계인에게 출석하여야 하는 사유·일시 및 장소를 명확히 적은 출석 요구서를 보내 경찰관서에 출석할 것을 요구할 수 있다.

1. 미아를 인수할 보호자 확인
2. 유실물을 인수할 권리자 확인
3. 사고로 인한 사상자(死傷者) 확인
4. 행정처분을 위한 교통사고 조사에 필요한 사실 확인

제8조의2(국제협력) 경찰청장 또는 해양경찰청장은 이 법에 따른 경찰관의 직무수행을 위하여 외국 정부기관, 국제기구 등과 자료 교환, 국제협력 활동 등을 할 수 있다. <개정 2017.7.26.>

제9조(유치장) 법률에서 정한 절차에 따라 체포·구속된 사람 또는 신체의 자유를 제한하는 판결이나 처분을 받은 사람을 수용하기 위하여 경찰서와 해양경찰서에 유치장을 둔다. <개정 2017.7.26.>

제10조(경찰장비의 사용 등) ① 경찰관은 직무수행 중 경찰장비를 사용할 수 있다. 다만, 사람의 생명이나 신체에 위해를 끼칠 수 있는 경찰장비(이하 이 조에서 "위해성 경찰장비"라 한다)를 사용할 때에는 필요한 안전교육과 안전검사를 받은 후 사용하여야 한다.

② 제1항 본문에서 "경찰장비"란 무기, 경찰장구, 최루제와 그 발사장치, 살수차, 감식기구, 해안 감시기구, 통신기기, 차량·선박·항공기 등 경찰이 직무를 수행할 때 필요한 장치와 기구를 말한다.

③ 경찰관은 경찰장비를 함부로 개조하거나 경찰장비에 임의의 장비를 부착하여 일반적인 사용법과 달리 사용함으로써 다른 사람의 생명·신체에 위해를 끼쳐서는 아니 된다.

④ 위해성 경찰장비는 필요한 최소한도에서 사용하여야 한다.

⑤ 경찰청장은 위해성 경찰장비를 새로 도입하려는 경우에는 대통령령으로 정하는 바에 따라 안전성 검사를 실시하여 그 안전성 검사의 결과보고서를 국회 소관 상임위원회에 제출하여야 한다. 이 경우 안전성 검사에는 외부 전문가를 참여시켜야 한다.

⑥ 위해성 경찰장비의 종류 및 그 사용기준, 안전교육·안전검사의 기준 등은 대통령령으로 정한다.

제10조의2(경찰장구의 사용) ① 경찰관은 다음 각 호의 직무를 수행하기 위하여 필요

하다고 인정되는 상당한 이유가 있을 때에는 그 사태를 합리적으로 판단하여 필요한 한도에서 경찰장구를 사용할 수 있다.

1. 현행범이나 사형·무기 또는 장기 3년 이상의 징역이나 금고에 해당하는 죄를 범한 범인의 체포 또는 도주 방지
2. 자신이나 다른 사람의 생명·신체의 방어 및 보호
3. 공무집행에 대한 항거(抗拒) 제지

② 제1항에서 "경찰장구"란 경찰관이 휴대하여 범인 검거와 범죄 진압 등의 직무 수행에 사용하는 수갑, 포승(捕繩), 경찰봉, 방패 등을 말한다.

제10조의3(분사기 등의 사용) 경찰관은 다음 각 호의 직무를 수행하기 위하여 부득이한 경우에는 현장책임자가 판단하여 필요한 최소한의 범위에서 분사기(「총포·도검·화약류 등의 안전관리에 관한 법률」에 따른 분사기를 말하며, 그에 사용하는 최루 등의 작용제를 포함한다. 이하 같다) 또는 최루탄을 사용할 수 있다.

1. 범인의 체포 또는 범인의 도주 방지
2. 불법집회·시위로 인한 자신이나 다른 사람의 생명·신체와 재산 및 공공시설 안전에 대한 현저한 위해의 발생 억제

제10조의4(무기의 사용) ① 경찰관은 범인의 체포, 범인의 도주 방지, 자신이나 다른 사람의 생명·신체의 방어 및 보호, 공무집행에 대한 항거의 제지를 위하여 필요하다고 인정되는 상당한 이유가 있을 때에는 그 사태를 합리적으로 판단하여 필요한 한도에서 무기를 사용할 수 있다. 다만, 다음 각 호의 어느 하나에 해당할 때를 제외하고는 사람에게 위해를 끼쳐서는 아니 된다.

1. 「형법」에 규정된 정당방위와 긴급피난에 해당할 때
2. 다음 각 목의 어느 하나에 해당하는 때에 그 행위를 방지하거나 그 행위자를 체포하기 위하여 무기를 사용하지 아니하고는 다른 수단이 없다고 인정되는 상당한 이유가 있을 때

가. 사형·무기 또는 장기 3년 이상의 징역이나 금고에 해당하는 죄를 범하거나 범하였다고 의심할 만한 충분한 이유가 있는 사람이 경찰관의 직무집행에 항거하거나 도주하려고 할 때
나. 체포·구속영장과 압수·수색영장을 집행하는 과정에서 경찰관의 직무집행에 항거하거나 도주하려고 할 때
다. 제3자가 가목 또는 나목에 해당하는 사람을 도주시키려고 경찰관에게 항거할 때
라. 범인이나 소요를 일으킨 사람이 무기·흉기 등 위험한 물건을 지니고 경찰관으로부터 3회 이상 물건을 버리라는 명령이나 항복하라는 명령을 받고도 따르지 아니하면서 계속 항거할 때

3. 대간첩 작전 수행 과정에서 무장간첩이 항복하라는 경찰관의 명령을 받고도 따르지 아니할 때

② 제1항에서 "무기"란 사람의 생명이나 신체에 위해를 끼칠 수 있도록 제작된 권총·소총·도검 등을 말한다.

③ 대간첩·대테러 작전 등 국가안전에 관련되는 작전을 수행할 때에는 개인화기(個人火器) 외에 공용화기(共用火器)를 사용할 수 있다.

제11조(사용기록의 보관) 제10조제2항에 따른 살수차, 제10조의3에 따른 분사기, 최루탄 또는 제10조의4에 따른 무기를 사용하는 경우 그 책임자는 사용 일시·장소·대상, 현장책임자, 종류, 수량 등을 기록하여 보관하여야 한다.

제11조의2(손실보상) ① 국가는 경찰관의 적법한 직무집행으로 인하여 다음 각 호의 어느 하나에 해당하는 손실을 입은 자에 대하여 정당한 보상을 하여야 한다.

1. 손실발생의 원인에 대하여 책임이 없는 자가 재산상의 손실을 입은 경우(손실발생의 원인에 대하여 책임이 없는 자가 경찰관의 직무집행에 자발적으로 협조하거나 물건을 제공하여 재산상의 손실을 입은 경우를 포함한다)
2. 손실발생의 원인에 대하여 책임이 있는 자가 자신의 책임에 상응하는 정도를 초과하는 재산상의 손실을 입은 경우

② 제1항에 따른 보상을 청구할 수 있는 권리는 손실이 있음을 안 날부터 3년, 손실이 발생한 날부터 5년간 행사하지 아니하면 시효의 완성으로 소멸한다.

③ 제1항에 따른 손실보상신청 사건을 심의하기 위하여 손실보상심의위원회를 둔다.

④ 제1항에 따른 손실보상의 기준, 보상금액, 지급절차 및 방법, 손실보상심의위원회의 구성 및 운영, 그 밖에 필요한 사항은 대통령령으로 정한다.

제11조의3(보상금 지급) ① 경찰청장, 지방경찰청장 또는 경찰서장은 다음 각 호의 어느 하나에 해당하는 사람에게 보상금을 지급할 수 있다.
1. 범인 또는 범인의 소재를 신고하여 검거하게 한 사람
2. 범인을 검거하여 경찰공무원에게 인도한 사람
3. 테러범죄의 예방활동에 현저한 공로가 있는 사람
4. 그 밖에 제1호부터 제3호까지의 규정에 준하는 사람으로서 대통령령으로 정하는 사람

② 경찰청장, 지방경찰청장 및 경찰서장은 제1항에 따른 보상금 지급의 심사를 위하여 대통령령으로 정하는 바에 따라 각각 보상금심사위원회를 설치·운영하여야 한다.

③ 제2항에 따른 보상금심사위원회는 위원장 1명을 포함한 5명 이내의 위원으로 구성한다.

④ 제2항에 따른 보상금심사위원회의 위원은 소속 경찰공무원 중에서 경찰청장, 지방경찰청장 또는 경찰서장이 임명한다.

⑤ 경찰청장, 지방경찰청장 또는 경찰서장은 제2항에 따른 보상금심사위원회의 심사·의결에 따라 보상금을 지급하고, 거짓 또는 부정한 방법으로 보상금을 받은 사람에 대하여는 해당 보상금을 환수한다.

⑥ 보상 대상, 보상금의 지급 기준 및 절차, 보상금심사위원회의 구성 및 심사사항, 그 밖에 필요한 사항은 대통령령으로 정한다.

제12조(벌칙) 이 법에 규정된 경찰관의 의무를 위반하거나 직권을 남용하여 다른 사람에게 해를 끼친 사람은 1년 이하의 징역이나 금고에 처한다.

부 칙 <제14839호, 2017.7.26.>
제1조(시행일) ① 이 법은 공포한 날부터 시행한다. 다만, 부칙 제5조에 따라 개정되는 법률 중 이 법 시행 전에 공포되었으나 시행일이 도래하지 아니한 법률을 개정한 부분은 각각 해당 법률의 시행일부터 시행한다.

공중위생관리법

[시행 2017.12.12.]

제1조(목적) 이 법은 공중이 이용하는 영업의 위생관리등에 관한 사항을 규정함으로써 위생수준을 향상시켜 국민의 건강증진에 기여함을 목적으로 한다.

제2조(정의) ①이 법에서 사용하는 용어의 정의는 다음과 같다.

1. "공중위생영업"이라 함은 다수인을 대상으로 위생관리서비스를 제공하는 영업으로서 숙박업·목욕장업·이용업·미용업·세탁업·건물위생관리업을 말한다.
2. "숙박업"이라 함은 손님이 잠을 자고 머물 수 있도록 시설 및 설비등의 서비스를 제공하는 영업을 말한다. 다만, 농어촌에 소재하는 민박등 대통령령이 정하는 경우를 제외한다.

제2조(적용제외 대상) ①「공중위생관리법」(이하 "법"이라 한다) 제2조제1항제2호 단서의 규정에 의하여 숙박업에서 제외되는 시설은 다음 각호와 같다.
1. 「농어촌정비법」에 따른 농어촌민박사업용 시설
2. 「산림문화·휴양에 관한 법률」에 따라 자연휴양림 안에 설치된 시설
3. 「청소년활동진흥법」 제10조제1호에 의한 청소년 수련시설
4. 「관광진흥법」 제4조에 따라 등록한 외국인관광 도시민박업용 시설
②법 제2조제1항제3호 단서의 규정에 의하여 목욕장업에서 제외되는 시설은 다음 각호와 같다.
1. 숙박업 영업소에 부설된 욕실
2. 「체육시설의 설치·이용에 관한 법률」에 의한 종합체육시설업의 체온 관리실
3. 제1항 각호의 1에 해당하는 시설에 부설된 욕실

3. "목욕장업"이라 함은 다음 각목의 어느 하나에 해당하는 서비스를 손님에게 제공하는 영업을 말한다. 다만, 숙박업 영업소에 부설된 욕실 등 대통령령이 정하는 경우를 제외한다.
   가. 물로 목욕을 할 수 있는 시설 및 설비 등의 서비스
   나. 맥반석·황토·옥 등을 직접 또는 간접 가열하여 발생되는 열기 또는 원적외선 등을 이용하여 땀을 낼 수 있는 시설 및 설비 등의 서비스
4. "이용업"이라 함은 손님의 머리카락 또는 수염을 깎거나 다듬는 등의 방법으로 손님의 용모를 단정하게 하는 영업을 말한다.
5. "미용업"이라 함은 손님의 얼굴·머리·피부등을 손질하여 손님의 외모를 아름답게 꾸미는 영업을 말한다.
6. "세탁업"이라 함은 의류 기타 섬유제품이나 피혁제품등을 세탁하는 영업을 말한다.
7. "건물위생관리업"이라 함은 공중이 이용하는 건축물·시설물등의 청결유지와 실내공기정화를 위한 청소등을 대행하는 영업을 말한다.

②제1항제2호 내지 제7호의 영업은 대통령령이 정하는 바에 의하여 이를 세분할 수 있다.

제4조(숙박업 및 미용업의 세분) 법 제2조제2항에 따라 숙박업 및 미용업을 다음과 같이 세분한다.
1. 숙박업
가. 숙박업(일반): 손님이 잠을 자고 머물 수 있도록 시설(취사시설은 제외한다) 및 설비 등의 서비스를 제공하는 영업
나. 숙박업(생활): 손님이 잠을 자고 머물 수 있도록 시설(취사시설을 포함한다) 및 설비 등의 서비스를 제공하는 영업
2. 미용업

가. 미용업(일반): 파마·머리카락자르기·머리카락모양내기·머리피부손질·머리카락염색·머리감기, 의료기기나 의약품을 사용하지 아니하는 눈썹손질을 하는 영업

나. 미용업(피부): 의료기기나 의약품을 사용하지 아니하는 피부상태분석·피부관리·제모(除毛)·눈썹손질을 하는 영업

다. 미용업(손톱·발톱): 손톱과 발톱을 손질·화장(化粧)하는 영업

라. 미용업(화장·분장): 얼굴 등 신체의 화장, 분장 및 의료기기나 의약품을 사용하지 아니하는 눈썹손질을 하는 영업

마. 미용업(종합): 가목부터 라목까지의 업무를 모두 하는 영업

제3조(공중위생영업의 신고 및 폐업신고)

①공중위생영업을 하고자 하는 자는 공중위생영업의 종류별로 보건복지부령이 정하는 시설 및 설비를 갖추고 시장·군수·구청장(자치구의 구청장에 한한다. 이하 같다)에게 신고하여야 한다. 보건복지부령이 정하는 중요사항을 변경하고자 하는 때에도 또한 같다.

②제1항의 규정에 의하여 공중위생영업의 신고를 한 자(이하 "공중위생영업자"라 한다)는 공중위생영업을 폐업한 날부터 20일 이내에 시장·군수·구청장에게 신고하여야 한다. 다만, 제11조에 따른 영업정지 등의 기간 중에는 폐업신고를 할 수 없다.

③ 시장·군수·구청장은 공중위생영업자가 「부가가치세법」 제8조에 따라 관할 세무서장에게 폐업신고를 하거나 관할 세무서장이 사업자등록을 말소한 경우에는 신고 사항을 직권으로 말소할 수 있다.

④ 시장·군수·구청장은 제3항의 직권말소를 위하여 필요한 경우 관할 세무서장에게 공중위생영업자의 폐업여부에 대한 정보 제공을 요청할 수 있다. 이 경우 요청을 받은 관할 세무서장은 「전자정부법」 제36조제1항에 따라 공중위생영업자의 폐업여부에 대한 정보를 제공하여야 한다.

제3조의2(공중위생영업의 승계)

①공중위생영업자가 그 공중위생영업을 양도하거나 사망한 때 또는 법인의 합병이 있는 때에는 그 양수인·상속인 또는 합병후 존속하는 법인이나 합병에 의하여 설립되는 법인은 그 공중위생영업자의 지위를 승계한다.

②민사집행법에 의한 경매, 「채무자 회생 및 파산에 관한 법률」에 의한 환가나 국세징수법·관세법 또는 「지방세징수법」에 의한 압류재산의 매각 그 밖에 이에 준하는 절차에 따라 공중위생영업 관련시설 및 설비의 전부를 인수한 자는 이 법에 의한 그 공중위생영업자의 지위를 승계한다.

③제1항 또는 제2항의 규정에 불구하고 이용업 또는 미용업의 경우에는 제6조의 규정에 의한 면허를 소지한 자에 한하여 공중위생영업자의 지위를 승계할 수 있다.

④제1항 또는 제2항의 규정에 의하여 공중위생영업자의 지위를 승계한 자는 1월 이내에 보건복지부령이 정하는 바에 따라 시장·군수 또는 구청장에게 신고하여야 한다.

제4조(공중위생영업자의 위생관리의무등)

①공중위생영업자는 그 이용자에게 건강상 위해요인이 발생하지 아니하도록 영업관련 시설 및 설비를 위생적이고 안전하게 관리하여야 한다.

②목욕장업을 하는 자는 다음 각호의 사항을 지켜야 한다. 이 경우 세부기준은 보건복지부령으로 정한다.

1. 제2조제1항제3호 가목의 서비스를 제공하는 경우 : 목욕장의 수질기준 및 수질검사방법 등 수질 관리에 관한 사항

2. 제2조제1항제3호 나목의 서비스를 제공하는 경우 : 위생기준 등에 관한 사항

③이용업을 하는 자는 다음 각호의 사항을 지켜야 한다.

1. 이용기구는 소독을 한 기구와 소독을 하지 아니한 기구로 분리하여 보관하고, 면도기는 1회용 면도날만을 손님 1

인에 한하여 사용할 것. 이 경우 이용기구의 소독기준 및 방법은 보건복지부령으로 정한다.
2. 이용사면허증을 영업소안에 게시할 것
3. 이용업소표시등을 영업소 외부에 설치할 것
④미용업을 하는 자는 다음 각호의 사항을 지켜야 한다.
1. 의료기구와 의약품을 사용하지 아니하는 순수한 화장 또는 피부미용을 할 것
2. 미용기구는 소독을 한 기구와 소독을 하지 아니한 기구로 분리하여 보관하고, 면도기는 1회용 면도날만을 손님 1인에 한하여 사용할 것. 이 경우 미용기구의 소독기준 및 방법은 보건복지부령으로 정한다.
3. 미용사면허증을 영업소안에 게시할 것
⑤세탁업을 하는 자는 세제를 사용함에 있어서 국민건강에 유해한 물질이 발생되지 아니하도록 기계 및 설비를 안전하게 관리하여야 한다. 이 경우 유해한 물질이 발생되는 세제의 종류와 기계 및 설비의 안전관리에 관하여 필요한 사항은 보건복지부령으로 정한다.
⑥건물위생관리업을 하는 자는 사용장비 또는 약제의 취급시 인체의 건강에 해를 끼치지 아니하도록 위생적이고 안전하게 관리하여야 한다.
⑦제1항 내지 제6항의 규정에 의하여 공중위생영업자가 준수하여야 할 위생관리기준 기타 위생관리서비스의 제공에 관하여 필요한 사항으로서 그 각항에 규정된 사항외의 사항 및 감염병환자 기타 함께 출입시켜서는 아니되는 자의 범위와 목욕장내에 둘 수 있는 종사자의 범위등 건전한 영업질서유지를 위하여 영업자가 준수하여야 할 사항은 보건복지부령으로 정한다.

※ **시행규칙**
제7조(공중위생영업자가 준수하여야 하는 위생관리기준 등) 법 제4조제7항의 규정에 의하여 공중위생영업자가 건전한 영업질서

유지를 위하여 준수하여야 하는 위생관리기준 등은 별표 4와 같다.
[별표 4] 〈개정 2017. 9. 15.〉
※ 공중위생영업자가 준수하여야 하는 위생관리기준 등 (제7조관련)
1. 숙박업자
가. 객실·침구 등의 청결
  (1) 객실·접객대·로비시설·복도·계단·욕실·샤워시설·세면시설 및 화장실 등에는 해충이 발생하지 아니하도록 매월 1회 이상 소독을 하여야 한다. 다만, 감염병의 예방 및 관리에 관한 법령이 정하는 바에 따라 소독을 하여야 하는 업소의 경우에는 관계법령이 정하는 바에 의한다.
  (2) 요·이불·베개 등 침구의 포와 수건은 숙박자 1인이 사용할 때마다 세탁하여야 하며, 수시로 일광 그 밖의 방법에 따라 건조시켜야 한다.
  (3) 객실의 물은 「식품위생법」 제14조에 따라 작성·보급되는 식품 등의 공전에 따른 접객용음용수 규격에 적합한 물이이야 하고, 깨끗한 용기에 담아 비치하여야 한다.
나. 욕실 등의 위생관리
  욕조수는 별표 2의 Ⅰ. 수질기준중 제2호의 규정에 의한 기준에 적합하여야 한다.
다. 환기 및 조명
  (1) 환기용 창 등은 수시로 개방하여 환기가 충분히 될 수 있도록 하여야 한다.
  (2) 기계환기설비는 항상 가동될 수 있도록 하고, 수시로 가동시켜 환기가 충분히 될 수 있도록 하여야 한다.
  (3) 객실·접객대 및 로비시설의 조명도는 75룩스(Lux) 이상이 되도록 유지하여야 하며, 복도·계단·욕실·샤워시설·세면시설 및 화장실의 조명도는 20룩스(복도 및 계단의 경우 심야에서 10룩스) 이상이 되도록 유지하여야 한다.
라. 그 밖의 준수사항
  (1) 숙박영업자는 업소 내에 숙박업신고증을,접객대에 숙박요금표를 각각 게시하여야 하며, 게시된 숙박요금을 준수하여야 한다.
  (2) 숙박업(생활)의 취사시설은 「도시가스

사업법」, 「액화석유가스의 안전관리 및 사업법」, 「소방시설 설치·유지 및 안전관리에 관한 법률」 및 그 밖의 관계 법령에서 정하는 기준에 적합하게 설치·관리되어야 한다.

2. 목욕장업자

가. 목욕실 등의 청결

(1) 목욕실은 해충이 발생되지 아니하도록 매월 1회 이상 소독을 하여야 한다.

(2) 탈의실·옷장·목욕실·발한실·물통·깔판·휴게실·휴식실·현관 및 화장실 등은 매일 1회 이상, 배수시설 및 오수조는 수시로 청소하여야 한다.

(3) 수건·가운 및 대여복을 손님에게 제공할 때에는 반드시 세탁한 것을 제공하여야 한다.

(4) 빗을 비치할 경우에는 사용하지 아니한 것과 사용한 것을 각각 다른 용기에 넣어 보관하여야 하며, 사용한 빗은 소독하여야 한다.

(5) 부대설비로 좌욕기 및 훈증기 등을 설치하는 경우에는 손님 1인이 사용할 때마다 반드시 소독하여야 한다.

(6) 욕수는 매년 1회 이상 별표 2 Ⅱ에 따른 수질검사를 하여야 한다. 다만, 수돗물을 사용하는 경우에는 원수에 대한 수질검사를 하지 않을 수 있다.

(7) 목욕장 안의 먹는 물은 「식품위생법」 제14조에 따라 작성 · 보급되는 식품 등의 공전에 따른 접객용음용수 규격에 적합한 물이어야 한다.

나. 발한실 등의 안전관리

발한실 안에는 온도계를 비치하고, 발한실 안과 밖(입구 등)에 아래에 해당하는 사람에 대한 입욕 주의사항 등에 관한 내용이 포함된 게시문을 목욕장을 이용하는 사람이 알아보기 쉬운 크기와 형태로 붙여야 한다.

1) 감기에 걸렸거나 만 5세 미만 또는 전신쇠약 증세의 어린이

2) 수축기 혈압이 180mmHg 이상인 사람

3) 백내장이 우려되거나 안면홍조증 환자

4) 노약자 · 임산부 · 고열환자 및 중증심장병 환자

5) 술을 마신 후 2시간 이내의 사람

6) 출혈을 많이 한 사람

다. 조명 및 환기

(1) 발한실·휴게실·탈의실·접객대·복도·계단·현관 및 화장실 그 밖에 입욕자가 직접 이용하는 장소의 조명도는 75룩스 이상이 유지되도록 하여야 한다.

(2) 휴식실·목욕실 및 세면시설의 조명도는 40룩스 이상이 유지되도록 하여야 한다.

(3) 목욕실·편의시설·휴게실 및 휴식실 등에는 실내공기를 정화할 수 있는 용량에 맞는 환풍시설 및 정화시설을 설치하거나 환기용 창을 설치하여야 한다.

라. 그 밖의 준수사항

(1) 다음에 해당되는 자를 출입시켜서는 아니 된다.

(가) 감염병환자로 인정되는 자(온천수 또는 해수를 사용하는 목욕장으로서 환자의 요양을 위한 입욕시설에서 입욕하는 경우를 제외한다)

(나) 다른 사람의 목욕에 방해가 될 우려가 있다고 인정되는 정신질환자

(다) 음주 등으로 목욕장의 정상적인 이용이 곤란하다고 인정되는 자

(2) 목욕실 및 탈의실은 만 5세 이상의 남녀를 함께 입장시켜서는 아니된다.

(3) 목욕실·탈의실· 및 발한실에 종사하는 자는 남자목욕장의 경우에는 남자, 여자목욕장의 경우에는 여자에 한하여 종사하도록 하여야 한다. 다만, 영업시간 외에 목욕장의 시설 및 설비의 청소, 유지 또는 보수를 하는 경우에는 그러하지 아니하다.

(4) 목욕실·탈의실 및 발한실에 이성의 입욕보조행위를 하는 자를 두어서는 아니된다.

(5) 영업소 안에 목욕업신고증, 접객대에 목욕요금표를 게시하여야 한다.

(7) 법 제2조제1항제3호 나목의 규정에 의한 서비스를 제공하는 목욕장업의 영업자가 남녀공용 발한실을 운영하고자 하는 경우에는 발한복을 착용한 뒤 출입하거나 이용할 수 있게 하여야 한다.

(8) 숙박에 이용되는 침구류 등을 비치하여서는 아니된다. 다만, 이용자의 일시적 수면이나 휴식을 위한 대형타월 및 베개 등은 비치할 수 있다.

(10) 법 제2조제1항제3호나목에 따른 서비스를 제공하는 목욕장업으로서 24시간 영업

을 하는 영업소의 경우에는 22:00시부터 05:00시까지 청소년(「청소년보호법」에서 정한 청소년을 말한다. 이하 같다)의 출입을 제한하여야 한다. 다만, 친권자 또는 후견인이 동행하거나 친권자 또는 후견인의 출입동의서를 받은 경우, 그 밖에 친권자를 대신하여 청소년을 보호하는 자, 「초·중등교육법」에 따른 소속 학교의 교원 또는 이에 준하여 청소년을 지도·감독할 수 있는 지위에 있는 자를 동반하는 경우에는 그러하지 아니하다.

(11) (10) 단서에 따른 친권자 또는 후견인의 출입동의서 기재사항은 다음과 같다.

(가) 청소년의 인적사항(성명·생년월일·주소)

(나) 출입 사유 및 출입 허용 일시

(다) 친권자 또는 후견인의 인적사항(성명·생년월일·주소·연락전화·청소년과의 관계) 및 서명

(라) 영업자의 확인 여부

(12) 영업소의 표시는 신고된 명칭(상호) 및 영업의 종류를 표시하여야 하며 다른 업종으로 오인될 우려가 있는 표시를 하여서는 아니된다.

3. 이용업자

가. 이용기구중 소독을 한 기구와 소독을 하지 아니한 기구는 각각 다른 용기에 넣어 보관하여야 한다.

나. 1회용 면도날은 손님 1인에 한하여 사용하여야 한다.

다. 영업장안의 조명도는 75룩스 이상이 되도록 유지하여야 한다.

라. 영업소 내부에 이용업 신고증 및 개설자의 면허증 원본을 게시하여야 한다.

마. 영업소 내부에 부가가치세, 재료비 및 봉사료 등이 포함된 요금표(이하 "최종지불요금표"라 한다)를 게시 또는 부착하여야 한다.

바. 마목에도 불구하고 신고한 영업장 면적이 66제곱미터 이상인 영업소의 경우 영업소 외부(출입문, 창문, 외벽면 등을 포함한다, 이하 같다)에도 손님이 보기 쉬운 곳에 「옥외광고물 등 관리법」에 적합하게 최종지불요금표를 게시 또는 부착하여야 한다. 이 경우 최종지불요금표에는 일부항목

(3개 이상)만을 표시할 수 있다.

사. 3가지 이상의 이용서비스를 제공하는 경우에는 개별 이용서비스의 최종 지불가격 및 전체 이용서비스의 총액에 관한 내역서를 이용자에게 미리 제공하여야 한다. 이 경우 이용업자는 해당 내역서 사본을 1개월간 보관하여야 한다.

4. 미용업자

가. 점빼기·귓볼뚫기·쌍꺼풀수술·문신·박피술 그 밖에 이와 유사한 의료행위를 하여서는 아니된다.

나. 피부미용을 위하여 「약사법」에 따른 의약품 또는 「의료기기법」에 따른 의료기기를 사용하여서는 아니 된다.

다. 미용기구중 소독을 한 기구와 소독을 하지 아니한 기구는 각각 다른 용기에 넣어 보관하여야 한다.

라. 1회용 면도날은 손님 1인에 한하여 사용하여야 한다.

마. 영업장안의 조명도는 75룩스 이상이 뇌노록 유지하어아 힌다.

바. 영업소 내부에 미용업 신고증 및 개설자의 면허증 원본을 게시하여야 한다.

사. 영업소 내부에 최종지불요금표를 게시 또는 부착하여야 한다.

아. 사목에도 불구하고 신고한 영업장 면적이 66제곱미터 이상인 영업소의 경우 영업소 외부에도 손님이 보기 쉬운 곳에 「옥외광고물 등 관리법」에 적합하게 최종지불요금표를 게시 또는 부착하여야 한다. 이 경우 최종지불요금표에는 일부항목(5개 이상)만을 표시할 수 있다.

자. 3가지 이상의 미용서비스를 제공하는 경우에는 개별 미용서비스의 최종 지불가격 및 전체 미용서비스의 총액에 관한 내역서를 이용자에게 미리 제공하여야 한다. 이 경우 미용업자는 해당 내역서 사본을 1개월간 보관하여야 한다.

5. 세탁업자

가. 드라이크리닝용 세탁기는 유기용제의 누출이 없도록 항상 점검하여야 하고, 사용 중에 누출되지 아니하도록 하여야 한다.

나. 세탁물에는 세탁물의 처리에 사용된

세제·유기용제 또는 얼룩제거 약제가 남지 아니하도록 하여야 한다.

다. 세탁업자는 업소에 보관 중인 세탁물에 좀이나 곰팡이 등이 생성되지 않도록 위생적으로 관리하여야 한다.

6. 건물위생관리업자

가. 유기용제를 사용하여 얼룩제거 작업 등을 하는 경우에는 창문을 열고 작업하는 등 증발된 가스를 흡입하지 아니하도록 하고, 화재가 발생하지 아니하도록 주의하여야 한다.

나. 종사자에 대하여 사용장비 및 약제의 취급상의 주의사항과 취급요령을 교육하고 안전사고를 예방하도록 하여야 한다.

제7조(이용사 및 미용사의 면허취소등) ①시장·군수·구청장은 이용사 또는 미용사가 다음 각호의 1에 해당하는 때에는 그 면허를 취소하거나 6월 이내의 기간을 정하여 그 면허의 정지를 명할 수 있다. 다만, 제2호, 제4호, 제6호 또는 제7호에 해당하는 경우에는 그 면허를 취소하여야 한다.

2. 제6조제2항제1호 내지 제4호에 해당하게 된 때

3. 면허증을 다른 사람에게 대여한 때

4. 국가기술자격법에 따라 자격이 취소된 때

5. 「국가기술자격법」에 따라 자격정지처분을 받은 때(「국가기술자격법」에 따른 자격정지처분 기간에 한정한다)

6. 이중으로 면허를 취득한 때(나중에 발급받은 면허를 말한다)

7. 면허정지처분을 받고도 그 정지 기간 중에 업무를 한 때

8. 「성매매알선 등 행위의 처벌에 관한 법률」이나 「풍속영업의 규제에 관한 법률」을 위반하여 관계 행정기관의 장으로부터 그 사실을 통보받은 때

제7조의2(위생사 면허의 취소 등) ① 보건복지부장관은 위생사가 다음 각 호의 어느 하나에 해당하는 경우에는 그 면허를 취소한다.

1. 제6조의2제7항 각 호의 어느 하나에 해당하게 된 경우

2. 면허증을 대여한 경우

② 위생사가 제1항제1호에 따라 면허가 취소된 후 그 처분의 원인이 된 사유가 소멸된 때에는 보건복지부장관은 그 사람에 대하여 다시 면허를 부여할 수 있다.

제8조(이용사 및 미용사의 업무범위등) ① 제6조제1항의 규정에 의한 이용사 또는 미용사의 면허를 받은 자가 아니면 이용업 또는 미용업을 개설하거나 그 업무에 종사할 수 없다. 다만, 이용사 또는 미용사의 감독을 받아 이용 또는 미용 업무의 보조를 행하는 경우에는 그러하지 아니하다.

②이용 및 미용의 업무는 영업소외의 장소에서 행할 수 없다. 다만, 보건복지부령이 정하는 특별한 사유가 있는 경우에는 그러하지 아니하다.

제9조(보고 및 출입·검사) ①특별시장·광역시장·도지사(이하 "시·도지사"라 한다) 또는 시장·군수·구청장은 공중위생관리상 필요하다고 인정하는 때에는 공중위생영업자에 대하여 필요한 보고를 하게 하거나 소속공무원으로 하여금 영업소·사무소 등에 출입하여 공중위생영업자의 위생관리의무이행 등에 대하여 검사하게 하거나 필요에 따라 공중위생영업장부나 서류를 열람하게 할 수 있다.

②제1항의 경우에 관계공무원은 그 권한을 표시하는 증표를 지녀야 하며, 관계인에게 이를 내보여야 한다.

③제1항의 규정을 적용함에 있어서 관광진흥법 제4조제2항의 규정에 의하여 등록한 관광숙박업(이하 "관광숙박업"이라 한다)의 경우에는 당해 관광숙박업의 관할행정기관의 장과 사전에 협의하여야 한다. 다만, 보건위생관리상 위해요인을 방지하기 위하여 긴급한 사유가 있는 경우에는 그러하지 아니하다.

제9조의2(영업의 제한) 시·도지사는 공익상 또는 선량한 풍속을 유지하기 위하여

필요하다고 인정하는 때에는 공중위생영업자 및 종사원에 대하여 영업시간 및 영업행위에 관한 필요한 제한을 할 수 있다.

제11조(공중위생영업소의 폐쇄등) ①시장·군수·구청장은 공중위생영업자가 다음 각 호의 어느 하나에 해당하면 6월 이내의 기간을 정하여 영업의 정지 또는 일부 시설의 사용중지를 명하거나 영업소폐쇄 등을 명할 수 있다. 다만, 관광숙박업의 경우에는 당해 관광숙박업의 관할행정기관의 장과 미리 협의하여야 한다.

1. 제3조제1항 전단에 따른 영업신고를 하지 아니하거나 시설과 설비기준을 위반한 경우
2. 제3조제1항 후단에 따른 변경신고를 하지 아니한 경우
3. 제3조의2제4항에 따른 지위승계신고를 하지 아니한 경우
4. 제4조에 따른 공중위생영업자의 위생관리의무등을 지키지 아니한 경우
5. 제8조제2항을 위반하여 영업소 외의 장소에서 이용 또는 미용 업무를 한 경우
6. 제9조에 따른 보고를 하지 아니하거나 거짓으로 보고한 경우 또는 관계 공무원의 출입, 검사 또는 공중위생영업 장부 또는 서류의 열람을 거부·방해하거나 기피한 경우
7. 제10조에 따른 개선명령을 이행하지 아니한 경우
8. 「성매매알선 등 행위의 처벌에 관한 법률」, 「풍속영업의 규제에 관한 법률」, 「청소년 보호법」, 「아동·청소년의 성보호에 관한 법률」 또는 「의료법」을 위반하여 관계 행정기관의 장으로부터 그 사실을 통보받은 경우

제11조의2(과징금처분) ①시장·군수·구청장은 제11조제1항의 규정에 의한 영업정지가 이용자에게 심한 불편을 주거나 그 밖에 공익을 해할 우려가 있는 경우에는 영업정지 처분에 갈음하여 3천만원 이하의 과징금을 부과할 수 있다. 다만, 「성매매알선 등 행위의 처벌에 관한 법률」, 「아동·청소년의 성보호에 관한 법률」, 「풍속영업의 규제에 관한 법률」 제3조 각호의 1 또는 이에 상응하는 위반행위로 인하여 처분을 받게 되는 경우를 제외한다.

③시장·군수·구청장은 제1항의 규정에 의한 과징금을 납부하여야 할 자가 납부기한까지 이를 납부하지 아니한 경우에는 대통령령으로 정하는 바에 따라 제1항에 따른 과징금 부과처분을 취소하고, 제11조제1항에 따른 영업정지 처분을 하거나 「지방세외수입금의 징수 등에 관한 법률」에 따라 이를 징수한다.

제11조의5(이용업소표시등의 사용제한) 누구든지 시·군·구에 이용업 신고를 하지 아니하고 이용업소표시등을 설치할 수 없다.

제17조(위생교육) ①공중위생영업자는 매년 위생교육을 받아야 한다.

제18조(위임 및 위탁) ①보건복지부장관은 이 법에 의한 권한의 일부를 대통령령이 정하는 바에 의하여 시·도지사 또는 시장·군수·구청장에게 위임할 수 있다.

②보건복지부장관은 대통령령이 정하는 바에 의하여 관계전문기관등에 그 업무의 일부를 위탁할 수 있다.

제19조의3(같은 명칭의 사용금지) 위생사가 아니면 위생사라는 명칭을 사용하지 못한다.

제20조(벌칙) ①다음 각호의 1에 해당하는 자는 1년 이하의 징역 또는 1천만원 이하의 벌금에 처한다.

1. 제3조제1항 전단의 규정에 의한 신고를 하지 아니한 자
2. 제11조제1항의 규정에 의한 영업정지명령 또는 일부 시설의 사용중지명령을 받고도 그 기간중에 영업을 하거나 그 시설을 사용한 자 또는 영업소 폐쇄명

령을 받고도 계속하여 영업을 한 자
②다음 각호의 1에 해당하는 자는 6월 이하의 징역 또는 500만원 이하의 벌금에 처한다.
1. 제3조제1항 후단의 규정에 의한 변경신고를 하지 아니한 자
2. 제3조의2제1항의 규정에 의하여 공중위생영업자의 지위를 승계한 자로서 동조제4항의 규정에 의한 신고를 하지 아니한 자
3. 제4조제7항의 규정에 위반하여 건전한 영업질서를 위하여 공중위생영업자가 준수하여야 할 사항을 준수하지 아니한 자
③ 다음 각 호의 어느 하나에 해당하는 사람은 300만원 이하의 벌금에 처한다.
1. 제7조제1항에 따른 면허의 취소 또는 정지 중에 이용업 또는 미용업을 한 사람
2. 제8조제1항을 위반하여 면허를 받지 아니하고 이용업 또는 미용업을 개설하거나 그 업무에 종사한 사람

제21조(양벌규정) 법인의 대표자나 법인 또는 개인의 대리인, 사용인, 그 밖의 종업원이 그 법인 또는 개인의 업무에 관하여 제20조의 위반행위를 하면 그 행위자를 벌하는 외에 그 법인 또는 개인에게도 해당 조문의 벌금형을 과(科)한다. 다만, 법인 또는 개인이 그 위반행위를 방지하기 위하여 해당 업무에 관하여 상당한 주의와 감독을 게을리하지 아니한 경우에는 그러하지 아니하다.

제22조(과태료) ①다음 각호의 1에 해당하는 자는 300만원 이하의 과태료에 처한다.
1의2. 제4조제2항의 규정을 위반하여 목욕장의 수질기준 또는 위생기준을 준수하지 아니한 자로서 제10조의 규정에 의한 개선명령에 따르지 아니한 자
2. 제4조제7항의 규정에 위반하여 숙박업소의 시설 및 설비를 위생적이고 안전하게 관리하지 아니한 자
3. 제4조제7항의 규정에 위반하여 목욕장업소의 시설 및 설비를 위생적이고 안

전하게 관리하지 아니한 자
4. 제9조의 규정에 의한 보고를 하지 아니하거나 관계공무원의 출입·검사 기타 조치를 거부·방해 또는 기피한 자
5. 제10조의 규정에 의한 개선명령에 위반한 자
6. 제11조의5를 위반하여 이용업소표시등을 설치한 자
②다음 각호의 1에 해당하는 자는 200만원 이하의 과태료에 처한다.
1. 제4조제3항 각호 및 제7항의 규정에 위반하여 이용업소의 위생관리 의무를 지키지 아니한 자
2. 제4조제4항 각호 및 제7항의 규정에 위반하여 미용업소의 위생관리 의무를 지키지 아니한 자
3. 제4조제5항 및 제7항의 규정에 위반하여 세탁업소의 위생관리 의무를 지키지 아니한 자
4. 제4조제6항 및 제7항의 규정에 위반하여 건물위생관리업소의 위생관리 의무를 지키지 아니한 자
5. 제8조제2항의 규정에 위반하여 영업소외의 장소에서 이용 또는 미용업무를 행한 자
6. 제17조제1항의 규정에 위반하여 위생교육을 받지 아니한 자
③ 제19조의3을 위반하여 위생사의 명칭을 사용한 자에게는 100만원 이하의 과태료를 부과한다.
④ 제1항부터 제3항까지의 규정에 따른 과태료는 대통령령으로 정하는 바에 따라 보건복지부장관 또는 시장·군수·구청장이 부과·징수한다.

부 칙 〈2017.12.12.〉
이 법은 공포한 날부터 시행한다.

교통사고처리 특례법

[시행 2017.12.3.]

제1조(목적) 이 법은 업무상과실 또는 중대한 과실로 교통사고를 일으킨 운전자에 관한 형사처벌 등의 특례를 정함으로써 교통사고로 인한 피해의 신속한 회복을 촉진하고 국민생활의 편익을 증진함을 목적으로 한다.

제2조(정의) 이 법에서 사용하는 용어의 뜻은 다음과 같다.

1. "차"란 「도로교통법」 제2조제17호가목에 따른 차(車)와 「건설기계관리법」 제2조제1항제1호에 따른 건설기계를 말한다.
2. "교통사고"란 차의 교통으로 인하여 사람을 사상하거나 물건을 손괴하는 것을 말한다.

제3조(처벌의 특례) ① 차의 운전자가 교통사고로 인하여 「형법」 제268조의 죄를 범한 경우에는 5년 이하의 금고 또는 2천만원 이하의 벌금에 처한다.

② 차의 교통으로 제1항의 죄 중 업무상과실치상죄 또는 중과실치상죄와 「도로교통법」 제151조의 죄를 범한 운전자에 대하여는 피해자의 명시적인 의사에 반하여 공소를 제기할 수 없다. 다만, 차의 운전자가 제1항의 죄 중 업무상과실치상죄 또는 중과실치상죄를 범하고도 피해자를 구호하는 등 「도로교통법」 제54조제1항에 따른 조치를 하지 아니하고 도주하거나 피해자를 사고 장소로부터 옮겨 유기하고 도주한 경우, 같은 죄를 범하고 「도로교통법」 제44조제2항을 위반하여 음주측정 요구에 따르지 아니한 경우(운전자가 채혈 측정을 요청하거나 동의한 경우는 제외한다)와 다음 각 호의 어느 하나에 해당하는 행위로 인하여 같은 죄를 범한 경우에는 그러하지 아니하다.

1. 「도로교통법」 제5조에 따른 신호기가 표시하는 신호 또는 교통정리를 하는 경찰공무원등의 신호를 위반하거나 통행금지 또는 일시정지를 내용으로 하는 안전표지가 표시하는 지시를 위반하여 운전한 경우
2. 「도로교통법」 제13조제3항을 위반하여 중앙선을 침범하거나 같은 법 제62조를 위반하여 횡단, 유턴 또는 후진한 경우
3. 「도로교통법」 제17조제1항 또는 제2항에 따른 제한속도를 시속 20킬로미터 초과하여 운전한 경우
4. 「도로교통법」 제21조제1항, 제22조, 제23조에 따른 앞지르기의 방법·금지시기·금지장소 또는 끼어들기의 금지를 위반하거나 같은 법 제60조제2항에 따른 고속도로에서의 앞지르기 방법을 위반하여 운전한 경우
5. 「도로교통법」 제24조에 따른 철길건널목 통과방법을 위반하여 운전한 경우
6. 「도로교통법」 제27조제1항에 따른 횡단보도에서의 보행자 보호의무를 위반하여 운전한 경우
7. 「도로교통법」 제43조, 「건설기계관리법」 제26조 또는 「도로교통법」 제96조를 위반하여 운전면허 또는 건설기계조종사면허를 받지 아니하거나 국제운전면허증을 소지하지 아니하고 운전한 경우. 이 경우 운전면허 또는 건설기계조종사면허의 효력이 정지 중이거나 운전의 금지 중인 때에는 운전면허 또는 건설기계조종사면허를 받지 아니하거나 국제운전면허증을 소지하지 아니한 것으로 본다.
8. 「도로교통법」 제44조제1항을 위반하여 술에 취한 상태에서 운전을 하거나 같은 법 제45조를 위반하여 약물의 영향으로 정상적으로 운전하지 못할 우려가 있는 상태에서 운전한 경우
9. 「도로교통법」 제13조제1항을 위반하여 보

도(步道)가 설치된 도로의 보도를 침범하거나 같은 법 제13조제2항에 따른 보도 횡단방법을 위반하여 운전한 경우

10. 「도로교통법」 제39조제3항에 따른 승객의 추락 방지의무를 위반하여 운전한 경우

11. 「도로교통법」 제12조제3항에 따른 어린이 보호구역에서 같은 조 제1항에 따른 조치를 준수하고 어린이의 안전에 유의하면서 운전하여야 할 의무를 위반하여 어린이의 신체를 상해에 이르게 한 경우

12. 「도로교통법」 제39조제4항을 위반하여 자동차의 화물이 떨어지지 아니하도록 필요한 조치를 하지 아니하고 운전한 경우

제4조(보험 등에 가입된 경우의 특례) ① 교통사고를 일으킨 차가 「보험업법」 제4조, 제126조, 제127조 및 제128조, 「여객자동차 운수사업법」 제60조, 제61조 또는 「화물자동차 운수사업법」 제51조에 따른 보험 또는 공제에 가입된 경우에는 제3조제2항 본문에 규정된 죄를 범한 차의 운전자에 대하여 공소를 제기할 수 없다. 다만, 다음 각 호의 어느 하나에 해당하는 경우에는 그러하지 아니하다.

1. 제3조제2항 단서에 해당하는 경우

2. 피해자가 신체의 상해로 인하여 생명에 대한 위험이 발생하거나 불구가 되거나 불치 또는 난치의 질병이 생긴 경우

3. 보험계약 또는 공제계약이 무효로 되거나 해지되거나 계약상의 면책 규정 등으로 인하여 보험회사, 공제조합 또는 공제사업자의 보험금 또는 공제금 지급 의무가 없어진 경우

② 제1항에서 "보험 또는 공제"란 교통사고의 경우 「보험업법」에 따른 보험회사나 「여객자동차 운수사업법」 또는 「화물자동차 운수사업법」에 따른 공제조합 또는 공제사업자가 인가된 보험약관 또는 승인된 공제약관에 따라 피보험자와 피해자 간 또는 공제조합원과 피해자 간의 손해배상에 관한 합의 여부와 상관없이 피보험자나 공제조합원을 갈음하여 피해자의 치료비에 관하여는 통상비용의 전액을, 그 밖의 손해에 관하여는 보험약관이나 공제약관으로 정한 지급기준금액을 대통령령으로 정하는 바에 따라 우선 지급하되, 종국적으로는 확정판결이나 그 밖에 이에 준하는 집행권원상 피보험자 또는 공제조합원의 교통사고로 인한 손해배상금 전액을 보상하는 보험 또는 공제를 말한다.

③ 제1항의 보험 또는 공제에 가입된 사실은 보험회사, 공제조합 또는 공제사업자가 제2항의 취지를 적은 서면에 의하여 증명되어야 한다.

제5조(벌칙) ① 보험회사, 공제조합 또는 공제사업자의 사무를 처리하는 사람이 제4조제3항의 서면을 거짓으로 작성한 경우에는 3년 이하의 징역 또는 1천만원 이하의 벌금에 처한다.

② 제1항의 거짓으로 작성된 문서를 그 정황을 알고 행사한 사람도 제1항의 형과 같은 형에 처한다.

③ 보험회사, 공제조합 또는 공제사업자가 정당한 사유 없이 제4조제3항의 서면을 발급하지 아니한 경우에는 1년 이하의 징역 또는 300만원 이하의 벌금에 처한다.

제6조(양벌규정) 법인의 대표자, 대리인, 사용인, 그 밖의 종업원이 그 법인의 업무에 관하여 제5조의 위반행위를 하면 그 행위자를 벌하는 외에 그 법인에도 해당 조문의 벌금형을 과(科)한다. 다만, 법인이 그 위반행위를 방지하기 위하여 해당 업무에 관하여 상당한 주의와 감독을 게을리하지 아니한 경우에는 그러하지 아니하다.

부 칙〈제14277호, 2016.12.2.〉

제1조(시행일) 이 법은 공포 후 1년이 경과한 날부터 시행한다.

제2조(적용례) 제3조제2항의 개정규정은 이 법 시행 후 최초로 발생한 교통사고부터 적용한다.

대부업 등의 등록 및 금융이용자 보호에 관한 법률

[시행 2017.10.19.]

제1조(목적) 이 법은 대부업·대부중개업의 등록 및 감독에 필요한 사항을 정하고 대부업자와 여신금융기관의 불법적 채권추심행위 및 이자율 등을 규제함으로써 대부업의 건전한 발전을 도모하는 한편, 금융이용자를 보호하고 국민의 경제생활 안정에 이바지함을 목적으로 한다.

제2조(정의) 이 법에서 사용하는 용어의 뜻은 다음과 같다.

1. "대부업"이란 금전의 대부(어음할인·양도담보, 그 밖에 이와 비슷한 방법을 통한 금전의 교부를 포함한다. 이하 "대부"라 한다)를 업(業)으로 하거나 다음 각 목의 어느 하나에 해당하는 사모부터 대부계약에 따른 채권을 양도받아 이를 추심(이하 "대부채권매입추심"이라 한다)하는 것을 업으로 하는 것을 말한다. 다만, 대부의 성격 등을 고려하여 대통령령으로 정하는 경우는 제외한다.

제2조(대부업에서 제외되는 범위) 「대부업 등의 등록 및 금융이용자 보호에 관한 법률」(이하 "법"이라 한다) 제2조제1호 각 목 외의 부분 단서에서 "대통령령으로 정하는 경우"란 다음 각 호의 어느 하나에 해당하는 경우를 말한다.
1. 사업자가 그 종업원에게 대부하는 경우
2. 「노동조합 및 노동관계조정법」에 따라 설립된 노동조합이 그 구성원에게 대부하는 경우
3. 국가 또는 지방자치단체가 대부하는 경우
4. 「민법」이나 그 밖의 법률에 따라 설립된 비영리법인이 정관에서 정한 목적의 범위에서 대부하는 경우

  가. 제3조에 따라 대부업의 등록을 한 자(이하 "대부업자"라 한다)

  나. 여신금융기관
2. "대부중개업"이란 대부중개를 업으로 하는 것을 말한다.
3. "대부중개업자"란 제3조에 따라 대부중개업의 등록을 한 자를 말한다.
4. "여신금융기관"이란 대통령령으로 정하는 법령에 따라 인가 또는 허가 등을 받아 대부업을 하는 금융기관을 말한다.
5. "대주주"란 다음 각 목의 어느 하나에 해당하는 주주를 말한다.

  가. 최대주주: 대부업자 또는 대부중개업자(이하 "대부업자등"이라 한다)의 의결권 있는 발행주식 총수 또는 출자지분을 기준으로 본인 및 그와 대통령령으로 정하는 특수한 관계에 있는 지(이하 "특수관계인"이라 한다)가 누구의 명의로 하든지 자기의 계산으로 소유하는 주식 또는 출자지분을 합하여 그 수가 가장 많은 경우의 그 본인
6. "자기자본"이란 납입자본금·자본잉여금 및 이익잉여금 등의 합계액으로서 대통령령으로 정하는 금액을 말한다.

제3조(등록 등) ① 대부업 또는 대부중개업(이하 "대부업등" 이라 한다)을 하려는 자(여신금융기관은 제외한다)는 영업소별로 해당 영업소를 관할하는 특별시장·광역시장·특별자치시장·도지사 또는 특별자치도지사(이하 "시·도지사"라 한다)에게 등록하여야 한다. 다만, 여신금융기관과 위탁계약 등을 맺고 대부중개업을 하는 자(그 대부중개업을 하는 자가 법인인 경우 그 법인과 직접 위탁계약 등을 맺고 대부를 받으려는 자를 모집하는 개인을 포함하며, 이하 "대출모집인"이라 한다)는 해당

위탁계약 범위에서는 그러하지 아니하다.
② 제1항에도 불구하고 대부업등을 하려는 자(여신금융기관은 제외한다)로서 다음 각 호의 어느 하나에 해당하는 자는 금융위원회에 등록하여야 한다. 다만, 대출모집인은 해당 위탁계약 범위에서는 그러하지 아니하다.
1. 둘 이상의 특별시·광역시·특별자치시·도·특별자치도에서 영업소를 설치하려는 자
2. 대부채권매입추심을 업으로 하려는 자
3. 「독점규제 및 공정거래에 관한 법률」 제14조에 따라 지정된 상호출자제한기업집단에 속하는 자
4. 최대주주가 여신금융기관인 자
5. 법인으로서 자산규모 100억원을 초과하는 범위에서 대통령령으로 정하는 기준에 해당하는 자
6. 그 밖에 제1호부터 제5호까지의 규정에 준하는 등 대통령령으로 정하는 자

제2조의4(금융위원회 등록이 필요한 대부업자등) 법 제3조제2항제6호에서 "대통령령으로 정하는 자"란 다음 각 호에 해당하는 자의 정보를 온라인에서 게재하는 자와 연계하여 대부업을 하려는 자를 말한다.
1. 대부채권으로부터 발생하는 원금과 이자의 수취만을 목적으로 하는 권리를 취득하려는 자(이하 "자금제공자"라 한다)
2. 대부를 받으려는 자

③ 제1항 또는 제2항에 따른 등록을 하려는 자는 다음 각 호의 사항을 적은 신청서와 대통령령으로 정하는 서류를 첨부하여 시·도지사 또는 금융위원회(이하 "시·도지사등"이라 한다)에 제출하여야 한다.
1. 명칭 또는 성명과 주소
2. 등록신청인이 법인인 경우에는 주주 또는 출자자(대통령령으로 정하는 기준 이하의 주식 또는 출자지분을 소유하는 자는 제외한다)의 명칭 또는 성명, 주소와 그 지분율 및 임원의 성명과 주소
3. 등록신청인이 영업소의 업무를 총괄하는 사용인(이하 "업무총괄 사용인"이라 한다)을 두는 경우에는 업무총괄 사용인의 성명과 주소
4. 영업소의 명칭 및 소재지
5. 경영하려는 대부업등의 구체적 내용 및 방법
6. 제9조제2항 또는 제3항에 따른 표시 또는 광고에 사용되는 전화번호(홈페이지가 있으면 그 주소를 포함한다)
7. 자기자본(법인이 아닌 경우에는 순자산액)
8. 제11조의4제2항에 따른 보증금, 보험 또는 공제
④ 제3항에 따라 등록신청을 받은 시·도지사등은 신청인이 제3조의5의 요건을 갖춘 경우에는 다음 각 호의 사항을 확인한 후 등록부에 제3항 각 호에 규정된 사항과 등록일자·등록번호를 적고 지체 없이 신청인에게 등록증을 교부하여야 한다.
1. 신청서에 적힌 사항이 사실과 부합하는지 여부. 이 경우 신청서에 적힌 사항이 사실과 다르면 30일 이내의 기한을 정하여 등록증 교부 전에 신청인에게 신청서의 수정·보완을 요청할 수 있으며, 그 수정·보완 기간은 처리기간에 산입하지 아니한다.
2. 사용하려는 상호가 해당 시·도 또는 금융위원회에 이미 등록된 상호인지 여부. 이 경우 이미 등록된 상호이면 다른 상호를 사용할 것을 요청할 수 있다.
⑤ 시·도지사등은 제4항에 따른 등록부를 일반인이 열람할 수 있도록 하여야 한다. 다만, 등록부 중 개인에 관한 사항으로서 공개될 경우 개인의 사생활을 침해할 우려가 있는 것으로 대통령령으로 정하는 사항은 제외한다.
⑥ 제1항 또는 제2항에 따른 등록의 유효기간은 등록일부터 3년으로 한다.
⑦ 대부업자등이 제4항 및 제3조의2에 따라 교부받은 등록증을 분실한 경우에는 시·도지사등에게 분실신고를 하고 등록증을

다시 교부받아야 한다.

제3조의2(등록갱신) ① 대부업자등이 제3조제6항에 따른 등록유효기간 이후에도 계속하여 대부업등을 하려는 경우에는 시·도지사등에게 유효기간 만료일 3개월 전부터 1개월 전까지 등록갱신을 신청하여야 한다.

② 제1항에 따른 등록갱신신청을 받은 시·도지사등은 신청인이 제3조의5의 요건을 갖춘 경우에는 제3조제4항제1호의 사항을 확인한 후 등록부에 제3조제3항 각 호에 규정된 사항과 등록갱신일자·등록번호를 적고 지체 없이 신청인에게 등록증을 교부하여야 한다.

③ 제1항에 따른 등록갱신과 관련하여 시·도지사등은 유효기간 만료일 3개월 전까지 해당 대부업자등에게 갱신절차와 기간 내에 갱신을 신청하지 아니하면 유효기간이 만료된다는 사실을 알려야 한다.

제5조(변경등록 등) ① 대부업자등은 제3조제3항 각 호의 기재사항이 변경된 경우에는 그 사유가 발생한 날부터 15일 이내에 대통령령으로 정하는 바에 따라 변경된 내용을 시·도지사등에게 변경등록하여야 한다. 다만, 대통령령으로 정하는 경미한 사항이 변경된 경우는 제외한다.

② 대부업자등이 폐업할 때에는 대통령령으로 정하는 바에 따라 시·도지사등에게 신고하여야 한다.

제5조의2(상호 등) ① 대부업자(대부중개업을 겸영하는 대부업자를 포함한다)는 그 상호 중에 "대부"라는 문자를 사용하여야 한다.

② 대부중개업만을 하는 대부중개업자는 그 상호 중에 "대부중개"라는 문자를 사용하여야 한다.

④ 이 법에 따른 대부업자등이 아닌 자는 그 상호 중에 대부, 대부중개 또는 이와 유사한 상호를 사용하지 못한다.

⑤ 대부업자등은 타인에게 자기의 명의로 대부업등을 하게 하거나 그 등록증을 대여하여서는 아니 된다.

제6조(대부계약의 체결 등) ① 대부업자가 그의 거래상대방과 대부계약을 체결하는 경우에는 거래상대방이 본인임을 확인하고 다음 각 호의 사항이 적힌 대부계약서를 거래상대방에게 교부하여야 한다.

1. 대부업자(그 영업소를 포함한다) 및 거래상대방의 명칭 또는 성명 및 주소 또는 소재지
2. 계약일자
3. 대부금액
3의2. 제8조제1항에 따른 최고이자율
4. 대부이자율(제8조제2항에 따른 이자율의 세부내역 및 연 이자율로 환산한 것을 포함한다)
5. 변제기간 및 변제방법
6. 제5호의 변제방법이 계좌이체 방식인 경우에는 변제를 받기 위한 대부업자 명의의 계좌번호
7. 해당 거래에 관한 모든 부대비용
8. 손해배상액 또는 강제집행에 관한 약정이 있는 경우에는 그 내용
9. 보증계약을 체결한 경우에는 그 내용
10. 채무의 조기상환수수료율 등 조기상환조건
11. 연체이자율
12. 그 밖에 대부업자의 거래상대방을 보호하기 위하여 필요한 사항으로서 대통령령으로 정하는 사항

② 대부업자는 제1항에 따라 대부계약을 체결하는 경우에는 거래상대방에게 제1항 각 호의 사항을 모두 설명하여야 한다.

③ 대부업자가 대부계약과 관련하여 보증계약을 체결하는 경우에는 다음 각 호의 사항이 적힌 보증계약서 및 제1항에 따른 대부계약서 사본을 보증인에게 교부하여야 한다.

1. 대부업자(그 영업소를 포함한다)·주채무자 및 보증인의 명칭 또는 성명 및 주소 또는 소재지
2. 계약일자

3. 보증기간
4. 피보증채무의 금액
5. 보증의 범위
6. 보증인이 주채무자와 연대하여 채무를 부담하는 경우에는 그 내용
7. 그 밖에 보증인을 보호하기 위하여 필요한 사항으로서 대통령령으로 정하는 사항

④ 대부업자는 대부계약과 관련하여 보증계약을 체결하는 경우에는 보증인에게 제3항 각 호의 사항을 모두 설명하여야 한다.

⑤ 대부업자는 제1항에 따른 대부계약을 체결하거나 제3항에 따른 보증계약을 체결한 경우에는 그 계약서와 대통령령으로 정하는 계약관계서류(대부업자의 거래상대방 또는 보증인이 채무를 변제하고 계약서 및 계약관계서류의 반환을 서면으로 요구함에 따라 이를 반환한 경우에는 그 사본 및 반환요구서를 말한다. 이하 같다)를 대부계약 또는 보증계약을 체결한 날부터 채무변제일 이후 2년이 되는 날까지 보관하여야 한다.

제6조의2(중요 사항의 자필 기재) ① 대부업자는 그의 거래상대방과 대부계약을 체결하는 경우에는 다음 각 호의 사항을 그 거래상대방이 자필로 기재하게 하여야 한다.
1. 제6조제1항제3호의 대부금액
2. 제6조제1항제4호의 대부이자율
3. 제6조제1항제5호의 변제기간
4. 그 밖에 대부업자의 거래상대방을 보호하기 위하여 필요한 사항으로서 대통령령으로 정하는 사항

② 대부업자는 대부계약과 관련하여 보증계약을 체결하는 경우에는 다음 각 호의 사항을 그 보증인이 자필로 기재하게 하여야 한다.
1. 제6조제3항제3호의 보증기간
2. 제6조제3항제4호의 피보증채무의 금액
3. 제6조제3항제5호의 보증의 범위
4. 그 밖에 보증인을 보호하기 위하여 필요한 사항으로서 대통령령으로 정하는 사항

③ 대부계약 또는 이와 관련된 보증계약을 체결할 때 다음 각 호의 어느 하나에 해당하는 경우에는 대부업자는 제1항 각 호의 사항 또는 제2항 각 호의 사항을 거래상대방 또는 보증인이 자필로 기재하게 한 것으로 본다.
1. 「전자서명법」제2조제8호에 따른 공인인증서를 이용하여 거래상대방 또는 보증인이 본인인지 여부를 확인하고, 인터넷을 이용하여 제1항 각 호의 사항 또는 제2항 각 호의 사항을 거래상대방 또는 보증인이 직접 입력하게 하는 경우
2. 그 밖에 거래상대방 또는 보증인이 본인인지 여부 및 제1항 각 호의 사항 또는 제2항 각 호의 사항에 대한 거래상대방 또는 보증인의 동의 의사를 음성녹음 등 대통령령으로 정하는 방법으로 확인하는 경우

제7조(과잉 대부의 금지) ① 대부업자는 대부계약을 체결하려는 경우에는 미리 거래상대방으로부터 그 소득·재산 및 부채상황에 관한 것으로서 대통령령으로 정하는 증명서류를 제출받아 그 거래상대방의 소득·재산 및 부채상황을 파악하여야 한다. 다만, 대부금액이 대통령령으로 정하는 금액 이하인 경우에는 그러하지 아니하다.

② 대부업자는 거래상대방의 소득·재산·부채상황·신용 및 변제계획 등을 고려하여 객관적인 변제능력을 초과하는 대부계약을 체결하여서는 아니 된다.

③ 대부업자는 제1항에 따른 서류를 거래상대방의 소득·재산 및 부채상황을 파악하기 위한 용도 외의 목적으로 사용하여서는 아니 된다.

제7조의2(담보제공 확인의무) 대부업자는 대부계약을 체결하고자 하는 자가 제3자의 명의로 된 담보를 제공하는 경우 그 제3자에게 담보제공 여부를 확인하여야 한다.

제8조(대부업자의 이자율 제한) ① 대부업자

가 개인이나 「중소기업기본법」 제2조제2항
에 따른 소기업(小企業)에 해당하는 법인
에 대부를 하는 경우 그 이자율은 연 100
분의 27.9 이하의 범위에서 대통령령으로
정하는 율을 초과할 수 없다.
② 제1항에 따른 이자율을 산정할 때 사
례금, 할인금, 수수료, 공제금, 연체이자,
체당금(替當金) 등 그 명칭이 무엇이든
대부와 관련하여 대부업자가 받는 것은
모두 이자로 본다. 다만, 해당 거래의 체
결과 변제에 관한 부대비용으로서 대통령
령으로 정한 사항은 그러하지 아니하다.
③ 대부업자가 제1항을 위반하여 대부계약을
체결한 경우 제1항에 따른 이자율을 초과하
는 부분에 대한 이자계약은 무효로 한다.
④ 채무자가 대부업자에게 제1항에 따른 이
자율을 초과하는 이자를 지급한 경우 그 초
과 지급된 이자 상당금액은 원본(元本)에
충당되고, 원본에 충당되고 남은 금액이 있
으면 그 반환을 청구할 수 있다.
⑤ 대부업자가 선이자를 사전에 공제하는
경우에는 그 공제액을 제외하고 채무자가
실제로 받은 금액을 원본으로 하여 제1항
에 따른 이자율을 산정한다.
[부칙 제2조제1항의 규정에 의하여 이 조는
2018년 12월 31일까지 유효함]

제5조(이자율의 제한) ① 삭제 <2017.8.29.>
② 법 제8조제1항에서 "대통령령으로 정하는
율"이란 연 100분의 24를 말한다.
③ 제2항의 율을 월 또는 일 기준으로 적용하는
경우에는 연 100분의 24를 단리로 환산한다.
④ 법 제8조제2항 단서에서 "대통령령으로
정한 사항"이란 다음 각 호의 비용을 말한다.
1. 담보권 설정비용
2. 신용조회비용(「신용정보의 이용 및 보호에
관한 법률」 제4조제1항제1호의 업무를 허가받
은 자에게 거래상대방의 신용을 조회하는 경우
만 해당한다)

제9조(대부조건의 게시와 광고) ① 대부업
자는 등록증, 대부이자율, 이자계산방법,
변제방법, 연체이자율, 그 밖에 대통령령
으로 정하는 중요 사항을 일반인이 알 수
있도록 영업소마다 게시하여야 한다.
② 대부업자가 대부조건 등에 관하여 표시
또는 광고(「표시·광고의 공정화에 관한
법률」에 따른 표시 또는 광고를 말한다.
이하 "광고"라 한다)를 하는 경우에는 다
음 각 호의 사항을 포함하여야 한다.
1. 명칭 또는 대표자 성명
2. 대부업 등록번호
3. 대부이자율(연 이자율로 환산한 것을
   포함한다) 및 연체이자율
4. 이자 외에 추가비용이 있는 경우 그 내용
5. 채무의 조기상환수수료율 등 조기상환
   조건
6. 과도한 채무의 위험성 및 대부계약과 관
   련된 신용등급의 하락 가능성을 알리는
   경고문구 및 그 밖에 대부업자의 거래상
   대방을 보호하기 위하여 필요한 사항으로
   서 대통령령으로 정하는 사항
③ 대부중개업자가 대부조건 등에 관하여
광고를 하는 경우에는 다음 각 호의 사항
을 포함하여야 한다.
1. 명칭 또는 대표자 성명
2. 대부중개업 등록번호
3. 중개를 통하여 대부를 받을 경우 그 대
   부이자율(연 이자율로 환산한 것을 포
   함한다) 및 연체이자율
4. 이자 외에 추가비용이 있는 경우 그 내용
5. 채무의 조기상환수수료율 등 조기상환
   조건
6. 과도한 채무의 위험성 및 대부계약과 관
   련된 신용등급의 하락 가능성을 알리는
   경고문구 및 그 밖에 대부중개업자의 거
   래상대방을 보호하기 위하여 필요한 사
   항으로서 대통령령으로 정하는 사항
④ 대부업자등은 제2항 또는 제3항에 따라
광고를 하는 경우에는 일반인이 제2항 각
호의 사항 또는 제3항 각 호의 사항을 쉽게
알 수 있도록 대통령령으로 정하는 방식에

따라 광고의 문안과 표기를 하여야 한다.

⑤ 대부업자등은 다음 각 호에 따른 시간에는 「방송법」 제2조제1호에 따른 방송을 이용한 광고를 하여서는 아니 된다.

1. 평일: 오전 7시부터 오전 9시까지 및 오후 1시부터 오후 10시까지
2. 토요일과 공휴일: 오전 7시부터 오후 10시까지

제9조의2(대부업등에 관한 광고 금지) ① 대부업자 또는 여신금융기관이 아니면 대부업에 관한 광고를 하여서는 아니 된다.

② 대부중개업자 또는 대출모집인이 아니면 대부중개업에 관한 광고를 하여서는 아니 된다.

제9조의3(허위·과장 광고의 금지 등) ① 대부업자등은 다음 각 호의 행위를 하여서는 아니 된다.

1. 대부이자율, 대부 또는 대부중개를 받을 수 있는 거래상대방, 대부중개를 통하여 대부할 대부업자, 그 밖에 대부 또는 대부중개의 내용에 관하여 다음 각 목의 방법으로 광고하는 행위
   가. 사실과 다르게 광고하거나 사실을 지나치게 부풀리는 방법
   나. 사실을 숨기거나 축소하는 방법
   다. 비교의 대상 및 기준을 명시하지 아니하거나, 객관적인 근거 없이 자기의 대부 또는 대부중개가 다른 대부업자등의 대부 또는 대부중개보다 유리하다고 주장하는 방법
2. 대부 또는 대부중개를 받을 수 있는 것으로 오인하게 하거나 유인하여 다음 각 목의 방법으로 광고하는 행위
   가. 이 법 또는 다른 법률을 위반하는 방법
   나. 타인의 재산권을 침해하는 방법
3. 그 밖에 대부업자등의 거래상대방을 보호하거나 불법 거래를 방지하기 위하여 필요한 경우로서 대통령령으로 정하는 광고 행위

② 시·도지사는 제1항을 위반한 대부업자등에게 제21조에 따라 과태료를 부과한 경우에는 지체 없이 그 내용을 공정거래위원회에 알려야 한다.

제9조의4(미등록대부업자로부터의 채권양수·추심 금지 등) ① 대부업자는 제3조에 따른 대부업의 등록 또는 제3조의2에 따른 등록갱신을 하지 아니하고 사실상 대부업을 하는 자(이하 "미등록대부업자"라 한다)로부터 대부계약에 따른 채권을 양도받아 이를 추심하는 행위를 하여서는 아니 된다.

② 대부업자는 제3조에 따른 대부중개업의 등록 또는 제3조의2에 따른 등록갱신을 하지 아니하고 사실상 대부중개업을 하는 자(이하 "미등록대부중개업자"라 한다)로부터 대부중개를 받은 거래상대방에게 대부하여서는 아니 된다.

③ 대부업자 또는 여신금융기관은 제3조제2항제2호에 따라 등록한 대부업자, 여신금융기관 등 대통령령으로 정한 자가 아닌 자에게 대부계약에 따른 채권을 양도해서는 아니 된다.

제10조(대주주와의 거래제한 등) ① 제3조제2항제3호에 따라 등록한 대부업자(이하 "상호출자제한기업집단 대부업자"라 한다)가 그 대주주(최대주주의 특수관계인을 포함한다. 이하 이 조에서 같다)에게 제공할 수 있는 대부, 지급보증 또는 자금 지원적 성격의 유가증권의 매입, 그 밖에 금융거래상의 신용위험이 따르는 대부업자의 직접적·간접적 거래로서 대통령령으로 정하는 것(이하 "신용공여"라 한다)의 합계액은 그 대부업자의 자기자본의 100분의 100을 넘을 수 없으며, 대주주는 그 대부업자로부터 그 한도를 넘겨 신용공여를 받아서는 아니 된다.

② 상호출자제한기업집단 대부업자는 그 대주주에게 대통령령으로 정하는 금액 이상으로 신용공여를 하려는 경우에는 그 사실을 금융위원회에 지체 없이 보고하고, 인터넷 홈페이지 등을 이용하여 공시하여야 한다.

⑦ 여신금융기관이 최대주주인 대부업자는 제1항에도 불구하고 그 대주주에게 신용공여를 할 수 없으며, 대주주는 그 대부업자로부터 신용공여를 받아서는 아니 된다.

제10조의2(채권추심자의 소속·성명 명시 의무) 대부계약에 따른 채권의 추심을 하는 자는 채무자 또는 그의 관계인에게 그 소속과 성명을 밝혀야 한다.

제11조(미등록대부업자의 이자율 제한) ① 미등록대부업자가 대부를 하는 경우의 이자율에 관하여는 「이자제한법」 제2조제1항 및 이 법 제8조제2항부터 제5항까지의 규정을 준용한다. [법률 제14072호(2016.3.3.) 부칙 제2조제1항의 규정에 의하여 이 조 제1항은 2018년 12월 31일까지 유효함

제11조의2(중개의 제한 등) ① 대부중개업자는 미등록대부업자에게 대부중개를 하여서는 아니 된다.

② 대부중개업자 및 대출모집인(이하 "대부중개업자등")과 미등록대부중개업자는 수수료, 사례금, 착수금 등 그 명칭이 무엇이든 대부중개와 관련하여 받는 대가(이하 "중개수수료")를 대부를 받는 거래상대방으로부터 받아서는 아니 된다.

③ 대부업자가 개인이나 대통령령으로 정하는 소규모 법인에 대부하는 경우 대부중개업자등에게 지급하는 중개수수료는 해당 대부금액의 100분의 5의 범위에서 대통령령으로 정하는 율에 해당하는 금액을 초과할 수 없다.

제6조의8(중개수수료의 제한) ① 법 제11조의2제3항에서 "대통령령으로 정하는 소규모 법인"이란「중소기업기본법」 제2조제2항에 따른 소기업에 해당하는 법인을 말한다.

② 법 제11조의2제3항에서 "대통령령으로 정하는 율에 해당하는 금액"이란 다음 표의 구분에 따른 금액을 말한다.

대부금액	중개수수료 금액
5백만원 이하	대부금액의 5%
5백만원 초과 1천만원 이하	5백만원을 초과하는 대부금액의 4% + 25만원
1천만원 초과	1천만원을 초과하는 대부금액의 3% + 45만원

④ 여신금융기관이 대부중개업자등에게 중개수수료를 지급하는 경우의 중개수수료 상한에 관하여는 제3항을 준용한다.

⑤ 금융위원회는 제4항을 위반하여 중개수수료를 지급한 여신금융기관에 대하여 그 시정을 명할 수 있다.

⑥ 대부중개업자등은 대부업자 또는 여신금융기관으로부터 제3항 및 제4항에 따른 금액을 초과하는 중개수수료를 지급받아서는 아니 된다.

제12조(검사 등) ① 시·도지사등은 대부업자등에게 그 업무 및 업무와 관련된 재산에 관하여 보고하게 하거나 자료의 제출, 그 밖에 필요한 명령을 할 수 있다.

② 시·도지사 또는 금융감독원장은 소속 공무원 또는 소속 직원(금융위원회에 등록한 대부업자등에 대한 검사로 한정한다)에게 그 영업소에 출입하여 그 업무 및 업무와 관련된 재산에 관하여 검사하게 할 수 있다.

③ 시·도지사는 대부업자등에 대한 전문적인 검사가 필요한 경우로서 대통령령으로 정하는 경우에는 제2항에도 불구하고 금융감독원장에게 대부업자등에 대한 검사를 요청할 수 있다.

⑤ 금융감독원장은 제2항 및 제3항에 따른 검사에 필요하다고 인정하면 대부업자등에 대하여 업무 및 업무와 관련된 재산에 관한 보고, 자료의 제출, 관계자의 출석 및 의견의 진술을 요구할 수 있다.

제9조(여신금융기관의 이자율 등의 제한) ① 법 제15조제1항에서 "대통령령으로 정하

는 율"이란 연 100분의 24를 말한다.

② 제1항의 율을 월 또는 일 기준으로 적용하는 경우에는 연 100분의 24를 단리로 환산한다.

③ 법 제15조제2항에 따라 준용되는 법 제8조제2항 단서에서 "대통령령으로 정하는 사항"이란 다음 각 호의 비용을 말한다.

1. 담보권 설정비용

2. 신용조회비용(「신용정보의 이용 및 보호에 관한 법률」 제4조제1항제1호의 업무를 허가받은 자에게 거래상대방의 신용을 조회하는 경우만 해당한다)

3. 만기가 1년 이상인 대부계약의 대부금액을 조기상환함에 따라 발생하는 비용으로서 조기상환 금액의 100분의 1을 초과하지 아니하는 금액

④ 법 제15조제3항에서 "대통령령으로 정하는 율"이란 다음 각 호의 어느 하나의 연체이자율을 말한다. 이 경우 연 100분의 24를 초과할 수 없다.

1. 「한국은행법」 제11조에 따른 금융기관의 경우에는 한국은행이 정하는 연체이자율

2. 제1호에 따른 금융기관 외의 여신금융기관의 경우에는 금융위원회가 각 금융업의 특성을 반영하여 금융업별로 정하는 연체이자율

제15조(여신금융기관의 이자율의 제한) ① 여신금융기관은 연 100분의 27.9 이하의 범위에서 대통령령으로 정하는 율을 초과하여 대부금에 대한 이자를 받을 수 없다.

③ 여신금융기관은 대부자금의 조달비용, 연체금의 관리비용, 연체금액, 연체기간, 금융업의 특성 등을 고려하여 대통령령으로 정하는 율을 초과하여 대부금에 대한 연체이자를 받을 수 없다.

④ 금융위원회는 제1항 및 제3항을 위반하여 이자 및 연체이자를 받는 여신금융기관에 대하여 그 시정을 명할 수 있다.

제19조(벌칙) ① 다음 각 호의 어느 하나에 해당하는 자는 5년 이하의 징역 또는 5천만원 이하의 벌금에 처한다.

1. 제3조 또는 제3조의2를 위반하여 등록 또는 등록갱신을 하지 아니하고 대부업

등을 한 자

2. 속임수나 그 밖의 부정한 방법으로 제3조 또는 제3조의2에 따른 등록 또는 등록갱신을 한 자

3. 제9조의2제1항 또는 제2항을 위반하여 대부업 또는 대부중개업 광고를 한 자

4. 제10조제1항 또는 제7항을 위반하여 신용공여를 한 자

5. 제10조제1항 또는 제7항을 위반하여 신용공여를 받은 자

② 다음 각 호의 어느 하나에 해당하는 자는 3년 이하의 징역 또는 3천만원 이하의 벌금에 처한다.

1. 제5조의2제4항을 위반하여 그 상호 중에 대부, 대부중개 또는 이와 유사한 상호를 사용한 자

1의2. 제5조의2제5항을 위반하여 타인에게 자기의 명의로 대부업등을 하게 하거나 등록증을 대여한 자

2. 제7조제3항을 위반하여 서류를 해당 용도 외의 목적으로 사용한 자

3. 제8조 또는 제11조제1항에 따른 이자율을 초과하여 이자를 받은 자

4. 제9조의4제1항 또는 제2항을 위반하여 미등록대부업자로부터 대부계약에 따른 채권을 양도받아 이를 추심하는 행위를 한 자 또는 미등록대부중개업자로부터 대부중개를 받은 거래상대방에게 대부행위를 한 자

5. 제9조의4제3항을 위반하여 대부계약에 따른 채권을 양도한 자

6. 제11조의2제1항 또는 제2항을 위반하여 대부중개를 하거나 중개수수료를 받은 자

7. 제11조의2제3항에 따른 중개수수료를 초과하여 지급한 자

8. 제11조의2제5항에 따른 시정명령을 이행하지 아니한 자

9. 제11조의2제6항을 위반하여 중개수수료를 지급받은 자

10. 제15조제4항에 따른 시정명령을 이행하지 아니한 자

③ 제1항 및 제2항의 징역형과 벌금형은 병과(倂科)할 수 있다.

제20조(양벌규정) 법인의 대표자나 법인 또는 개인의 대리인, 사용인, 그 밖의 종업원이 그 법인 또는 개인의 업무에 관하여 제19조의 위반행위를 하면 그 행위자를 벌하는 외에 그 법인 또는 개인에게도 해당 조문의 벌금형을 과(科)한다. 다만, 법인 또는 개인이 그 위반행위를 방지하기 위하여 해당 업무에 관하여 상당한 주의와 감독을 게을리하지 아니한 경우에는 그러하지 아니하다.

제21조(과태료) ① 다음 각 호의 어느 하나에 해당하는 자에게는 5천만원 이하의 과태료를 부과한다.

1. 제5조제1항 또는 제2항을 위반하여 변경등록 또는 폐업신고를 하지 아니한 자
2. 제5조의2제1항 또는 제2항을 위반하여 상호 중에 "대부" 또는 "대부중개"라는 문자를 사용하지 아니한 자
3. 제6조제1항 또는 제3항을 위반하여 계약서를 교부하지 아니한 자 또는 같은 조 제1항 각 호 또는 같은 조 제3항 각 호에서 정한 내용 중 전부 또는 일부가 적혀 있지 아니한 계약서를 교부하거나 같은 조 제1항 각 호 또는 같은 조 제3항 각 호에서 정한 내용 중 전부 또는 일부를 거짓으로 적어 계약서를 교부한 자
4. 제6조제2항 또는 제4항을 위반하여 설명을 하지 아니한 자
5. 제6조의2를 위반하여 거래상대방 또는 보증인이 같은 조 제1항 각 호의 사항 또는 같은 조 제2항 각 호의 사항을 자필로 기재하게 하지 아니한 자
6. 제7조제1항을 위반하여 거래상대방으로부터 소득·재산 및 부채상황에 관한 증명서류를 제출받지 아니한 자
6의2. 제7조의2를 위반하여 제3자에게 담보제공 여부를 확인하지 아니한 자
7. 제9조제1항을 위반하여 중요 사항을 게시하지 아니한 자
8. 제9조제2항, 제3항 또는 제5항을 위반하여 광고를 한 자
9. 제9조의3제1항 각 호의 행위를 한 자
10. 제9조의5제1항 또는 제2항을 위반하여 종업원을 고용하거나 업무를 위임하거나 대리하게 한 자
10의2. 제10조제2항을 위반하여 보고 또는 공시를 하지 아니한 자
11. 제12조제2항 및 제3항에 따른 검사에 불응하거나 검사를 방해한 자
12. 제12조제9항을 위반하여 보고서를 제출하지 아니하거나, 거짓으로 작성하거나, 기재하여야 할 사항의 전부 또는 일부를 기재하지 아니하고 제출한 자

② 다음 각 호의 어느 하나에 해당하는 자에게는 1천만원 이하의 과태료를 부과한다.

1. 제3조제7항을 위반하여 분실신고를 하지 아니한 자
2. 제3조의3제1항 또는 제2항을 위반하여 등록증을 반납하지 아니한 자
4. 제6조제5항을 위반하여 계약서와 계약관계서류의 보관의무를 이행하지 아니한 자
5. 제6조제6항을 위반하여 정당한 사유 없이 계약서 및 계약관계서류의 열람을 거부하거나 관련 증명서의 발급을 거부한 자
6. 제9조제4항을 위반하여 광고의 문안과 표기에 관한 의무를 이행하지 아니한 자
8. 제10조의2를 위반하여 소속과 성명을 밝히지 아니한 자
9. 제12조제1항 또는 제5항에 따른 보고 또는 자료의 제출을 거부하거나 거짓으로 보고 또는 자료를 제출한 자
10. 제18조의2제5항에 따른 대부업 및 대부중개업 협회 또는 이와 비슷한 명칭을 사용한 자

부칙 〈2017.7.26.〉

제1조(시행일) ① 이 법은 공포한 날부터 시행한다.

대한민국 헌법

[시행 1988.2.25.]

유구한 역사와 전통에 빛나는 우리 대한국민은 3·1운동으로 건립된 대한민국임시정부의 법통과 불의에 항거한 4·19민주이념을 계승하고, 조국의 민주개혁과 평화적 통일의 사명에 입각하여 정의·인도와 동포애로써 민족의 단결을 공고히 하고, 모든 사회적 폐습과 불의를 타파하며, 자율과 조화를 바탕으로 자유민주적 기본질서를 더욱 확고히 하여 정치·경제·사회·문화의 모든 영역에 있어서 각인의 기회를 균등히 하고, 능력을 최고도로 발휘하게 하며, 자유와 권리에 따르는 책임과 의무를 완수하게 하여, 안으로는 국민생활의 균등한 향상을 기하고 밖으로는 항구적인 세계평화와 인류공영에 이바지함으로써 우리들과 우리들의 자손의 안전과 자유와 행복을 영원히 확보할 것을 다짐하면서 1948년 7월 12일에 제정되고 8차에 걸쳐 개정된 헌법을 이제 국회의 의결을 거쳐 국민투표에 의하여 개정한다.

제1장 총　강

제1조 ①대한민국은 민주공화국이다.

②대한민국의 주권은 국민에게 있고, 모든 권력은 국민으로부터 나온다.

제2조 ①대한민국의 국민이 되는 요건은 법률로 정한다.

②국가는 법률이 정하는 바에 의하여 재외국민을 보호할 의무를 진다.

제3조 대한민국의 영토는 한반도와 그 부속도서로 한다.

제4조 대한민국은 통일을 지향하며, 자유민주적 기본질서에 입각한 평화적 통일 정책을 수립하고 이를 추진한다.

제5조 ①대한민국은 국제평화의 유지에 노력하고 침략적 전쟁을 부인한다.

②국군은 국가의 안전보장과 국토방위의 신성한 의무를 수행함을 사명으로 하며, 그 정치적 중립성은 준수된다.

제6조 ①헌법에 의하여 체결·공포된 조약과 일반적으로 승인된 국제법규는 국내법과 같은 효력을 가진다.

②외국인은 국제법과 조약이 정하는 바에 의하여 그 지위가 보장된다.

제7조 ①공무원은 국민전체에 대한 봉사자이며, 국민에 대하여 책임을 진다.

②공무원의 신분과 정치적 중립성은 법률이 정하는 바에 의하여 보장된다.

제8조 ①정당의 설립은 자유이며, 복수정당제는 보장된다.

②정당은 그 목적·조직과 활동이 민주적이어야 하며, 국민의 정치적 의사형성에 참여하는데 필요한 조직을 가져야 한다.

③정당은 법률이 정하는 바에 의하여 국가의 보호를 받으며, 국가는 법률이 정하는 바에 의하여 정당운영에 필요한 자금을 보조할 수 있다.

④정당의 목적이나 활동이 민주적 기본질서에 위배될 때에는 정부는 헌법재판소에 그 해산을 제소할 수 있고, 정당은 헌법재판소의 심판에 의하여 해산된다.

제9조 국가는 전통문화의 계승·발전과 민족문화의 창달에 노력하여야 한다.

제2장 국민의 권리와 의무

제10조 모든 국민은 인간으로서의 존엄과 가치를 가지며, 행복을 추구할 권리를 가진다. 국가는 개인이 가지는 불가침의 기본적 인권을 확인하고 이를 보장할 의무를 진다.

제11조 ①모든 국민은 법 앞에 평등하다. 누구든지 성별·종교 또는 사회적 신분에 의하여 정치적·경제적·사회적·문화적 생활의 모든 영역에 있어서 차별을 받지 아니한다.
②사회적 특수계급의 제도는 인정되지 아니하며, 어떠한 형태로도 이를 창설할 수 없다.
③훈장등의 영전은 이를 받은 자에게만 효력이 있고, 어떠한 특권도 이에 따르지 아니한다.

제12조 ①모든 국민은 신체의 자유를 가진다. 누구든지 법률에 의하지 아니하고는 체포·구속·압수·수색 또는 심문을 받지 아니하며, 법률과 적법한 절차에 의하지 아니하고는 처벌·보안처분 또는 강제노역을 받지 아니한다.
②모든 국민은 고문을 받지 아니하며, 형사상 자기에게 불리한 진술을 강요당하지 아니한다.
③체포·구속 압수 또는 수색을 할 때에는 적법한 절차에 따라 검사의 신청에 의하여 법관이 발부한 영장을 제시하여야 한다. 다만, 현행범인인 경우와 장기 3년 이상의 형에 해당하는 죄를 범하고 도피 또는 증거인멸의 염려가 있을 때에는 사후에 영장을 청구할 수 있다.
④누구든지 체포 또는 구속을 당한 때에는 즉시 변호인의 조력을 받을 권리를 가진다. 다만, 형사피고인이 스스로 변호인을 구할 수 없을 때에는 법률이 정하는 바에 의하여 국가가 변호인을 붙인다.
⑤누구든지 체포 또는 구속의 이유와 변호인의 조력을 받을 권리가 있음을 고지받지 아니하고는 체포 또는 구속을 당하지 아니한다. 체포 또는 구속을 당한 자의 가족등 법률이 정하는 자에게는 그 이유와 일시·장소가 지체없이 통지되어야 한다.
⑥누구든지 체포 또는 구속을 당한 때에는 적부의 심사를 법원에 청구할 권리를 가진다.

⑦피고인의 자백이 고문·폭행·협박·구속의 부당한 장기화 또는 기망 기타의 방법에 의하여 자의로 진술된 것이 아니라고 인정될 때 또는 정식재판에 있어서 피고인의 자백이 그에게 불리한 유일한 증거일 때에는 이를 유죄의 증거로 삼거나 이를 이유로 처벌할 수 없다.

제13조 ①모든 국민은 행위시의 법률에 의하여 범죄를 구성하지 아니하는 행위로 소추되지 아니하며, 동일한 범죄에 대하여 거듭 처벌받지 아니한다.
②모든 국민은 소급입법에 의하여 참정권의 제한을 받거나 재산권을 박탈당하지 아니한다.
③모든 국민은 자기의 행위가 아닌 친족의 행위로 인하여 불이익한 처우를 받지 아니한다.

제14조 모든 국민은 거주·이전의 자유를 가진다.

제15조 모든 국민은 직업선택의 자유를 가진다.

제16조 모든 국민은 주거의 자유를 침해받지 아니한다. 주거에 대한 압수나 수색을 할 때에는 검사의 신청에 의하여 법관이 발부한 영장을 제시하여야 한다.

제17조 모든 국민은 사생활의 비밀과 자유를 침해받지 아니한다.

제18조 모든 국민은 통신의 비밀을 침해받지 아니한다.

제19조 모든 국민은 양심의 자유를 가진다.

제20조 ①모든 국민은 종교의 자유를 가진다.
②국교는 인정되지 아니하며, 종교와 정치는 분리된다.

제21조 ①모든 국민은 언론·출판의 자유와 집회·결사의 자유를 가진다.
②언론·출판에 대한 허가나 검열과 집회·

결사에 대한 허가는 인정되지 아니한다.

③통신·방송의 시설기준과 신문의 기능을 보장하기 위하여 필요한 사항은 법률로 정한다.

④언론·출판은 타인의 명예나 권리 또는 공중도덕이나 사회윤리를 침해하여서는 아니된다. 언론·출판이 타인의 명예나 권리를 침해한 때에는 피해자는 이에 대한 피해의 배상을 청구할 수 있다.

제22조 ①모든 국민은 학문과 예술의 자유를 가진다.

②저작자·발명가·과학기술자와 예술가의 권리는 법률로써 보호한다.

제23조 ①모든 국민의 재산권은 보장된다. 그 내용과 한계는 법률로 정한다.

②재산권의 행사는 공공복리에 적합하도록 하여야 한다.

③공공필요에 의한 재산권의 수용·사용 또는 제한 및 그에 대한 보상은 법률로써 하되, 정당한 보상을 지급하여야 한다.

제24조 모든 국민은 법률이 정하는 바에 의하여 선거권을 가진다.

제25조 모든 국민은 법률이 정하는 바에 의하여 공무담임권을 가진다.

제26조 ①모든 국민은 법률이 정하는 바에 의하여 국가기관에 문서로 청원할 권리를 가진다.

②국가는 청원에 대하여 심사할 의무를 진다.

제27조 ①모든 국민은 헌법과 법률이 정한 법관에 의하여 법률에 의한 재판을 받을 권리를 가진다.

②군인 또는 군무원이 아닌 국민은 대한민국의 영역안에서는 중대한 군사상 기밀·초병·초소·유독음식물공급·포로·군용물에 관한 죄중 법률이 정한 경우와 비상계엄이 선포된 경우를 제외하고는 군사법원의 재판을 받지 아니한다.

③모든 국민은 신속한 재판을 받을 권리를 가진다. 형사피고인은 상당한 이유가 없는 한 지체없이 공개재판을 받을 권리를 가진다.

④형사피고인은 유죄의 판결이 확정될 때까지는 무죄로 추정된다.

⑤형사피해자는 법률이 정하는 바에 의하여 당해 사건의 재판절차에서 진술할 수 있다.

제28조 형사피의자 또는 형사피고인으로서 구금되었던 자가 법률이 정하는 불기소처분을 받거나 무죄판결을 받은 때에는 법률이 정하는 바에 의하여 국가에 정당한 보상을 청구할 수 있다.

제29조 ①공무원의 직무상 불법행위로 손해를 받은 국민은 법률이 정하는 바에 의하여 국가 또는 공공단체에 정당한 배상을 청구할 수 있다. 이 경우 공무원 자신의 책임은 면제되지 아니한다.

②군인·군무원·경찰공무원 기타 법률이 정하는 자가 전투·훈련등 직무집행과 관련하여 받은 손해에 대하여는 법률이 정하는 보상외에 국가 또는 공공단체에 공무원의 직무상 불법행위로 인한 배상은 청구할 수 없다.

제30조 타인의 범죄행위로 인하여 생명·신체에 대한 피해를 받은 국민은 법률이 정하는 바에 의하여 국가로부터 구조를 받을 수 있다.

제31조 ①모든 국민은 능력에 따라 균등하게 교육을 받을 권리를 가진다.

②모든 국민은 그 보호하는 자녀에게 적어도 초등교육과 법률이 정하는 교육을 받게 할 의무를 진다.

③의무교육은 무상으로 한다.

④교육의 자주성·전문성·정치적 중립성 및 대학의 자율성은 법률이 정하는 바에 의하여 보장된다.

⑤국가는 평생교육을 진흥하여야 한다.

⑥학교교육 및 평생교육을 포함한 교육제

도와 그 운영, 교육재정 및 교원의 지위에 관한 기본적인 사항은 법률로 정한다.

제32조 ①모든 국민은 근로의 권리를 가진다. 국가는 사회적·경제적 방법으로 근로자의 고용의 증진과 적정임금의 보장에 노력하여야 하며, 법률이 정하는 바에 의하여 최저임금제를 시행하여야 한다.
②모든 국민은 근로의 의무를 진다. 국가는 근로의 의무의 내용과 조건을 민주주의원칙에 따라 법률로 정한다.
③근로조건의 기준은 인간의 존엄성을 보장하도록 법률로 정한다.
④여자의 근로는 특별한 보호를 받으며, 고용·임금 및 근로조건에 있어서 부당한 차별을 받지 아니한다.
⑤연소자의 근로는 특별한 보호를 받는다.
⑥국가유공자·상이군경 및 전몰군경의 유가족은 법률이 정하는 바에 의하여 우선적으로 근로의 기회를 부여받는다.

제33조 ①근로자는 근로조건의 향상을 위하여 자주적인 단결권·단체교섭권 및 단체행동권을 가진다.
②공무원인 근로자는 법률이 정하는 자에 한하여 단결권·단체교섭권 및 단체행동권을 가진다.
③법률이 정하는 주요방위산업체에 종사하는 근로자의 단체행동권은 법률이 정하는 바에 의하여 이를 제한하거나 인정하지 아니할 수 있다.

제34조 ①모든 국민은 인간다운 생활을 할 권리를 가진다.
②국가는 사회보장·사회복지의 증진에 노력할 의무를 진다.
③국가는 여자의 복지와 권익의 향상을 위하여 노력하여야 한다.
④국가는 노인과 청소년의 복지향상을 위한 정책을 실시할 의무를 진다.
⑤신체장애자 및 질병·노령 기타의 사유로 생활능력이 없는 국민은 법률이 정하

는 바에 의하여 국가의 보호를 받는다.
⑥국가는 재해를 예방하고 그 위험으로부터 국민을 보호하기 위하여 노력하여야 한다.

제35조 ①모든 국민은 건강하고 쾌적한 환경에서 생활할 권리를 가지며, 국가와 국민은 환경보전을 위하여 노력하여야 한다.
②환경권의 내용과 행사에 관하여는 법률로 정한다.
③국가는 주택개발정책등을 통하여 모든 국민이 쾌적한 주거생활을 할 수 있도록 노력하여야 한다.

제36조 ①혼인과 가족생활은 개인의 존엄과 양성의 평등을 기초로 성립되고 유지되어야 하며, 국가는 이를 보장한다.
②국가는 모성의 보호를 위하여 노력하여야 한다.
③모든 국민은 보건에 관하여 국가의 보호를 받는다.

제37조 ①국민의 자유와 권리는 헌법에 열거되지 아니한 이유로 경시되지 아니한다.
②국민의 모든 자유와 권리는 국가안전보장·질서유지 또는 공공복리를 위하여 필요한 경우에 한하여 법률로써 제한할 수 있으며, 제한하는 경우에도 자유와 권리의 본질적인 내용을 침해할 수 없다.

제38조 모든 국민은 법률이 정하는 바에 의하여 납세의 의무를 진다.

제39조 ①모든 국민은 법률이 정하는 바에 의하여 국방의 의무를 진다.
②누구든지 병역의무의 이행으로 인하여 불이익한 처우를 받지 아니한다.

제3장 국회

제40조 입법권은 국회에 속한다.

제41조 ①국회는 국민의 보통·평등·직접·비밀선거에 의하여 선출된 국회의원으로 구성한다.
②국회의원의 수는 법률로 정하되, 200인

이상으로 한다.

③국회의원의 선거구와 비례대표제 기타 선거에 관한 사항은 법률로 정한다.

제42조 국회의원의 임기는 4년으로 한다.

제43조 국회의원은 법률이 정하는 직을 겸할 수 없다.

제44조 ①국회의원은 현행범인인 경우를 제외하고는 회기중 국회의 동의없이 체포 또는 구금되지 아니한다.

②국회의원이 회기전에 체포 또는 구금된 때에는 현행범인이 아닌 한 국회의 요구가 있으면 회기중 석방된다.

제45조 국회의원은 국회에서 직무상 행한 발언과 표결에 관하여 국회외에서 책임을 지지 아니한다.

제46조 ①국회의원은 청렴의 의무가 있다.

②국회의원은 국가이익을 우선하여 양심에 따라 직무를 행한다.

③국회의원은 그 지위를 남용하여 국가·공공단체 또는 기업체와의 계약이나 그 처분에 의하여 재산상의 권리·이익 또는 직위를 취득하거나 타인을 위하여 그 취득을 알선할 수 없다.

제47조 ①국회의 정기회는 법률이 정하는 바에 의하여 매년 1회 집회되며, 국회의 임시회는 대통령 또는 국회재적의원 4분의 1 이상의 요구에 의하여 집회된다.

②정기회의 회기는 100일을, 임시회의 회기는 30일을 초과할 수 없다.

③대통령이 임시회의 집회를 요구할 때에는 기간과 집회요구의 이유를 명시하여야 한다.

제48조 국회는 의장 1인과 부의장 2인을 선출한다.

제49조 국회는 헌법 또는 법률에 특별한 규정이 없는 한 재적의원 과반수의 출석과 출석의원 과반수의 찬성으로 의결한다. 가부동수인 때에는 부결된 것으로 본다.

제50조 ①국회의 회의는 공개한다. 다만, 출석의원 과반수의 찬성이 있거나 의장이 국가의 안전보장을 위하여 필요하다고 인정할 때에는 공개하지 아니할 수 있다.

②공개하지 아니한 회의내용의 공표에 관하여는 법률이 정하는 바에 의한다.

제51조 국회에 제출된 법률안 기타의 의안은 회기중에 의결되지 못한 이유로 폐기되지 아니한다. 다만, 국회의원의 임기가 만료된 때에는 그러하지 아니하다.

제52조 국회의원과 정부는 법률안을 제출할 수 있다.

제53조 ①국회에서 의결된 법률안은 정부에 이송되어 15일 이내에 대통령이 공포한다.

②법률안에 이의가 있을 때에는 대통령은 제1항의 기간내에 이의서를 붙여 국회로 환부하고, 그 재의를 요구할 수 있다. 국회의 폐회중에도 또한 같다.

③대통령은 법률안의 일부에 대하여 또는 법률안을 수정하여 재의를 요구할 수 없다.

④재의의 요구가 있을 때에는 국회는 재의에 붙이고, 재적의원과반수의 출석과 출석의원 3분의 2 이상의 찬성으로 전과 같은 의결을 하면 그 법률안은 법률로서 확정된다.

⑤대통령이 제1항의 기간내에 공포나 재의의 요구를 하지 아니한 때에도 그 법률안은 법률로서 확정된다.

⑥대통령은 제4항과 제5항의 규정에 의하여 확정된 법률을 지체없이 공포하여야 한다. 제5항에 의하여 법률이 확정된 후 또는 제4항에 의한 확정법률이 정부에 이송된 후 5일 이내에 대통령이 공포하지 아니할 때에는 국회의장이 이를 공포한다.

⑦법률은 특별한 규정이 없는 한 공포한 날로부터 20일을 경과함으로써 효력을 발생한다.

제54조 ①국회는 국가의 예산안을 심의·확정한다.

②정부는 회계연도마다 예산안을 편성하여 회계연도 개시 90일전까지 국회에 제출하고, 국회는 회계연도 개시 30일전까지 이를 의결하여야 한다.

③새로운 회계연도가 개시될 때까지 예산안이 의결되지 못한 때에는 정부는 국회에서 예산안이 의결될 때까지 다음의 목적을 위한 경비는 전년도 예산에 준하여 집행할 수 있다.

1. 헌법이나 법률에 의하여 설치된 기관 또는 시설의 유지·운영
2. 법률상 지출의무의 이행
3. 이미 예산으로 승인된 사업의 계속

제55조 ①한 회계연도를 넘어 계속하여 지출할 필요가 있을 때에는 정부는 연한을 정하여 계속비로서 국회의 의결을 얻어야 한다.

②예비비는 총액으로 국회의 의결을 얻어야 한다. 예비비의 지출은 차기국회의 승인을 얻어야 한다.

제56조 정부는 예산에 변경을 가할 필요가 있을 때에는 추가경정예산안을 편성하여 국회에 제출할 수 있다.

제57조 국회는 정부의 동의없이 정부가 제출한 지출예산 각항의 금액을 증가하거나 새 비목을 설치할 수 없다.

제58조 국채를 모집하거나 예산외에 국가의 부담이 될 계약을 체결하려 할 때에는 정부는 미리 국회의 의결을 얻어야 한다.

제59조 조세의 종목과 세율은 법률로 정한다.

제60조 ①국회는 상호원조 또는 안전보장에 관한 조약, 중요한 국제조직에 관한 조약, 우호통상항해조약, 주권의 제약에 관한 조약, 강화조약, 국가나 국민에게 중대한 재정적 부담을 지우는 조약 또는 입법사항에 관한 조약의 체결·비준에 대한 동의권을 가진다.

②국회는 선전포고, 국군의 외국에의 파견 또는 외국군대의 대한민국 영역안에서의 주류에 대한 동의권을 가진다.

제61조 ①국회는 국정을 감사하거나 특정한 국정사안에 대하여 조사할 수 있으며, 이에 필요한 서류의 제출 또는 증인의 출석과 증언이나 의견의 진술을 요구할 수 있다.

②국정감사 및 조사에 관한 절차 기타 필요한 사항은 법률로 정한다.

제62조 ①국무총리·국무위원 또는 정부위원은 국회나 그 위원회에 출석하여 국정처리상황을 보고하거나 의견을 진술하고 질문에 응답할 수 있다.

②국회나 그 위원회의 요구가 있을 때에는 국무총리·국무위원 또는 정부위원은 출석·답변하여야 하며, 국무총리 또는 국무위원이 출석요구를 받은 때에는 국무위원 또는 정부위원으로 하여금 출석·답변하게 할 수 있다.

제63조 ①국회는 국무총리 또는 국무위원의 해임을 대통령에게 건의할 수 있다.

②제1항의 해임건의는 국회재적의원 3분의 1 이상의 발의에 의하여 국회재적의원 과반수의 찬성이 있어야 한다.

제64조 ①국회는 법률에 저촉되지 아니하는 범위안에서 의사와 내부규율에 관한 규칙을 제정할 수 있다.

②국회는 의원의 자격을 심사하며, 의원을 징계할 수 있다.

③의원을 제명하려면 국회재적의원 3분의 2 이상의 찬성이 있어야 한다.

④제2항과 제3항의 처분에 대하여는 법원에 제소할 수 없다.

제65조 ①대통령·국무총리·국무위원·행정각부의 장·헌법재판소 재판관·법관·중앙선거관리위원회 위원·감사원장·감사위원 기타 법률이 정한 공무원이 그 직무집행에 있어서 헌법이나 법률을 위배한 때에는 국회는 탄핵의 소추를 의결할 수 있다.

②제1항의 탄핵소추는 국회재적의원 3분의

1 이상의 발의가 있어야 하며, 그 의결은 국회재적의원 과반수의 찬성이 있어야 한다. 다만, 대통령에 대한 탄핵소추는 국회재적의원 과반수의 발의와 국회재적의원 3분의 2 이상의 찬성이 있어야 한다.
③탄핵소추의 의결을 받은 자는 탄핵심판이 있을 때까지 그 권한행사가 정지된다.
④탄핵결정은 공직으로부터 파면함에 그친다. 그러나, 이에 의하여 민사상이나 형사상의 책임이 면제되지는 아니한다.

제4장 정 부

제1절 대통령

제66조 ①대통령은 국가의 원수이며, 외국에 대하여 국가를 대표한다.
②대통령은 국가의 독립·영토의 보전·국가의 계속성과 헌법을 수호할 책무를 진다.
③대통령은 조국의 평화적 통일을 위한 성실한 의무를 진다.
④행정권은 대통령을 수반으로 하는 정부에 속한다.

제67조 ①대통령은 국민의 보통·평등·직접·비밀선거에 의하여 선출한다.
②제1항의 선거에 있어서 최고득표자가 2인 이상인 때에는 국회의 재적의원 과반수가 출석한 공개회의에서 다수표를 얻은 자를 당선자로 한다.
③대통령후보자가 1인일 때에는 그 득표수가 선거권자 총수의 3분의 1 이상이 아니면 대통령으로 당선될 수 없다.
④대통령으로 선거될 수 있는 자는 국회의원의 피선거권이 있고 선거일 현재 40세에 달하여야 한다.
⑤대통령의 선거에 관한 사항은 법률로 정한다.

제68조 ①대통령의 임기가 만료되는 때에는 임기만료 70일 내지 40일전에 후임자를 선거한다.
②대통령이 궐위된 때 또는 대통령 당선

자가 사망하거나 판결 기타의 사유로 그 자격을 상실한 때에는 60일 이내에 후임자를 선거한다.

제69조 대통령은 취임에 즈음하여 다음의 선서를 한다.
"나는 헌법을 준수하고 국가를 보위하며 조국의 평화적 통일과 국민의 자유와 복리의 증진 및 민족문화의 창달에 노력하여 대통령으로서의 직책을 성실히 수행할 것을 국민 앞에 엄숙히 선서합니다."

제70조 대통령의 임기는 5년으로 하며, 중임할 수 없다.

제71조 대통령이 궐위되거나 사고로 인하여 직무를 수행할 수 없을 때에는 국무총리, 법률이 정한 국무위원의 순서로 그 권한을 대행한다.

제72조 대통령은 필요하다고 인정할 때에는 외교·국방·통일 기타 국가안위에 관한 중요정책을 국민투표에 붙일 수 있다.

제73조 대통령은 조약을 체결·비준하고, 외교사절을 신임·접수 또는 파견하며, 선전포고와 강화를 한다.

제74조 ①대통령은 헌법과 법률이 정하는 바에 의하여 국군을 통수한다.
②국군의 조직과 편성은 법률로 정한다.

제75조 대통령은 법률에서 구체적으로 범위를 정하여 위임받은 사항과 법률을 집행하기 위하여 필요한 사항에 관하여 대통령령을 발할 수 있다.

제76조 ①대통령은 내우·외환·천재·지변 또는 중대한 재정·경제상의 위기에 있어서 국가의 안전보장 또는 공공의 안녕질서를 유지하기 위하여 긴급한 조치가 필요하고 국회의 집회를 기다릴 여유가 없을 때에 한하여 최소한으로 필요한 재정·경제상의 처분을 하거나 이에 관하여 법률의 효력을 가지는 명령을 발할 수 있다.

②대통령은 국가의 안위에 관계되는 중대한 교전상태에 있어서 국가를 보위하기 위하여 긴급한 조치가 필요하고 국회의 집회가 불가능한 때에 한하여 법률의 효력을 가지는 명령을 발할 수 있다.
③대통령은 제1항과 제2항의 처분 또는 명령을 한 때에는 지체없이 국회에 보고하여 그 승인을 얻어야 한다.
④제3항의 승인을 얻지 못한 때에는 그 처분 또는 명령은 그때부터 효력을 상실한다. 이 경우 그 명령에 의하여 개정 또는 폐지되었던 법률은 그 명령이 승인을 얻지 못한 때부터 당연히 효력을 회복한다.
⑤대통령은 제3항과 제4항의 사유를 지체없이 공포하여야 한다.

제77조 ①대통령은 전시·사변 또는 이에 준하는 국가비상사태에 있어서 병력으로써 군사상의 필요에 응하거나 공공의 안녕질서를 유지할 필요가 있을 때에는 법률이 정하는 바에 의하여 계엄을 선포할 수 있다.
②계엄은 비상계엄과 경비계엄으로 한다.
③비상계엄이 선포된 때에는 법률이 정하는 바에 의하여 영장제도, 언론·출판·집회·결사의 자유, 정부나 법원의 권한에 관하여 특별한 조치를 할 수 있다.
④계엄을 선포한 때에는 대통령은 지체없이 국회에 통고하여야 한다.
⑤국회가 재적의원 과반수의 찬성으로 계엄의 해제를 요구한 때에는 대통령은 이를 해제하여야 한다.

제78조 대통령은 헌법과 법률이 정하는 바에 의하여 공무원을 임면한다.

제79조 ①대통령은 법률이 정하는 바에 의하여 사면·감형 또는 복권을 명할 수 있다.
②일반사면을 명하려면 국회의 동의를 얻어야 한다.
③사면·감형 및 복권에 관한 사항은 법률로 정한다.

제80조 대통령은 법률이 정하는 바에 의하여 훈장 기타의 영전을 수여한다.

제81조 대통령은 국회에 출석하여 발언하거나 서한으로 의견을 표시할 수 있다.

제82조 대통령의 국법상 행위는 문서로써 하며, 이 문서에는 국무총리와 관계 국무위원이 부서한다. 군사에 관한 것도 또한 같다.

제83조 대통령은 국무총리·국무위원·행정각부의 장 기타 법률이 정하는 공사의 직을 겸할 수 없다.

제84조 대통령은 내란 또는 외환의 죄를 범한 경우를 제외하고는 재직중 형사상의 소추를 받지 아니한다.

제85조 전직대통령의 신분과 예우에 관하여는 법률로 정한다.

제2절 행정부

제1관 국무총리와 국무위원

제86조 ①국무총리는 국회의 동의를 얻어 대통령이 임명한다.
②국무총리는 대통령을 보좌하며, 행정에 관하여 대통령의 명을 받아 행정각부를 통할한다.
③군인은 현역을 면한 후가 아니면 국무총리로 임명될 수 없다.

제87조 ①국무위원은 국무총리의 제청으로 대통령이 임명한다.
②국무위원은 국정에 관하여 대통령을 보좌하며, 국무회의의 구성원으로서 국정을 심의한다.
③국무총리는 국무위원의 해임을 대통령에게 건의할 수 있다.
④군인은 현역을 면한 후가 아니면 국무위원으로 임명될 수 없다.

제2관 국무회의

제88조 ①국무회의는 정부의 권한에 속하는 중요한 정책을 심의한다.
②국무회의는 대통령·국무총리와 15인 이

상 30인 이하의 국무위원으로 구성한다.
③대통령은 국무회의의 의장이 되고, 국무총리는 부의장이 된다.

제89조 다음 사항은 국무회의의 심의를 거쳐야 한다.
1. 국정의 기본계획과 정부의 일반정책
2. 선전·강화 기타 중요한 대외정책
3. 헌법개정안·국민투표안·조약안·법률안 및 대통령령안
4. 예산안·결산·국유재산처분의 기본계획·국가의 부담이 될 계약 기타 재정에 관한 중요사항
5. 대통령의 긴급명령·긴급재정경제처분 및 명령 또는 계엄과 그 해제
6. 군사에 관한 중요사항
7. 국회의 임시회 집회의 요구
8. 영전수여
9. 사면·감형과 복권
10. 행정각부간의 권한의 획정
11. 정부안의 권한의 위임 또는 배정에 관한 기본계획
12. 국정처리상황의 평가·분석
13. 행정각부의 중요한 정책의 수립과 조정
14. 정당해산의 제소
15. 정부에 제출 또는 회부된 정부의 정책에 관계되는 청원의 심사
16. 검찰총장·합동참모의장·각군참모총장·국립대학교총장·대사 기타 법률이 정한 공무원과 국영기업체관리자의 임명
17. 기타 대통령·국무총리 또는 국무위원이 제출한 사항

제90조 ①국정의 중요한 사항에 관한 대통령의 자문에 응하기 위하여 국가원로로 구성되는 국가원로자문회의를 둘 수 있다.
②국가원로자문회의의 의장은 직전대통령이 된다. 다만, 직전대통령이 없을 때에는 대통령이 지명한다.
③국가원로자문회의의 조직·직무범위 기타 필요한 사항은 법률로 정한다.

제91조 ①국가안전보장에 관련되는 대외정책·군사정책과 국내정책의 수립에 관하여 국무회의의 심의에 앞서 대통령의 자문에 응하기 위하여 국가안전보장회의를 둔다.
②국가안전보장회의는 대통령이 주재한다.
③국가안전보장회의의 조직·직무범위 기타 필요한 사항은 법률로 정한다.

제92조 ①평화통일정책의 수립에 관한 대통령의 자문에 응하기 위하여 민주평화통일자문회의를 둘 수 있다.
②민주평화통일자문회의의 조직·직무범위 기타 필요한 사항은 법률로 정한다.

제93조 ①국민경제의 발전을 위한 중요정책의 수립에 관하여 대통령의 자문에 응하기 위하여 국민경제자문회의를 둘 수 있다.
②국민경제자문회의의 조직·직무범위 기타 필요한 사항은 법률로 정한다.

제3관 행정각부

제94조 행정각부의 장은 국무위원 중에서 국무총리의 제청으로 대통령이 임명한다.

제95조 국무총리 또는 행정각부의 장은 소관사무에 관하여 법률이나 대통령령의 위임 또는 직권으로 총리령 또는 부령을 발할 수 있다.

제96조 행정각부의 설치·조직과 직무범위는 법률로 정한다.

제4관 감사원

제97조 국가의 세입·세출의 결산, 국가 및 법률이 정한 단체의 회계검사와 행정기관 및 공무원의 직무에 관한 감찰을 하기 위하여 대통령 소속하에 감사원을 둔다.

제98조 ①감사원은 원장을 포함한 5인 이상 11인 이하의 감사위원으로 구성한다.
②원장은 국회의 동의를 얻어 대통령이 임명하고, 그 임기는 4년으로 하며, 1차에 한하여 중임할 수 있다.

③감사위원은 원장의 제청으로 대통령이 임명하고, 그 임기는 4년으로 하며, 1차에 한하여 중임할 수 있다.

제99조 감사원은 세입·세출의 결산을 매년 검사하여 대통령과 차년도국회에 그 결과를 보고하여야 한다.

제100조 감사원의 조직·직무범위·감사위원의 자격·감사대상공무원의 범위 기타 필요한 사항은 법률로 정한다.

제5장 법원

제101조 ①사법권은 법관으로 구성된 법원에 속한다.
②법원은 최고법원인 대법원과 각급법원으로 조직된다.
③법관의 자격은 법률로 정한다.

제102조 ①대법원에 부를 둘 수 있다.
②대법원에 대법관을 둔다. 다만, 법률이 정하는 바에 의하여 대법관이 아닌 법관을 둘 수 있다.
③대법원과 각급법원의 조직은 법률로 정한다.

제103조 법관은 헌법과 법률에 의하여 그 양심에 따라 독립하여 심판한다.

제104조 ①대법원장은 국회의 동의를 얻어 대통령이 임명한다.
②대법관은 대법원장의 제청으로 국회의 동의를 얻어 대통령이 임명한다.
③대법원장과 대법관이 아닌 법관은 대법관회의의 동의를 얻어 대법원장이 임명한다.

제105조 ①대법원장의 임기는 6년으로 하며, 중임할 수 없다.
②대법관의 임기는 6년으로 하며, 법률이 정하는 바에 의하여 연임할 수 있다.
③대법원장과 대법관이 아닌 법관의 임기는 10년으로 하며, 법률이 정하는 바에 의하여 연임할 수 있다.
④법관의 정년은 법률로 정한다.

제106조 ①법관은 탄핵 또는 금고 이상의 형의 선고에 의하지 아니하고는 파면되지 아니하며, 징계처분에 의하지 아니하고는 정직·감봉 기타 불리한 처분을 받지 아니한다.
②법관이 중대한 심신상의 장해로 직무를 수행할 수 없을 때에는 법률이 정하는 바에 의하여 퇴직하게 할 수 있다.

제107조 ①법률이 헌법에 위반되는 여부가 재판의 전제가 된 경우에는 법원은 헌법재판소에 제청하여 그 심판에 의하여 재판한다.
②명령·규칙 또는 처분이 헌법이나 법률에 위반되는 여부가 재판의 전제가 된 경우에는 대법원은 이를 최종적으로 심사할 권한을 가진다.
③재판의 전심절차로서 행정심판을 할 수 있다. 행정심판의 절차는 법률로 정하되, 사법절차가 준용되어야 한다.

제108조 대법원은 법률에 저촉되지 아니하는 범위안에서 소송에 관한 절차, 법원의 내부규율과 사무처리에 관한 규칙을 제정할 수 있다.

제109조 재판의 심리와 판결은 공개한다. 다만, 심리는 국가의 안전보장 또는 안녕질서를 방해하거나 선량한 풍속을 해할 염려가 있을 때에는 법원의 결정으로 공개하지 아니할 수 있다.

제110조 ①군사재판을 관할하기 위하여 특별법원으로서 군사법원을 둘 수 있다.
②군사법원의 상고심은 대법원에서 관할한다.
③군사법원의 조직·권한 및 재판관의 자격은 법률로 정한다.
④비상계엄하의 군사재판은 군인·군무원의 범죄나 군사에 관한 간첩죄의 경우와 초병·초소·유독음식물공급·포로에 관한 죄중 법률이 정한 경우에 한하여 단심

으로 할 수 있다. 다만, 사형을 선고한 경우에는 그러하지 아니하다.

제6장 헌법재판소

제111조 ①헌법재판소는 다음 사항을 관장한다.

1. 법원의 제청에 의한 법률의 위헌여부 심판
2. 탄핵의 심판
3. 정당의 해산 심판
4. 국가기관 상호간, 국가기관과 지방자치단체간 및 지방자치단체 상호간의 권한쟁의에 관한 심판
5. 법률이 정하는 헌법소원에 관한 심판

②헌법재판소는 법관의 자격을 가진 9인의 재판관으로 구성하며, 재판관은 대통령이 임명한다.

③제2항의 재판관중 3인은 국회에서 선출하는 자를, 3인은 대법원장이 지명하는 자를 임명한다.

④헌법재판소의 장은 국회의 동의를 얻어 재판관중에서 대통령이 임명한다.

제112조 ①헌법재판소 재판관의 임기는 6년으로 하며, 법률이 정하는 바에 의하여 연임할 수 있다.

②헌법재판소 재판관은 정당에 가입하거나 정치에 관여할 수 없다.

③헌법재판소 재판관은 탄핵 또는 금고 이상의 형의 선고에 의하지 아니하고는 파면되지 아니한다.

제113조 ①헌법재판소에서 법률의 위헌결정, 탄핵의 결정, 정당해산의 결정 또는 헌법소원에 관한 인용결정을 할 때에는 재판관 6인 이상의 찬성이 있어야 한다.

②헌법재판소는 법률에 저촉되지 아니하는 범위안에서 심판에 관한 절차, 내부규율과 사무처리에 관한 규칙을 제정할 수 있다.

③헌법재판소의 조직과 운영 기타 필요한 사항은 법률로 정한다.

제7장 선거관리

제114조 ①선거와 국민투표의 공정한 관리 및 정당에 관한 사무를 처리하기 위하여 선거관리위원회를 둔다.

②중앙선거관리위원회는 대통령이 임명하는 3인, 국회에서 선출하는 3인과 대법원장이 지명하는 3인의 위원으로 구성한다. 위원장은 위원중에서 호선한다.

③위원의 임기는 6년으로 한다.

④위원은 정당에 가입하거나 정치에 관여할 수 없다.

⑤위원은 탄핵 또는 금고 이상의 형의 선고에 의하지 아니하고는 파면되지 아니한다.

⑥중앙선거관리위원회는 법령의 범위안에서 선거관리·국민투표관리 또는 정당사무에 관한 규칙을 제정할 수 있으며, 법률에 저촉되지 아니하는 범위안에서 내부규율에 관한 규칙을 제정할 수 있다.

⑦각급 선거관리위원회의 조직·직무범위 기타 필요한 사항은 법률로 정한다.

제115조 ①각급 선거관리위원회는 선거인명부의 작성등 선거사무와 국민투표사무에 관하여 관계 행정기관에 필요한 지시를 할 수 있다.

②제1항의 지시를 받은 당해 행정기관은 이에 응하여야 한다.

제116조 ①선거운동은 각급 선거관리위원회의 관리하에 법률이 정하는 범위안에서 하되, 균등한 기회가 보장되어야 한다.

②선거에 관한 경비는 법률이 정하는 경우를 제외하고는 정당 또는 후보자에게 부담시킬 수 없다.

제8장 지방자치

제117조 ①지방자치단체는 주민의 복리에 관한 사무를 처리하고 재산을 관리하며, 법령의 범위안에서 자치에 관한 규정을 제정할 수 있다.

②지방자치단체의 종류는 법률로 정한다.

제118조 ①지방자치단체에 의회를 둔다.
②지방의회의 조직·권한·의원선거와 지방자치단체의 장의 선임방법 기타 지방자치단체의 조직과 운영에 관한 사항은 법률로 정한다.

제9장 경제

제119조 ①대한민국의 경제질서는 개인과 기업의 경제상의 자유와 창의를 존중함을 기본으로 한다.
②국가는 균형있는 국민경제의 성장 및 안정과 적정한 소득의 분배를 유지하고, 시장의 지배와 경제력의 남용을 방지하며, 경제주체간의 조화를 통한 경제의 민주화를 위하여 경제에 관한 규제와 조정을 할 수 있다.

제120조 ①광물 기타 중요한 지하자원·수산자원·수력과 경제상 이용할 수 있는 지연력은 법률이 정하는 바에 의하여 일정한 기간 그 채취·개발 또는 이용을 특허할 수 있다.
②국토와 자원은 국가의 보호를 받으며, 국가는 그 균형있는 개발과 이용을 위하여 필요한 계획을 수립한다.

제121조 ①국가는 농지에 관하여 경자유전의 원칙이 달성될 수 있도록 노력하여야 하며, 농지의 소작제도는 금지된다.
②농업생산성의 제고와 농지의 합리적인 이용을 위하거나 불가피한 사정으로 발생하는 농지의 임대차와 위탁경영은 법률이 정하는 바에 의하여 인정된다.

제122조 국가는 국민 모두의 생산 및 생활의 기반이 되는 국토의 효율적이고 균형있는 이용·개발과 보전을 위하여 법률이 정하는 바에 의하여 그에 관한 필요한 제한과 의무를 과할 수 있다.

제123조 ①국가는 농업 및 어업을 보호·육성하기 위하여 농·어촌종합개발과 그 지원등

필요한 계획을 수립·시행하여야 한다.
②국가는 지역간의 균형있는 발전을 위하여 지역경제를 육성할 의무를 진다.
③국가는 중소기업을 보호·육성하여야 한다.
④국가는 농수산물의 수급균형과 유통구조의 개선에 노력하여 가격안정을 도모함으로써 농·어민의 이익을 보호한다.
⑤국가는 농·어민과 중소기업의 자조조직을 육성하여야 하며, 그 자율적 활동과 발전을 보장한다.

제124조 국가는 건전한 소비행위를 계도하고 생산품의 품질향상을 촉구하기 위한 소비자보호운동을 법률이 정하는 바에 의하여 보장한다.

제125조 국가는 대외무역을 육성하며, 이를 규제·조정할 수 있다.

제126조 국방상 또는 국민경제상 긴절한 필요로 인하여 법률이 정하는 경우를 제외하고는, 사영기업을 국유 또는 공유로 이전하거나 그 경영을 통제 또는 관리할 수 없다.

제127조 ①국가는 과학기술의 혁신과 정보 및 인력의 개발을 통하여 국민경제의 발전에 노력하여야 한다.
②국가는 국가표준제도를 확립한다.
③대통령은 제1항의 목적을 달성하기 위하여 필요한 자문기구를 둘 수 있다.

제10장 헌법개정

제128조 ①헌법개정은 국회재적의원 과반수 또는 대통령의 발의로 제안된다.
②대통령의 임기연장 또는 중임변경을 위한 헌법개정은 그 헌법개정 제안 당시의 대통령에 대하여는 효력이 없다.

제129조 제안된 헌법개정안은 대통령이 20일 이상의 기간 이를 공고하여야 한다.

제130조 ①국회는 헌법개정안이 공고된 날로부터 60일 이내에 의결하여야 하며, 국

회의 의결은 재적의원 3분의 2 이상의 찬성을 얻어야 한다.

②헌법개정안은 국회가 의결한 후 30일 이내에 국민투표에 붙여 국회의원선거권자 과반수의 투표와 투표자 과반수의 찬성을 얻어야 한다.

③헌법개정안이 제2항의 찬성을 얻은 때에는 헌법개정은 확정되며, 대통령은 즉시 이를 공포하여야 한다.

부 칙 <제10호, 1987.10.29.>

제1조 이 헌법은 1988년 2월 25일부터 시행한다. 다만, 이 헌법을 시행하기 위하여 필요한 법률의 제정·개정과 이 헌법에 의한 대통령 및 국회의원의 선거 기타 이 헌법시행에 관한 준비는 이 헌법시행 전에 할 수 있다.

제2조 ①이 헌법에 의한 최초의 대통령선거는 이 헌법시행일 40일 전까지 실시한다.

②이 헌법에 의한 최초의 대통령의 임기는 이 헌법시행일로부터 개시한다.

제3조 ①이 헌법에 의한 최초의 국회의원선거는 이 헌법공포일로부터 6월 이내에 실시하며, 이 헌법에 의하여 선출된 최초의 국회의원의 임기는 국회의원선거후 이 헌법에 의한 국회의 최초의 집회일로부터 개시한다.

②이 헌법공포 당시의 국회의원의 임기는 제1항에 의한 국회의 최초의 집회일 전일까지로 한다.

제4조 ①이 헌법시행 당시의 공무원과 정부가 임명한 기업체의 임원은 이 헌법에 의하여 임명된 것으로 본다. 다만, 이 헌법에 의하여 선임방법이나 임명권자가 변경된 공무원과 대법원장 및 감사원장은 이 헌법에 의하여 후임자가 선임될 때까지 그 직무를 행하며, 이 경우 전임자인 공무원의 임기는 후임자가 선임되는 전일까지로 한다.

②이 헌법시행 당시의 대법원장과 대법원판사가 아닌 법관은 제1항 단서의 규정에 불구하고 이 헌법에 의하여 임명된 것으로 본다.

③이 헌법중 공무원의 임기 또는 중임제한에 관한 규정은 이 헌법에 의하여 그 공무원이 최초로 선출 또는 임명된 때로부터 적용한다.

제5조 이 헌법시행 당시의 법령과 조약은 이 헌법에 위배되지 아니하는 한 그 효력을 지속한다.

제6조 이 헌법시행 당시에 이 헌법에 의하여 새로 설치될 기관의 권한에 속하는 직무를 행하고 있는 기관은 이 헌법에 의하여 새로운 기관이 설치될 때까지 존속하며 그 직무를 행한다.

도로교통법

[시행 2018.4.25.]

제1장 총 칙

제1조(목적) 이 법은 도로에서 일어나는 교통상의 모든 위험과 장해를 방지하고 제거하여 안전하고 원활한 교통을 확보함을 목적으로 한다.

제2조(정의) 이 법에서 사용하는 용어의 뜻은 다음과 같다. <개정 2017.10.24.>

1. "도로"란 다음 각 목에 해당하는 곳을 말한다.
   가. 「도로법」에 따른 도로
   나. 「유료도로법」에 따른 유료도로
   다. 「농어촌도로 정비법」에 따른 농어촌도로
   라. 그 밖에 현실적으로 불특정 다수의 사람 또는 차마(車馬)가 통행할 수 있도록 공개된 장소로서 안전하고 원활한 교통을 확보할 필요가 있는 장소
2. "자동차전용도로"란 자동차만 다닐 수 있도록 설치된 도로를 말한다.
3. "고속도로"란 자동차의 고속 운행에만 사용하기 위하여 지정된 도로를 말한다.
4. "차도"(車道)란 연석선(차도와 보도를 구분하는 돌 등으로 이어진 선을 말한다. 이하 같다), 안전표지 또는 그와 비슷한 인공구조물을 이용하여 경계(境界)를 표시하여 모든 차가 통행할 수 있도록 설치된 도로의 부분을 말한다.
5. "중앙선"이란 차마의 통행 방향을 명확하게 구분하기 위하여 도로에 황색 실선(實線)이나 황색 점선 등의 안전표지로 표시한 선 또는 중앙분리대나 울타리 등으로 설치한 시설물을 말한다. 다만, 제14조제1항 후단에 따라 가변차로(可變車路)가 설치된 경우에는 신호기가 지시하는 진행방향의 가장 왼쪽에 있는 황색 점선을 말한다.
6. "차로"란 차마가 한 줄로 도로의 정하여진 부분을 통행하도록 차선(車線)으로 구분한 차도의 부분을 말한다.
7. "차선"이란 차로와 차로를 구분하기 위하여 그 경계지점을 안전표지로 표시한 선을 말한다.
8. "자전거도로"란 안전표지, 위험방지용 울타리나 그와 비슷한 인공구조물로 경계를 표시하여 자전거가 통행할 수 있도록 설치된 「자전거 이용 활성화에 관한 법률」 제3조 각 호의 도로를 말한다.
9. "자전거횡단도"란 자전거가 일반도로를 횡단할 수 있도록 안전표지로 표시한 도로의 부분을 말한다.
10. "보도"(步道)란 연석선, 안전표지나 그와 비슷한 인공구조물로 경계를 표시하여 보행자(유모차와 행정안전부령으로 정하는 보행보조용 의자차를 포함한다. 이하 같다)가 통행할 수 있도록 한 도로의 부분을 말한다.
11. "길가장자리구역"이란 보도와 차도가 구분되지 아니한 도로에서 보행자의 안전을 확보하기 위하여 안전표지 등으로 경계를 표시한 도로의 가장자리 부분을 말한다.
12. "횡단보도"란 보행자가 도로를 횡단할 수 있도록 안전표지로 표시한 도로의 부분을 말한다.
13. "교차로"란 '십' 자로, 'T' 자로나 그 밖에 둘 이상의 도로(보도와 차도가 구분되어 있는 도로에서는 차도를 말한다)가 교차하는 부분을 말한다.
14. "안전지대"란 도로를 횡단하는 보행자나 통행하는 차마의 안전을 위하여 안전표지나 이와 비슷한 인공구조물로 표시한 도로의 부분을 말한다.

15. "신호기"란 도로교통에서 문자·기호 또는 등화(燈火)를 사용하여 진행·정지·방향전환·주의 등의 신호를 표시하기 위하여 사람이나 전기의 힘으로 조작하는 장치를 말한다.

16. "안전표지"란 교통안전에 필요한 주의·규제·지시 등을 표시하는 표지판이나 도로의 바닥에 표시하는 기호·문자 또는 선 등을 말한다.

17. "차마"란 다음 각 목의 차와 우마를 말한다.

가. "차"란 다음의 어느 하나에 해당하는 것을 말한다.

1) 자동차
2) 건설기계
3) 원동기장치자전거
4) 자전거
5) 사람 또는 가축의 힘이나 그 밖의 동력(動力)으로 도로에서 운전되는 것. 다만, 철길이나 가설(架設)된 선을 이용하여 운전되는 것, 유모차와 행정안전부령으로 정하는 보행보조용 의자차는 제외한다.

나. "우마"란 교통이나 운수(運輸)에 사용되는 가축을 말한다.

18. "자동차"란 철길이나 가설된 선을 이용하지 아니하고 원동기를 사용하여 운전되는 차(견인되는 자동차도 자동차의 일부로 본다)로서 다음 각 목의 차를 말한다.

가. 「자동차관리법」 제3조에 따른 다음의 자동차. 다만, 원동기장치자전거는 제외한다.

1) 승용자동차
2) 승합자동차
3) 화물자동차
4) 특수자동차
5) 이륜자동차

나. 「건설기계관리법」 제26조제1항 단서에 따른 건설기계

19. "원동기장치자전거"란 다음 각 목의 어느 하나에 해당하는 차를 말한다.

가. 「자동차관리법」 제3조에 따른 이륜자동차 가운데 배기량 125시시 이하의 이륜자동차

나. 배기량 50시시 미만(전기를 동력으로 하는 경우에는 정격출력 0.59킬로와트 미만)의 원동기를 단 차(「자전거 이용 활성화에 관한 법률」 제2조제1호의2에 따른 전기자전거는 제외한다)

20. "자전거"란 「자전거 이용 활성화에 관한 법률」 제2조제1호 및 제1호의2에 따른 자전거 및 전기자전거를 말한다.

21. "자동차등"이란 자동차와 원동기장치자전거를 말한다.

22. "긴급자동차"란 다음 각 목의 자동차로서 그 본래의 긴급한 용도로 사용되고 있는 자동차를 말한다.

가. 소방차
나. 구급차
다. 혈액 공급차량
라. 그 밖에 대통령령으로 정하는 자동차

제2조(긴급자동차의 종류) ① 「도로교통법」(이하 "법"이라 한다) 제2조제22호라목에서 "대통령령으로 정하는 자동차"란 긴급한 용도로 사용되는 다음 각 호의 어느 하나에 해당하는 자동차를 말한다. 다만, 제6호부터 제11호까지의 자동차는 이를 사용하는 사람 또는 기관 등의 신청에 의하여 지방경찰청장이 지정하는 경우로 한정한다.

1. 경찰용 자동차 중 범죄수사, 교통단속, 그 밖의 긴급한 경찰업무 수행에 사용되는 자동차

2. 국군 및 주한 국제연합군용 자동차 중 군 내부의 질서 유지나 부대의 질서 있는 이동을 유도(誘導)하는 데 사용되는 자동차

3. 수사기관의 자동차 중 범죄수사를 위하여 사용되는 자동차

4. 다음 각 목의 어느 하나에 해당하는 시설 또는 기관의 자동차 중 도주자의 체포 또는 수용자, 보호관찰 대상자의 호송·경비를 위하여 사용되는 자동차

가. 교도소·소년교도소 또는 구치소

나. 소년원 또는 소년분류심사원

다. 보호관찰소

5. 국내외 요인(要人)에 대한 경호업무 수행에 공무(公務)로 사용되는 자동차

6. 전기사업, 가스사업, 그 밖의 공익사업을 하는 기관에서 위험 방지를 위한 응급작업에 사용되는 자동차

7. 민방위업무를 수행하는 기관에서 긴급예방 또는 복구를 위한 출동에 사용되는 자동차

8. 도로관리를 위하여 사용되는 자동차 중 도로상의 위험을 방지하기 위한 응급작업에 사용되거나 운행이 제한되는 자동차를 단속하기 위하여 사용되는 자동차

9. 전신·전화의 수리공사 등 응급작업에 사용되는 자동차

10. 긴급한 우편물의 운송에 사용되는 자동차

11. 전파감시업무에 사용되는 자동차

② 제1항 각 호에 따른 자동차 외에 다음 각 호의 어느 하나에 해당하는 자동차는 긴급자동차로 본다.

1. 제1항제1호에 따른 경찰용 긴급자동차에 의하여 유도되고 있는 자동차

2. 제1항제2호에 따른 국군 및 주한 국제연합군용의 긴급자동차에 의하여 유도되고 있는 국군 및 주한 국제연합군의 자동차

3. 생명이 위급한 환자 또는 부상자나 수혈을 위한 혈액을 운송 중인 자동차

23. "어린이통학버스"란 다음 각 목의 시설 가운데 어린이(13세 미만인 사람을 말한다. 이하 같다)를 교육 대상으로 하는 시설에서 어린이의 통학 등에 이용되는 자동차와 「여객자동차 운수사업법」 제4조제3항에 따른 여객자동차운송사업의 한정면허를 받아 어린이를 여객대상으로 하여 운행되는 운송사업용 자동차를 말한다.

가. 「유아교육법」에 따른 유치원, 「초·중등교육법」에 따른 초등학교 및 특수학교

나. 「영유아보육법」에 따른 어린이집

다. 「학원의 설립·운영 및 과외교습에 관한 법률」에 따라 설립된 학원

라. 「체육시설의 설치·이용에 관한 법률」에 따라 설립된 체육시설

24. "주차"란 운전자가 승객을 기다리거나 화물을 싣거나 차가 고장 나거나 그 밖의 사유로 차를 계속 정지 상태에 두는 것 또는 운전자가 차에서 떠나서 즉시 그 차를 운전할 수 없는 상태에 두는 것을 말한다.

25. "정차"란 운전자가 5분을 초과하지 아니하고 차를 정지시키는 것으로서 주차 외의 정지 상태를 말한다.

26. "운전"이란 도로(제44조·제45조·제54조제1항·제148조·제148조의2 및 제156조제10호의 경우에는 도로 외의 곳을 포함한다)에서 차마를 그 본래의 사용방법에 따라 사용하는 것(조종을 포함한다)을 말한다.

27. "초보운전자"란 처음 운전면허를 받은 날(처음 운전면허를 받은 날부터 2년이 지나기 전에 운전면허의 취소처분을 받은 경우에는 그 후 다시 운전면허를 받은 날을 말한다)부터 2년이 지나지 아니한 사람을 말한다. 이 경우 원동기장치자전거면허만 받은 사람이 원동기장치자전거면허 외의 운전면허를 받은 경우에는 처음 운전면허를 받은 것으로 본다.

28. "서행"(徐行)이란 운전자가 차를 즉시 정지시킬 수 있는 정도의 느린 속도로 진행하는 것을 말한다.

29. "앞지르기"란 차의 운전자가 앞서가는 다른 차의 옆을 지나서 그 차의 앞으로 나가는 것을 말한다.

30. "일시정지"란 차의 운전자가 그 차의 바퀴를 일시적으로 완전히 정지시키는 것을 말한다.

31. "보행자전용도로"란 보행자만 다닐 수 있도록 안전표지나 그와 비슷한 인공구

조물로 표시한 도로를 말한다.

32. "자동차운전학원"이란 자동차등의 운전에 관한 지식·기능을 교육하는 시설로서 다음 각 목의 시설 외의 시설을 말한다.

가. 교육 관계 법령에 따른 학교에서 소속 학생 및 교직원의 연수를 위하여 설치한 시설

나. 사업장 등의 시설로서 소속 직원의 연수를 위한 시설

다. 전산장치에 의한 모의운전 연습시설

라. 지방자치단체 등이 신체장애인의 운전교육을 위하여 설치하는 시설 가운데 지방경찰청장이 인정하는 시설

마. 대가(代價)를 받지 아니하고 운전교육을 하는 시설

바. 운전면허를 받은 사람을 대상으로 다양한 운전경험을 체험할 수 있도록 하기 위하여 도로가 아닌 장소에서 운전교육을 하는 시설

33. "모범운전자"란 제146조에 따라 무사고운전자 또는 유공운전자의 표시장을 받거나 2년 이상 사업용 자동차 운전에 종사하면서 교통사고를 일으킨 전력이 없는 사람으로서 경찰청장이 정하는 바에 따라 선발되어 교통안전 봉사활동에 종사하는 사람을 말한다.

제3조(신호기 등의 설치 및 관리) ① 특별시장·광역시장·제주특별자치도지사 또는 시장·군수(광역시의 군수는 제외한다. 이하 "시장등"이라 한다)는 도로에서의 위험을 방지하고 교통의 안전과 원활한 소통을 확보하기 위하여 필요하다고 인정하는 경우에는 신호기 및 안전표지(이하 "교통안전시설"이라 한다)를 설치·관리하여야 한다. 다만, 「유료도로법」 제6조에 따른 유료도로에서는 시장등의 지시에 따라 그 도로관리자가 교통안전시설을 설치·관리하여야 한다.

② 도(道)는 제1항에 따라 시장이나 군수가 교통안전시설을 설치·관리하는 데에 드는 비용의 전부 또는 일부를 시(市)나 군(郡)에 보조할 수 있다.

③ 시장등은 대통령령으로 정하는 사유로 도로에 설치된 교통안전시설을 철거하거나 원상회복이 필요한 경우에는 그 사유를 유발한 사람으로 하여금 해당 공사에 드는 비용의 전부 또는 일부를 부담하게 할 수 있다.

④ 제3항에 따른 부담금의 부과기준 및 환급에 관하여 필요한 사항은 대통령령으로 정한다.

⑤ 시장등은 제3항에 따라 부담금을 납부하여야 하는 사람이 지정된 기간에 이를 납부하지 아니하면 지방세 체납처분의 예에 따라 징수한다.

제4조(교통안전시설의 종류 등) 교통안전시설의 종류, 교통안전시설을 만드는 방식과 설치하는 곳, 그 밖에 교통안전시설에 관하여 필요한 사항은 행정안전부령으로 정한다.

제4조의2(무인 교통단속용 장비의 설치 및 관리) ① 지방경찰청장, 경찰서장 또는 시장등은 이 법을 위반한 사실을 기록·증명하기 위하여 무인(無人) 교통단속용 장비를 설치·관리할 수 있다.

② 무인 교통단속용 장비의 철거 또는 원상회복 등에 관하여는 제3조제3항부터 제5항까지의 규정을 준용한다. 이 경우 "교통안전시설"은 "무인 교통단속용 장비"로 본다.

제5조(신호 또는 지시에 따를 의무) ① 도로를 통행하는 보행자와 차마의 운전자는 교통안전시설이 표시하는 신호 또는 지시와 다음 각 호의 어느 하나에 해당하는 사람이 하는 신호 또는 지시를 따라야 한다.

1. 교통정리를 하는 국가경찰공무원(의무경찰을 포함한다. 이하 같다) 및 제주특별자치도의 자치경찰공무원(이하 "자치경찰공무원"이라 한다)

2. 국가경찰공무원 및 자치경찰공무원(이하 "경찰공무원"이라 한다)을 보조하는 사람으로서 대통령령으로 정하는 사람(이하 "경찰보조자"라 한다)

제6조(경찰공무원을 보조하는 사람의 범위)
법 제5조제1항제2호에서 "대통령령으로 정하는 사람"이란 다음 각 호의 어느 하나에 해당하는 사람을 말한다.
  1. 모범운전자
  2. 군사훈련 및 작전에 동원되는 부대의 이동을 유도하는 헌병
  3. 본래의 긴급한 용도로 운행하는 소방차·구급차를 유도하는 소방공무원

② 도로를 통행하는 보행자와 모든 차마의 운전자는 제1항에 따른 교통안전시설이 표시하는 신호 또는 지시와 교통정리를 하는 국가경찰공무원·자치경찰공무원 또는 경찰보조자(이하 "경찰공무원등"이라 한다)의 신호 또는 지시가 서로 다른 경우에는 경찰공무원등의 신호 또는 지시에 따라야 한다.

제5조의2(모범운전자연합회) 모범운전자들의 상호협력을 증진하고 교통안전 봉사활동을 효율적으로 운영하기 위하여 모범운전자연합회를 설립할 수 있다.

제5조의3(모범운전자에 대한 지원 등) ① 국가는 예산의 범위에서 모범운전자에게 대통령령으로 정하는 바에 따라 교통정리 등의 업무를 수행하는 데 필요한 복장 및 장비를 지원할 수 있다.
② 국가는 모범운전자가 교통정리 등의 업무를 수행하는 도중 부상을 입거나 사망한 경우에 이를 보상할 수 있도록 보험에 가입할 수 있다.
③ 지방자치단체는 예산의 범위에서 제5조의2에 따라 설립된 모범운전자연합회의 사업에 필요한 보조금을 지원할 수 있다.

제6조(통행의 금지 및 제한) ① 지방경찰청장은 도로에서의 위험을 방지하고 교통의 안전과 원활한 소통을 확보하기 위하여 필요하다고 인정할 때에는 구간(區間)을 정하여 보행자나 차마의 통행을 금지하거나 제한할 수 있다. 이 경우 지방경찰청장은 보행자나 차마의 통행을 금지하거나 제한한 도로의 관리청에 그 사실을 알려야 한다.
② 경찰서장은 도로에서의 위험을 방지하고 교통의 안전과 원활한 소통을 확보하기 위하여 필요하다고 인정할 때에는 우선 보행자나 차마의 통행을 금지하거나 제한한 후 그 도로관리자와 협의하여 금지 또는 제한의 대상과 구간 및 기간을 정하여 도로의 통행을 금지하거나 제한할 수 있다.
③ 지방경찰청장이나 경찰서장은 제1항이나 제2항에 따른 금지 또는 제한을 하려는 경우에는 행정안전부령으로 정하는 바에 따라 그 사실을 공고하여야 한다.
④ 경찰공무원은 도로의 파손, 화재의 발생이나 그 밖의 사정으로 인한 도로에서의 위험을 방지하기 위하여 긴급히 조치할 필요가 있을 때에는 필요한 범위에서 보행자나 차마의 통행을 일시 금지하거나 제한할 수 있다.

제7조(교통 혼잡을 완화시키기 위한 조치) 경찰공무원은 보행자나 차마의 통행이 밀려서 교통 혼잡이 뚜렷하게 우려될 때에는 혼잡을 덜기 위하여 필요한 조치를 할 수 있다.

제2장 보행자의 통행방법

제8조(보행자의 통행) ① 보행자는 보도와 차도가 구분된 도로에서는 언제나 보도로 통행하여야 한다. 다만, 차도를 횡단하는 경우, 도로공사 등으로 보도의 통행이 금지된 경우나 그 밖의 부득이한 경우에는 그러하지 아니하다.
② 보행자는 보도와 차도가 구분되지 아니한 도로에서는 차마와 마주보는 방향의 길가장자리 또는 길가장자리구역으로 통행하여야 한다. 다만, 도로의 통행방향이

일방통행인 경우에는 차마를 마주보지 아니하고 통행할 수 있다.

③ 보행자는 보도에서는 우측통행을 원칙으로 한다.

제9조(행렬등의 통행) ① 학생의 대열과 그 밖에 보행자의 통행에 지장을 줄 우려가 있다고 인정하여 대통령령으로 정하는 사람이나 행렬(이하 "행렬등"이라 한다)은 제8조제1항 본문에도 불구하고 차도로 통행할 수 있다. 이 경우 행렬등은 차도의 우측으로 통행하여야 한다.

제7조(차도를 통행할 수 있는 사람 또는 행렬)
법 제9조제1항 전단에서 "대통령령으로 정하는 사람이나 행렬"이란 다음 각 호의 어느 하나에 해당하는 사람이나 행렬을 말한다.
  1. 말·소 등의 큰 동물을 몰고 가는 사람
  2. 사다리, 목재, 그 밖에 보행자의 통행에 지장을 줄 우려가 있는 물건을 운반 중인 사람
  3. 도로에서 청소나 보수 등의 작업을 하고 있는 사람
  4. 군부대나 그 밖에 이에 준하는 단체의 행렬
  5. 기(旗) 또는 현수막 등을 휴대한 행렬
  6. 장의(葬儀) 행렬

② 행렬등은 사회적으로 중요한 행사에 따라 시가를 행진하는 경우에는 도로의 중앙을 통행할 수 있다.

③ 경찰공무원은 도로에서의 위험을 방지하고 교통의 안전과 원활한 소통을 확보하기 위하여 필요하다고 인정할 때에는 행렬등에 대하여 구간을 정하고 그 구간에서 행렬등이 도로 또는 차도의 우측(자전거도로가 설치되어 있는 차도에서는 자전거도로를 제외한 부분의 우측을 말한다)으로 붙어서 통행할 것을 명하는 등 필요한 조치를 할 수 있다.

제10조(도로의 횡단) ① 지방경찰청장은 도로를 횡단하는 보행자의 안전을 위하여 행정안전부령으로 정하는 기준에 따라 횡단보도를 설치할 수 있다.

② 보행자는 제1항에 따른 횡단보도, 지하도, 육교나 그 밖의 도로 횡단시설이 설치되어 있는 도로에서는 그 곳으로 횡단하여야 한다. 다만, 지하도나 육교 등의 도로 횡단시설을 이용할 수 없는 지체장애인의 경우에는 다른 교통에 방해가 되지 아니하는 방법으로 도로 횡단시설을 이용하지 아니하고 도로를 횡단할 수 있다.

③ 보행자는 제1항에 따른 횡단보도가 설치되어 있지 아니한 도로에서는 가장 짧은 거리로 횡단하여야 한다.

④ 보행자는 모든 차의 바로 앞이나 뒤로 횡단하여서는 아니 된다. 다만, 횡단보도를 횡단하거나 신호기 또는 경찰공무원등의 신호나 지시에 따라 도로를 횡단하는 경우에는 그러하지 아니하다.

⑤ 보행자는 안전표지 등에 의하여 횡단이 금지되어 있는 도로의 부분에서는 그 도로를 횡단하여서는 아니 된다.

제11조(어린이 등에 대한 보호) ① 어린이의 보호자는 교통이 빈번한 도로에서 어린이를 놀게 하여서는 아니 되며, 영유아(6세 미만인 사람을 말한다. 이하 같다)의 보호자는 교통이 빈번한 도로에서 영유아가 혼자 보행하게 하여서는 아니 된다.

② 앞을 보지 못하는 사람(이에 준하는 사람을 포함한다. 이하 같다)의 보호자는 그 사람이 도로를 보행할 때에는 흰색 지팡이를 갖고 다니도록 하거나 앞을 보지 못하는 사람에게 길을 안내하는 개로서 행정안전부령으로 정하는 개(이하 "장애인보조견"이라 한다)를 동반하도록 하는 등 필요한 조치를 하여야 한다.

제8조(앞을 보지 못하는 사람에 준하는 사람의 범위) 법 제11조제2항에 따른 앞을 보지 못하는 사람에 준하는 사람은 다음 각 호의 어느 하나에 해당하는 사람을 말한다.
  1. 듣지 못하는 사람
  2. 신체의 평형기능에 장애가 있는 사람

3. 의족 등을 사용하지 아니하고는 보행을 할 수 없는 사람

③ 어린이의 보호자는 도로에서 어린이가 자전거를 타거나 행정안전부령으로 정하는 위험성이 큰 움직이는 놀이기구를 타는 경우에는 어린이의 안전을 위하여 행정안전부령으로 정하는 인명보호 장구(裝具)를 착용하도록 하여야 한다.

④ 경찰공무원은 신체에 장애가 있는 사람이 도로를 통행하거나 횡단하기 위하여 도움을 요청하거나 도움이 필요하다고 인정하는 경우에는 그 사람이 안전하게 통행하거나 횡단할 수 있도록 필요한 조치를 하여야 한다.

⑤ 경찰공무원은 다음 각 호의 어느 하나에 해당하는 사람을 발견한 경우에는 그들의 안전을 위하여 적절한 조치를 하여야 한다.

1. 교통이 빈번한 도로에서 놀고 있는 어린이

2. 보호자 없이 도로를 보행하는 영유아

3. 앞을 보지 못하는 사람으로서 흰색 지팡이를 가지지 아니하거나 장애인보조견을 동반하지 아니하는 등 필요한 조치를 하지 아니하고 다니는 사람

4. 횡단보도나 교통이 빈번한 도로에서 보행에 어려움을 겪고 있는 노인(65세 이상인 사람을 말한다. 이하 같다)

제12조(어린이 보호구역의 지정 및 관리)

① 시장등은 교통사고의 위험으로부터 어린이를 보호하기 위하여 필요하다고 인정하는 경우에는 다음 각 호의 어느 하나에 해당하는 시설의 주변도로 가운데 일정 구간을 어린이 보호구역으로 지정하여 자동차등의 통행속도를 시속 30킬로미터 이내로 제한할 수 있다.

1. 「유아교육법」 제2조에 따른 유치원, 「초·중등교육법」 제38조 및 제55조에 따른 초등학교 또는 특수학교

2. 「영유아보육법」 제10조에 따른 어린이집 가운데 행정안전부령으로 정하는 어린이집

3. 「학원의 설립·운영 및 과외교습에 관한 법률」 제2조에 따른 학원 가운데 행정안전부령으로 정하는 학원

4. 「초·중등교육법」 제60조의2 또는 제60조의3에 따른 외국인학교 또는 대안학교, 「제주특별자치도 설치 및 국제자유도시 조성을 위한 특별법」 제223조에 따른 국제학교 및 「경제자유구역 및 제주국제자유도시의 외국교육기관 설립·운영에 관한 특별법」 제2조제2호에 따른 외국교육기관 중 유치원·초등학교 교과과정이 있는 학교

② 제1항에 따른 어린이 보호구역의 지정절차 및 기준 등에 관하여 필요한 사항은 교육부, 행정안전부 및 국토교통부의 공동부령으로 정한다.

③ 차마의 운전자는 어린이 보호구역에서 제1항에 따른 조치를 준수하고 어린이의 안전에 유의하면서 운행하여야 한다.

제12조의2(노인 및 장애인 보호구역의 지정 및 관리) ① 시장등은 교통사고의 위험으로부터 노인 또는 장애인을 보호하기 위하여 필요하다고 인정하는 경우에는 제1호부터 제3호까지 및 제3호의2에 따른 시설의 주변도로 가운데 일정 구간을 노인 보호구역으로, 제4호에 따른 시설의 주변도로 가운데 일정 구간을 장애인 보호구역으로 각각 지정하여 차마의 통행을 제한하거나 금지하는 등 필요한 조치를 할 수 있다.

1. 「노인복지법」 제31조에 따른 노인복지시설 중 행정안전부령으로 정하는 시설

2. 「자연공원법」 제2조제1호에 따른 자연공원 또는 「도시공원 및 녹지 등에 관한 법률」 제2조제3호에 따른 도시공원

3. 「체육시설의 설치·이용에 관한 법률」 제6조에 따른 생활체육시설

3의2. 그 밖에 노인이 자주 왕래하는 곳
  으로서 조례로 정하는 시설
4. 「장애인복지법」 제58조에 따른 장애인복
  지시설 중 행정안전부령으로 정하는 시설
② 제1항에 따른 노인 보호구역 또는 장애
인 보호구역의 지정절차 및 기준 등에 관
하여 필요한 사항은 행정안전부, 보건복지
부 및 국토교통부의 공동부령으로 정한다.
③ 차마의 운전자는 노인 보호구역 또는 장
애인 보호구역에서 제1항에 따른 조치를 준
수하고 노인 또는 장애인의 안전에 유의하
면서 운행하여야 한다.

제3장 차마의 통행방법 등

제13조(차마의 통행) ① 차마의 운전자는 보
도와 차도가 구분된 도로에서는 차도로 통행
하여야 한다. 다만, 도로 외의 곳으로 출입할
때에는 보도를 횡단하여 통행할 수 있다.
② 제1항 단서의 경우 차마의 운전자는 보도
를 횡단하기 직전에 일시정지하여 좌측과
우측 부분 등을 살핀 후 보행자의 통행을
방해하지 아니하도록 횡단하여야 한다.
③ 차마의 운전자는 도로(보도와 차도가
구분된 도로에서는 차도를 말한다)의 중
앙(중앙선이 설치되어 있는 경우에는 그
중앙선을 말한다. 이하 같다) 우측 부분
을 통행하여야 한다.
④ 차마의 운전자는 제3항에도 불구하고
다음 각 호의 어느 하나에 해당하는 경우
에는 도로의 중앙이나 좌측 부분을 통행
할 수 있다.
1. 도로가 일방통행인 경우
2. 도로의 파손, 도로공사나 그 밖의 장애
  등으로 도로의 우측 부분을 통행할 수
  없는 경우
3. 도로 우측 부분의 폭이 6미터가 되지 아
  니하는 도로에서 다른 차를 앞지르려는
  경우. 다만, 다음 각 목의 어느 하나에
  해당하는 경우에는 그러하지 아니하다.
  가. 도로의 좌측 부분을 확인할 수 없는

  경우
  나. 반대 방향의 교통을 방해할 우려가
    있는 경우
  다. 안전표지 등으로 앞지르기를 금지하
    거나 제한하고 있는 경우
4. 도로 우측 부분의 폭이 차마의 통행에
  충분하지 아니한 경우
5. 가파른 비탈길의 구부러진 곳에서 교통
  의 위험을 방지하기 위하여 지방경찰청
  장이 필요하다고 인정하여 구간 및 통
  행방법을 지정하고 있는 경우에 그 지
  정에 따라 통행하는 경우
⑤ 차마의 운전자는 안전지대 등 안전표
지에 의하여 진입이 금지된 장소에 들어
가서는 아니 된다.
⑥ 차마(자전거는 제외한다)의 운전자는
안전표지로 통행이 허용된 장소를 제외하
고는 자전거도로 또는 길가장자리구역으
로 통행하여서는 아니 된다. 다만, 「자전
거 이용 활성화에 관한 법률」 제3조제4
호에 따른 자전거 우선도로의 경우에는
그러하지 아니하다.

제13조의2(자전거의 통행방법의 특례)

① 자전거의 운전자는 자전거도로(제15조
제1항에 따라 자전거만 통행할 수 있도록
설치된 전용차로를 포함한다. 이하 이 조
에서 같다)가 따로 있는 곳에서는 그 자
전거도로로 통행하여야 한다.
② 자전거의 운전자는 자전거도로가 설치
되지 아니한 곳에서는 도로 우측 가장자
리에 붙어서 통행하여야 한다.
③ 자전거의 운전자는 길가장자리구역(안전
표지로 자전거의 통행을 금지한 구간은 제
외한다)을 통행할 수 있다. 이 경우 자전
거의 운전자는 보행자의 통행에 방해가 될
때에는 서행하거나 일시정지하여야 한다.
④ 자전거의 운전자는 제1항 및 제13조제1
항에도 불구하고 다음 각 호의 어느 하나에
해당하는 경우에는 보도를 통행할 수 있다.
이 경우 자전거의 운전자는 보도 중앙으로

부터 차도 쪽 또는 안전표지로 지정된 곳으로 서행하여야 하며, 보행자의 통행에 방해가 될 때에는 일시정지하여야 한다.

1. 어린이, 노인, 그 밖에 행정안전부령으로 정하는 신체장애인이 자전거를 운전하는 경우
2. 안전표지로 자전거 통행이 허용된 경우
3. 도로의 파손, 도로공사나 그 밖의 장애 등으로 도로를 통행할 수 없는 경우

⑤ 자전거의 운전자는 안전표지로 통행이 허용된 경우를 제외하고는 2대 이상이 나란히 차도를 통행하여서는 아니 된다.

⑥ 자전거의 운전자가 횡단보도를 이용하여 도로를 횡단할 때에는 자전거에서 내려서 자전거를 끌고 보행하여야 한다.

제14조(차로의 설치 등) ① 지방경찰청장은 차마의 교통을 원활하게 하기 위하여 필요한 경우에는 도로에 행정안전부령으로 정하는 차로를 설치할 수 있다. 이 경우 지방경찰청장은 시간대에 따라 양방향의 통행량이 뚜렷하게 다른 도로에는 교통량이 많은 쪽으로 차로의 수가 확대될 수 있도록 신호기에 의하여 차로의 진행방향을 지시하는 가변차로를 설치할 수 있다.

② 차마의 운전자는 차로가 설치되어 있는 도로에서는 이 법이나 이 법에 따른 명령에 특별한 규정이 있는 경우를 제외하고는 그 차로를 따라 통행하여야 한다. 다만, 지방경찰청장이 통행방법을 따로 지정한 경우에는 그 방법으로 통행하여야 한다.

③ 차로가 설치된 도로를 통행하려는 경우로서 차의 너비가 행정안전부령으로 정하는 차로의 너비보다 넓어 교통의 안전이나 원활한 소통에 지장을 줄 우려가 있는 경우 그 차의 운전자는 도로를 통행하여서는 아니 된다. 다만, 행정안전부령으로 정하는 바에 따라 그 차의 출발지를 관할하는 경찰서장의 허가를 받은 경우에는 그러하지 아니하다.

④ 경찰서장은 제3항 단서에 따른 허가를 받으려는 차가 「도로법」 제77조제1항 단서에 따른 운행허가를 받아야 하는 차에 해당하는 경우에는 대통령령으로 정하는 바에 따라 그 차가 통행하려는 도로의 관리청과 미리 협의하여야 하며, 이러한 협의를 거쳐 경찰서장의 허가를 받은 차는 「도로법」 제77조제1항 단서에 따른 운행허가를 받은 것으로 본다.

⑤ 차마의 운전자는 안전표지가 설치되어 특별히 진로 변경이 금지된 곳에서는 차마의 진로를 변경하여서는 아니 된다. 다만, 도로의 파손이나 도로공사 등으로 인하여 장애물이 있는 경우에는 그러하지 아니하다.

제15조(전용차로의 설치) ① 시장등은 원활한 교통을 확보하기 위하여 특히 필요한 경우에는 지방경찰청장이나 경찰서장과 협의하여 도로에 전용차로(차의 종류나 승차 인원에 따라 지정된 차만 통행할 수 있는 차로를 말한다, 이하 같다)를 설치할 수 있다.

② 전용차로의 종류, 전용차로로 통행할 수 있는 차와 그 밖에 전용차로의 운영에 필요한 사항은 대통령령으로 정한다.

③ 제2항에 따라 전용차로로 통행할 수 있는 차가 아니면 전용차로로 통행하여서는 아니 된다. 다만, 긴급자동차가 그 본래의 긴급한 용도로 운행되고 있는 경우 등 대통령령으로 정하는 경우에는 그러하지 아니하다.

제10조(전용차로통행차 외에 전용차로로 통행할 수 있는 경우) 법 제15조제3항 단서(법 제61조제2항에서 준용되는 경우를 포함한다)에서 "대통령령으로 정하는 경우"란 다음 각 호의 어느 하나에 해당하는 경우를 말한다.

1. 긴급자동차가 그 본래의 긴급한 용도로 운행되고 있는 경우
2. 전용차로통행차의 통행에 장해를 주지 아니하는 범위에서 택시가 승객을 태

우거나 내려주기 위하여 일시 통행하는 경우. 이 경우 택시 운전자는 승객이 타거나 내린 즉시 전용차로를 벗어나야 한다.

3. 도로의 파손, 공사, 그 밖의 부득이한 장애로 인하여 전용차로가 아니면 통행할 수 없는 경우

제15조의2(자전거횡단도의 설치 등) ① 지방경찰청장은 도로를 횡단하는 자전거 운전자의 안전을 위하여 행정안전부령으로 정하는 기준에 따라 자전거횡단도를 설치할 수 있다.

② 자전거 운전자가 자전거를 타고 자전거횡단도가 따로 있는 도로를 횡단할 때에는 자전거횡단도를 이용하여야 한다.

③ 차마의 운전자는 자전거가 자전거횡단도를 통행하고 있을 때에는 자전거의 횡단을 방해하거나 위험하게 하지 아니하도록 그 자전거횡단도 앞(정지선이 설치되어 있는 곳에서는 그 정지선을 말한다)에서 일시정지하여야 한다.

제17조(자동차등의 속도) ① 자동차등의 도로 통행 속도는 행정안전부령으로 정한다.

② 경찰청장이나 지방경찰청장은 도로에서 일어나는 위험을 방지하고 교통의 안전과 원활한 소통을 확보하기 위하여 필요하다고 인정하는 경우에는 다음 각 호의 구분에 따라 구역이나 구간을 지정하여 제1항에 따라 정한 속도를 제한할 수 있다.

1. 경찰청장: 고속도로

2. 지방경찰청장: 고속도로를 제외한 도로

③ 자동차등의 운전자는 제1항과 제2항에 따른 최고속도보다 빠르게 운전하거나 최저속도보다 느리게 운전하여서는 아니 된다. 다만, 교통이 밀리거나 그 밖의 부득이한 사유로 최저속도보다 느리게 운전할 수밖에 없는 경우에는 그러하지 아니하다.

제18조(횡단 등의 금지) ① 차마의 운전자는 보행자나 다른 차마의 정상적인 통행을 방해할 우려가 있는 경우에는 차마를 운전하여 도로를 횡단하거나 유턴 또는 후진하여서는 아니 된다.

② 지방경찰청장은 도로에서의 위험을 방지하고 교통의 안전과 원활한 소통을 확보하기 위하여 특히 필요하다고 인정하는 경우에는 도로의 구간을 지정하여 차마의 횡단이나 유턴 또는 후진을 금지할 수 있다.

③ 차마의 운전자는 길가의 건물이나 주차장 등에서 도로에 들어갈 때에는 일단 정지한 후에 안전한지 확인하면서 서행하여야 한다.

제19조(안전거리 확보 등) ① 모든 차의 운전자는 같은 방향으로 가고 있는 앞차의 뒤를 따르는 경우에는 앞차가 갑자기 정지하게 되는 경우 그 앞차와의 충돌을 피할 수 있는 필요한 거리를 확보하여야 한다.

② 자동차등의 운전자는 같은 방향으로 가고 있는 자전거 운전자에 주의하여야 하며, 그 옆을 지날 때에는 자전거와의 충돌을 피할 수 있는 필요한 거리를 확보하여야 한다.

③ 모든 차의 운전자는 차의 진로를 변경하려는 경우에 그 변경하려는 방향으로 오고 있는 다른 차의 정상적인 통행에 장애를 줄 우려가 있을 때에는 진로를 변경하여서는 아니 된다.

④ 모든 차의 운전자는 위험방지를 위한 경우와 그 밖의 부득이한 경우가 아니면 운전하는 차를 갑자기 정지시키거나 속도를 줄이는 등의 급제동을 하여서는 아니 된다.

제20조(진로 양보의 의무) ① 모든 차(긴급자동차는 제외한다)의 운전자는 뒤에서 따라오는 차보다 느린 속도로 가려는 경우에는 도로의 우측 가장자리로 피하여 진로를 양보하여야 한다. 다만, 통행 구분이 설치된 도로의 경우에는 그러하지 아니하다.

② 좁은 도로에서 긴급자동차 외의 자동차가 서로 마주보고 진행할 때에는 다음 각 호의 구분에 따른 자동차가 도로의 우측 가장자

리로 피하여 진로를 양보하여야 한다.
1. 비탈진 좁은 도로에서 자동차가 서로 마주보고 진행하는 경우에는 올라가는 자동차
2. 비탈진 좁은 도로 외의 좁은 도로에서 사람을 태웠거나 물건을 실은 자동차와 동승자(同乘者)가 없고 물건을 싣지 아니한 자동차가 서로 마주보고 진행하는 경우에는 동승자가 없고 물건을 싣지 아니한 자동차

제21조(앞지르기 방법 등) ① 모든 차의 운전자는 다른 차를 앞지르려면 앞차의 좌측으로 통행하여야 한다.

② 자전거의 운전자는 서행하거나 정지한 다른 차를 앞지르려면 제1항에도 불구하고 앞차의 우측으로 통행할 수 있다. 이 경우 자전거의 운전자는 정지한 차에서 승차하거나 하차하는 사람의 안전에 유의하여 서행하거나 필요한 경우 일시정지하여야 한다.

③ 제1항과 제2항의 경우 앞지르려고 하는 모든 차의 운전자는 반대방향의 교통과 앞차 앞쪽의 교통에도 주의를 충분히 기울여야 하며, 앞차의 속도·진로와 그 밖의 도로상황에 따라 방향지시기·등화 또는 경음기(警音機)를 사용하는 등 안전한 속도와 방법으로 앞지르기를 하여야 한다.

④ 모든 차의 운전자는 제1항부터 제3항까지 또는 제60조제2항에 따른 방법으로 앞지르기를 하는 차가 있을 때에는 속도를 높여 경쟁하거나 그 차의 앞을 가로막는 등의 방법으로 앞지르기를 방해하여서는 아니 된다.

제22조(앞지르기 금지의 시기 및 장소) ① 모든 차의 운전자는 다음 각 호의 어느 하나에 해당하는 경우에는 앞차를 앞지르지 못한다.
1. 앞차의 좌측에 다른 차가 앞차와 나란히 가고 있는 경우
2. 앞차가 다른 차를 앞지르고 있거나 앞지르려고 하는 경우

② 모든 차의 운전자는 다음 각 호의 어느 하나에 해당하는 다른 차를 앞지르지 못한다.
1. 이 법이나 이 법에 따른 명령에 따라 정지하거나 서행하고 있는 차
2. 경찰공무원의 지시에 따라 정지하거나 서행하고 있는 차
3. 위험을 방지하기 위하여 정지하거나 서행하고 있는 차

③ 모든 차의 운전자는 다음 각 호의 어느 하나에 해당하는 곳에서는 다른 차를 앞지르지 못한다.
1. 교차로
2. 터널 안
3. 다리 위
4. 도로의 구부러진 곳, 비탈길의 고갯마루 부근 또는 가파른 비탈길의 내리막 등 지방경찰청장이 도로에서의 위험을 방지하고 교통의 안전과 원활한 소통을 확보하기 위하여 필요하다고 인정하는 곳으로서 안전표지로 지정한 곳

제23조(끼어들기의 금지) 모든 차의 운전자는 제22조제2항 각 호의 어느 하나에 해당하는 다른 차 앞으로 끼어들지 못한다.

제24조(철길 건널목의 통과) ① 모든 차의 운전자는 철길 건널목(이하 "건널목"이라 한다)을 통과하려는 경우에는 건널목 앞에서 일시정지하여 안전한지 확인한 후에 통과하여야 한다. 다만, 신호기 등이 표시하는 신호에 따르는 경우에는 정지하지 아니하고 통과할 수 있다.

② 모든 차의 운전자는 건널목의 차단기가 내려져 있거나 내려지려고 하는 경우 또는 건널목의 경보기가 울리고 있는 동안에는 그 건널목으로 들어가서는 아니 된다.

③ 모든 차의 운전자는 건널목을 통과하다가 고장 등의 사유로 건널목 안에서 차를 운행할 수 없게 된 경우에는 즉시 승객을 대피시키고 비상신호기 등을 사용하

거나 그 밖의 방법으로 철도공무원이나 경찰공무원에게 그 사실을 알려야 한다.

제25조(교차로 통행방법) ① 모든 차의 운전자는 교차로에서 우회전을 하려는 경우에는 미리 도로의 우측 가장자리를 서행하면서 우회전하여야 한다. 이 경우 우회전하는 차의 운전자는 신호에 따라 정지하거나 진행하는 보행자 또는 자전거에 주의하여야 한다.

② 모든 차의 운전자는 교차로에서 좌회전을 하려는 경우에는 미리 도로의 중앙선을 따라 서행하면서 교차로의 중심 안쪽을 이용하여 좌회전하여야 한다. 다만, 지방경찰청장이 교차로의 상황에 따라 특히 필요하다고 인정하여 지정한 곳에서는 교차로의 중심 바깥쪽을 통과할 수 있다.

③ 제2항에도 불구하고 자전거의 운전자는 교차로에서 좌회전하려는 경우에는 미리 도로의 우측 가장자리로 붙어 서행하면서 교차로의 가장자리 부분을 이용하여 좌회전하여야 한다.

④ 제1항부터 제3항까지의 규정에 따라 우회전이나 좌회전을 하기 위하여 손이나 방향지시기 또는 등화로써 신호를 하는 차가 있는 경우에 그 뒤차의 운전자는 신호를 한 앞차의 진행을 방해하여서는 아니 된다.

⑤ 모든 차의 운전자는 신호기로 교통정리를 하고 있는 교차로에 들어가려는 경우에는 진행하려는 진로의 앞쪽에 있는 차의 상황에 따라 교차로(정지선이 설치되어 있는 경우에는 그 정지선을 넘은 부분을 말한다)에 정지하게 되어 다른 차의 통행에 방해가 될 우려가 있는 경우에는 그 교차로에 들어가서는 아니 된다.

⑥ 모든 차의 운전자는 교통정리를 하고 있지 아니하고 일시정지나 양보를 표시하는 안전표지가 설치되어 있는 교차로에 들어가려고 할 때에는 다른 차의 진행을 방해하지 아니하도록 일시정지하거나 양보하여야 한다.

제26조(교통정리가 없는 교차로에서의 양보운전) ① 교통정리를 하고 있지 아니하는 교차로에 들어가려고 하는 차의 운전자는 이미 교차로에 들어가 있는 다른 차가 있을 때에는 그 차에 진로를 양보하여야 한다.

② 교통정리를 하고 있지 아니하는 교차로에 들어가려고 하는 차의 운전자는 그 차가 통행하고 있는 도로의 폭보다 교차하는 도로의 폭이 넓은 경우에는 서행하여야 하며, 폭이 넓은 도로로부터 교차로에 들어가려고 하는 다른 차가 있을 때에는 그 차에 진로를 양보하여야 한다.

③ 교통정리를 하고 있지 아니하는 교차로에 동시에 들어가려고 하는 차의 운전자는 우측도로의 차에 진로를 양보하여야 한다.

④ 교통정리를 하고 있지 아니하는 교차로에서 좌회전하려고 하는 차의 운전자는 그 교차로에서 직진하거나 우회전하려는 다른 차가 있을 때에는 그 차에 진로를 양보하여야 한다.

제27조(보행자의 보호) ① 모든 차의 운전자는 보행자(제13조의2제6항에 따라 자전거에서 내려서 자전거를 끌고 통행하는 자전거 운전자를 포함한다)가 횡단보도를 통행하고 있을 때에는 보행자의 횡단을 방해하거나 위험을 주지 아니하도록 그 횡단보도 앞(정지선이 설치되어 있는 곳에서는 그 정지선을 말한다)에서 일시정지하여야 한다.

② 모든 차의 운전자는 교통정리를 하고 있는 교차로에서 좌회전이나 우회전을 하려는 경우에는 신호기 또는 경찰공무원등의 신호나 지시에 따라 도로를 횡단하는 보행자의 통행을 방해하여서는 아니 된다.

③ 모든 차의 운전자는 교통정리를 하고 있지 아니하는 교차로 또는 그 부근의 도로를 횡단하는 보행자의 통행을 방해하여서는 아니 된다.

④ 모든 차의 운전자는 도로에 설치된 안전지대에 보행자가 있는 경우와 차로가 설치

되지 아니한 좁은 도로에서 보행자의 옆을 지나는 경우에는 안전한 거리를 두고 서행하여야 한다.

⑤ 모든 차의 운전자는 보행자가 제10조제3항에 따라 횡단보도가 설치되어 있지 아니한 도로를 횡단하고 있을 때에는 안전거리를 두고 일시정지하여 보행자가 안전하게 횡단할 수 있도록 하여야 한다.

제28조(보행자전용도로의 설치) ① 지방경찰청장이나 경찰서장은 보행자의 통행을 보호하기 위하여 특히 필요한 경우에는 도로에 보행자전용도로를 설치할 수 있다.

② 차마의 운전자는 제1항에 따른 보행자전용도로를 통행하여서는 아니 된다. 다만, 지방경찰청장이나 경찰서장은 특히 필요하다고 인정하는 경우에는 보행자전용도로에 차마의 통행을 허용할 수 있다.

③ 제2항 단서에 따라 보행자전용도로의 통행이 허용된 차마의 운전자는 보행자를 위험하게 하거나 보행자의 통행을 방해하지 아니하도록 차마를 보행자의 걸음 속도로 운행하거나 일시정지하여야 한다.

제29조(긴급자동차의 우선 통행) ① 긴급자동차는 제13조제3항에도 불구하고 긴급하고 부득이한 경우에는 도로의 중앙이나 좌측 부분을 통행할 수 있다.

② 긴급자동차는 이 법이나 이 법에 따른 명령에 따라 정지하여야 하는 경우에도 불구하고 긴급하고 부득이한 경우에는 정지하지 아니할 수 있다.

③ 긴급자동차의 운전자는 제1항이나 제2항의 경우에 교통안전에 특히 주의하면서 통행하여야 한다.

④ 모든 차의 운전자는 교차로나 그 부근에서 긴급자동차가 접근하는 경우에는 교차로를 피하여 도로의 우측 가장자리에 일시정지하여야 한다. 다만, 일방통행으로 된 도로에서 우측 가장자리로 피하여 정지하는 것이 긴급자동차의 통행에 지장을

주는 경우에는 좌측 가장자리로 피하여 정지할 수 있다.

⑤ 모든 차의 운전자는 제4항에 따른 곳 외의 곳에서 긴급자동차가 접근한 경우에는 긴급자동차가 우선통행할 수 있도록 진로를 양보하여야 한다.

⑥ 제2조제22호 각 목의 자동차 운전자는 해당 자동차를 그 본래의 긴급한 용도로 운행하지 아니하는 경우에는 「자동차관리법」에 따라 설치된 경광등을 켜거나 사이렌을 작동하여서는 아니 된다. 다만, 대통령령으로 정하는 바에 따라 범죄 및 화재 예방 등을 위한 순찰·훈련 등을 실시하는 경우에는 그러하지 아니하다.

> **제10조의2(긴급한 용도 외에 경광등 등을 사용할 수 있는 경우)** 법 제2조제22호 각 목의 자동차 운전자는 법 제29조제6항 단서에 따라 해당 자동차를 그 본래의 긴급한 용도로 운행하지 아니하는 경우에도 다음 각 호의 어느 하나에 해당하는 경우에는 「자동차관리법」에 따라 해당 자동차에 설치된 경광등을 켜거나 사이렌을 작동할 수 있다.
>
> 1. 소방차가 화재 예방 및 구조·구급 활동을 위하여 순찰을 하는 경우
>
> 2. 법 제2조제22호 각 목에 해당하는 자동차가 그 본래의 긴급한 용도와 관련된 훈련에 참여하는 경우
>
> 3. 제2조제1항제1호에 따른 자동차가 범죄 예방 및 단속을 위하여 순찰을 하는 경우

제30조(긴급자동차에 대한 특례) 긴급자동차에 대하여는 다음 각 호의 사항을 적용하지 아니한다.

1. 제17조에 따른 자동차등의 속도 제한. 다만, 제17조에 따라 긴급자동차에 대하여 속도를 제한한 경우에는 같은 조의 규정을 적용한다.

2. 제22조에 따른 앞지르기의 금지

3. 제23조에 따른 끼어들기의 금지

제31조(서행 또는 일시정지할 장소) ① 모든 차의 운전자는 다음 각 호의 어느 하나에 해당하는 곳에서는 서행하여야 한다.

1. 교통정리를 하고 있지 아니하는 교차로
2. 도로가 구부러진 부근
3. 비탈길의 고갯마루 부근
4. 가파른 비탈길의 내리막
5. 지방경찰청장이 도로에서의 위험을 방지하고 교통의 안전과 원활한 소통을 확보하기 위하여 필요하다고 인정하여 안전표지로 지정한 곳

② 모든 차의 운전자는 다음 각 호의 어느 하나에 해당하는 곳에서는 일시정지하여야 한다.

1. 교통정리를 하고 있지 아니하고 좌우를 확인할 수 없거나 교통이 빈번한 교차로
2. 지방경찰청장이 도로에서의 위험을 방지하고 교통의 안전과 원활한 소통을 확보하기 위하여 필요하다고 인정하여 안전표지로 지정한 곳

제32조(정차 및 주차의 금지) 모든 차의 운전자는 다음 각 호의 어느 하나에 해당하는 곳에서는 차를 정차하거나 주차하여서는 아니 된다. 다만, 이 법이나 이 법에 따른 명령 또는 경찰공무원의 지시를 따르는 경우와 위험방지를 위하여 일시정지하는 경우에는 그러하지 아니하다.

1. 교차로・횡단보도・건널목이나 보도와 차도가 구분된 도로의 보도(「주차장법」에 따라 차도와 보도에 걸쳐서 설치된 노상주차장은 제외한다)
2. 교차로의 가장자리나 도로의 모퉁이로부터 5미터 이내인 곳
3. 안전지대가 설치된 도로에서는 그 안전지대의 사방으로부터 각각 10미터 이내인 곳
4. 버스여객자동차의 정류지(停留地)임을 표시하는 기둥이나 표지판 또는 선이 설치된 곳으로부터 10미터 이내인 곳.

다만, 버스여객자동차의 운전자가 그 버스여객자동차의 운행시간 중에 운행노선에 따르는 정류장에서 승객을 태우거나 내리기 위하여 차를 정차하거나 주차하는 경우에는 그러하지 아니하다.
5. 건널목의 가장자리 또는 횡단보도로부터 10미터 이내인 곳
6. 지방경찰청장이 도로에서의 위험을 방지하고 교통의 안전과 원활한 소통을 확보하기 위하여 필요하다고 인정하여 지정한 곳

제33조(주차금지의 장소) 모든 차의 운전자는 다음 각 호의 어느 하나에 해당하는 곳에 차를 주차하여서는 아니 된다.

1. 터널 안 및 다리 위
2. 화재경보기로부터 3미터 이내인 곳
3. 다음 각 목의 곳으로부터 5미터 이내인 곳
   가. 소방용 기계・기구가 설치된 곳
   나. 소방용 방화(防火) 물통
   다. 소화전(消火栓) 또는 소화용 방화물통의 흡수구나 흡수관(吸 水管)을 넣는 구멍
   라. 도로공사를 하고 있는 경우에는 그 공사 구역의 양쪽 가장자리
4. 지방경찰청장이 도로에서의 위험을 방지하고 교통의 안전과 원활한 소통을 확보하기 위하여 필요하다고 인정하여 지정한 곳

제34조(정차 또는 주차의 방법 및 시간의 제한) 도로 또는 노상주차장에 정차하거나 주차하려고 하는 차의 운전자는 차를 차도의 우측 가장자리에 정차하는 등 대통령령으로 정하는 정차 또는 주차의 방법・시간과 금지사항 등을 지켜야 한다.

제34조의2(정차 또는 주차를 금지하는 장소의 특례) 제32조제6호 또는 제33조제4호에 따른 정차나 주차가 금지된 장소 중 지방경찰청장이 안전표지로 구역・시간・

방법 및 차의 종류를 정하여 정차나 주차를 허용한 곳에서는 제32조제6호 또는 제33조제4호에도 불구하고 정차하거나 주차할 수 있다.

제11조(정차 또는 주차의 방법 등) ① 차의 운전자가 법 제34조에 따라 지켜야 하는 정차 또는 주차의 방법 및 시간은 다음 각 호와 같다.

　1. 모든 차의 운전자는 도로에서 정차할 때에는 차도의 오른쪽 가장자리에 정차할 것. 다만, 차도와 보도의 구별이 없는 도로의 경우에는 도로의 오른쪽 가장자리로부터 중앙으로 50센티미터 이상의 거리를 두어야 한다.

　2. 여객자동차의 운전자는 승객을 태우거나 내려주기 위하여 정류소 또는 이에 준하는 장소에서 정차하였을 때에는 승객이 타거나 내린 즉시 출발하여야 하며 뒤따르는 다른 차의 정차를 방해하지 아니할 것

　3. 모든 차의 운전자는 도로에서 주차할 때에는 지방경찰청장이 정하는 주차의 장소·시간 및 방법에 따를 것

제35조(주차위반에 대한 조치) ① 다음 각 호의 어느 하나에 해당하는 사람은 제32조·제33조 또는 제34조를 위반하여 주차하고 있는 차가 교통에 위험을 일으키게 하거나 방해될 우려가 있을 때에는 차의 운전자 또는 관리 책임이 있는 사람에게 주차 방법을 변경하거나 그 곳으로부터 이동할 것을 명할 수 있다.

1. 경찰공무원

2. 시장등(도지사를 포함한다. 이하 이 조에서 같다)이 대통령령으로 정하는 바에 따라 임명하는 공무원(이하 "시·군 공무원"이라 한다)

② 경찰서장이나 시장등은 제1항의 경우 차의 운전자나 관리 책임이 있는 사람이 현장에 없을 때에는 도로에서 일어나는 위험을 방지하고 교통의 안전과 원활한 소통을 확보하기 위하여 필요한 범위에서 그 차의 주차방법을 직접 변경하거나 변경에 필요한 조치를 할 수 있으며, 부득이한 경우에는 관할 경찰서나 경찰서장 또는 시장등이 지정하는 곳으로 이동하게 할 수 있다.

③ 경찰서장이나 시장등은 제2항에 따라 주차위반 차를 관할 경찰서나 경찰서장 또는 시장등이 지정하는 곳으로 이동시킨 경우에는 선량한 관리자로서의 주의의무를 다하여 보관하여야 하며, 그 사실을 차의 사용자(소유자 또는 소유자로부터 차의 관리에 관한 위탁을 받은 사람을 말한다. 이하 같다)나 운전자에게 신속히 알리는 등 반환에 필요한 조치를 하여야 한다.

④ 제3항의 경우 차의 사용자나 운전자의 성명·주소를 알 수 없을 때에는 대통령령으로 정하는 방법에 따라 공고하여야 한다.

⑤ 경찰서장이나 시장등은 제3항과 제4항에 따라 차의 반환에 필요한 조치 또는 공고를 하였음에도 불구하고 그 차의 사용자나 운전자가 조치 또는 공고를 한 날부터 1개월 이내에 그 반환을 요구하지 아니할 때에는 대통령령으로 정하는 바에 따라 그 차를 매각하거나 폐차할 수 있다.

⑥ 제2항부터 제5항까지의 규정에 따른 주차위반 차의 이동·보관·공고·매각 또는 폐차 등에 들어간 비용은 그 차의 사용자가 부담한다. 이 경우 그 비용의 징수에 관하여는 「행정대집행법」 제5조 및 제6조를 적용한다.

⑦ 제5항에 따라 차를 매각하거나 폐차한 경우 그 차의 이동·보관·공고·매각 또는 폐차 등에 들어간 비용을 충당하고 남은 금액이 있는 경우에는 그 금액을 그 차의 사용자에게 지급하여야 한다. 다만, 그 차의 사용자에게 지급할 수 없는 경우에는 「공탁법」에 따라 그 금액을 공탁하여야 한다.

제36조(차의 견인 및 보관업무 등의 대행) ① 경찰서장이나 시장등은 제35조에 따

라 견인하도록 한 차의 견인·보관 및 반환 업무의 전부 또는 일부를 그에 필요한 인력·시설·장비 등 자격요건을 갖춘 법인·단체 또는 개인(이하 "법인등"이라 한다)으로 하여금 대행하게 할 수 있다.

② 제1항에 따라 차의 견인·보관 및 반환 업무를 대행하는 법인등이 갖추어야 하는 인력·시설 및 장비 등의 요건과 그 밖에 업무의 대행에 필요한 사항은 대통령령으로 정한다.

③ 경찰서장이나 시장등은 제1항에 따라 차의 견인·보관 및 반환 업무를 대행하게 하는 경우에는 그 업무의 수행에 필요한 조치와 교육을 명할 수 있다.

④ 제1항에 따라 차의 견인·보관 및 반환 업무를 대행하는 법인등의 담당 임원 및 직원은 「형법」 제129조부터 제132조까지의 규정을 적용할 때에는 공무원으로 본다.

제37조(차의 등화) ① 모든 차의 운전자는 다음 각 호의 어느 하나에 해당하는 경우에는 대통령령으로 정하는 바에 따라 전조등(前照燈), 차폭등(車幅燈), 미등(尾燈)과 그 밖의 등화를 켜야 한다.

제19조(밤에 도로에서 차를 운행하는 경우 등의 등화) ① 차의 운전자가 법 제37조제1항 각 호에 따라 도로에서 차를 운행할 때 켜야 하는 등화(燈火)의 종류는 다음 각 호의 구분에 따른다.

1. 자동차: 자동차안전기준에서 정하는 전조등(前照燈), 차폭등(車幅燈), 미등(尾燈), 번호등과 실내조명등(실내조명등은 승합자동차와 「여객자동차 운수사업법」에 따른 여객자동차운송사업용 승용자동차만 해당한다)

2. 원동기장치자전거: 전조등 및 미등

3. 견인되는 차: 미등·차폭등 및 번호등

4. 자동차등 외의 모든 차: 지방경찰청장이 정하여 고시하는 등화

② 차의 운전자가 법 제37조제1항 각 호에 따라 도로에서 정차하거나 주차할

때 켜야 하는 등화의 종류는 다음 각 호의 구분에 따른다.

1. 자동차(이륜자동차는 제외한다): 자동차안전기준에서 정하는 미등 및 차폭등

2. 이륜자동차 및 원동기장치자전거: 미등(후부 반사기를 포함한다)

3. 자동차등 외의 모든 차: 지방경찰청장이 정하여 고시하는 등화

---

1. 밤(해가 진 후부터 해가 뜨기 전까지를 말한다)에 도로에서 차를 운행하거나 고장이나 그 밖의 부득이한 사유로 도로에서 차를 정차 또는 주차하는 경우

2. 안개가 끼거나 비 또는 눈이 올 때에 도로에서 차를 운행하거나 고장이나 그 밖의 부득이한 사유로 도로에서 차를 정차 또는 주차하는 경우

3. 터널 안을 운행하거나 고장 또는 그 밖의 부득이한 사유로 터널 안 도로에서 차를 정차 또는 주차하는 경우

② 모든 차의 운전자는 밤에 차가 서로 마주보고 진행하거나 앞차의 바로 뒤를 따라가는 경우에는 대통령령으로 정하는 바에 따라 등화의 밝기를 줄이거나 잠시 등화를 끄는 등의 필요한 조작을 하여야 한다.

제38조(차의 신호) ① 모든 차의 운전자는 좌회전·우회전·횡단·유턴·서행·정지 또는 후진을 하거나 같은 방향으로 진행하면서 진로를 바꾸려고 하는 경우에는 손이나 방향지시기 또는 등화로써 그 행위가 끝날 때까지 신호를 하여야 한다.

② 제1항의 신호를 하는 시기와 방법은 대통령령으로 정한다.

제39조(승차 또는 적재의 방법과 제한) ① 모든 차의 운전자는 승차 인원, 적재중량 및 적재용량에 관하여 대통령령으로 정하는 운행상의 안전기준을 넘어서 승차시키거나 적재한 상태로 운전하여서는 아니 된다. 다만, 출발지를 관할하는 경찰서장의

허가를 받은 경우에는 그러하지 아니하다.

② 제1항 단서에 따른 허가를 받으려는 차가 「도로법」 제77조제1항 단서에 따른 운행허가를 받아야 하는 차에 해당하는 경우에는 제14조제4항을 준용한다.

③ 모든 차의 운전자는 운전 중 타고 있는 사람 또는 타고 내리는 사람이 떨어지지 아니하도록 하기 위하여 문을 정확히 여닫는 등 필요한 조치를 하여야 한다.

④ 모든 차의 운전자는 운전 중 실은 화물이 떨어지지 아니하도록 덮개를 씌우거나 묶는 등 확실하게 고정될 수 있도록 필요한 조치를 하여야 한다.

⑤ 모든 차의 운전자는 영유아나 동물을 안고 운전 장치를 조작하거나 운전석 주위에 물건을 싣는 등 안전에 지장을 줄 우려가 있는 상태로 운전하여서는 아니 된다.

⑥ 지방경찰청장은 도로에서의 위험을 방지하고 교통의 안전과 원활한 소통을 확보하기 위하여 필요되다고 인정하는 겨우에는 차의 운전자에 대하여 승차 인원, 적재중량 또는 적재용량을 제한할 수 있다.

제40조(정비불량차의 운전 금지) 모든 차의 사용자, 정비책임자 또는 운전자는 「자동차관리법」, 「건설기계관리법」이나 그 법에 따른 명령에 의한 장치가 정비되어 있지 아니한 차(이하 "정비불량차"라 한다)를 운전하도록 시키거나 운전하여서는 아니 된다.

제41조(정비불량차의 점검) ① 경찰공무원은 정비불량차에 해당한다고 인정하는 차가 운행되고 있는 경우에는 우선 그 차를 정지시킨 후, 운전자에게 그 차의 자동차등록증 또는 자동차 운전면허증을 제시하도록 요구하고 그 차의 장치를 점검할 수 있다.

② 경찰공무원은 제1항에 따라 점검한 결과 정비불량 사항이 발견된 경우에는 그 정비불량 상태의 정도에 따라 그 차의 운전자로 하여금 응급조치를 하게 한 후에

운전을 하도록 하거나 도로 또는 교통 상황을 고려하여 통행구간, 통행로와 위험방지를 위한 필요한 조건을 정한 후 그에 따라 운전을 계속하게 할 수 있다.

③ 지방경찰청장은 제2항에도 불구하고 정비 상태가 매우 불량하여 위험발생의 우려가 있는 경우에는 그 차의 자동차등록증을 보관하고 운전의 일시정지를 명할 수 있다. 이 경우 필요하면 10일의 범위에서 정비기간을 정하여 그 차의 사용을 정지시킬 수 있다.

제24조(정비불량 자동차등의 운전정지) ① 국가경찰공무원이 법 제41조제3항 전단에 따라 운전의 일시정지를 명하는 때에는 행정안전부령이 정하는 표지(이하 "정비불량표지"라 한다)를 자동차등의 앞면 창유리에 붙이고, 행정안전부령이 정하는 정비명령서를 교부하여야 한다.

②국가경찰공무원이 제1항에 따른 조치를 한 때에는 행정안전부령이 정하는 바에 따라 지방경찰청장에게 지체 없이 그 사실을 보고하여야 한다.

③누구든지 제1항에 따라 자동차등에 붙인 정비불량표지를 찢거나 훼손하여 못쓰게 하여서는 아니되며, 제25조에 따른 정비확인을 받지 아니하고는 이를 떼어내지 못한다.

④ 제1항부터 제3항까지의 규정에 따른 장치의 점검 및 사용의 정지에 필요한 사항은 대통령령으로 정한다.

제42조(유사 표지의 제한 및 운행금지)

① 누구든지 자동차등에 교통단속용자동차·범죄수사용자동차나 그 밖의 긴급자동차와 유사하거나 혐오감을 주는 도색(塗色)이나 표지 등을 하거나 그러한 도색이나 표지 등을 한 자동차등을 운전하여서는 아니 된다.

② 제1항에 따라 제한되는 도색이나 표지 등의 범위는 대통령령으로 정한다.

제43조(무면허운전 등의 금지) 누구든지 제80조에 따라 지방경찰청장으로부터 운전

면허를 받지 아니하거나 운전면허의 효력이 정지된 경우에는 자동차등을 운전하여서는 아니 된다.

제44조(술에 취한 상태에서의 운전 금지) ① 누구든지 술에 취한 상태에서 자동차등(「건설기계관리법」 제26조제1항 단서에 따른 건설기계 외의 건설기계를 포함한다. 이하 이 조, 제45조, 제47조, 제93조제1항제1호부터 제4호까지 및 제148조의2에서 같다)을 운전하여서는 아니 된다.

② 경찰공무원은 교통의 안전과 위험방지를 위하여 필요하다고 인정하거나 제1항을 위반하여 술에 취한 상태에서 자동차등을 운전하였다고 인정할 만한 상당한 이유가 있는 경우에는 운전자가 술에 취하였는지를 호흡조사로 측정할 수 있다. 이 경우 운전자는 경찰공무원의 측정에 응하여야 한다.

③ 제2항에 따른 측정 결과에 불복하는 운전자에 대하여는 그 운전자의 동의를 받아 혈액 채취 등의 방법으로 다시 측정할 수 있다.

④ 제1항에 따라 운전이 금지되는 술에 취한 상태의 기준은 운전자의 혈중알코올농도가 0.05퍼센트 이상인 경우로 한다.

제45조(과로한 때 등의 운전 금지) 자동차등의 운전자는 제44조에 따른 술에 취한 상태 외에 과로, 질병 또는 약물(마약, 대마 및 향정신성의약품과 그 밖에 행정안전부령으로 정하는 것을 말한다. 이하 같다)의 영향과 그 밖의 사유로 정상적으로 운전하지 못할 우려가 있는 상태에서 자동차등을 운전하여서는 아니 된다.

제46조(공동 위험행위의 금지) ① 자동차등의 운전자는 도로에서 2명 이상이 공동으로 2대 이상의 자동차등을 정당한 사유 없이 앞뒤로 또는 좌우로 줄지어 통행하면서 다른 사람에게 위해(危害)를 끼치거나 교통상의 위험을 발생하게 하여서는 아니 된다.

② 자동차등의 동승자는 제1항에 따른 공동 위험행위를 주도하여서는 아니 된다.

제46조의2(교통단속용 장비의 기능방해 금지) 누구든지 교통단속을 회피할 목적으로 교통단속용 장비의 기능을 방해하는 장치를 제작·수입·판매 또는 장착하여서는 아니 된다.

제46조의3(난폭운전 금지) 자동차등의 운전자는 다음 각 호 중 둘 이상의 행위를 연달아 하거나, 하나의 행위를 지속 또는 반복하여 다른 사람에게 위협 또는 위해를 가하거나 교통상의 위험을 발생하게 하여서는 아니 된다.

1. 제5조에 따른 신호 또는 지시 위반
2. 제13조제3항에 따른 중앙선 침범
3. 제17조제3항에 따른 속도의 위반
4. 제18조제1항에 따른 횡단·유턴·후진 금지 위반
5. 제19조에 따른 안전거리 미확보, 진로변경 금지 위반, 급제동 금지 위반
6. 제21조제1항·제3항 및 제4항에 따른 앞지르기 방법 또는 앞지르기의 방해금지 위반
7. 제49조제1항제8호에 따른 정당한 사유 없는 소음 발생
8. 제60조제2항에 따른 고속도로에서의 앞지르기 방법 위반
9. 제62조에 따른 고속도로등에서의 횡단·유턴·후진 금지 위반

제47조(위험방지를 위한 조치) ① 경찰공무원은 자동차등의 운전자가 제43조부터 제45조까지의 규정을 위반하여 자동차등을 운전하고 있다고 인정되는 경우에는 차를 일시정지시키고 그 운전자에게 자동차 운전면허증(이하 "운전면허증"이라 한다)을 제시할 것을 요구할 수 있다.

② 경찰공무원은 제44조 및 제45조를 위반하여 자동차등을 운전하는 사람에 대하

여는 정상적으로 운전할 수 있는 상태가 될 때까지 운전의 금지를 명하고 차를 이동시키는 등 필요한 조치를 할 수 있다. <개정 2017.10.24.>

③ 제2항에 따른 차의 이동조치에 대해서는 제35조제3항부터 제7항까지 및 제36조의 규정을 준용한다.

제48조(안전운전 및 친환경 경제운전의 의무)

① 모든 차의 운전자는 차의 조향장치(操向裝置)와 제동장치, 그 밖의 장치를 정확하게 조작하여야 하며, 도로의 교통상황과 차의 구조 및 성능에 따라 다른 사람에게 위험과 장해를 주는 속도나 방법으로 운전하여서는 아니 된다.

② 모든 차의 운전자는 차를 친환경적이고 경제적인 방법으로 운전하여 연료소모와 탄소배출을 줄이도록 노력하여야 한다.

제49조(모든 운전자의 준수사항 등) ① 모든 자의 운진지는 다음 각 호의 사항을 지켜야 한다.

1. 물이 고인 곳을 운행할 때에는 고인 물을 튀게 하여 다른 사람에게 피해를 주는 일이 없도록 할 것
2. 다음 각 목의 어느 하나에 해당하는 경우에는 일시정지할 것
   가. 어린이가 보호자 없이 도로를 횡단할 때, 어린이가 도로에서 앉아 있거나 서 있을 때 또는 어린이가 도로에서 놀이를 할 때 등 어린이에 대한 교통사고의 위험이 있는 것을 발견한 경우
   나. 앞을 보지 못하는 사람이 흰색 지팡이를 가지거나 장애인보조견을 동반하는 등의 조치를 하고 도로를 횡단하고 있는 경우
   다. 지하도나 육교 등 도로 횡단시설을 이용할 수 없는 지체장애인이나 노인 등이 도로를 횡단하고 있는 경우
3. 자동차의 앞면 창유리와 운전석 좌우

옆면 창유리의 가시광선(可視光線)의 투과율이 대통령령으로 정하는 기준보다 낮아 교통안전 등에 지장을 줄 수 있는 차를 운전하지 아니할 것. 다만, 요인(要人) 경호용, 구급용 및 장의용(葬儀用) 자동차는 제외한다.

> **제28조(자동차 창유리 가시광선 투과율의 기준)** 법 제49조제1항제3호 본문에서 "대통령령으로 정하는 기준"이란 다음 각 호를 말한다.
> 1. 앞면 창유리: 70퍼센트 미만
> 2. 운전석 좌우 옆면 창유리: 40퍼센트 미만

4. 교통단속용 장비의 기능을 방해하는 장치를 한 차나 그 밖에 안전운전에 지장을 줄 수 있는 것으로서 행정안전부령으로 정하는 기준에 적합하지 아니한 장치를 한 차를 운전하지 아니할 것
5. 도로에서 자동차등을 세워둔 채 시비·다툼 등의 행위를 하여 다른 차마의 통행을 방해하지 아니할 것
6. 운전자가 운전석을 떠나는 경우에는 원동기를 끄고 제동장치를 철저하게 작동시키는 등 차의 정지 상태를 안전하게 유지하고 다른 사람이 함부로 운전하지 못하도록 필요한 조치를 할 것
7. 운전자는 안전을 확인하지 아니하고 차의 문을 열거나 내려서는 아니 되며, 동승자가 교통의 위험을 일으키지 아니하도록 필요한 조치를 할 것
8. 운전자는 정당한 사유 없이 다음 각 목의 어느 하나에 해당하는 행위를 하여 다른 사람에게 피해를 주는 소음을 발생시키지 아니할 것
   가. 자동차등을 급히 출발시키거나 속도를 급격히 높이는 행위
   나. 자동차등의 원동기 동력을 차의 바퀴에 전달시키지 아니하고 원동기의 회전수를 증가시키는 행위
   다. 반복적이거나 연속적으로 경음기를

울리는 행위

9. 운전자는 승객이 차 안에서 안전운전에 현저히 장해가 될 정도로 춤을 추는 등 소란행위를 하도록 내버려두고 차를 운행하지 아니할 것

10. 운전자는 자동차등의 운전 중에는 휴대용 전화(자동차용 전화를 포함한다)를 사용하지 아니할 것. 다만, 다음 각 목의 어느 하나에 해당하는 경우에는 그러하지 아니하다.

가. 자동차등이 정지하고 있는 경우

나. 긴급자동차를 운전하는 경우

다. 각종 범죄 및 재해 신고 등 긴급한 필요가 있는 경우

라. 안전운전에 장애를 주지 아니하는 장치로서 대통령령으로 정하는 장치를 이용하는 경우

제29조(안전운전에 장애를 주지 아니하는 장치) 법 제49조제1항제10호라목에서 "대통령령으로 정하는 장치"란 손으로 잡지 아니하고도 휴대용 전화(자동차용 전화를 포함한다)를 사용할 수 있도록 해 주는 장치를 말한다.

11. 자동차등의 운전 중에는 방송 등 영상물을 수신하거나 재생하는 장치(운전자가 휴대하는 것을 포함하며, 이하 "영상표시장치"라 한다)를 통하여 운전자가 운전 중 볼 수 있는 위치에 영상이 표시되지 아니하도록 할 것. 다만, 다음 각 목의 어느 하나에 해당하는 경우에는 그러하지 아니하다.

가. 자동차등이 정지하고 있는 경우

나. 자동차등에 장착하거나 거치하여 놓은 영상표시장치에 다음의 영상이 표시되는 경우

1) 지리안내 영상 또는 교통정보안내 영상

2) 국가비상사태·재난상황 등 긴급한 상황을 안내하는 영상

3) 운전을 할 때 자동차등의 좌우 또는 전후방을 볼 수 있도록 도움을

주는 영상

11의2. 자동차등의 운전 중(자동차등이 정지하고 있는 경우는 제외한다)에는 영상표시장치를 조작하지 아니할 것

12. 운전자는 자동차의 화물 적재함에 사람을 태우고 운행하지 아니할 것

13. 그 밖에 지방경찰청장이 교통안전과 교통질서 유지에 필요하다고 인정하여 지정·공고한 사항에 따를 것

② 경찰공무원은 제1항제3호 및 제4호를 위반한 자동차를 발견한 경우에는 그 현장에서 운전자에게 위반사항을 제거하게 하거나 필요한 조치를 명할 수 있다. 이 경우 운전자가 그 명령을 따르지 아니할 때에는 경찰공무원이 직접 위반사항을 제거하거나 필요한 조치를 할 수 있다.

제50조(특정 운전자의 준수사항) ① 자동차(이륜자동차는 제외한다)의 운전자는 자동차를 운전할 때에는 좌석안전띠를 매어야 하며, 그 옆 좌석의 동승자에게도 좌석안전띠(영유아인 경우에는 유아보호용 장구를 장착한 후의 좌석안전띠를 말한다. 이하 같다)를 매도록 하여야 한다. 다만, 질병 등으로 인하여 좌석안전띠를 매는 것이 곤란하거나 행정안전부령으로 정하는 사유가 있는 경우에는 그러하지 아니하다.

② 자동차(이륜자동차는 제외한다)의 운전자는 그 옆 좌석 외의 좌석의 동승자에게도 좌석안전띠를 매도록 주의를 환기하여야 하며, 승용자동차의 운전자는 영유아가 운전자 옆 좌석 외의 좌석에 승차하는 경우에는 좌석안전띠를 매도록 하여야 한다.

③ 이륜자동차와 원동기장치자전거의 운전자는 행정안전부령으로 정하는 인명보호 장구를 착용하고 운행하여야 하며, 동승자에게도 착용하도록 하여야 한다.

④ 자전거의 운전자는 자전거에 어린이를 태우고 운전할 때에는 그 어린이에게 행정안전부령으로 정하는 인명보호 장구를 착용하도록 하여야 한다.

⑤ 운송사업용 자동차나 화물자동차 등으로서 행정안전부령으로 정하는 자동차의 운전자는 다음 각 호의 어느 하나에 해당하는 행위를 하여서는 아니 된다. 다만, 제3호는 사업용 승합자동차의 운전자에 한정한다.

1. 운행기록계가 설치되어 있지 아니하거나 고장 등으로 사용할 수 없는 운행기록계가 설치된 자동차를 운전하는 행위

2. 운행기록계를 원래의 목적대로 사용하지 아니하고 자동차를 운전하는 행위

3. 승차를 거부하는 행위

⑥ 사업용 승용자동차의 운전자는 합승행위 또는 승차거부를 하거나 신고한 요금을 초과하는 요금을 받아서는 아니 된다.

⑦ 자전거의 운전자는 행정안전부령으로 정하는 크기와 구조를 갖추지 아니하여 교통안전에 위험을 초래할 수 있는 자전거를 운전하여서는 아니 된다.

⑧ 자전거의 운전자는 술에 취한 상태 또는 약물의 영향과 그 밖의 사유로 정상적으로 운전하지 못할 우려가 있는 상태에서 자전거를 운전하여서는 아니 된다.

⑨ 자전거의 운전자는 밤에 도로를 통행하는 때에는 전조등과 미등을 켜거나 야광띠 등 발광장치를 착용하여야 한다.

제51조(어린이통학버스의 특별보호) ① 어린이통학버스가 도로에 정차하여 어린이나 영유아가 타고 내리는 중임을 표시하는 점멸등 등의 장치를 작동 중일 때에는 어린이통학버스가 정차한 차로와 그 차로의 바로 옆 차로로 통행하는 차의 운전자는 어린이통학버스에 이르기 전에 일시정지하여 안전을 확인한 후 서행하여야 한다.

② 제1항의 경우 중앙선이 설치되지 아니한 도로와 편도 1차로인 도로에서는 반대방향에서 진행하는 차의 운전자도 어린이통학버스에 이르기 전에 일시정지하여 안전을 확인한 후 서행하여야 한다.

③ 모든 차의 운전자는 어린이나 영유아를 태우고 있다는 표시를 한 상태로 도로를 통행하는 어린이통학버스를 앞지르지 못한다.

제52조(어린이통학버스의 신고 등) ① 어린이통학버스(「여객자동차 운수사업법」 제4조제3항에 따른 한정면허를 받아 어린이를 여객대상으로 하여 운행되는 운송사업용 자동차는 제외한다)를 운영하려는 자는 행정안전부령으로 정하는 바에 따라 미리 관할 경찰서장에게 신고하고 신고증명서를 발급받아야 한다.

② 어린이통학버스를 운영하는 자는 어린이통학버스 안에 제1항에 따라 발급받은 신고증명서를 항상 갖추어 두어야 한다.

③ 어린이통학버스로 사용할 수 있는 자동차는 행정안전부령으로 정하는 자동차로 한정한다. 이 경우 그 자동차는 도색·표지, 보험가입, 소유 관계 등 대통령령으로 정하는 요건을 갖추어야 한다.

제31조(어린이통학버스의 요건 등) 법 제52조제3항에서 "대통령령으로 정하는 요건"이란 다음 각 호의 요건을 말한다.

1. 자동차안전기준에서 정한 어린이운송용 승합자동차의 구조를 갖출 것

2. 어린이통학버스 앞면 창유리 우측상단과 뒷면 창유리 중앙하단의 보기 쉬운 곳에 행정안전부령이 정하는 어린이 보호표지를 부착할 것

3. 교통사고로 인한 피해를 전액 배상할 수 있도록 「보험업법」 제4조에 따른 보험 또는 「여객자동차 운수사업법」 제61조에 따른 공제조합에 가입되어 있을 것

4. 「자동차등록령」 제8조에 따른 등록원부에 법 제2조제23호에 따른 유치원, 학교, 어린이집, 학원, 체육시설의 인가를 받거나 등록 또는 신고를 한 자의 명의로 등록되어 있는 자동차 또는 유치원, 학교, 어린이집, 학원 또는 체육시설의 장이 「여객자동차 운수사업법 시행령」 제3조제2호가목 단서에 따라 전세버스운송사업자와 운송계약을 맺은 자동차일 것

④ 누구든지 제1항에 따른 신고를 하지 아

니하거나 「여객자동차 운수사업법」 제4조 제3항에 따라 어린이를 여객대상으로 하는 한정면허를 받지 아니하고 어린이통학버스와 비슷한 도색 및 표지를 하거나 이러한 도색 및 표지를 한 자동차를 운전하여서는 아니 된다.

제53조(어린이통학버스 운전자 및 운영자 등의 의무) ① 어린이통학버스를 운전하는 사람은 어린이나 영유아가 타고 내리는 경우에만 제51조제1항에 따른 점멸등 등의 장치를 작동하여야 하며, 어린이나 영유아를 태우고 운행 중인 경우에만 제51조제3항에 따른 표시를 하여야 한다.
② 어린이통학버스를 운전하는 사람은 어린이나 영유아가 어린이통학버스를 탈 때에는 제50조 제2항에도 불구하고 승차한 모든 어린이나 영유아가 좌석안전띠(어린이나 영유아의 신체구조에 따라 적합하게 조절될 수 있는 안전띠를 말한다. 이하 이 조 및 제156조제1호, 제160조제2항제4호의2에서 같다)를 매도록 한 후에 출발하여야 하며, 내릴 때에는 보도나 길가장자리구역 등 자동차로부터 안전한 장소에 도착한 것을 확인한 후에 출발하여야 한다. 다만, 좌석안전띠 착용과 관련하여 질병 등으로 인하여 좌석안전띠를 매는 것이 곤란하거나 행정안전부령으로 정하는 사유가 있는 경우에는 그러하지 아니하다.
③ 어린이통학버스를 운영하는 자는 어린이통학버스에 어린이나 영유아를 태울 때에는 다음 각 호의 어느 하나에 해당하는 보호자를 함께 태우고 운행하여야 하며, 동승한 보호자는 어린이나 영유아가 승차 또는 하차하는 때에는 자동차에서 내려서 어린이나 영유아가 안전하게 승하차하는 것을 확인하고 운행 중에는 어린이나 영유아가 좌석에 앉아 좌석안전띠를 매고 있도록 하는 등 어린이 보호에 필요한 조치를 하여야 한다.
1. 「유아교육법」에 따른 유치원이나 「초·중등교육법」에 따른 초등학교 또는 특수학교의 교직원
2. 「영유아보육법」 제2조제5호에 따른 보육교직원
3. 「학원의 설립·운영 및 과외교습에 관한 법률」 제13조제1항에 따른 강사
4. 「체육시설의 설치·이용에 관한 법률」에 따른 체육시설의 종사자
5. 그 밖에 어린이통학버스를 운영하는 자가 지명한 사람
④ 어린이통학버스를 운전하는 사람은 어린이통학버스 운행을 마친 후 어린이나 영유아가 모두 하차하였는지를 확인하여야 한다.

제53조의2(보호자가 동승하지 아니한 어린이통학버스 운전자의 의무) 어린이의 승차 또는 하차를 도와주는 보호자를 태우지 아니한 어린이통학버스를 운전하는 사람은 어린이가 승차 또는 하차하는 때에 자동차에서 내려서 어린이나 영유아가 안전하게 승하차하는 것을 확인하여야 한다.

제53조의3(어린이통학버스 운영자 등에 대한 안전교육) ① 어린이통학버스를 운영하는 사람과 운전하는 사람은 어린이통학버스의 안전운행 등에 관한 교육(이하 "어린이통학버스 안전교육"이라 한다)을 받아야 한다.
② 어린이통학버스 안전교육은 다음 각 호의 구분에 따라 실시한다.
1. 신규 안전교육: 어린이통학버스를 운영하려는 사람과 운전하려는 사람을 대상으로 그 운영 또는 운전을 하기 전에 실시하는 교육
2. 정기 안전교육: 어린이통학버스를 계속하여 운영하는 사람과 운전하는 사람을 대상으로 2년마다 정기적으로 실시하는 교육
③ 어린이통학버스를 운영하는 사람은 어린이통학버스 안전교육을 받지 아니한 사

람에게 어린이통학버스를 운전하게 하여
서는 아니 된다.

④ 그 밖에 어린이통학버스 안전교육의
방법·절차 등에 관하여 필요한 사항은
대통령령으로 정한다.

제53조의4(어린이통학버스의 위반 정보 등 제공) ① 경찰서장은 어린이통학버스를
운영하는 사람이나 운전하는 사람이 제53
조 또는 제53조의2를 위반하거나 제53조
또는 제53조의2를 위반하여 어린이를 사
상(死傷)하는 사고를 유발한 때에는 어린
이 교육시설을 감독하는 주무기관의 장에
게 그 정보를 제공할 수 있다.

② 제1항에 따른 정보 제공의 구체적 기
준·방법 및 절차 등 필요한 사항은 행정
안전부령으로 정한다.

제54조(사고발생 시의 조치) ① 차의 운전
등 교통으로 인하여 사람을 사상하거나
물건을 손괴(이히 "교통사고"라 한다)한
경우에는 그 차의 운전자나 그 밖의 승무
원(이하 "운전자등"이라 한다)은 즉시 정
차하여 다음 각 호의 조치를 하여야 한다.

1. 사상자를 구호하는 등 필요한 조치
2. 피해자에게 인적 사항(성명·전화번호·
   주소 등을 말한다. 이하 제148조 및 제
   156조제10호에서 같다) 제공

② 제1항의 경우 그 차의 운전자등은 경
찰공무원이 현장에 있을 때에는 그 경찰
공무원에게, 경찰공무원이 현장에 없을
때에는 가장 가까운 국가경찰관서(지구
대, 파출소 및 출장소를 포함한다. 이하
같다)에 다음 각 호의 사항을 지체 없이
신고하여야 한다. 다만, 차만 손괴된 것이
분명하고 도로에서의 위험방지와 원활한
소통을 위하여 필요한 조치를 한 경우에
는 그러하지 아니하다.

1. 사고가 일어난 곳
2. 사상자 수 및 부상 정도
3. 손괴한 물건 및 손괴 정도

4. 그 밖의 조치사항 등

③ 제2항에 따라 신고를 받은 국가경찰관
서의 경찰공무원은 부상자의 구호와 그
밖의 교통위험 방지를 위하여 필요하다고
인정하면　경찰공무원(자치경찰공무원은
제외한다)이 현장에 도착할 때까지 신고
한 운전자등에게 현장에서 대기할 것을
명할 수 있다.

④ 경찰공무원은 교통사고를 낸 차의 운
전자등에 대하여 그 현장에서 부상자의
구호와 교통안전을 위하여 필요한 지시를
명할 수 있다.

⑤ 긴급자동차, 부상자를 운반 중인 차 및
우편물자동차 등의 운전자는 긴급한 경우
에는 동승자로 하여금 제1항에 따른 조치
나 제2항에 따른 신고를 하게 하고 운전
을 계속할 수 있다.

⑥ 경찰공무원(자치경찰공무원은　제외한
다)은 교통사고가 발생한 경우에는 대통
령령으로 정하는 바에 따라 필요한 조사
를 하여야 한다.

제32조(교통사고의 조사) 국가경찰공무
원은 교통사고가 발생하였을 때에는 법
제54조제6항에 따라 다음 각 호의 사항을
조사하여야 한다. 다만, 제1호부터 제4호
까지의 사항에 대한 조사 결과 사람이 죽
거나 다치지 아니한 교통사고로서 「교통
사고처리 특례법」 제3조제2항 또는 제4
조제1항에 따라 공소(公訴)를 제기할 수
없는 경우에는 제5호부터 제7호까지의 사
항에 대한 조사를 생략할 수 있다.

1. 교통사고 발생 일시 및 장소
2. 교통사고 피해 상황
3. 교통사고 관련자, 차량등록 및 보험
가입 여부
4. 운전면허의 유효 여부, 술에 취하거
나 약물을 투여한 상태에서의 운전 여부
및 부상자에 대한 구호조치 등 필요한 조
치의 이행 여부
5. 운전자의 과실 유무
6. 교통사고 현장 상황

7. 그 밖에 차량 또는 교통안전시설의 결함 등 교통사고 유발 요인 및 「교통안전법」 제55조에 따라 설치된 운행기록장치 등 증거의 수집 등과 관련하여 필요한 사항

제55조(사고발생 시 조치에 대한 방해의 금지) 교통사고가 일어난 경우에는 누구든지 제54조제1항 및 제2항에 따른 운전자 등의 조치 또는 신고행위를 방해하여서는 아니 된다.

제56조(고용주등의 의무) ① 차의 운전자를 고용하고 있는 사람이나 직접 운전자나 차를 관리하는 지위에 있는 사람 또는 차의 사용자(「여객자동차 운수사업법」에 따라 사업용 자동차를 임차한 사람 및 「여신전문금융업법」에 따라 자동차를 대여한 사람을 포함하며, 이하 "고용주등"이라 한다)는 운전자에게 이 법이나 이 법에 따른 명령을 지키도록 항상 주의시키고 감독하여야 한다.
② 고용주등은 제43조부터 제45조까지의 규정에 따라 운전을 하여서는 아니 되는 운전자가 자동차등을 운전하는 것을 알고도 말리지 아니하거나 그러한 운전자에게 자동차등을 운전하도록 시켜서는 아니 된다.

제5장 고속도로 및 자동차전용도로에서의 특례

제57조(통칙) 고속도로 또는 자동차전용도로(이하 "고속도로등"이라 한다)에서의 자동차 또는 보행자의 통행방법 등은 이 장에서 정하는 바에 따르고, 이 장에서 규정한 것 외의 사항에 관하여는 제1장부터 제4장까지의 규정에서 정하는 바에 따른다.

제58조(위험방지 등의 조치) 경찰공무원(자치경찰공무원은 제외한다)은 도로의 손괴, 교통사고의 발생이나 그 밖의 사정으로 고속도로등에서 교통이 위험 또는 혼잡하거나 그러할 우려가 있을 때에는 교통의 위험 또는 혼잡을 방지하고 교통의 안전 및 원활한 소통을 확보하기 위하여 필요한 범위에서 진행 중인 자동차의 통행을 일시 금지 또는 제한하거나 그 자동차의 운전자에게 필요한 조치를 명할 수 있다.

제59조(교통안전시설의 설치 및 관리) ① 고속도로의 관리자는 고속도로에서 일어나는 위험을 방지하고 교통의 안전과 원활한 소통을 확보하기 위하여 교통안전시설을 설치·관리하여야 한다. 이 경우 고속도로의 관리자가 교통안전시설을 설치하려면 경찰청장과 협의하여야 한다.
② 경찰청장은 고속도로의 관리자에게 교통안전시설의 관리에 필요한 사항을 지시할 수 있다.

제60조(갓길 통행금지 등) ① 자동차의 운전자는 고속도로등에서 자동차의 고장 등 부득이한 사정이 있는 경우를 제외하고는 행정안전부령으로 정하는 차로에 따라 통행하여야 하며, 갓길(「도로법」에 따른 길어깨를 말한다)로 통행하여서는 아니 된다. 다만, 긴급자동차와 고속도로등의 보수·유지 등의 작업을 하는 자동차를 운전하는 경우에는 그러하지 아니하다.
② 자동차의 운전자는 고속도로에서 다른 차를 앞지르려면 방향지시기, 등화 또는 경음기를 사용하여 행정안전부령으로 정하는 차로로 안전하게 통행하여야 한다.

제61조(고속도로 전용차로의 설치) ① 경찰청장은 고속도로의 원활한 소통을 위하여 특히 필요한 경우에는 고속도로에 전용차로를 설치할 수 있다.
② 제1항에 따른 고속도로 전용차로의 종류 등에 관하여는 제15조제2항 및 제3항을 준용한다.

제62조(횡단 등의 금지) 자동차의 운전자는 그 차를 운전하여 고속도로등을 횡단하거나 유턴 또는 후진하여서는 아니 된다. 다만, 긴급자동차 또는 도로의 보수·유지 등의 작업을 하는 자동차 가운데 고속

도로등에서의 위험을 방지·제거하거나 교통사고에 대한 응급조치작업을 위한 자동차로서 그 목적을 위하여 반드시 필요한 경우에는 그러하지 아니하다.

제63조(통행 등의 금지) 자동차(이륜자동차는 긴급자동차만 해당한다) 외의 차마의 운전자 또는 보행자는 고속도로등을 통행하거나 횡단하여서는 아니 된다.

제64조(고속도로등에서의 정차 및 주차의 금지) 자동차의 운전자는 고속도로등에서 차를 정차하거나 주차시켜서는 아니 된다. 다만, 다음 각 호의 어느 하나에 해당하는 경우에는 그러하지 아니하다.

1. 법령의 규정 또는 경찰공무원(자치경찰공무원은 제외한다)의 지시에 따르거나 위험을 방지하기 위하여 일시 정차 또는 주차시키는 경우
2. 정차 또는 주차할 수 있도록 안전표지를 설치한 곳이나 정류장에서 정차 또는 는 주차시키는 경우
3. 고장이나 그 밖의 부득이한 사유로 길가장자리구역(갓길을 포함한다)에 정차 또는 주차시키는 경우
4. 통행료를 내기 위하여 통행료를 받는 곳에서 정차하는 경우
5. 도로의 관리자가 고속도로등을 보수·유지 또는 순회하기 위하여 정차 또는 주차시키는 경우
6. 경찰용 긴급자동차가 고속도로등에서 범죄수사, 교통단속이나 그 밖의 경찰 임무를 수행하기 위하여 정차 또는 주차시키는 경우
7. 교통이 밀리거나 그 밖의 부득이한 사유로 움직일 수 없을 때에 고속도로등의 차로에 일시 정차 또는 주차시키는 경우

제65조(고속도로 진입 시의 우선순위) ① 자동차(긴급자동차는 제외한다)의 운전자는 고속도로에 들어가려고 하는 경우에는 그 고속도로를 통행하고 있는 다른 자동차의 통행을 방해하여서는 아니 된다.

② 긴급자동차 외의 자동차의 운전자는 긴급자동차가 고속도로에 들어가는 경우에는 그 진입을 방해하여서는 아니 된다.

제66조(고장 등의 조치) 자동차의 운전자는 고장이나 그 밖의 사유로 고속도로등에서 자동차를 운행할 수 없게 되었을 때에는 행정안전부령으로 정하는 표지(이하 "고장자동차의 표지"라 한다)를 설치하여야 하며, 그 자동차를 고속도로등이 아닌 다른 곳으로 옮겨 놓는 등의 필요한 조치를 하여야 한다.

제67조(운전자 및 동승자의 고속도로등에서의 준수사항) ① 고속도로등을 운행하는 자동차 가운데 행정안전부령으로 정하는 자동차의 운전자는 제50조제2항에도 불구하고 모든 동승자에게 좌석안전띠를 매도록 하여야 한다. 다만, 질병 등으로 인하여 좌석안전띠를 매는 것이 곤란하거나 행정안전부령으로 정하는 사유가 있는 경우에는 그러하지 아니하다.

② 고속도로등을 운행하는 자동차의 운전자는 교통의 안전과 원활한 소통을 확보하기 위하여 제66조에 따른 고장자동차의 표지를 항상 비치하며, 고장이나 그 밖의 부득이한 사유로 자동차를 운행할 수 없게 되었을 때에는 자동차를 도로의 우측 가장자리에 정지시키고 행정안전부령으로 정하는 바에 따라 그 표지를 설치하여야 한다.

제6장 도로의 사용

제68조(도로에서의 금지행위 등) ① 누구든지 함부로 신호기를 조작하거나 교통안전시설을 철거·이전하거나 손괴하여서는 아니 되며, 교통안전시설이나 그와 비슷한 인공구조물을 도로에 설치하여서는 아니 된다.

② 누구든지 교통에 방해가 될 만한 물건을 도로에 함부로 내버려두어서는 아니 된다.

③ 누구든지 다음 각 호의 어느 하나에 해당하는 행위를 하여서는 아니 된다.

1. 술에 취하여 도로에서 갈팡질팡하는 행위

2. 도로에서 교통에 방해되는 방법으로 눕거나 앉거나 서있는 행위

3. 교통이 빈번한 도로에서 공놀이 또는 썰매타기 등의 놀이를 하는 행위

4. 돌·유리병·쇳조각이나 그 밖에 도로에 있는 사람이나 차마를 손상시킬 우려가 있는 물건을 던지거나 발사하는 행위

5. 도로를 통행하고 있는 차마에서 밖으로 물건을 던지는 행위

6. 도로를 통행하고 있는 차마에 뛰어오르거나 매달리거나 차마에서 뛰어내리는 행위

7. 그 밖에 지방경찰청장이 교통상의 위험을 방지하기 위하여 필요하다고 인정하여 지정·공고한 행위

제69조(도로공사의 신고 및 안전조치 등)

① 도로관리청 또는 공사시행청의 명령에 따라 도로를 파거나 뚫는 등 공사를 하려는 사람(이하 이 조에서 "공사시행자"라 한다)은 공사시행 3일 전에 그 일시, 공사구간, 공사기간 및 시행방법, 그 밖에 필요한 사항을 관할 경찰서장에게 신고하여야 한다. 다만, 산사태나 수도관 파열 등으로 긴급히 시공할 필요가 있는 경우에는 그에 알맞은 안전조치를 하고 공사를 시작한 후에 지체 없이 신고하여야 한다.

② 관할 경찰서장은 공사장 주변의 교통정체가 예상하지 못한 수준까지 현저히 증가하고, 교통의 안전과 원활한 소통에 미치는 영향이 중대하다고 판단하면 해당 도로관리청과 사전 협의하여 제1항에 따른 공사시행자에 대하여 공사시간의 제한 등 필요한 조치를 할 수 있다.

③ 공사시행자는 공사기간 중 차마의 통행을 유도하거나 지시 등을 할 필요가 있을 때에는 관할 경찰서장의 지시에 따라 교통안전시설을 설치하여야 한다.

④ 공사시행자는 공사로 인하여 교통안전시설을 훼손한 경우에는 행정안전부령으로 정하는 바에 따라 원상회복하고 그 결과를 관할 경찰서장에게 신고하여야 한다.

제70조(도로의 점용허가 등에 관한 통보 등)

① 도로관리청이 도로에서 다음 각 호의 어느 하나에 해당하는 행위를 하였을 때에는 고속도로의 경우에는 경찰청장에게 그 내용을 즉시 통보하고, 고속도로 외의 도로의 경우에는 관할 경찰서장에게 그 내용을 즉시 통보하여야 한다.

> **제33조(도로의 점용허가 등에 관한 통보)**
> ① 「도로법」 제61조에 따른 도로의 점용허가를 한 도로관리청은 법 제70조제1항에 따라 경찰청장이나 관할 경찰서장에게 그 내용을 통보할 때에는 문서로 하되, 허가증 사본과 허가신청서 사본을 첨부하여야 한다.

1. 「도로법」 제61조에 따른 도로의 점용허가

2. 「도로법」 제76조에 따른 통행의 금지나 제한 또는 같은 법 제77조에 따른 차량의 운행제한

③ 제1항에 따라 통보를 받은 경찰청장이나 관할 경찰서장은 교통의 안전과 원활한 소통을 확보하기 위하여 필요하다고 인정하면 도로관리청에 필요한 조치를 요구할 수 있다. 이 경우 도로관리청은 정당한 사유가 없으면 그 조치를 하여야 한다.

제71조(도로의 위법 인공구조물에 대한 조치)

① 경찰서장은 다음 각 호의 어느 하나에 해당하는 사람에 대하여 위반행위를 시정하도록 하거나 그 위반행위로 인하여 생긴 교통장해를 제거할 것을 명할 수 있다.

1. 제68조제1항을 위반하여 교통안전시설이나 그 밖에 이와 비슷한 인공구조물을 함부로 설치한 사람

2. 제68조제2항을 위반하여 물건을 도로에 내버려 둔 사람

3. 「도로법」 제61조를 위반하여 교통에 방

해가 될 만한 인공구조물 등을 설치하거나 그 공사 등을 한 사람

② 경찰서장은 제1항 각 호의 어느 하나에 해당하는 사람의 성명·주소를 알지 못하여 제1항에 따른 조치를 명할 수 없을 때에는 스스로 그 인공구조물 등을 제거하는 등 조치를 한 후 보관하여야 한다. 이 경우 닳아 없어지거나 파괴될 우려가 있거나 보관하는 것이 매우 곤란한 인공구조물 등은 매각하여 그 대금을 보관할 수 있다.

③ 제2항에 따른 인공구조물 등의 보관 및 매각 등에 필요한 사항은 대통령령으로 정한다.

제72조(도로의 지상 인공구조물 등에 대한 위험방지 조치) ① 경찰서장은 도로의 지상(地上) 인공구조물이나 그 밖의 시설 또는 물건이 교통에 위험을 일으키게 하거나 교통에 뚜렷이 방해될 우려가 있으면 그 인공구조물 등의 소유자·점유자 또는 관리자에게 그것을 제거하도록 하거나 그 밖에 교통안전에 필요한 조치를 명할 수 있다.

② 경찰서장은 인공구조물 등의 소유자·점유자 또는 관리자의 성명·주소를 알지 못하여 제1항에 따른 조치를 명할 수 없을 때에는 스스로 그 인공구조물 등을 제거하는 등 조치를 한 후 보관하여야 한다. 이 경우 닳아 없어지거나 파괴될 우려가 있거나 보관하는 것이 매우 곤란한 인공구조물 등은 매각하여 그 대금을 보관할 수 있다.

③ 제2항에 따른 인공구조물 등의 보관 및 매각 등에 필요한 사항은 대통령령으로 정한다.

제73조(교통안전교육) ① 운전면허를 받으려는 사람은 대통령령으로 정하는 바에 따라 제83조제1항제2호와 제3호에 따른 시험에 응시하기 전에 다음 각 호의 사항에 관한 교통안전교육을 받아야 한다. 다만, 제2항제1호에 따라 특별교통안전 의무교육을 받은 사람 또는 제104조제1항에 따른 자동차운전 전문학원에서 학과교육을 수료한 사람은 그러하지 아니하다. <개정 2017.10.24.>

1. 운전자가 갖추어야 하는 기본예절
2. 도로교통에 관한 법령과 지식
3. 안전운전 능력
4. 어린이·장애인 및 노인의 교통사고 예방에 관한 사항
5. 친환경 경제운전에 필요한 지식과 기능
6. 긴급자동차에 길 터주기 요령
7. 그 밖에 교통안전의 확보를 위하여 필요한 사항

② 다음 각 호의 어느 하나에 해당하는 사람은 대통령령으로 정하는 바에 따라 특별교통안전 의무교육을 받아야 한다. 이 경우 제2호부터 제4호까지에 해당하는 사람으로서 부득이한 사유가 있으면 대통령령으로 정하는 바에 따라 의무교육의 연기(延期)를 받을 수 있다.

1. 운전면허 취소처분을 받은 사람(제93소제1항제9호 또는 제20호에 해당하여 운전면허 취소처분을 받은 사람은 제외한다)으로서 운전면허를 다시 받으려는 사람
2. 제93조제1항제1호·제5호·제5호의2·제10호 및 제10호의2에 해당하여 운전면허효력 정지처분을 받게 되거나 받은 사람으로서 그 정지기간이 끝나지 아니한 사람
3. 운전면허 취소처분 또는 운전면허효력 정지처분(제93조제1항제1호·제5호·제5호의2·제10호 및 제10호의2에 해당하여 운전면허효력 정지처분 대상인 경우로 한정한다)이 면제된 사람으로서 면제된 날부터 1개월이 지나지 아니한 사람
4. 운전면허효력 정지처분을 받게 되거나 받은 초보운전자로서 그 정지기간이 끝나지 아니한 사람

③ 다음 각 호의 어느 하나에 해당하는 사람이 지방경찰청장에게 신청하는 경우에는

대통령령으로 정하는 바에 따라 특별교통안전 권장교육을 받을 수 있다. 이 경우 권장교육을 받기 전 1년 이내에 해당 교육을 받지 아니한 사람에 한정한다. <신설 2017.10.24.>

1. 교통법규 위반 등 제2항제2호 및 제4호에 따른 사유 외의 사유로 인하여 운전면허효력 정지처분을 받게 되거나 받은 사람

2. 교통법규 위반 등으로 인하여 운전면허효력 정지처분을 받을 가능성이 있는 사람

3. 제2항제2호부터 제4호까지에 해당하여 제2항에 따른 특별교통안전 의무교육을 받은 사람

4. 운전면허를 받은 사람 중 교육을 받으려는 날에 65세 이상인 사람

④ 긴급자동차의 운전업무에 종사하는 사람으로서 대통령령으로 정하는 사람은 대통령령으로 정하는 바에 따라 정기적으로 긴급자동차의 안전운전 등에 관한 교육을 받아야 한다. <신설 2017.10.24.>

제80조(운전면허) ① 자동차등을 운전하려는 사람은 지방경찰청장으로부터 운전면허를 받아야 한다. 다만, 제2조제19호나목의 원동기를 단 차 중 「교통약자의 이동편의 증진법」 제2조제1호에 따른 교통약자가 최고속도 시속 20킬로미터 이하로만 운행될 수 있는 차를 운전하는 경우에는 그러하지 아니하다.

② 지방경찰청장은 운전을 할 수 있는 차의 종류를 기준으로 다음 각 호와 같이 운전면허의 범위를 구분하고 관리하여야 한다. 이 경우 운전면허의 범위에 따라 운전할 수 있는 차의 종류는 행정안전부령으로 정한다.

1. 제1종 운전면허

　가. 대형면허

　나. 보통면허

　다. 소형면허

　라. 특수면허

　1) 대형견인차면허

　2) 소형견인차면허

　3) 구난차면허

2. 제2종 운전면허

　가. 보통면허

　나. 소형면허

　다. 원동기장치자전거면허

3. 연습운전면허

　가. 제1종 보통연습면허

　나. 제2종 보통연습면허

③ 지방경찰청장은 운전면허를 받을 사람의 신체 상태 또는 운전 능력에 따라 행정안전부령으로 정하는 바에 따라 운전할 수 있는 자동차등의 구조를 한정하는 등 운전면허에 필요한 조건을 붙일 수 있다.

④ 지방경찰청장은 제87조 및 제88조에 따라 적성검사를 받은 사람의 신체 상태 또는 운전 능력에 따라 제3항에 따른 조건을 새로 붙이거나 바꿀 수 있다.

제81조(연습운전면허의 효력) 연습운전면허는 그 면허를 받은 날부터 1년 동안 효력을 가진다. 다만, 연습운전면허를 받은 날부터 1년 이전이라도 연습운전면허를 받은 사람이 제1종 보통면허 또는 제2종 보통면허를 받은 경우 연습운전면허는 그 효력을 잃는다.

제82조(운전면허의 결격사유) ① 다음 각 호의 어느 하나에 해당하는 사람은 운전면허를 받을 수 없다.

1. 18세 미만(원동기장치자전거의 경우에는 16세 미만)인 사람

2. 교통상의 위험과 장해를 일으킬 수 있는 정신질환자 또는 뇌전증 환자로서 대통령령으로 정하는 사람

3. 듣지 못하는 사람(제1종 운전면허 중 대형면허·특수면허만 해당한다), 앞을 보지 못하는 사람(한쪽 눈만 보지 못하는 사람의 경우에는 제1종 운전면허 중 대형면허·특수면허만 해당한다)이나 그

밖에 대통령령으로 정하는 신체장애인

4. 양쪽 팔의 팔꿈치관절 이상을 잃은 사람이나 양쪽 팔을 전혀 쓸 수 없는 사람. 다만, 본인의 신체장애 정도에 적합하게 제작된 자동차를 이용하여 정상적인 운전을 할 수 있는 경우에는 그러하지 아니하다.

5. 교통상의 위험과 장해를 일으킬 수 있는 마약·대마·향정신성의약품 또는 알코올 중독자로서 대통령령으로 정하는 사람

6. 제1종 대형면허 또는 제1종 특수면허를 받으려는 경우로서 19세 미만이거나 자동차(이륜자동차는 제외한다)의 운전경험이 1년 미만인 사람

② 다음 각 호의 어느 하나의 경우에 해당하는 사람은 해당 각 호에 규정된 기간이 지나지 아니하면 운전면허를 받을 수 없다. 다만, 다음 각 호의 사유로 인하여 벌금 미만의 형이 확정되거나 선고유예의 판결이 확정된 경우 또는 기소유예나 「소년법」 제32조에 따른 보호처분의 결정이 있는 경우에는 각 호에 규정된 기간 내라도 운전면허를 받을 수 있다.

1. 제43조 또는 제96조제3항을 위반하여 자동차등을 운전한 경우에는 그 위반한 날(운전면허효력 정지기간에 운전하여 취소된 경우에는 그 취소된 날을 말하며, 이하 이 조에서 같다)부터 1년(원동기장치자전거면허를 받으려는 경우에는 6개월로 하되, 제46조를 위반한 경우에는 그 위반한 날부터 1년). 다만, 사람을 사상한 후 제54조제1항에 따른 필요한 조치 및 제2항에 따른 신고를 하지 아니한 경우에는 그 위반한 날부터 5년으로 한다.

2. 제43조 또는 제96조제3항을 3회 이상 위반하여 자동차등을 운전한 경우에는 그 위반한 날부터 2년

3. 제44조, 제45조 또는 제46조를 위반하여

사람을 사상한 후 제54조제1항 및 제2항에 따른 필요한 조치 및 신고를 하지 아니한 경우에는 운전면허가 취소된 날부터 5년

4. 제43조부터 제46조까지의 규정에 따른 사유가 아닌 다른 사유로 사람을 사상한 후 제54조제1항 및 제2항에 따른 필요한 조치 및 신고를 하지 아니한 경우에는 운전면허가 취소된 날부터 4년

5. 제44조제1항 또는 제2항을 위반(제43조 또는 제96조제3항을 함께 위반한 경우도 포함한다)하여 운전을 하다가 3회 이상 교통사고를 일으킨 경우에는 운전면허가 취소된 날(제43조 또는 제96조제3항을 함께 위반한 경우에는 그 위반한 날을 말한다)부터 3년, 자동차등을 이용하여 범죄행위를 하거나 다른 사람의 자동차등을 훔치거나 빼앗은 사람이 제43조를 위반하여 그 자동차등을 운전한 경우에는 그 위반한 날부터 3년

6. 제44조제1항 또는 제2항을 3회 이상 위반(제43조 또는 제96조제3항을 함께 위반한 경우도 포함한다) 또는 제46조를 2회 이상 위반(제43조 또는 제96조제3항을 함께 위반한 경우도 포함한다)한 경우나 제93조제1항제8호·제12호 또는 제13호의 사유로 운전면허가 취소된 경우에는 운전면허가 취소된 날(제43조 또는 제96조제3항을 함께 위반한 경우에는 그 위반한 날을 말한다)부터 2년

7. 제1호부터 제6호까지의 규정에 따른 경우가 아닌 다른 사유로 운전면허가 취소된 경우에는 운전면허가 취소된 날부터 1년(원동기장치자전거면허를 받으려는 경우에는 6개월로 하되, 제46조를 위반하여 운전면허가 취소된 경우에는 1년). 다만, 제93조제1항제9호의 사유로 운전면허가 취소된 사람 또는 제1종 운전면허를 받은 사람이 적성검사에 불합격되어 다시 제2종 운전면허를 받으려는 경우에는 그러하지 아니하다.

8. 운전면허효력 정지처분을 받고 있는 경우에는 그 정지기간

③ 제93조에 따라 운전면허 취소처분을 받은 사람은 제2항에 따른 운전면허 결격기간이 끝났다 하여도 그 취소처분을 받은 이후에 제73조제2항에 따른 특별교통안전 의무교육을 받지 아니하면 운전면허를 받을 수 없다.

제83조(운전면허시험 등) ① 운전면허시험(제1종 보통면허시험 및 제2종 보통면허시험은 제외한다)은 제120조에 따른 도로교통공단이 다음 각 호의 사항에 대하여 제80조제2항에 따른 운전면허의 구분에 따라 실시한다. 다만, 대통령령으로 정하는 운전면허시험은 대통령령으로 정하는 바에 따라 지방경찰청장이나 도로교통공단이 실시한다.

1. 자동차등의 운전에 필요한 적성
2. 자동차등 및 도로교통에 관한 법령에 대한 지식
3. 자동차등의 관리방법과 안전운전에 필요한 점검의 요령
4. 자동차등의 운전에 필요한 기능
5. 친환경 경제운전에 필요한 지식과 기능

② 제1종 보통면허시험과 제2종 보통면허시험은 도로교통공단이 응시자가 도로에서 자동차를 운전할 능력이 있는지에 대하여 실시한다. 이 경우 제1종 보통면허시험은 제1종 보통연습면허를 받은 사람을 대상으로 하고, 제2종 보통면허시험은 제2종 보통연습면허를 받은 사람을 대상으로 한다.

③ 제82조에 따라 운전면허를 받을 수 없는 사람은 운전면허시험에 응시할 수 없다.

④ 제1항제2호 및 제3호에 따른 운전면허시험에 응시하려는 사람은 그 운전면허시험에 응시하기 전에 제73조제1항에 따른 교통안전교육 또는 제104조제1항에 따른 자동차운전 전문학원에서 학과교육을 받아야 한다.

⑤ 제1항과 제2항에 따른 운전면허시험의 방법, 절차와 그 밖에 필요한 사항은 대통령령으로 정한다.

제84조(운전면허시험의 면제) ① 다음 각 호의 어느 하나에 해당하는 사람에 대하여는 대통령령으로 정하는 바에 따라 운전면허시험의 일부를 면제한다.

1. 대학·전문대학 또는 공업계 고등학교의 기계과나 자동차와 관련된 학과를 졸업한 사람으로서 재학 중 자동차에 관한 과목을 이수한 사람
2. 「국가기술자격법」 제10조에 따라 자동차의 정비 또는 검사에 관한 기술자격시험에 합격한 사람
3. 외국의 권한 있는 기관에서 발급한 운전면허증(이하 "외국면허증"이라 한다)을 가진 사람 가운데 다음 각 목의 어느 하나에 해당되는 사람
   가. 「주민등록법」 제6조에 따라 주민등록이 된 사람
   나. 「출입국관리법」 제31조에 따라 외국인등록을 한 사람(이하 "등록외국인"이라 한다) 또는 외국인등록이 면제된 사람
   다. 「난민법」에 따른 난민인정자
   라. 「재외동포의 출입국과 법적 지위에 관한 법률」 제6조에 따라 국내거소신고를 한 사람(이하 "외국국적동포"라 한다)
4. 군(軍) 복무 중 자동차등에 상응하는 군 소속 차를 6개월 이상 운전한 경험이 있는 사람
5. 제87조제2항 또는 제88조에 따른 적성검사를 받지 아니하여 운전면허가 취소된 후 다시 면허를 받으려는 사람
6. 운전면허를 받은 후 제80조제2항의 구분에 따라 운전할 수 있는 자동차의 종류를 추가하려는 사람
7. 제93조제1항제15호부터 제18호까지의 규정에 따라 운전면허가 취소된 후 다시 운전면허를 받으려는 사람
8. 제108조제5항에 따른 자동차운전 전문학

원의 수료증 또는 졸업증을 소지한 사람

9. 군사분계선 이북지역에서 운전면허를
받은 사실이 인정되는 사람

② 제1항제3호에 따른 외국면허증(그 운전면허증을 발급한 국가에서 90일을 초과하여 체류하면서 그 체류기간 동안 취득한 것으로서 임시면허증 또는 연습면허증이 아닌 것을 말한다)을 가진 사람에 대하여는 해당 국가가 대한민국 운전면허증을 가진 사람에게 적성시험을 제외한 모든 운전면허시험 과정을 면제하는 국가(이하 이 조에서 "국내면허 인정국가"라 한다)인지 여부에 따라 대통령령으로 정하는 바에 따라 면제하는 운전면허시험을 다르게 정할 수 있다. 다만, 외교, 공무(公務) 또는 연구 등 대통령령으로 정하는 목적으로 국내에 체류하고 있는 사람이 가지고 있는 외국면허증은 국내면허 인정국가의 권한 있는 기관에서 발급한 운전면허증으로 보며, 국내면허 인정국가 가운데 우리나라와 운전면허의 상호인정에 관한 약정을 체결한 국가에 대하여는 그 약정한 내용에 따라 운전면허시험의 일부를 면제할 수 있다.

③ 도로교통공단은 제1항제3호 및 제2항에 따라 외국면허증을 가진 사람에게 운전면허시험의 일부를 면제하고 국내운전면허증을 발급하는 경우에는 그 사람의 외국면허증을 회수하여야 한다. 이 경우 그 외국면허증을 발급한 국가의 관계 기관의 요청이 있는 경우에는 그 외국면허증을 해당 국가에 송부할 수 있다.

제84조의2(부정행위자에 대한 조치) ① 경찰청장은 제106조에 따른 전문학원의 강사자격시험 및 제107조에 따른 기능검정원 자격시험에서, 지방경찰청장 또는 도로교통공단은 제83조에 따른 운전면허시험에서 부정행위를 한 사람에 대하여는 해당 시험을 각각 무효로 처리한다.

② 제1항에 따라 시험이 무효로 처리된 사람은 그 처분이 있는 날부터 2년간 해당 시험에 응시하지 못한다.

제85조(운전면허증의 발급 등) ① 운전면허를 받으려는 사람은 운전면허시험에 합격하여야 한다.

② 지방경찰청장은 운전면허시험에 합격한 사람에 대하여 행정안전부령으로 정하는 운전면허증을 발급하여야 한다.

③ 지방경찰청장은 운전면허를 받은 사람이 다른 범위의 운전면허를 추가로 취득하는 경우에는 운전면허의 범위를 확대(기존에 받은 운전면허의 범위를 추가하는 것을 말한다)하여 운전면허증을 발급하여야 한다.

④ 지방경찰청장은 운전면허를 받은 사람이 운전면허의 범위를 축소(기존에 받은 운전면허의 범위에서 일부 범위를 삭제하는 것을 말한다)하기를 원하는 경우에는 운전면허의 범위를 축소하여 운전면허증을 발급할 수 있다.

⑤ 운전면허의 효력은 본인 또는 대리인이 제2항부터 제4항까지에 따른 운전면허증을 발급받은 때부터 발생한다. 이 경우 제3항 또는 제4항에 따라 운전면허의 범위를 확대하거나 축소하는 경우에도 제93조에 따라 받게 되거나 받은 운전면허 취소·정지 처분의 효력과 벌점은 그대로 승계된다.

제86조(운전면허증의 재발급) 운전면허증을 잃어버렸거나 헐어 못 쓰게 되었을 때에는 행정안전부령으로 정하는 바에 따라 지방경찰청장에게 신청하여 다시 발급받을 수 있다.

제87조(운전면허증의 갱신과 정기 적성검사) ① 운전면허를 받은 사람은 다음 각 호의 구분에 따른 기간 이내에 대통령령으로 정하는 바에 따라 지방경찰청장으로부터 운전면허증을 갱신하여 발급받아야 한다.

1. 최초의 운전면허증 갱신기간은 제83조 제1항 또는 제2항에 따른 운전면허시험에 합격한 날부터 기산하여 10년(운

전면허시험 합격일에 65세 이상인 사람은 5년, 한쪽 눈만 보지 못하는 사람으로서 제1종 운전면허 중 보통면허를 취득한 사람은 3년)이 되는 날이 속하는 해의 1월 1일부터 12월 31일까지

2. 제1호 외의 운전면허증 갱신기간은 직전의 운전면허증 갱신일부터 기산하여 매 10년(직전의 운전면허증 갱신일에 65세 이상인 사람은 5년, 한쪽 눈만 보지 못하는 사람으로서 제1종 운전면허 중 보통면허를 취득한 사람은 3년)이 되는 날이 속하는 해의 1월 1일부터 12월 31일까지

② 다음 각 호의 어느 하나에 해당하는 사람은 제1항에 따른 운전면허증 갱신기간에 대통령령으로 정하는 바에 따라 도로교통공단이 실시하는 정기(定期) 적성검사(適性檢查)를 받아야 한다.

1. 제1종 운전면허를 받은 사람

2. 제2종 운전면허를 받은 사람 중 운전면허증 갱신기간에 70세 이상인 사람

③ 제2항에 따른 정기 적성검사를 받지 아니하거나 이에 합격하지 못한 사람은 운전면허증을 갱신하여 받을 수 없다.

④ 제1항 또는 제2항에 따라 운전면허증을 갱신하여 발급받거나 정기 적성검사를 받아야 하는 사람이 해외여행 또는 군 복무 등 대통령령으로 정하는 사유로 그 기간 이내에 운전면허증을 갱신하여 발급받거나 정기 적성검사를 받을 수 없는 때에는 대통령령으로 정하는 바에 따라 이를 미리 받거나 그 연기를 받을 수 있다.

제88조(수시 적성검사) ① 제1종 운전면허 또는 제2종 운전면허를 받은 사람(제96조제1항에 따른 국제운전면허증을 받은 사람을 포함한다)이 안전운전에 장애가 되는 후천적 신체장애 등 대통령령으로 정하는 사유에 해당되는 경우에는 도로교통공단이 실시하는 수시(隨時) 적성검사를 받아야 한다.

② 제1항에 따른 수시 적성검사의 기간·통지와 그 밖에 수시 적성검사의 실시에 필요한 사항은 대통령령으로 정한다.

제89조(수시 적성검사 관련 개인정보의 통보) ① 제88조제1항에 따라 수시 적성검사를 받아야 하는 사람의 후천적 신체장애 등에 관한 개인정보를 가지고 있는 기관 가운데 대통령령으로 정하는 기관의 장은 수시 적성검사와 관련이 있는 개인정보를 경찰청장에게 통보하여야 한다.

② 제1항에 따라 경찰청장에게 통보하여야 하는 개인정보의 내용 및 통보방법과 그 밖에 개인정보의 통보에 필요한 사항은 대통령령으로 정한다.

제90조(정신 질환 등이 의심되는 사람에 대한 조치) 도로교통공단은 다음 각 호의 어느 하나에 해당하는 사람이 제82조제1항제2호 또는 제5호에 해당한다고 인정할 만한 상당한 사유가 있는 경우에는 해당 분야 전문의(專門醫)의 정밀진단을 받게 할 수 있다.

1. 제83조에 따른 운전면허시험 중인 사람

2. 제87조제2항 또는 제88조제1항에 따른 적성검사를 받는 사람

제91조(임시운전증명서) ① 지방경찰청장은 다음 각 호의 어느 하나의 경우에 해당하는 사람이 임시운전증명서 발급을 신청하면 행정안전부령으로 정하는 바에 따라 임시운전증명서를 발급할 수 있다. 다만, 제2호의 경우에는 소지하고 있는 운전면허증에 행정안전부령으로 정하는 사항을 기재하여 발급함으로써 임시운전증명서 발급을 갈음할 수 있다.

1. 운전면허증을 받은 사람이 제86조에 따른 재발급 신청을 한 경우

2. 제87조에 따른 정기 적성검사 또는 운전면허증 갱신 발급 신청을 하거나 제88조에 따른 수시 적성검사를 신청한 경우

3. 제93조에 따른 운전면허의 취소처분 또는 정지처분 대상자가 운전면허증을

제출한 경우

② 제1항의 임시운전증명서는 그 유효기간 중에는 운전면허증과 같은 효력이 있다.

제92조(운전면허증 휴대 및 제시 등의 의무)
① 자동차등을 운전할 때에는 다음 각 호의 어느 하나에 해당하는 운전면허증 등을 지니고 있어야 한다.
1. 운전면허증, 제96조제1항에 따른 국제운전면허증이나 「건설기계관리법」에 따른 건설기계조종사면허증(이하 "운전면허증등"이라 한다)
2. 운전면허증등을 갈음하는 다음 각 목의 증명서
  가. 제91조에 따른 임시운전증명서
  나. 제138조에 따른 범칙금 납부통고서 또는 출석지시서
  다. 제143조제1항에 따른 출석고지서
② 운전자는 운전 중에 교통안전이나 교통질서 유지를 위하여 경찰공무원이 제1항에 따른 운전면허증등 또는 이를 갈음하는 증명서를 제시할 것을 요구하거나 운전자의 신원 및 운전면허 확인을 위한 질문을 할 때에는 이에 응하여야 한다.

제93조(운전면허의 취소·정지) ① 지방경찰청장은 운전면허(연습운전면허는 제외한다. 이하 이 조에서 같다)를 받은 사람이 다음 각 호의 어느 하나에 해당하면 행정안전부령으로 정하는 기준에 따라 운전면허(운전자가 받은 모든 범위의 운전면허를 포함한다. 이하 이 조에서 같다)를 취소하거나 1년 이내의 범위에서 운전면허의 효력을 정지시킬 수 있다. 다만, 제2호, 제3호, 제7호부터 제9호까지(정기 적성검사 기간이 지난 경우는 제외한다), 제12호, 제14호, 제16호부터 제18호까지, 제20호의 규정에 해당하는 경우에는 운전면허를 취소하여야 한다.
1. 제44조제1항을 위반하여 술에 취한 상태에서 자동차등을 운전한 경우
2. 제44조제1항 또는 제2항 후단을 2회 이상 위반한 사람이 다시 같은 조 제1항을 위반하여 운전면허 정지 사유에 해당된 경우
3. 제44조제2항 후단을 위반하여 술에 취한 상태에 있다고 인정할 만한 상당한 이유가 있음에도 불구하고 경찰공무원의 측정에 응하지 아니한 경우
4. 제45조를 위반하여 약물의 영향으로 인하여 정상적으로 운전하지 못할 우려가 있는 상태에서 자동차등을 운전한 경우
5. 제46조제1항을 위반하여 공동 위험행위를 한 경우
5의2. 제46조의3을 위반하여 난폭운전을 한 경우
6. 교통사고로 사람을 사상한 후 제54조제1항 또는 제2항에 따른 필요한 조치 또는 신고를 하지 아니한 경우
7. 제82조제1항제2호부터 제5호까지의 규정에 따른 운전면허를 받을 수 없는 사람에 해당된 경우
8. 제82조에 따라 운전면허를 받을 수 없는 사람이 운전면허를 받거나 거짓이나 그 밖의 부정한 수단으로 운전면허를 받은 경우 또는 운전면허효력의 정지기간 중 운전면허증 또는 운전면허증을 갈음하는 증명서를 발급받은 사실이 드러난 경우
9. 제87조제2항 또는 제88조제1항에 따른 적성검사를 받지 아니하거나 그 적성검사에 불합격한 경우
10. 운전 중 고의 또는 과실로 교통사고를 일으킨 경우
10의2. 운전면허를 받은 사람이 자동차등을 이용하여 「형법」 제258조의2(특수상해)·제261조(특수폭행)·제284조(특수협박) 또는 제369조(특수손괴)를 위반하는 행위를 한 경우
11. 운전면허를 받은 사람이 자동차등을 이용하여 살인 또는 강간 등 행정안전부령으로 정하는 범죄행위를 한 경우

12. 다른 사람의 자동차등을 훔치거나 빼앗은 경우

13. 다른 사람이 부정하게 운전면허를 받도록 하기 위하여 제83조에 따른 운전면허시험에 대신 응시한 경우

14. 이 법에 따른 교통단속 임무를 수행하는 경찰공무원등 및 시·군공무원을 폭행한 경우

15. 운전면허증을 다른 사람에게 빌려주어 운전하게 하거나 다른 사람의 운전면허증을 빌려서 사용한 경우

16. 「자동차관리법」에 따라 등록되지 아니하거나 임시운행허가를 받지 아니한 자동차(이륜자동차는 제외한다)를 운전한 경우

17. 제1종 보통면허 및 제2종 보통면허를 받기 전에 연습운전면허의 취소 사유가 있었던 경우

18. 다른 법률에 따라 관계 행정기관의 장이 운전면허의 취소처분 또는 정지처분을 요청한 경우

18의2. 제39조제1항 또는 제4항을 위반하여 화물자동차를 운전한 경우

19. 이 법이나 이 법에 따른 명령 또는 처분을 위반한 경우

20. 운전면허를 받은 사람이 자신의 운전면허를 실효(失效)시킬 목적으로 지방경찰청장에게 자진하여 운전면허를 반납하는 경우. 다만, 실효시키려는 운전면허가 취소처분 또는 정지처분의 대상이거나 효력정지 기간 중인 경우는 제외한다.

② 지방경찰청장은 제1항에 따라 운전면허를 취소하거나 운전면허의 효력을 정지하려고 할 때 그 기준으로 활용하기 위하여 교통법규를 위반하거나 교통사고를 일으킨 사람에 대하여는 행정안전부령으로 정하는 바에 따라 위반 및 피해의 정도 등에 따라 벌점을 부과할 수 있으며, 그 벌점이 행정안전부령으로 정하는 기간 동안 일정한 점수를 초과하는 경우에는 행정안전부령으로 정하는 바에 따라 운전면허를 취소 또는 정지할 수 있다.

③ 지방경찰청장은 연습운전면허를 발급받은 사람이 운전 중 고의 또는 과실로 교통사고를 일으키거나 이 법이나 이 법에 따른 명령 또는 처분을 위반한 경우에는 연습운전면허를 취소하여야 한다. 다만, 본인에게 귀책사유(歸責事由)가 없는 경우 등 대통령령으로 정하는 경우에는 그러하지 아니하다.

④ 지방경찰청장은 제1항 또는 제2항에 따라 운전면허의 취소처분 또는 정지처분을 하려고 하거나 제3항에 따라 연습운전면허 취소처분을 하려면 그 처분을 하기 전에 미리 행정안전부령으로 정하는 바에 따라 처분의 당사자에게 처분 내용과 의견제출 기한 등을 통지하여야 하며, 그 처분을 하는 때에는 행정안전부령으로 정하는 바에 따라 처분의 이유와 행정심판을 제기할 수 있는 기간 등을 통지하여야 한다. 다만, 제87조제2항 또는 제88조제1항에 따른 적성검사를 받지 아니하였다는 이유로 운전면허를 취소하려면 행정안전부령으로 정하는 바에 따라 처분의 당사자에게 적성검사를 할 수 있는 날의 만료일 전까지 적성검사를 받지 아니하면 운전면허가 취소된다는 사실의 조건부 통지를 함으로써 처분의 사전 및 사후 통지를 갈음할 수 있다.

제94조(운전면허 처분에 대한 이의신청) ① 제93조제1항 또는 제2항에 따른 운전면허의 취소처분 또는 정지처분이나 같은 조 제3항에 따른 연습운전면허 취소처분에 대하여 이의(異議)가 있는 사람은 그 처분을 받은 날부터 60일 이내에 행정안전부령으로 정하는 바에 따라 지방경찰청장에게 이의를 신청할 수 있다.

② 지방경찰청장은 제1항에 따른 이의를 심의하기 위하여 행정안전부령으로 정하는

바에 따라 운전면허행정처분 이의심의위원회(이하 "이의심의위원회"라 한다)를 두어야 한다.

③ 제1항에 따라 이의를 신청한 사람은 그 이의신청과 관계없이 「행정심판법」에 따른 행정심판을 청구할 수 있다. 이 경우 이의를 신청하여 그 결과를 통보받은 사람(결과를 통보받기 전에 「행정심판법」에 따른 행정심판을 청구한 사람은 제외한다)은 통보받은 날부터 90일 이내에 「행정심판법」에 따른 행정심판을 청구할 수 있다.

④ 이의심의위원회의 위원 중 공무원이 아닌 사람은 「형법」 제129조부터 제132조까지의 규정을 적용할 때에는 공무원으로 본다.

제95조(운전면허증의 반납) ① 운전면허증을 받은 사람이 다음 각 호의 어느 하나에 해당하면 그 사유가 발생한 날부터 7일 이내(제4호 및 제5호의 경우 새로운 운전면허증을 받기 위하여 운전면허증을 제출한 때)에 주소지를 관할하는 지방경찰청장에게 운전면허증을 반납하여야 한다.

1. 운전면허 취소처분을 받은 경우
2. 운전면허효력 정지처분을 받은 경우
3. 운전면허증을 잃어버리고 다시 발급받은 후 그 잃어버린 운전면허증을 찾은 경우
4. 연습운전면허증을 받은 사람이 제1종 보통면허증 또는 제2종 보통면허증을 받은 경우
5. 운전면허증 갱신을 받은 경우

② 경찰공무원은 제1항을 위반하여 운전면허증을 반납하지 아니한 사람이 소지한 운전면허증을 직접 회수할 수 있다.

③ 지방경찰청장이 제1항제2호에 따라 운전면허증을 반납받았거나 제2항에 따라 제1항제2호에 해당하는 사람으로부터 운전면허증을 회수하였을 때에는 이를 보관하였다가 정지기간이 끝난 즉시 돌려주어야 한다.

제96조(국제운전면허증에 의한 자동차등의 운전) ① 외국의 권한 있는 기관에서 다음 각 호의 어느 하나에 해당하는 협약, 협정 또는 약정에 따른 운전면허증(이하 "국제운전면허증"이라 한다)을 발급받은 사람은 제80조제1항에도 불구하고 국내에 입국한 날부터 1년 동안만 그 국제운전면허증으로 자동차등을 운전할 수 있다. 이 경우 운전할 수 있는 자동차의 종류는 그 국제운전면허증에 기재된 것으로 한정한다. <개정 2017.10.24.>

1. 1949년 제네바에서 체결된 「도로교통에 관한 협약」
2. 1968년 비엔나에서 체결된 「도로교통에 관한 협약」
3. 우리나라와 외국 간에 국제운전면허를 상호 인정하는 협약, 협정 또는 약정

② 국제운전면허증을 외국에서 발급받은 사람은 「여객자동차 운수사업법」 또는 「화물자동차 운수사업법」에 따른 사업용 자동차를 운전할 수 없다. 다만, 「여객자동차 운수사업법」에 따른 대여사업용 자동차를 임차(賃借)하여 운전하는 경우에는 그러하지 아니하다.

③ 제82조제2항에 따른 운전면허 결격사유에 해당하는 사람으로서 같은 항 각 호의 구분에 따른 기간이 지나지 아니한 사람은 제1항에도 불구하고 자동차등을 운전하여서는 아니 된다.

제97조(자동차등의 운전 금지) ① 제96조에 따라 국제운전면허증을 가지고 국내에서 자동차등을 운전하는 사람이 다음 각 호의 어느 하나에 해당하는 경우에는 그 사람의 주소지를 관할하는 지방경찰청장은 행정안전부령으로 정한 기준에 따라 1년을 넘지 아니하는 범위에서 국제운전면허증에 의한 자동차등의 운전을 금지할 수 있다.

1. 제88조제1항에 따른 적성검사를 받지

아니하였거나 적성검사에 불합격한 경우
2. 운전 중 고의 또는 과실로 교통사고를
일으킨 경우
3. 대한민국 국적을 가진 사람이 제93조
제1항 또는 제2항에 따라 운전면허가
취소되거나 효력이 정지된 후 제82조
제2항 각 호에 규정된 기간이 지나지
아니한 경우
4. 자동차등의 운전에 관하여 이 법이나 이
법에 따른 명령 또는 처분을 위반한 경우
② 제1항에 따라 자동차등의 운전이 금지
된 사람은 지체 없이 국제운전면허증에
의한 운전을 금지한 지방경찰청장에게 그
국제운전면허증을 제출하여야 한다.
③ 지방경찰청장은 제1항에 따른 금지기간이
끝난 경우 또는 금지처분을 받은 사람이 그
금지기간 중에 출국하는 경우에는 그 사람
의 반환청구가 있으면 지체 없이 보관 중인
국제운전면허증을 돌려주어야 한다.

제98조(국제운전면허증의 발급 등) ① 제80
조에 따라 운전면허를 받은 사람이 국외
에서 운전을 하기 위하여 제96조제1항제
1호의 「도로교통에 관한 협약」에 따른 국
제운전면허증을 발급받으려면 지방경찰청
장에게 신청하여야 한다.
② 제1항에 따른 국제운전면허증의 유효
기간은 발급받은 날부터 1년으로 한다.
③ 제1항에 따른 국제운전면허증은 이를 발
급받은 사람의 국내운전면허의 효력이 없어
지거나 취소된 때에는 그 효력을 잃는다.
④ 제1항에 따른 국제운전면허증을 발급
받은 사람의 국내운전면허의 효력이 정지
된 때에는 그 정지기간 동안 그 효력이
정지된다.

제116조(무등록 유상 운전교육의 금지) 제99
조에 따른 학원의 등록을 하지 아니한 사
람은 대가를 받고 다음 각 호의 어느 하나
에 해당하는 행위를 하여서는 아니 된다.
1. 학원등의 밖에서 하거나 학원등의 명의

를 빌려서 학원등의 안에서 하는 자동
차등의 운전교육
2. 자동차등의 운전연습을 할 수 있는 시설
을 갖추고 그 시설을 이용하게 하는 행위

제117조(유사명칭 등의 사용금지) ① 제99조
에 따른 학원의 등록을 하지 아니한 자는
학원등과 유사한 명칭을 사용하여 상호를
게시하거나 광고를 하여서는 아니 된다.
② 제99조에 따른 학원의 등록을 하지 아니
한 자는 그가 소유하거나 임차한 자동차에
학원등의 도로주행교육용 자동차와 비슷한
표시를 하지 못한다.
③ 이 법에 따른 전문학원이 아닌 학원은
그 명칭 중에 전문학원 또는 이와 비슷한
용어를 사용하지 못한다.

제118조(전문학원 학감 등의 공무원 의제)
전문학원의 학감·부학감은 기능검정 및
수강사실 확인업무에 관하여, 기능검정원
은 기능검정업무에 관하여, 강사는 수강
사실 확인업무에 관하여 「형법」이나 그
밖의 법률에 따른 벌칙을 적용할 때에는
각각 공무원으로 본다.

**제137조(운전자에 관한 정보의 관리 및 제
공 등)** ① 경찰청장은 운전자의 운전면허
·교통사고 및 교통법규 위반에 관한 정
보를 통합적으로 유지·관리할 수 있도록
전산시스템을 구축·운영하여야 한다.
② 지방경찰청장 및 경찰서장은 운전자의
운전면허·교통사고 및 교통법규 위반에
관한 정보를, 공단은 운전면허에 관한 정
보를 각각 제1항에 따른 전산시스템에 등
록·관리하여야 한다.
③ 운전자 본인 또는 그 대리인은 행정안
전부령으로 정하는 바에 따라 지방경찰청
장, 경찰서장 또는 공단에 제1항에 따른
정보를 확인하는 증명을 신청할 수 있다.
④ 지방경찰청장, 경찰서장 또는 공단은
제3항에 따른 신청을 받으면 행정안전부
령으로 정하는 바에 따라 운전자에 관한

정보를 확인하는 서류로써 증명하여 주어야 한다.

⑤ 경찰청장 또는 공단은 운전면허증의 진위 여부에 대한 확인요청이 있는 경우 제1항에 따른 전산시스템을 이용하여 그 진위를 확인하여 줄 수 있다.

제138조(운전면허증등의 보관) ① 경찰공무원은 자동차등의 운전자가 다음 각 호의 어느 하나에 해당하는 경우에는 현장에서 제164조에 따른 범칙금 납부통고서 또는 출석지시서를 발급하고, 운전면허증등의 제출을 요구하여 이를 보관할 수 있다. 이 경우 그 범칙금 납부통고서 또는 출석지시서에 운전면허증등의 보관 사실을 기록하여야 한다.

1. 교통사고를 일으킨 경우
2. 제93조에 따른 운전면허의 취소처분 또는 정지처분의 대상이 된다고 인정되는 경우
3. 제96조에 따라 외국에서 발급한 국제운전면허증을 가진 사람으로서 제162조제1항에 따른 범칙행위를 한 경우

② 제1항의 범칙금 납부통고서 또는 출석지시서는 범칙금의 납부기일이나 출석기일까지 운전면허증등(연습운전면허증은 제외한다)과 같은 효력이 있다.

③ 자치경찰공무원이 제1항에 따라 운전면허증등을 보관한 경우에는 지체 없이 관할 경찰서장에게 운전면허증등을 첨부하여 그 사실을 통보하여야 한다.

제139조(수수료) ① 다음 각 호의 어느 하나에 해당하는 사람은 행정안전부령으로 정하는 바에 따라 수수료를 내야 한다. 다만, 경찰청장 또는 지방경찰청장이 제147조에 따라 업무를 대행하게 한 경우에는 그 업무를 대행하는 공단이 경찰청장의 승인을 받아 결정·공고하는 수수료를 공단에 내야 한다.

1. 제2조제22호에 따른 긴급자동차의 지정을 신청하는 사람
2. 제14조제3항에 따라 차로의 너비를 초과하는 차의 통행허가를 신청하는 사람
3. 제39조에 따라 안전기준을 초과한 승차 허가 또는 적재 허가를 신청하는 사람
4. 제74조에 따라 교통안전교육기관의 지정을 신청하는 사람
5. 제85조부터 제87조까지의 규정에 따라 운전면허증을 발급 또는 재발급받으려고 신청하는 사람
7. 제98조에 따른 국제운전면허증 발급을 신청하는 사람
8. 제104조에 따라 전문학원의 지정을 신청하는 사람
9. 제106조 및 제107조에 따른 강사 또는 기능검정원의 자격시험에 응시하거나 그 자격증의 발급(재발급을 포함한다)을 신청하는 사람
11. 제137조제3항에 따라 운전자에 관한 정보의 증명을 신청하는 사람

② 다음 각 호의 어느 하나에 해당하는 사람은 공단이 경찰청장의 승인을 받아 결정·공고하는 수수료를 내야 한다.

1. 제83조에 따른 운전면허시험의 응시를 신청하는 사람
2. 제87조와 제88조에 따른 정기 적성검사 또는 수시 적성검사를 신청하거나 적성검사 연기를 신청하는 사람

제140조(교통안전교육기관의 수강료 등) 제73조제1항에 따른 교통안전교육과 같은 조 제2항에 따른 특별교통안전 의무교육, 같은 조 제3항에 따른 특별교통안전 권장교육을 하는 자는 교육생으로부터 수강료를 받을 수 있다.

제141조(지도 및 감독 등) ① 지방경찰청장은 교통안전교육기관 또는 학원등의 건전한 육성·발전을 위하여 적절한 지도·감독을 하여야 한다.

② 지방경찰청장은 필요하다고 인정하면

다음 각 호의 자에 대하여 시설·설비 및 교육에 관한 사항이나 각종 통계자료를 제출 또는 보고하게 하거나 관계 공무원으로 하여금 해당 시설에 출입하여 시설·설비, 장부와 그 밖의 관계 서류를 검사하게 할 수 있다. 이 경우 지방경찰청장은 시설·설비의 개선과 그 밖에 필요하다고 판단하는 사항에 대하여 명령을 할 수 있다.

1. 교통안전교육기관의 장
2. 학원등 설립·운영자
3. 제104조제1항제1호에 따른 전문학원의 학감

③ 제2항에 따라 교통안전교육기관 또는 학원등에 출입·검사하는 관계 공무원은 그 권한을 나타내는 증표를 지니고 이를 관계인에게 보여주어야 한다.

④ 경찰청장은 업무 중 다음 각 호의 사항에 대하여 지도·감독하고, 공단의 설립목적 달성에 필요한 명령을 할 수 있다.

1. 조직관리에 관한 사항
2. 운전면허시험의 관리 및 정기·수시 적성검사 사업 수행에 관한 사항
3. 경찰청장이 위탁·승인 또는 대행하게 한 사업과 지방경찰청장이 위탁 또는 대행하게 한 사업의 수행에 관한 사항
4. 그 밖에 관계 법령에서 정하는 사항

제142조(행정소송과의 관계) 이 법에 따른 처분으로서 해당 처분에 대한 행정소송은 행정심판의 재결(裁決)을 거치지 아니하면 제기할 수 없다.

제143조(전용차로 운행 등에 대한 시·군공무원의 단속) ① 시·군공무원은 제15조제3항에 따른 전용차로 통행 금지 의무, 제29조제4항·제5항에 따른 긴급자동차에 대한 진로양보 의무 또는 제32조부터 제34조까지의 규정에 따른 정차 및 주차 금지 의무를 위반한 운전자가 있으면 행정안전부령으로 정하는 바에 따라 현장에서 위반행위의 요지와 경찰서장(제주특별자치도의 경우 제주특별자치도지사로 한다. 이하 이 조에서 같다)에게 출석할 기일 및 장소 등을 구체적으로 밝힌 고지서를 발급하고, 운전면허증의 제출을 요구하여 이를 보관할 수 있다. 이 경우 그 고지서는 출석기일까지 운전면허증과 같은 효력이 있다.

② 시·군공무원은 제1항에 따라 고지서를 발급한 때에는 지체 없이 관할 경찰서장에게 운전면허증을 첨부하여 통보하여야 한다.

③ 경찰서장은 제2항에 따른 통보를 받으면 위반행위를 확인하여야 한다.

④ 시·군공무원은 제1항에 따라 고지서를 발급하거나 조치를 할 때에는 본래의 목적에서 벗어나 직무상 권한을 남용하여서는 아니 된다.

제147조(위임 및 위탁 등) ① 시장등은 이 법에 따른 권한 또는 사무의 일부를 대통령령으로 정하는 바에 따라 지방경찰청장이나 경찰서장에게 위임 또는 위탁할 수 있다.

② 특별시장 및 광역시장은 이 법에 따른 권한의 일부를 대통령령으로 정하는 바에 따라 관할구역의 구청장(자치구의 구청장을 말한다)과 군수에게 위임할 수 있다.

③ 지방경찰청장은 이 법에 따른 권한 또는 사무의 일부를 대통령령으로 정하는 바에 따라 관할 경찰서장에게 위임하거나 교통 관련 전문교육기관 또는 전문연구기관 등에 위탁할 수 있다.

④ 지방경찰청장 또는 경찰서장은 제1항에 따라 시장등으로부터 위임받거나 위탁받은 사무의 일부를 대통령령으로 정하는 바에 따라 교통 관련 전문교육기관 또는 전문연구기관에 위탁할 수 있다.

⑤ 지방경찰청장은 이 법에 따른 운전면허와 관련된 업무의 일부를 대통령령으로 정하는 바에 따라 공단으로 하여금 대행하게 할 수 있다.

⑥ 경찰청장은 제106조와 제107조에 따른 강사 및 기능검정원에 대한 자격시험과 자격증 발급 업무를 공단으로 하여금 대행하게 할 수 있다.

제147조의2(규제의 재검토) 경찰청장은 다음 각 호의 사항에 대하여 다음 각 호의 기준일을 기준으로 3년마다(매 3년이 되는 해의 기준일과 같은 날 전까지를 말한다) 폐지, 완화 또는 유지 등의 타당성을 검토하여야 한다.

1. 제12조에 따른 어린이 보호구역의 지정 및 관리: 2014년 1월 1일
2. 제12조의2에 따른 노인 및 장애인 보호구역의 지정 및 관리: 2014년 1월 1일

제148조(벌칙) 제54조제1항에 따른 교통사고 발생 시의 조치를 하지 아니한 사람(주·정차된 차만 손괴한 것이 분명한 경우에 제54조제1항제2호에 따라 피해자에게 인적 사항을 제공하지 아니한 사람은 제외한다)은 5년 이하의 징역이나 1천500만원 이하의 벌금에 처한다.

제148조의2(벌칙) ① 다음 각 호의 어느 하나에 해당하는 사람은 1년 이상 3년 이하의 징역이나 500만원 이상 1천만원 이하의 벌금에 처한다.

1. 제44조제1항을 2회 이상 위반한 사람으로서 다시 같은 조 제1항을 위반하여 술에 취한 상태에서 자동차등을 운전한 사람
2. 술에 취한 상태에 있다고 인정할 만한 상당한 이유가 있는 사람으로서 제44조제2항에 따른 경찰공무원의 측정에 응하지 아니한 사람

② 제44조제1항을 위반하여 술에 취한 상태에서 자동차등을 운전한 사람은 다음 각 호의 구분에 따라 처벌한다.

1. 혈중알콜농도가 0.2퍼센트 이상인 사람은 1년 이상 3년 이하의 징역이나 500만원 이상 1천만원 이하의 벌금
2. 혈중알콜농도가 0.1퍼센트 이상 0.2퍼센트 미만인 사람은 6개월 이상 1년 이하의 징역이나 300만원 이상 500만원 이하의 벌금
3. 혈중알콜농도가 0.05퍼센트 이상 0.1퍼센트 미만인 사람은 6개월 이하의 징역이나 300만원 이하의 벌금

③ 제45조를 위반하여 약물로 인하여 정상적으로 운전하지 못할 우려가 있는 상태에서 자동차등을 운전한 사람은 3년 이하의 징역이나 1천만원 이하의 벌금에 처한다.

제149조(벌칙) ① 제68조제1항을 위반하여 함부로 신호기를 조작하거나 교통안전시설을 철거·이전하거나 손괴한 사람은 3년 이하의 징역이나 700만원 이하의 벌금에 처한다.

② 제1항에 따른 행위로 인하여 도로에서 교통위험을 일으키게 한 사람은 5년 이하의 징역이나 1천500만원 이하의 벌금에 처한다.

제150조(벌칙) 다음 각 호의 어느 하나에 해당하는 사람은 2년 이하의 징역이나 500만원 이하의 벌금에 처한다.

1. 제46조제1항 또는 제2항을 위반하여 공동 위험행위를 하거나 주도한 사람
2. 제77조제1항에 따른 수강 결과를 거짓으로 보고한 교통안전교육강사
3. 제77조제2항을 위반하여 교통안전교육을 받지 아니하거나 기준에 미치지 못하는 사람에게 교육확인증을 발급한 교통안전교육기관의 장
4. 거짓이나 그 밖의 부정한 방법으로 제99조에 따른 학원의 등록을 하거나 제104조제1항에 따른 전문학원의 지정을 받은 사람
5. 제104조제1항에 따른 전문학원의 지정을 받지 아니하고 제108조제5항에 따른 수료증 또는 졸업증을 발급한 사람
6. 제116조를 위반하여 대가를 받고 자동

차등의 운전교육을 한 사람
7. 제129조의3을 위반하여 비밀을 누설하거나 도용한 사람

제151조(벌칙) 차의 운전자가 업무상 필요한 주의를 게을리하거나 중대한 과실로 다른 사람의 건조물이나 그 밖의 재물을 손괴한 경우에는 2년 이하의 금고나 500만원 이하의 벌금에 처한다.

제151조의2(벌칙) 자동차등의 운전자가 제46조의3을 위반하여 난폭운전을 한 경우에는 1년 이하의 징역이나 500만원 이하의 벌금에 처한다.

제152조(벌칙) 다음 각 호의 어느 하나에 해당하는 사람은 1년 이하의 징역이나 300만원 이하의 벌금에 처한다.
1. 제43조를 위반하여 제80조에 따른 운전면허(원동기장치자전거면허는 제외한다. 이하 이 조에서 같다)를 받지 아니하거나(운전면허의 효력이 정지된 경우를 포함한다) 또는 제96조에 따른 국제운전면허증을 받지 아니하고(운전이 금지된 경우와 유효기간이 지난 경우를 포함한다) 자동차를 운전한 사람
2. 제56조제2항을 위반하여 운전면허를 받지 아니한 사람(운전면허의 효력이 정지된 사람을 포함한다)에게 자동차를 운전하도록 시킨 고용주등
3. 거짓이나 그 밖의 부정한 수단으로 운전면허를 받거나 운전면허증 또는 운전면허증을 갈음하는 증명서를 발급받은 사람
4. 제68조제2항을 위반하여 교통에 방해가 될 만한 물건을 함부로 도로에 내버려둔 사람
5. 제76조제4항을 위반하여 교통안전교육강사가 아닌 사람으로 하여금 교통안전교육을 하게 한 교통안전교육기관의 장
6. 제117조를 위반하여 유사명칭 등을 사용한 사람

제153조(벌칙) ①다음 각 호의 어느 하나에 해당하는 사람은 6개월 이하의 징역이나 200만원 이하의 벌금 또는 구류에 처한다.
1. 제40조를 위반하여 정비불량차를 운전하도록 시키거나 운전한 사람
2. 제41조, 제47조 또는 제58조에 따른 경찰공무원의 요구·조치 또는 명령에 따르지 아니하거나 이를 거부 또는 방해한 사람
3. 제46조의2를 위반하여 교통단속을 회피할 목적으로 교통단속용 장비의 기능을 방해하는 장치를 제작·수입·판매 또는 장착한 사람
4. 제49조제1항제4호를 위반하여 교통단속용 장비의 기능을 방해하는 장치를 한 차를 운전한 사람
5. 제55조를 위반하여 교통사고 발생 시의 조치 또는 신고 행위를 방해한 사람
6. 제68조제1항을 위반하여 함부로 교통안전시설이나 그 밖에 그와 비슷한 인공구조물을 설치한 사람
7. 제80조제3항 또는 제4항에 따른 조건을 위반하여 운전한 사람
② 고속도로, 자동차전용도로, 중앙분리대가 있는 도로에서 제13조제3항을 고의로 위반하여 운전한 사람은 100만원 이하의 벌금 또는 구류에 처한다.

제154조(벌칙) 다음 각 호의 어느 하나에 해당하는 사람은 30만원 이하의 벌금이나 구류에 처한다.
1. 제42조를 위반하여 자동차등에 도색·표지 등을 하거나 그러한 자동차등을 운전한 사람
2. 제43조를 위반하여 제80조에 따른 원동기장치자전거면허를 받지 아니하고 원동기장치자전거를 운전한 사람
3. 제45조를 위반하여 과로·질병으로 인하여 정상적으로 운전하지 못할 우려가 있는 상태에서 자동차등을 운전한 사람
4. 제54조제2항에 따른 사고발생 시 조치

상황 등의 신고를 하지 아니한 사람

5. 제56조제2항을 위반하여 원동기장치자전거의 면허를 받지 아니한 사람에게 원동기장치자전거를 운전하도록 시킨 고용주

6. 제63조를 위반하여 고속도로등을 통행하거나 횡단한 사람

7. 제69조제1항에 따른 도로공사의 신고를 하지 아니하거나 같은 조 제2항에 따른 조치를 위반한 사람 또는 같은 조 제3항을 위반하여 교통안전시설을 설치하지 아니하거나 같은 조 제4항을 위반하여 교통안전시설을 원상회복하지 아니한 사람

8. 제71조제1항에 따른 경찰서장의 명령을 위반한 사람

제155조(벌칙) 제92조제2항을 위반하여 경찰공무원의 운전면허증등의 제시 요구나 운전자 확인을 위한 진술 요구에 따르지 아니한 사람은 20만원 이하의 벌금 또는 구류에 처한다.

제156조(벌칙) 다음 각 호의 어느 하나에 해당하는 사람은 20만원 이하의 벌금이나 구류 또는 과료(科料)에 처한다. <개정 2017.10.24.>

1. 제5조, 제13조제1항부터 제3항(제13조제3항의 경우 고속도로, 자동차전용도로, 중앙분리대가 있는 도로에서 고의로 위반하여 운전한 사람은 제외한다)까지 및 제5항, 제14조제2항·제3항·제5항, 제15조제3항(제61조제2항에서 준용하는 경우를 포함한다), 제15조의2제3항, 제17조제3항, 제18조, 제19조제1항·제3항 및 제4항, 제21조제1항·제3항 및 제4항, 제24조, 제25조부터 제28조까지, 제32조, 제33조, 제37조(제1항제2호는 제외한다), 제38조제1항, 제39조제1항·제3항·제4항·제5항, 제48조제1항, 제49조(같은 조 제1항제1호·제3호를 위반하여 차를 운전한 사람과 같은 항 제4호의 위반행위 중 교통단속용 장비의 기능을 방해하는 장치를 한 차를 운전한 사람은 제외한다), 제50조제5항부터 제7항까지, 제51조, 제53조제1항 및 제2항(좌석안전띠를 매도록 하지 아니한 운전자는 제외한다), 제62조 또는 제73조제2항(같은 항 제1호는 제외한다)을 위반한 차마의 운전자

2. 제6조제1항·제2항·제4항 또는 제7조에 따른 금지·제한 또는 조치를 위반한 차의 운전자

3. 제22조, 제23조, 제29조제4항부터 제6항까지, 제53조의2, 제60조, 제64조, 제65조 또는 제66조를 위반한 사람

4. 제31조, 제34조 또는 제52조제4항을 위반하거나 제35조제1항에 따른 명령을 위반한 사람

5. 제39조제6항에 따른 지방경찰청장의 제한을 위반한 사람

6. 제50조제1항 및 제3항을 위반하여 좌석안전띠를 매지 아니하거나 인명보호장구를 착용하지 아니한 운전자

7. 제95조제2항에 따른 경찰공무원의 운전면허증 회수를 거부하거나 방해한 사람

8. 제53조제3항을 위반하여 보호자를 태우지 아니하고 어린이통학버스를 운행한 운영자

9. 제53조제4항을 위반하여 어린이나 영유아가 하차하였는지를 확인하지 아니한 운전자

10. 주·정차된 차만 손괴한 것이 분명한 경우에 제54조제1항제2호에 따라 피해자에게 인적 사항을 제공하지 아니한 사람

제157조(벌칙) 다음 각 호의 어느 하나에 해당하는 사람은 20만원 이하의 벌금이나 구류 또는 과료에 처한다.

1. 제5조, 제8조제1항, 제10조제2항부터 제5항까지의 규정을 위반한 보행자

2. 제6조제1항·제2항·제4항 또는 제7조에 따른 금지·제한 또는 조치를 위반한 보행자

3. 제9조제1항을 위반하거나 같은 조 제3항에 따른 경찰공무원의 조치를 위반한 행렬등의 보행자나 지휘자

4. 제68조제3항을 위반하여 도로에서의 금지행위를 한 사람

제158조(형의 병과) 이 장의 죄를 범한 사람에 대하여는 정상(情狀)에 따라 벌금 또는 과료와 구류의 형을 병과(竝科)할 수 있다.

제158조의2(형의 감면) 긴급자동차(제2조제22호가목부터 다목까지의 자동차와 대통령령으로 정하는 경찰용 자동차만 해당한다)의 운전자가 그 차를 본래의 긴급한 용도로 운행하는 중에 교통사고를 일으킨 경우에는 그 긴급활동의 시급성과 불가피성 등 정상을 참작하여 제151조 또는 「교통사고처리 특례법」 제3조제1항에 따른 형을 감경하거나 면제할 수 있다.

제159조(양벌규정) 법인의 대표자나 법인 또는 개인의 대리인, 사용인, 그 밖의 종업원이 법인 또는 개인의 업무에 관하여 제148조, 제148조의2, 제149조부터 제157조까지의 어느 하나에 해당하는 위반행위를 하면 그 행위자를 벌하는 외에 그 법인 또는 개인에게도 해당 조문의 벌금 또는 과료의 형을 과(科)한다. 다만, 법인 또는 개인이 그 위반행위를 방지하기 위하여 해당 업무에 관하여 상당한 주의와 감독을 게을리하지 아니한 경우에는 그러하지 아니하다.

제160조(과태료) ① 다음 각 호의 어느 하나에 해당하는 사람에게는 500만원 이하의 과태료를 부과한다.

1. 제78조를 위반하여 교통안전교육기관 운영의 정지 또는 폐지 신고를 하지 아니한 사람

2. 제109조제2항을 위반하여 강사의 인적 사항과 교육 과목을 게시하지 아니한 사람

3. 제110조제2항을 위반하여 수강료등을 게시하지 아니하거나 같은 조 제3항을 위반하여 게시된 수강료등을 초과한 금액을 받은 사람

4. 제111조를 위반하여 수강료등의 반환 등 교육생 보호를 위하여 필요한 조치를 하지 아니한 사람

5. 제112조를 위반하여 학원이나 전문학원의 휴원 또는 폐원 신고를 하지 아니한 사람

6. 제115조제1항에 따른 간판이나 그 밖의 표지물 제거, 시설물의 설치 또는 게시문의 부착을 거부·방해 또는 기피하거나 게시문이나 설치한 시설물을 임의로 제거하거나 못쓰게 만든 사람

7. 제52조제1항에 따라 어린이통학버스를 신고하지 아니하고 운행한 운영자

② 다음 각 호의 어느 하나에 해당하는 사람에게는 20만원 이하의 과태료를 부과한다.

1. 제49조제1항(같은 항 제1호 및 제3호만 해당한다)을 위반한 차의 운전자

2. 제50조제1항·제2항 또는 제67조제1항을 위반하여 동승자에게 좌석안전띠를 매도록 하지 아니한 운전자

3. 제50조제3항을 위반하여 동승자에게 인명보호 장구를 착용하도록 하지 아니한 운전자

4. 제52조제2항을 위반하여 어린이통학버스 안에 신고증명서를 갖추어 두지 아니한 어린이통학버스의 운영자

4의2. 제53조제2항을 위반하여 어린이통학버스에 탑승한 어린이나 영유아의 좌석안전띠를 매도록 하지 아니한 운전자

4의3. 제53조의3제1항을 위반하여 어린이통학버스 안전교육을 받지 아니한 사람

4의4. 제53조의3제3항을 위반하여 어린이통학버스 안전교육을 받지 아니한 사

람에게 어린이통학버스를 운전하게 한 어린이통학버스의 운영자

5. 제67조제2항에 따른 고속도로등에서의 준수사항을 위반한 운전자

6. 제73조제4항을 위반하여 긴급자동차의 안전운전 등에 관한 교육을 받지 아니한 사람

7. 제87조제1항을 위반하여 운전면허증 갱신기간에 운전면허를 갱신하지 아니한 사람

8. 제87조제2항 또는 제88조제1항을 위반하여 정기 적성검사 또는 수시 적성검사를 받지 아니한 사람

③ 차가 제5조, 제13조제1항·제3항, 제14조제2항, 제15조제3항(제61조제2항에서 준용하는 경우를 포함한다), 제17조제3항, 제23조, 제25조제1항·제2항·제5항, 제27조제1항, 제29조제4항·제5항, 제32조부터 제34조까지, 제39조제4항 또는 제60조제1항을 위반한 사실이 사진, 비디오테이프나 그 밖의 영상기록매체에 의하여 입증되고 다음 각 호의 어느 하나에 해당하는 경우에는 제56조제1항에 따른 고용주등에게 20만원 이하의 과태료를 부과한다.

1. 위반행위를 한 운전자를 확인할 수 없어 제143조제1항에 따른 고지서를 발급할 수 없는 경우(제15조제3항, 제29조제4항·제5항, 제32조, 제33조 또는 제34조를 위반한 경우만 해당한다)

2. 제163조에 따라 범칙금 통고처분을 할 수 없는 경우

④ 제3항에도 불구하고 다음 각 호의 어느 하나에 해당하는 경우에는 과태료처분을 할 수 없다.

1. 차를 도난당하였거나 그 밖의 부득이한 사유가 있는 경우

2. 운전자가 해당 위반행위로 제156조에 따라 처벌된 경우(제163조에 따라 범칙금 통고처분을 받은 경우를 포함한다)

3. 「질서위반행위규제법」 제16조제2항에 따른 의견 제출 또는 같은 법 제20조제1항에 따른 이의제기의 결과 위반행위를 한 운전자가 밝혀진 경우

4. 자동차가 「여객자동차 운수사업법」에 따른 자동차대여사업자 또는 「여신전문금융업법」에 따른 시설대여업자가 대여한 자동차로서 그 자동차만 임대한 것이 명백한 경우

제161조(과태료의 부과·징수 등) ①제160조제1항부터 제3항까지의 규정에 따른 과태료는 대통령령으로 정하는 바에 따라 다음 각 호의 자가 부과·징수한다.

1. 제160조제1항부터 제3항까지(제15조제3항에 따른 전용차로 통행, 제32조부터 제34조까지의 규정에 따른 정차 또는 주차, 제53조의3제1항에 따른 어린이통학버스 안전교육, 제53조의3제3항에 따른 어린이통학버스 운영자 의무규정을 위반한 경우는 제외한다)의 과태료: 지방경찰청장

2. 제160조제1항(제52조제1항을 위반한 경우만 해당한다), 제2항(제49조제1항제1호·제3호, 제50조제1항부터 제3항까지, 제52조제2항, 제53조제2항, 제53조의3제1항 및 제53조의3제3항을 위반한 경우만 해당한다) 및 제3항(제5조, 제13조제3항, 제15조제3항, 제17조제3항, 제29조제4항·제5항, 제32조부터 제34조까지의 규정을 위반한 경우만 해당한다)의 과태료: 제주특별자치도지사

3. 제160조제2항제4호의3·제4호의4 및 같은 조 제3항(제15조제3항, 제29조제4항·제5항, 제32조부터 제34조까지의 규정을 위반한 경우만 해당한다)의 과태료: 시장등

4. 제160조제2항제4호의3·제4호의4의 과태료: 교육감

② 지방경찰청장은 이 법에 따른 과태료 징수와 관련된 업무의 일부를 대통령령으

로 정하는 바에 따라 「금융회사부실자산 등의 효율적 처리 및 한국자산관리공사의 설립에 관한 법률」에 따라 설립된 한국자산관리공사에 위탁할 수 있다.

제161조의2(과태료 납부방법 등) ① 과태료 납부금액이 대통령령으로 정하는 금액 이하인 경우에는 대통령령으로 정하는 과태료 납부대행기관을 통하여 신용카드, 직불카드 등(이하 "신용카드등"이라 한다)으로 낼 수 있다. 이 경우 "과태료 납부대행기관"이란 정보통신망을 이용하여 신용카드등에 의한 결제를 수행하는 기관으로서 대통령령으로 정하는 바에 따라 과태료 납부대행기관으로 지정받은 자를 말한다.

② 제1항에 따라 신용카드등으로 내는 경우에는 과태료 납부대행기관의 승인일을 납부일로 본다.

③ 과태료 납부 대행기관은 납부자로부터 신용카드등에 의한 과태료 납부대행 용역의 대가로 대통령령으로 정하는 바에 따라 납부대행 수수료를 받을 수 있다.

④ 과태료 납부대행기관의 지정 및 운영, 납부대행 수수료 등에 관하여 필요한 사항은 대통령령으로 정한다.

제162조(통칙) ① 이 장에서 "범칙행위"란 제156조 각 호 또는 제157조 각 호의 죄에 해당하는 위반행위를 말하며, 그 구체적인 범위는 대통령령으로 정한다.

② 이 장에서 "범칙자"란 범칙행위를 한 사람으로서 다음 각 호의 어느 하나에 해당하지 아니하는 사람을 말한다.

1. 범칙행위 당시 제92조제1항에 따른 운전면허증등 또는 이를 갈음하는 증명서를 제시하지 못하거나 경찰공무원의 운전자 신원 및 운전면허 확인을 위한 질문에 응하지 아니한 운전자

2. 범칙행위로 교통사고를 일으킨 사람. 다만, 「교통사고처리 특례법」 제3조제2항 및 제4조에 따라 업무상과실치상죄ㆍ중과실치상죄 또는 이 법 제151조의 죄에 대한 벌을 받지 아니하게 된 사람은 제외한다.

③ 이 장에서 "범칙금"이란 범칙자가 제163조에 따른 통고처분에 따라 국고(國庫) 또는 제주특별자치도의 금고에 내야 할 금전을 말하며, 범칙금의 액수는 범칙행위의 종류 및 차종(車種) 등에 따라 대통령령으로 정한다.

제163조(통고처분) ① 경찰서장이나 제주특별자치도지사(제주특별자치도지사의 경우에는 제6조제1항ㆍ제2항, 제61조제2항에 따라 준용되는 제15조제3항, 제39조제6항, 제60조, 제62조, 제64조부터 제66조까지, 제73조제2항제2호부터 제4호까지 및 제95조제1항의 위반행위는 제외한다)는 범칙자로 인정하는 사람에 대하여는 이유를 분명하게 밝힌 범칙금 납부통고서로 범칙금을 낼 것을 통고할 수 있다. 다만, 다음 각 호의 어느 하나에 해당하는 사람에 대하여는 그러하지 아니하다.

1. 성명이나 주소가 확실하지 아니한 사람
2. 달아날 우려가 있는 사람
3. 범칙금 납부통고서 받기를 거부한 사람

② 제주특별자치도지사가 제1항에 따라 통고처분을 한 경우에는 관할 경찰서장에게 그 사실을 통보하여야 한다.

제164조(범칙금의 납부) ① 제163조에 따라 범칙금 납부통고서를 받은 사람은 10일 이내에 경찰청장이 지정하는 국고은행, 지점, 대리점, 우체국 또는 제주특별자치도지사가 지정하는 금융회사 등이나 그 지점에 범칙금을 내야 한다. 다만, 천재지변이나 그 밖의 부득이한 사유로 말미암아 그 기간에 범칙금을 낼 수 없는 경우에는 부득이한 사유가 없어지게 된 날부터 5일 이내에 내야 한다.

② 제1항에 따른 납부기간에 범칙금을 내지 아니한 사람은 납부기간이 끝나는 날

의 다음 날부터 20일 이내에 통고받은 범칙금에 100분의 20을 더한 금액을 내야 한다.

③ 제1항이나 제2항에 따라 범칙금을 낸 사람은 범칙행위에 대하여 다시 벌 받지 아니한다.

제164조의2(범칙금 납부방법 등) 범칙금 납부방법에 대해서는 제161조의2의 규정을 준용한다. 이 경우 "과태료"는 "범칙금"으로 본다.

제165조(통고처분 불이행자 등의 처리) ① 경찰서장 또는 제주특별자치도지사는 다음 각 호의 어느 하나에 해당하는 사람에 대해서는 지체 없이 즉결심판을 청구하여야 한다. 다만, 제2호에 해당하는 사람으로서 즉결심판이 청구되기 전까지 통고받은 범칙금액에 100분의 50을 더한 금액을 납부한 사람에 대해서는 그러하지 아니하다.

1. 제163조제1항 각 호의 어느 하나에 해당하는 사람
2. 제164조제2항에 따른 납부기간에 범칙금을 납부하지 아니한 사람

② 제1항제2호에 따라 즉결심판이 청구된 피고인이 즉결심판의 선고 전까지 통고받은 범칙금액에 100분의 50을 더한 금액을 내고 납부를 증명하는 서류를 제출하면 경찰서장 또는 제주특별자치도지사는 피고인에 대한 즉결심판 청구를 취소하여야 한다.

③ 제1항 각 호 외의 부분 단서 또는 제2항에 따라 범칙금을 납부한 사람은 그 범칙행위에 대하여 다시 벌 받지 아니한다.

제166조(직권 남용의 금지) 이 장의 규정에 따른 통고처분을 할 때에 교통을 단속하는 경찰공무원은 본래의 목적에서 벗어나 직무상의 권한을 함부로 남용하여서는 아니 된다.

부 칙 <제14911호, 2017.10.24.>

제1조(시행일) 이 법은 공포 후 6개월이 경과한 날부터 시행한다.

부정수표 단속법

[시행 2010.3.24.]

제1조(목적) 이 법은 부정수표 등의 발행을 단속·처벌함으로써 국민의 경제생활의 안전과 유통증권인 수표의 기능을 보장함을 목적으로 한다.

제2조(부정수표 발행인의 형사책임) ① 다음 각 호의 어느 하나에 해당하는 부정수표를 발행하거나 작성한 자는 5년 이하의 징역 또는 수표금액의 10배 이하의 벌금에 처한다.
1. 가공인물의 명의로 발행한 수표
2. 금융기관(우체국을 포함한다. 이하 같다)과의 수표계약 없이 발행하거나 금융기관으로부터 거래정지처분을 받은 후에 발행한 수표
3. 금융기관에 등록된 것과 다른 서명 또는 기명날인으로 발행한 수표

② 수표를 발행하거나 작성한 자가 수표를 발행한 후에 예금부족, 거래정지처분이나 수표계약의 해제 또는 해지로 인하여 제시기일에 지급되지 아니하게 한 경우에도 제1항과 같다.

③ 과실로 제1항과 제2항의 죄를 범한 자는 3년 이하의 금고 또는 수표금액의 5배 이하의 벌금에 처한다.

④ 제2항과 제3항의 죄는 수표를 발행하거나 작성한 자가 그 수표를 회수한 경우 또는 회수하지 못하였더라도 수표 소지인의 명시적 의사에 반하는 경우 공소를 제기할 수 없다.

제3조(법인·단체 등의 형사책임) ① 제2조의 경우에 발행인이 법인이나 그 밖의 단체일 때에는 그 수표에 적혀 있는 대표자 또는 작성자를 처벌하며, 그 법인 또는 그 밖의 단체에도 해당 조문의 벌금형을 과(科)한다. 다만, 법인 또는 그 밖의 단체가 그 위반행위를 방지하기 위하여 해당 업무에 관하여 상당한 주의와 감독을 게을리하지 아니한 경우에는 그러하지 아니하다.

② 대리인이 수표를 발행한 경우에는 본인을 처벌하는 외에 그 대리인도 처벌한다.

제4조(거짓 신고자의 형사책임) 수표금액의 지급 또는 거래정지처분을 면할 목적으로 금융기관에 거짓 신고를 한 자는 10년 이하의 징역 또는 20만원 이하의 벌금에 처한다.

제5조(위조·변조자의 형사책임) 수표를 위조하거나 변조한 자는 1년 이상의 유기징역과 수표금액의 10배 이하의 벌금에 처한다.

제6조(「형사소송법」의 특례) 이 법에 따라 벌금을 선고하는 경우 「형사소송법」 제334조제1항에 따른 가납판결(假納判決)을 하여야 하며, 구속된 피고인에 대하여는 같은 법 제331조에도 불구하고 벌금을 가납할 때까지 계속 구속한다.

제7조(금융기관의 고발의무) ① 금융기관에 종사하는 사람이 직무상 제2조제1항(발행인이 법인이나 그 밖의 단체인 경우를 포함한다) 또는 제5조에 규정된 수표를 발견한 때에는 48시간 이내에 수사기관에 고발하여야 하며, 제2조제2항(발행인이 법인이나 그 밖의 단체인 경우를 포함한다)에 규정된 수표를 발견한 때에는 30일 이내에 수사기관에 고발하여야 한다.

② 제1항의 고발을 하지 아니하면 100만원 이하의 벌금에 처한다.

부칙 <제10185호, 2010.3.24.>
이 법은 공포한 날부터 시행한다.

사행행위 등 규제 및 처벌 특례법

[시행 2017.7.26.]

제1장 총 칙

제1조(목적) 이 법은 건전한 국민생활을 해치는 지나친 사행심의 유발을 방지하고 선량한 풍속을 유지하기 위하여 사행행위 관련 영업에 대한 지도와 규제에 관한 사항, 사행행위 관련 영업 외에 투전기나 사행성 유기기구로 사행행위를 하는 자 등에 대한 처벌의 특례에 관한 사항을 규정함을 목적으로 한다.

제2조(정의) ① 이 법에서 사용하는 용어의 뜻은 다음과 같다.

1. "사행행위"란 여러 사람으로부터 재물이나 재산상의 이익(이하 "재물등"이라 한다)을 모아 우연적(偶然的) 방법으로 득실(得失)을 결정하여 재산상의 이익이나 손실을 주는 행위를 말한다.

2. "사행행위영업"이란 다음 각 목의 어느 하나에 해당하는 영업을 말한다.

   가. 복권발행업(福券發行業): 특정한 표찰(컴퓨터프로그램 등 정보처리능력을 가진 장치에 의한 전자적 형태를 포함한다)을 이용하여 여러 사람으로부터 재물등을 모아 추첨 등의 방법으로 당첨자에게 재산상의 이익을 주고 다른 참가자에게 손실을 주는 행위를 하는 영업

   나. 현상업(懸賞業): 특정한 설문 또는 예측에 대하여 그 답을 제시하거나 예측이 적중하면 이익을 준다는 조건으로 응모자로부터 재물등을 모아 그 정답자나 적중자의 전부 또는 일부에게 재산상의 이익을 주고 다른 참가자에게 손실을 주는 행위를 하는 영업

   다. 그 밖의 사행행위업: 가목 및 나목 외에 영리를 목적으로 회전판돌리기, 추첨, 경품 등 사행심을 유발할 우려가 있는 기구 또는 방법 등을 이용하는 영업으로서 대통령령으로 정하는 영업

> **제1조의2(기타 사행행위업)** 법 제2조제1항제1호 라목에서 "대통령령이 정하는 영업"이라 함은 다음 각호의 것을 말한다.
>
> 1. 회전판돌리기업 : 참가자에게 금품을 걸게 한 후 그림이나 숫자등의 기호가 표시된 회전판이 돌고 있는 상태에서 화살등을 쏘거나 던지게 하여 회전판이 정지되었을 때 그 화살등이 명중시킨 기호에 따라 당첨금을 교부하는 행위를 하는 영업
>
> 2. 추첨업 : 참가자에게 번호를 기입한 증표를 제공하고 지정일시에 추첨등으로 당첨자를 선정하여 일정한 지급기준에 따라 당첨금을 교부하는 행위를 하는 영업
>
> 3. 경품업 : 참가자에게 등수를 기입한 증표를 제공하여 당해 증표에 표시된 등수 및 당첨금의 지급기준에 따라 당첨금을 교부하는 행위를 하는 영업

3. "사행기구 제조업"이란 사행행위영업에 이용되는 기계, 기판, 용구 또는 컴퓨터프로그램(이하 "사행기구")을 제작·개조하거나 수리하는 영업을 말한다.

4. "사행기구 판매업"이란 사행기구를 판매하거나 수입(輸入)하는 영업을 말한다.

5. "투전기"란 동전·지폐 또는 그 대용품(代用品)을 넣으면 우연의 결과에 따라 재물등이 배출되어 이용자에게 재산상 이익이나 손실을 주는 기기를 말한다.

6. "사행성 유기기구"란 제5호의 투전기 외에 기계식 구슬치기 기구와 사행성 전자식 유기기구 등 사행심을 유발할 우려가 있는 기계·기구 등을 말한다.

② 제1항제2호부터 제4호까지의 영업은 대통령령으로 정하는 바에 따라 세분할 수 있다.

제4조(허가 등) ① 사행행위영업을 하려는 자는 제3조에 따른 시설 등을 갖추어 행정안전부령으로 정하는 바에 따라 지방경찰청장의 허가를 받아야 한다. 다만, 그 영업의 대상 범위가 둘 이상의 특별시·광역시·도 또는 특별자치도에 걸치는 경우에는 경찰청장의 허가를 받아야 한다.

② 제1항에 따른 허가를 받은 자가 대통령령으로 정하는 중요 사항을 변경하려면 행정안전부령으로 정하는 바에 따라 경찰청장이나 지방경찰청장의 허가를 받아야 한다. <개정 2017.7.26.>

③ 국가기관이나 지방자치단체가 사행행위영업을 하려면 경찰청장의 승인을 받아야 한다.

제7조(영업허가의 유효기간) ① 영업허가의 유효기간은 사행행위영업의 종류별로 대통령령으로 정하되, 3년을 초과할 수 없다.

> **제4조(허가의 유효기간)** 법 제7조제1항의 규정에 의한 영업의 종류별 허가의 유효기
> 1. 복표발행업·현상업 및 기타 사행행위업: 90일

② 제1항에 따른 영업허가의 유효기간이 지난 후 계속하여 영업을 하려는 자는 행정안전부령으로 정하는 바에 따라 다시 허가를 받아야 한다. <개정 2017.7.26.>

제9조(영업의 승계 등) ① 다음 각 호의 어느 하나에 해당하는 자는 영업허가를 받은 자(이하 "영업자")의 지위를 승계한다.

1. 영업자가 사망한 경우 그 상속인
2. 영업자가 그 영업을 양도한 경우 그 양수인
3. 합병의 경우 합병 후 존속하는 법인이나 합병으로 설립되는 법인

② 다음 각 호의 어느 하나에 해당하는 절차에 따라 영업의 시설 및 사행기구(대통령령으로 정하는 주요 시설 및 사행기구)의 전부를 인수한 자는 종전의 영업자의 지위를 승계한다. 이 경우 종전의 사행행위영업자에 대한 허가는 그 효력을 잃는다.

1. 「민사집행법」에 따른 경매

2. 「채무자 회생 및 파산에 관한 법률」에 따른 환가
3. 「국세징수법」, 「관세법」 또는 「지방세징수법」에 따른 압류재산의 매각
4. 그 밖에 제1호부터 제3호까지의 규정에 준하는 절차

③ 제1항이나 제2항에 따라 영업자의 지위를 승계한 자는 행정안전부령으로 정하는 바에 따라 승계한 날부터 1개월 이내에 경찰청장이나 지방경찰청장에게 신고하여야 한다. <개정 2017.7.26.>

④ 제1항과 제2항에 따른 승계에 관하여는 허가의 제한에 관한 제6조를 준용한다.

제11조(영업의 방법 및 제한) ① 영업의 방법과 당첨금에 필요한 사항은 대통령령으로 정한다.

② 경찰청장은 공익을 위하여 필요하거나 지나친 사행심 유발의 방지 등 선량한 풍속을 유지하기 위하여 필요하다고 인정하면 대통령령으로 정하는 바에 따라 사행행위영업의 영업시간, 영업소의 관리·운영 또는 그 밖에 영업에 관하여 필요한 제한을 할 수 있다.

> **제8조(사행행위영업의 제한)** 법 제11조제2항의 규정에 의한 사행행위영업의 영업시간 또는 영업소의 관리·운영 기타 영업에 관한 제한사항은 다음과 같다.
> 1. 공통사항
> 가. 행정안전부령이 정하는 영업시간을 위반하여 영업을 하여서는 아니된다.
> 나. 영업허가를 받은 장소 외에서 영업을 하여서는 아니된다.
> 2. 복표발행업·현상업 및 기타 사행행위업
> 나. 복표, 투표권(현상업자가 발행하는 해답투표방법 및 금액등이 기재된 증표를 말한다. 이하 같다)·추첨권 또는 경품권등(이하 "참가증표"라 한다)을 직접판매하지 아니하고 판매소를 지정하여 그 판매소를 통하여 판매하는 경우에는 행정안전부령이 정하는 바에 의하여 지정된 판매소를 관리하여야 한다.
> 다. 미성년자에게 참가증표를 판매하거나 사행행위영업에 참여시키는 행위를 하여서

는 아니된다.

라. 참가증표의 구매를 강요하여서는 아니
된다.

마. 회전판돌리기업의 경우에는 나목 내지
라목외에 다음사항도 준수하여야 한다.

(1) 영업소에 설치하는 회전판돌리기 기구
의 대수는 행정안전부령이 정하는 대수를
초과하여서는 아니된다.

※ 시행규칙

제12조(사행행위영업의 영업시간) 영 제8
조제1호 가목의 규정에 의한 사행행위 영
업의 영업시간은 오전 9시부터 오후 12시
까지로 한다.

제12조(영업자의 준수사항) 영업자(대통령령
으로 정하는 종사자를 포함한다)는 다음
각 호의 사항과 제11조에 따른 영업의 방
법 및 당첨금에 관하여 대통령령으로 정하
는 사항, 영업시간 등의 제한 사항을 지켜
야 한다. <개정 2017.7.26.>

제9조(사행행위영업의 종사자의 범위)
법 제12조본문의 규정에서 "대통령령이
정하는 종사자"라 함은 명칭여하를 불문
하고 영업자를 대리하거나 영업자의 지시
를 받아 상시 또는 일시 영업행위를 하는
대리인·사용인 기타의 종업원을 말한다.

1. 영업명의를 다른 사람에게 빌려주지 말 것
2. 법령을 위반하는 사행기구를 설치하거나 사
   용하지 아니할 것
3. 법령을 위반하여 사행기구를 변조하지
   아니할 것
4. 행정안전부령으로 정하는 사행행위영업
   의 영업소에 청소년(「청소년 보호법」 제2
   조제1호에 따른 청소년을 말한다. 이하
   같다)을 입장시키거나 인터넷 등 정보통
   신망을 이용하는 사행행위영업에 청소년
   이 참가하는 것을 허용하지 아니할 것

제15조(19세미만의 자에 대한 입장금지) ①
법 제12조제4호의 규정에 의하여 회전판돌
리기 영업소에는 19세미만의 자를 입장하게
하여서는 아니된다.

②제1항의 규정에 의한 영업소에는 그 출입
문 윗부분에 별표 8의 19세미만의 자 출입금
지 표지를 게시하여야 한다.

5. 지나친 사행심을 유발하는 등 선량한
   풍속을 해칠 우려가 있는 광고 또는 선
   전을 하지 아니할 것

제13조(사행기구 제조업의 허가 등) ① 사행기
구 제조업을 하려는 자는 행정안전부령으
로 정하는 시설·설비 및 인력 등을 갖추
어 행정안전부령으로 정하는 바에 따라
경찰청장의 허가를 받아야 한다.

② 사행기구 판매업을 하려는 자는 행정
안전부령으로 정하는 바에 따라 경찰청장
의 허가를 받아야 한다.

③ 제1항에 따른 사행기구 제조업의 허가
를 받은 자(이하 "사행기구 제조업자"라
한다)와 제2항에 따른 사행기구 판매업의
허가를 받은 자(이하 "사행기구 판매업자"
라 한다)가 대통령령으로 정하는 중요 사
항을 변성하려면 행정안전부령으로 정하는
바에 따라 경찰청장의 허가를 받아야 한다.

**제10조(사행기구제조·판매업자의 허가사항
변경)** 법 제13조제3항의 규정에 의하여 허가
를 받아야 하는 변경사항은 다음과 같다.

1. 영업소의 명칭 또는 상호의 변경
2. 제조 또는 판매품목의 변경

④ 제1항과 제2항에 따른 사행기구 제조
업 및 사행기구 판매업 허가의 제한, 조
건부 영업허가 및 영업 승계에 관하여는
영업 허가의 제한 등에 관한 제6조·제8
조 및 제9조를 준용한다.

⑤ 사행기구 제조업자는 제2항에 따른 사
행기구 판매업의 허가를 받은 것으로 본다.

제15조(사행기구 제조업자 등의 사행기구 검사)
① 사행기구 제조업자 및 사행기구 판매업
자(이하 "사행기구제조·판매업자"라 한
다)는 대통령령으로 정하는 사행기구를 제
조(제작·개조 또는 수리를 말한다. 이하
같다)하거나 수입하였을 때에는 행정안전

부령으로 정하는 바에 따라 그 사행기구에 대하여 품목마다 해당 제품이 제14조제1항 또는 제2항에 따른 규격과 기준에 맞는지 경찰청장의 검사를 받아야 한다.

제11조(사행기구제조·판매업자에 대한 사행기구의 검사) 법 제15조제1항의 규정에 의하여 사행기구제조업자 및 판매업자가 제조(제작·개조 또는 수리를 말한다. 이하 같다)하거나 수입한 때에 검사를 받아야 하는 사행기구는 다음과 같다.
2. 회전판돌리기업에 이용되는 사행기구

② 제1항의 검사에 합격한 사행기구에는 행정안전부령으로 정하는 바에 따라 검사합격증명서를 붙여야 한다.

③ 사행기구제조·판매업자는 행정안전부령으로 정하는 바에 따라 제1항에 따른 검사를 받은 사항에 관한 기록을 해당 제품의 검사일부터 3년간 보존하여야 한다.

④ 제1항에 따른 검사의 방법·절차 등에 필요한 사항은 행정안전부령으로 정한다.

제16조(표시기준) 사행기구제조·판매업자는 대통령령으로 정하는 사행기구에 행정안전부령으로 정하는 사항을 표시하여야 하며, 거짓으로 표시하여서는 아니 된다.

제18조(출입·검사) ① 경찰청장이나 지방경찰청장은 특별히 필요한 경우 영업자 및 사행기구제조·판매업자(이하 "영업자등"이라 한다)에 대하여 필요한 보고를 하게 하거나, 관계 공무원으로 하여금 영업소에 출입하여 영업자등이 지켜야 할 사항의 준수 상태, 영업시설, 사행기구, 관계 서류나 장부 등을 검사하게 할 수 있다. 이 경우 인터넷 등 정보통신망을 이용한 사행행위 영업에 관하여도 검사할 수 있다.

② 제1항에 따라 영업소에 출입하여 검사하는 관계 공무원은 그 권한을 표시하는 증표를 지니고 이를 관계인에게 내보여야 한다.

제19조(행정지도 및 시정명령 등) ① 경찰청장이나 지방경찰청장은 공익을 위하여 필요하거나 지나친 사행심 유발의 방지 등 선량한 풍속을 유지하기 위하여 필요한 경우 영업자등에게 필요한 지도와 명령을 할 수 있다.

② 경찰청장이나 지방경찰청장은 다음 각 호의 어느 하나에 해당하는 경우에는 즉시 또는 기간을 정하여 영업의 시설 등을 고치거나 개선 또는 시정할 것을 명령할 수 있다.
1. 영업의 시설 등이 제3조 또는 제13조제1항에 따른 기준에 맞지 아니한 경우
2. 영업자등이 이 법 또는 이 법에 따른 명령을 위반한 경우

제21조(행정처분) ① 경찰청장이나 지방경찰청장은 영업자가 제6조제2호 각 목의 허가제한 사항 중 어느 하나에 해당하게 된 경우에는 그 영업의 허가를 취소하여야 한다. 이 경우 법인인 영업자에 대하여 제6조제2호아목에 해당하는 사유로 허가를 취소할 때에는 취소하기 전에 임원의 교체에 필요한 기간을 3개월 이상 주어야 한다.

② 경찰청장이나 지방경찰청장은 영업자등이 이 법 또는 이 법에 따른 명령을 위반하면 그 영업의 허가를 취소하거나 6개월 이내의 기간을 정하여 영업의 정지를 명령할 수 있다.

제27조(청문) 경찰청장이나 지방경찰청장은 제21조에 따라 영업의 허가를 취소하거나 「민법」에 따라 단체의 설립허가를 취소하려면 청문을 하여야 한다.

제29조(권한의 위임 및 위탁) ① 경찰청장은 이 법에 따른 권한의 일부를 대통령령으로 정하는 바에 따라 지방경찰청장이나 경찰서장에게 위임할 수 있다.

② 경찰청장은 제12조의2제1항 및 제15조제1항에 따른 사행기구의 검사 업무를 대통령령으로 정하는 바에 따라 전문검사기관에 위탁할 수 있다.

③ 제14조제2항에 따른 검사기관에서 검정

업무를 수행하는 임직원이나 제2항에 따른 전문검사기관에서 검사 업무를 수행하는 임직원은 「형법」 제129조부터 제132조까지를 적용할 때에는 공무원으로 본다.

제30조(벌칙) ① 다음 각 호의 어느 하나에 해당하는 자는 5년 이하의 징역 또는 5천만원 이하의 벌금에 처한다.

1. 사행행위영업 외에 투전기나 사행성 유기기구를 이용하여 사행행위를 업(業)으로 한 자
2. 제1호의 행위를 업으로 하는 자에게 투전기나 사행성 유기기구를 판매하거나 판매할 목적으로 제조 또는 수입한 자

② 다음 각 호의 어느 하나에 해당하는 자는 3년 이하의 징역 또는 2천만원 이하의 벌금에 처한다.

1. 제4조제1항 또는 제7조제2항에 따른 허가를 받지 아니하고 영업을 한 자
2. 제12조제2호 또는 제3호를 위반하여 사행기구를 설치·사용하거나 변조한 사
3. 제13조제1항 또는 제2항에 따른 허가를 받지 아니하고 영업을 한 자

③ 다음 각 호의 어느 하나에 해당하는 자는 1년 이하의 징역 또는 1천만원 이하의 벌금에 처한다.

1. 제4조제2항 또는 제13조제3항에 따른 변경허가를 받지 아니하고 영업을 한 자
2. 제9조제3항(제13조제4항에 따라 준용되는 경우를 포함한다)을 위반하여 승계신고를 하지 아니하고 영업을 한 자
3. 제12조 각 호 외의 부분을 위반하여 제11조에 따른 영업의 방법 및 당첨금에 관하여 대통령령으로 정하는 사항이나 영업시간 등의 제한을 지키지 아니하고 영업을 한 자
4. 제12조제1호를 위반하여 영업명의를 다른 사람에게 빌려준 자
5. 제12조제4호를 위반하여 청소년을 입장시키거나 청소년의 참가를 허용하여 영업을 한 자
6. 제12조제5호를 위반하여 광고나 선전을 한 자
7. 제12조의2에 따른 검사를 받지 아니한 사행기구를 이용하여 영업을 한 자
8. 제15조제1항에 따른 검사를 받지 아니한 사행기구를 판매한 자
9. 제15조제2항(제12조의2제2항에 따라 준용되는 경우를 포함한다)에 따른 검사합격증명서를 훼손하거나 제거한 자
10. 제15조제3항을 위반하여 검사기록을 보존하지 아니한 자
11. 제16조를 위반하여 표시 없는 사행기구를 판매하거나 거짓으로 표시하여 판매한 자
12. 제18조제1항에 따른 보고를 하지 아니하거나 거짓으로 보고한 자 및 관계 공무원의 출입·검사나 그 밖의 조치를 거부·방해 또는 기피한 자
13. 제19조제2항에 따른 개수(改修)·개선 또는 시정 명령에 따르지 아니한 자
14. 제21조제2항에 따른 영업정지처분을 위반하여 영업정지기간 중에 영업을 한 자

제31조(양벌규정) 법인의 대표자나 법인 또는 개인의 대리인, 사용인, 그 밖의 종업원이 그 법인 또는 개인의 업무에 관하여 제30조의 위반행위를 하면 그 행위자를 벌하는 외에 그 법인 또는 개인에게도 해당 조문의 벌금형을 과(科)한다. 다만, 법인 또는 개인이 그 위반행위를 방지하기 위하여 해당 업무에 관하여 상당한 주의와 감독을 게을리하지 아니한 경우에는 그러하지 아니하다.

부 칙 <법률 2017.7.26.>

제1조(시행일) ① 이 법은 공포한 날부터 시행한다. 다만, 부칙 제5조에 따라 개정되는 법률 중 이 법 시행 전에 공포되었으나 시행일이 도래하지 아니한 법률을 개정한 부분은 각각 해당 법률의 시행일부터 시행한다.

성매매알선 등 행위의 처벌에 관한 법률

[시행 2014.7.29.]

제1장 총 칙

제1조(목적) 이 법은 성매매, 성매매알선 등 행위 및 성매매 목적의 인신매매를 근절하고, 성매매피해자의 인권을 보호함을 목적으로 한다.

제2조(정의) ① 이 법에서 사용하는 용어의 뜻은 다음과 같다.

1. "성매매"란 불특정인을 상대로 금품이나 그 밖의 재산상의 이익을 수수(收受)하거나 수수하기로 약속하고 다음 각 목의 어느 하나에 해당하는 행위를 하거나 그 상대방이 되는 것을 말한다.
   가. 성교행위
   나. 구강, 항문 등 신체의 일부 또는 도구를 이용한 유사 성교행위
2. "성매매알선 등 행위"란 다음 각 목의 어느 하나에 해당하는 행위를 하는 것을 말한다.
   가. 성매매를 알선, 권유, 유인 또는 강요하는 행위
   나. 성매매의 장소를 제공하는 행위
   다. 성매매에 제공되는 사실을 알면서 자금, 토지 또는 건물을 제공하는 행위
3. "성매매 목적의 인신매매"란 다음 각 목의 어느 하나에 해당하는 행위를 하는 것을 말한다.
   가. 성을 파는 행위 또는 「형법」 제245조에 따른 음란행위를 하게 하거나, 성교행위 등 음란한 내용을 표현하는 사진·영상물 등의 촬영 대상으로 삼을 목적으로 위계, 위력, 그 밖에 이에 준하는 방법으로 대상자를 지배·관리하면서 제3자에게 인계하는 행위
   나. 가목과 같은 목적으로 「청소년 보호법」 제2조제1호에 따른 청소년(이하 "청소년"이라 한다), 사물을 변별하거나 의사를 결정할 능력이 없거나 미약한 사람 또는 대통령령으로 정하는 중대한 장애가 있는 사람이나 그를 보호·감독하는 사람에게 선불금 등 금품이나 그 밖의 재산상의 이익을 제공하거나 제공하기로 약속하고 대상자를 지배·관리하면서 제3자에게 인계하는 행위
   다. 가목 및 나목의 행위가 행하여지는 것을 알면서 가목과 같은 목적이나 전매를 위하여 대상자를 인계받는 행위
   라. 가목부터 다목까지의 행위를 위하여 대상자를 모집·이동·은닉하는 행위
4. "성매매피해자"란 다음 각 목의 어느 하나에 해당하는 사람을 말한다.
   가. 위계, 위력, 그 밖에 이에 준하는 방법으로 성매매를 강요당한 사람
   나. 업무관계, 고용관계, 그 밖의 관계로 인하여 보호 또는 감독하는 사람에 의하여 「마약류관리에 관한 법률」 제2조에 따른 마약·향정신성의약품 또는 대마(이하 "마약등"이라 한다)에 중독되어 성매매를 한 사람
   다. 청소년, 사물을 변별하거나 의사를 결정할 능력이 없거나 미약한 사람 또는 대통령령으로 정하는 중대한 장애가 있는 사람으로서 성매매를 하도록 알선·유인된 사람
   라. 성매매 목적의 인신매매를 당한 사람

② 다음 각 호의 어느 하나에 해당하는 경우에는 대상자를 제1항제3호가목에 따른 지배·관리하에 둔 것으로 본다.

1. 선불금 제공 등의 방법으로 대상자의 동의를 받은 경우라도 그 의사에 반하여 이탈을 제지한 경우

2. 다른 사람을 고용·감독하는 사람, 출입국·직업을 알선하는 사람 또는 그를 보조하는 사람이 성을 파는 행위를 하게 할 목적으로 여권이나 여권을 갈음하는 증명서를 채무이행 확보 등의 명목으로 받은 경우

제4조(금지행위) 누구든지 다음 각 호의 어느 하나에 해당하는 행위를 하여서는 아니 된다.

1. 성매매
2. 성매매알선 등 행위
3. 성매매 목적의 인신매매
4. 성을 파는 행위를 하게 할 목적으로 다른 사람을 고용·모집하거나 성매매가 행하여진다는 사실을 알고 직업을 소개·알선하는 행위
5. 제1호, 제2호 및 제4호의 행위 및 그 행위가 행하여지는 업소에 대한 광고행위

제5조(다른 법률과의 관계) 이 법에서 규정한 사항에 관하여 「아동·청소년의 성보호에 관한 법률」 및 「대중문화예술산업발전법」에 특별한 규정이 있는 경우에는 그 법에서 정하는 바에 따른다.

제6조(성매매피해자에 대한 처벌특례와 보호)
① 성매매피해자의 성매매는 처벌하지 아니한다.
② 검사 또는 사법경찰관은 수사과정에서 피의자 또는 참고인이 성매매피해자에 해당한다고 볼 만한 상당한 이유가 있을 때에는 지체 없이 법정대리인, 친족 또는 변호인에게 통지하고, 신변보호, 수사의 비공개, 친족 또는 지원시설·성매매피해상담소에의 인계 등 그 보호에 필요한 조치를 하여야 한다. 다만, 피의자 또는 참고인의 사생활 보호 등 부득이한 사유가 있는 경우에는 통지하지 아니할 수 있다.
③ 법원 또는 수사기관이 이 법에 규정된 범죄를 신고(고소·고발을 포함)한 사람 또는 성매매피해자(이하 "신고자등"이라 한다. 이하 같다)를 조사하거나 증인으로 신문(訊問)하는 경우에는 「특정범죄 신고자 등 보호법」 제7조부터 제13조까지의 규정을 준용한다. 이 경우 「특정범죄 신고자 등 보호법」 제9조와 제13조를 제외하고는 보복을 당할 우려가 있어야 한다는 요건이 필요하지 아니하다.

제7조(신고의무 등) ① 「성매매방지 및 피해자보호 등에 관한 법률」 제5조제1항에 따른 지원시설 및 같은 법 제10조에 따른 성매매피해상담소의 장이나 종사자가 업무와 관련하여 성매매 피해사실을 알게 되었을 때에는 지체 없이 수사기관에 신고하여야 한다.
② 누구든지 이 법에 규정된 범죄를 신고한 사람에게 그 신고를 이유로 불이익을 주어서는 아니 된다.
③ 다른 법률에 규정이 있는 경우를 제외하고는 신고자등의 인적사항이나 사진 등 그 신원을 알 수 있는 정보나 자료를 인터넷 또는 출판물에 게재하거나 방송매체를 통하여 방송하여서는 아니 된다.

제8조(신뢰관계에 있는 사람의 동석) ① 법원은 신고자등을 증인으로 신문할 때에는 직권으로 또는 본인·법정대리인이나 검사의 신청에 의하여 신뢰관계에 있는 사람을 동석하게 할 수 있다.
② 수사기관은 신고자등을 조사할 때에는 직권으로 또는 본인·법정대리인의 신청에 의하여 신뢰관계에 있는 사람을 동석하게 할 수 있다.
③ 법원 또는 수사기관은 청소년, 사물을 변별하거나 의사를 결정할 능력이 없거나 미약한 사람 또는 대통령령으로 정하는 중대한 장애가 있는 사람에 대하여 제1항 및 제2항에 따른 신청을 받은 경우에는 재판이나 수사에 지장을 줄 우려가 있는 등 특별한 사유가 없으면 신뢰관계에 있는 사람을 동석하게 하여야 한다.
④ 제1항부터 제3항까지의 규정에 따라 신문이나 조사에 동석하는 사람은 진술을 대리하거나 유도하는 등의 행위로 수사나 재판에 부당한 영향을 끼쳐서는 아니 된다.

제9조(심리의 비공개) ① 법원은 신고자등의 사생활이나 신변을 보호하기 위하여 필요하면 결정으로 심리를 공개하지 아니할 수 있다.

② 증인으로 소환받은 신고자등과 그 가족은 사생활이나 신변을 보호하기 위하여 증인신문의 비공개를 신청할 수 있다.

③ 재판장은 제2항에 따른 신청을 받으면 그 허가 여부, 법정 외의 장소에서의 신문 등 신문의 방식 및 장소에 관하여 결정할 수 있다.

제10조(불법원인으로 인한 채권무효) ① 다음 각 호의 어느 하나에 해당하는 사람이 그 행위와 관련하여 성을 파는 행위를 하였거나 할 사람에게 가지는 채권은 그 계약의 형식이나 명목에 관계없이 무효로 한다. 그 채권을 양도하거나 그 채무를 인수한 경우에도 또한 같다.

1. 성매매알선 등 행위를 한 사람
2. 성을 파는 행위를 할 사람을 고용·모집하거나 그 직업을 소개·알선한 사람
3. 성매매 목적의 인신매매를 한 사람

② 검사 또는 사법경찰관은 제1항의 불법원인과 관련된 것으로 의심되는 채무의 불이행을 이유로 고소·고발된 사건을 수사할 때에는 금품이나 그 밖의 재산상의 이익 제공이 성매매의 유인·강요 수단이나 성매매업소로부터의 이탈방지 수단으로 이용되었는지를 확인하여 수사에 참작하여야 한다.

③ 검사 또는 사법경찰관은 성을 파는 행위를 한 사람이나 성매매피해자를 조사할 때에는 제1항의 채권이 무효라는 사실과 지원시설 등을 이용할 수 있음을 본인 또는 법정대리인 등에게 고지하여야 한다.

제11조(외국인여성에 대한 특례) ① 외국인여성이 이 법에 규정된 범죄를 신고한 경우나 외국인여성을 성매매피해자로 수사하는 경우에는 해당 사건을 불기소처분하거나 공소를 제기할 때까지 「출입국관리법」

제46조에 따른 강제퇴거명령 또는 같은 법 제51조에 따른 보호의 집행을 하여서는 아니 된다. 이 경우 수사기관은 지방출입국·외국인관서에 해당 외국인여성의 인적사항과 주거를 통보하는 등 출입국 관리에 필요한 조치를 하여야 한다.

② 검사는 제1항의 사건에 대하여 공소를 제기한 후에는 성매매피해 실태, 증언 또는 배상의 필요성, 그 밖의 정황을 고려하여 지방출입국·외국인관서의 장 등 관계 기관의 장에게 일정한 기간을 정하여 제1항에 따른 강제퇴거명령의 집행을 유예하거나 보호를 일시해제할 것을 요청할 수 있다.

③ 제1항 및 제2항에 따라 강제퇴거명령의 집행을 유예하거나 보호의 일시해제를 하는 기간에는 해당 외국인여성에게 지원시설 등을 이용하게 할 수 있다.

④ 수사기관은 외국인여성을 성매매피해자로 조사할 때에는 「소송촉진 등에 관한 특례법」에 따른 배상신청을 할 수 있음을 고지하여야 한다.

⑤ 성매매피해자인 외국인여성이 「소송촉진 등에 관한 특례법」에 따른 배상신청을 한 경우에는 그 배상명령이 확정될 때까지 제1항을 준용한다.

제13조(관할) ① 이 법에서 정한 보호사건(이하 "보호사건"이라 한다)의 관할은 성매매를 한 장소나 성매매를 한 사람의 거주지 또는 현재지를 관할하는 가정법원으로 한다. 다만, 가정법원이 설치되어 있지 아니한 지역의 경우에는 해당 지역의 지방법원(지원을 포함한다. 이하 같다)으로 한다.

② 보호사건의 심리와 결정은 단독판사가 한다.

제15조(보호처분의 기간) 제14조제1항제1호·제2호 및 제4호에 따른 보호처분 기간은 6개월을, 같은 항 제3호에 따른 사회봉사·수강명령은 100시간을 각각 초과할 수 없다.

제16조(보호처분의 변경) ① 법원은 검사, 보

호관찰관 또는 수탁기관의 장이 청구하면 결정으로 한 번만 보호처분의 종류와 기간을 변경할 수 있다.

② 제1항에 따라 보호처분의 종류와 기간을 변경할 때에는 종전의 처분기간을 합산하여 제14조제1항제1호·제2호·제4호·제5호에 따른 보호처분 기간은 1년을, 같은 항 제3호에 따른 사회봉사·수강명령은 200시간을 각각 초과할 수 없다.

제17조(다른 법률의 준용) ① 성매매 사건의 보호처분에 관하여 이 법에서 정하지 아니한 사항에 대하여는 「가정폭력범죄의 처벌 등에 관한 특례법」 제13조부터 제17조까지, 제19조부터 제28조까지, 제30조, 제31조, 제32조제1항, 제34조부터 제38조까지, 제43조, 제44조 및 제46조부터 제54조까지의 규정을 준용하되, "가정폭력범죄"는 "성매매"로, "가정보호사건"은 "보호사건"으로 본다. 다만, 임시조치, 피해자 또는 법정대리인의 권리에 관한 조항 등 성질상 성매매 사건에 적용할 수 없는 규정은 준용하지 아니한다.

② 이 법에서 규정한 사항 외에 보호사건의 조사와 심리에 필요한 사항은 대법원 규칙으로 정한다.

제18조(벌칙) ① 다음 각 호의 어느 하나에 해당하는 사람은 10년 이하의 징역 또는 1억원 이하의 벌금에 처한다.

1. 폭행이나 협박으로 성을 파는 행위를 하게 한 사람
2. 위계 또는 이에 준하는 방법으로 성을 파는 사람을 곤경에 빠뜨려 성을 파는 행위를 하게 한 사람
3. 친족관계, 고용관계, 그 밖의 관계로 인하여 다른 사람을 보호·감독하는 것을 이용하여 성을 파는 행위를 하게 한 사람
4. 위계 또는 위력으로 성교행위 등 음란한 내용을 표현하는 영상물 등을 촬영한 사람

② 다음 각 호의 어느 하나에 해당하는 사람은 1년 이상의 유기징역에 처한다.

1. 제1항의 죄(미수범을 포함한다)를 범하고 그 대가의 전부 또는 일부를 받거나 이를 요구·약속한 사람
2. 위계 또는 위력으로 청소년, 사물을 변별하거나 의사를 결정할 능력이 없거나 미약한 사람 또는 대통령령으로 정하는 중대한 장애가 있는 사람으로 하여금 성을 파는 행위를 하게 한 사람
3. 「폭력행위 등 처벌에 관한 법률」 제4조에 규정된 단체나 집단의 구성원으로서 제1항의 죄를 범한 사람

③ 다음 각 호의 어느 하나에 해당하는 사람은 3년 이상의 유기징역에 처한다.

1. 다른 사람을 감금하거나 단체 또는 다중(多衆)의 위력을 보이는 방법으로 성매매를 강요한 사람
2. 성을 파는 행위를 하였거나 할 사람을 고용·관리하는 것을 이용하여 위계 또는 위력으로 낙태하게 하거나 불임시술을 받게 한 사람
3. 「폭력행위 등 처벌에 관한 법률」 제4조에 규정된 단체나 집단의 구성원으로서 제2항제1호 또는 제2호의 죄를 범한 사람

④ 다음 각 호의 어느 하나에 해당하는 사람은 5년 이상의 유기징역에 처한다.

1. 업무관계, 고용관계, 그 밖의 관계로 인하여 보호 또는 감독을 받는 사람에게 마약등을 사용하여 성을 파는 행위를 하게 한 사람
2. 「폭력행위 등 처벌에 관한 법률」 제4조에 규정된 단체나 집단의 구성원으로서 제3항제1호부터 제3호까지의 죄를 범한 사람

제19조(벌칙) ① 다음 각 호의 어느 하나에 해당하는 사람은 3년 이하의 징역 또는 3천만원 이하의 벌금에 처한다.

1. 성매매알선 등 행위를 한 사람
2. 성을 파는 행위를 할 사람을 모집한 사람
3. 성을 파는 행위를 하도록 직업을 소개

·알선한 사람

② 다음 각 호의 어느 하나에 해당하는 사람은 7년 이하의 징역 또는 7천만원 이하의 벌금에 처한다.

1. 영업으로 성매매알선 등 행위를 한 사람
2. 성을 파는 행위를 할 사람을 모집하고 그 대가를 지급받은 사람
3. 성을 파는 행위를 하도록 직업을 소개·알선하고 그 대가를 지급받은 사람

제20조(벌칙) ① 다음 각 호의 어느 하나에 해당하는 사람은 3년 이하의 징역 또는 3천만원 이하의 벌금에 처한다.

1. 성을 파는 행위 또는 「형법」 제245조에 따른 음란행위 등을 하도록 직업을 소개·알선할 목적으로 광고(각종 간행물, 유인물, 전화, 인터넷, 그 밖의 매체를 통한 행위를 포함한다. 이하 같다)를 한 사람
2. 성매매 또는 성매매알선 등 행위가 행하여지는 업소에 대한 광고를 한 사람
3. 성을 사는 행위를 권유하거나 유인하는 광고를 한 사람

② 영업으로 제1항에 따른 광고물을 제작·공급하거나 광고를 게재한 사람은 2년 이하의 징역 또는 1천만원 이하의 벌금에 처한다.

③ 영업으로 제1항에 따른 광고물이나 광고가 게재된 출판물을 배포한 사람은 1년 이하의 징역 또는 500만원 이하의 벌금에 처한다.

제21조(벌칙) ① 성매매를 한 사람은 1년 이하의 징역이나 300만원 이하의 벌금·구류 또는 과료(科料)에 처한다.

② 제7조제3항을 위반한 사람은 500만원 이하의 벌금에 처한다.

제22조(범죄단체의 가중처벌) 제18조 또는 제19조에 규정된 범죄를 목적으로 단체 또는 집단을 구성하거나 그러한 단체 또는 집단에 가입한 사람은 「폭력행위 등 처벌에 관한 법률」 제4조의 예에 따라 처벌한다.

제23조(미수범) 제18조부터 제20조까지에 규정된 죄의 미수범은 처벌한다.

제24조(징역과 벌금의 병과) 제18조제1항, 제19조, 제20조 및 제23조(제18조제2항부터 제4항까지에 규정된 죄의 미수범은 제외한다)의 경우에는 징역과 벌금을 병과할 수 있다.

제25조(몰수 및 추징) 제18조부터 제20조까지에 규정된 죄를 범한 사람이 그 범죄로 인하여 얻은 금품이나 그 밖의 재산은 몰수하고, 몰수할 수 없는 경우에는 그 가액(價額)을 추징한다.

제26조(형의 감면) 이 법에 규정된 죄를 범한 사람이 수사기관에 신고하거나 자수한 경우에는 형을 감경하거나 면제할 수 있다.

제27조(양벌규정) 법인의 대표자나 법인 또는 개인의 대리인, 사용인, 그 밖의 종업원이 그 법인 또는 개인의 업무에 관하여 제18조부터 제23조까지의 어느 하나에 해당하는 위반행위를 하면 그 행위자를 벌하는 외에 그 법인 또는 개인에게도 해당 조문의 벌금형을 과(科)하고, 벌금형이 규정되어 있지 아니한 경우에는 1억원 이하의 벌금에 처한다. 다만, 법인 또는 개인이 그 위반행위를 방지하기 위하여 해당 업무에 관하여 상당한 주의와 감독을 게을리하지 아니한 경우에는 그러하지 아니하다.

제28조(보상금) ① 제18조제2항제3호, 같은 조 제3항제4호, 같은 조 제4항, 제22조의 범죄 및 성매매 목적의 인신매매의 범죄를 수사기관에 신고한 사람에게는 보상금을 지급할 수 있다.

② 제1항에 따른 보상금의 지급 기준 및 범위에 관하여 필요한 사항은 대통령령으로 정한다.

부 칙 <제12421호, 2014.3.18.>

제1조(시행일) 이 법은 공포 후 3개월이 경과한 날부터 시행한다.

성폭력범죄의 처벌 등에 관한 특례법

[시행 2017.12.12.]

제1장 총 칙

제1조(목적) 이 법은 성폭력범죄의 처벌 및 그 절차에 관한 특례를 규정함으로써 성폭력범죄 피해자의 생명과 신체의 안전을 보장하고 건강한 사회질서의 확립에 이바지함을 목적으로 한다.

제2조(정의) ① 이 법에서 "성폭력범죄"란 다음 각 호의 어느 하나에 해당하는 죄를 말한다.

1. 「형법」 제2편제22장 성풍속에 관한 죄 중 제242조(음행매개), 제243조(음화반포등), 제244조(음화제조등) 및 제245조(공연음란)의 죄

2. 「형법」 제2편제31장 약취(略取), 유인(誘引) 및 인신매매의 죄 중 추행, 간음 또는 성매매와 성적 착취를 목적으로 범한 제288조 또는 추행, 간음 또는 성매매와 성적 착취를 목적으로 범한 제289조, 제290조(추행, 간음 또는 성매매와 성적 착취를 목적으로 제288조 또는 추행, 간음 또는 성매매와 성적 착취를 목적으로 제289조의 죄를 범하여 약취, 유인, 매매된 사람을 상해하거나 상해에 이르게 한 경우에 한정한다), 제291조(추행, 간음 또는 성매매와 성적 착취를 목적으로 제288조 또는 추행, 간음 또는 성매매와 성적 착취를 목적으로 제289조의 죄를 범하여 약취, 유인, 매매된 사람을 살해하거나 사망에 이르게 한 경우에 한정한다), 제292조[추행, 간음 또는 성매매와 성적 착취를 목적으로 한 제288조 또는 추행, 간음 또는 성매매와 성적 착취를 목적으로 한 제289조의 죄로 약취, 유인, 매매된 사람을 수수(授受) 또는 은닉한 죄, 추행, 간음 또는 성매매와 성적 착취를 목적으로 한 제288조 또는 추행, 간음 또는 성매매와 성적 착취를 목적으로 한 제289조의 죄를 범할 목적으로 사람을 모집, 운송, 전달한 경우에 한정한다] 및 제294조(추행, 간음 또는 성매매와 성적 착취를 목적으로 범한 제288조의 미수범 또는 추행, 간음 또는 성매매와 성적 착취를 목적으로 범한 제289조의 미수범, 추행, 간음 또는 성매매와 성적 착취를 목적으로 제288조 또는 추행, 간음 또는 성매매와 성적 착취를 목적으로 제289조의 죄를 범하여 발생한 제290조제1항의 미수범 또는 추행, 간음 또는 성매매와 성적 착취를 목적으로 제288조 또는 추행, 간음 또는 성매내와 성적 차취를 목적으로 제289조의 죄를 범하여 발생한 제291조제1항의 미수범 및 제292조제1항의 미수범 중 추행, 간음 또는 성매매와 성적 착취를 목적으로 약취, 유인, 매매된 사람을 수수, 은닉한 죄의 미수범으로 한정한다)의 죄

3. 「형법」 제2편제32장 강간과 추행의 죄 중 제297조(강간), 제297조의2(유사강간), 제298조(강제추행), 제299조(준강간, 준강제추행), 제300조(미수범), 제301조(강간등 상해·치상), 제301조의2(강간등 살인·치사), 제302조(미성년자등에 대한 간음), 제303조(업무상위력등에 의한 간음) 및 제305조(미성년자에 대한 간음, 추행)의 죄

4. 「형법」 제339조(강도강간)의 죄 및 제342조(제339조의 미수범으로 한정)의 죄

5. 이 법 제3조(특수강도강간 등)부터 제15조(미수범)까지의 죄

② 제1항 각 호의 범죄로서 다른 법률에 따라 가중처벌되는 죄는 성폭력범죄로 본다.

제3조(특수강도강간 등) ① 「형법」 제319조 제1항(주거침입), 제330조(야간주거침입절도), 제331조(특수절도) 또는 제342조(미수범. 다만, 제330조 및 제331조의 미수범으로 한정한다)의 죄를 범한 사람이 같은 법 제297조(강간), 제297조의2(유사강간), 제298조(강제추행) 및 제299조(준강간, 준강제추행)의 죄를 범한 경우에는 무기징역 또는 5년 이상의 징역에 처한다.

② 「형법」 제334조(특수강도) 또는 제342조(미수범. 다만, 제334조의 미수범으로 한정한다)의 죄를 범한 사람이 같은 법 제297조(강간), 제297조의2(유사강간), 제298조(강제추행) 및 제299조(준강간, 준강제추행)의 죄를 범한 경우에는 사형, 무기징역 또는 10년 이상의 징역에 처한다.

제4조(특수강간 등) ① 흉기나 그 밖의 위험한 물건을 지닌 채 또는 2명 이상이 합동하여 형법 제297조(강간)의 죄를 범한 사람은 무기징역 또는 5년 이상의 징역에 처한다.

② 제1항의 방법으로 「형법」 제298조(강제추행)의 죄를 범한 사람은 3년 이상의 유기징역에 처한다.

③ 제1항의 방법으로 「형법」 제299조(준강간, 준강제추행)의 죄를 범한 사람은 제1항 또는 제2항의 예에 따라 처벌한다.

제5조(친족관계에 의한 강간 등) ① 친족관계인 사람이 폭행 또는 협박으로 사람을 강간한 경우에는 7년 이상의 유기징역에 처한다.

② 친족관계인 사람이 폭행 또는 협박으로 사람을 강제추행한 경우에는 5년 이상의 유기징역에 처한다.

③ 친족관계인 사람이 사람에 대하여 「형법」 제299조(준강간, 준강제추행)의 죄를 범한 경우에는 제1항 또는 제2항의 예에 따라 처벌한다.

④ 제1항부터 제3항까지의 친족의 범위는 4촌 이내의 혈족·인척과 동거하는 친족으로 한다.

⑤ 제1항부터 제3항까지의 친족은 사실상의 관계에 의한 친족을 포함한다.

제6조(장애인에 대한 강간·강제추행 등) ① 신체적인 또는 정신적인 장애가 있는 사람에 대하여 「형법」 제297조(강간)의 죄를 범한 사람은 무기징역 또는 7년 이상의 징역에 처한다.

② 신체적인 또는 정신적인 장애가 있는 사람에 대하여 폭행이나 협박으로 다음 각 호의 어느 하나에 해당하는 행위를 한 사람은 5년 이상의 유기징역에 처한다.

1. 구강·항문 등 신체(성기는 제외한다)의 내부에 성기를 넣는 행위
2. 성기·항문에 손가락 등 신체(성기는 제외한다)의 일부나 도구를 넣는 행위

③ 신체적인 또는 정신적인 장애가 있는 사람에 대하여 「형법」 제298조(강제추행)의 죄를 범한 사람은 3년 이상의 유기징역 또는 2천만원 이상 5천만원 이하의 벌금에 처한다.

④ 신체적인 또는 정신적인 장애로 항거불능 또는 항거곤란 상태에 있음을 이용하여 사람을 간음하거나 추행한 사람은 제1항부터 제3항까지의 예에 따라 처벌한다.

⑤ 위계 또는 위력으로써 신체적인 또는 정신적인 장애가 있는 사람을 간음한 사람은 5년 이상의 유기징역에 처한다.

⑥ 위계 또는 위력으로써 신체적인 또는 정신적인 장애가 있는 사람을 추행한 사람은 1년 이상의 유기징역 또는 1천만원 이상 3천만원 이하의 벌금에 처한다.

⑦ 장애인의 보호, 교육 등을 목적으로 하는 시설의 장 또는 종사자가 보호, 감독의 대상인 장애인에 대하여 제1항부터 제6항까지의 죄를 범한 경우에는 그 죄에 정한 형의 2분의 1까지 가중한다.

제7조(13세 미만의 미성년자에 대한 강간,

강제추행 등) ① 13세 미만의 사람에 대하여 「형법」 제297조(강간)의 죄를 범한 사람은 무기징역 또는 10년 이상의 징역에 처한다.

② 13세 미만의 사람에 대하여 폭행이나 협박으로 다음 각 호의 어느 하나에 해당하는 행위를 한 사람은 7년 이상의 유기징역에 처한다.

1. 구강·항문 등 신체(성기는 제외한다)의 내부에 성기를 넣는 행위

2. 성기·항문에 손가락 등 신체(성기는 제외한다)의 일부나 도구를 넣는 행위

③ 13세 미만의 사람에 대하여 「형법」 제298조(강제추행)의 죄를 범한 사람은 5년 이상의 유기징역 또는 3천만원 이상 5천만원 이하의 벌금에 처한다.

④ 13세 미만의 사람에 대하여 「형법」 제299조(준강간, 준강제추행)의 죄를 범한 사람은 제1항부터 제3항까지의 예에 따라 처벌한다.

⑤ 위계 또는 위력으로써 13세 미만의 사람을 간음하거나 추행한 사람은 제1항부터 제3항까지의 예에 따라 처벌한다.

제8조(강간 등 상해·치상) ① 제3조제1항, 제4조, 제6조, 제7조 또는 제15조(제3조제1항, 제4조, 제6조 또는 제7조의 미수범으로 한정한다)의 죄를 범한 사람이 다른 사람을 상해하거나 상해에 이르게 한 때에는 무기징역 또는 10년 이상의 징역에 처한다.

② 제5조 또는 제15조(제5조의 미수범으로 한정한다)의 죄를 범한 사람이 다른 사람을 상해하거나 상해에 이르게 한 때에는 무기징역 또는 7년 이상의 징역에 처한다.

제9조(강간 등 살인·치사) ① 제3조부터 제7조까지, 제15조(제3조부터 제7조까지의 미수범으로 한정한다)의 죄 또는 「형법」 제297조(강간), 제297조의2(유사강간) 및 제298조(강제추행)부터 제300조(미수범)까지의 죄를 범한 사람이 다른 사람을 살해한 때에는 사형 또는 무기징역에 처한다.

② 제4조, 제5조 또는 제15조(제4조 또는 제5조의 미수범으로 한정한다)의 죄를 범한 사람이 다른 사람을 사망에 이르게 한 때에는 무기징역 또는 10년 이상의 징역에 처한다.

③ 제6조, 제7조 또는 제15조(제6조 또는 제7조의 미수범으로 한정한다)의 죄를 범한 사람이 다른 사람을 사망에 이르게 한 때에는 사형, 무기징역 또는 10년 이상의 징역에 처한다.

제10조(업무상 위력 등에 의한 추행) ① 업무, 고용이나 그 밖의 관계로 인하여 자기의 보호, 감독을 받는 사람에 대하여 위계 또는 위력으로 추행한 사람은 2년 이하의 징역 또는 500만원 이하의 벌금에 처한다.

② 법률에 따라 구금된 사람을 감호하는 사람이 그 사람을 추행한 때에는 3년 이하의 징역 또는 1천500만원 이하의 벌금에 처한다.

제11조(공중 밀집 장소에서의 추행) 대중교통수단, 공연·집회 장소, 그 밖에 공중(公衆)이 밀집하는 장소에서 사람을 추행한 사람은 1년 이하의 징역 또는 300만원 이하의 벌금에 처한다.

제12조(성적 목적을 위한 다중이용장소 침입행위) 자기의 성적 욕망을 만족시킬 목적으로 화장실, 목욕장·목욕실 또는 발한실(發汗室), 모유수유시설, 탈의실 등 불특정 다수가 이용하는 다중이용장소에 침입하거나 같은 장소에서 퇴거의 요구를 받고 응하지 아니하는 사람은 1년 이하의 징역 또는 300만원 이하의 벌금에 처한다. <개정 2017.12.12.>

제1조의2(성적 목적을 위한 공공장소 침입행위) 「성폭력범죄의 처벌 등에 관한 특례법」(이하 "법"이라 한다) 제12조에서 "「공중화장실 등에 관한 법률」 제2조제1호부터 제5호까지에 따른 공중화장실 등

및 「공중위생관리법」 제2조제1항제3호에
따른 목욕장업의 목욕장 등 대통령령으로
정하는 공공장소"란 다음 각 호의 어느 하
나에 해당하는 장소를 말한다.
1. 「공중화장실 등에 관한 법률」 제2조제1
호부터 제5호까지의 규정에 따른 공중화
장실, 개방화장실, 이동화장실, 간이화장
실 또는 유료화장실
2. 「공중위생관리법」 제2조제1항제3호에
따른 목욕장업의 목욕장
3. 「모자보건법」 제10조의3에 따른 모유
수유시설로서 임산부가 영유아에게 모유
를 먹일 수 있도록 설치된 장소
4. 다음 각 목의 어느 하나에 해당하는 시
설에 설치된 탈의실 또는 목욕실
　가.「체육시설의 설치·이용에 관한 법률
」 제2조제1호에 따른 체육시설
　나.「유통산업발전법」 제2조제3호에 따
른 대규모점포

제13조(통신매체를 이용한 음란행위) 자기
또는 다른 사람의 성적 욕망을 유발하거
나 만족시킬 목적으로 전화, 우편, 컴퓨
터, 그 밖의 통신매체를 통하여 성적 수
치심이나 혐오감을 일으키는 말, 음향,
글, 그림, 영상 또는 물건을 상대방에게
도달하게 한 사람은 2년 이하의 징역 또
는 500만원 이하의 벌금에 처한다.

제14조(카메라 등을 이용한 촬영) ① 카메라
나 그 밖에 이와 유사한 기능을 갖춘 기계
장치를 이용하여 성적 욕망 또는 수치심을
유발할 수 있는 다른 사람의 신체를 그 의
사에 반하여 촬영하거나 그 촬영물을 반
포·판매·임대·제공 또는 공공연하게 전
시·상영한 자는 5년 이하의 징역 또는 1
천만원 이하의 벌금에 처한다.
② 제1항의 촬영이 촬영 당시에는 촬영대
상자의 의사에 반하지 아니하는 경우에도
사후에 그 의사에 반하여 촬영물을 반포·
판매·임대·제공 또는 공공연하게 전시·
상영한 자는 3년 이하의 징역 또는 500만

원 이하의 벌금에 처한다.
③ 영리를 목적으로 제1항의 촬영물을 「정
보통신망 이용촉진 및 정보보호 등에 관한
법률」 제2조제1항제1호의 정보통신망(이
하 "정보통신망"이라 한다)을 이용하여 유
포한 자는 7년 이하의 징역 또는 3천만원
이하의 벌금에 처한다.

제15조(미수범) 제3조부터 제9조까지 및 제
14조의 미수범은 처벌한다.

제16조(형벌과 수강명령 등의 병과) ① 법원
이 성폭력범죄를 범한 사람에 대하여 형의
선고를 유예하는 경우에는 1년 동안 보호
관찰을 받을 것을 명할 수 있다. 다만, 성
폭력범죄를 범한 「소년법」 제2조에 따른
소년에 대하여 형의 선고를 유예하는 경우
에는 반드시 보호관찰을 명하여야 한다.
② 법원이 성폭력범죄를 범한 사람에 대하여
유죄판결(선고유예는 제외한다)을 선고하거
나 약식명령을 고지하는 경우에는 500시간
의 범위에서 재범예방에 필요한 수강명령
또는 성폭력 치료프로그램의 이수명령(이하
"이수명령"이라 한다)을 병과하여야 한다.
다만, 수강명령 또는 이수명령을 부과할 수
없는 특별한 사정이 있는 경우에는 그러하
지 아니하다.

제18조(고소 제한에 대한 예외) 성폭력범죄
에 대하여는 「형사소송법」 제224조(고소
의 제한) 및 「군사법원법」 제266조에도
불구하고 자기 또는 배우자의 직계존속을
고소할 수 있다.

제20조(「형법」상 감경규정에 관한 특례) 음
주 또는 약물로 인한 심신장애 상태에서
성폭력범죄(제2조제1항제1호의 죄는 제외)
를 범한 때에는 「형법」 제10조제1항·제2
항 및 제11조를 적용하지 아니할 수 있다.

제21조(공소시효에 관한 특례) ① 미성년자
에 대한 성폭력범죄의 공소시효는 「형사
소송법」 제252조제1항 및 「군사법원법」

제294조제1항에도 불구하고 해당 성폭력범죄로 피해를 당한 미성년자가 성년에 달한 날부터 진행한다.

② 제2조제3호 및 제4호의 죄와 제3조부터 제9조까지의 죄는 디엔에이증거 등 그 죄를 증명할 수 있는 과학적인 증거가 있는 때에는 공소시효가 10년 연장된다.

③ 13세 미만의 사람 및 신체적인 또는 정신적인 장애가 있는 사람에 대하여 다음 각 호의 죄를 범한 경우에는 제1항과 제2항에도 불구하고 「형사소송법」 제249조부터 제253조까지 및 「군사법원법」 제291조부터 제295조까지에 규정된 공소시효를 적용하지 아니한다.

1. 「형법」 제297조(강간), 제298조(강제추행), 제299조(준강간, 준강제추행), 제301조(강간등 상해·치상) 또는 제301조의2(강간등 살인·치사)의 죄

2. 제6조제2항, 제7조제2항, 제8조, 제9조의 죄

3. 「아동·청소년의 성보호에 관한 법률」 제9조 또는 제10조의 죄

④ 다음 각 호의 죄를 범한 경우에는 제1항과 제2항에도 불구하고 「형사소송법」 제249조부터 제253조까지 및 「군사법원법」 제291조부터 제295조까지에 규정된 공소시효를 적용하지 아니한다.

1. 「형법」 제301조의2(강간등 살인·치사)의 죄(강간등 살인에 한정한다)

2. 제9조제1항의 죄

3. 「아동·청소년의 성보호에 관한 법률」 제10조제1항의 죄

4. 「군형법」 제92조의8의 죄(강간 등 살인에 한정한다)

제22조(「특정강력범죄의 처벌에 관한 특례법」의 준용) 성폭력범죄에 대한 처벌절차에는 「특정강력범죄의 처벌에 관한 특례법」 제7조(증인에 대한 신변안전조치), 제8조(출판물 게재 등으로부터의 피해자 보호), 제9조(소송 진행의 협의), 제12조(간이공판절차의 결정) 및 제13조(판결 선고)를 준용한다.

제23조(피해자, 신고인 등에 대한 보호조치) 법원 또는 수사기관이 성폭력범죄의 피해자, 성폭력범죄를 신고(고소·고발을 포함한다)한 사람을 증인으로 신문하거나 조사하는 경우에는 「특정범죄신고자 등 보호법」 제5조 및 제7조부터 제13조까지의 규정을 준용한다. 이 경우 「특정범죄신고자 등 보호법」 제9조와 제13조를 제외하고는 보복을 당할 우려가 있음을 요하지 아니한다.

제24조(피해자의 신원과 사생활 비밀 누설 금지) ① 성폭력범죄의 수사 또는 재판을 담당하거나 이에 관여하는 공무원 또는 그 직에 있었던 사람은 피해자의 주소, 성명, 나이, 직업, 학교, 용모, 그 밖에 피해자를 특정하여 파악할 수 있게 하는 인적사항과 사진 등 또는 그 피해자의 사생활에 관한 비밀을 공개하거나 다른 사람에게 누설하여서는 아니 된다.

② 누구든지 제1항에 따른 피해자의 주소, 성명, 나이, 직업, 학교, 용모, 그 밖에 피해자를 특정하여 파악할 수 있는 인적사항이나 사진 등을 피해자의 동의를 받지 아니하고 신문 등 인쇄물에 싣거나 「방송법」 제2조제1호에 따른 방송 또는 정보통신망을 통하여 공개하여서는 아니 된다.

제25조(피의자의 얼굴 등 공개) ① 검사와 사법경찰관은 성폭력범죄의 피의자가 죄를 범하였다고 믿을 만한 충분한 증거가 있고, 국민의 알권리 보장, 피의자의 재범방지 및 범죄예방 등 오로지 공공의 이익을 위하여 필요할 때에는 얼굴, 성명 및 나이 등 피의자의 신상에 관한 정보를 공개할 수 있다. 다만, 피의자가 「청소년 보호법」 제2조제1호의 청소년에 해당하는 경우에는 공개하지 아니한다.

② 제1항에 따라 공개를 할 때에는 피의

자의 인권을 고려하여 신중하게 결정하고 이를 남용하여서는 아니 된다.

제26조(성폭력범죄의 피해자에 대한 전담 조사제) ② 경찰청장은 각 경찰서장으로 하여금 성폭력범죄 전담 사법경찰관을 지정하도록 하여 특별한 사정이 없으면 이들로 하여금 피해자를 조사하게 하여야 한다.
③ 국가는 제1항의 검사 및 제2항의 사법경찰관에게 성폭력범죄의 수사에 필요한 전문지식과 피해자보호를 위한 수사방법 및 수사절차 등에 관한 교육을 실시하여야 한다.

제27조(성폭력범죄 피해자에 대한 변호사 선임의 특례) ① 성폭력범죄의 피해자 및 그 법정대리인(이하 "피해자등"이라 한다)은 형사절차상 입을 수 있는 피해를 방어하고 법률적 조력을 보장하기 위하여 변호사를 선임할 수 있다.
② 제1항에 따른 변호사는 검사 또는 사법경찰관의 피해자등에 대한 조사에 참여하여 의견을 진술할 수 있다. 다만, 조사 도중에는 검사 또는 사법경찰관의 승인을 받아 의견을 진술할 수 있다.
③ 제1항에 따른 변호사는 피의자에 대한 구속 전 피의자심문, 증거보전절차, 공판준비기일 및 공판절차에 출석하여 의견을 진술할 수 있다. 이 경우 필요한 절차에 관한 구체적 사항은 대법원규칙으로 정한다.
④ 제1항에 따른 변호사는 증거보전 후 관계 서류나 증거물, 소송계속 중의 관계 서류나 증거물을 열람하거나 등사할 수 있다.
⑤ 제1항에 따른 변호사는 형사절차에서 피해자등의 대리가 허용될 수 있는 모든 소송행위에 대한 포괄적인 대리권을 가진다.

제29조(수사 및 재판절차에서의 배려) ① 수사기관과 법원 및 소송관계인은 성폭력범죄를 당한 피해자의 나이, 심리 상태 또는 후유장애의 유무 등을 신중하게 고려하여 조사 및 심리·재판 과정에서 피해자의 인격이나 명예가 손상되거나 사적인 비밀이 침해되지 아니하도록 주의하여야 한다.
② 수사기관과 법원은 성폭력범죄의 피해자를 조사하거나 심리·재판할 때 피해자가 편안한 상태에서 진술할 수 있는 환경을 조성하여야 하며, 조사 및 심리·재판 횟수는 필요한 범위에서 최소한으로 하여야 한다.

제30조(영상물의 촬영·보존 등) ① 성폭력범죄의 피해자가 19세 미만이거나 신체적인 또는 정신적인 장애로 사물을 변별하거나 의사를 결정할 능력이 미약한 경우에는 피해자의 진술 내용과 조사 과정을 비디오녹화기 등 영상물 녹화장치로 촬영·보존하여야 한다.
② 제1항에 따른 영상물 녹화는 피해자 또는 법정대리인이 이를 원하지 아니하는 의사를 표시한 경우에는 촬영을 하여서는 아니 된다. 다만, 가해자가 친권자 중 일방인 경우는 그러하지 아니하다.
③ 제1항에 따른 영상물 녹화는 조사의 개시부터 종료까지의 전 과정 및 객관적 정황을 녹화하여야 하고, 녹화가 완료된 때에는 지체 없이 그 원본을 피해자 또는 변호사 앞에서 봉인하고 피해자로 하여금 기명날인 또는 서명하게 하여야 한다.
④ 검사 또는 사법경찰관은 피해자가 제1항의 녹화장소에 도착한 시각, 녹화를 시작하고 마친 시각, 그 밖에 녹화과정의 진행경과를 확인하기 위하여 필요한 사항을 조서 또는 별도의 서면에 기록한 후 수사기록에 편철하여야 한다.
⑤ 검사 또는 사법경찰관은 피해자 또는 법정대리인이 신청하는 경우에는 영상물 촬영과정에서 작성한 조서의 사본을 신청인에게 발급하거나 영상물을 재생하여 시청하게 하여야 한다.
⑥ 제1항에 따라 촬영한 영상물에 수록된 피해자의 진술은 공판준비기일 또는 공판기일에 피해자나 조사 과정에 동석하였던

신뢰관계에 있는 사람 또는 진술조력인의 진술에 의하여 그 성립의 진정함이 인정된 경우에 증거로 할 수 있다.

⑦ 누구든지 제1항에 따라 촬영한 영상물을 수사 및 재판의 용도 외에 다른 목적으로 사용하여서는 아니 된다.

제31조(심리의 비공개) ① 성폭력범죄에 대한 심리는 그 피해자의 사생활을 보호하기 위하여 결정으로써 공개하지 아니할 수 있다.

② 증인으로 소환받은 성폭력범죄의 피해자와 그 가족은 사생활보호 등의 사유로 증인신문의 비공개를 신청할 수 있다.

제32조(증인지원시설의 설치·운영 등) ① 각급 법원은 증인으로 법원에 출석하는 피해자등이 재판 전후에 피고인이나 그 가족과 마주치지 아니하도록 하고, 보호와 지원을 받을 수 있는 적절한 시설을 설치한다.

② 각급 법원은 제1항의 시설을 관리·운영하고 피해자등의 보호와 지원을 담당하는 직원(이하 "증인지원관"이라 한다)을 둔다.

③ 법원은 증인지원관에 대하여 인권 감수성 향상에 필요한 교육을 정기적으로 실시한다.

④ 증인지원관의 업무·자격 및 교육 등에 필요한 사항은 대법원규칙으로 정한다.

제33조(전문가의 의견 조회) ① 법원은 정신건강의학과의사, 심리학자, 사회복지학자, 그 밖의 관련 전문가로부터 행위자 또는 피해자의 정신·심리 상태에 대한 진단 소견 및 피해자의 진술 내용에 관한 의견을 조회할 수 있다.

② 법원은 성폭력범죄를 조사·심리할 때에는 제1항에 따른 의견 조회의 결과를 고려하여야 한다.

③ 법원은 법원행정처장이 정하는 관련 전문가 후보자 중에서 제1항에 따른 전문가를 지정하여야 한다.

④ 제1항부터 제3항까지의 규정은 수사기관이 성폭력범죄를 수사하는 경우에 준용한다. 다만, 피해자가 13세 미만이거나 신체적인 또는 정신적인 장애로 사물을 변별하거나 의사를 결정할 능력이 미약한 경우에는 관련 전문가에게 피해자의 정신·심리 상태에 대한 진단 소견 및 진술 내용에 관한 의견을 조회하여야 한다.

⑤ 제4항에 따라 준용할 경우 "법원행정처장"은 "검찰총장 또는 경찰청장"으로 본다.

제34조(신뢰관계에 있는 사람의 동석) ① 법원은 제3조부터 제8조까지, 제10조 및 제15조(제9조의 미수범은 제외한다)의 범죄의 피해자를 증인으로 신문하는 경우에 검사, 피해자 또는 법정대리인이 신청할 때에는 재판에 지장을 줄 우려가 있는 등 부득이한 경우가 아니면 피해자와 신뢰관계에 있는 사람을 동석하게 하여야 한다.

② 제1항은 수사기관이 같은 항의 피해자를 조사하는 경우에 관하여 준용한다.

③ 제1항 및 제2항의 경우 법원과 수사기관은 피해자와 신뢰관계에 있는 사람이 피해자에게 불리하거나 피해자가 원하지 아니하는 경우에는 동석하게 하여서는 아니 된다.

제35조(진술조력인 양성 등) ① 법무부장관은 의사소통 및 의사표현에 어려움이 있는 성폭력범죄의 피해자에 대한 형사사법절차에서의 조력을 위하여 진술조력인을 양성하여야 한다.

② 진술조력인은 정신건강의학, 심리학, 사회복지학, 교육학 등 아동·장애인의 심리나 의사소통 관련 전문지식이 있거나 관련 분야에서 상당 기간 종사한 사람으로 법무부장관이 정하는 교육을 이수하여야 한다. 진술조력인의 자격이나 양성 등에 관하여 필요한 사항은 법무부령으로 정한다.

③ 법무부장관은 제1항에 따라 양성한 진술조력인 명부를 작성하여야 한다.

제36조(진술조력인의 수사과정 참여) ① 검

사 또는 사법경찰관은 성폭력범죄의 피해자가 13세 미만의 아동이거나 신체적인 또는 정신적인 장애로 의사소통이나 의사표현에 어려움이 있는 경우 원활한 조사를 위하여 직권이나 피해자, 그 법정대리인 또는 변호사의 신청에 따라 진술조력인으로 하여금 조사과정에 참여하여 의사소통을 중개하거나 보조하게 할 수 있다. 다만, 피해자 또는 그 법정대리인이 이를 원하지 아니하는 의사를 표시한 경우에는 그러하지 아니하다.

② 검사 또는 사법경찰관은 제1항의 피해자를 조사하기 전에 피해자, 법정대리인 또는 변호사에게 진술조력인에 의한 의사소통 중개나 보조를 신청할 수 있음을 고지하여야 한다.

③ 진술조력인은 조사 전에 피해자를 면담하여 진술조력인 조력 필요성에 관하여 평가한 의견을 수사기관에 제출할 수 있다.

④ 제1항에 따라 조사과정에 참여한 진술조력인은 피해자의 의사소통이나 표현 능력, 특성 등에 관한 의견을 수사기관이나 법원에 제출할 수 있다.

⑤ 제1항부터 제4항까지의 규정은 검증에 관하여 준용한다.

⑥ 그 밖에 진술조력인의 수사절차 참여에 관한 절차와 방법 등 필요한 사항은 법무부령으로 정한다.

제37조(진술조력인의 재판과정 참여) ① 법원은 성폭력범죄의 피해자가 13세 미만 아동이거나 신체적인 또는 정신적인 장애로 의사소통이나 의사표현에 어려움이 있는 경우 원활한 증인 신문을 위하여 직권 또는 검사, 피해자, 그 법정대리인 및 변호사의 신청에 의한 결정으로 진술조력인으로 하여금 증인 신문에 참여하여 중개하거나 보조하게 할 수 있다.

② 법원은 증인이 제1항에 해당하는 경우에는 신문 전에 피해자, 법정대리인 및 변호사에게 진술조력인에 의한 의사소통 중개나 보조를 신청할 수 있음을 고지하여야 한다.

③ 진술조력인의 소송절차 참여에 관한 구체적 절차와 방법은 대법원규칙으로 정한다.

제38조(진술조력인의 의무) ① 진술조력인은 수사 및 재판 과정에 참여함에 있어 중립적인 지위에서 상호간의 진술이 왜곡 없이 전달될 수 있도록 노력하여야 한다.

② 진술조력인은 그 직무상 알게 된 피해자의 주소, 성명, 나이, 직업, 학교, 용모, 그 밖에 피해자를 특정하여 파악할 수 있게 하는 인적사항과 사진 및 사생활에 관한 비밀을 공개하거나 다른 사람에게 누설하여서는 아니 된다.

제39조(벌칙적용에 있어서 공무원의 의제) 진술조력인은 「형법」 제129조부터 제132조까지에 따른 벌칙의 적용에 있어서 이를 공무원으로 본다.

제40조(비디오 등 중계장치에 의한 증인신문) ① 법원은 제2조제1항제3호부터 제5호까지의 범죄의 피해자를 증인으로 신문하는 경우 검사와 피고인 또는 변호인의 의견을 들어 비디오 등 중계장치에 의한 중계를 통하여 신문할 수 있다.

② 제1항에 따른 증인신문의 절차·방법 등에 관하여 필요한 사항은 대법원규칙으로 정한다.

제41조(증거보전의 특례) ① 피해자나 그 법정대리인 또는 경찰은 피해자가 공판기일에 출석하여 증언하는 것에 현저히 곤란한 사정이 있을 때에는 그 사유를 소명(疏明)하여 제30조에 따라 촬영된 영상물 또는 그 밖의 다른 증거에 대하여 해당 성폭력범죄를 수사하는 검사에게 「형사소송법」 제184조(증거보전의 청구와 그 절차)제1항에 따른 증거보전의 청구를 할 것을 요청할 수 있다. 이 경우 피해자가 16세 미만이거나 신체적인 또는 정신적인 장애로 사물을 변별하거나 의사를

결정할 능력이 미약한 경우에는 공판기일에 출석하여 증언하는 것에 현저히 곤란한 사정이 있는 것으로 본다.

② 제1항의 요청을 받은 검사는 그 요청이 타당하다고 인정할 때에는 증거보전의 청구를 할 수 있다.

제3장 신상정보 등록 등

제42조(신상정보 등록대상자) ① 제2조제1항제3호 · 제4호, 같은 조 제2항(제1항제3호 · 제4호에 한정한다), 제3조부터 제15조까지의 범죄 및 「아동 · 청소년의 성보호에 관한 법률」 제2조제2호가목 · 라목의 범죄(이하 "등록대상 성범죄"라 한다)로 유죄판결이나 약식명령이 확정된 자 또는 같은 법 제49조제1항제4호에 따라 공개명령이 확정된 자는 신상정보 등록대상자(이하 "등록대상자"라 한다)가 된다. 다만, 제12조 · 제13조의 범죄 및 「아동 · 청소년의 성보호에 관한 법률」 제11조제3항 및 제5항의 범죄로 벌금형을 선고받은 자는 제외한다.

② 법원은 등록대상 성범죄로 유죄판결을 선고하거나 약식명령을 고지하는 경우에는 등록대상자라는 사실과 제43조에 따른 신상정보 제출 의무가 있음을 등록대상자에게 알려 주어야 한다.

③ 제2항에 따른 통지는 판결을 선고하는 때에는 구두 또는 서면으로 하고, 약식명령을 고지하는 때에는 통지사항이 기재된 서면을 송달하는 방법으로 한다.

④ 법원은 제1항의 판결이나 약식명령이 확정된 날부터 14일 이내에 판결문(제45조제4항에 따라 법원이 등록기간을 달리 정한 경우에는 그 사실을 포함) 또는 약식명령 등본을 법무부장관에게 송달하여야 한다.

제43조(신상정보의 제출 의무) ① 등록대상자는 제42조제1항의 판결이 확정된 날부터 30일 이내에 다음 각 호의 신상정보(이하 "기본신상정보"라 한다)를 자신의 주소지를 관할하는 경찰관서의 장(이하 "관할경찰관서의 장"이라 한다)에게 제출하여야 한다. 다만, 등록대상자가 교정시설 또는 치료감호시설에 수용된 경우에는 그 교정시설의 장 또는 치료감호시설의 장(이하 "교정시설등의 장"이라 한다)에게 기본신상정보를 제출함으로써 이를 갈음할 수 있다.

1. 성명
2. 주민등록번호
3. 주소 및 실제거주지
4. 직업 및 직장 등의 소재지
5. 연락처(전화번호, 전자우편주소를 말한다)
6. 신체정보(키와 몸무게)
7. 소유차량의 등록번호

② 관할경찰관서의 장 또는 교정시설등의 장은 제1항에 따라 등록대상자가 기본신상정보를 제출할 때에 등록대상자의 정면 · 좌측 · 우측 상반신 및 전신 컬러사진을 촬영하여 전자기록으로 저장 · 보관하여야 한다.

③ 등록대상자는 제1항에 따라 제출한 기본신상정보가 변경된 경우에는 그 사유와 변경내용(이하 "변경정보"라 한다)을 변경사유가 발생한 날부터 20일 이내에 제1항에 따라 제출하여야 한다.

④ 등록대상자는 제1항에 따라 기본신상정보를 제출한 경우에는 그 다음 해부터 매년 12월 31일까지 주소지를 관할하는 경찰관서에 출석하여 경찰관서의 장으로 하여금 자신의 정면 · 좌측 · 우측 상반신 및 전신 컬러사진을 촬영하여 전자기록으로 저장 · 보관하도록 하여야 한다. 다만, 교정시설등의 장은 등록대상자가 교정시설 등에 수용된 경우에는 석방 또는 치료감호 종료 전에 등록대상자의 정면 · 좌측 · 우측 상반신 및 전신 컬러사진을 새로 촬영하여 전자기록으로 저장 · 보관하여야 한다.

⑤ 관할경찰관서의 장 또는 교정시설등의 장은 등록대상자로부터 제출받은 기본신

상정보 및 변경정보와 제2항 및 제4항에 따라 저장·보관하는 전자기록을 지체 없이 법무부장관에게 송달하여야 한다.

⑥ 제5항에 따라 등록대상자에 대한 기본신상정보를 송달할 때에 관할경찰관서의 장은 등록대상자에 대한 「형의 실효 등에 관한 법률」 제2조제5호에 따른 범죄경력자료를 함께 송달하여야 한다.

제43조의2(출입국 시 신고의무 등) ① 등록대상자가 6개월 이상 국외에 체류하기 위하여 출국하는 경우에는 미리 관할경찰관서의 장에게 체류국가 및 체류기간 등을 신고하여야 한다.

② 제1항에 따라 신고한 등록대상자가 입국하였을 때에는 특별한 사정이 없으면 14일 이내에 관할경찰관서의 장에게 입국 사실을 신고하여야 한다. 제1항에 따른 신고를 하지 아니하고 출국하여 6개월 이상 국외에 체류한 등록대상자가 입국하였을 때에도 또한 같다.

③ 관할경찰관서의 장은 제1항 및 제2항에 따른 신고를 받았을 때에는 지체 없이 법무부장관에게 해당 정보를 송달하여야 한다.

제44조(등록대상자의 신상정보 등록 등) ① 법무부장관은 제43조제5항, 제6항 및 제43조의2제3항에 따라 송달받은 정보와 다음 각 호의 등록대상자 정보를 등록하여야 한다.

1. 등록대상 성범죄 경력정보
2. 성범죄 전과사실(죄명, 횟수)
3. 「특정 범죄자에 대한 보호관찰 및 전자장치 부착 등에 관한 법률」에 따른 전자장치 부착 여부

② 법무부장관은 등록대상자가 제1항에 따라 등록한 정보를 정보통신망을 이용하여 열람할 수 있도록 하여야 한다. 다만, 등록대상자가 신청하는 경우에는 등록한 정보를 등록대상자에게 통지하여야 한다.

③ 법무부장관은 제1항에 따른 등록에 필요한 정보의 조회(「형의 실효 등에 관한 법률」 제2조제8호에 따른 범죄경력조회를 포함한다)를 관계 행정기관의 장에게 요청할 수 있다.

④ 법무부장관은 등록대상자가 기본신상정보 또는 변경정보를 정당한 사유 없이 제출하지 아니한 경우에는 신상정보의 등록에 필요한 사항을 관계 행정기관의 장에게 조회를 요청하여 등록할 수 있다. 이 경우 법무부장관은 등록일자를 밝혀 등록대상자에게 신상정보를 등록한 사실 및 등록한 신상정보의 내용을 통지하여야 한다.

⑤ 제3항 및 제4항의 요청을 받은 관계 행정기관의 장은 지체 없이 조회 결과를 법무부장관에게 송부하여야 한다.

⑥ 제4항 전단에 따라 법무부장관이 기본신상정보를 등록한 경우에 등록대상자의 변경정보 제출과 사진 촬영에 대해서는 제43조제3항 및 제4항을 준용한다.

제45조(등록정보의 관리) ① 법무부장관은 제44조제1항 또는 제4항에 따라 기본신상정보를 최초로 등록한 날(이하 "최초등록일"이라 한다)부터 다음 각 호의 구분에 따른 기간(이하 "등록기간"이라 한다) 동안 등록정보를 보존·관리하여야 한다. 다만, 법원이 제4항에 따라 등록기간을 정한 경우에는 그 기간 동안 등록정보를 보존·관리하여야 한다.

1. 신상정보 등록의 원인이 된 성범죄로 사형, 무기징역·무기금고형 또는 10년 초과의 징역·금고형을 선고받은 사람: 30년
2. 신상정보 등록의 원인이 된 성범죄로 3년 초과 10년 이하의 징역·금고형을 선고받은 사람: 20년
3. 신상정보 등록의 원인이 된 성범죄로 3년 이하의 징역·금고형을 선고받은 사람 또는 「아동·청소년의 성보호에 관한 법률」 제49조제1항제4호에 따라 공개명령이 확정된 사람: 15년

4. 신상정보 등록의 원인이 된 성범죄로 벌금형을 선고받은 사람: 10년

② 신상정보 등록의 원인이 된 성범죄와 다른 범죄가 「형법」 제37조(판결이 확정되지 아니한 수개의 죄를 경합범으로 하는 경우로 한정한다)에 따라 경합되어 「형법」 제38조에 따라 형이 선고된 경우에는 그 선고형 전부를 신상정보 등록의 원인이 된 성범죄로 인한 선고형으로 본다.

③ 제1항에 따른 등록기간을 산정하기 위한 선고형은 다음 각 호에 따라 계산한다. 제2항이 적용되는 경우도 이와 같다.

1. 하나의 판결에서 신상정보 등록의 원인이 된 성범죄로 여러 종류의 형이 선고된 경우에는 가장 무거운 종류의 형을 기준으로 한다.

2. 하나의 판결에서 신상정보 등록의 원인이 된 성범죄로 여러 개의 징역형 또는 금고형이 선고된 경우에는 각각의 기간을 합산한다. 이 경우 징역형과 금고형은 같은 종류의 형으로 본다.

3. 「소년법」 제60조에 따라 부정기형이 선고된 경우에는 단기를 기준으로 한다.

④ 법원은 제2항이 적용(제3항이 동시에 적용되는 경우를 포함한다)되어 제1항 각 호에 따라 등록기간이 결정되는 것이 부당하다고 인정하는 경우에는 판결로 제1항 각 호의 기간 중 더 단기의 기간을 등록기간으로 정할 수 있다.

⑤ 다음 각 호의 기간은 제1항에 따른 등록기간에 넣어 계산하지 아니한다.

1. 등록대상자가 신상정보 등록의 원인이 된 성범죄로 교정시설 또는 치료감호시설에 수용된 기간

2. 제1호에 따른 기간 이전의 기간으로서 제1호에 따른 기간과 이어져 등록대상자가 다른 범죄로 교정시설 또는 치료감호시설에 수용된 기간

3. 제1호에 따른 기간 이후의 기간으로서 제1호에 따른 기간과 이어져 등록대상자가 다른 범죄로 교정시설 또는 치료감호시설에 수용된 기간

⑥ 법무부장관은 제44조제1항에 따른 등록 당시 등록대상자가 교정시설 또는 치료감호시설에 수용 중인 경우에는 등록대상자가 석방된 후 지체 없이 등록정보를 등록대상자의 관할경찰관서의 장에게 송부하여야 한다.

⑦ 관할경찰관서의 장은 등록기간 중 다음 각 호의 구분에 따른 기간마다 등록대상자와의 직접 대면 등의 방법으로 등록정보의 진위와 변경 여부를 확인하여 그 결과를 법무부장관에게 송부하여야 한다.

1. 제1항에 따른 등록기간이 30년인 등록대상자: 3개월

2. 제1항에 따른 등록기간이 20년 또는 15년인 등록대상자: 6개월

3. 제1항에 따른 등록기간이 10년인 등록대상자: 1년

⑧ 제7항제2호 및 제3호에도 불구하고 관할경찰관서의 장은 다음 각 호의 구분에 따른 기간 동안에는 3개월마다 제7항의 결과를 법무부장관에게 송부하여야 한다.

1. 「아동·청소년의 성보호에 관한 법률」 제49조에 따른 공개대상자인 경우: 공개기간

2. 「아동·청소년의 성보호에 관한 법률」 제50조에 따른 고지대상자인 경우: 고지기간

제45조의2(신상정보 등록의 면제) ① 신상정보 등록의 원인이 된 성범죄로 형의 선고를 유예받은 사람이 선고유예를 받은 날부터 2년이 경과하여 「형법」 제60조에 따라 면소된 것으로 간주되면 신상정보 등록을 면제한다.

② 등록대상자는 다음 각 호의 구분에 따른 기간(교정시설 또는 치료감호시설에 수용된 기간은 제외한다)이 경과한 경우에는 법무부령으로 정하는 신청서에 범죄경력조회서를 첨부하여 법무부장관에게

신상정보 등록의 면제를 신청할 수 있다.
1. 제45조제1항에 따른 등록기간이 30년인 등록대상자: 최초등록일부터 20년
2. 제45조제1항에 따른 등록기간이 20년인 등록대상자: 최초등록일부터 15년
3. 제45조제1항에 따른 등록기간이 15년인 등록대상자: 최초등록일부터 10년
4. 제45조제1항에 따른 등록기간이 10년인 등록대상자: 최초등록일부터 7년
③ 법무부장관은 제2항에 따라 등록의 면제를 신청한 등록대상자가 다음 각 호의 요건을 모두 갖춘 경우에는 신상정보 등록을 면제한다.
1. 등록기간 중 등록대상 성범죄를 저질러 유죄판결이 확정된 사실이 없을 것
2. 신상정보 등록의 원인이 된 성범죄로 선고받은 징역형 또는 금고형의 집행을 종료하거나 벌금을 완납하였을 것
3. 신상정보 등록의 원인이 된 성범죄로 부과받은 다음 각 목의 명령의 집행을 모두 종료하였을 것
  가. 「아동·청소년의 성보호에 관한 법률」에 따른 공개명령·고지명령
  나. 「특정 범죄자에 대한 보호관찰 및 전자장치 부착 등에 관한 법률」에 따른 전자장치 부착명령
  다. 「성폭력범죄자의 성충동 약물치료에 관한 법률」에 따른 약물치료명령
4. 신상정보 등록의 원인이 된 성범죄로 부과받은 다음 각 목의 규정에 따른 보호관찰명령, 사회봉사명령, 수강명령 또는 이수명령의 집행을 완료하였을 것
  가. 제16조제1항·제2항·제4항 및 제8항
  나. 「형법」 제62조의2제1항
  다. 「아동·청소년의 성보호에 관한 법률」 제21조제1항·제2항·제4항 및 같은 법 제61조제3항
  라. 「특정 범죄자에 대한 보호관찰 및 전자장치 부착 등에 관한 법률」 제

21조의3
5. 등록기간 중 다음 각 목의 범죄를 저질러 유죄판결을 선고받아 그 판결이 확정된 사실이 없을 것
  가. 제50조제3항 및 제5항의 범죄
  나. 「아동·청소년의 성보호에 관한 법률」 제65조제3항·제5항 및 같은 법 제66조의 범죄
  다. 「특정 범죄자에 대한 보호관찰 및 전자장치 부착 등에 관한 법률」 제38조 및 제39조(성폭력범죄로 위치추적 전자장치의 부착명령이 집행 중인 사람으로 한정한다)의 범죄
  라. 「성폭력범죄자의 성충동 약물치료에 관한 법률」 제35조의 범죄
④ 법무부장관은 제3항 각 호에 따른 요건의 충족 여부를 확인하기 위하여 관계 행정기관의 장에게 협조를 요청하거나 등록대상자에게 필요한 자료의 제출을 요청할 수 있다.

제45조의3(신상정보 등록의 종료) ① 신상정보의 등록은 다음 각 호의 어느 하나에 해당하는 때에 종료된다.
1. 제45조제1항의 등록기간이 지난 때
2. 제45조의2에 따라 등록이 면제된 때
② 법무부장관은 제1항에 따라 등록이 종료된 신상정보를 즉시 폐기하여야 한다.
③ 법무부장관은 제2항에 따라 등록정보를 폐기하는 경우에는 등록대상자가 정보통신망을 이용하여 폐기된 사실을 열람할 수 있도록 하여야 한다. 다만, 등록대상자가 신청하는 경우에는 폐기된 사실을 통지하여야 한다.

제46조(등록정보의 활용 등) ① 법무부장관은 등록정보를 등록대상 성범죄와 관련한 범죄 예방 및 수사에 활용하게 하기 위하여 검사 또는 각급 경찰관서의 장에게 배포할 수 있다.

제47조(등록정보의 공개) ① 등록정보의 공

개에 관하여는 「아동·청소년의 성보호에 관한 법률」 제49조, 제50조, 제52조, 제54조, 제55조 및 제65조를 적용한다.

② 등록정보의 공개는 여성가족부장관이 집행한다.

제48조(비밀준수) 등록대상자의 신상정보의 등록·보존 및 관리 업무에 종사하거나 종사하였던 자는 직무상 알게 된 등록정보를 누설하여서는 아니 된다.

제50조(벌칙) ① 다음 각 호의 어느 하나에 해당하는 자는 5년 이하의 징역 또는 5천만원 이하의 벌금에 처한다.

1. 제48조를 위반하여 직무상 알게 된 등록정보를 누설한 자
2. 정당한 권한 없이 등록정보를 변경하거나 말소한 자

② 다음 각 호의 어느 하나에 해당하는 자는 2년 이하의 징역 또는 500만원 이하의 벌금에 처한다.

1. 제24조제1항 또는 제38조제2항에 따른 피해자의 신원과 사생활 비밀 누설 금지 의무를 위반한 자
2. 제24조제2항을 위반하여 피해자의 인적사항과 사진 등을 공개한 자

③ 다음 각 호의 어느 하나에 해당하는 자는 1년 이하의 징역 또는 500만원 이하의 벌금에 처한다.

1. 제43조제1항을 위반하여 정당한 사유 없이 기본신상정보를 제출하지 아니하거나 거짓으로 제출한 자 및 같은 조 제2항에 따른 관할경찰관서 또는 교정시설의 장의 사진촬영에 정당한 사유 없이 응하지 아니한 자
2. 제43조제3항(제44조제6항에서 준용하는 경우를 포함한다)을 위반하여 정당한 사유 없이 변경정보를 제출하지 아니하거나 거짓으로 제출한 자
3. 제43조제4항(제44조제6항에서 준용하는 경우를 포함한다)을 위반하여 정당한 사유 없이 관할 경찰관서에 출석하지 아니하거나 촬영에 응하지 아니한 자

④ 제2항제2호의 죄는 피해자의 명시한 의사에 반하여 공소를 제기할 수 없다.

⑤ 제16조제2항에 따라 이수명령을 부과받은 사람이 보호관찰소의 장 또는 교정시설의 장의 이수명령 이행에 관한 지시에 불응하여 「보호관찰 등에 관한 법률」 또는 「형의 집행 및 수용자의 처우에 관한 법률」에 따른 경고를 받은 후 재차 정당한 사유 없이 이수명령 이행에 관한 지시에 불응한 경우에는 다음 각 호에 따른다.

1. 벌금형과 병과된 경우는 500만원 이하의 벌금에 처한다.
2. 징역형 이상의 실형과 병과된 경우에는 1년 이하의 징역 또는 5백만원 이하의 벌금에 처한다.

제51조(양벌규정) 법인의 대표자나 법인 또는 개인의 대리인, 사용인, 그 밖의 종업원이 그 법인 또는 개인의 업무에 관하여 제13조 또는 제43조의 위반행위를 하면 그 행위자를 벌하는 외에 그 법인 또는 개인에게도 해당 조문의 벌금형을 과(科)한다. 다만, 법인 또는 개인이 그 위반행위를 방지하기 위하여 해당 업무에 관하여 상당한 주의와 감독을 게을리하지 아니한 경우에는 그러하지 아니하다.

제52조(과태료) ① 정당한 사유 없이 제43조의2제1항 또는 제2항을 위반하여 신고하지 아니하거나 거짓으로 신고한 경우에는 300만원 이하의 과태료를 부과한다.

부칙 〈제15156호, 2017.12.12.〉
이 법은 공포한 날부터 시행한다.

식품위생법

[시행 2018.4.19.]

제1장 총 칙

제1조(목적) 이 법은 식품으로 인하여 생기는 위생상의 위해(危害)를 방지하고 식품영양의 질적 향상을 도모하며 식품에 관한 올바른 정보를 제공하여 국민보건의 증진에 이바지함을 목적으로 한다.

제2조(정의) 이 법에서 사용하는 용어의 뜻은 다음과 같다.

1. "식품"이란 모든 음식물(의약으로 섭취하는 것은 제외한다)을 말한다.

2. "식품첨가물"이란 식품을 제조·가공·조리 또는 보존하는 과정에서 감미(甘味), 착색(着色), 표백(漂白) 또는 산화방지 등을 목적으로 식품에 사용되는 물질을 말한다. 이 경우 기구(器具)·용기·포장을 살균·소독하는 데에 사용되어 간접적으로 식품으로 옮아갈 수 있는 물질을 포함한다.

3. "화학적 합성품"이란 화학적 수단으로 원소 또는 화합물에 분해 반응 외의 화학반응을 일으켜서 얻은 물질을 말한다.

4. "기구"란 다음 각 목의 어느 하나에 해당하는 것으로서 식품 또는 식품첨가물에 직접 닿는 기계·기구나 그 밖의 물건(농업과 수산업에서 식품을 채취하는 데에 쓰는 기계·기구나 그 밖의 물건 및 「위생용품 관리법」 제2조제1호에 따른 위생용품은 제외한다)을 말한다.

   가. 음식을 먹을 때 사용하거나 담는 것
   나. 식품 또는 식품첨가물을 채취·제조·가공·조리·저장·소분[(小分): 완제품을 나누어 유통을 목적으로 재포장하는 것을 말한다. 이하 같다]·운반·진열할 때 사용하는 것

5. "용기·포장"이란 식품 또는 식품첨가물을 넣거나 싸는 것으로서 식품 또는 식품첨가물을 주고받을 때 함께 건네는 물품을 말한다.

6. "위해"란 식품, 식품첨가물, 기구 또는 용기·포장에 존재하는 위험요소로서 인체의 건강을 해치거나 해칠 우려가 있는 것을 말한다.

7. "표시"란 식품, 식품첨가물, 기구 또는 용기·포장에 적는 문자, 숫자 또는 도형을 말한다.

8. "영양표시"란 식품에 들어있는 영양소의 양(量) 등 영양에 관한 정보를 표시하는 것을 말한다.

9. "영업"이란 식품 또는 식품첨가물을 채취·제조·가공·조리·저장·소분·운반 또는 판매하거나 기구 또는 용기·포장을 제조·운반·판매하는 업(농업과 수산업에 속하는 식품 채취업은 제외한다)을 말한다.

10. "영업자"란 제37조제1항에 따라 영업허가를 받은 자나 같은 조 제4항에 따라 영업신고를 한 자 또는 같은 조 제5항에 따라 영업등록을 한 자를 말한다.

11. "식품위생"이란 식품, 식품첨가물, 기구 또는 용기·포장을 대상으로 하는 음식에 관한 위생을 말한다.

12. "집단급식소"란 영리를 목적으로 하지 아니하면서 특정 다수인에게 계속하여 음식물을 공급하는 다음 각 목의 어느 하나에 해당하는 곳의 급식시설로서 대통령령으로 정하는 시설을 말한다.

제2조(집단급식소의 범위) 「식품위생법」 제2조제12호에 따른 집단급식소는 1회 50명 이상에게 식사를 제공하는 급식소를 말한다.

   가. 기숙사

나. 학교

다. 병원

라. 「사회복지사업법」 제2조제4호의 사회복지시설

마. 산업체

바. 국가, 지방자치단체 및 「공공기관의 운영에 관한 법률」 제4조제1항에 따른 공공기관

사. 그 밖의 후생기관 등

13. "식품이력추적관리"란 식품을 제조·가공단계부터 판매단계까지 각 단계별로 정보를 기록·관리하여 그 식품의 안전성 등에 문제가 발생할 경우 그 식품을 추적하여 원인을 규명하고 필요한 조치를 할 수 있도록 관리하는 것을 말한다.

14. "식중독"이란 식품 섭취로 인하여 인체에 유해한 미생물 또는 유독물질에 의하여 발생하였거나 발생한 것으로 판단되는 감염성 질환 또는 독소형 질환을 말한다.

15. "집단급식소에서의 식단"이란 급식대상 집단의 영양섭취기준에 따라 음식명, 식재료, 영양성분, 조리방법, 조리인력 등을 고려하여 작성한 급식계획서를 말한다.

제3조(식품 등의 취급) ① 누구든지 판매(판매 외의 불특정 다수인에 대한 제공을 포함한다. 이하 같다)를 목적으로 식품 또는 식품첨가물을 채취·제조·가공·사용·조리·저장·소분·운반 또는 진열을 할 때에는 깨끗하고 위생적으로 하여야 한다.
② 영업에 사용하는 기구 및 용기·포장은 깨끗하고 위생적으로 다루어야 한다.

제4조(위해식품등의 판매 등 금지) 누구든지 다음 각 호의 어느 하나에 해당하는 식품등을 판매하거나 판매할 목적으로 채취·제조·수입·가공·사용·조리·저장·소분·운반 또는 진열하여서는 아니 된다.

1. 썩거나 상하거나 설익어서 인체의 건강을 해칠 우려가 있는 것

2. 유독·유해물질이 들어 있거나 묻어 있는 것 또는 그러할 염려가 있는 것. 다만, 식품의약품안전처장이 인체의 건강을 해칠 우려가 없다고 인정하는 것은 제외한다.

3. 병(病)을 일으키는 미생물에 오염되었거나 그러할 염려가 있어 인체의 건강을 해칠 우려가 있는 것

4. 불결하거나 다른 물질이 섞이거나 첨가(添加)된 것 또는 그 밖의 사유로 인체의 건강을 해칠 우려가 있는 것

5. 제18조에 따른 안전성 심사 대상인 농·축·수산물 등 가운데 안전성 심사를 받지 아니하였거나 안전성 심사에서 식용(食用)으로 부적합하다고 인정된 것

6. 수입이 금지된 것 또는 「수입식품안전관리 특별법」 제20조제1항에 따른 수입신고를 하지 아니하고 수입한 것

7. 영업자가 아닌 자가 제조·가공·소분한 것

제5조(병든 동물 고기 등의 판매 등 금지) 누구든지 총리령으로 정하는 질병에 걸렸거나 걸렸을 염려가 있는 동물이나 그 질병에 걸려 죽은 동물의 고기·뼈·젖·장기 또는 혈액을 식품으로 판매하거나 판매할 목적으로 채취·수입·가공·사용·조리·저장·소분 또는 운반하거나 진열하여서는 아니 된다.

제6조(기준·규격이 정하여지지 아니한 화학적 합성품 등의 판매 등 금지) 누구든지 다음 각 호의 어느 하나에 해당하는 행위를 하여서는 아니 된다. 다만, 식품의약품안전처장이 제57조에 따른 식품위생심의위원회(이하 "심의위원회"라 한다)의 심의를 거쳐 인체의 건강을 해칠 우려가 없다고 인정하는 경우에는 그러하지 아니하다.

1. 제7조제1항 및 제2항에 따라 기준·규격이 정하여지지 아니한 화학적 합성품인 첨가물과 이를 함유한 물질을 식품첨가물로 사용하는 행위

2. 제1호에 따른 식품첨가물이 함유된 식

품을 판매하거나 판매할 목적으로 제조·수입·가공·사용·조리·저장·소분·운반 또는 진열하는 행위

제8조(유독기구 등의 판매·사용 금지) 유독·유해물질이 들어 있거나 묻어 있어 인체의 건강을 해칠 우려가 있는 기구 및 용기·포장과 식품 또는 식품첨가물에 직접 닿으면 해로운 영향을 끼쳐 인체의 건강을 해칠 우려가 있는 기구 및 용기·포장을 판매하거나 판매할 목적으로 제조·수입·저장·운반·진열하거나 영업에 사용하여서는 아니 된다.

제10조(표시기준) ① 식품의약품안전처장은 국민보건을 위하여 필요하면 다음 각 호의 표시에 관하여 기준을 정하여 고시할 수 있다.

1. 판매를 목적으로 하는 식품 또는 식품첨가물의 표시
2. 제9조제1항에 따라 기준과 규격이 정하여진 기구 및 용기·포장의 표시

② 제1항에 따라 표시에 관한 기준이 정하여진 식품등은 그 기준에 맞는 표시가 없으면 판매하거나 판매할 목적으로 수입·진열·운반하거나 영업에 사용하여서는 아니 된다.

③ 제1항제1호에 따른 표시의 기준에는 다음 각 호의 사항이 포함되어야 한다.

1. 제품명, 내용량, 원재료명, 영업소 명칭 및 소재지
2. 소비자 안전을 위한 주의사항
3. 제조연월일, 유통기한 또는 품질유지기한
4. 그 밖에 식품 또는 식품첨가물에 대한 소비자의 오인·혼동을 방지하기 위하여 표시가 필요한 사항으로서 총리령으로 정하는 사항

④ 제1항제2호에 따른 표시의 기준에는 다음 각 호의 사항이 포함되어야 한다.

1. 재질, 영업소 명칭 및 소재지
2. 소비자 안전을 위한 주의사항

3. 그 밖에 해당 기구 또는 용기·포장에 대한 소비자의 오인·혼동을 방지하기 위하여 표시가 필요한 사항으로서 총리령으로 정하는 사항

제12조의2(유전자변형식품등의 표시) ① 다음 각 호의 어느 하나에 해당하는 생명공학기술을 활용하여 재배·육성된 농산물·축산물·수산물 등을 원재료로 하여 제조·가공한 식품 또는 식품첨가물(이하 "유전자변형식품등"이라 한다)은 유전자변형식품임을 표시하여야 한다. 다만, 제조·가공 후에 유전자변형 디엔에이(DNA, Deoxyribonucleic acid) 또는 유전자변형 단백질이 남아 있는 유전자변형식품등에 한정한다.

1. 인위적으로 유전자를 재조합하거나 유전자를 구성하는 핵산을 세포 또는 세포 내 소기관으로 직접 주입하는 기술
2. 분류학에 따른 과(科)의 범위를 넘는 세포융합기술

② 제1항에 따라 표시하여야 하는 유전자변형식품등은 표시가 없으면 판매하거나 판매할 목적으로 수입·진열·운반하거나 영업에 사용하여서는 아니 된다.

제13조(허위표시 등의 금지) ① 누구든지 식품등의 명칭·제조방법, 품질·영양 표시, 유전자변형식품등 및 식품이력추적관리 표시에 관하여는 다음 각 호에 해당하는 허위·과대·비방의 표시·광고를 하여서는 아니 되고, 포장에 있어서는 과대포장을 하지 못한다. 식품 또는 식품첨가물의 영양가·원재료·성분·용도에 관하여도 또한 같다.

1. 질병의 예방 및 치료에 효능·효과가 있거나 의약품 또는 건강기능식품으로 오인·혼동할 우려가 있는 내용의 표시·광고
2. 사실과 다르거나 과장된 표시·광고
3. 소비자를 기만하거나 오인·혼동시킬 우려가 있는 표시·광고
4. 다른 업체 또는 그 제품을 비방하는 광고

5. 제12조의3제1항에 따라 심의를 받지 아니하거나 심의받은 내용과 다른 내용의 표시·광고

제17조(위해식품등에 대한 긴급대응) ① 식품의약품안전처장은 판매하거나 판매할 목적으로 채취·제조·수입·가공·조리·저장·소분 또는 운반(이하 이 조에서 "제조·판매등"이라 한다)되고 있는 식품등이 다음 각 호의 어느 하나에 해당하는 경우에는 긴급대응방안을 마련하고 필요한 조치를 하여야 한다.

1. 국내외에서 식품등 위해발생 우려가 총리령으로 정하는 과학적 근거에 따라 제기되었거나 제기된 경우

2. 그 밖에 식품등으로 인하여 국민건강에 중대한 위해가 발생하거나 발생할 우려가 있는 경우로서 대통령령으로 정하는 경우

② 제1항에 따른 긴급대응방안은 다음 각 호의 사항이 포함되어야 한다.

1. 해당 식품등의 종류

2. 해당 식품등으로 인하여 인체에 미치는 위해의 종류 및 정도

3. 제3항에 따른 제조·판매등의 금지가 필요한 경우 이에 관한 사항

4. 소비자에 대한 긴급대응요령 등의 교육·홍보에 관한 사항

5. 그 밖에 식품등의 위해 방지 및 확산을 막기 위하여 필요한 사항

③ 식품의약품안전처장은 제1항에 따른 긴급대응이 필요하다고 판단되는 식품등에 대하여는 그 위해 여부가 확인되기 전까지 해당 식품등의 제조·판매등을 금지하여야 한다.

④ 영업자는 제3항에 따른 식품등에 대하여는 제조·판매등을 하여서는 아니 된다.

제21조(특정 식품등의 수입·판매 등 금지)

① 식품의약품안전처장은 특정 국가 또는 지역에서 채취·제조·가공·사용·조리 또는 저장된 식품등이 그 특정 국가 또는 지역에서 위해한 것으로 밝혀졌거나 위해의 우려가 있다고 인정되는 경우에는 그 식품등을 수입·판매하거나 판매할 목적으로 제조·가공·사용·조리·저장·소분·운반 또는 진열하는 것을 금지할 수 있다.

② 식품의약품안전처장은 제15조제1항에 따른 위해평가 또는 「수입식품안전관리 특별법」 제21조제1항에 따른 검사 후 식품등에서 제4조제2호에 따른 유독·유해물질이 검출된 경우에는 해당 식품등의 수입을 금지하여야 한다. 다만, 인체의 건강을 해칠 우려가 없다고 식품의약품안전처장이 인정하는 경우는 그러하지 아니하다.

③ 식품의약품안전처장은 제1항 및 제2항에 따른 금지를 하려면 미리 관계 중앙행정기관의 장의 의견을 듣고 심의위원회의 심의·의결을 거쳐야 한다. 다만, 국민건강을 급박하게 위해할 우려가 있어서 신속히 금지 조치를 하여야 할 필요가 있는 경우 먼저 금지조치를 한 뒤 지체 없이 심의위원회의 심의·의결을 거칠 수 있다.

④ 제3항 본문 및 단서에 따라 심의위원회가 심의하는 경우 대통령령으로 정하는 이해관계인은 심의위원회에 출석하여 의견을 진술하거나 문서로 의견을 제출할 수 있다.

⑤ 식품의약품안전처장은 직권으로 또는 제1항 및 제2항에 따라 수입·판매 등이 금지된 식품등에 대하여 이해관계가 있는 국가 또는 수입한 영업자의 신청을 받아 그 식품등에 위해가 없는 것으로 인정되면 심의위원회의 심의·의결을 거쳐 제1항 및 제2항에 따른 금지의 전부 또는 일부를 해제할 수 있다.

⑥ 식품의약품안전처장은 제1항 및 제2항에 따른 금지나 제5항에 따른 해제를 하는 경우에는 고시하여야 한다.

⑦ 식품의약품안전처장은 제1항 및 제2항에 따라 수입·판매 등이 금지된 해당 식품등의 제조업소, 이해관계가 있는 국가 또는 수입한 영업자가 원인 규명 및 개선

사항을 제시할 경우에는 제1항 및 제2항에 따른 금지의 전부 또는 일부를 해제할 수 있다. 이 경우 개선사항에 대한 확인이 필요한 때에는 현지 조사를 할 수 있다.

제22조(출입·검사·수거 등) ① 식품의약품안전처장(대통령령으로 정하는 그 소속기관의 장을 포함한다. 이하 이 조에서 같다), 시·도지사 또는 시장·군수·구청장은 식품등의 위해방지·위생관리와 영업질서의 유지를 위하여 필요하면 다음 각 호의 구분에 따른 조치를 할 수 있다.
1. 영업자나 그 밖의 관계인에게 필요한 서류나 그 밖의 자료의 제출 요구
2. 관계 공무원으로 하여금 다음 각 목에 해당하는 출입·검사·수거 등의 조치
  가. 영업소(사무소, 창고, 제조소, 저장소, 판매소, 그 밖에 이와 유사한 장소를 포함한다)에 출입하여 판매를 목적으로 하거나 영업에 사용하는 식품등 또는 영업시설 등에 대하여 하는 검사
  나. 가목에 따른 검사에 필요한 최소량의 식품등의 무상 수거
  다. 영업에 관계되는 장부 또는 서류의 열람
② 식품의약품안전처장은 시·도지사 또는 시장·군수·구청장이 제1항에 따른 출입·검사·수거 등의 업무를 수행하면서 식품등으로 인하여 발생하는 위생 관련 위해방지 업무를 효율적으로 하기 위하여 필요한 경우에는 관계 행정기관의 장, 다른 시·도지사 또는 시장·군수·구청장에게 행정응원(行政應援)을 하도록 요청할 수 있다. 이 경우 행정응원을 요청받은 관계 행정기관의 장, 시·도지사 또는 시장·군수·구청장은 특별한 사유가 없으면 이에 따라야 한다.
③ 제1항 및 제2항의 경우에 출입·검사·수거 또는 열람하려는 공무원은 그 권한을 표시하는 증표 및 조사기간, 조사범위, 조사담당자, 관계 법령 등 대통령령으로 정

하는 사항이 기재된 서류를 지니고 이를 관계인에게 내보여야 한다.

제31조(자기품질검사 의무) ① 식품등을 제조·가공하는 영업자는 총리령으로 정하는 바에 따라 제조·가공하는 식품등이 제7조 또는 제9조에 따른 기준과 규격에 맞는지를 검사하여야 한다.
② 식품의약품안전처장 및 시·도지사는 제1항에 따른 검사를 해당 영업을 하는 자가 직접 행하는 것이 부적합한 경우 「식품·의약품분야 시험·검사 등에 관한 법률」 제6조제3항제2호에 따른 자가품질위탁 시험·검사기관에 위탁하여 검사하게 할 수 있다.
③ 제1항에 따른 검사를 직접 행하는 영업자는 제1항에 따른 검사 결과 해당 식품등이 제4조부터 제6조까지, 제7조제4항, 제8조 또는 제9조제4항을 위반하여 국민 건강에 위해가 발생하거나 발생할 우려가 있는 경우에는 지체 없이 식품의약품안전처장에게 보고하여야 한다.

제36조(시설기준) ① 다음의 영업을 하려는 자는 총리령으로 정하는 시설기준에 맞는 시설을 갖추어야 한다.
1. 식품 또는 식품첨가물의 제조업, 가공업, 운반업, 판매업 및 보존업
2. 기구 또는 용기·포장의 제조업
3. 식품접객업
② 제1항 각 호에 따른 영업의 세부 종류와 그 범위는 대통령령으로 정한다.

제21조(영업의 종류) 법 제36조제2항에 따른 영업의 세부 종류와 그 범위는 다음 각 호와 같다.
  1. 식품제조·가공업: 식품을 제조·가공하는 영업
  2. 즉석판매제조·가공업: 총리령으로 정하는 식품을 제조·가공업소에서 직접 최종소비자에게 판매하는 영업
  3. 식품첨가물제조업
    가. 감미료·착색료·표백제 등의 화학적 합성품을 제조·가공하는 영업

나. 천연 물질로부터 유용한 성분을 추출하는 등의 방법으로 얻은 물질을 제조·가공하는 영업

다. 식품첨가물의 혼합제재를 제조·가공하는 영업

라. 기구 및 용기·포장을 살균·소독할 목적으로 사용되어 간접적으로 식품에 이행될 수 있는 물질을 제조·가공하는 영업

4. 식품운반업: 직접 마실 수 있는 유산균음료(살균유산균음료를 포함한다)나 어류·조개류 및 그 가공품 등 부패·변질되기 쉬운 식품을 전문적으로 운반하는 영업. 다만, 해당 영업자의 영업소에서 판매할 목적으로 식품을 운반하는 경우와 해당 영업자가 제조·가공한 식품을 운반하는 경우는 제외한다.

5. 식품소분·판매업

가. 식품소분업: 총리령으로 정하는 식품 또는 식품첨가물의 완제품을 나누어 유통할 목적으로 재포장·판매하는 영업

나. 식품판매업

1) 식용얼음판매업: 식용얼음을 전문적으로 판매하는 영업

2) 식품자동판매기영업: 식품을 자동판매기에 넣어 판매하는 영업. 다만, 유통기간이 1개월 이상인 완제품만을 자동판매기에 넣어 판매하는 경우는 제외한다.

3) 유통전문판매업: 식품 또는 식품첨가물을 스스로 제조·가공하지 아니하고 제1호의 식품제조·가공업자 또는 제3호의 식품첨가물제조업자에게 의뢰하여 제조·가공한 식품 또는 식품첨가물을 자신의 상표로 유통·판매하는 영업

4) 집단급식소 식품판매업: 집단급식소에 식품을 판매하는 영업

6) 기타 식품판매업: 1)부터 4)까지를 제외한 영업으로서 총리령으로 정하는 일정 규모 이상의 백화점, 슈퍼마켓, 연쇄점 등에서 식품을 판매하는 영업

6. 식품보존업

가. 식품조사처리업: 방사선을 쬐어 식품의 보존성을 물리적으로 높이는 것을 업(業)으로 하는 영업

나. 식품냉동·냉장업: 식품을 얼리거나 차게 하여 보존하는 영업. 다만, 수산물의 냉동·냉장은 제외한다.

7. 용기·포장류제조업

가. 용기·포장지제조업: 식품 또는 식품첨가물을 넣거나 싸는 물품으로서 식품 또는 식품첨가물에 직접 접촉되는 용기(옹기류는 제외한다)·포장지를 제조하는 영업

나. 옹기류제조업: 식품을 제조·조리·저장할 목적으로 사용되는 독, 항아리, 뚝배기 등을 제조하는 영업

8. 식품접객업

가. 휴게음식점영업: 주로 다류(茶類), 아이스크림류 등을 조리·판매하거나 패스트푸드점, 분식점 형태의 영업 등 음식류를 조리·판매하는 영업으로서 음주행위가 허용되지 아니하는 영업. 다만, 편의점, 슈퍼마켓, 휴게소, 그 밖에 음식류를 판매하는 장소(만화가게 및 「게임산업진흥에 관한 법률」 제2조제7호에 따른 인터넷컴퓨터게임시설제공업을 하는 영업소 등 음식류를 부수적으로 판매하는 장소를 포함한다)에서 컵라면, 일회용 다류 또는 그 밖의 음식류에 물을 부어 주는 경우는 제외한다.

나. 일반음식점영업: 음식류를 조리·판매하는 영업으로서 식사와 함께 부수적으로 음주행위가 허용되는 영업

다. 단란주점영업: 주로 주류를 조리·판매하는 영업으로서 손님이 노래를 부르는 행위가 허용되는 영업

라. 유흥주점영업: 주로 주류를 조리·판매하는 영업으로서 유흥종사자를 두거나 유흥시설을 설치할 수 있고 손님이 노래를 부르거나 춤을 추는 행위가 허용되는 영업

마. 위탁급식영업: 집단급식소를 설치·운영하는 자와의 계약에 따라 그 집단급식소에서 음식류를 조리하여 제공하는 영업

바. 제과점영업: 주로 빵, 떡, 과자 등을 제조·판매하는 영업으로서 음주행위가 허용되지 아니하는 영업

제22조(유흥종사자의 범위) ① 제21조제8호라목에서 "유흥종사자"란 손님과 함께 술

을 마시거나 노래 또는 춤으로 손님의 유흥을 돋우는 부녀자인 유흥접객원을 말한다.

② 제21조제8호라목에서 "유흥시설"이란 유흥종사자 또는 손님이 춤을 출 수 있도록 설치한 무도장을 말한다.

제37조(영업허가 등) ① 제36조제1항 각 호에 따른 영업 중 대통령령으로 정하는 영업을 하려는 자는 대통령령으로 정하는 바에 따라 영업 종류별 또는 영업소별로 식품의약품안전처장 또는 특별자치시장·특별자치도지사·시장·군수·구청장의 허가를 받아야 한다. 허가받은 사항 중 대통령령으로 정하는 중요한 사항을 변경할 때에도 또한 같다.

제23조(허가를 받아야 하는 영업 및 허가관청) 법 제37조제1항 전단에 따라 허가를 받아야 하는 영업 및 해당 허가관청은 다음 각 호와 같다.

1. 제21조제6호가목의 식품조사처리업: 식품의약품안전처장

2. 제21조제8호다목의 단란주점영업과 같은 호 라목의 유흥주점영업: 특별자치시장·특별자치도지사 또는 시장·군수·구청장

② 식품의약품안전처장 또는 특별자치시장·특별자치도지사·시장·군수·구청장은 제1항에 따른 영업허가를 하는 때에는 필요한 조건을 붙일 수 있다.

③ 제1항에 따라 영업허가를 받은 자가 폐업하거나 허가받은 사항 중 같은 항 후단의 중요한 사항을 제외한 경미한 사항을 변경할 때에는 식품의약품안전처장 또는 특별자치시장·특별자치도지사·시장·군수·구청장에게 신고하여야 한다.

④ 제36조제1항 각 호에 따른 영업 중 대통령령으로 정하는 영업을 하려는 자는 대통령령으로 정하는 바에 따라 영업 종류별 또는 영업소별로 식품의약품안전처장 또는 특별자치시장·특별자치도지사·시장·군수·구청장에게 신고하여야 한다. 신고한 사항 중 대통령령으로 정하는 중요한 사항

을 변경하거나 폐업할 때에도 또한 같다.

제25조(영업신고를 하여야 하는 업종) ① 법 제37조제4항 전단에 따라 특별자치시장·특별자치도지사 또는 시장·군수·구청장에게 신고를 하여야 하는 영업은 다음 각 호와 같다.

2. 제21조제2호의 즉석판매제조·가공업

4. 제21조제4호의 식품운반업

5. 제21조제5호의 식품소분·판매업

6. 제21조제6호나목의 식품냉동·냉장업

7. 제21조제7호의 용기·포장류제조업 (자신의 제품을 포장하기 위하여 용기·포장류를 제조하는 경우는 제외한다)

8. 제21조제8호가목의 휴게음식점영업, 같은 호 나목의 일반음식점영업, 같은 호 마목의 위탁급식영업 및 같은 호 바목의 제과점영업

※ 보건범죄 단속에 관한 특별조치법
제2조(부정식품 제조 등의 처벌) ① 「식품위생법」 제37조제1항 및 제4항의 허가를 받지 아니하거나 신고를 하지 아니하고 제조·가공한 사람, 「건강기능식품에 관한 법률」 제5조에 따른 허가를 받지 아니하고 건강기능식품을 제조·가공한 사람, 이미 허가받거나 신고된 식품, 식품첨가물 또는 건강기능식품과 유사하게 위조하거나 변조한 사람, 그 사실을 알고 판매하거나 판매할 목적으로 취득한 사람 및 판매를 알선한 사람, 「식품위생법」 제6조, 제7조제4항 또는 「건강기능식품에 관한 법률」 제24조제1항을 위반하여 제조·가공한 사람, 그 정황을 알고 판매하거나 판매할 목적으로 취득한 사람 및 판매를 알선한 사람은 다음 각 호의 구분에 따라 처벌한다.

1. 식품, 식품첨가물 또는 건강기능식품이 인체에 현저히 유해한 경우: 무기 또는 5년 이상의 징역에 처한다.

2. 식품, 식품첨가물 또는 건강기능식품의 가액(價額)이 소매가격으로 연간 5천만원 이상인 경우: 무기 또는 3년 이상의 징역에 처한다.

3. 제1호의 죄를 범하여 사람을 사상(死

傷)에 이르게 한 경우: 사형, 무기 또는 5년 이상의 징역에 처한다.

② 제1항의 경우에는 제조, 가공, 위조, 변조, 취득, 판매하거나 판매를 알선한 제품의 소매가격의 2배 이상 5배 이하에 상당하는 벌금을 병과(倂科)한다.

⑤ 제36조제1항 각 호에 따른 영업 중 대통령령으로 정하는 영업을 하려는 자는 대통령령으로 정하는 바에 따라 영업 종류별 또는 영업소별로 식품의약품안전처장 또는 특별자치시장·특별자치도지사·시장·군수·구청장에게 등록하여야 하며, 등록한 사항 중 대통령령으로 정하는 중요한 사항을 변경할 때에도 또한 같다. 다만, 폐업하거나 대통령령으로 정하는 중요한 사항을 제외한 경미한 사항을 변경할 때에는 식품의약품안전처장 또는 특별자치시장·특별자치도지사·시장·군수·구청장에게 신고하여야 한다.

제26조의2(등록하여야 하는 영업) ① 법 제37조제5항 본문에 따라 특별자치시장·특별자치도지사 또는 시장·군수·구청장에게 등록하여야 하는 영업은 다음 각 호와 같다. 다만, 제1호에 따른 식품제조·가공업 중 「주세법」 제6조에 따라 주류 제조면허를 받아 주류를 제조하는 경우에는 식품의약품안전처장에게 등록하여야 한다.

1. 제21조제1호의 식품제조·가공업
2. 제21조제3호의 식품첨가물제조업

② 제1항에도 불구하고 다음 각 호의 어느 하나에 해당하는 경우에는 등록하지 아니한다.

1. 「양곡관리법」 제19조에 따른 양곡가공업 중 도정업을 하는 경우
2. 「식품산업진흥법」 제19조의5에 따라 수산물가공업[어유(간유) 가공업, 냉동·냉장업 및 선상수산물가공업만 해당한다]의 신고를 하고 해당 영업을 하는 경우
4. 「축산물 위생관리법」 제22조에 따라 축산물가공업의 허가를 받아 해당 영업을 하는 경우
5. 「건강기능식품에 관한 법률」 제5조에 따라 건강기능식품제조업의 영업허가를 받아 해당 영업을 하는 경우

6. 식품첨가물이나 다른 원료를 사용하지 아니하고 농산물·임산물·수산물을 단순히 자르거나, 껍질을 벗기거나, 말리거나, 소금에 절이거나, 숙성하거나, 가열하는 등의 가공과정 중 위생상 위해가 발생할 우려가 없고 식품의 상태를 관능검사로 확인할 수 있도록 가공하는 경우. 다만, 다음 각 목의 어느 하나에 해당하는 경우는 제외한다.

가. 집단급식소에 식품을 판매하기 위하여 가공하는 경우

나. 식품의약품안전처장이 법 제7조제1항에 따라 기준과 규격을 정하여 고시한 신선편의식품(과일, 야채, 채소, 새싹 등을 식품첨가물이나 다른 원료를 사용하지 아니하고 단순히 자르거나, 껍질을 벗기거나, 말리거나, 소금에 절이거나, 숙성하거나, 가열하는 등의 가공과정을 거친 상태에서 따로 씻는 등의 과정 없이 그대로 먹을 수 있게 만든 식품을 말한다)을 판매하기 위하여 가공하는 경우

⑥ 제1항, 제4항 또는 제5항에 따라 식품 또는 식품첨가물의 제조업·가공업의 허가를 받거나 신고 또는 등록을 한 자가 식품 또는 식품첨가물을 제조·가공하는 경우에는 총리령으로 정하는 바에 따라 식품의약품안전처장 또는 특별자치시장·특별자치도지사·시장·군수·구청장에게 그 사실을 보고하여야 한다. 보고한 사항 중 총리령으로 정하는 중요한 사항을 변경하는 경우에도 또한 같다.

⑦ 식품의약품안전처장 또는 특별자치시장·특별자치도지사·시장·군수·구청장은 영업자(제4항에 따른 영업신고 또는 제5항에 따른 영업등록을 한 자만 해당한다)가 「부가가치세법」 제8조에 따라 관할 세무서장에게 폐업신고를 하거나 관할세무서장이 사업자등록을 말소한 경우에는 신고 또는 등록 사항을 직권으로 말소할 수 있다.

⑧ 제3항부터 제5항까지의 규정에 따라 폐업하고자 하는 자는 제71조부터 제76조까지의 규정에 따른 영업정지 등 행정 제재

처분기간 중에는 폐업신고를 할 수 없다.

제39조(영업 승계) ① 영업자가 영업을 양도하거나 사망한 경우 또는 법인이 합병한 경우에는 그 양수인·상속인 또는 합병 후 존속하는 법인이나 합병에 따라 설립되는 법인은 그 영업자의 지위를 승계한다.

② 다음 각 호의 어느 하나에 해당하는 절차에 따라 영업 시설의 전부를 인수한 자는 그 영업자의 지위를 승계한다. 이 경우 종전의 영업자에 대한 영업 허가·등록 또는 그가 한 신고는 그 효력을 잃는다.

1. 「민사집행법」에 따른 경매
2. 「채무자 회생 및 파산에 관한 법률」에 따른 환가(換價)
3. 「국세징수법」, 「관세법」 또는 「지방세징수법」에 따른 압류재산의 매각
4. 그 밖에 제1호부터 제3호까지의 절차에 준하는 절차

③ 제1항 또는 제2항에 따라 그 영업자의 지위를 승계한 자는 총리령으로 정하는 바에 따라 1개월 이내에 그 사실을 식품의약품안전처장 또는 특별자치시장·특별자치도지사·시장·군수·구청장에게 신고하여야 한다.

④ 제1항 및 제2항에 따른 승계에 관하여는 제38조를 준용한다. 다만, 상속인이 제38조제1항제8호에 해당하면 상속받은 날부터 3개월 동안은 그러하지 아니하다.

제40조(건강진단) ① 총리령으로 정하는 영업자 및 그 종업원은 건강진단을 받아야 한다. 다만, 다른 법령에 따라 같은 내용의 건강진단을 받는 경우에는 이 법에 따른 건강진단을 받은 것으로 본다.

② 제1항에 따라 건강진단을 받은 결과 타인에게 위해를 끼칠 우려가 있는 질병이 있다고 인정된 자는 그 영업에 종사하지 못한다.

③ 영업자는 제1항을 위반하여 건강진단을 받지 아니한 자나 제2항에 따른 건강진단 결과 타인에게 위해를 끼칠 우려가 있는 질병이 있는 자를 그 영업에 종사시키지 못한다.

제41조(식품위생교육) ① 대통령령으로 정하는 영업자 및 유흥종사자를 둘 수 있는 식품접객업 영업자의 종업원은 매년 식품위생에 관한 교육(이하 "식품위생교육"이라 한다)을 받아야 한다.

② 제36조제1항 각 호에 따른 영업을 하려는 자는 미리 식품위생교육을 받아야 한다. 다만, 부득이한 사유로 미리 식품위생교육을 받을 수 없는 경우에는 영업을 시작한 뒤에 식품의약품안전처장이 정하는 바에 따라 식품위생교육을 받을 수 있다.

③ 제1항 및 제2항에 따라 교육을 받아야 하는 자가 영업에 직접 종사하지 아니하거나 두 곳 이상의 장소에서 영업을 하는 경우에는 종업원 중에서 식품위생에 관한 책임자를 지정하여 영업자 대신 교육을 받게 할 수 있다. 다만, 집단급식소에 종사하는 조리사 및 영양사(「국민영양관리법」 제15조에 따라 영양사 면허를 받은 사람을 말한다. 이하 같다)가 식품위생에 관한 책임자로 지정되어 제56조제1항 단서에 따라 교육을 받은 경우에는 제1항 및 제2항에 따른 해당 연도의 식품위생교육을 받은 것으로 본다.

④ 제2항에도 불구하고 다음 각 호의 어느 하나에 해당하는 면허를 받은 자가 제36조제1항제3호에 따른 식품접객업을 하려는 경우에는 식품위생교육을 받지 아니하여도 된다.

1. 제53조에 따른 조리사 면허
2. 「국민영양관리법」 제15조에 따른 영양사 면허
3. 「공중위생관리법」 제6조의2에 따른 위생사 면허

⑤ 영업자는 특별한 사유가 없는 한 식품위생교육을 받지 아니한 자를 그 영업에 종사하게 하여서는 아니 된다.

제43조(영업 제한) ① 시·도지사는 영업

질서와 선량한 풍속을 유지하는 데에 필요한 경우에는 영업자 중 식품접객영업자와 그 종업원에 대하여 영업시간 및 영업행위를 제한할 수 있다.

② 제1항에 따른 제한 사항은 대통령령으로 정하는 범위에서 해당 시·도의 조례로 정한다.

제44조(영업자 등의 준수사항) ① 제36조제1항 각 호의 영업을 하는 자 중 대통령령으로 정하는 영업자와 그 종업원은 영업의 위생관리와 질서유지, 국민의 보건위생 증진을 위하여 영업의 종류에 따라 다음 각 호에 해당하는 사항을 지켜야 한다.

제29조(준수사항 적용 대상 영업자의 범위)
① 법 제44조제1항에서 "식품접객영업자 등 대통령령으로 정하는 영업자"란 다음 각 호의 영업자를 말한다.
1. 제21조제1호의 식품제조·가공업자
2. 제21조제2호의 즉석판매제조·가공업자
3. 제21조제3호의 식품첨가물제소업자
4. 제21조제4호의 식품운반업자
5. 제21조제5호의 식품소분·판매업자
6. 제21조제6호가목의 식품조사처리업자
7. 제21조제8호의 식품접객업자

1. 「축산물 위생관리법」 제12조에 따른 검사를 받지 아니한 축산물 또는 실험 등의 용도로 사용한 동물은 운반·보관·진열·판매하거나 식품의 제조·가공에 사용하지 말 것
2. 「야생생물 보호 및 관리에 관한 법률」을 위반하여 포획·채취한 야생생물은 이를 식품의 제조·가공에 사용하거나 판매하지 말 것
3. 유통기한이 경과된 제품·식품 또는 그 원재료를 조리·판매의 목적으로 소분·운반·진열·보관하거나 이를 판매 또는 식품의 제조·가공에 사용하지 말 것
4. 수돗물이 아닌 지하수 등을 먹는 물 또는 식품의 조리·세척 등에 사용하는

경우에는 「먹는물관리법」 제43조에 따른 먹는물 수질검사기관에서 총리령으로 정하는 바에 따라 검사를 받아 마시기에 적합하다고 인정된 물을 사용할 것. 다만, 둘 이상의 업소가 같은 건물에서 같은 수원(水源)을 사용하는 경우에는 하나의 업소에 대한 시험결과로 나머지 업소에 대한 검사를 갈음할 수 있다.
5. 제15조제2항에 따라 위해평가가 완료되기 전까지 일시적으로 금지된 식품등을 제조·가공·판매·수입·사용 및 운반하지 말 것
6. 식중독 발생 시 보관 또는 사용 중인 식품은 역학조사가 완료될 때까지 폐기하거나 소독 등으로 현장을 훼손하여서는 아니 되고 원상태로 보존하여야 하며, 식중독 원인규명을 위한 행위를 방해하지 말 것
7. 손님을 꾀어서 끌어들이는 행위를 하지 말 것
8. 그 밖에 영업의 원료관리, 제조공정 및 위생관리와 질서유지, 국민의 보건위생 증진 등을 위하여 총리령으로 정하는 사항

※ 시행규칙(총리령)
제57조(식품접객영업자 등의 준수사항 등) 법 제44조제1항에 따라 식품접객영업자 등이 지켜야 할 준수사항은 별표 17과 같다.
[별표 17] <개정 2017. 12. 29.>
※ 식품접객업영업자 등의 준수사항(제57조)
1. 식품제조·가공업자 및 식품첨가물제조업자와 그 종업원의 준수사항
　가. 생산 및 작업기록에 관한 서류와 원료의 입고·출고·사용에 대한 원료수불 관계 서류를 작성하되 이를 거짓으로 작성해서는 안 된다. 이 경우 해당 서류는 최종 기재일부터 3년간 보관하여야 한다.
　나. 식품제조·가공업자는 제품의 거래기록을 작성하여야 하고, 최종 기재일부터 3년간 보관하여야 한다.
　다. 유통기한이 경과된 제품은 판매목적으로 진열·보관·판매(대리점을 통하여 또는 직

접 진열·보관하거나 판매하는 경우만 해당한
다)하거나 이를 식품 등의 제조·가공에 사용
하지 아니하여야 한다. 다만, 폐기용 또는 교
육용이라는 표시를 명확하게 하여 진열·보관
하는 경우는 제외한다.

라. 식품을 텔레비전·인쇄물 등으로 광고하는
경우에는 제품명 및 업소명을 포함하여야 한다.

마. 식품제조·가공업자는 장난감 등을 식품
과 함께 포장하여 판매하는 경우 장난감 등이
식품의 보관·섭취에 사용되는 경우를 제외하
고는 식품과 구분하여 별도로 포장하여야 한
다. 이 경우 장난감 등은 「품질경영 및 공산
품안전관리법」 제14조제3항에 따른 제품검
사의 안전기준에 적합한 것이어야 한다.

바. 식품제조·가공업자 또는 식품첨가물제
조업자는 별표 14 제1호자목2) 또는 제3호에
따라 식품제조·가공업 또는 식품첨가물제조
업의 영업등록을 한 자에게 위탁하여 식품 또
는 식품첨가물을 제조·가공하는 경우에는 위
탁한 그 제조·가공업자에 대하여 반기별 1회
이상 위생관리상태 등을 점검하여야 한다. 다
만, 위탁하려는 식품과 동일한 식품에 대하여
법 제48조에 따라 식품안전관리인증기준적용
업소로 인증받거나 「어린이 식생활안전관리
특별법」 제14조에 따라 품질인증을 받은 영
업자에게 위탁하는 경우는 제외한다.

사. 식품제조·가공업자 및 식품첨가물제조
업자는 이물이 검출되지 아니하도록 필요한
조치를 하여야 하고, 소비자로부터 이물 검출
등 불만사례 등을 신고 받은 경우 그 내용을
기록하여 2년간 보관하여야 하며, 이 경우 소
비자가 제시한 이물과 증거품(사진, 해당 식
품 등을 말한다)은 6개월간 보관하여야 한다.
다만, 부패하거나 변질될 우려가 있는 이물
또는 증거품은 2개월간 보관할 수 있다.

아. 식품제조·가공업자는 「축산물 위생관리
법」 제6조제1항에 따른 표시사항을 모두 표
시하지 않은 축산물, 같은 법 제7조제1항을
위반하여 허가받지 않은 작업장에서 도축·집
유·가공·포장 또는 보관된 축산물, 같은 법 제
12조제1항·제2항에 따른 검사를 받지 않은
축산물, 같은 법 제22조에 따른 영업 허가를
받지 아니한 자가 도축·집유·가공·포장 또는

보관된 축산물 또는 같은 법 제33조제1항에
따른 축산물 또는 실험 등의 용도로 사용한
동물을 식품의 제조 또는 가공에 사용하여서
는 아니 된다.

자. 수돗물이 아닌 지하수 등을 먹는 물 또
는 식품의 제조·가공 등에 사용하는 경우에는
「먹는물관리법」 제43조에 따른 먹는 물 수질
검사기관에서 1년(음료류 등 마시는 용도의
식품인 경우에는 6개월)마다 「먹는물관리법」
제5조에 따른 먹는 물의 수질기준에 따라 검
사를 받아 마시기에 적합하다고 인정된 물을
사용하여야 한다.

차. 모유대용으로 사용하는 식품, 영·유아의
이유 또는 영양보충의 목적으로 제조·가공한
식품을 신문·잡지·라디오 또는 텔레비전을 통
하여 광고하는 경우에는 조제분유와 동일한 명
칭 또는 유사한 명칭을 사용하여 소비자가 혼
동할 우려가 있는 광고를 하여서는 아니 된다.

카. 법 제15조제2항에 따라 위해평가가 완료
되기 전까지 일시적으로 금지된 제품에 대하여는
이를 제조·가공·유통·판매하여서는 아니 된다.

타. 식품제조·가공업자가 자신의 제품을 만
들기 위하여 수입한 반가공 원료 식품 및 용
기·포장과 「대외무역법」에 따른 외화획득용
원료로 수입한 식품등을 부패하거나 변질되
어 또는 유통기한이 경과하여 폐기한 경우에
는 이를 증명하는 자료를 작성하고, 최종 작
성일부터 2년간 보관하여야 한다.

파. 법 제47조제1항에 따라 우수업소로 지
정받은 자 외의 자는 우수업소로 오인·혼동할
우려가 있는 표시를 하여서는 아니 된다.

하. 법 제31조제1항에 따라 자가품질검사
를 하는 식품제조·가공업자 또는 식품첨가물
제조업자는 검사설비에 검사 결과의 변경 시
그 변경내용이 기록·저장되는 시스템을 설치·
운영하여야 한다.

거. 초산($C_2H_4O_2$) 함량비율이 99% 이상
인 빙초산을 제조하는 식품첨가물제조업자는
빙초산에 「품질경영 및 공산품안전관리법」
제2조제11호에 따른 어린이보호포장을 하여
야 한다.

2. 즉석판매제조·가공업자와 그 종업원의 준수사항

가. 제조·가공한 식품을 판매를 목적으로 하는 사람에게 판매하여서는 아니 되며, 다음의 어느 하나에 해당하는 방법으로 배달하는 경우를 제외하고는 영업장 외의 장소에서 판매하여서는 아니 된다.

1) 영업자나 그 종업원이 최종소비자에게 직접 배달하는 경우

2) 식품의약품안전처장이 정하여 고시하는 기준에 따라 우편 또는 택배 등의 방법으로 최종소비자에게 배달하는 경우

나. 손님이 보기 쉬운 곳에 가격표를 붙여야 하며, 가격표대로 요금을 받아야 한다.

다. 영업신고증을 업소 안에 보관하여야 한다.

라. 「축산물 위생관리법」 제6조제1항에 따른 표시사항을 모두 표시하지 않은 축산물, 같은 법 제7조제1항을 위반하여 허가받지 않은 작업장에서 도축·집유·가공·포장 또는 보관된 축산물, 같은 법 제12조제1항·제2항에 따른 검사를 받지 않은 축산물, 같은 법 제22조에 따른 영업 허가를 받지 아니한 자가 도축·집유·가공·포장 또는 보관된 축산물 또는 같은 법 제33조제1항에 따른 축산물 또는 실험 등의 용도로 사용한 동물은 식품의 제조·가공에 사용하여서는 아니 된다.

마. 「야생생물 보호 및 관리에 관한 법률」을 위반하여 포획한 야생동물은 이를 식품의 제조·가공에 사용하여서는 아니 된다.

바. 유통기한이 경과된 제품을 진열·보관하거나 이를 식품의 제조·가공에 사용하여서는 아니 된다.

사. 수돗물이 아닌 지하수 등을 먹는 물 또는 식품의 조리·세척 등에 사용하는 경우에는 「먹는물관리법」 제43조에 따른 먹는 물 수질검사기관에서 다음의 검사를 받아 마시기에 적합하다고 인정된 물을 사용하여야 한다. 다만, 둘 이상의 업소가 같은 건물에서 같은 수원(水原)을 사용하는 경우에는 하나의 업소에 대한 시험결과로 해당 업소에 대한 검사에 갈음할 수 있다.

1) 일부항목 검사: 1년마다(모든 항목 검사를 하는 연도의 경우는 제외한다) 「먹는물 수질기준 및 검사 등에 관한 규칙」 제4조제1항제2호에 따른 마을상수도의 검사기준에 따른 검사

(잔류염소검사를 제외한다). 다만, 시·도지사가 오염의 염려가 있다고 판단하여 지정한 지역에서는 같은 규칙 제2조에 따른 먹는 물의 수질기준에 따른 검사를 하여야 한다.

2) 모든 항목 검사: 2년마다 「먹는물 수질기준 및 검사 등에 관한 규칙」 제2조에 따른 먹는 물의 수질기준에 따른 검사

아. 법 제15조제2항에 따라 위해평가가 완료되기 전까지 일시적으로 금지된 식품등을 제조·가공·판매하여서는 아니 된다.

3. 식품소분·판매(식품자동판매기영업 및 집단급식소 식품판매업은 제외한다)·운반업자와 그 종업원의 준수사항

가. 영업자간의 거래에 관하여 식품의 거래기록(전자문서를 포함한다)을 작성하고, 최종 기재일부터 2년 동안 이를 보관하여야 한다.

나. 영업허가증 또는 신고증을 영업소 안에 보관하여야 한다.

다. 수돗물이 아닌 지하수 등을 먹는 물 또는 식품의 조리·세척 등에 사용하는 경우에는 「먹는물관리법」 제43조에 따른 먹는 물 수질검사기관에서 다음의 구분에 따라 검사를 받아 마시기에 적합하다고 인정된 물을 사용하여야 한다. 다만, 같은 건물에서 같은 수원을 사용하는 경우에는 하나의 업소에 대한 시험결과로 갈음할 수 있다.

1) 일부항목 검사: 1년마다(모든 항목 검사를 하는 연도의 경우를 제외한다) 「먹는물 수질기준 및 검사 등에 관한 규칙」 제4조제1항제2호에 따른 마을 상수도의 검사기준에 따른 검사(잔류염소검사를 제외한다). 다만, 시·도지사가 오염의 염려가 있다고 판단하여 지정한 지역에서는 같은 규칙 제2조에 따른 먹는 물의 수질기준에 따른 검사를 하여야 한다.

2) 모든 항목 검사: 2년마다 「먹는물 수질기준 및 검사 등에 관한 규칙」 제2조에 따른 먹는 물의 수질기준에 따른 검사

라. 식품판매업자가 식품을 텔레비전·인쇄물 등으로 광고하는 경우에는 제품명·제조업소명 및 판매업소명을 포함하여야 한다.

마. 식품판매업자는 제1호마목을 위반한 식품을 판매하여서는 아니 된다.

사. 식품운반업자는 운반차량을 이용하여 살

아있는 동물을 운반하여서는 아니 되며, 운반 목적 외에 운반차량을 사용하여서는 아니 된다.

아. 「축산물 위생관리법」 제6조제1항에 따른 표시사항을 모두 표시하지 않은 축산물, 같은 법 제7조제1항을 위반하여 허가받지 않은 작업장에서 도축·집유·가공·포장 또는 보관된 축산물, 같은 법 제12조제1항·제2항에 따른 검사를 받지 않은 축산물, 같은 법 제22조에 따른 영업 허가를 받지 아니한 자가 도축·집유·가공·포장 또는 보관된 축산물 또는 같은 법 제33조제1항에 따른 축산물 또는 실험 등의 용도로 사용한 동물은 운반·보관·진열 또는 판매하여서는 아니 된다.

자. 유통기한이 경과된 제품을 판매의 목적으로 소분·운반·진열 또는 보관하여서는 아니 되며, 이를 판매하여서는 아니 된다.

차. 식품판매영업자는 즉석판매제조·가공영업자가 제조·가공한 식품을 진열·판매하여서는 아니 된다.

카. 이유식 등을 신문·잡지·라디오 또는 텔레비전을 통하여 광고하는 경우에는 조제분유와 같은 명칭 또는 유사한 명칭을 사용하여 소비자가 혼동할 우려가 있는 광고를 하여서는 아니 된다.

파. 식품소분·판매업자는 법 제15조제2항에 따라 위해평가가 완료되기 전까지 일시적으로 금지된 식품 등에 대하여는 이를 수입·가공·사용·운반 등을 하여서는 아니 된다.

하. 식품소분업자 및 유통전문판매업자는 소비자로부터 이물 검출 등 불만사례 등을 신고 받은 경우에는 그 내용을 2년간 기록·보관하여야 하며, 소비자가 제시한 이물과 증거품(사진, 해당 식품 등을 말한다)은 6개월간 보관하여야 한다. 다만, 부패하거나 변질될 우려가 있는 이물 또는 증거품은 2개월간 보관할 수 있다.

거. 유통전문판매업자는 제조·가공을 위탁한 제조·가공업자에 대하여 반기마다 1회 이상 위생관리 상태를 점검하여야 한다. 다만, 위탁받은 제조·가공업자가 위탁받은 식품과 동일한 식품에 대하여 법 제48조에 따른 식품안전관리인증기준적용업소인 경우 또는 위탁받은 식품과 동일한 식품에 대하여 「어린

이 식생활안전관리 특별법」 제14조에 따라 품질인증을 받은 자인 경우는 제외한다.

4. 식품자동판매기영업자와 그 종업원의 준수사항

가. 자판기용 제품은 적법하게 제조·가공된 것을 사용하여야 하며, 유통기한이 경과된 제품을 보관하거나 이를 사용하여서는 아니 된다.

나. 자판기 내부의 정수기 또는 살균장치 등이 낡거나 닳아 없어진 경우에는 즉시 바꾸어야 하고, 그 기능이 떨어진 경우에는 즉시 그 기능을 보강하여야 한다.

다. 자판기 내부(재료혼합기, 급수통, 급수호스 등)는 하루 1회 이상 세척 또는 소독하여 청결히 하여야 하고, 그 기능이 떨어진 경우에는 즉시 교체하여야 한다.

라. 자판기 설치장소 주변은 항상 청결하게 하고, 뚜껑이 있는 쓰레기통을 비치하여야 하며, 쥐·바퀴 등 해충이 자판기 내부에 침입하지 아니하도록 하여야 한다.

마. 매일 위생상태 및 고장여부를 점검하여야 하고, 그 내용을 다음과 같은 점검표에 기록하여 보기 쉬운 곳에 항상 비치하여야 한다.

바. 자판기에는 영업신고번호, 자판기별 일련관리번호(제42조제7항에 따라 2대 이상을 일괄신고한 경우에 한한다), 제품의 명칭 및 고장시의 연락전화번호를 12포인트 이상의 글씨로 판매기 앞면의 보기 쉬운 곳에 표시하여야 한다.

5. 집단급식소 식품판매업자와 그 종업원의 준수사항

가. 영업자는 식품의 구매·운반·보관·판매 등의 과정에 대한 거래내역을 2년간 보관하여야 한다.

나. 「축산물 위생관리법」 제6조제1항에 따른 표시사항을 모두 표시하지 않은 축산물, 같은 법 제7조제1항을 위반하여 허가받지 않은 작업장에서 도축·집유·가공·포장 또는 보관된 축산물, 같은 법 제12조제1항·제2항에 따른 검사를 받지 않은 축산물, 같은 법 제22조에 따른 영업 허가를 받지 아니한 자가 도축·집유·가공·포장 또는 보관된 축산물 또는 같은 법 제33조제1항에 따른 축산물, 실험 등의 용도로 사용한 동물 또는 「야생동·식물보

호법」을 위반하여 포획한 야생동물은 판매하여서는 아니 된다.

다. 냉동식품을 공급할 때에 해당 집단급식소의 영양사 및 조리사가 해동(解凍)을 요청할 경우 해동을 위한 별도의 보관 장치를 이용하거나 냉장운반을 할 수 있다. 이 경우 해당 제품이 해동 중이라는 표시, 해동을 요청한 자, 해동 시작시간, 해동한 자 등 해동에 관한 내용을 표시하여야 한다.

라. 작업장에서 사용하는 기구, 용기 및 포장은 사용 전, 사용 후 및 정기적으로 살균·소독하여야 하며, 동물·수산물의 내장 등 세균의 오염원이 될 수 있는 식품 부산물을 처리한 경우에는 사용한 기구에 따른 오염을 방지하여야 한다.

마. 유통기한이 지난 식품 또는 그 원재료를 집단급식소에 판매하기 위하여 보관·운반 및 사용하여서는 아니 된다.

바. 수돗물이 아닌 지하수 등을 먹는 물 또는 식품의 조리·세척 등에 사용하는 경우에는 「먹는물관리법」 제43조에 따른 먹는 물 수질검사기관에서 다음의 검사를 받아 마시기에 적합하다고 인정된 물을 사용하여야 한다. 다만, 둘 이상의 업소가 같은 건물에서 같은 수원을 사용하는 경우에는 하나의 업소에 대한 시험결과로 해당 업소에 대한 검사에 갈음할 수 있다.

1) 일부항목 검사: 1년(모든 항목 검사를 하는 연도는 제외한다) 마다 「먹는물 수질기준 및 검사 등에 관한 규칙」 제4조에 따른 마을상수도의 검사기준에 따른 검사(잔류염소검사는 제외한다)를 하여야 한다. 다만, 시·도지사가 오염의 염려가 있다고 판단하여 지정한 지역에서는 같은 규칙 제2조에 따른 먹는 물의 수질기준에 따른 검사를 하여야 한다.

2) 모든 항목 검사 : 2년마다 「먹는물 수질기준 및 검사 등에 관한 규칙」 제2조에 따른 먹는 물의 수질기준에 따른 검사

사. 법 제15조에 따른 위해평가가 완료되기 전까지 일시적으로 금지된 식품등을 사용하여서는 아니 된다.

아. 식중독 발생시 보관 또는 사용 중인 식품은 역학조사가 완료될 때까지 폐기하거나

소독 등으로 현장을 훼손하여서는 아니 되고 원상태로 보존하여야 하며, 식중독 원인규명을 위한 행위를 방해하여서는 아니 된다.

6. 식품조사처리업자 및 그 종업원의 준수사항

조사연월일 및 시간, 조사대상식품명칭 및 무게 또는 수량, 조사선량 및 선량보증, 조사목적에 관한 서류를 작성하여야 하고, 최종기재일부터 3년간 보관하여야 한다.

7. 식품접객업자(위탁급식영업자는 제외한다)와 그 종업원의 준수사항

가. 물수건, 숟가락, 젓가락, 식기, 찬기, 도마, 칼, 행주, 그 밖의 주방용구는 기구등의 살균·소독제, 열탕, 자외선살균 또는 전기살균의 방법으로 소독한 것을 사용하여야 한다.

나. 「축산물 위생관리법」 제6조제1항에 따른 표시사항을 모두 표시하지 않은 축산물, 같은 법 제7조제1항을 위반하여 허가받지 않은 작업장에서 도축·집유·가공·포장 또는 보관된 축산물, 같은 법 제12조제1항·제2항에 따른 검사를 받지 않은 축산물, 같은 법 제22조에 따른 영업 허가를 받지 아니한 자가 도축·집유·가공·포장 또는 부과된 축산물 또는 같은 법 제33조제1항에 따른 축산물 또는 실험 등의 용도로 사용한 동물은 음식물의 조리에 사용하여서는 아니 된다.

다. 업소 안에서는 도박이나 그 밖의 사행행위 또는 풍기문란행위를 방지하여야 하며, 배달판매 등의 영업행위 중 종업원의 이러한 행위를 조장하거나 묵인하여서는 아니 된다.

바. 제과점영업자가 별표 14 제8호가목2)라)(5)에 따라 조리장을 공동 사용하는 경우 빵류를 실제 제조한 업소명과 소재지를 소비자가 알아볼 수 있도록 별도로 표시하여야 한다. 이 경우 게시판, 팻말 등 다양한 방법으로 표시할 수 있다.

사. 간판에는 영 제21조에 따른 해당업종명과 허가를 받거나 신고한 상호를 표시하여야 한다. 이 경우 상호와 함께 외국어를 병행하여 표시할 수 있으나 업종구분에 혼동을 줄 수 있는 사항은 표시하여서는 아니 된다.

아. 손님이 보기 쉽도록 영업소의 외부 또는 내부에 가격표(부가가치세 등이 포함된 것으로서 손님이 실제로 내야 하는 가격이 표시

된 가격표를 말한다)를 붙이거나 게시하되, 신고한 영업장 면적이 150제곱미터 이상인 휴게음식점 및 일반음식점은 영업소의 외부와 내부에 가격표를 붙이거나 게시하여야 하고, 가격표대로 요금을 받아야 한다.

자. 영업허가증·영업신고증·조리사면허증(조리사를 두어야 하는 영업에만 해당한다)을 영업소 안에 보관하고, 허가관청 또는 신고관청이 식품위생·식생활개선 등을 위하여 게시할 것을 요청하는 사항을 손님이 보기 쉬운 곳에 게시하여야 한다.

차. 식품의약품안전처장 또는 시·도지사가 국민에게 혐오감을 준다고 인정하는 식품을 조리·판매하여서는 아니 되며, 「멸종위기에 처한 야생동식물종의 국제거래에 관한 협약」에 위반하여 포획·채취한 야생동물·식물을 사용하여 조리·판매하여서는 아니 된다.

카. 유통기한이 경과된 원료 또는 완제품을 조리·판매의 목적으로 보관하거나 이를 음식물의 조리에 사용하여서는 아니 된다.

타. 허가를 받거나 신고한 영업 외의 다른 영업시설을 설치하거나 다음에 해당하는 영업행위를 하여서는 아니 된다.

1) 휴게음식점영업자·일반음식점영업자 또는 단란주점영업자가 유흥접객원을 고용하여 유흥접객행위를 하게 하거나 종업원의 이러한 행위를 조장하거나 묵인하는 행위

2) 휴게음식점영업자·일반음식점영업자가 음향 및 반주시설을 갖추고 손님이 노래를 부르도록 허용하는 행위. 다만, 연회석을 보유한 일반음식점에서 회갑연, 칠순연 등 가정의 의례로서 행하는 경우에는 그러하지 아니하다.

3) 일반음식점영업자가 주류만을 판매하거나 주로 다류를 조리·판매하는 다방형태의 영업을 하는 행위

4) 휴게음식점영업자가 손님에게 음주를 허용하는 행위

5) 식품접객업소의 영업자 또는 종업원이 영업장을 벗어나 시간적 소요의 대가로 금품을 수수하거나, 영업자가 종업원의 이러한 행위를 조장하거나 묵인하는 행위

6) 휴게음식점영업 중 주로 다류 등을 조리·판매하는 영업소에서 「청소년보호법」 제2

조제1호에 따른 청소년인 종업원에게 영업소를 벗어나 다류 등을 배달하게 하여 판매하는 행위

7) 휴게음식점영업자·일반음식점영업자가 음향시설을 갖추고 손님이 춤을 추는 것을 허용하는 행위. 다만, 특별자치도·시·군·구의 조례로 별도의 안전기준, 시간 등을 정하여 별도의 춤을 추는 공간이 아닌 객석에서 춤을 추는 것을 허용하는 경우는 제외한다.

파. 유흥주점영업자는 성명, 주민등록번호, 취업일, 이직일, 종사분야를 기록한 종업원(유흥접객원만 해당한다)명부를 비치하여 기록·관리하여야 한다.

하. 손님을 꾀어서 끌어들이는 행위를 하여서는 아니 된다.

거. 업소 안에서 선량한 미풍양속을 해치는 공연, 영화, 비디오 또는 음반을 상영하거나 사용하여서는 아니 된다.

너. 수돗물이 아닌 지하수 등을 먹는 물 또는 식품의 조리·세척 등에 사용하는 경우에는 「먹는물관리법」 제43조에 따른 먹는 물 수질검사기관에서 다음의 검사를 받아 마시기에 적합하다고 인정된 물을 사용하여야 한다. 다만, 둘 이상의 업소가 같은 건물에서 같은 수원을 사용하는 경우에는 하나의 업소에 대한 시험결과로 해당 업소에 대한 검사에 갈음할 수 있다.

1) 일부항목 검사: 1년(모든 항목 검사를 하는 연도는 제외한다) 마다 「먹는물 수질기준 및 검사 등에 관한 규칙」 제4조에 따른 마을상수도의 검사기준에 따른 검사(잔류염소검사는 제외한다)를 하여야 한다. 다만, 시·도지사가 오염의 염려가 있다고 판단하여 지정한 지역에서는 같은 규칙 제2조에 따른 먹는 물의 수질기준에 따른 검사를 하여야 한다.

2) 모든 항목 검사 : 2년마다 「먹는물 수질기준 및 검사 등에 관한 규칙」 제2조에 따른 먹는 물의 수질기준에 따른 검사

더. 동물의 내장을 조리한 경우에는 이에 사용한 기계·기구류 등을 세척하여 살균하여야 한다.

러. 식품접객업자는 손님이 먹고 남은 음식물을 다시 사용하거나 조리하거나 또는 보관

(폐기용이라는 표시를 명확하게 하여 보관하는 경우는 제외한다)하여서는 아니 된다.

머. 식품접객업자는 공통찬통, 소형찬기 또는 복합찬기를 사용하거나, 손님이 남은 음식물을 싸서 가지고 갈 수 있도록 포장용기를 비치하고 이를 손님에게 알리는 등 음식문화 개선을 위해 노력하여야 한다.

버. 휴게음식점영업자·일반음식점영업자 또는 단란주점영업자는 영업장 안에 설치된 무대시설 외의 장소에서 공연을 하거나 공연을 하는 행위를 조장·묵인하여서는 아니 된다. 다만, 일반음식점영업자가 손님의 요구에 따라 회갑연, 칠순연 등 가정의 의례로서 행하는 경우에는 그러하지 아니하다.

서. 「야생생물 보호 및 관리에 관한 법률」을 위반하여 포획한 야생동물을 사용한 식품을 조리·판매하여서는 아니 된다.

어. 법 제15조제2항에 따른 위해평가가 완료되기 전까지 일시적으로 금지된 식품등을 사용·조리하여서는 아니 된다.

지. 조리·가공한 음식을 진열하고, 진열된 음식을 손님이 선택하여 먹을 수 있도록 제공하는 형태(이하 "뷔페"라 한다)로 영업을 하는 일반음식점영업자는 제과점영업자에게 당일 제조·판매하는 빵류를 구입하여 구입 당일 이를 손님에게 제공할 수 있다. 이 경우 당일 구입하였다는 증명서(거래명세서나 영수증 등을 말한다)를 6개월간 보관하여야 한다.

처. 법 제47조제1항에 따른 모범업소가 아닌 업소의 영업자는 모범업소로 오인·혼동할 우려가 있는 표시를 하여서는 아니 된다.

커. 손님에게 조리하여 제공하는 식품의 주재료, 중량 등이 아목에 따른 가격표에 표시된 내용과 달라서는 아니 된다.

터. 아목에 따른 가격표에는 불고기, 갈비 등 식육의 가격을 100그램당 가격으로 표시하여야 하며, 조리하여 제공하는 경우에는 조리하기 이전의 중량을 표시할 수 있다. 100그램당 가격과 함께 1인분의 가격도 표시하려는 경우에는 다음의 예와 같이 1인분의 중량과 가격을 함께 표시하여야 한다.

예) 불고기 100그램 ○○원(1인분 120그램 △△원)

갈비 100그램 ○○원(1인분 150그램 △△원)

퍼. 음식판매자동차를 사용하는 휴게음식점영업자 및 제과점영업자는 신고한 장소가 아닌 장소에서 그 음식판매자동차로 휴게음식점영업 및 제과점영업을 하여서는 아니 된다.

허. 법 제47조의2제1항에 따라 위생등급을 지정받지 아니한 식품접객업소의 영업자는 위생등급 지정업소로 오인·혼동할 우려가 있는 표시를 해서는 아니 된다.

8. 위탁급식영업자와 그 종업원의 준수사항

가. 집단급식소를 설치·운영하는 자와 위탁계약한 사항 외의 영업행위를 하여서는 아니 된다.

나. 물수건, 숟가락, 젓가락, 식기, 찬기, 도마, 칼, 행주 그 밖에 주방용구는 기구 등의 살균·소독제, 열탕, 자외선살균 또는 전기살균의 방법으로 소독한 것을 사용하여야 한다.

다. 「축산물 위생관리법」 제6조제1항에 따른 표시사항을 모두 표시하지 않은 축산물, 같은 법 제7조제1항을 위반하여 허가받지 않은 작업장에서 도축·집유·가공·포장 또는 보관된 축산물, 같은 법 제12조제1항·제2항에 따른 검사를 받지 않은 축산물, 같은 법 제22조에 따른 영업 허가를 받지 아니한 자가 도축·집유·가공·포장 또는 보관된 축산물 또는 같은 법 제33조제1항에 따른 축산물 또는 실험 등의 용도로 사용한 동물을 음식물의 조리에 사용하여서는 아니 되며, 「야생생물 보호 및 관리에 관한 법률」에 위반하여 포획한 야생동물을 사용하여 조리하여서는 아니 된다.

라. 유통기한이 경과된 원료 또는 완제품을 조리할 목적으로 보관하거나 이를 음식물의 조리에 사용하여서는 아니 된다.

마. 수돗물이 아닌 지하수 등을 먹는 물 또는 식품의 조리·세척 등에 사용하는 경우에는 「먹는물관리법」 제43조에 따른 먹는 물 수질검사기관에서 다음의 구분에 따라 검사를 받아 마시기에 적합하다고 인정된 물을 사용하여야 한다. 다만, 같은 건물에서 같은 수원을 사용하는 경우에는 하나의 업소에 대한 시험결과로 갈음할 수 있다.

1) 일부항목 검사: 1년마다(모든 항목 검

사를 하는 연도의 경우를 제외한다) 「먹는물 수질기준 및 검사 등에 관한 규칙」 제4조제1항제2호에 따른 마을상수도의 검사기준에 따른 검사(잔류염소검사를 제외한다). 다만, 시·도지사가 오염의 염려가 있다고 판단하여 지정한 지역에서는 같은 규칙 제2조에 따른 먹는 물의 수질기준에 따른 검사를 하여야 한다.

　2) 모든 항목 검사: 2년마다 「먹는물 수질기준 및 검사 등에 관한 규칙」 제2조에 따른 먹는 물의 수질기준에 따른 검사

　바. 동물의 내장을 조리한 경우에는 이에 사용한 기계·기구류 등을 세척하고 살균하여야 한다.

　사. 조리·제공한 식품(법 제2조제12호다목에 따른 병원의 경우에는 일반식만 해당한다)을 보관할 때에는 매회 1인분 분량을 섭씨 영하 18도 이하에서 144시간 이상 보관하여야 한다. 이 경우 완제품 형태로 제공한 가공식품은 유통기한 내에서 해당 식품의 제조업자가 정한 보관방법에 따라 보관할 수 있다.

　차. 법 제15조제2항에 따라 위해평가가 완료되기 전까지 일시적으로 금지된 식품등에 대하여는 이를 사용·조리하여서는 아니 된다.

　카. 식중독 발생시 보관 또는 사용 중인 보존식이나 식재료는 역학조사가 완료될 때까지 폐기하거나 소독 등으로 현장을 훼손하여서는 아니 되고 원상태로 보존하여야 하며, 원인규명을 위한 행위를 방해하여서는 아니 된다.

　타. 법 제47조제1항에 따른 모범업소가 아닌 업소의 영업자는 모범업소로 오인·혼동할 우려가 있는 표시를 하여서는 아니 된다.

② 식품접객영업자는 「청소년 보호법」 제2조에 따른 청소년(이하 이 항에서 "청소년"이라 한다)에게 다음 각 호의 어느 하나에 해당하는 행위를 하여서는 아니 된다.

1. 청소년을 유흥접객원으로 고용하여 유흥행위를 하게 하는 행위
2. 「청소년 보호법」 제2조제5호가목3)에 따른 청소년출입·고용 금지업소에 청소년을 출입시키거나 고용하는 행위
3. 「청소년 보호법」 제2조제5호나목3)에 따른 청소년고용금지업소에 청소년을

　고용하는 행위
4. 청소년에게 주류를 제공하는 행위

③ 누구든지 영리를 목적으로 제36조제1항제3호의 식품접객업을 하는 장소(유흥종사자를 둘 수 있도록 대통령령으로 정하는 영업을 하는 장소는 제외한다)에서 손님과 함께 술을 마시거나 노래 또는 춤으로 손님의 유흥을 돋우는 접객행위(공연을 목적으로 하는 가수, 악사, 댄서, 무용수 등이 하는 행위는 제외한다)를 하거나 다른 사람에게 그 행위를 알선하여서는 아니 된다.

④ 제3항에 따른 식품접객영업자는 유흥종사자를 고용·알선하거나 호객행위를 하여서는 아니 된다.

제45조(위해식품등의 회수)

① 판매의 목적으로 식품등을 제조·가공·소분·수입 또는 판매한 영업자(「수입식품안전관리 특별법」 제15조에 따라 등록한 수입식품등 수입·판매업자를 포함한다. 이하 이 조에서 같다)는 해당 식품등이 제4조부터 제6조까지, 제7조제4항, 제8조, 제9조제4항, 제10조제2항, 제12조의2제2항 또는 제13조를 위반한 사실(식품등의 위해와 관련이 없는 위반사항을 제외한다)을 알게 된 경우에는 지체 없이 유통 중인 해당 식품등을 회수하거나 회수하는 데에 필요한 조치를 하여야 한다. 이 경우 영업자는 회수계획을 식품의약품안전처장, 시·도지사 또는 시장·군수·구청장에게 미리 보고하여야 하며, 회수결과를 보고받은 시·도지사 또는 시장·군수·구청장은 이를 지체 없이 식품의약품안전처장에게 보고하여야 한다. 다만, 해당 식품등이 「수입식품안전관리 특별법」에 따라 수입한 식품등이고, 보고의무자가 해당 식품등을 수입한 자인 경우에는 식품의약품안전처장에게 보고하여야 한다.

② 식품의약품안전처장, 시·도지사 또는 시장·군수·구청장은 제1항에 따른 회수에 필요한 조치를 성실히 이행한 영업자에 대하여 해당 식품등으로 인하여 받게

되는 제75조 또는 제76조에 따른 행정처분을 대통령령으로 정하는 바에 따라 감면할 수 있다.

제46조(식품등의 이물 발견보고 등) ① 판매의 목적으로 식품등을 제조·가공·소분·수입 또는 판매하는 영업자는 소비자로부터 판매제품에서 식품의 제조·가공·조리·유통 과정에서 정상적으로 사용된 원료 또는 재료가 아닌 것으로서 섭취할 때 위생상 위해가 발생할 우려가 있거나 섭취하기에 부적합한 물질[이하 "이물(異物)"이라 한대을 발견한 사실을 신고받은 경우 지체 없이 이를 식품의약품안전처장, 시·도지사 또는 시장·군수·구청장에게 보고하여야 한다.
② 「소비자기본법」에 따른 한국소비자원 및 소비자단체는 소비자로부터 이물 발견의 신고를 접수하는 경우 지체 없이 이를 식품의약품안전처장에게 통보하여야 한다.
③ 시·도지사 또는 시장·군수·구청장은 소비자로부터 이물 발견의 신고를 접수하는 경우 이를 식품의약품안전처장에게 통보하여야 한다.
④ 식품의약품안전처장은 제1항부터 제3항까지의 규정에 따라 이물 발견의 신고를 통보받은 경우 이물혼입 원인 조사를 위하여 필요한 조치를 취하여야 한다.

제51조(조리사) ①집단급식소 운영자와 대통령령으로 정하는 식품접객업자는 조리사(調理士)를 두어야 한다. 다만, 다음 각 호의 어느 하나에 해당하는 경우에는 조리사를 두지 아니하여도 된다.

> **제36조(조리사를 두어야 하는 식품접객업자)** 법 제51조제1항 본문에 따라 조리사를 두어야 하는 식품접객업자는 이 영 제21조제8호의 식품접객업 중 복어를 조리·판매하는 영업을 하는 자로 한다.

1. 집단급식소 운영자 또는 식품접객영업자 자신이 조리사로서 직접 음식물을 조리하는 경우
2. 1회 급식인원 100명 미만의 산업체인 경우
3. 제52조제1항에 따른 영양사가 조리사의 면허를 받은 경우

② 집단급식소에 근무하는 조리사는 다음 각 호의 직무를 수행한다.
1. 집단급식소에서의 식단에 따른 조리업무[식재료의 전(前)처리에서부터 조리, 배식 등의 전 과정을 말한대]
2. 구매식품의 검수 지원
3. 급식설비 및 기구의 위생·안전 실무
4. 그 밖에 조리실무에 관한 사항

제52조(영양사) ①집단급식소 운영자는 영양사(營養士)를 두어야 한다. 다만, 다음 각 호의 어느 하나에 해당하는 경우에는 영양사를 두지 아니하여도 된다.
1. 집단급식소 운영자 자신이 영양사로서 직접 영양 지도를 하는 경우
2. 1회 급식인원 100명 미만의 산업체인 경우
3. 제51조제1항에 따른 조리사가 영양사의 면허를 받은 경우

② 집단급식소에 근무하는 영양사는 다음 각 호의 직무를 수행한다.
1. 집단급식소에서의 식단 작성, 검식(檢食) 및 배식관리
2. 구매식품의 검수(檢受) 및 관리
3. 급식시설의 위생적 관리
4. 집단급식소의 운영일지 작성
5. 종업원에 대한 영양 지도 및 식품위생교육

제53조(조리사의 면허) ① 조리사가 되려는 자는 「국가기술자격법」에 따라 해당 기능분야의 자격을 얻은 후 특별자치시장·특별자치도지사·시장·군수·구청장의 면허를 받아야 한다.

제55조(명칭 사용 금지) 조리사가 아니면 조리사라는 명칭을 사용하지 못한다.

제56조(교육) ① 식품의약품안전처장은 식품

위생 수준 및 자질의 향상을 위하여 필요한 경우 조리사와 영양사에게 교육(조리사의 경우 보수교육을 포함한다. 이하 이 조에서 같다)을 받을 것을 명할 수 있다. 다만, 집단급식소에 종사하는 조리사와 영양사는 2년마다 교육을 받아야 한다.

② 제1항에 따른 교육의 대상자·실시기관·내용 및 방법 등에 관하여 필요한 사항은 총리령으로 정한다.

③ 식품의약품안전처장은 제1항에 따른 교육 등 업무의 일부를 대통령령으로 정하는 바에 따라 관계 전문기관이나 단체에 위탁할 수 있다.

제71조(시정명령) ① 식품의약품안전처장, 시·도지사 또는 시장·군수·구청장은 제3조에 따른 식품등의 위생적 취급에 관한 기준에 맞지 아니하게 영업하는 자와 이 법을 지키지 아니하는 자에게는 필요한 시정을 명하여야 한다.

② 식품의약품안전처장, 시·도지사 또는 시장·군수·구청장은 제1항의 시정명령을 한 경우에는 그 영업을 관할하는 관서의 장에게 그 내용을 통보하여 시정명령이 이행되도록 협조를 요청할 수 있다.

③ 제2항에 따라 요청을 받은 관계 기관의 장은 정당한 사유가 없으면 이에 응하여야 하며, 그 조치결과를 지체 없이 요청한 기관의 장에게 통보하여야 한다.

제72조(폐기처분 등) ① 식품의약품안전처장, 시·도지사 또는 시장·군수·구청장은 영업자(「수입식품안전관리 특별법」 제15조에 따라 등록한 수입식품등 수입·판매업자를 포함한다. 이하 이 조에서 같다)가 제4조부터 제6조까지, 제7조제4항, 제8조, 제9조제4항, 제10조제2항, 제12조의2제2항 또는 제13조를 위반한 경우에는 관계 공무원에게 그 식품등을 압류 또는 폐기하게 하거나 용도·처리방법 등을 정하여 영업자에게 위해를 없애는 조치를 하도록 명하여야 한다.

② 식품의약품안전처장, 시·도지사 또는 시장·군수·구청장은 제37조제1항, 제4항 또는 제5항을 위반하여 허가받지 아니하거나 신고 또는 등록하지 아니하고 제조·가공·조리한 식품 또는 식품첨가물이나 여기에 사용한 기구 또는 용기·포장 등을 관계 공무원에게 압류하거나 폐기하게 할 수 있다.

③ 식품의약품안전처장, 시·도지사 또는 시장·군수·구청장은 식품위생상의 위해가 발생하였거나 발생할 우려가 있는 경우에는 영업자에게 유통 중인 해당 식품 등을 회수·폐기하게 하거나 해당 식품등의 원료, 제조 방법, 성분 또는 그 배합비율을 변경할 것을 명할 수 있다.

④ 제1항 및 제2항에 따른 압류나 폐기를 하는 공무원은 그 권한을 표시하는 증표 및 조사기간, 조사범위, 조사담당자, 관계 법령 등 대통령령으로 정하는 사항이 기재된 서류를 지니고 이를 관계인에게 내보여야 한다.

⑤ 제1항 및 제2항에 따른 압류 또는 폐기에 필요한 사항과 제3항에 따른 회수·폐기 대상 식품등의 기준 등은 총리령으로 정한다.

⑥ 식품의약품안전처장, 시·도지사 및 시장·군수·구청장은 제1항에 따라 폐기처분명령을 받은 자가 그 명령을 이행하지 아니하는 경우에는 「행정대집행법」에 따라 대집행을 하고 그 비용을 명령위반자로부터 징수할 수 있다.

제73조(위해식품등의 공표) ① 식품의약품안전처장, 시·도지사 또는 시장·군수·구청장은 다음 각 호의 어느 하나에 해당되는 경우에는 해당 영업자에 대하여 그 사실의 공표를 명할 수 있다. 다만, 식품위생에 관한 위해가 발생한 경우에는 공표를 명하여야 한다.

1. 제4조부터 제6조까지, 제7조제4항, 제

8조 또는 제9조제4항 등을 위반하여 식품위생에 관한 위해가 발생하였다고 인정되는 때

2. 제45조제1항에 따른 회수계획을 보고 받은 때

제74조(시설 개수명령 등) ① 식품의약품안전처장, 시·도지사 또는 시장·군수·구청장은 영업시설이 제36조에 따른 시설기준에 맞지 아니한 경우에는 기간을 정하여 그 영업자에게 시설을 개수(改修)할 것을 명할 수 있다.

② 건축물의 소유자와 영업자 등이 다른 경우 건축물의 소유자는 제1항에 따른 시설 개수명령을 받은 영업자 등이 시설을 개수하는 데에 최대한 협조하여야 한다.

제75조(허가취소 등) ① 식품의약품안전처장 또는 특별자치시장·특별자치도지사·시장·군수·구청장은 영업자가 다음 각 호의 어느 하나에 해당하는 경우에는 대통령령으로 정하는 바에 따라 영업허가 또는 등록을 취소하거나 6개월 이내의 기간을 정하여 그 영업의 전부 또는 일부를 정지하거나 영업소 폐쇄(제37조제4항에 따라 신고한 영업만 해당한다. 이하 이 조에서 같다)를 명할 수 있다.

1. 제4조부터 제6조까지, 제7조제4항, 제8조, 제9조제4항, 제10조제2항, 제11조제2항, 제11조의2 또는 제12조의2제2항을 위반한 경우

2. 제13조제1항을 위반한 경우

3. 제17조제4항을 위반한 경우

5. 제31조제1항 및 제3항을 위반한 경우

6. 제36조를 위반한 경우

7. 제37조제1항 후단, 제3항, 제4항 후단 및 제6항을 위반하거나 같은 조 제2항에 따른 조건을 위반한 경우

7의2. 제37조제5항에 따른 변경 등록을 하지 아니하거나 같은 항 단서를 위반한 경우

8. 제38조제1항제8호에 해당하는 경우

9. 제40조제3항을 위반한 경우

10. 제41조제5항을 위반한 경우

12. 제43조에 따른 영업 제한을 위반한 경우

13. 제44조제1항·제2항 및 제4항을 위반한 경우

14. 제45조제1항 전단에 따른 회수 조치를 하지 아니한 경우

14의2. 제45조제1항 후단에 따른 회수계획을 보고하지 아니하거나 거짓으로 보고한 경우

15. 제48조제2항에 따른 식품안전관리인증기준을 지키지 아니한 경우

15의2. 제49조제1항 단서에 따른 식품이력추적관리를 등록하지 아니 한 경우

16. 제51조제1항을 위반한 경우

17. 제71조제1항, 제72조제1항·제3항, 제73조제1항 또는 제74조제1항(제88조에 따라 준용되는 제71조제1항, 제72조제1항·제3항 또는 제74조제1항을 포함한다)에 따른 명령을 위반한 경우

18. 「성매매알선 등 행위의 처벌에 관한 법률」 제4조에 따른 금지행위를 한 경우

② 식품의약품안전처장 또는 특별자치시장·특별자치도지사·시장·군수·구청장은 영업자가 제1항에 따른 영업정지 명령을 위반하여 영업을 계속하면 영업허가 또는 등록을 취소하거나 영업소 폐쇄를 명할 수 있다.

③ 식품의약품안전처장 또는 특별자치시장·특별자치도지사·시장·군수·구청장은 다음 각 호의 어느 하나에 해당하는 경우에는 영업허가 또는 등록을 취소하거나 영업소 폐쇄를 명할 수 있다.

1. 영업자가 정당한 사유 없이 6개월 이상 계속 휴업하는 경우

2. 영업자(제37조제1항에 따라 영업허가를 받은 자만 해당한다)가 사실상 폐업하여 「부가가치세법」 제8조에 따라 관할세무서장에게 폐업신고를 하거나 관할세무서

장이 사업자등록을 말소한 경우

④ 식품의약품안전처장 또는 특별자치시장·특별자치도지사·시장·군수·구청장은 제3항제2호의 사유로 영업허가를 취소하기 위하여 필요한 경우 관할 세무서장에게 영업자의 폐업여부에 대한 정보 제공을 요청할 수 있다. 이 경우 요청을 받은 관할 세무서장은 「전자정부법」 제39조에 따라 영업자의 폐업여부에 대한 정보를 제공한다.

제76조(품목 제조정지 등) ① 식품의약품안전처장 또는 특별자치시장·특별자치도지사·시장·군수·구청장은 영업자가 다음 각 호의 어느 하나에 해당하면 대통령령으로 정하는 바에 따라 해당 품목 또는 품목류(제7조 또는 제9조에 따라 정하여진 식품등의 기준 및 규격 중 동일한 기준 및 규격을 적용받아 제조·가공되는 모든 품목을 말한다. 이하 같다)에 대하여 기간을 정하여 6개월 이내의 제조정지를 명할 수 있다.

1. 제7조제4항을 위반한 경우
2. 제9조제4항을 위반한 경우
3. 제10조제2항을 위반한 경우
3의2. 제12조의2제2항을 위반한 경우
4. 제13조제1항을 위반한 경우
5. 제31조제1항을 위반한 경우

제79조(폐쇄조치 등) ① 식품의약품안전처장, 시·도지사 또는 시장·군수·구청장은 제37조제1항, 제4항 또는 제5항을 위반하여 허가받지 아니하거나 신고 또는 등록하지 아니하고 영업을 하는 경우 또는 제75조제1항 또는 제2항에 따라 허가 또는 등록이 취소되거나 영업소 폐쇄명령을 받은 후에도 계속하여 영업을 하는 경우에는 해당 영업소를 폐쇄하기 위하여 관계 공무원에게 다음 각 호의 조치를 하게 할 수 있다.

1. 해당 영업소의 간판 등 영업 표지물의 제거나 삭제
2. 해당 영업소가 적법한 영업소가 아님을 알리는 게시문 등의 부착
3. 해당 영업소의 시설물과 영업에 사용하는 기구 등을 사용할 수 없게 하는 봉인

② 식품의약품안전처장, 시·도지사 또는 시장·군수·구청장은 제1항제3호에 따라 봉인한 후 봉인을 계속할 필요가 없거나 해당 영업을 하는 자 또는 그 대리인이 해당 영업소 폐쇄를 약속하거나 그 밖의 정당한 사유를 들어 봉인의 해제를 요청하는 경우에는 봉인을 해제할 수 있다. 제1항제2호에 따른 게시문 등의 경우에도 또한 같다.

③ 식품의약품안전처장, 시·도지사 또는 시장·군수·구청장은 제1항에 따른 조치를 하려면 해당 영업을 하는 자 또는 그 대리인에게 문서로 미리 알려야 한다. 다만, 급박한 사유가 있으면 그러하지 아니하다.

④ 제1항에 따른 조치는 그 영업을 할 수 없게 하는 데에 필요한 최소한의 범위에 그쳐야 한다.

⑤ 제1항의 경우에 관계 공무원은 그 권한을 표시하는 증표 및 조사기간, 조사범위, 조사담당자, 관계 법령 등 대통령령으로 정하는 사항이 기재된 서류를 지니고 이를 관계인에게 내보여야 한다.

제80조(면허취소 등) ① 식품의약품안전처장 또는 특별자치시장·특별자치도지사·시장·군수·구청장은 조리사가 다음 각 호의 어느 하나에 해당하면 그 면허를 취소하거나 6개월 이내의 기간을 정하여 업무정지를 명할 수 있다. 다만, 조리사가 제1호 또는 제5호에 해당할 경우 면허를 취소하여야 한다.

1. 제54조 각 호의 어느 하나에 해당하게 된 경우
2. 제56조에 따른 교육을 받지 아니한 경우
3. 식중독이나 그 밖에 위생과 관련한 중대한 사고 발생에 직무상의 책임이 있

　는 경우
4. 면허를 타인에게 대여하여 사용하게 한
　경우
5. 업무정지기간 중에 조리사의 업무를 하
　는 경우
② 제1항에 따른 행정처분의 세부기준은
그 위반 행위의 유형과 위반 정도 등을
고려하여 총리령으로 정한다.

제81조(청문) 식품의약품안전처장, 시·도지
사 또는 시장·군수·구청장은 다음 각
호의 어느 하나에 해당하는 처분을 하려
면 청문을 하여야 한다.
2. 제48조제8항에 따른 식품안전관리인증
　기준적용업소의 인증취소
3. 제75조제1항부터 제3항까지의 규정에
　따른 영업허가 또는 등록의 취소나 영
　업소의 폐쇄명령
4. 제80조제1항에 따른 면허의 취소

**제82조(영업정지 등의 처분에 갈음하여 부과
하는 과징금 처분)** ① 식품의약품안전처
장, 시·도지사 또는 시장·군수·구청장
은 영업자가 제75조제1항 각 호 또는 제
76조제1항 각 호의 어느 하나에 해당하
는 경우에는 대통령령으로 정하는 바에
따라 영업정지, 품목 제조정지 또는 품목
류 제조정지 처분을 갈음하여 10억원 이
하의 과징금을 부과할 수 있다. 다만, 제6
조를 위반하여 제75조제1항에 해당하는
경우와 제4조, 제5조, 제7조, 제10조, 제
12조의2, 제13조, 제37조, 제43조 및 제
44조를 위반하여 제75조제1항 또는 제76
조제1항에 해당하는 중대한 사항으로서
총리령으로 정하는 경우는 제외한다.
② 제1항에 따른 과징금을 부과하는 위반
행위의 종류·정도 등에 따른 과징금의
금액과 그 밖에 필요한 사항은 대통령령
으로 정한다.
③ 식품의약품안전처장, 시·도지사 또는
시장·군수·구청장은 과징금을 징수하기

위하여 필요한 경우에는 다음 각 호의 사
항을 적은 문서로 관할 세무관서의 장에
게 과세 정보 제공을 요청할 수 있다.
1. 납세자의 인적 사항
2. 사용 목적
3. 과징금 부과기준이 되는 매출금액
④ 식품의약품안전처장, 시·도지사 또는
시장·군수·구청장은 제1항에 따른 과징
금을 기한 내에 납부하지 아니하는 때에
는 대통령령으로 정하는 바에 따라 제1항
에 따른 과징금 부과처분을 취소하고 제
75조제1항 또는 제76조제1항에 따른 영
업정지 또는 제조정지 처분을 하거나 국
세 체납처분의 예 또는 「지방세외수입금
의 징수 등에 관한 법률」에 따라 징수한
다. 다만, 다음 각 호의 어느 하나에 해당
하는 경우에는 국세 체납처분의 예 또는
「지방세외수입금의 징수 등에 관한 법률」
에 따라 징수한다.
2. 제37조제3항, 제4항 및 제5항에 따른
　폐업 등으로 제75조제1항 또는 제76
　조제1항에 따른 영업정지 또는 제조정
　지 처분을 할 수 없는 경우
⑤ 제1항 및 제4항 단서에 따라 징수한
과징금 중 식품의약품안전처장이 부과·
징수한 과징금은 국가에 귀속되고, 시·
도지사가 부과·징수한 과징금은 시·도
의 식품진흥기금(제89조에 따른 식품진
흥기금을 말한다. 이하 이 항에서 같다)
에 귀속되며, 시장·군수·구청장이 부과
·징수한 과징금은 시·도와 시·군·구
의 식품진흥기금에 귀속된다. 이 경우 시
·도 및 시·군·구에 귀속시키는 방법
등은 대통령령으로 정한다.
⑥ 시·도지사는 제91조에 따라 제1항에
따른 과징금을 부과·징수할 권한을 시장
·군수·구청장에게 위임한 경우에는 그
에 필요한 경비를 대통령령으로 정하는
바에 따라 시장·군수·구청장에게 교부
할 수 있다.

제83조(위해식품등의 판매 등에 따른 과징금 부과 등) ① 식품의약품안전처장, 시·도지사 또는 시장·군수·구청장은 위해식품 등의 판매 등 금지에 관한 제4조부터 제6조까지의 규정, 제8조 또는 제13조를 위반한 경우 다음 각 호의 어느 하나에 해당하는 자에 대하여 그가 판매한 해당 식품 등의 소매가격에 상당하는 금액을 과징금으로 부과한다.

1. 제4조제2호·제3호 및 제5호부터 제7호까지의 규정을 위반하여 제75조에 따라 영업정지 2개월 이상의 처분, 영업허가 및 등록의 취소 또는 영업소의 폐쇄명령을 받은 자
2. 제5조, 제6조 또는 제8조를 위반하여 제75조에 따라 영업허가 및 등록의 취소 또는 영업소의 폐쇄명령을 받은 자
3. 제13조제1항제1호를 위반하여 제75조에 따라 영업정지 2개월 이상의 처분, 영업허가 및 등록의 취소 또는 영업소의 폐쇄명령을 받은 자

② 제1항에 따른 과징금의 산출금액은 대통령령으로 정하는 바에 따라 결정하여 부과한다.

제84조(위반사실 공표) 식품의약품안전처장, 시·도지사 또는 시장·군수·구청장은 제72조, 제75조, 제76조, 제79조, 제82조 또는 제83조에 따라 행정처분이 확정된 영업자에 대한 처분 내용, 해당 영업소와 식품등의 명칭 등 처분과 관련한 영업 정보를 대통령령으로 정하는 바에 따라 공표하여야 한다.

제86조(식중독에 관한 조사 보고) ① 다음 각 호의 어느 하나에 해당하는 자는 지체 없이 관할 시장(「제주특별자치도 설치 및 국제자유도시 조성을 위한 특별법」에 따른 행정시장을 포함한다. 이하 이 조에서 같다)·군수·구청장에게 보고하여야 한다. 이 경우 의사나 한의사는 대통령령으로 정하는 바에 따라 식중독 환자나 식중독이 의심되는 자의 혈액 또는 배설물을 보관하는 데에 필요한 조치를 하여야 한다.

1. 식중독 환자나 식중독이 의심되는 자를 진단하였거나 그 사체를 검안(檢案)한 의사 또는 한의사
2. 집단급식소에서 제공한 식품등으로 인하여 식중독 환자나 식중독으로 의심되는 증세를 보이는 자를 발견한 집단급식소의 설치·운영자

② 시장·군수·구청장은 제1항에 따른 보고를 받은 때에는 지체 없이 그 사실을 식품의약품안전처장 및 시·도지사에게 보고하고, 대통령령으로 정하는 바에 따라 원인을 조사하여 그 결과를 보고하여야 한다.

③ 식품의약품안전처장은 제2항에 따른 보고의 내용이 국민보건상 중대하다고 인정하는 경우에는 해당 시·도지사 또는 시장·군수·구청장과 합동으로 원인을 조사할 수 있다.

④ 식품의약품안전처장은 식중독 발생의 원인을 규명하기 위하여 식중독 의심환자가 발생한 원인시설 등에 대한 조사절차와 시험·검사 등에 필요한 사항을 정할 수 있다.

제88조(집단급식소) ① 집단급식소를 설치·운영하려는 자는 총리령으로 정하는 바에 따라 특별자치시장·특별자치도지사·시장·군수·구청장에게 신고하여야 한다.

② 집단급식소를 설치·운영하는 자는 집단급식소 시설의 유지·관리 등 급식을 위생적으로 관리하기 위하여 다음 각 호의 사항을 지켜야 한다.

1. 식중독 환자가 발생하지 아니하도록 위생관리를 철저히 할 것
2. 조리·제공한 식품의 매회 1인분 분량을 총리령으로 정하는 바에 따라 144시간 이상 보관할 것
3. 영양사를 두고 있는 경우 그 업무를 방해하지 아니할 것
4. 영양사를 두고 있는 경우 영양사가 집

단급식소의 위생관리를 위하여 요청하는 사항에 대하여는 정당한 사유가 없으면 따를 것

5. 그 밖에 식품등의 위생적 관리를 위하여 필요하다고 총리령으로 정하는 사항을 지킬 것

③ 집단급식소에 관하여는 제3조부터 제6조까지, 제7조제4항, 제8조, 제9조제4항, 제10조제2항, 제22조, 제40조, 제41조, 제48조, 제71조, 제72조 및 제74조를 준용한다.

제90조(포상금 지급) ① 식품의약품안전처장, 시·도지사 또는 시장·군수·구청장은 이 법에 위반되는 행위를 신고한 자에게 신고 내용별로 1천만원까지 포상금을 줄 수 있다.

제90조의2(정보공개) ① 식품의약품안전처장은 보유·관리하고 있는 식품등의 안전에 관한 정보 중 국민이 알아야 할 필요가 있디고 인정하는 정보에 대하여는 「공공기관의 정보공개에 관한 법률」에서 허용하는 범위에서 이를 국민에게 제공하도록 노력하여야 한다.

제91조(권한의 위임) 이 법에 따른 식품의약품안전처장의 권한은 대통령령으로 정하는 바에 따라 그 일부를 시·도지사 또는 지방식품의약품안전청장에게, 시·도지사의 권한은 그 일부를 시장·군수·구청장 또는 보건소장에게 각각 위임할 수 있다.

제93조(벌칙) ① 다음 각 호의 어느 하나에 해당하는 질병에 걸린 동물을 사용하여 판매할 목적으로 식품 또는 식품첨가물을 제조·가공·수입 또는 조리한 자는 3년 이상의 징역에 처한다.

1. 소해면상뇌증(狂牛病)
2. 탄저병
3. 가금 인플루엔자

② 다음 각 호의 어느 하나에 해당하는 원료 또는 성분 등을 사용하여 판매할 목적으로 식품 또는 식품첨가물을 제조·가공

·수입 또는 조리한 자는 1년 이상의 징역에 처한다.

1. 마황(麻黃)
2. 부자(附子)
3. 천오(川烏)
4. 초오(草烏)
5. 백부자(白附子)
6. 섬수(蟾수)
7. 백선피(白鮮皮)
8. 사리풀

③ 제1항 및 제2항의 경우 제조·가공·수입·조리한 식품 또는 식품첨가물을 판매하였을 때에는 그 소매가격의 2배 이상 5배 이하에 해당하는 벌금을 병과(倂科)한다.

④ 제1항 또는 제2항의 죄로 형을 선고받고 그 형이 확정된 후 5년 이내에 다시 제1항 또는 제2항의 죄를 범한 자가 제3항에 해당하는 경우 제3항에서 정한 형의 2배까지 가중한다.

제94조(벌칙) ① 다음 각 호의 어느 하나에 해당하는 자는 10년 이하의 징역 또는 1억원 이하의 벌금에 처하거나 이를 병과할 수 있다.

1. 제4조부터 제6조까지(제88조에서 준용하는 경우를 포함하고, 제93조제1항 및 제3항에 해당하는 경우는 제외한다)를 위반한 자
2. 제8조(제88조에서 준용하는 경우를 포함한다)를 위반한 자

2의2. 제13조제1항제1호를 위반한 자

3. 제37조제1항을 위반한 자

② 제1항의 죄로 형을 선고받고 그 형이 확정된 후 5년 이내에 다시 제1항의 죄를 범한 자는 1년 이상 10년 이하의 징역에 처한다.

③ 제2항의 경우 그 해당 식품 또는 식품첨가물을 판매한 때에는 그 소매가격의 4배 이상 10배 이하에 해당하는 벌금을 병과한다.

제95조(벌칙) 다음 각 호의 어느 하나에 해당하는 자는 5년 이하의 징역 또는 5천만원 이하의 벌금에 처하거나 이를 병과할 수 있다.

1. 제7조제4항(제88조에서 준용하는 경우를 포함한다), 제9조제4항(제88조에서 준용하는 경우를 포함한다) 또는 제13조제1항제2호부터 제5호까지의 규정을 위반한 자

2의2. 제37조제5항을 위반한 자

3. 제43조에 따른 영업 제한을 위반한 자

3의2. 제45조제1항 전단을 위반한 자

4. 제72조제1항·제3항(제88조에서 준용하는 경우를 포함한다) 또는 제73조제1항에 따른 명령을 위반한 자

5. 제75조제1항에 따른 영업정지 명령을 위반하여 영업을 계속한 자(제37조제1항에 따른 영업허가를 받은 자만 해당한다)

제96조(벌칙) 제51조 또는 제52조를 위반한 자는 3년 이하의 징역 또는 3천만원 이하의 벌금에 처하거나 이를 병과할 수 있다.

제97조(벌칙) 다음 각 호의 어느 하나에 해당하는 자는 3년 이하의 징역 또는 3천만원 이하의 벌금에 처한다.

1. 제10조제2항(제88조에서 준용하는 경우를 포함한다), 제12조의2제2항, 제17조제4항, 제31조제1항·제3항, 제37조제3항·제4항, 제39조제3항, 제48조제2항·제10항, 제49조제1항 단서 또는 제55조를 위반한 자

2. 제22조제1항(제88조에서 준용하는 경우를 포함한다) 또는 제72조제1항·제2항(제88조에서 준용하는 경우를 포함한다)에 따른 검사·출입·수거·압류·폐기를 거부·방해 또는 기피한 자

4. 제36조에 따른 시설기준을 갖추지 못한 영업자

5. 제37조제2항에 따른 조건을 갖추지 못한 영업자

6. 제44조제1항에 따라 영업자가 지켜야 할 사항을 지키지 아니한 자. 다만, 총리령으로 정하는 경미한 사항을 위반한 자는 제외한다.

※ 시행규칙(총리령)

제98조(벌칙에서 제외되는 사항) 법 제97조제6호에서 "총리령으로 정하는 경미한 사항"이란 다음 각 호의 어느 하나에 해당하는 경우를 말한다.

1. 영 제21조제1호의 식품제조·가공업자가 식품광고 시 유통기한을 확인하여 제품을 구입하도록 권장하는 내용을 포함하지 아니한 경우

2. 영 제21조제1호의 식품제조·가공업자 및 제21조제5호의 식품소분·판매업자가 해당 식품 거래기록을 보관하지 아니한 경우

3. 영 제21조제8호의 식품접객업자가 영업신고증 또는 영업허가증을 보관하지 아니한 경우

4. 영 제21조제8호라목의 유흥주점영업자가 종업원 명부를 비치·관리하지 아니한 경우

---

7. 제75조제1항에 따른 영업정지 명령을 위반하여 계속 영업한 자(제37조제4항 또는 제5항에 따라 영업신고 또는 등록을 한 자만 해당한다) 또는 같은 조 제1항 및 제2항에 따른 영업소 폐쇄명령을 위반하여 영업을 계속한 자

8. 제76조제1항에 따른 제조정지 명령을 위반한 자

9. 제79조제1항에 따라 관계 공무원이 부착한 봉인 또는 게시문 등을 함부로 제거하거나 손상시킨 자

제98조(벌칙) 다음 각 호의 어느 하나에 해당하는 자는 1년 이하의 징역 또는 1천만원 이하의 벌금에 처한다.

1. 제44조제3항을 위반하여 접객행위를 하거나 다른 사람에게 그 행위를 알선한 자

2. 제46조제1항을 위반하여 소비자로부터 이물 발견의 신고를 접수하고 이를 거짓으로 보고한 자

3. 이물의 발견을 거짓으로 신고한 자
4. 제45조제1항 후단을 위반하여 보고를 하지 아니하거나 거짓으로 보고한 자

제100조(양벌규정) 법인의 대표자나 법인 또는 개인의 대리인, 사용인, 그 밖의 종업원이 그 법인 또는 개인의 업무에 관하여 제93조제3항 또는 제94조부터 제97조까지의 어느 하나에 해당하는 위반행위를 하면 그 행위자를 벌하는 외에 그 법인 또는 개인에게도 해당 조문의 벌금형을 과(科)하고, 제93조제1항의 위반행위를 하면 그 법인 또는 개인에 대하여도 1억5천만원 이하의 벌금에 처하며, 제93조제2항의 위반행위를 하면 그 법인 또는 개인에 대하여도 5천만원 이하의 벌금에 처한다. 다만, 법인 또는 개인이 그 위반행위를 방지하기 위하여 해당 업무에 관하여 상당한 주의와 감독을 게을리하지 아니한 경우에는 그러하지 아니하다.

제101조(과태료) ① 다음 각 호의 어느 하나에 해당하는 자에게는 1천만원 이하의 과태료를 부과한다.
1. 제11조제2항을 위반하여 영양표시 기준을 준수하지 아니한 자
1의2. 제11조의2를 위반하여 나트륨 함량 비교 표시를 하지 아니하거나 비교 표시 기준 및 방법을 지키지 아니한 자
② 다음 각 호의 어느 하나에 해당하는 자에게는 500만원 이하의 과태료를 부과한다.
1. 제3조·제40조제1항 및 제3항(제88조에서 준용하는 경우를 포함한다), 제41조제1항 및 제5항(제88조에서 준용하는 경우를 포함한다) 또는 제86조제1항을 위반한 자
1의3. 제19조의4제2항을 위반하여 검사기한 내에 검사를 받지 아니하거나 자료 등을 제출하지 아니한 영업자
3. 제37조제6항을 위반하여 보고를 하지 아니하거나 허위의 보고를 한 자
4. 제42조제2항을 위반하여 보고를 하지

아니하거나 허위의 보고를 한 자
6. 제48조제9항(제88조에서 준용하는 경우를 포함한다)을 위반한 자
7. 제56조제1항을 위반하여 교육을 받지 아니한 자
8. 제74조제1항(제88조에서 준용하는 경우를 포함한다)에 따른 명령에 위반한 자
9. 제88조제1항을 위반하여 신고를 하지 아니하거나 허위의 신고를 한 자
10. 제88조제2항을 위반한 자
③ 다음 각 호의 어느 하나에 해당하는 자에게는 300만원 이하의 과태료를 부과한다.
2. 제44조제1항에 따라 영업자가 지켜야 할 사항 중 총리령으로 정하는 경미한 사항을 지키지 아니한 자
3. 제46조제1항을 위반하여 소비자로부터 이물 발견신고를 받고 보고하지 아니한 자
4. 제49조제3항을 위반하여 식품이력추적관리 등록사항이 변경된 경우 변경사유가 발생한 날부터 1개월 이내에 신고하지 아니한 자
5. 제49조의3제4항을 위반하여 식품이력추적관리정보를 목적 외에 사용한 자

제102조(과태료에 관한 규정 적용의 특례) 제101조의 과태료에 관한 규정을 적용하는 경우 제82조에 따라 과징금을 부과한 행위에 대하여는 과태료를 부과할 수 없다. 다만, 제82조제4항 본문에 따라 과징금 부과처분을 취소하고 영업정지 또는 제조정지 처분을 한 경우에는 그러하지 아니하다.

부칙 <제15277호, 2017.12.19.>
제1조(시행일) 이 법은 공포 후 6개월이 경과한 날부터 시행한다. 다만, 제44조제1항의 개정규정은 공포한 날부터 시행한다.

아동복지법

[시행 2018.4.25.]

제1장 총 칙

제1조(목적) 이 법은 아동이 건강하게 출생하여 행복하고 안전하게 자랄 수 있도록 아동의 복지를 보장하는 것을 목적으로 한다.

제3조(정의) 이 법에서 사용하는 용어의 뜻은 다음과 같다.

1. "아동"이란 18세 미만인 사람을 말한다.
2. "아동복지"란 아동이 행복한 삶을 누릴 수 있는 기본적인 여건을 조성하고 조화롭게 성장·발달할 수 있도록 하기 위한 경제적·사회적·정서적 지원을 말한다.
3. "보호자"란 친권자, 후견인, 아동을 보호·양육·교육하거나 그러한 의무가 있는 자 또는 업무·고용 등의 관계로 사실상 아동을 보호·감독하는 자를 말한다.
4. "보호대상아동"이란 보호자가 없거나 보호자로부터 이탈된 아동 또는 보호자가 아동을 학대하는 경우 등 그 보호자가 아동을 양육하기에 적당하지 아니하거나 양육할 능력이 없는 경우의 아동을 말한다.
5. "지원대상아동"이란 아동이 조화롭고 건강하게 성장하는 데에 필요한 기초적인 조건이 갖추어지지 아니하여 사회적·경제적·정서적 지원이 필요한 아동을 말한다.
6. "가정위탁"이란 보호대상아동의 보호를 위하여 성범죄, 가정폭력, 아동학대, 정신질환 등의 전력이 없는 보건복지부령으로 정하는 기준에 적합한 가정에 보호대상아동을 일정 기간 위탁하는 것을 말한다.
7. "아동학대"란 보호자를 포함한 성인이 아동의 건강 또는 복지를 해치거나 정상적 발달을 저해할 수 있는 신체적·정신적·성적 폭력이나 가혹행위를 하는 것과 아동의 보호자가 아동을 유기하거나 방임하는 것을 말한다.
7의2. "아동학대관련범죄"란 다음 각 목의 어느 하나에 해당하는 죄를 말한다.
   가. 「아동학대범죄의 처벌 등에 관한 특례법」 제2조제4호에 따른 아동학대범죄
   나. 아동에 대한 「형법」 제2편제24장 살인의 죄 중 제250조부터 제255조까지의 죄
8. "피해아동"이란 아동학대로 인하여 피해를 입은 아동을 말한다.
10. "아동복지시설"이란 제50조에 따라 설치된 시설을 말한다.
11. "아동복지시설 종사자"란 아동복지시설에서 아동의 상담·지도·치료·양육, 그 밖에 아동의 복지에 관한 업무를 담당하는 사람을 말한다.

제6조(어린이날 및 어린이주간) 어린이에 대한 사랑과 보호의 정신을 높임으로써 이들을 옳고 아름답고 슬기로우며 씩씩하게 자라나도록 하기 위하여 매년 5월 5일을 어린이날로 하며, 5월 1일부터 5월 7일까지를 어린이주간으로 한다.

제15조(보호조치) ① 시·도지사 또는 시장·군수·구청장은 그 관할 구역에서 보호대상아동을 발견하거나 보호자의 의뢰를 받은 때에는 아동의 최상의 이익을 위하여 대통령령으로 정하는 바에 따라 다음 각 호에 해당하는 보호조치를 하여야 한다.

1. 전담공무원 또는 아동위원에게 보호대상아동 또는 그 보호자에 대한 상담·지도를 수행하게 하는 것
2. 보호자 또는 대리양육을 원하는 연고자에 대하여 그 가정에서 아동을 보호·양육할 수 있도록 필요한 조치를 하는 것
3. 아동의 보호를 희망하는 사람에게 가정위탁하는 것
4. 보호대상아동을 그 보호조치에 적합한

아동복지시설에 입소시키는 것
5. 약물 및 알콜 중독, 정서·행동·발달 장애, 성폭력·아동학대 피해 등으로 특수한 치료나 요양 등의 보호를 필요로 하는 아동을 전문치료기관 또는 요양소에 입원 또는 입소시키는 것
6. 「입양특례법」에 따른 입양과 관련하여 필요한 조치를 하는 것

제17조(금지행위) 누구든지 다음 각 호의 어느 하나에 해당하는 행위를 하여서는 아니 된다.
1. 아동을 매매하는 행위
2. 아동에게 음란한 행위를 시키거나 이를 매개하는 행위 또는 아동에게 성적 수치심을 주는 성희롱 등의 성적 학대행위
3. 아동의 신체에 손상을 주거나 신체의 건강 및 발달을 해치는 신체적 학대행위
5. 아동의 정신건강 및 발달에 해를 끼치는 정서적 학대행위
6. 자신의 보호·감독을 받는 아동을 유기하거나 의식주를 포함한 기본적 보호·양육·치료 및 교육을 소홀히 하는 방임행위
7. 장애를 가진 아동을 공중에 관람시키는 행위
8. 아동에게 구걸을 시키거나 아동을 이용하여 구걸하는 행위
9. 공중의 오락 또는 흥행을 목적으로 아동의 건강 또는 안전에 유해한 곡예를 시키는 행위 또는 이를 위하여 아동을 제3자에게 인도하는 행위
10. 정당한 권한을 가진 알선기관 외의 자가 아동의 양육을 알선하고 금품을 취득하거나 금품을 요구 또는 약속하는 행위
11. 아동을 위하여 증여 또는 급여된 금품을 그 목적 외의 용도로 사용하는 행위

제18조(친권상실 선고의 청구 등) ① 시·도지사, 시장·군수·구청장 또는 검사는 아동의 친권자가 그 친권을 남용하거나 현저한 비행이나 아동학대, 그 밖에 친권을 행사할 수 없는 중대한 사유가 있는 것을 발견한 경우 아동의 복지를 위하여 필요하다고 인

정할 때에는 법원에 친권행사의 제한 또는 친권상실의 선고를 청구하여야 한다.
② 아동복지시설의 장 및 「초·중등교육법」에 따른 학교의 장(이하 "학교의 장"이라 한다)은 제1항의 사유에 해당하는 경우 시·도지사, 시장·군수·구청장 또는 검사에게 법원에 친권행사의 제한 또는 친권상실의 선고를 청구하도록 요청할 수 있다.
③ 시·도지사, 시장·군수·구청장 또는 검사는 제1항 및 제2항에 따라 친권행사의 제한 또는 친권상실의 선고 청구를 할 경우 해당 아동의 의견을 존중하여야 한다.
④ 시·도지사, 시장·군수·구청장 또는 검사는 제2항에 따라 친권행사의 제한 또는 친권상실의 선고 청구를 요청받은 경우에는 요청받은 날부터 30일 내에 청구 여부를 결정한 후 해당 요청기관에 청구 또는 미청구 요지 및 이유를 서면으로 알려야 한다.
⑤ 제4항에 따라 처리결과를 통보받은 아동복지시설의 장 및 학교의 장은 그 처리결과에 대하여 이의가 있을 경우 통보받은 날부터 30일 내에 직접 법원에 친권행사의 제한 또는 는 친권상실의 선고를 청구할 수 있다.

제23조(아동학대예방의 날) ① 아동의 건강한 성장을 도모하고, 범국민적으로 아동학대의 예방과 방지에 관한 관심을 높이기 위하여 매년 11월 19일을 아동학대예방의 날로 지정하고, 아동학대예방의 날부터 1주일을 아동학대예방주간으로 한다.

제26조(아동학대 신고의무자에 대한 교육)
① 관계 중앙행정기관의 장은 「아동학대범죄의 처벌 등에 관한 특례법」 제10조제2항 각 호의 어느 하나에 해당하는 사람(이하 "아동학대 신고의무자"라 한다)의 자격 취득 과정이나 보수교육 과정에 아동학대예방 및 신고의무와 관련된 교육 내용을 포함하도록 하여야 한다.

제27조의2(아동학대 등의 통보) ① 사법경찰관리는 아동 사망 및 상해사건, 가정폭력 사건

등에 관한 직무를 행하는 경우 아동학대가 있었다고 의심할 만한 사유가 있는 때에는 아동보호전문기관에 그 사실을 통보하여야 한다.

② 사법경찰관 또는 보호관찰관은 「아동학대범죄의 처벌 등에 관한 특례법」 제14조제1항에 따라 임시조치의 청구를 신청하였을 때에는 아동보호전문기관에 그 사실을 통보하여야 한다.

③ 제1항 및 제2항의 통보를 받은 아동보호전문기관은 피해아동 보호조치 등 필요한 조치를 하여야 한다.

제27조의3(피해아동 응급조치에 대한 거부금지) 「아동학대범죄의 처벌 등에 관한 특례법」 제12조제1항제3호 또는 제4호에 따라 사법경찰관리 또는 아동보호전문기관의 직원이 피해아동을 인도하는 경우에는 아동학대 관련 보호시설이나 의료기관은 정당한 사유 없이 이를 거부하여서는 아니 된다.

제52조(아동복지시설의 종류) ① 아동복지시설의 종류는 다음과 같다.

1. 아동양육시설: 보호대상아동을 입소시켜 보호, 양육 및 취업훈련, 자립지원 서비스 등을 제공하는 것을 목적으로 하는 시설
2. 아동일시보호시설: 보호대상아동을 일시보호하고 아동에 대한 향후의 양육대책 수립 및 보호조치를 행하는 것을 목적으로 하는 시설
3. 아동보호치료시설: 아동에게 보호 및 치료 서비스를 제공하는 다음 각 목의 시설
   가. 불량행위를 하거나 불량행위를 할 우려가 있는 아동으로서 보호자가 없거나 친권자나 후견인이 입소를 신청한 아동 또는 가정법원, 지방법원소년부지원에서 보호위탁된 19세 미만인 사람을 입소시켜 치료와 선도를 통하여 건전한 사회인으로 육성하는 것을 목적으로 하는 시설
   나. 정서적·행동적 장애로 인하여 어려움을 겪고 있는 아동 또는 학대로 인하여 부모로부터 일시 격리되어 치료받을 필

요가 있는 아동을 보호·치료하는 시설
4. 공동생활가정: 보호대상아동에게 가정과 같은 주거여건과 보호, 양육, 자립지원 서비스를 제공하는 것을 목적으로 하는 시설
5. 자립지원시설: 아동복지시설에서 퇴소한 사람에게 취업준비기간 또는 취업 후 일정 기간 동안 보호함으로써 자립을 지원하는 것을 목적으로 하는 시설
6. 아동상담소: 아동과 그 가족의 문제에 관한 상담, 치료, 예방 및 연구 등을 목적으로 하는 시설
7. 아동전용시설: 어린이공원, 어린이놀이터, 아동회관, 체육·연극·영화·과학실험전시 시설, 아동휴게숙박시설, 야영장 등 아동에게 건전한 놀이·오락, 그 밖의 각종 편의를 제공하여 심신의 건강유지와 복지증진에 필요한 서비스를 제공하는 것을 목적으로 하는 시설
8. 지역아동센터: 지역사회 아동의 보호·교육, 건전한 놀이와 오락의 제공, 보호자와 지역사회의 연계 등 아동의 건전육성을 위하여 종합적인 아동복지서비스를 제공하는 시설
9. 아동보호전문기관
10. 제48조에 따른 가정위탁지원센터

제65조(비밀 유지의 의무) 아동복지사업을 포함하여 아동복지업무에 종사하였거나 종사하는 자는 그 직무상 알게된 비밀을 누설하여서는 아니된다.

제69조(유사명칭의 사용금지) 이 법에 따른 아동복지시설이 아니면 아동복지시설이라는 명칭을 사용하지 못한다.

제70조(벌칙 적용에서의 공무원 의제) 아동복지시설의 장과 그 종사자는 「형법」 제129조부터 제132조까지를 적용할 때에는 공무원으로 본다.

제71조(벌칙) ① 제17조를 위반한 자는 다음 각 호의 구분에 따라 처벌한다.
1. 제1호(「아동·청소년의 성보호에 관한 법

률」 제12조에 따른 매매는 제외한다)에
해당하는 행위를 한 자는 10년 이하의
징역에 처한다.

1의2. 제2호에 해당하는 행위를 한 자는 10년 이
하의 징역 또는 1억원 이하의 벌금에 처한다.

2. 제3호부터 제8호까지의 규정에 해당하는
행위를 한 자는 5년 이하의 징역 또는 5
천만원 이하의 벌금에 처한다.

3. 제10호 또는 제11호에 해당하는 행위
를 한 자는 3년 이하의 징역 또는 3천
만원 이하의 벌금에 처한다.

4. 제9호에 해당하는 행위를 한 자는 1년 이하의
징역 또는 1천만원 이하의 벌금에 처한다.

② 다음 각 호의 어느 하나에 해당하는
자는 1년 이하의 징역 또는 1천만원 이
하의 벌금에 처한다.

1. 정당한 사유 없이 제51조제2항에 따라
다른 아동복지시설로 옮기는 권익보호
조치를 하지 아니한 사람

2의2. 제28조의2제5항을 위반하여 피해아동
관련 정보를 요청 목적 외로 사용하거나
다른 사람에게 제공 또는 누설한 사람

2의3. 제46조의2제5항을 위반하여 비밀을
누설하거나 부당한 이익을 취한 사람

3. 제50조제2항에 따른 신고를 하지 아니
하고 아동복지시설을 설치한 자

4. 거짓으로 서류를 작성하여 제54조제1
항에 따른 아동복지시설 전문인력의 자
격을 인정받은 자

5. 제56조에 따른 사업의 정지, 위탁의 취소
또는 시설의 폐쇄명령을 받고도 그 시설
을 운영하거나 사업을 한 자

6. 제65조를 위반하여 비밀을 누설한 자

7. 제66조제1항에 따른 조사를 거부·방해
또는 기피하거나 질문에 대하여 답변을
거부·기피 또는 거짓 답변을 하거나, 아
동에게 답변을 거부·기피 또는 거짓 답
변을 하게 하거나 그 답변을 방해한 자

제72조(상습범) 상습적으로 제71조제1항
각 호의 죄를 범한 자는 그 죄에 정한 형

의 2분의 1까지 가중한다.

제73조(미수범) 제71조제1항제1호의 미수
범은 처벌한다.

제74조(양벌규정) 법인의 대표자나 법인 또는
개인의 대리인, 사용인, 그 밖의 종업원이
그 법인 또는 개인의 업무에 관하여 제71
조의 위반행위를 하면 그 행위자를 벌하는
외에 그 법인 또는 개인에게도 해당 조문의
벌금형을 과(科)한다. 다만, 법인 또는 개인
이 그 위반행위를 방지하기 위하여 해당 업
무에 관하여 상당한 주의와 감독을 게을리
하지 아니한 경우에는 그러하지 아니하다.

제75조(과태료) ① 다음 각 호의 어느 하나
에 해당하는 자에게는 1천만원 이하의 과
태료를 부과한다.

1. 제27조의3을 위반하여 피해아동의 인수
를 거부한 아동학대 관련 보호시설의 장

2. 제29조의5제1항에 따른 해임요구를 정
당한 사유 없이 거부하거나 1개월 이내
에 이행하지 아니한 아동관련기관의 장

② 아동관련기관의 장이 제29조의3제3항
을 위반하여 아동학대관련범죄 전력을 확
인하지 아니하는 경우에는 500만원 이하
의 과태료를 부과한다.

③ 다음 각 호의 어느 하나에 해당하는 자에
게는 300만원 이하의 과태료를 부과한다.

1의2. 제26조제3항을 위반하여 신고의무
교육을 실시하지 아니한 자

2. 제31조를 위반하여 교육을 실시하지
아니한 자

3. 제51조를 위반하여 아동복지시설의 휴
업·폐업 또는 운영 재개 신고를 하지
아니한 자

4. 제69조를 위반하여 아동복지시설이라는 명
칭을 사용한 자

부 칙 <2017.10.24.>
이 법은 공포 후 6개월이 경과한 날부터
시행한다.

아동·청소년의 성보호에 관한 법률

[시행 2016.11.30.]

제1장 총 칙

제1조(목적) 이 법은 아동·청소년대상 성범죄의 처벌과 절차에 관한 특례를 규정하고 피해아동·청소년을 위한 구제 및 지원 절차를 마련하며 아동·청소년대상 성범죄자를 체계적으로 관리함으로써 아동·청소년을 성범죄로부터 보호하고 아동·청소년이 건강한 사회구성원으로 성장할 수 있도록 함을 목적으로 한다.

제2조(정의) 이 법에서 사용하는 용어의 뜻은 다음과 같다.

1. "아동·청소년"이란 19세 미만의 자를 말한다. 다만, 19세에 도달하는 연도의 1월 1일을 맞이한 자는 제외한다.

2. "아동·청소년대상 성범죄"란 다음 각 목의 어느 하나에 해당하는 죄를 말한다.

   가. 제7조부터 제15조까지의 죄

   나. 아동·청소년에 대한 「성폭력범죄의 처벌 등에 관한 특례법」 제3조부터 제15조까지의 죄

   다. 아동·청소년에 대한 「형법」 제297조, 제297조의2 및 제298조부터 제301조까지, 제301조의2, 제302조, 제303조, 제305조 및 제339조의 죄

   라. 아동·청소년에 대한 「아동복지법」 제17조제2호의 죄

3. "아동·청소년대상 성폭력범죄"란 아동·청소년대상 성범죄에서 제11조부터 제15조까지의 죄를 제외한 죄를 말한다.

4. "아동·청소년의 성을 사는 행위"란 아동·청소년, 아동·청소년의 성(性)을 사는 행위를 알선한 자 또는 아동·청소년을 실질적으로 보호·감독하는 자 등에게 금품이나 그 밖의 재산상 이익, 직무·편의제공 등 대가를 제공하거나 약속하고 다음 각목의 어느 하나에 해당하는 행위를 아동·청소년을 대상으로 하거나 아동·청소년으로 하여금 하게 하는 것을 말한다.

   가. 성교 행위

   나. 구강·항문 등 신체의 일부나 도구를 이용한 유사 성교 행위

   다. 신체의 전부 또는 일부를 접촉·노출하는 행위로서 일반인의 성적 수치심이나 혐오감을 일으키는 행위

   라. 자위 행위

5. "아동·청소년이용음란물"이란 아동·청소년 또는 아동·청소년으로 명백하게 인식될 수 있는 사람이나 표현물이 등장하여 제4호의 어느 하나에 해당하는 행위를 하거나 그 밖의 성적 행위를 하는 내용을 표현하는 것으로서 필름·비디오물·게임물 또는 컴퓨터나 그 밖의 통신매체를 통한 화상·영상 등의 형태로 된 것을 말한다.

6. "피해아동·청소년"이란 제2호나목부터 라목까지, 제7조부터 제14조(제13조제1항의 죄는 제외한다)까지의 죄의 피해자가 된 아동·청소년을 말한다.

7. "대상아동·청소년"이란 제13조제1항의 죄의 상대방이 된 아동·청소년을 말한다.

8. "온라인서비스제공자"란 다른 사람들이 정보통신망(「정보통신망 이용촉진 및 정보보호 등에 관한 법률」 제2조제1항제1호의 정보통신망을 말한다. 이하 같다)을 통하여 온라인 자료를 이용할 수 있도록 서비스를 제공하는 자로서 대통령령으로 정하는 자를 말한다.

9. "등록정보"란 법무부장관이 「성폭력범죄의 처벌 등에 관한 특례법」 제42조제1항의 등록대상자에 대하여 같은 법 제44조제1항에 따라 등록한 정보를 말한다.

제3조(해석상·적용상의 주의) 이 법을 해석·적용할 때에는 아동·청소년의 권익을 우선적으로 고려하여야 하며, 이해관계인과 그 가족의 권리가 부당하게 침해되지 아니하도록 주의하여야 한다.

제7조(아동·청소년에 대한 강간·강제추행 등)
① 폭행 또는 협박으로 아동·청소년을 강간한 사람은 무기징역 또는 5년 이상의 유기징역에 처한다.
② 아동·청소년에 대하여 폭행이나 협박으로 다음 각 호의 어느 하나에 해당하는 행위를 한 자는 5년 이상의 유기징역에 처한다.
1. 구강·항문 등 신체(성기는 제외한다)의 내부에 성기를 넣는 행위
2. 성기·항문에 손가락 등 신체(성기는 제외한다)의 일부나 도구를 넣는 행위
③ 아동·청소년에 대하여 「형법」 제298조의 죄를 범한 자는 2년 이상의 유기징역 또는 1천민원 이상 3천만원 이하의 벌금에 처한다.
④ 아동·청소년에 대하여 「형법」 제299조의 죄를 범한 자는 제1항부터 제3항까지의 예에 따른다.
⑤ 위계 또는 위력으로써 아동·청소년을 간음하거나 아동·청소년을 추행한 자는 제1항부터 제3항까지의 예에 따른다.
⑥ 제1항부터 제5항까지의 미수범은 처벌한다.

제8조(장애인인 아동·청소년에 대한 간음 등)
① 19세 이상의 사람이 장애 아동·청소년(「장애인복지법」 제2조제1항에 따른 장애인으로서 신체적인 또는 정신적인 장애로 사물을 변별하거나 의사를 결정할 능력이 미약한 13세 이상의 아동·청소년을 말한다. 이하 이 조에서 같다)을 간음하거나 장애 아동·청소년으로 하여금 다른 사람을 간음하게 하는 경우에는 3년 이상의 유기징역에 처한다.
② 19세 이상의 사람이 장애 아동·청소년을 추행한 경우 또는 장애 아동·청소년으로 하여금 다른 사람을 추행하게 하는 경우에는 10년 이하의 징역 또는 1천500만원 이하의 벌금에 처한다.

제9조(강간 등 상해·치상) 제7조의 죄를 범한 사람이 다른 사람을 상해하거나 상해에 이르게 한 때에는 무기징역 또는 7년 이상의 징역에 처한다.

제10조(강간 등 살인·치사) ① 제7조의 죄를 범한 사람이 다른 사람을 살해한 때에는 사형 또는 무기징역에 처한다.
② 제7조의 죄를 범한 사람이 다른 사람을 사망에 이르게 한 때에는 사형, 무기징역 또는 10년 이상의 징역에 처한다.

제11조(아동·청소년이용음란물의 제작·배포 등) ① 아동·청소년이용음란물을 제작·수입 또는 수출한 자는 무기징역 또는 5년 이상의 유기징역에 처한다.
② 영리를 목적으로 아동·청소년이용음란물을 판매·대여·배포·제공하거나 이를 목적으로 소지·운반하거나 공연히 전시 또는 상영한 자는 10년 이하의 징역에 처한다.
③ 아동·청소년이용음란물을 배포·제공하거나 공연히 전시 또는 상영한 자는 7년 이하의 징역 또는 5천만원 이하의 벌금에 처한다.
④ 아동·청소년이용음란물을 제작할 것이라는 정황을 알면서 아동·청소년을 아동·청소년이용음란물의 제작자에게 알선한 자는 3년 이상의 징역에 처한다.
⑤ 아동·청소년이용음란물임을 알면서 이를 소지한 자는 1년 이하의 징역 또는 2천만원 이하의 벌금에 처한다.
⑥ 제1항의 미수범은 처벌한다

제12조(아동·청소년 매매행위) ① 아동·청소년의 성을 사는 행위 또는 아동·청소년이용음란물을 제작하는 행위의 대상이 될 것을 알면서 아동·청소년을 매매 또는 국외에 이송하거나 국외에 거주하는

아동·청소년을 국내에 이송한 자는 무기
징역 또는 5년 이상의 징역에 처한다.
② 제1항의 미수범은 처벌한다.

제13조(아동·청소년의 성을 사는 행위 등)
① 아동·청소년의 성을 사는 행위를 한 자
는 1년 이상 10년 이하의 징역 또는 2천만
원 이상 5천만원 이하의 벌금에 처한다.
② 아동·청소년의 성을 사기 위하여 아
동·청소년을 유인하거나 성을 팔도록 권
유한 자는 1년 이하의 징역 또는 1천만원
이하의 벌금에 처한다.

제14조(아동·청소년에 대한 강요행위 등)
① 다음 각 호의 어느 하나에 해당하는 자
는 5년 이상의 유기징역에 처한다.
1. 폭행이나 협박으로 아동·청소년으로
   하여금 아동·청소년의 성을 사는 행위
   의 상대방이 되게 한 자
2. 선불금(先拂金), 그 밖의 채무를 이용하
   는 등의 방법으로 아동·청소년을 곤경
   에 빠뜨리거나 위계 또는 위력으로 아
   동·청소년으로 하여금 아동·청소년의
   성을 사는 행위의 상대방이 되게 한 자
3. 업무·고용이나 그 밖의 관계로 자신의
   보호 또는 감독을 받는 것을 이용하여
   아동·청소년으로 하여금 아동·청소년의
   성을 사는 행위의 상대방이 되게 한 자
4. 영업으로 아동·청소년을 아동·청소년
   의 성을 사는 행위의 상대방이 되도록
   유인·권유한 자
② 제1항제1호부터 제3호까지의 죄를 범한
자가 그 대가의 전부 또는 일부를 받거나
이를 요구 또는 약속한 때에는 7년 이상의
유기징역에 처한다.
③ 아동·청소년의 성을 사는 행위의 상대방
이 되도록 유인·권유한 자는 7년 이하의
징역 또는 5천만원 이하의 벌금에 처한다.
④ 제1항과 제2항의 미수범은 처벌한다.

제15조(알선영업행위 등) ① 다음 각 호의
어느 하나에 해당하는 자는 7년 이상의

유기징역에 처한다.
1. 아동·청소년의 성을 사는 행위의 장소
   를 제공하는 행위를 업으로 하는 자
2. 아동·청소년의 성을 사는 행위를 알선하
   거나 정보통신망에서 알선정보를 제공하
   는 행위를 업으로 하는 자
3. 제1호 또는 제2호의 범죄에 사용되는 사실을
   알면서 자금·토지 또는 건물을 제공한 자
4. 영업으로 아동·청소년의 성을 사는 행위
   의 장소를 제공·알선하는 업소에 아동·
   청소년을 고용하도록 한 자
② 다음 각 호의 어느 하나에 해당하는 자는
7년 이하의 징역 또는 5천만원 이하의 벌
금에 처한다.
1. 영업으로 아동·청소년의 성을 사는 행위
   를 하도록 유인·권유 또는 강요한 자
2. 아동·청소년의 성을 사는 행위의 장소
   를 제공한 자
3. 아동·청소년의 성을 사는 행위를 알선하거
   나 정보통신망에서 알선정보를 제공한 자
4. 영업으로 제2호 또는 제3호의 행위를
   약속한 자
③ 아동·청소년의 성을 사는 행위를 하도록
유인·권유 또는 강요한 자는 5년 이하의
징역 또는 3천만원 이하의 벌금에 처한다.

제16조(피해자 등에 대한 강요행위) 폭행이
나 협박으로 아동·청소년대상 성범죄의
피해자 또는 「아동복지법」 제3조제3호에
따른 보호자를 상대로 합의를 강요한 자
는 7년 이하의 유기징역에 처한다.

제18조(신고의무자의 성범죄에 대한 가중처벌)
제34조제2항 각 호의 기관·시설 또는 단
체의 장과 그 종사자가 자기의 보호·감독
또는 진료를 받는 아동·청소년을 대상으
로 성범죄를 범한 경우에는 그 죄에 정한
형의 2분의 1까지 가중처벌한다.

제19조(「형법」상 감경규정에 관한 특례) 음
주 또는 약물로 인한 심신장애 상태에서
아동·청소년대상 성폭력범죄를 범한 때

에는 「형법」 제10조제1항·제2항 및 제11조를 적용하지 아니할 수 있다.

제20조(공소시효에 관한 특례) ① 아동·청소년대상 성범죄의 공소시효는 「형사소송법」 제252조제1항에도 불구하고 해당 성범죄로 피해를 당한 아동·청소년이 성년에 달한 날부터 진행한다.

② 제7조의 죄는 디엔에이(DNA)증거 등 그 죄를 증명할 수 있는 과학적인 증거가 있는 때에는 공소시효가 10년 연장된다.

③ 13세 미만의 사람 및 신체적인 또는 정신적인 장애가 있는 사람에 대하여 다음 각 호의 죄를 범한 경우에는 제1항과 제2항에도 불구하고 「형사소송법」 제249조부터 제253조까지 및 「군사법원법」 제291조부터 제295조까지에 규정된 공소시효를 적용하지 아니한다.

1. 「형법」 제297조(강간), 제298조(강제추행), 제299조(준강간, 준강제추행), 제301조(강간등 상해·치상) 또는 제301조의2(강간등 살인·치사)의 죄
2. 제9조 및 제10조의 죄
3. 「성폭력범죄의 처벌 등에 관한 특례법」 제6조제2항, 제7조제2항, 제8조, 제9조의 죄

④ 다음 각 호의 죄를 범한 경우에는 제1항과 제2항에도 불구하고「형사소송법」 제249조부터 제253조까지 및 「군사법원법」 제291조부터 제295조까지에 규정된 공소시효를 적용하지 아니한다.

1. 「형법」 제301조의2(강간등 살인·치사)의 죄(강간등 살인에 한정한다)
2. 제10조제1항의 죄
3. 「성폭력범죄의 처벌 등에 관한 특례법」 제9조제1항의 죄

제21조(형벌과 수강명령 등의 병과) ① 법원은 아동·청소년대상 성범죄를 범한 「소년법」 제2조의 소년에 대하여 형의 선고를 유예하는 경우에는 반드시 보호관찰을 명하여야 한다.

② 법원은 아동·청소년대상 성범죄를 범한 자에 대하여 유죄판결을 선고하는 경우에는 500시간의 범위에서 재범예방에 필요한 수강명령 또는 성폭력 치료프로그램의 이수명령(이하 "이수명령"이라 한다)을 병과(倂科)하여야 한다. 다만, 수강명령 또는 이수명령을 부과할 수 없는 특별한 사정이 있는 경우에는 그러하지 아니하다.

③ 아동·청소년대상 성범죄를 범한 자에 대하여 제2항의 수강명령은 형의 집행을 유예할 경우에 그 집행유예기간 내에서 병과하고, 이수명령은 벌금 이상의 형을 선고할 경우에 병과한다. 다만, 이수명령은 아동·청소년대상 성범죄자가 「특정 범죄자에 대한 보호관찰 및 전자장치 부착 등에 관한 법률」 제9조의2제1항제4호에 따른 성폭력 치료 프로그램의 이수명령을 부과받은 경우에는 병과하지 아니한다.

④ 법원이 아동·청소년대상 성범죄를 범한 사람에 대하여 형의 집행을 유예하는 경우에는 제2항에 따른 수강명령 외에 그 집행유예기간 내에서 보호관찰 또는 사회봉사 중 하나 이상의 처분을 병과할 수 있다.

⑤ 제2항에 따른 수강명령 또는 이수명령은 형의 집행을 유예할 경우에는 그 집행유예기간 내에, 벌금형을 선고할 경우에는 형확정일부터 6개월 이내에, 징역형 이상의 실형을 선고할 경우에는 형기 내에 각각 집행한다. 다만, 수강명령 또는 이수명령은 아동·청소년대상 성범죄를 범한 사람이 「성폭력범죄의 처벌 등에 관한 특례법」 제16조에 따른 수강명령 또는 이수명령을 부과받은 경우에는 병과하지 아니한다.

⑥ 제2항에 따른 수강명령 또는 이수명령이 형의 집행유예 또는 벌금형과 병과된 경우에는 보호관찰소의 장이 집행하고, 징역형 이상의 실형과 병과된 경우에는 교정시설의 장이 집행한다. 다만, 징역형 이상의 실형과 병과된 수강명령 또는 이

수명령을 모두 이행하기 전에 석방 또는 가석방되거나 미결구금일수 산입 등의 사유로 형을 집행할 수 없게 된 경우에는 보호관찰소의 장이 남은 수강명령 또는 이수명령을 집행한다.

⑦ 제2항에 따른 수강명령 또는 이수명령은 다음 각 호의 내용으로 한다.

1. 일탈적 이상행동의 진단·상담
2. 성에 대한 건전한 이해를 위한 교육
3. 그 밖에 성범죄를 범한 사람의 재범예방을 위하여 필요한 사항

제21조의2(재범여부 조사) ① 법무부장관은 제21조제2항에 따라 수강명령 또는 이수명령을 선고받아 그 집행을 마친 사람에 대하여 그 효과를 평가하기 위하여 아동·청소년대상 성범죄 재범여부를 조사할 수 있다.

② 법무부장관은 제1항에 따른 재범여부 조사를 위하여 수강명령 또는 이수명령의 집행을 마친 때부터 5년 동안 관계 기관의 장에게 그 사람에 관한 범죄경력자료 및 수사경력자료를 요청할 수 있다.

제22조(판결 전 조사) ① 법원은 피고인에 대하여 제21조에 따른 보호관찰, 사회봉사, 수강명령 또는 이수명령을 부과하기 위하여 필요하다고 인정하면 그 법원의 소재지 또는 피고인의 주거지를 관할하는 보호관찰소의 장에게 피고인의 신체적·심리적 특성 및 상태, 정신성적 발달과정, 성장배경, 가정환경, 직업, 생활환경, 교우관계, 범행동기, 병력(病歷), 피해자와의 관계, 재범위험성 등 피고인에 관한 사항의 조사를 요구할 수 있다.

② 제1항의 요구를 받은 보호관찰소의 장은 지체 없이 이를 조사하여 서면으로 해당 법원에 알려야 한다. 이 경우 필요하다고 인정하면 피고인이나 그 밖의 관계인을 소환하여 심문하거나 소속 보호관찰관에게 필요한 사항을 조사하게 할 수 있다.

③ 법원은 제1항의 요구를 받은 보호관찰소의 장에게 조사진행상황에 관한 보고를 요구할 수 있다

제23조(친권상실청구 등) ① 아동·청소년대상 성범죄 사건을 수사하는 검사는 그 사건의 가해자가 피해아동·청소년의 친권자나 후견인인 경우에 법원에 「민법」 제924조의 친권상실선고 또는 같은 법 제940조의 후견인 변경 결정을 청구하여야 한다. 다만, 친권상실선고 또는 후견인 변경 결정을 하여서는 아니 될 특별한 사정이 있는 경우에는 그러하지 아니하다.

② 다음 각 호의 기관·시설 또는 단체의 장은 검사에게 제1항의 청구를 하도록 요청할 수 있다. 이 경우 청구를 요청받은 검사는 요청받은 날부터 30일 내에 해당 기관·시설 또는 단체의 장에게 그 처리 결과를 통보하여야 한다.

1. 「아동복지법」 제45조에 따른 아동보호전문기관
2. 「성폭력방지 및 피해자보호 등에 관한 법률」 제10조의 성폭력피해상담소 및 같은 법 제12조의 성폭력피해자보호시설
3. 「청소년복지 지원법」 제29조제1항에 따른 청소년상담복지센터 및 같은 법 제31조제1호에 따른 청소년쉼터

③ 제2항 각 호 외의 부분 후단에 따라 처리 결과를 통보받은 기관·시설 또는 단체의 장은 그 처리 결과에 대하여 이의가 있을 경우 통보받은 날부터 30일 내에 직접 법원에 제1항의 청구를 할 수 있다.

제24조(피해아동·청소년의 보호조치 결정) 법원은 아동·청소년대상 성범죄 사건의 가해자에게 「민법」 제924조에 따라 친권상실선고를 하는 경우에는 피해아동·청소년을 다른 친권자 또는 친족에게 인도하거나 제45조 또는 제46조의 기관·시설 또는 단체에 인도하는 등의 보호조치를 결정할 수 있다. 이 경우 그 아동·청

소년의 의견을 존중하여야 한다.

제25조(수사 및 재판 절차에서의 배려) ①
수사기관과 법원 및 소송관계인은 아동·
청소년대상 성범죄를 당한 피해자의 나
이, 심리 상태 또는 후유장애의 유무 등
을 신중하게 고려하여 조사 및 심리·재
판 과정에서 피해자의 인격이나 명예가
손상되거나 사적인 비밀이 침해되지 아니
하도록 주의하여야 한다.
② 수사기관과 법원은 아동·청소년대상
성범죄의 피해자를 조사하거나 심리·재
판할 때 피해자가 편안한 상태에서 진술
할 수 있는 환경을 조성하여야 하며, 조
사 및 심리·재판 횟수는 필요한 범위에
서 최소한으로 하여야 한다.

제5조(수사절차에서의 보호 조치) 법 제25조에 따
라 수사기관은 아동·청소년대상 성범죄의 수사절
차에서 다음 각 호의 보호 조치를 하여야 한다.
1. 피해자의 권리에 대한 고지
'3. 피해자와 가해자의 대질신문 최소화
4. 긴급하지 않은 수사에서 피해자의 학습권
보장
5. 특별한 사정이 없으면 성범죄 수사 전문교
육을 받은 인력이 피해자를 전담하여 조사
6. 「성폭력방지 및 피해자보호 등에 관한 법률」
제10조·제12조·제18조·제27조, 「가정폭력
방지 및 피해자보호 등에 관한 법률」 제4조의6
또는 「성매매방지 및 피해자보호 등에 관한 법
률」 제5조제1항제2호·제10조에 따라 운영되는
피해자 지원기관 등과의 연락 및 협조

제26조(영상물의 촬영·보존 등) ① 아동·
청소년대상 성범죄 피해자의 진술내용과
조사과정은 비디오녹화기 등 영상물 녹화
장치로 촬영·보존하여야 한다.
② 제1항에 따른 영상물 녹화는 피해자
또는 법정대리인이 이를 원하지 아니하는
의사를 표시한 때에는 촬영을 하여서는
아니 된다. 다만, 가해자가 친권자 중 일
방인 경우는 그러하지 아니하다.
③ 제1항에 따른 영상물 녹화는 조사의

개시부터 종료까지의 전 과정 및 객관적
정황을 녹화하여야 하고, 녹화가 완료된
때에는 지체 없이 그 원본을 피해자 또는
변호사 앞에서 봉인하고 피해자로 하여금
기명날인 또는 서명하게 하여야 한다.
④ 검사 또는 사법경찰관은 피해자가 제1
항의 녹화장소에 도착한 시각, 녹화를 시
작하고 마친 시각, 그 밖에 녹화과정의 진
행경과를 확인하기 위하여 필요한 사항을
조서 또는 별도의 서면에 기록한 후 수사
기록에 편철하여야 한다.
⑤ 검사 또는 사법경찰관은 피해자 또는 법정대
리인이 신청하는 경우에는 영상물 촬영과정에
서 작성한 조서의 사본을 신청인에게 교부하거
나 영상물을 재생하여 시청하게 하여야 한다.
⑥ 제1항부터 제4항까지의 절차에 따라
촬영한 영상물에 수록된 피해자의 진술은
공판준비기일 또는 공판기일에 피해자 또
는 조사과정에 동석하였던 신뢰관계에 있
는 자의 진술에 의하여 그 성립의 진정함
이 인정된 때에는 증거로 할 수 있다.
⑦ 누구든지 제1항에 따라 촬영한 영상물
을 수사 및 재판의 용도 외에 다른 목적
으로 사용하여서는 아니 된다.

제27조(증거보전의 특례) ① 아동·청소년대
상 성범죄의 피해자, 그 법정대리인 또는
경찰은 피해자가 공판기일에 출석하여 증언
하는 것에 현저히 곤란한 사정이 있을 때에
는 그 사유를 소명하여 제26조에 따라 촬
영된 영상물 또는 그 밖의 다른 증거물에
대하여 해당 성범죄를 수사하는 검사에게 「
형사소송법」 제184조제1항에 따른 증거보
전의 청구를 할 것을 요청할 수 있다.
② 제1항의 요청을 받은 검사는 그 요청
이 상당한 이유가 있다고 인정하는 때에
는 증거보전의 청구를 하여야 한다.

제28조(신뢰관계에 있는 사람의 동석) ①
법원은 아동·청소년대상 성범죄의 피해
자를 증인으로 신문하는 경우에 검사, 피

해자 또는 법정대리인이 신청하는 경우에는 재판에 지장을 줄 우려가 있는 등 부득이한 경우가 아니면 피해자와 신뢰관계에 있는 사람을 동석하게 하여야 한다.

② 제1항은 수사기관이 제1항의 피해자를 조사하는 경우에 관하여 준용한다.

③ 제1항 및 제2항의 경우 법원과 수사기관은 피해자와 신뢰관계에 있는 사람이 피해자에게 불리하거나 피해자가 원하지 아니하는 경우에는 동석하게 하여서는 아니 된다.

제29조(서류 · 증거물의 열람 · 등사) 아동 · 청소년대상 성범죄의 피해자, 그 법정대리인 또는 변호사는 재판장의 허가를 받아 소송계속 중의 관계 서류 또는 증거물을 열람하거나 등사할 수 있다.

제30조(피해아동 · 청소년 등에 대한 변호사 선임의 특례) ① 아동 · 청소년대상 성범죄의 피해자 및 그 법정대리인은 형사절차상 입을 수 있는 피해를 방어하고 법률적 조력을 보장하기 위하여 변호사를 선임할 수 있다.

② 제1항에 따른 변호사에 관하여는 「성폭력범죄의 처벌 등에 관한 특례법」 제27조 제2항부터 제6항까지를 준용한다.

제31조(비밀누설 금지) ① 아동 · 청소년대상 성범죄의 수사 또는 재판을 담당하거나 이에 관여하는 공무원 또는 그 직에 있었던 사람은 피해아동 · 청소년 또는 대상아동 · 청소년의 주소 · 성명 · 연령 · 학교 또는 직업 · 용모 등 그 아동 · 청소년을 특정할 수 있는 인적사항이나 사진 등 또는 그 아동 · 청소년의 사생활에 관한 비밀을 공개하거나 타인에게 누설하여서는 아니 된다.

② 제45조 및 제46조의 기관 · 시설 또는 단체의 장이나 이를 보조하는 자 또는 그 직에 있었던 자는 직무상 알게 된 비밀을 타인에게 누설하여서는 아니 된다.

③ 누구든지 피해아동 · 청소년 및 대상아동 · 청소년의 주소 · 성명 · 연령 · 학교 또는 직업 · 용모 등 그 아동 · 청소년을 특정하여 파악할 수 있는 인적사항이나 사진 등을 신문 등 인쇄물에 싣거나 「방송법」 제2조제1호에 따른 방송(이하 "방송"이라 한다) 또는 정보통신망을 통하여 공개하여서는 아니 된다.

④ 제1항부터 제3항까지를 위반한 자는 7년 이하의 징역 또는 5천만원 이하의 벌금에 처한다. 이 경우 징역형과 벌금형은 병과할 수 있다.

제32조(양벌규정) 법인의 대표자나 법인 또는 개인의 대리인, 사용인, 그 밖의 종업원이 그 법인 또는 개인의 업무에 관하여 제11조제3항 · 제5항, 제14조제3항, 제15조제2항 · 제3항 또는 제31조제3항의 어느 하나에 해당하는 위반행위를 하면 그 행위자를 벌하는 외에 그 법인 또는 개인에게도 해당 조문의 벌금형을 과(科)하고, 제11조제1항 · 제2항 · 제4항 · 제6항, 제12조, 제14조제1항 · 제2항 · 제4항 또는 제15조제1항의 어느 하나에 해당하는 위반행위를 하면 그 행위자를 벌하는 외에 그 법인 또는 개인을 5천만원 이하의 벌금에 처한다. 다만, 법인 또는 개인이 그 위반행위를 방지하기 위하여 해당 업무에 관하여 상당한 주의와 감독을 게을리하지 아니한 경우에는 그러하지 아니하다.

제33조(내국인의 국외범 처벌) 국가는 국민이 대한민국 영역 외에서 아동 · 청소년대상 성범죄를 범하여 「형법」 제3조에 따라 형사처벌하여야 할 경우에는 외국으로부터 범죄정보를 신속히 입수하여 처벌하도록 노력하여야 한다.

제34조(아동 · 청소년대상 성범죄의 신고)
① 누구든지 아동 · 청소년대상 성범죄의 발생 사실을 알게 된 때에는 수사기관에 신고할 수 있다.

② 다음 각 호의 어느 하나에 해당하는 기관 · 시설 또는 단체의 장과 그 종사자는 직

무상 아동·청소년대상 성범죄의 발생 사실을 알게 된 때에는 즉시 수사기관에 신고하여야 한다.

1. 「유아교육법」 제2조제2호의 유치원
2. 「초·중등교육법」 제2조의 학교
3. 「의료법」 제3조의 의료기관
4. 「아동복지법」 제3조제10호의 아동복지시설
5. 「장애인복지법」 제58조의 장애인복지시설
6. 「영유아보육법」 제2조제3호의 어린이집
7. 「학원의 설립·운영 및 과외교습에 관한 법률」 제2조제1호의 학원 및 같은 조 제2호의 교습소
8. 「성매매방지 및 피해자보호 등에 관한 법률」 제5조의 성매매피해자등을 위한 지원시설 및 같은 법 제10조의 성매매피해상담소
9. 「한부모가족지원법」 제19조에 따른 한부모가족복지시설
10. 「가정폭력방지 및 피해자보호 등에 관한 법률」 제5조의 가정폭력 관련 상담소 및 같은 법 제7조의 가정폭력피해자 보호시설
11. 「성폭력방지 및 피해자보호 등에 관한 법률」 제10조의 성폭력피해상담소 및 같은 법 제12조의 성폭력피해자보호시설
12. 「청소년활동 진흥법」 제2조제2호의 청소년활동시설
13. 「청소년복지 지원법」 제29조제1항에 따른 청소년상담복지센터 및 같은 법 제31조제1호에 따른 청소년쉼터
14. 「청소년 보호법」 제35조의 청소년 보호·재활센터

③ 다른 법률에 규정이 있는 경우를 제외하고는 누구든지 신고자 등의 인적사항이나 사진 등 그 신원을 알 수 있는 정보나 자료를 출판물에 게재하거나 방송 또는 정보통신망을 통하여 공개하여서는 아니 된다.

제35조(신고의무자에 대한 교육) ① 관계 행정기관의 장은 제34조제2항 각 호의 기관·시설 또는 단체의 장과 그 종사자의 자격취득 과정에 아동·청소년대상 성범죄 예방 및 신고의무와 관련된 교육내용을 포함시켜야 한다.

② 여성가족부장관은 제34조제2항 각 호의 기관·시설 또는 단체의 장과 그 종사자에 대하여 성범죄 예방 및 신고의무와 관련된 교육을 실시할 수 있다.

제36조(피해아동·청소년의 보호) 아동·청소년대상 성범죄를 저지른 자가 피해아동·청소년과 「가정폭력범죄의 처벌 등에 관한 특례법」 제2조제2호의 가정구성원인 관계에 있는 경우로서 피해아동·청소년을 보호할 필요가 있는 때에는 같은 법 제5조, 제8조, 제29조 및 제49조부터 제53조까지의 규정을 준용한다.

제37조(피해아동·청소년 등의 상담 및 치료) ① 국가는 피해아동·청소년 등의 신체적·정신적 회복을 위하여 제16조의 상담시설 또는 「성폭력방지 및 피해자보호 등에 관한 법률」 제27조의 성폭력 전담의료기관으로 하여금 다음 각 호의 사람에게 상담이나 치료프로그램(이하 "상담·치료프로그램"이라 한다)을 제공하도록 요청할 수 있다.

1. 피해아동·청소년
2. 피해아동·청소년의 보호자 및 형제·자매
3. 그 밖에 대통령령으로 정하는 사람

② 제1항에 따라 상담·치료프로그램 제공을 요청받은 기관은 정당한 이유 없이 그 요청을 거부할 수 없다.

제38조(대상아동·청소년에 대한 수사 등) ① 「성매매알선 등 행위의 처벌에 관한 법률」 제21조제1항에도 불구하고 대상아동·청소년에 대하여는 보호 및 재활을 위하여 처벌하지 아니한다.

② 사법경찰관은 대상아동·청소년을 발견한 경우 신속하게 사건을 수사한 후 「소년법」에 따라 가정법원소년부 또는 지방법원

소년부(이하 "법원 소년부"라 한다)의 보호사건으로 처리하는 것이 상당한지에 관한 의견을 첨부하여 지체 없이 검사에게 송치하여야 한다.

제8조(대상아동·청소년의 송치) ① 법 제38조제2항에 따라 사법경찰관은 대상아동·청소년을 발견한 경우에는 여성가족부장관에게 그 사실을 통보하여야 한다.

② 여성가족부장관은 사법경찰관이 법 제38조제2항에 따른 수사과정에서 대상아동·청소년에 대한 상담 및 정보 제공 등을 요청하면 적극 지원하여야 한다.

③ 여성가족부장관은 제2항에 따른 상담 및 정보 제공 등의 지원업무를 다음 각 호의 시설에 위탁할 수 있다.

 1. 「성매매방지 및 피해자보호 등에 관한 법률」 제5조제1항제2호에 따른 청소년 지원시설 및 같은 법 제10조에 따른 성매매피해상담소

 2. 「청소년복지 지원법」 제29조제1항에 따른 청소년상담복지센터 및 같은 법 제31조제1호에 따른 청소년쉼터

 3. 「청소년 보호법」 제35조제1항에 따른 청소년 보호·재활센터

 4. 그 밖에 여성가족부장관이 지정하는 기관·시설 또는 단체

③ 검사 또는 사법경찰관은 대상아동·청소년을 발견한 경우 특별한 사정이 없으면 그 사실을 대상아동·청소년의 법정대리인 또는 사실상 그 아동·청소년을 보호하는 자(이하 "법정대리인 등"이라 한다)에게 통지하여야 한다.

④ 대상아동·청소년의 법정대리인 등 또는 제34조제2항 각 호에 해당하는 기관·시설 또는 단체의 장은 대상아동·청소년을 발견한 경우에는 이를 관할 법원 소년부에 통고를 할 수 있다.

제39조(소년부 송치) ① 검사는 제38조제2항에 따라 송치된 사건의 성질·동기 및 결과와 행위자의 성행(性行) 등을 고려하여 대상아동·청소년에게 「소년법」에 따른 보호처분을 하는 것이 상당하다고 인정하는 때에는 그 사건을 관할 법원 소년부에 송치할 수 있다.

② 검사는 제1항에 따른 소년부 송치 여부를 검토한 결과 소년부 송치가 적절하지 아니한 경우 대상아동·청소년에 대한 보호 또는 재활이 필요하다고 인정하는 때에는 대상아동·청소년으로 하여금 필요한 교육과정이나 상담과정을 마치게 하여야 한다.

제40조(대상아동·청소년 등에 대한 보호처분) ① 제39조제1항 또는 제44조제1항에 따라 사건을 송치받은 법원 소년부 판사는 그 아동·청소년에게 다음 각 호의 어느 하나에 해당하는 보호처분을 할 수 있다.

 1. 「소년법」 제32조제1항 각 호의 보호처분

 2. 「청소년 보호법」 제35조의 청소년 보호·재활센터에 선도보호를 위탁하는 보호처분

② 제1항제1호에 따라 대상아동·청소년에 대하여 「소년법」 제32조제1항제4호 또는 제5호의 보호관찰처분을 하는 경우에는 수강명령을 동시에 명할 수 있다.

③ 제1항제2호에 따른 위탁의 기간은 6개월로 하되, 법원 소년부 판사는 결정으로 6개월의 범위에서 1차에 한하여 그 기간을 연장할 수 있다.

④ 법원 소년부 판사는 제3항에 따른 위탁기간이 만료하지 아니하는 경우에도 필요하다고 인정하는 때에는 결정으로써 그 위탁을 종료할 수 있다.

제41조(피해아동·청소년 등을 위한 조치의 청구) 검사는 성범죄의 피해를 받은 아동·청소년을 위하여 지속적으로 위해의 배제와 보호가 필요하다고 인정하는 경우 법원에 제1호의 보호관찰과 함께 제2호부터 제5호까지의 조치를 청구할 수 있다. 다만, 「특정 범죄자에 대한 보호관찰 및 전자장치 부착 등에 관한 법률」 제9조의2 제1항제2호 및 제3호에 따라 가해자에게 특정지역 출입금지 등의 준수사항을 부과

하는 경우에는 그러하지 아니하다.
1. 가해자에 대한 「보호관찰 등에 관한 법률」에 따른 보호관찰
2. 피해를 받은 아동·청소년의 주거 등으로부터 가해자를 분리하거나 퇴거하는 조치
3. 피해를 받은 아동·청소년의 주거, 학교 등으로부터 100미터 이내에 가해자 또는 가해자의 대리인의 접근을 금지하는 조치
4. 「전기통신기본법」 제2조제1호의 전기통신이나 우편물을 이용하여 가해자가 피해를 받은 아동·청소년 또는 그 보호자와 접촉을 하는 행위의 금지
5. 제45조에 따른 보호시설에 대한 보호위탁결정 등 피해를 받은 아동·청소년의 보호를 위하여 필요한 조치

제44조(가해아동·청소년의 처리) ① 10세 이상 14세 미만의 아동·청소년이 제2조제2호나목 및 다목의 죄와 제7조의 죄를 범한 경우에 수사기관은 신속히 수사하고, 그 사건을 관할 법원 소년부에 송치하여야 한다.

② 14세 이상 16세 미만의 아동·청소년이 제1항의 죄를 범하여 그 사건이 관할 법원 소년부로 송치된 경우 송치받은 법원 소년부 판사는 그 아동·청소년에게 다음 각 호의 어느 하나에 해당하는 보호처분을 할 수 있다.
1. 「소년법」 제32조제1항 각 호의 보호처분
2. 「청소년 보호법」 제35조의 청소년 보호·재활센터에 선도보호를 위탁하는 보호처분

③ 사법경찰관은 제1항에 따른 가해아동·청소년을 발견한 경우 특별한 사정이 없으면 그 사실을 가해아동·청소년의 법정대리인 등에게 통지하여야 한다.

④ 판사는 제1항 및 제2항에 따라 관할 법원 소년부에 송치된 가해아동·청소년에 대하여 「소년법」 제32조제1항제4호 또는 제5호의 처분을 하는 경우 재범예방에 필요한 수강명령을 하여야 한다.

⑤ 검사는 가해아동·청소년에 대하여 소년부 송치 여부를 검토한 결과 소년부 송치가 적절하지 아니한 경우 가해아동·청소년으로 하여금 재범예방에 필요한 교육과정이나 상담과정을 마치게 하여야 한다.

⑥ 제5항에 따른 교육과정이나 상담과정에 관하여 필요한 사항은 대통령령으로 정한다.

제49조(등록정보의 공개) ① 법원은 다음 각 호의 어느 하나에 해당하는 자에 대하여 판결로 제3항의 공개정보를 「성폭력범죄의 처벌 등에 관한 특례법」 제45조제1항의 등록기간 동안 정보통신망을 이용하여 공개하도록 하는 명령(이하 "공개명령"이라 한다)을 등록대상 사건의 판결과 동시에 선고하여야 한다. 다만, 피고인이 아동·청소년인 경우, 그 밖에 신상정보를 공개하여서는 아니 될 특별한 사정이 있다고 판단하는 경우에는 그러하지 아니하다.
1. 아동·청소년대상 성폭력범죄를 저지른 자
2. 「성폭력범죄의 처벌 등에 관한 특례법」 제2조제1항제3호·제4호, 같은 조 제2항(제1항제3호·제4호에 한정한다), 제3조부터 제15조까지의 범죄를 저지른 자
3. 13세 미만의 아동·청소년을 대상으로 아동·청소년대상 성범죄를 저지른 자로서 13세 미만의 아동·청소년을 대상으로 아동·청소년대상 성범죄를 다시 범할 위험성이 있다고 인정되는 자
4. 제1호 또는 제2호의 죄를 범하였으나 「형법」 제10조제1항에 따라 처벌할 수 없는 자로서 제1호 또는 제2호의 죄를 다시 범할 위험성이 있다고 인정되는 자

② 제1항에 따른 등록정보의 공개기간(「형의 실효 등에 관한 법률」 제7조에 따른 기간을 초과하지 못한다)은 판결이 확정된 때부터 기산한다. 다만, 공개명령을 받은 자(이하 "공개대상자"라 한다)가 실형 또는 치료감호를 선고받은 경우에는 그 형 또는 치료감호의 전부 또는 일부의 집

행을 종료하거나 집행이 면제된 때부터 기산하고, 제1항에 따른 등록정보의 등록원인이 된 성범죄(이하 이 조에서 "등록대상 성범죄"라 한다)와 경합된 범죄, 등록대상 성범죄로 수용되어 있는 도중 재판을 받게 된 다른 범죄, 다른 범죄로 수용되어 있는 도중 등록대상 성범죄로 재판을 받게 된 경우 다른 범죄로 교정시설 또는 치료감호시설에 수용된 기간은 공개기간에 넣어 계산하지 아니한다.

③ 제1항에 따라 공개하도록 제공되는 등록정보(이하 "공개정보"라 한다)는 다음 각 호와 같다.

1. 성명
2. 나이
3. 주소 및 실제거주지(「도로명주소법」 제2조제5호의 도로명 및 같은 조 제7호의 건물번호까지로 한다)
4. 신체정보(키와 몸무게)
5. 사진
6. 등록대상 성범죄 요지(판결일자, 죄명, 선고형량을 포함한다)
7. 성폭력범죄 전과사실(죄명 및 횟수)
8. 「특정 범죄자에 대한 보호관찰 및 전자장치 부착 등에 관한 법률」에 따른 전자장치 부착 여부

④ 공개정보의 구체적인 형태와 내용에 관하여는 대통령령으로 정한다.

⑤ 공개정보를 정보통신망을 이용하여 열람하고자 하는 자는 실명인증 절차를 거쳐야 한다.

제50조(등록정보의 고지) ① 법원은 공개대상자 중 다음 각 호의 어느 하나에 해당하는 자에 대하여 판결로 제49조에 따른 공개명령 기간 동안 제4항에 따른 고지정보를 제5항에 규정된 사람에 대하여 고지하도록 하는 명령(이하 "고지명령"이라 한다)을 등록대상 성범죄 사건의 판결과 동시에 선고하여야 한다. 다만, 피고인이 아동·청소년인 경우, 그 밖에 신상정보를 고지하여서는 아니 될 특별한 사정이 있다고 판단하는 경우에는 그러하지 아니하다.

1. 아동·청소년대상 성폭력범죄를 저지른 자
2. 「성폭력범죄의 처벌 등에 관한 특례법」 제2조제1항제3호·제4호, 같은 조 제2항(제1항제3호·제4호에 한정한다), 제3조부터 제15조까지의 범죄를 저지른 자
3. 제1호 또는 제2호의 죄를 범하였으나 「형법」 제10조제1항에 따라 처벌할 수 없는 자로서 제1호 또는 제2호의 죄를 다시 범할 위험성이 있다고 인정되는 자

② 고지명령을 선고받은 자(이하 "고지대상자")는 공개명령을 선고받은 자로 본다.

③ 고지명령은 다음 각 호의 기간 내에 하여야 한다.

1. 집행유예를 선고받은 고지대상자는 신상정보 최초 등록일부터 1개월 이내
2. 금고 이상의 실형을 선고받은 고지대상자는 출소 후 거주할 지역에 전입한 날부터 1개월 이내
3. 고지대상자가 다른 지역으로 전출하는 경우에는 변경정보 등록일부터 1개월 이내

④ 제1항에 따라 고지하여야 하는 고지정보는 다음 각 호와 같다.

1. 고지대상자가 이미 거주하고 있거나 전입하는 경우에는 제49조제3항의 공개정보. 다만, 제49조제3항제3호에 따른 주소 및 실제거주지는 상세주소를 포함한다.
2. 고지대상자가 전출하는 경우에는 제1호의 고지정보와 그 대상자의 전출 정보

⑤ 제4항의 고지정보는 고지대상자가 거주하는 읍·면·동의 아동·청소년의 친권자 또는 법정대리인이 있는 가구, 「영유아보육법」에 따른 어린이집의 원장, 「유아교육법」에 따른 유치원의 장, 「초·중등교육법」 제2조에 따른 학교의 장, 읍·면사무소와 동 주민자치센터의 장(경계를 같이 하는 읍·면 또는 동을 포함한다), 「학원의 설립·운영 및 과외교습에 관한 법률」 제2조의2에 따른 학교교과교습학원의 장과 「아동복지법」 제52조제1항제8호에 따

른 지역아동센터 및 「청소년활동 진흥법」 제10조제1호에 따른 청소년수련시설의 장에게 고지한다.

제53조(계도 및 범죄정보의 공표) ① 여성가족부장관은 아동·청소년대상 성범죄의 발생추세와 동향, 그 밖에 계도에 필요한 사항을 연 2회 이상 공표하여야 한다.
② 여성가족부장관은 제1항에 따른 성범죄 동향 분석 등을 위하여 성범죄로 유죄판결이 확정된 자에 대한 자료를 관계 행정기관에 요청할 수 있다.

제54조(비밀준수) 등록대상 성범죄자의 신상정보의 공개 및 고지 업무에 종사하거나 종사하였던 자는 직무상 알게 된 등록정보를 누설하여서는 아니 된다.

제55조(공개정보의 악용금지) ① 공개정보는 아동·청소년 등을 등록대상 성범죄로부터 보호하기 위하여 성범죄 우려가 있는 자를 확인할 목적으로만 사용되어야 한다.
② 공개정보를 확인한 자는 공개정보를 활용하여 다음 각 호의 행위를 하여서는 아니 된다.
1. 신문·잡지 등 출판물, 방송 또는 정보통신망을 이용한 공개
2. 공개정보의 수정 또는 삭제
③ 공개정보를 확인한 자는 공개정보를 등록대상 성범죄로부터 보호할 목적 외에 다음 각 호와 관련된 목적으로 사용하여 공개대상자를 차별하여서는 아니 된다.
1. 고용(제56조제1항의 아동·청소년 관련기관 등에의 고용은 제외한다)
2. 주택 또는 사회복지시설의 이용
3. 교육기관의 교육 및 직업훈련

제56조(아동·청소년 관련기관 등에의 취업제한 등) ③ 아동·청소년 관련기관 등의 장은 그 기관에 취업 중이거나 사실상 노무를 제공 중인 자 또는 취업하려 하거나 사실상 노무를 제공하려는 자(이하 "취업자등"이라 한다)에 대하여 성범죄의 경력을 확인하여야 하며, 이 경우 본인의 동의를 받아 관계 기관의 장에게 성범죄의 경력 조회를 요청하여야 한다. 다만, 취업자등이 성범죄 경력 조회 회신서를 아동·청소년 관련기관 등의 장에게 직접 제출한 경우에는 성범죄 경력 조회를 한 것으로 본다.

제58조(취업자의 해임요구 등) ① 제57조제1항 각 호에 따른 중앙행정기관의 장은 제56조제1항을 위반하여 아동·청소년 관련기관 등에 취업하거나 사실상 노무를 제공하는 자가 있으면 아동·청소년 관련기관 등의 장에게 그의 해임을 요구할 수 있다.
② 제57조제1항 각 호에 따른 중앙행정기관의 장은 제56조제1항을 위반하여 아동·청소년 관련기관 등을 운영 중인 아동·청소년 관련기관 등의 장에게 운영 중인 아동·청소년 관련기관 등의 폐쇄를 요구할 수 있다.
③ 제57조제1항 각 호에 따른 중앙행정기관의 장은 아동·청소년 관련기관 등의 장이 제2항의 폐쇄요구를 정당한 사유 없이 거부하거나 1개월 이내에 요구사항을 이행하지 아니하는 경우에는 관계 행정기관의 장에게 해당 아동·청소년 관련기관 등의 폐쇄, 등록·허가 등의 취소를 요구할 수 있다.

제59조(포상금) ① 여성가족부장관은 제8조 및 제13조부터 제15조까지에 해당하는 범죄를 저지른 사람을 수사기관에 신고한 사람에 대하여는 예산의 범위에서 포상금을 지급할 수 있다.

제60조(권한의 위임) ① 제57조, 제58조 및 제67조에 따른 문화체육관광부장관, 보건복지부장관, 여성가족부장관 또는 국토교통부장관의 권한은 대통령령으로 정하는 바에 따라 그 일부를 특별시장·광역시장·특별자치시장·도지사·특별자치도지사 또는 시장·군수·구청장(자치구의 구청장을 말한다)에게 위임할 수 있다.
② 제57조, 제58조 및 제67조에 따른 교

육부장관의 권한은 대통령령으로 정하는 바에 따라 그 일부를 교육감·교육장에게 위임할 수 있다.

③ 제57조, 제58조 및 제67조에 따른 경찰청장의 권한은 대통령령으로 정하는 바에 따라 그 일부를 지방경찰청장에게 위임할 수 있다.

제61조(보호관찰) ① 검사는 아동·청소년대상 성범죄를 범하고 재범의 위험성이 있다고 인정되는 사람에 대하여는 형의 집행이 종료한 때부터 「보호관찰 등에 관한 법률」에 따른 보호관찰을 받도록 하는 명령(이하 "보호관찰명령"이라 한다)을 법원에 청구하여야 한다. 다만, 검사가 「특정 범죄자에 대한 보호관찰 및 전자장치 부착 등에 관한 법률」 제21조의2에 따른 보호관찰명령을 청구한 경우에는 그러하지 아니하다.

② 법원은 공소가 제기된 아동·청소년대상 성범죄 사건을 심리한 결과 보호관찰명령을 선고할 필요가 있다고 인정하는 때에는 검사에게 보호관찰명령의 청구를 요청할 수 있다.

③ 법원은 아동·청소년대상 성범죄를 범한 사람이 금고 이상의 선고형에 해당하고 보호관찰명령 청구가 이유있다고 인정하는 때에는 2년 이상 5년 이하의 범위에서 기간을 정하여 보호관찰명령을 병과하여 선고하여야 한다.

④ 법원은 보호관찰을 명하기 위하여 필요한 때에는 피고인의 주거지 또는 소속 법원(지원을 포함한다. 이하 같다) 소재지를 관할하는 보호관찰소(지소를 포함한다. 이하 같다)의 장에게 범죄 동기, 피해자와의 관계, 심리상태, 재범의 위험성 등 피고인에 관하여 필요한 사항의 조사를 요청할 수 있다. 이 경우 보호관찰소의 장은 지체 없이 이를 조사하여 서면으로 해당 법원에 통보하여야 한다.

⑤ 보호관찰 기간은 보호관찰을 받을 자(이하 "보호관찰 대상자"라 한다)의 형의 집행이 종료한 날부터 기산하되, 보호관찰 대상자가 가석방된 경우에는 가석방된 날부터 기산한다.

제62조(보호관찰 대상자의 보호관찰 기간 연장 등) ① 보호관찰 대상자가 보호관찰 기간 중에 「보호관찰 등에 관한 법률」 제32조에 따른 준수사항을 위반하는 등 재범의 위험성이 증대한 경우에 법원은 보호관찰소의 장의 신청에 따른 검사의 청구로 제61조제3항에 따른 5년을 초과하여 보호관찰의 기간을 연장할 수 있다.

② 제1항의 준수사항은 재판장이 재판정에서 설명하고 서면으로도 알려 주어야 한다.

제63조(보호관찰 대상자의 신고 의무) ① 보호관찰 대상자는 출소 후의 거주 예정지, 근무 예정지, 교우(交友) 관계, 그 밖에 보호관찰을 위하여 필요한 사항으로서 대통령령으로 정하는 사항을 출소 전에 미리 교도소·소년교도소·구치소·군교도소 또는 치료감호시설의 장에게 신고하여야 한다.

② 보호관찰 대상자는 출소 후 10일 이내에 거주지, 직업 등 보호관찰을 위하여 필요한 사항으로서 대통령령으로 정하는 사항을 보호관찰관에게 서면으로 신고하여야 한다.

제65조(벌칙) ① 다음 각 호의 어느 하나에 해당하는 자는 5년 이하의 징역 또는 5천만원 이하의 벌금에 처한다.

1. 제54조를 위반하여 직무상 알게 된 등록정보를 누설한 자
2. 제55조제1항 또는 제2항을 위반한 자
3. 정당한 권한 없이 등록정보를 변경하거나 말소한 자

② 제42조에 따른 보호처분을 위반한 자는 2년 이하의 징역 또는 2천만원 이하의 벌금에 처한다.

③ 제21조제2항에 따라 징역형 이상의 실형과 이수명령이 병과된 자가 보호관찰소의 장 또는 교정시설의 장의 이수명령 이행에

관한 지시에 불응하여 「보호관찰 등에 관한 법률」 또는 「형의 집행 및 수용자의 처우에 관한 법률」에 따른 경고를 받은 후 재차 정당한 사유 없이 이수명령 이행에 관한 지시에 불응한 경우에는 1년 이하의 징역 또는 1천만원 이하의 벌금에 처한다.

④ 다음 각 호의 어느 하나에 해당하는 자는 1년 이하의 징역 또는 500만원 이하의 벌금에 처한다.

1. 제34조제3항을 위반하여 신고자 등의 신원을 알 수 있는 정보나 자료를 출판물에 게재하거나 방송 또는 정보통신망을 통하여 공개한 자
2. 제55조제3항을 위반한 자

⑤ 제21조제2항에 따라 벌금형과 이수명령이 병과된 자가 보호관찰소의 장의 이수명령 이행에 관한 지시에 불응하여 「보호관찰 등에 관한 법률」에 따른 경고를 받은 후 재차 정당한 사유 없이 이수명령 이행에 관한 지시에 불응한 경우에는 1천만원 이하의 벌금에 처한다.

제66조(벌칙) 보호관찰 대상자가 제62조제1항에 따른 제재조치를 받은 이후 재차 정당한 이유 없이 준수사항을 위반하면 3년 이하의 징역 또는 1천만원 이하의 벌금에 처한다.

제67조(과태료) ① 제17조제2항을 위반한 온라인서비스제공자에게는 3천만원 이하의 과태료를 부과한다.

② 다음 각 호의 어느 하나에 해당하는 자에게는 1천만원 이하의 과태료를 부과한다.

1. 제37조제2항을 위반하여 상담·치료프로그램의 제공을 정당한 이유 없이 거부한 상담시설 또는 의료기관의 장
2. 제58조에 따른 해임요구를 정당한 사유 없이 거부하거나 1개월 이내에 이행하지 아니하는 아동·청소년 관련기관 등의 장

③ 아동·청소년 관련기관 등의 장이 제56조제3항을 위반하여 그 기관에 취업 중이거나 사실상 노무를 제공 중인 사람 또는 취업하려 하거나 사실상 노무를 제공하려는 사람에 대하여 성범죄의 경력을 확인하지 아니하는 경우에는 500만원 이하의 과태료를 부과한다.

④ 제34조제2항 각 호의 어느 하나에 해당하는 기관·시설 또는 단체의 장과 그 종사자가 직무상 아동·청소년대상 성범죄 발생 사실을 알고 수사기관에 신고하지 아니하거나 거짓으로 신고한 경우에는 300만원 이하의 과태료를 부과한다.

⑤ 제1항부터 제4항까지의 과태료는 교육부장관, 문화체육관광부장관, 보건복지부장관, 여성가족부장관, 국토교통부장관 또는 경찰청장이 부과·징수한다.

부 칙 <제14236호, 2016.5.29.>

제1조(시행일) 이 법은 공포 후 6개월이 경과한 날부터 시행한다.

제2조(재범여부 조사에 관한 적용례) 제21조의2의 개정규정은 이 법 시행 후 최초로 수강명령 또는 이수명령의 집행을 마친 사람부터 적용한다.

제3조(등록정보의 공개기간에 관한 적용례) 제49조제2항의 개정규정은 이 법 시행 후 최초로 등록대상 성범죄로 유죄 판결이 확정된 사람부터 적용한다.

제4조(아동·청소년 관련기관 등에의 취업제한 등에 관한 적용례) 제56조의 개정규정은 이 법 시행 후 최초로 아동·청소년대상 또는 성인대상 성범죄를 범하고 형이 확정된 사람부터 적용한다. 다만, 이 법 시행 전의 범죄에 대한 취업제한은 종전의 규정에 따른다.

여신전문금융업법

[시행 2017.10.19.]

제1장 총 칙

제1조(목적) 이 법은 신용카드업, 시설대여업, 할부금융업 및 신기술사업금융업을 하는 자의 건전하고 창의적인 발전을 지원함으로써 국민의 금융편의를 도모하고 국민경제의 발전에 이바지함을 목적으로 한다.

제2조(정의) 이 법에서 사용하는 용어의 뜻은 다음과 같다.

1. "여신전문금융업(與信專門金融業)"이란 신용카드업, 시설대여업, 할부금융업 또는 신기술사업금융업을 말한다.

2. "신용카드업"이란 다음 각 목의 업무 중 나목의 업무를 포함한 둘 이상의 업무를 업(業)으로 하는 것을 말한다.
   가. 신용카드의 발행 및 관리
   나. 신용카드 이용과 관련된 대금의 결제
   다. 신용카드가맹점의 모집 및 관리

2의2. "신용카드업자"란 제3조제1항에 따라 신용카드업의 허가를 받거나 등록을 한 자를 말한다. 다만, 제3조제3항제1호의 요건에 해당하는 자가 제13조제1항제2호 및 제3호의 업무를 하는 경우에는 그 업무에 관하여만 신용카드업자로 본다.

3. "신용카드"란 이를 제시함으로써 반복하여 신용카드가맹점에서 다음 각 목을 제외한 사항을 결제할 수 있는 증표(證票)로서 신용카드업자(외국에서 신용카드업에 상당하는 영업을 영위하는 자를 포함한다)가 발행한 것을 말한다.
   가. 금전채무의 상환
   나. 「자본시장과 금융투자업에 관한 법률」 제3조제1항에 따른 금융투자상품 등 대통령령으로 정하는 금융상품
   다. 「게임산업진흥에 관한 법률」 제2조제1호의2에 따른 사행성게임물의 이용

대가 및 이용에 따른 금전의 지급. 다만, 외국인(「해외이주법」 제2조에 따른 해외이주자를 포함한다)이 「관광진흥법」에 따라 허가받은 카지노영업소에서 외국에서 신용카드업에 상당하는 영업을 영위하는 자가 발행한 신용카드로 결제하는 것은 제외한다.
   라. 그 밖에 사행행위 등 건전한 국민생활을 저해하고 선량한 풍속을 해치는 행위로 대통령령으로 정하는 사항의 이용 대가 및 이용에 따른 금전의 지급

4. "신용카드회원"이란 신용카드업자와의 계약에 따라 그로부터 신용카드를 발급받은 자를 말한다.

5. "신용카드가맹점"이란 다음 각 목의 자를 말한다.
   가. 신용카드업자와의 계약에 따라 신용카드회원·직불카드회원 또는 선불카드소지자(이하 "신용카드회원등"이라 한다)에게 신용카드·직불(直拂)카드 또는 선불(先拂)카드(이하 "신용카드등"이라 한다)를 사용한 거래에 의하여 물품의 판매 또는 용역의 제공 등을 하는 자
   나. 신용카드업자와의 계약에 따라 신용카드회원등에게 물품의 판매 또는 용역의 제공 등을 하는 자를 위하여 신용카드등에 의한 거래를 대행(代行)하는 자(이하 "결제대행업체"라 한다)

5의2. "수납대행가맹점"이란 신용카드업자와의 별도의 계약에 따라 다른 신용카드가맹점을 위하여 신용카드등에 의한 거래에 필요한 행위로서 대통령령으로 정하는 사항을 대행하는 신용카드가맹점을 말한다.

5의3. "가맹점모집인"이란 신용카드업자를 위하여 가맹점계약의 체결을 중개 또는 대리

하고 부가통신업자를 위하여 신용카드 단말기를 설치하는 자로서 제16조의3에 따라 금융위원회에 등록을 한 자를 말한다.

5의4. "신용카드포인트"란 신용카드업자가 신용카드의 이용금액 등에 따라 신용카드회원에게 적립하여 재화를 구매하거나 서비스를 이용할 수 있도록 하는 경제상의 이익을 말한다.

6. "직불카드"란 직불카드회원과 신용카드가맹점 간에 전자적 또는 자기적 방법으로 금융거래계좌에 이체하는 등의 방법으로 결제가 이루어질 수 있도록 신용카드업자가 발행한 증표(자금을 융통받을 수 있는 증표는 제외)를 말한다.

7. "직불카드회원"이란 신용카드업자와의 계약에 따라 그로부터 직불카드를 발급받은 자를 말한다.

8. "선불카드"란 신용카드업자가 대금을 미리 받고 이에 해당하는 금액을 기록(전자적 또는 자기적 방법에 따른 기록을 말한다)하여 발행한 증표로서 선불카드 소지자가 신용카드가맹점에 제시하여 그 카드에 기록된 금액의 범위에서 결제할 수 있게 한 증표를 말한다.

8의2. "신용카드등부가통신업"이란 신용카드업자 및 신용카드가맹점과의 계약에 따라 단말기 설치, 신용카드등의 조회·승인 및 매출전표 매입·자금정산 등 신용카드등의 대금결제를 승인·중계하기 위한 전기통신서비스 제공을 업으로 하는 것을 말한다.

8의3. "부가통신업자"란 신용카드등부가통신업에 대하여 제27조의2에 따라 금융위원회에 등록을 한 자를 말한다.

9. "시설대여업"이란 시설대여를 업으로 하는 것을 말한다.

10. "시설대여"란 대통령령으로 정하는 물건(이하 "특정물건"이라 한다)을 새로 취득하거나 대여받아 거래상대방에게 대통령령으로 정하는 일정 기간 이상 사용하게 하고, 그 사용 기간 동안 일정한 대가를 정기적으로 나누어 지급받으며, 그 사용 기간이 끝난 후의 물건의 처분에 관하여는 당사자 간의 약정(約定)으로 정하는 방식의 금융을 말한다.

10의2. "시설대여업자"란 시설대여업에 대하여 제3조제2항에 따라 금융위원회에 등록한 자를 말한다.

11. "연불판매"란 특정물건을 새로 취득하여 거래상대방에게 넘겨주고, 그 물건의 대금·이자 등을 대통령령으로 정하는 일정한 기간 이상 동안 정기적으로 나누어 지급받으며, 그 물건의 소유권 이전 시기와 그 밖의 조건에 관하여는 당사자 간의 약정으로 정하는 방식의 금융을 말한다.

12. "할부금융업"이란 할부금융을 업으로 하는 것을 말한다.

13. "할부금융"이란 재화(財貨)와 용역의 매매계약에 대하여 매도인(賣渡人) 및 매수인(買受人)과 각각 약정을 체결하여 매수인에게 융자한 재화와 용역의 구매자금을 매도인에게 지급하고 매수인으로부터 그 원리금(元利金)을 나누어 상환받는 방식의 금융을 말한다.

13의2. "할부금융업자"란 할부금융업에 대하여 제3조제2항에 따라 금융위원회에 등록한 자를 말한다.

14. "신기술사업금융업"이란 제41조제1항 각 호에 따른 업무를 종합적으로 업으로서 하는 것을 말한다.

14의2. "신기술사업자"란 「기술보증기금법」 제2조제1호에 따른 신기술사업자를 말한다.

14의3. "신기술사업금융업자"란 신기술사업금융업에 대하여 제3조제2항에 따라 금융위원회에 등록한 자를 말한다.

14의4. "신기술사업금융전문회사"란 신기술사업금융업자로서 신용카드업·시설대여업·할부금융업, 그 밖에 대통령령으로 정하는 금융업을 함께 하지 아니하는 자를 말한다.

14의5. "신기술사업투자조합"이란 신기술사업자에게 투자하기 위하여 설립된 조합으로서 다음 각 목의 어느 하나에 해당하는 조합을 말한다.

　　가. 신기술사업금융업자가 신기술사업금융업자 외의 자와 공동으로 출자하여 설립한 조합

　　나. 신기술사업금융업자가 조합자금을 관리·운용하는 조합

15. "여신전문금융회사"란 여신전문금융업에 대하여 제3조제1항 또는 제2항에 따라 금융위원회의 허가를 받거나 금융위원회에 등록을 한 자로서 제46조제1항 각 호에 따른 업무를 전업으로 하는 자를 말한다.

16. "겸영여신업자(兼營與信業者)"란 여신전문금융업에 대하여 제3조제3항 단서에 따라 금융위원회의 허가를 받거나 금융위원회에 등록을 한 자로서 여신전문금융회사가 아닌 자를 말한다.

17. "대주주"란 「금융회사의 지배구조에 관한 법률」 제2조제6호에 따른 주주를 말한다.

18. "신용공여"란 대출, 지급보증 또는 자금지원적 성격의 유가증권의 매입, 그 밖에 금융거래상의 신용위험이 따르는 여신전문금융회사의 직접적·간접적 거래로서 대통령령으로 정하는 것을 말한다.

19. "자기자본"이란 납입자본금·자본잉여금 및 이익잉여금 등의 합계액으로서 대통령령으로 정하는 것을 말한다.

20. "총자산"이란 유동자산 및 비유동자산 등의 합계액으로서 대통령령으로 정하는 것을 말한다.

제3조(영업의 허가·등록) ① 신용카드업을 하려는 자는 금융위원회의 허가를 받아야 한다. 다만, 제3항제2호에 해당하는 자는 금융위원회에 등록하면 신용카드업을 할 수 있다.

② 시설대여업·할부금융업 또는 신기술사업금융업을 하고 있거나 하려는 자로서 이 법을 적용받으려는 자는 업별(業別)로

금융위원회에 등록하여야 한다.

③ 제1항이나 제2항에 따라 허가를 받거나 등록을 할 수 있는 자는 여신전문금융회사이거나 여신전문금융회사가 되려는 자로 제한한다. 다만, 다음 각 호의 어느 하나에 해당하는 자는 그러하지 아니하다.

1. 다른 법률에 따라 설립되거나 금융위원회의 인가(認可) 또는 허가를 받은 금융기관으로서 대통령령으로 정하는 자

2. 경영하고 있는 사업의 성격상 신용카드업을 겸하여 경영하는 것이 바람직하다고 인정되는 자로서 대통령령으로 정하는 자

④ 금융위원회는 제1항에 따른 허가에 조건을 붙일 수 있다.

제4조(허가·등록의 신청) 제3조제1항 또는 제2항에 따라 허가를 받거나 등록을 하려는 자는 다음 각 호의 사항을 적은 허가신청서나 등록신청서에 대통령령으로 정하는 서류를 첨부하여 금융위원회에 제출하여야 한다.

1. 상호(商號) 및 주된 사무소의 소재지

2. 자본금 및 출자자(총리령으로 정하는 소액출자자는 제외한다)의 성명 또는 명칭과 그 지분율

3. 임원의 성명

4. 경영하려는 여신전문금융업

5. 여신전문금융회사가 되려는 자는 그 취지

6. 겸영여신업자가 되려는 자는 경영하고 있는 사업의 내용

제1절 신용카드업

제12조(적용 범위) 이 절(節)은 신용카드업자가 하는 신용카드업과 제13조에 따른 부대업무(附帶業務)에 대하여 적용한다.

제14조의2(신용카드회원의 모집) ① 신용카드회원을 모집할 수 있는 자는 다음 각 호의 어느 하나에 해당하는 자이어야 한다.

1. 해당 신용카드업자의 임직원

2. 신용카드업자를 위하여 신용카드 발급 계약의 체결을 중개(仲介)하는 자(이하 "모집인"이라 한다)

3. 신용카드업자와 신용카드회원의 모집에 관하여 업무 제휴(提携) 계약을 체결한 자(신용카드회원의 모집을 주된 업으로 하는 자는 제외한다) 및 그 임직원

제14조의3(모집인의 등록) ① 신용카드업자는 소속 모집인이 되고자 하는 자를 금융위원회에 등록하여야 한다.

② 다음 각 호의 어느 하나에 해당하는 자는 모집인이 될 수 없다.

1. 피성년후견인 또는 피한정후견인
2. 파산선고를 받고 복권되지 아니한 자
3. 이 법에 따라 벌금 이상의 실형(實刑)을 선고받고 그 집행이 끝나거나(집행이 끝난 것으로 보는 경우를 포함한다) 집행이 면제된 날부터 2년이 지나지 아니한 자
4. 제14조의4에 따라 모집인의 등록이 취소(이 항 제1호 또는 제2호에 해당하여 등록이 취소된 경우는 제외한다)된 후 2년이 지나지 아니한 자
5. 영업에 관하여 성년자와 같은 능력을 가지지 아니한 미성년자로서 그 법정대리인(法定代理人)이 제1호부터 제4호까지의 어느 하나에 해당하는 자
6. 법인 또는 법인이 아닌 사단(社團)이나 재단(財團)으로서 그 임원이나 관리인 가운데 제1호부터 제4호까지의 어느 하나에 해당하는 자가 있는 자

③ 금융위원회는 제1항에 따른 모집인의 등록에 관한 업무를 제62조제1항에 따른 여신전문금융업협회(이하 "여신전문금융업협회"라 한다)의 장에게 위탁한다.

④ 여신전문금융업협회는 모집인의 등록·관리, 건전한 모집질서 유지 및 신용카드회원등의 보호 등을 위하여 모집인운영협의회를 둘 수 있다.

제15조(신용카드의 양도 등의 금지) 신용카드는 양도·양수하거나 질권을 설정할 수 없다.

제16조의2(가맹점의 모집 등) ① 신용카드가맹점을 모집할 수 있는 자는 다음 각 호의

어느 하나에 해당하는 자이어야 한다.

1. 해당 신용카드업자의 임직원
2. 가맹점모집인

② 신용카드가맹점을 모집하는 자가 모집할 때 지켜야 할 사항과 모집방법에 필요한 사항은 대통령령으로 정한다.

③ 금융위원회는 건전한 가맹점모집질서의 확립을 위하여 필요하다고 인정하는 경우에는 신용카드가맹점을 모집하는 자에 대하여 대통령령으로 정하는 바에 따라 조사를 할 수 있다.

제16조의3(가맹점모집인의 등록 등) ① 부가통신업자는 소속 가맹점모집인이 되려는 자를 금융위원회에 등록하여야 한다.

② 다음 각 호의 어느 하나에 해당하는 자는 가맹점모집인이 될 수 없다.

1. 피한정후견인 또는 피성년후견인
2. 파산선고를 받고 복권되지 아니한 자
3. 이 법에 따라 벌금 이상의 실형을 선고받고 그 집행이 끝나거나(집행이 끝난 것으로 보는 경우를 포함한다) 집행이 면제된 날부터 2년이 지나지 아니한 자
4. 이 법에 따라 가맹점모집인의 등록이 취소된 후 2년이 지나지 아니한 자
5. 영업에 관하여 성년자와 같은 능력을 가지지 아니한 미성년자로서 그 법정대리인이 제1호부터 제4호까지의 어느 하나에 해당하는 자
6. 법인 또는 법인이 아닌 사단이나 재단으로서 그 임원이나 관리인 가운데 제1호부터 제4호까지의 어느 하나에 해당하는 자가 있는 자

제17조(가맹점에 대한 책임) ① 신용카드업자는 다음 각 호의 어느 하나에 해당하는 거래에 따른 손실을 신용카드가맹점이 부담하도록 할 수 없다. 다만, 신용카드업자가 그 거래에 대한 그 신용카드가맹점의 고의 또는 중대한 과실을 증명하면 그 손실의 전부 또는 일부를 신용카드가맹점이 부담하도

록 할 수 있다는 취지의 계약을 신용카드가
맹점과 체결한 경우에는 그러하지 아니하다.
1. 잃어버리거나 도난당한 신용카드를 사
   용한 거래
2. 위조되거나 변조된 신용카드를 사용한
   거래
3. 해킹, 전산장애, 내부자정보유출 등 부
   정한 방법으로 얻은 신용카드등의 정보
   를 이용하여 신용카드등을 사용한 거래
4. 다른 사람의 명의를 도용하여 발급받은
   신용카드등을 사용한 거래
② 제1항 각 호 외의 부분 단서에 따른
계약은 서면으로 한 경우에만 효력이 있
으며, 신용카드가맹점의 중대한 과실은
계약서에 적혀 있는 사항만 해당한다.

제18조의3(가맹점수수료율의 차별금지 등)

① 신용카드업자는 신용카드가맹점과의 가
맹점수수료율을 정함에 있어서 공정하고
합리적으로 정하여야 하며 부당하게 가맹
점수수료율을 차별하여서는 아니 된다.
② 금융위원회는 신용카드업자가 제1항에
따른 가맹점수수료율을 정함에 있어서 준
수하여야 할 사항을 정하여야 한다.
③ 제1항에도 불구하고 신용카드업자는 대
통령령으로 정하는 규모 이하의 영세한 중
소신용카드가맹점(이하 "영세한 중소신용카
드가맹점"이라 한다)에 대하여 금융위원회
가 정하는 우대수수료율을 적용하여야 한다.
④ 대통령령으로 정하는 규모 이상의 대
형 신용카드가맹점(이하 "대형신용카드가
맹점"이라 한다)은 거래상의 우월적 지위
를 이용하여 다음 각 호의 어느 하나에
해당하는 행위를 하여서는 아니 된다.
1. 신용카드업자에게 부당하게 낮은 가맹
   점수수료율을 정할 것을 요구하는 행위
2. 신용카드와 관련한 거래를 이유로 부당
   하게 보상금, 사례금 등 명칭 또는 방
   식 여하를 불문하고 대가(이하 "보상금
   등"이라 한다)를 요구하거나 받는 행위

제19조(가맹점의 준수사항) ① 신용카드가맹
점은 신용카드로 거래한다는 이유로 신용
카드 결제를 거절하거나 신용카드회원을
불리하게 대우하지 못한다.
② 신용카드가맹점은 신용카드로 거래를 할
때마다 그 신용카드를 본인이 정당하게 사
용하고 있는지를 확인하여야 한다.
③ 신용카드가맹점은 신용카드회원의 정보보
호를 위하여 금융위원회에 등록된 신용카드
단말기를 설치·이용하여야 한다.
④ 신용카드가맹점은 가맹점수수료를 신용
카드회원이 부담하게 하여서는 아니 된다.
⑤ 신용카드가맹점은 다음 각 호의 어느
하나에 해당하는 행위를 하여서는 아니
된다. 다만, 결제대행업체의 경우에는 제1
호·제4호 및 제5호를 적용하지 아니하
고, 수납대행가맹점의 경우에는 제3호·
제5호(제2조제5호의2에 따라 대행하는
행위에 한한다)를 적용하지 아니한다.
1. 물품의 판매 또는 용역의 제공 등이 없이
   신용카드로 거래한 것처럼 꾸미는 행위
2. 신용카드로 실제 매출금액 이상의 거래
   를 하는 행위
3. 다른 신용카드가맹점의 명의(名義)를
   사용하여 신용카드로 거래하는 행위
4. 신용카드가맹점의 명의를 타인에게 빌
   려주는 행위
5. 신용카드에 의한 거래를 대행하는 행위
⑥ 대형신용카드가맹점 및 그와 대통령령
으로 정하는 특수한 관계에 있는 자(이하
"특수관계인"이라 한다)는 신용카드부가
통신서비스 이용을 이유로 부가통신업자
에게 부당하게 보상금등을 요구하거나 받
아서는 아니 된다.
⑦ 결제대행업체는 다음 각 호의 사항을
지켜야 한다.
1. 물품의 판매 또는 용역의 제공 등을 하
   는 자의 신용정보 및 신용카드등에 따
   른 거래를 대행한 내용을 신용카드업자
   에게 제공할 것

2. 물품의 판매 또는 용역의 제공 등을 하는 자의 상호 및 주소를 신용카드회원등이 알 수 있도록 할 것
3. 신용카드회원등이 거래 취소 또는 환불 등을 요구하는 경우 이에 따를 것
4. 그 밖에 신용카드회원등의 신용정보보호 및 건전한 신용카드거래를 위하여 대통령령으로 정하는 사항

제20조(매출채권의 양도금지 등) ① 신용카드가맹점은 신용카드에 따른 거래로 생긴 채권(신용카드업자에게 가지는 매출채권을 포함한다. 이하 이 항에서 같다)을 신용카드업자와 「은행법」에 따라 설립된 은행(「중소기업은행법」에 따라 설립된 중소기업은행과 「농업협동조합법」에 따라 설립된 농협은행을 포함한다. 이하 이 조에서 같다) 외의 자(이하 이 조에서 "신용카드업자 등 외의 자"라 한다)에게 양도하여서는 아니 되고, 신용카드업자등 외의 자는 이를 양수하여서는 아니 된다. 다만, 신용카드가맹점이 신용카드업자에게 가지는 매출채권을 「자산유동화에 관한 법률」 제2조제1호에 따른 자산유동화를 위하여 양도하는 경우에는 신용카드가맹점은 신용카드에 따른 거래로 생긴 채권을 신용카드업자등 외의 자에게 양도할 수 있고, 신용카드업자등 외의 자도 이를 양수할 수 있다.
② 신용카드가맹점이 아닌 자는 신용카드가맹점의 명의로 신용카드등에 의한 거래를 하여서는 아니 된다.

제24조(신용카드등의 이용한도 제한 등) 금융위원회는 신용질서를 유지하고 소비자를 보호하기 위하여 신용카드업자가 지켜야 할 사항으로 다음 각 호에 대한 기준을 정하는 등 필요한 조치를 할 수 있다.
1. 신용카드에 의한 현금융통의 최고한도
2. 직불카드의 1회 또는 1일 이용한도
3. 선불카드의 총발행한도와 발행권면금액(發行券面金額)의 최고한도

4. 제14조제2항제2호에 따라 신용카드업자가 정하는 신용한도 산정 기준에 관한 사항
5. 신용카드 이용한도를 정할 때 지켜야 할 사항
6. 신용카드업자가 정하는 약관의 내용에 관한 사항
7. 가맹점 관리에 관한 사항
8. 채권을 추심할 때 지켜야 할 사항
9. 수수료율을 적용하기 위하여 회원을 분류할 때 지켜야 할 사항
10. 그 밖에 대통령령으로 정하는 사항

제24조의2(신용카드업자 등의 금지행위) ① 신용카드업자는 소비자 보호 목적과 건전한 영업질서를 해칠 우려가 있는 다음 각 호의 행위(이하 "금지행위"라 한다)를 하여서는 아니 된다.
1. 신용카드 상품에 관한 충분한 정보를 제공하지 아니하거나, 과장되거나 거짓된 설명 등으로 신용카드회원등의 권익을 부당하게 침해하는 행위
2. 신용카드업자의 경영상태를 부실하게 할 수 있는 모집행위 또는 서비스 제공 등으로 신용카드등의 건전한 영업질서를 해치는 행위
③ 신용카드업자와 부가통신업자는 대형신용카드가맹점이 자기와 거래하도록 대형신용카드가맹점 및 특수관계인에게 부당하게 보상금등을 제공하여서는 아니 된다.

제27조(유사명칭의 사용금지) 이 법에 따른 신용카드업자가 아니면 그 상호에 신용카드 또는 이와 비슷한 명칭을 사용하지 못한다.

제27조의2(신용카드등부가통신업의 등록 등) ① 신용카드등부가통신업을 하려는 자는 대통령령으로 정하는 기준에 따른 시설·장비 및 기술능력을 갖추어 금융위원회에 등록하여야 한다.
② 신용카드등부가통신업의 등록을 할 수 있는 자는 법인으로서 자본금이 20억원 이상인 자로 한다. 다만, 대통령령으로 정하는

규모 이하의 소규모 가맹점을 대상으로 서비스를 제공하는 자는 법인으로서 자본금이 10억원 이상인 자로 한다.

③ 다음 각 호의 어느 하나에 해당하는 자는 제1항에 따른 등록을 할 수 없다.

1. 제5항에 따라 등록이 말소되거나 제27조의3에 따라 등록이 취소된 날부터 3년이 지나지 아니한 법인 및 그 말소 또는 취소 당시 그 법인의 대통령령으로 정하는 출자자이었던 자로서 말소되거나 취소된 날부터 3년이 지나지 아니한 자
2. 「채무자 회생 및 파산에 관한 법률」에 따른 회생절차 중에 있는 회사 및 그 회사의 출자자 중 대통령령으로 정하는 출자자
3. 금융거래 등 상거래에서 약정한 날까지 채무를 변제하지 아니한 자로서 대통령령으로 정하는 자
4. 등록신청일을 기준으로 최근 3년 동안 금융관계법령을 위반하여 벌금형 이상의 처벌을 받은 사실이 있는 자
5. 제1호부터 제4호까지의 어느 하나에 해당하는 자가 출자자인 법인으로서 대통령령으로 정하는 법인

④ 제1항에 따라 등록한 사항을 변경하려는 때에는 대통령령으로 정하는 바에 따라 변경등록을 하여야 한다.

⑤ 제1항에 따라 등록한 자는 대통령령으로 정하는 바에 따라 그 등록의 말소를 신청할 수 있다. 이 경우 금융위원회는 지체 없이 그 등록을 말소한다.

제2절 시설대여업

제28조(적용 범위) 이 절은 시설대여업자가 하는 시설대여업과 연불판매업무에 적용한다.

제36조(시설대여등의 표시) ① 시설대여업자는 시설대여등(연불판매에서 특정물건의 소유권을 이전한 경우는 제외한다)을 하는 특정물건에 총리령으로 정하는 바에 따라 시설대여등을 나타내는 표지(標識)를 붙여야 한다.

② 해당 특정물건의 시설대여등을 한 시설대여업자 외의 자는 제1항의 표지를 손괴 또는 제거하거나 그 내용 또는 붙인 위치를 변경하여서는 아니 된다.

제3절 할부금융업

제38조(적용 범위) 이 절은 할부금융업자가 하는 할부금융업에 적용한다.

제40조(할부금융업자의 준수사항) ① 할부금융업자는 할부금융이용자에게 할부금융의 대상이 되는 재화 및 용역의 구매액(그 구매에 필요한 부대비용을 포함한다) 이상으로 할부금융자금을 대출할 수 없다.

② 할부금융업자는 할부금융자금을 할부금융의 대상이 되는 재화 및 용역의 매도인에게 직접 지급하여야 한다.

제4절 신기술사업금융업

제41조(적용 범위) ① 이 절은 신기술사업금융업자가 하는 다음 각 호의 업무에 적용한다.

1. 신기술사업자에 대한 투자
2. 신기술사업자에 대한 융자
3. 신기술사업자에 대한 경영 및 기술의 지도
4. 신기술사업투자조합의 설립
5. 신기술사업투자조합 자금의 관리·운용

제45조(신기술사업금융업자의 준수사항) 신기술사업금융업자는 제41조제1항제2호에 따른 융자업무를 하는 경우에 총리령으로 정하는 융자한도를 넘겨서는 아니 된다.

제51조(유사상호의 사용금지) 이 법에 따른 여신전문금융회사가 아닌 자는 그 상호에 여신·신용카드·시설대여·리스·할부금융 또는 신기술금융과 같거나 비슷한 표시를 하여서는 아니 된다.

제52조(다른 법률과의 관계) ① 여신전문금융회사와 제3조제3항제2호에 따른 겸영여신업자에 대하여는 「한국은행법」 및 「은행법」을 적용하지 아니한다.

② 여신전문금융회사에 대하여 「금융산업의 구조개선에 관한 법률」을 적용하는 경우에는 같은 법 제3조부터 제10조까지, 제11조제1항·제4항 및 제5항, 제13조의2, 제14조, 제14조의2부터 제14조의4까지, 제14조의7, 제15조부터 제19조까지, 제24조, 제24조의2, 제24조의3 및 제26조부터 제28조까지의 규정만 적용한다. 다만, 신기술사업금융업자가 신기술사업자에게 투자하는 경우에는 같은 법 제24조를 적용하지 아니한다.

제54조(업무보고서 등의 제출) ① 여신전문금융회사등과 부가통신업자는 금융위원회가 정하는 바에 따라 업무 및 경영실적에 관한 보고서를 작성하여 금융위원회에 제출하여야 한다.
② 여신전문금융회사와 부가통신업자는 다음 각 호의 어느 하나에 해당하는 경우에는 대통령령으로 정하는 바에 따라 그 사실을 금융위원회에 보고하여야 한다.
1. 상호 또는 명칭을 변경한 경우
3. 최대주주가 변경된 경우
4. 대주주 또는 그의 특수관계인의 소유주식이 의결권 있는 발행주식 총수의 100분의 1 이상 변동된 경우(부가통신업자는 제외한다)

제54조의2(경영의 공시) ① 금융위원회는 여신전문금융회사에 대하여 경영상황에 관한 주요 정보와 자료를 공시하게 할 수 있다.

제58조(과징금) ① 금융위원회는 여신전문금융회사가 제46조(제57조제1항 각 호 외의 부분에서 정하는 업무에 관한 규정으로 한정한다)를 위반한 경우에는 대통령령으로 정하는 바에 따라 3억원 이하의 과징금을 부과할 수 있다.
② 금융위원회는 신용카드업자가 제57조제1항 각 호의 어느 하나에 해당하는 경우에는 대통령령으로 정하는 바에 따라 업무정지처분 대신에 1억원 이하의 과징금을 부과할 수 있다.

③ 금융위원회는 다음 각 호의 어느 하나에 해당하는 경우에는 대통령령으로 정하는 바에 따라 2억원 이하의 과징금을 부과할 수 있다.
1. 시설대여업자가 제37조에 따른 금융위원회의 명령을 위반한 경우
2. 할부금융업자가 제39조나 제40조를 위반한 경우
3. 신기술사업금융업자가 제45조를 위반한 경우
4. 여신전문금융회사등(신용카드업은 제외한다)이나 부가통신업자가 제16조의3, 제27조의4, 제54조의4 또는 제54조의5를 위반한 경우
④ 금융위원회는 여신전문금융회사가 제47조, 제48조, 제49조제1항·제4항, 제49조의2제1항·제8항 또는 제50조제1항을 위반하거나 제49조제2항에 따른 금융위원회의 명령을 위반한 경우에는 다음 각 호의 구분에 따른 범위에서 과징금을 부과할 수 있다.
1. 제47조를 위반하여 자금을 조달한 경우: 조달한 자금의 100분의 30 이하
2. 제48조를 위반하여 자기자본 대비 총자산 한도를 초과한 경우: 초과액의 100분의 30 이하
3. 제49조제1항·제4항을 위반하여 부동산을 취득한 경우: 취득한 부동산 취득가액의 100분의 30 이하
4. 제49조제2항에 따른 금융위원회의 명령을 위반한 경우: 초과 취득한 부동산 취득가액의 100분의 30 이하
5. 제49조의2제1항에 따른 신용공여한도를 초과하여 신용공여를 한 경우: 초과한 신용공여액 이하
6. 제49조의2제8항을 위반하여 신용공여를 한 경우: 신용공여액 이하
7. 제50조제1항에 따른 주식의 소유한도를 초과하여 대주주가 발행한 주식을 소유한 경우: 초과 소유한 주식 장부가액 합계액 이하

제60조(신용카드업의 허가 또는 등록 취소에 따른 조치) 신용카드업자는 제57조제2항에 따라 허가 또는 등록이 취소된 경우에도 그 처분전에 행하여진 신용카드에 의한 거래대금의 결제를 위한 업무를 계속 할 수 있다.

제70조(벌칙) ① 다음 각 호의 어느 하나에 해당하는 자는 7년 이하의 징역 또는 5천만원 이하의 벌금에 처한다.

1. 신용카드등을 위조하거나 변조한 자
2. 위조되거나 변조된 신용카드등을 판매하거나 사용한 자
3. 분실하거나 도난당한 신용카드나 직불카드를 판매하거나 사용한 자
4. 강취·횡령하거나, 사람을 기망(欺罔)하거나 공갈(恐喝)하여 취득한 신용카드나 직불카드를 판매하거나 사용한 자
5. 행사할 목적으로 위조되거나 변조된 신용카드등을 취득한 자
6. 거짓이나 그 밖의 부정한 방법으로 알아낸 타인의 신용카드 정보를 보유하거나 이를 이용하여 신용카드로 거래한 자
7. 제3조제1항에 따른 허가를 받지 아니하거나 등록을 하지 아니하고 신용카드업을 한 자
8. 거짓이나 그 밖의 부정한 방법으로 제3조제1항에 따른 허가를 받거나 등록을 한 자
9. 제49조의2제1항 또는 제8항을 위반하여 대주주에게 신용공여를 한 여신전문금융회사와 그로부터 신용공여를 받은 대주주 또는 대주주의 특수관계인
9의2. 제50조제1항을 위반하여 대주주가 발행한 주식을 소유한 여신전문금융회사
10. 제50조의2제5항을 위반하여 같은 항 각 호의 어느 하나에 해당하는 행위를 한 대주주 또는 대주주의 특수관계인

② 제18조의3제4항제2호, 제19조제6항 또는 제24조의2제3항을 위반한 자는 5년 이하의 징역 또는 3천만원 이하의 벌금에 처한다.

③ 다음 각 호의 어느 하나에 해당하는 자는 3년 이하의 징역 또는 2천만원 이하의 벌금에 처한다.

1. 거짓이나 그 밖의 부정한 방법으로 제3조제2항에 따른 등록을 한 자
2. 다음 각 목의 어느 하나에 해당하는 행위를 통하여 자금을 융통하여 준 자 또는 이를 중개·알선한 자
   가. 물품의 판매 또는 용역의 제공 등을 가장하거나 실제 매출금액을 넘겨 신용카드로 거래하거나 이를 대행하게 하는 행위
   나. 신용카드회원으로 하여금 신용카드로 구매하도록 한 물품·용역 등을 할인하여 매입하는 행위
   다. 제15조를 위반하여 신용카드에 질권을 설정하는 행위
3. 제19조제5항제3호를 위반하여 다른 신용카드가맹점의 명의를 사용하여 신용카드로 거래한 자
4. 제19조제5항제5호를 위반하여 신용카드에 의한 거래를 대행한 자
5. 제20조제1항을 위반하여 매출채권을 양도한 자 및 양수한 자
6. 제20조제2항을 위반하여 신용카드가맹점의 명의로 신용카드등에 의한 거래를 한 자
7. 제27조의2제1항에 따른 등록을 하지 아니하고 신용카드등부가통신업을 한 자
8. 거짓이나 그 밖의 부정한 방법으로 제27조의2제1항에 따른 등록을 한 자

④ 다음 각 호의 어느 하나에 해당하는 자는 1년 이하의 징역 또는 1천만원 이하의 벌금에 처한다.

2의2. 제14조의2제1항 각 호의 어느 하나에 해당하지 아니한 자로서 신용카드회원을 모집한 자
3. 제15조를 위반하여 신용카드를 양도·양수한 자
3의2. 제18조의3제4항제1호를 위반한 자
4. 제19조제1항을 위반하여 신용카드로 거래한다는 이유로 물품의 판매 또는 용역의 제공 등을 거절하거나 신용카드

회원을 불리하게 대우한 자

5. 제19조제4항을 위반하여 가맹점수수료를 신용카드회원이 부담하게 한 자

6. 제19조제5항제4호를 위반하여 신용카드가맹점의 명의를 타인에게 빌려준 자

7. 제27조, 제50조의2제1항·제3항 또는 제51조를 위반한 자

⑤ 제36조제2항을 위반한 자는 500만원 이하의 벌금에 처한다.

⑥ 제1항제1호 및 제2호의 미수범은 처벌한다.

⑦ 제1항제1호의 죄를 범할 목적으로 예비하거나 음모한 자는 3년 이하의 징역 또는 2천만원 이하의 벌금에 처한다. 다만, 그 목적한 죄를 실행하기 전에 자수한 자에 대하여는 그 형(刑)을 감경하거나 면제한다.

제71조(양벌규정) 법인의 대표자나 법인 또는 개인의 대리인, 사용인, 그 밖의 종업원이 그 법인 또는 개인의 업무에 관하여 제70조의 위반행위를 하면 그 행위자를 벌하는 외에 그 법인 또는 개인에게도 해당 조문의 벌금형을 과(科) 한다. 다만, 법인 또는 개인이 그 위반행위를 방지하기 위하여 해당 업무에 관하여 상당한 주의와 감독을 게을리하지 아니한 경우에는 그러하지 아니하다.

제72조(과태료) ① 다음 각 호의 어느 하나에 해당하는 자에게는 5천만원 이하의 과태료를 부과한다.

1. 제14조의5제1항부터 제3항까지의 규정을 위반한 자

2. 제14조의5제4항에 따른 조사를 거부한 자

3. 제14조의5제5항을 위반하여 모집인의 불법행위 신고를 하지 아니한 자

4. 제16조의2제3항에 따른 조사를 거부한 자

4의2. 제16조의5를 위반하여 연회비를 반환하지 아니한 자

5. 제19조제3항·제7항 또는 제19조의2를 위반한 자

5의2. 제27조의2제4항을 위반하여 변경등록을 하지 아니한 자

5의3. 제46조의2제1항을 위반하여 부수업무의 신고를 하지 아니한 자

6. 제49조의2제2항 또는 제50조제2항을 위반하여 이사회의 결의를 거치지 아니한 자

7. 제49조의2제3항·제4항 또는 제50조제3항·제4항을 위반하여 보고 또는 공시를 하지 아니한 자

10. 제50조의8제1항에 따른 자료제출 요구에 따르지 아니한 자

10의2. 제50조의9제1항·제2항을 위반한 자

10의3. 제53조의2제3항에 따른 자료제출 또는 관계인의 출석 및 의견진술 요구에 따르지 아니한 자

10의4. 제54조를 위반하여 보고서를 제출하지 아니하거나 보고를 하지 아니한 자(거짓의 보고서를 제출하거나 거짓으로 보고한 자를 포함한다)

11. 제54조의2에 따른 공시를 하지 아니하거나 거짓으로 공시한 자

12. 제54조의3을 위반하여 금융위원회에 신고하거나 보고하지 아니하고 금융약관 또는 표준약관을 제정하거나 개정한 자

13. 제55조를 위반하여 다른 업무와 구분하여 회계처리를 하지 아니한 자

② 제50조의12를 위반하여 직원의 보호를 위한 조치를 하지 아니하거나 직원에게 불이익을 준 자에게는 3천만원 이하의 과태료를 부과한다.

③ 다음 각 호의 어느 하나에 해당하는 자에게는 1천만원 이하의 과태료를 부과한다.

1. 제14조의5제6항을 위반하여 모집인에 대한 교육을 하지 아니한 자

2. 제50조의11제2항을 위반하여 확인을 하지 아니한 자

부칙 ⟨제14825호, 2017.4.18.⟩

제1조(시행일) 이 법은 공포 후 6개월이 경과한 날부터 시행한다.

영화 및 비디오물의 진흥에 관한 법률

[시행 2017.6.21.]

제1장 총 칙

제1조(목적) 이 법은 영화 및 비디오물의 질적 향상을 도모하고 영상문화 및 영상산업의 진흥을 촉진함으로써 국민의 문화생활 향상과 민족문화의 창달에 이바지함을 목적으로 한다.

제2조(정의) 이 법에서 사용하는 용어의 정의는 다음과 같다.

1. "영화"라 함은 연속적인 영상이 필름 또는 디스크 등의 디지털 매체에 담긴 저작물로서 영화상영관 등의 장소 또는 시설에서 공중(公衆)에게 관람하게 할 목적으로 제작한 것을 말한다.

2. "영화산업"이라 함은 영화의 제작·활용·유통·보급·수출·수입 등에 관련된 산업을 말한다.

3. "한국영화"라 함은 국내에 주된 사업소를 둔 자(법인을 포함한다)가 제작한 영화와 제27조의 규정에 의하여 한국영화로 인정받은 영화를 말한다.

4. "공동제작영화"라 함은 한국영화제작업자와 외국영화제작업자가 공동으로 제작한 영화 중 문화체육관광부령이 정하는 바에 따라 공동으로 제작비용을 출자하여 제작한 영화를 말한다.

5. "애니메이션(animation) 영화"라 함은 실물의 세계 또는 상상의 세계를 가공하여 현실과 유사한 동적 감각을 느낄 수 있도록 인력 또는 기술력을 이용하여 표현한 영화를 말한다.

6. "소형영화"라 함은 16밀리미터 이하의 필름을 사용하여 제작한 영화 및 디지털 매체를 사용하여 제작한 영화로서 문화체육관광부령이 정하는 영화를 말한다.

7. "단편영화"라 함은 상영시간이 40분을 넘지 아니하는 영화를 말한다.

8. "상영"이라 함은 영화를 공중에게 관람하도록 하는 행위를 말한다.

9. "영화업자"라 함은 영리를 목적으로 하는 자로서 다음 각 목의 어느 하나에 해당하는 자를 말한다.

　가. 영화제작업자 : 영화제작을 업으로 하는 자

　나. 영화수입업자 : 영화수입을 업으로 하는 자

　다. 영화배급업자 : 영화배급을 업으로 하는 자

　라. 영화상영업자 : 영화상영을 업으로 하는 자

10. "영화상영관"이라 함은 영리를 목적으로 영화를 상영하는 장소 또는 시설을 말한다. 다만, 연간 영화상영일수가 대통령령이 정하는 일수의 범위 이내인 장소 또는 시설(이하 "비상설상영장"이라 한다)을 제외한다.

제2조(비상설상영장) 법 제2조제10호 단서에 따른 비상설상영장은 영화상영일수가 연간 120일 이내이고 계속상영기간이 30일 이내인 영화상영 장소나 시설로 한다.

11. "제한상영관"이라 함은 영화상영관 중 제29조제2항제5호의 규정에 의한 제한상영가 영화를 상영하는 영화상영관을 말한다.

12. "비디오물"이라 함은 연속적인 영상이 테이프 또는 디스크 등의 디지털 매체나 장치에 담긴 저작물로서 기계·전기·전자 또는 통신장치에 의하여 재생되어 볼 수 있거나 보고 들을 수 있도록 제작된 것을 말한다. 다만, 다음 각 목의 어느 하나에 해당하는 것을 제외한다.

가. 「게임산업진흥에 관한 법률」 제2조제
1호의 규정에 의한 게임물

나. 컴퓨터프로그램에 의한 것(영화가 수
록되어 있지 아니한 것에 한한다)

13. "비디오산업"이라 함은 비디오물의 제
작·활용·유통·공급·수출·수입 등
에 관련된 산업을 말한다.

14. "비디오물제작업"이라 함은 비디오물을
제작하거나 복제하는 영업을 말한다.

15. "비디오물배급업"이라 함은 비디오물을
수입(원판수입을 포함한다)하거나 그
저작권을 소유·관리하여 비디오물을
판매하거나 대여하는 업을 하는 자에게
공급하는 영업을 말한다.

16. "비디오물시청제공업"이라 함은 다음 각
목의 어느 하나에 해당하는 영업을 말한다.

가. 비디오물감상실업 : 다수의 구획된
시청실과 비디오물 시청기자재를 갖
추고 비디오물을 공중의 시청에 제공
(이용지기 직접 시청시설을 작동하여
이용하는 경우를 포함한다)하는 영업

나. 비디오물소극장업 : 영사막 및 다수
의 객석과 비디오물 시청기자재를
갖추고 비디오물만을 전용으로 공중
의 시청에 제공하는 영업

다. 제한관람가비디오물소극장업 : 영사
막 및 다수의 객석과 비디오물 시청
기자재를 갖추고 제한관람가 등급의
비디오물만을 전용으로 공중의 시청
에 제공하는 영업

라. 복합영상물제공업: 비디오물감상실업을
하면서 부수적으로 게임물을 이용할 수
있는 시설 또는 노래를 할 수 있는 시설
을 갖추어 공중에 제공하는 영업

마. 그 밖의 비디오물시청제공업 : 공중이
숙박·휴게 등의 목적으로 이용하는 장
소 또는 시설에서 비디오물 시청기자재
를 갖추고 비디오물을 공중의 시청에
제공하는 영업

17. "비디오물영업자"라 함은 제14호 내

지 제16호의 영업을 하는 자를 말한다.

18. "청소년"이라 함은 18세 미만의 자(「
초·중등교육법」 제2조의 규정에 따른
고등학교에 재학 중인 학생을 포함한
다)를 말한다.

19. "디지털시네마"란 영상저작물을 디지
털파일 형태로 가공·처리하고 이를 디
스크 등의 디지털매체나 「정보통신망
이용촉진 및 정보보호 등에 관한 법률」
제2조제1항제1호에 따른 정보통신망
(이하 "정보통신망"이라 한다)을 통하
여 디지털영사기 및 전기통신기자재로
공중에게 상영하거나 이용자에게 제공
하는 것을 말한다.

20. "내용정보"란 영화·비디오물의 내용
에 대한 주제, 선정성, 폭력성, 대사,
공포, 약물, 모방위험 등의 정도, 그 밖
에 이에 관련된 정보를 말한다.

21. "영화근로자"란 영화산업에 종사하는 자
로서 대통령령으로 정하는 자를 말한다.

22. "영화업자단체"란 노동관계에 관하여
그 구성원인 영화업자에 대하여 조정 또
는 규제할 수 있는 권한을 가진 영화업
자의 단체를 말한다.

23. "영화근로자조합"이란 영화근로자가
주체가 되어 자주적으로 단결하여 근로
조건의 유지·개선, 그 밖에 영화근로
자의 경제적·사회적 지위의 향상을 도
모함을 목적으로 조직하는 단체 또는
그 연합체를 말한다.

제26조(영화업자의 신고 등) ①영화업자가
되려는 자는 특별자치시장·특별자치도지
사·시장·군수·구청장(구청장은 자치구
의 구청장을 말하며, 이하 "시장·군수·
구청장"이라 한다)에게 신고하여야 한다.
신고한 사항을 변경할 때에도 또한 같다.

제29조(상영등급분류) ①영화업자는 제작
또는 수입한 영화(예고편 및 광고영화를
포함한다)에 대하여 그 상영 전까지 제

71조의 규정에 의한 영상물등급위원회
(이하 "영상물등급위원회"라 한다)로부터
상영등급을 분류 받아야 한다. 다만, 다음
각 호의 어느 하나에 해당하는 영화에 대
하여는 그러하지 아니하다.
1. 대가를 받지 아니하고 특정한 장소에서
   청소년이 포함되지 아니한 특정인에 한
   하여 상영하는 소형영화 · 단편영화
2. 영화진흥위원회가 추천하는 영화제에서
   상영하는 영화
3. 국제적 문화교류의 목적으로 상영하는
   영화 등 문화체육관광부장관이 등급분류
   가 필요하지 아니하다고 인정하는 영화
②제1항 본문의 규정에 의한 영화의 상영등
급은 영화의 내용 및 영상 등의 표현 정도
에 따라 다음 각 호와 같이 분류한다. 다만,
영화 상영 전후에 상영하는 광고영화는 제
1호에 해당하는 경우에 한하여 상영등급을
분류받을 수 있고, 예고편영화는 제1호 또
는 제4호에 따라 상영등급을 분류하고 청
소년 관람불가 예고편영화는 청소년 관람불
가 영화의 상영 전후에만 상영할 수 있다.
1. 전체관람가 : 모든 연령에 해당하는 자
   가 관람할 수 있는 영화
2. 12세 이상 관람가 : 12세 이상의 자가
   관람할 수 있는 영화
3. 15세 이상 관람가 : 15세 이상의 자가
   관람할 수 있는 영화
4. 청소년 관람불가 : 청소년은 관람할 수
   없는 영화
5. 제한상영가 : 선정성 · 폭력성 · 사회적
   행위 등의 표현이 과도하여 인간의 보
   편적 존엄, 사회적 가치, 선량한 풍속
   또는 국민 정서를 현저하게 해할 우려
   가 있어 상영 및 광고 · 선전에 일정한
   제한이 필요한 영화
③누구든지 제1항 및 제2항의 규정을 위
반하여 상영등급을 분류 받지 아니한 영
화를 상영하여서는 아니 된다.
④누구든지 제2항제2호 또는 제3호의 규정

에 의한 상영등급에 해당하는 영화의 경우
에는 당해 영화를 관람할 수 있는 연령에
도달하지 아니한 자를 입장시켜서는 아니
된다. 다만, 부모 등 보호자를 동반하여
관람하는 경우에는 그러하지 아니하다.
⑤누구든지 제2항제4호 또는 제5호의 규정
에 의한 상영등급에 해당하는 영화의 경우
에는 청소년을 입장시켜서는 아니 된다.
⑥누구든지 제1항의 규정에 의하여 분류
받은 상영등급을 변조하거나 상영등급을
분류 받은 영화의 내용을 변경하여 영화를
상영하여서는 아니 된다.

제32조(광고 · 선전물의 배포 · 게시 등의 제한)
①영화에 관한 광고(영상물 형태의 광고
를 포함한다)나 선전물을 배포 · 게시하거
나 이를 정보통신망을 이용하여 공중의
시청에 제공하고자 하는 자는 미리 영상
물등급위원회로부터 청소년에 대한 유해
성 여부를 확인받아야 한다. 다만, 제한상
영가 영화에 관한 광고 · 선전물은 그러하
지 아니하다.
②제1항의 규정에 의하여 청소년에 대한
유해성이 있는 것으로 확인받은 광고나
선전물은 이를 배포 · 게시하여서는 아니
된다. 다만, 정보통신망을 이용한 광고나
선전물의 경우에는 「정보통신망 이용촉진
및 정보보호 등에 관한 법률」제42조의2
의 규정에 따라야 한다.

제33조(제한상영가 영화의 광고 · 선전 제한)
제한상영가 영화에 관한 광고 또는 선전
을 하는 자는 그 광고 또는 선전물을 제
한상영관 안에 게시하여야 한다. 이 경우
당해 게시물이 제한상영관 밖에서 보이도
록 하여서는 아니 된다.

제36조(영화상영관의 등록) ①영화상영관을
설치 · 경영하려는 자는 문화체육관광부령
으로 정하는 시설을 갖추어 그 시설의 소
재지를 관할하는 시장 · 군수 · 구청장에게
등록하여야 한다. 등록사항을 변경할 때

에도 또한 같다.

②문화체육관광부장관은 대통령령이 정하는 바에 따라 제한상영관을 설치할 수 없는 지역 또는 시설을 지정·고시할 수 있다.

제40조(한국영화의 상영의무) 영화상영관 경영자는 연가 대통령령이 정하는 일수 이상 한국영화를 상영하여야 한다.

> **제19조(한국영화의 상영의무)** ①법 제40조에 따라 영화상영관 경영자는 해마다 1월 1일부터 12월 31일까지 연간 상영일 수의 5분의 1이상 한국영화를 상영하여야 한다.
> ②제1항에 따른 한국영화상영일 수에 다음 각 호의 어느 하나에 해당하는 경우의 상영일 수는 포함하지 아니한다.
> 1. 한국영화상영일에 외국영화의 유료시사회를 개최하는 경우의 그 상영일 수
> 2. 한국영화상영일에 2회 이상 외국영화의 무료시사회를 개최하는 경우의 그 상영일 수
> 3. 한국영화상영일에 외국영화를 상영하는 경우의 그 상영일 수

제41조(영화상영의 신고) ①영화상영관 경영자 및 비상설상영장을 설치·경영하는 자는 영화(제29조제1항 각 호의 규정에 의한 영화를 제외한다. 이하 이 조에서 같다)를 상영하고자 하거나 상영중인 영화를 다른 영화로 변경하여 상영하고자 하는 때에는 영화제목, 상영기간 등 문화체육관광부령이 정하는 사항을 시장·군수·구청장에게 신고하여야 한다. 당해 영화의 상영을 중지 또는 재개하거나 상영기간을 단축 또는 연장하고자 하는 때에도 또한 같다.

②제1항에도 불구하고 제39조에 따라 영화진흥위원회가 운영하는 영화상영관입장권 통합전산망에 가입한 영화상영관 경영자에 대하여는 제1항의 신고를 면제한다. 이 경우 영화진흥위원회가 제1항의 규정에 의한 신고사항을 해당 시장·군수·구청장에게 통보하여야 한다.

③제1항 및 제2항의 규정에 의한 신고나 통보의 절차 및 방법에 관하여 필요한 사항은 문화체육관광부령으로 정한다.

제42조(영화상영의 제한) 시장·군수·구청장은 다음 각 호의 어느 하나에 해당하는 영화에 대하여는 그 상영을 금지하거나 상영 중인 영화를 정지시켜야 한다.

1. 제29조제1항 및 제2항의 규정을 위반하여 상영등급을 분류 받지 아니한 영화
2. 거짓 그 밖의 부정한 방법으로 상영등급을 분류 받은 영화
3. 분류 받은 상영등급을 변조 또는 위반하여 상영하는 영화
4. 상영등급을 분류 받은 영화의 내용을 다르게 하여 상영하는 영화
5. 제41조의 규정을 위반하여 신고를 하지 아니한 영화

제43조(제한상영가 영화의 상영 및 유통 제한) ①누구든지 제한상영관이 아닌 장소 또는 시설에서 제한상영가 영화를 상영하여서는 아니 된다.

②누구든지 제한상영가 영화와 동일한 영화를 비디오물 등 다른 영상물로 제작하거나 그 제작된 영상물을 상영·판매·전송·대여하거나 시청에 제공하여서는 아니 된다.

③제한상영관에서는 제29조제2항제1호 내지 제4호의 규정에 의한 영화를 상영하여서는 아니 된다.

제45조(영화상영관의 영업정지 및 등록취소) ①시장·군수·구청장은 영화상영관 경영자가 다음 각 호의 어느 하나에 해당하는 때에는 대통령령이 정하는 바에 의하여 3월 이내의 기간을 정하여 영업의 정지를 명하거나 영화상영관의 등록을 취소할 수 있다. 다만, 제1호 또는 제8호에 해당하는 경우에는 그 등록을 취소하여야 한다.

1. 거짓 그 밖의 부정한 방법으로 등록을 한 때
2. 제29조제3항 내지 제6항의 규정을 위반한 때

3. 제33조의 규정을 위반하여 광고 또는 선전물을 게시하거나 제한상영관 밖으로 보이도록 한 때

4. 제36조제1항의 규정에 의한 시설기준에 미달한 때

4의2. 제37조제3항에 따른 재해예방조치를 취하지 아니한 때

5. 한국영화의 상영일수가 제40조의 규정에 의한 기준일수에 미달한 때

6. 제42조의 규정에 의한 영화상영의 금지 또는 정지명령에 따르지 아니한 때

7. 1년에 3회 이상 영업정지처분을 받은 때

8. 영업정지기간 중 영업을 한 때

②시장·군수·구청장은 제1항의 규정에 의하여 등록을 취소하고자 하는 때에는 청문을 실시하여야 한다.

③제1항의 규정에 의하여 등록이 취소된 자 중 제한상영관의 등록이 취소된 자는 취소된 날부터 3년 이내에는 같은 장소에서 제한상영관의 등록을 할 수 없다.

제3장 비디오물

제50조(등급분류) ①비디오물을 제작 또는 배급(수입을 포함한다. 이하 같다)하는 자는 당해 비디오물을 공급하기 전에 당해 비디오물의 내용에 관하여 영상물등급위원회로부터 등급분류를 받아야 한다. 다만, 다음 각 호의 어느 하나에 해당하는 비디오물의 경우에는 그러하지 아니하다.

1. 대가를 받지 아니하고 특정한 장소에서 청소년이 포함되지 아니한 특정인을 대상으로 하여 시청에 제공하는 비디오물

2. 대가를 받지 아니하고 정보통신망을 이용하여 공중의 시청에 제공하는 비디오물. 다만, 「음악산업 진흥에 관한 법률」 제2조제8호부터 제11호까지에 해당하는 영업을 하는 자가 제작·유통하거나 공중의 시청에 제공하는 음악영상파일은 제외한다.

3. 문화체육관광부장관 또는 관계중앙행정기관의 장이 추천하는 영상물 대회, 전시회 등에서 시청에 제공하는 비디오물

4. 등급분류를 받은 영화(제한상영가 영화를 제외한다)를 동일한 내용으로 제작하는 비디오물. 이 경우 당해 영화의 상영등급을 비디오물의 등급으로 본다.

5. 그 밖에 비디오물의 제작 주체, 유통 형태 등에 비추어 보아 등급분류가 필요하지 아니한 비디오물로서 대통령령이 정하는 것

제23조(등급분류가 필요하지 아니한 비디오물)

①법 제50조제1항제5호에서 "대통령령이 정하는 것"이라 함은 다음 각 호의 어느 하나에 해당하는 비디오물을 말한다.

1. 법 제57조제1항제1호 내지 제5호와 제7호에 해당하는 비디오물

2. 「방송법」 제2조에 따른 방송프로그램을 동일한 내용으로 하여 제작한 비디오물. 다만, 동법 제100조제1항에 따라 방송통신위원회로부터 제재조치를 받은 방송프로그램을 제작하는 것을 제외한다.

3. 국내에서 교육·학습 또는 종교활동 등에 사용하기 위하여 제작하는 다음 각 목의 비디오물. 다만, 별표 2에 해당하는 비디오물을 제외한다.

가. 유아교육·초등교육·중등교육·고등교육 등 학교 교육과정과 관련된 교육·학습용 비디오물

나. 「학원의 설립·운영 및 과외교습에 관한 법률」 제2조의2에 따른 학원에서 사용되는 교육·학습용 비디오물

다. 설교·복음·찬송 등 종교의례와 관련된 비디오물

4. 등급분류를 받은 비디오물을 동일한 내용으로 하여 다른 매체로 제작하거나 배급하는 비디오물. 다만, 비디오물의 내용을 다시 편집하여 제작 또는 배급하거나 다른 내용의 영상을 부가하는 경우를 제외한다.

5. 외교·문화교류·자선·사교 등 비영리목적으로 제작되거나 수입되는 것으로서 문화체육관광부장관이 인정하는 비디오물

②비디오물을 제작하는 자가 그 비디오물이

제1항제3호 단서에 해당하는지를 판단하기 곤란한 경우에는 미리 영상물등급위원회의 확인을 받을 수 있다.

②제1항의 규정에 따라 비디오물의 등급분류를 신청하는 자는 그 비디오물의 제작 또는 배급에 관한 정당한 권리를 가진 자임을 증명하는 서류를 갖추어 등급분류를 신청하여야 한다.

③제1항의 규정에 의한 비디오물의 등급은 비디오물의 내용, 영상 및 대사 등의 표현 정도에 따라 다음 각 호와 같이 분류한다.

1. 전체관람가 : 모든 연령의 자가 시청할 수 있는 비디오물
2. 12세 이상 관람가 : 12세 이상의 자가 시청할 수 있는 비디오물
3. 15세 이상 관람가 : 15세 이상의 자가 시청할 수 있는 비디오물
4. 청소년관람불가 : 청소년은 시청할 수 없는 비디오물
5. 제한관람가 : 선정성·폭력성·사회적 행위 등의 표현이 과도하여 인간의 보편적 존엄, 사회적 가치, 선량한 풍속 또는 국민 정서를 현저하게 해할 우려가 있어 시청제공·유통 등에 일정한 제한이 필요한 비디오물

제53조(불법비디오물의 판매 등의 금지) ①

누구든지 다음 각 호의 어느 하나에 해당하는 비디오물을 제작하거나 공급·판매·대여(이하 "유통"이라 한다) 또는 시청에 제공하거나 이를 위하여 진열·보관하여서는 아니 된다.

1. 제50조제1항의 규정을 위반하여 등급분류를 받지 아니한 비디오물
2. 제51조제1항의 규정을 위반하여 확인을 받지 아니하고 복제하거나 배급한 비디오물
3. 제52조제1항의 규정에 따라 등급분류 또는 확인이 취소된 당해 비디오물
4. 제57조제1항의 규정을 위반하여 신고를 하지 아니한 자가 제작하거나 수입 또는 배급한 비디오물
5. 등급분류를 받은 내용을 변경하거나 등급을 변경한 비디오물

②누구든지 등급분류를 받은 비디오물을 제50조제3항의 규정에 의한 등급구분을 위반하여 시청에 제공하여서는 아니된다.

③제50조제5항 및 제51조제2항의 규정에 의하여 교부되는 등급분류필증 및 확인필증은 제63조의 규정에 의한 영업의 승계의 경우를 제외하고는 이를 매매 또는 증여하여서는 아니 된다.

제53조의2(제한관람가 비디오물의 시청제공 및 유통제한) ①

누구든지 제한관람가비디오물소극장이 아닌 장소 또는 시설에서 제한관람가 비디오물을 시청제공하여서는 아니 된다.

② 누구든지 제한관람가 비디오물을 유통하여서는 아니 된다.

③ 제한관람가비디오물소극장에서는 제50조제3항제1호부터 제4호까지의 규정에 따른 비디오물을 공중의 시청에 제공하여서는 아니 된다.

제57조(비디오물제작업 등의 신고) ①

비디오물제작업 또는 비디오물배급업을 하려는 자는 시장·군수·구청장에게 신고하여야 한다. 다만, 다음 각 호의 어느 하나에 해당하는 경우에는 신고하지 아니하고 이를 할 수 있다.

1. 국가 또는 지방자치단체가 제작하는 경우
2. 법령에 의하여 설립된 교육기관 또는 연수기관이 자체교육 또는 연수의 목적으로 사용하기 위하여 제작하는 경우
3. 「방송법」에 의한 방송사업자가 방송의 목적에 사용하기 위하여 제작하는 경우
4. 「공공기관의 운영에 관한 법률」에 따른 공공기관이 그 사업의 홍보에 사용하기 위하여 제작하는 경우
5. 관혼상제 또는 종교의식 등의 행사를

기념으로 남기기 위한 목적으로 제작하는 경우. 다만, 공중에게 유통시키거나 시청에 제공하는 경우를 제외한다.

6. 정보통신망만을 이용하여 시청에 제공할 목적으로 제작·배급하는 경우

7. 불특정 다수인을 대상으로 유통하거나 시청에 제공할 목적 외의 다른 목적으로 제작하는 경우

8. 제50조제1항 각 호의 규정에 해당하는 비디오물을 제작하는 경우

제58조(비디오물시청제공업의 등록) ①비디오물시청제공업을 영위하고자 하는 자는 문화체육관광부령이 정하는 시설을 갖추어 시장·군수·구청장에게 등록하여야 한다. 다만, 다음 각 호의 어느 하나에 해당하는 경우에는 등록하지 아니하고 이를 할 수 있다.

1. 「게임산업진흥에 관한 법률」에 의한 인터넷컴퓨터게임시설제공업에 해당하는 경우

2. 정보통신망만을 이용하여 비디오물을 시청에 제공하는 경우

② 문화체육관광부장관은 대통령령으로 정하는 바에 따라 제한관람가비디오물소극장을 설치할 수 없는 지역 또는 시설을 지정·고시할 수 있다.

제59조(영업의 제한) 제57조 및 제58조의 규정에 의하여 신고 또는 등록을 하고자 하는 자가 다음 각 호의 어느 하나에 해당하는 때에는 제57조 또는 제58조의 규정에 의한 신고 또는 등록을 할 수 없다.

1. 제67조제1항 또는 제2항의 규정에 의하여 영업의 폐쇄명령 또는 등록의 취소처분을 받은 후 1년이 경과되지 아니하거나 영업정지처분을 받은 후 그 기간이 종료되지 아니한 자(법인의 경우에는 그 대표자 또는 임원을 포함한다)가 같은 업종을 다시 영위하고자 하는 때

2. 제67조제1항 또는 제2항의 규정에 의하여 영업의 폐쇄명령 또는 등록의 취소처분을 받은 후 1년이 경과되지 아니하거나 영업정지처분을 받은 후 그 기간이 종료되지 아니한 경우에 같은 장소에서 같은 업종을 영위하고자 하는 때(비디오물제작업을 제외한다)

제61조(신고 또는 등록사항의 변경) ①제57조 또는 제58조에 따라 신고 또는 등록을 한 자가 문화체육관광부령으로 정하는 중요사항을 변경하려는 경우에는 시장·군수·구청장에게 변경신고 또는 변경등록을 하여야 한다.

②시장·군수·구청장은 제1항에 따라 변경신고 또는 변경등록을 한 경우에는 문화체육관광부령으로 정하는 바에 따라 신고증 또는 등록증을 갱신하여 교부하여야 한다.

제62조(비디오물시청제공업자의 준수사항) 비디오물시청제공업을 영위하는 자는 다음 각 호의 사항을 지켜야 한다.

1. 영업소 안에 화재 또는 안전사고 예방을 위한 조치를 할 것

2. 비디오물소극장업의 경우에는 대통령령이 정하는 출입시간에 한하여 청소년을 출입시킬 것. 다만, 부모 등 보호자를 동반하거나 그의 출입동의서를 받은 경우 그 밖에 대통령령이 정하는 경우에는 그러하지 아니하다.

> **제25조(청소년 출입시간 제한 등)** ①법 제62조제2호 본문에서 "대통령령이 정하는 출입시간"이라 함은 오전 9시부터 오후 10시까지를 말한다.
>
> ②법 제62조제2호 단서에서 "대통령령이 정하는 경우"라 함은 해당청소년의 성년인 친족, 「초·중등교육법」에 따른 소속학교의 교원 또는 이에 준하여 그 청소년을 지도·감독할 수 있는 지위에 있는 자를 동반하는 경우를 말한다.

3. 비디오물감상실업 및 복합영상물제공업의 경우에는 다음 각 목에 해당하는 행

위를 하지 아니할 것

가. 주류를 판매·제공하는 행위

나. 접대부(남녀를 불문한다)를 고용·알선하는 행위

4. 비디오물감상실업, 제한관람가비디오물소극장업 및 복합영상물제공업의 경우에는 출입자의 연령을 확인하고 청소년의 출입을 금지시킬 것

5. 문화체육관광부령이 정하는 바에 따라 영업소에 등록증을 게시할 것

제63조(영업의 승계) ①제57조 또는 제58조의 규정에 의하여 신고 또는 등록한 영업자가 그 영업을 양도하거나 사망한 때 또는 그 법인의 합병이 있는 때에는 그 양수인·상속인 또는 합병 후 존속하는 법인이나 합병에 의하여 설립되는 법인은 그 영업자의 지위를 승계한다.

②제64조의 규정에 의한 폐업신고에 의하여 폐업하거나 등록이 말소된 자가 1년 이내에 폐업한 장소에서 같은 업종으로 다시 신고 또는 등록을 하는 경우에는 당해 영업자는 폐업신고 전의 영업자의 지위를 승계한다.

③「민사집행법」에 의한 경매, 「채무자 회생 및 파산에 관한 법률」에 의한 환가나 「국세징수법」·「관세법」 또는 「지방세징수법」에 따른 압류재산의 매각 그 밖에 이에 준하는 절차에 따라 비디오물에 관한 영업시설·기구(대통령령이 정하는 주요시설·기구를 말한다)의 전부를 인수한 자는 그 영업자의 지위를 승계한다.

> **제26조(영업의 승계)** 법 제63조제3항에서 "대통령령이 정하는 주요시설·기구"라 함은 다음 각 호에 규정된 것을 말한다.
> 1. 비디오물제작업 : 제작시설 및 장비
> 2. 비디오물시청제공업 : 비디오물의 시청기구와 기기

④제1항 또는 제3항에 따라 영업자의 지위를 승계받은 자는 관할 시장·군수·구청장에게 신고하여야 한다.

제4절 비디오물의 표시 및 광고

제65조(표시의무) ①영리의 목적으로 비디오물을 제작 또는 수입하거나 이를 복제하는 자는 당해 비디오물마다 제작·수입 또는 복제한 자의 상호(도서에 부수되는 비디오물의 경우에는 출판사의 상호를 말한다), 제50조제1항의 규정에 따라 분류된 등급, 내용정보, 그 밖에 문화체육관광부령으로 정하는 사항을 표시하여야 한다.

> **제27조(비디오물의 등급 표시 등)** ①법 제65조제1항에 따른 표시는 다음 각 호에 정하는 바에 따라 하여야 한다.
> 1. 상호나 그 밖의 사항 : 해당비디오물과 비디오물 용기의 앞면이나 뒷면의 하단
> 2. 비디오물의 등급표시 : 해당비디오물과 비디오물 용기의 앞면과 옆면의 하단
> 3. 비디오물의 내용정보 : 비디오물 용기의 앞면이나 뒷면의 하단

제66조(광고·선전의 제한 등) ①비디오물(제50조제3항제1호 내지 제3호의 규정에 의한 비디오물을 제외한다)에 관한 광고나 선전물을 배포·게시하거나 이를 정보통신망을 이용하여 공중의 시청에 제공하고자 하는 자는 영상물등급위원회로부터 청소년에 대한 유해성 여부를 확인받아야 한다. 다만, 제한관람가 비디오물에 관한 광고·선전물은 그러하지 아니하다.

②제1항의 규정에 의하여 청소년에 대한 유해성이 있는 것으로 확인받은 광고나 선전물은 이를 배포·게시하여서는 아니 된다.

③제2항의 규정에 불구하고 정보통신망을 이용한 광고나 선전물의 경우에는 「정보통신망 이용촉진 및 정보보호 등에 관한 법률」제42조의2의 규정에 따라 청소년을 제외한 공중의 시청에 제공할 수 있다. 다만, 영상물등급위원회에서 그 광고선전물의 내용이 제50조제3항제5호에 해당하는 것으로 확인하는 경우에는 그러하지 아니하다.

④누구든지 등급분류를 받은 비디오물의 내용 또는 등급과 다른 내용이나 등급을 표시한 광고·선전물을 배포·게시하여서는 아니 된다.

⑤ 제한관람가 비디오물에 관한 광고 또는 선전을 하는 자는 그 광고 또는 선전물을 제한관람가비디오물소극장 안에 게시하여야 한다. 이 경우 해당 게시물이 제한관람가비디오물소극장 밖에서 보이도록 하여서는 아니 된다.

제5절 등록취소 등 행정조치

제67조(행정처분 등) ①시장·군수·구청장은 비디오물제작업 또는 비디오물배급업의 신고를 한 자가 다음 각 호의 어느 하나에 해당하는 때에는 6월 이내의 기간을 정하여 영업정지를 명하거나 영업폐쇄를 명할 수 있다. 다만, 제1호 또는 제4호에 해당하는 때에는 영업폐쇄를 명하여야 한다.

1. 거짓 그 밖의 부정한 방법으로 신고한 때
2. 제53조제1항의 규정을 위반한 때
3. 제61조제1항의 규정에 의한 변경신고를 하지 아니한 때
4. 영업정지명령을 위반하여 영업을 계속한 때

②시장·군수·구청장은 비디오물시청제공업을 영위하는 자가 다음 각 호의 어느 하나에 해당하는 때에는 6월 이내의 기간을 정하여 영업정지를 명하거나 등록을 취소할 수 있다. 다만, 제1호 또는 제7호에 해당하는 때에는 등록을 취소하여야 한다.

1. 거짓 그 밖의 부정한 방법으로 등록한 때
2. 제53조제1항 또는 제2항의 규정을 위반한 때
3. 제58조제1항의 규정에 의한 시설기준을 갖추지 못한 때
4. 제61조제1항의 규정에 의한 변경등록을 하지 아니한 때
5. 제62조의 규정에 의한 준수사항을 지키지 아니한 때

6. 「성매매알선 등 행위의 처벌에 관한 법률」 제2조제1항에 따른 성매매 등의 행위를 하거나 이를 알선 또는 제공하는 행위를 한 때
7. 영업정지명령을 위반하여 영업을 계속한 때

③시장·군수·구청장은 제1항 및 제2항에 따라 영업의 폐쇄명령 또는 등록의 취소를 하려는 경우에는 청문을 실시하여야 한다.

④제1항 또는 제2항의 규정에 의하여 영업의 폐쇄명령 또는 등록의 취소처분을 받은 자는 그 처분의 통지를 받은 날부터 7일 이내에 신고증 또는 등록증을 반납하여야 한다.

제68조(과징금 부과) ①시장·군수·구청장은 비디오물시청제공업자가 다음 각 호의 어느 하나에 해당하여 영업정지처분을 하여야 하는 때에는 대통령령이 정하는 바에 따라 그 영업정지처분에 갈음하여 3천만원 이하의 과징금을 부과할 수 있다.

1. 제58조제1항의 규정에 의한 시설기준을 갖추지 못한 때
2. 제62조제2호·제4호 또는 제5호의 규정에 의한 준수사항을 위반한 때

②시장·군수·구청장은 제1항의 규정에 의한 과징금을 납부하여야 할 자가 납부기한까지 이를 납부하지 아니하는 때에는 「지방세외수입금의 징수 등에 관한 법률」에 따라 징수한다.

③제1항 및 제2항의 규정에 의하여 과징금으로 징수한 금액에 상당하는 금액을 다음 각 호의 용도에 사용하여야 한다.

1. 건전한 비디오물의 제작 및 유통
2. 비디오물의 유해환경 개선

제70조(폐쇄 및 수거) ①시장·군수·구청장은 제57조 또는 제58조에 따른 신고 또는 등록을 하지 아니하고 영업을 하는 자와 제67조제1항 또는 제2항에 따른 영업의 폐쇄명령 또는 등록의 취소처분을 받고 계

속 영업을 하는 자에 대하여는 관계공무원으로 하여금 그 영업소를 폐쇄하기 위하여 다음 각 호의 조치를 하게 할 수 있다.

1. 당해 영업 또는 영업소의 간판 및 그 밖의 영업표지물의 제거
2. 당해 영업 또는 영업소가 위법한 것임을 알리는 게시물의 부착
3. 영업을 위하여 필요한 기구 또는 시설물을 사용할 수 없게 하는 봉인

②제1항의 조치를 함에 있어서는 미리 당해 비디오물영업자 또는 그 대리인에게 서면으로 이를 알려 주어야 한다. 다만, 공공의 안전 또는 복리를 위하여 긴급히 처분을 할 필요가 있는 경우에는 그러하지 아니하다.

③문화체육관광부장관, 특별시장·광역시장·특별자치시장·도지사·특별자치도지사(이하 "시·도지사"라 한다) 또는 시장·군수·구청장은 제53조제1항 각 호의 규정에 해당하는 비디오물을 발견한 때에는 관계공무원으로 하여금 이를 수거하여 폐기하게 할 수 있다.

④제3항의 규정에 의하여 관계공무원이 당해 비디오물을 수거한 때에는 그 소유자 또는 점유자에게 수거증을 교부하여야 한다. 다만, 수거증의 인수를 거부한 경우에는 그러하지 아니하다.

⑤문화체육관광부장관, 시·도지사 또는 시장·군수·구청장은 제3항의 규정에 의하여 관계공무원이 수거·폐기를 함에 있어서 필요한 때에는 비디오물단체에 협조를 요청할 수 있다.

⑥제1항 및 제3항의 규정에 의하여 게시물의 부착·봉인·수거·폐기 등의 처분을 하는 관계 공무원 및 비디오물단체의 임·직원은 그 권한을 표시하는 증표를 지니고 이를 관계인에게 내보여야 한다.

제91조(벌칙 적용에서의 공무원 의제) 다음 각 호에 해당하는 자는 「형법」 제129조 내지 제132조에 의한 벌칙의 적용에 있어서는 이를 공무원으로 본다.

1. 영화진흥위원회의 위원과 그 사무국의 직원
2. 영상물등급위원회의 위원과 그 사무국의 직원
3. 영상물등급위원회 소위원회의 위원·사후관리위원회의 위원
4. 제92조제2항의 규정에 의하여 위탁받은 업무에 종사하는 자

제92조(권한의 위임 및 위탁) ① 문화체육관광부장관은 이 법에 따른 권한의 일부를 대통령령으로 정하는 바에 따라 시·도지사 또는 시장·군수·구청장에게 위임할 수 있다.

②영화진흥위원회는 대통령령이 정하는 바에 의하여 그 업무의 일부를 영상문화 및 영상산업 진흥을 목적으로 설립된 기관 또는 단체에 위탁할 수 있다.

제93조(벌칙) 제70조제1항 각 호의 규정에 의한 조치를 받고 이를 위반하여 영업을 한 자는 5년 이하의 징역 또는 5천만원 이하의 벌금에 처한다.

제94조(벌칙) 다음 각 호의 어느 하나에 해당하는 자는 3년 이하의 징역 또는 3천만원 이하의 벌금에 처한다.

1. 제29조제3항의 규정을 위반하여 상영등급을 분류받지 아니한 영화를 상영한 자
2. 제29조제5항의 규정을 위반하여 제한상영가 영화를 관람할 수 없는 청소년을 입장시킨 자
3. 제43조제1항의 규정을 위반하여 제한상영가 영화를 제한상영관이 아닌 장소 또는 시설에서 상영한 자
4. 제43조제2항의 규정을 위반하여 제한상영가 영화를 다른 영상물로 제작하거나 그 제작된 영상물을 상영·판매·전송·대여 또는 시청에 제공한 자
5. 제53조의2제1항을 위반하여 제한관람가 비디오물을 제한관람가비디오물소극장이 아닌 장소 또는 시설에서 시청에

제공한 자

6. 제53조의2제2항을 위반하여 제한관람가 비디오물을 유통한 자

7. 제62조제4호를 위반하여 비디오물감상실, 제한관람가비디오물소극장 또는 복합영상물제공업소에 청소년 출입을 허용한 자

제95조(벌칙) 다음 각 호의 어느 하나에 해당하는 자는 2년 이하의 징역 또는 2천만원 이하의 벌금에 처한다.

1. 제29조제6항의 규정을 위반하여 영화를 상영한 자

2. 제33조의 규정을 위반하여 제한상영가영화의 광고 또는 선전물을 게시하거나 제한상영관 밖에서 보이도록 한 자

3. 제43조제3항의 규정을 위반하여 제한상영관에서 제29조제2항제1호 내지 제4호의 규정에 의한 영화를 상영한 자

4. 제45조의 규정에 의한 영업정지명령을 이행하지 아니한 자

5. 비디오물에 관한 정당한 권리를 가지지 아니한 자가 거짓 그 밖에 부정한 방법으로 제50조제1항의 규정에 의한 등급분류를 받거나 제51조제1항의 규정에 의한 복제·배급 등의 확인을 받은 자

6. 제53조제1항의 규정을 위반하여 불법비디오물을 제작·유통·시청에 제공하거나 이를 위하여 진열·보관한 자

7. 제53조제3항의 규정을 위반하여 등급분류필증 또는 확인필증을 매매 또는 증여한 자

8. 제53조의2제3항을 위반하여 제한관람가비디오물소극장에서 제50조제3항제1호부터 제4호까지의 규정에 따른 비디오물을 공중의 시청에 제공한 자

9. 제58조제1항의 규정을 위반하여 등록을 하지 아니하고 비디오물시청제공업을 영위한 자

10. 제62조제2호 또는 제3호의 규정을 위반하여 준수사항을 지키지 아니한 자

11. 제66조제5항을 위반하여 제한관람가비디오물의 광고 또는 선전물을 제한관람가비디오물소극장 안 이외의 장소에 게시하거나 제한관람가비디오물소극장 밖에서 보이도록 한 자

12. 제67조제2항의 규정에 의한 영업의 정지명령을 위반하여 영업을 계속한 자

제96조(벌칙) 다음 각 호의 어느 하나에 해당하는 자는 1천만원 이하의 벌금에 처한다.

1. 제57조의 규정을 위반하여 신고를 하지 아니하고 영업을 한 자

2. 제67조제1항의 규정에 의한 영업의 정지명령을 위반하여 영업을 계속한 자

3. 제70조제1항 또는 제3항의 규정에 의한 관계공무원의 조치를 거부·방해 또는 기피한 자

제96조의2(벌칙) 제3조의4를 위반하여 근로계약을 체결한 자는 500만원 이하의 벌금에 처한다.

제97조(양벌규정) 법인의 대표자나 법인 또는 개인의 대리인, 사용인, 그 밖의 종업원이 그 법인 또는 개인의 업무에 관하여 제93조부터 제96조까지 및 제96조의2의 어느 하나에 해당하는 위반행위를 하면 그 행위자를 벌하는 외에 그 법인 또는 개인에게도 해당 조문의 벌금형을 과(科)한다. 다만, 법인 또는 개인이 그 위반행위를 방지하기 위하여 해당 업무에 관하여 상당한 주의와 감독을 게을리하지 아니한 경우에는 그러하지 아니하다.

제98조(과태료) ①다음 각 호의 어느 하나에 해당하는 자에게는 5천만원 이하의 과태료를 부과한다.

1. 제29조제4항 또는 제5항의 규정을 위반하여 동조제2항제2호 내지 제4호의 상영등급에 해당하는 영화를 관람할 수 없는 자를 입장시킨 자

2. 제32조제1항의 규정을 위반하여 청소년 유해성 여부를 확인받지 아니한 광고나 선전

물을 배포·게시하거나 정보통신망을 이용
하여 공중의 시청에 제공한 자
3. 제32조제2항의 규정을 위반하여 청소
년에게 유해하다고 확인된 광고나 선전
물을 배포·게시한 자
4. 제53조제2항의 규정을 위반하여 비디
오물을 시청에 제공한 자
5. 제66조제1항의 규정을 위반하여 청소
년에 대한 유해성 여부를 확인 받지 아
니한 자
6. 제66조제2항의 규정을 위반하여 청소
년에게 유해하다고 확인된 광고나 선전
물을 배포·게시한 자
②다음 각 호의 어느 하나에 해당하는 자에
게는 1천만원 이하의 과태료를 부과한다.
1의2. 제26조제1항의 규정을 위반하여
신고를 하지 아니하고 영화제작·수
입·배급 또는 상영업을 영위한 자
2. 제35조제1항의 규정을 위반하여 영화
필름등을 제출하지 아니한 자.
3. 제36조제1항의 규정을 위반하여 등록
을 하지 아니하고 영화상영관을 설치·
경영한 자
4. 제37조제1항 전단 또는 같은 조 제2항
을 위반하여 재해대처계획을 수립, 신
고 또는 보완하지 아니한 자
4의2. 제37조제3항을 위반하여 재해예방
조치를 취하지 아니한 자
5. 제39조제3항을 위반하여 입장객 수, 입
장권 판매액 등 문화체육관광부령으로
정하는 사항에 관한 자료를 고의적으로
누락하거나 조작하여 영화상영관입장권
통합전산망에 전송한 자
6. 제41조의 규정을 위반하여 신고를 하
지 아니하거나 허위로 신고한 자
7. 제44조의 규정을 위반하여 영사관련 국
가기술자격을 취득하지 아니한 자로 하
여금 영화를 상영하게 한 자
8. 제61조제1항의 규정을 위반하여 변경
신고 또는 변경등록을 하지 아니한 자

9. 제65조제1항 또는 제2항의 규정을 위반
하여 등급 또는 내용정보 표시를 하지
아니하거나 표시방법과 다르게 표시한 자
③다음 각 호의 어느 하나에 해당하는 자에
게는 300만원 이하의 과태료를 부과한다.
1. 제26조제1항 후단의 규정을 위반하여
변경신고를 하지 아니한 자
2. 제36조제1항 후단의 규정을 위반하여
영화상영관 변경등록을 하지 아니한 자
3. 제46조제4항 또는 제63조제4항의 규
정을 위반하여 신고를 하지 아니한 자

제99조(과태료의 부과) 제98조에 따른 과태
료는 대통령령으로 정하는 바에 따라 문
화체육관광부장관 또는 시장·군수·구청
장이 부과·징수한다.

부 칙<제14476호, 2016.12.27.>
제1조(시행일) 이 법은 공포 후 3개월이 경
과한 날부터 시행한다.

예비군법

[시행 2017.7.26.]

제1조(목적) 이 법은 국가를 방위하기 위하여 예비군의 설치·조직·편성 및 동원 등에 관한 사항을 정함을 목적으로 한다.

제2조(임무) 예비군의 임무는 다음 각 호와 같다.

1. 전시(戰時), 사변, 그 밖에 이에 준하는 국가비상사태하에서 현역 군부대의 편성이나 작전에 필요한 동원을 위한 대비
2. 적 또는 반국가단체의 지령을 받아 무기를 지니고 있는 사람(이하 "무장공비"라 한다)이 침투하거나 침투할 우려가 있는 지역에서 적이나 무장공비의 소멸
3. 무장 소요(騷擾)가 있거나 소요의 우려가 있는 지역에서 무장 소요 진압(경찰력만으로 그 소요를 진압하거나 대처할 수 없는 경우만 해당한다)
4. 제2호 및 제3호의 지역에 있는 중요시설·무기고 및 병참선(兵站線) 등의 경비
5. 민방위기본법에 따른 민방위 업무 지원

제4조(업무 관장) 예비군에 관한 업무는 국방부장관이 관장한다.

제5조(동원) ① 국방부장관은 예비군이 그 임무수행을 위하여 출동할 필요가 있다고 인정할 때에는 예비군대원에게 대통령령으로 정하는 시간 이내에 지정된 장소에서 소집에 응하도록 동원을 명령할 수 있다. 다만, 국회의원, 외국에 여행 중이거나 체류 중인 사람, 국외를 왕래하는 선박의 선원 또는 항공기의 조종사와 승무원, 그 밖에 대통령령으로 정하는 사람에 대하여는 동원을 보류할 수 있다.

> **제12조(동원 응소시간)** 법 제5조제1항 본문에서 "대통령령으로 정하는 시간"이란 다음 각 호의 구분에 따른 시간을 말한다.

> 1. 동원명령 발령 지역 및 인접 특별자치시·시·군·자치구에 있는 사람: 동원명령 발령 후 6시간
> 2. 제1호의 지역 외의 육상 지역에 있는 사람: 동원명령 발령 후 24시간
> 3. 동원명령 발령 당시 섬 지역에 있거나, 출어(出漁) 중인 어선에 승선하고 있는 사람 등: 동원명령 발령 후 48시간

② 동원명령을 받은 사람이 다음 각 호의 어느 하나에 해당하는 사유가 있을 때에는 그 사람이 원할 경우 동원을 연기할 수 있다. 다만, 고의로 그 사유를 발생하게 한 사람은 그러하지 아니하다.

1. 질병이나 심신의 장애로 인하여 동원명령에 응할 수 없을 때
2. 법률에 따라 구속 중일 때
3. 관혼상제, 재해, 그 밖의 부득이한 사유로 인하여 동원명령에 응할 수 없을 때

③ 제1항에 따라 동원명령이 발령된 지역에 거주하는 예비군대원이 다른 지역으로 거주지를 옮길 때에는 대통령령으로 정하는 바에 따라 소속 예비군부대의 지휘관에게 신고하여야 한다.

④ 예비군대원은 제1항에 따라 동원되었을 때에는 지휘관(예비군 여단·연대·대대·중대·소대 및 분대의 장을 포함한다)의 정당한 명령에 복종하여야 한다.

제6조(훈련) ① 국방부장관은 대통령령으로 정하는 바에 따라 연간 20일의 한도에서 예비군대원을 훈련할 수 있다. 이 경우 국회의원과 대통령령으로 정하는 사람은 훈련하여야 한다. 다만, 법률에 따라 국민이 직접 선거하는 공직 선거기간 중에는 훈련을 하지 아니한다.

② 예비군대원은 제1항에 따른 훈련을 위하여 소집되었을 때에는 지휘관(훈련을 담당하는 교관을 포함한다)의 정당한 명

령에 복종하여야 한다.

③ 제1항에도 불구하고 외국에 여행 중이거나 체류 중인 사람, 국외를 왕래하는 선박의 선원 또는 항공기의 조종사와 승무원, 그 밖에 대통령령으로 정하는 사람에 대하여는 훈련을 보류할 수 있다.

제6조의2(소집통지서의 전달 등) ① 예비군대원을 훈련할 때에는 대통령령으로 정하는 바에 따라 사전에 소집통지서를 본인에게 전달하여야 한다. 다만, 동원에 대비한 불시 훈련이나 점검을 할 때에는 소집통지서를 전달하지 아니하고 대통령령으로 정하는 방법으로 통지하여 소집할 수 있다.

제16조(소집통지서의 전달 등) ① 수임군부대의 장은 법 제6조의2제1항 본문에 따라 소집통지서를 훈련소집일 7일 전까지 본인에게 전달하여야 한다.

② 제1항에 따른 소집통지서의 서식은 국방부령으로 정한다.

③ 수임군부대의 장은 법 제6조의2제1항 단서에 따라 동원에 대비한 불시(不時) 훈련이나 점검을 하려는 경우에는 전화 또는 방문통보의 방법으로 예비군대원에게 소집통지를 하여야 하고, 소집통지를 받은 예비군대원은 제12조 각 호의 구분에 따른 시간 이내에 지정된 장소에 응소(應召)하여야 한다.

④ 수임군부대의 장은 법 제6조의2제4항에 따라 소집통지서를 「정보통신망 이용촉진 및 정보보호 등에 관한 법률」 제2조제1항제5호에 따른 전자문서(이하 "전자문서"라 한다)로 전달하려면 미리 예비군대원에게 전자우편주소와 수신 동의를 받아야 하며, 훈련소집일 30일 전에 인터넷을 이용하여 훈련 일정을 공시하여야 한다.

② 예비군대원 본인이 없을 때에는 같은 세대 내의 세대주나 가족 중 성년자, 본인의 고용주 또는 본인이 선정한 통지서 수령인(이하 이 조에서 "세대주등"이라 한다)에게 제1항의 소집통지서를 전달(본인이 선정한 소집통지서 수령인에 대한 전달에 있어서는 그 통지서 전달 전에 그 수령에 관한 동의를 받아야 한다)하여야 하고, 세대주등은 이를 지체 없이 본인에게 전달하여야 한다. 이 경우 소집통지서는 세대주등에게 전달된 때에 예비군대원 본인에게 전달된 것으로 본다.

③ 제1항이나 제2항에 따라 소집통지서를 전달함에 있어서 특히 필요하다고 인정되어 국방부장관이 정하는 경우에는 「민사소송법」중 송달에 관한 규정을 준용하여 우편법령에 따른 특별한 송달의 방법으로 이를 전달할 수 있다.

④ 제1항에 따른 소집통지서는 본인으로부터 동의를 받았을 때에는 대통령령으로 정하는 바에 따라 「정보통신망 이용촉진 및 정보보호 등에 관한 법률」 제2조제1항제5호에 따른 전자문서로 전달할 수 있다.

제7조의2(복장) 예비군대원은 동원되어 임무수행 중이거나 소집되어 훈련 중일 때에는 대통령령으로 정하는 예비군대원 복장을 착용하거나 표지장을 달아야 한다.

제8조(긴급조치 및 보상) ① 국방부장관은 예비군의 임무수행을 위하여 필요하다고 인정하면 대통령령으로 정하는 바에 따라 필요한 범위에서 다음 각 호의 조치를 할 수 있다.

1. 주민의 소개(疏開) 또는 피난 명령
2. 교통, 조명 또는 출입의 제한 등의 명령
3. 임무수행에 지장을 주는 주민의 재산 제거

② 예비군은 작전상 필요하다고 인정하는 경우에만 작전지역을 출입하는 사람을 검문할 수 있다.

③ 국가는 제1항의 조치로 인하여 재산상의 손해를 입은 사람에게 대통령령으로 정하는 바에 따라 정당한 보상을 한다.

제12조(정치운동 등의 금지) ① 예비군부대의 지휘관 또는 예비군훈련 중 외부강사의 자격으로 교육이나 강의를 하는 사람은 소속 예비군대원을 상대로 그 지위를 이용하여 다음 각 호의 어느 하나의 행위를 하여서는 아니 된다.

1. 이 법에 규정된 임무 외의 업무를 하게 하는 행위

2. 예비군대원의 권리 행사를 방해하는 행위

3. 특정 정당이나 후보를 지지 또는 반대하는 행위

② 예비군은 편성된 조직체로서 정치운동에 관여할 수 없다.

제13조(병역법과의 관계) 제5조에 따라 동원된 사람에게는 동원된 기간에는 「병역법」에 규정된 현역입영, 병력동원소집 및 전시근로소집 외의 소집은 하지 아니한다.

제15조(벌칙) ① 제8조제2항에 따른 작전지역에서 동원된 예비군의 작전상 검문에 정당한 사유 없이 응하지 아니한 사람 또는 검문하는 예비군대원을 폭행하거나 협박한 사람은 3년 이하의 징역에 처한다. 다만, 전시·사변이거나 적 또는 무장공비와 교전 중일 때에는 5년 이하의 징역에 처한다.

② 제6조의2에 따른 소집통지서를 전달할 수 없도록 정당한 사유 없이 「주민등록법」 제10조에 따른 신고를 하지 아니하거나 사실과 다르게 신고하여 같은 법 제8조 또는 제20조에 따라 주민등록이 말소되도록 하거나 거주불명 등록이 되도록 한 사람은 3년 이하의 징역 또는 3천만원 이하의 벌금에 처한다.

③ 제12조제2항을 위반하여 정치운동에 관여한 사람은 3년 이하의 징역 또는 3천만원 이하의 벌금에 처한다.

④ 제5조제1항에 따른 동원에 정당한 사유 없이 응하지 아니한 사람과 동원을 기피할 목적으로 거짓으로 거주지를 변경한 사람은 3년 이하의 징역 또는 3천만원 이하의 벌금에 처한다. 다만, 전시·사변일 때에는 5년 이하의 징역에 처한다.

⑤ 예비군의 무기·탄약·장비 및 그 밖의 부속품의 경비 임무를 수행하는 사람 또는 보관할 책임이 있는 사람이 과실로 이를 분실하거나 탈취당한 경우에는 3년 이하의 징역 또는 3천만원 이하의 벌금에 처한다.

⑥ 제12조제1항을 위반한 예비군부대의 지휘관은 2년 이하의 징역 또는 2천만원 이하의 벌금에 처한다.

⑦ 제5조제4항에 따른 지휘관의 정당한 명령에 반항하거나 복종하지 아니한 사람은 2년 이하의 징역, 2천만원 이하의 벌금이나 구류 또는 과료에 처한다. 다만, 전시·사변이거나 적 또는 무장공비와 교전 중일 때에는 5년 이하의 징역에 처한다.

⑧ 제10조 및 제10조의2를 위반하여 예비군대원으로 동원되거나 훈련을 받는 사람에 대하여 정당한 사유 없이 불리한 처우를 한 사람은 2년 이하의 징역 또는 2천만원 이하의 벌금에 처한다.

⑨ 다음 각 호의 어느 하나에 해당하는 사람은 1년 이하의 징역, 1천만원 이하의 벌금, 구류 또는 과료에 처한다.

1. 제6조제1항에 따른 훈련을 정당한 사유 없이 받지 아니한 사람이나 훈련받을 사람을 대신하여 훈련받은 사람

2. 제6조제2항에 따른 지휘관의 정당한 명령에 반항하거나 복종하지 아니한 사람

3. 제8조제1항에 따른 예비군의 임무수행에 필요한 명령을 이행하지 아니한 사람

⑩ 제6조의2제2항에 따라 소집통지서를 전달할 의무가 있는 사람이 정당한 사유 없이 전달하지 아니하거나 지연 또는 파기하였을 때에는 6개월 이하의 징역 또는 500만원 이하의 벌금에 처한다. 소집통지서를 수령할 의무가 있는 사람이 그 수령을 거부하였을 때에도 또한 같다.

⑪ 제5조제2항 및 제6조제3항에 따라 동원 또는 훈련을 연기할 때에 그 사유를 고의로 발생하게 하거나 거짓된 행위를 한 사람은 3개월 이하의 징역 또는 300만원 이하의 벌금이나 구류에 처한다.

⑫ 제5조제3항 또는 제6조의3제2항에 따른 신고를 정당한 사유 없이 하지 아니한 사람은 200만원 이하의 벌금이나 구류에 처한다.

부 칙〈제14839호, 2017.7.26.〉

제1조(시행일) ① 이 법은 공포한 날부터 시행한다.

유사수신행위의 규제에 관한 법률

[시행 2010.2.4.]

제1조(목적) 이 법은 유사수신행위를 규제함으로써 선량한 거래자를 보호하고 건전한 금융질서를 확립함을 목적으로 한다.

제2조(정의) 이 법에서 "유사수신행위"란 다른 법령에 따른 인가·허가를 받지 아니하거나 등록·신고 등을 하지 아니하고 불특정 다수인으로부터 자금을 조달하는 것을 업(業)으로 하는 행위로서 다음 각 호의 어느 하나에 해당하는 행위를 말한다.

1. 장래에 출자금의 전액 또는 이를 초과하는 금액을 지급할 것을 약정하고 출자금을 받는 행위
2. 장래에 원금의 전액 또는 이를 초과하는 금액을 지급할 것을 약정하고 예금·적금·부금·예탁금 등의 명목으로 금전을 받는 행위
3. 장래에 발행가액 또는 매출가액 이상으로 재매입(再買入)할 것을 약정하고 사채를 발행하거나 매출하는 행위
4. 장래의 경제적 손실을 금전이나 유가증권으로 보전(補塡)하여 줄 것을 약정하고 회비 등의 명목으로 금전을 받는 행위

제3조(유사수신행위의 금지) 누구든지 유사수신행위를 하여서는 아니 된다.

제4조(유사수신행위의 표시·광고의 금지) 누구든지 유사수신행위를 하기 위하여 불특정 다수인을 대상으로 하여 그 영업에 관한 표시 또는 광고(「표시·광고의 공정화에 관한 법률」에 따른 표시 또는 광고를 말한다)를 하여서는 아니 된다.

제5조(금융업 유사상호 사용금지) 누구든지 유사수신행위를 하기 위하여 그 상호 중에 금융업으로 인식될 수 있는 명칭으로서 대통령령으로 정하는 명칭을 사용하여서는 아니 된다.

제2조 (금융업유사상호의 범위) 법 제5조

에서 "금융업으로 인식할 수 있는 명칭으로서 대통령령이 정하는 명칭"이라 함은 다음 각호의 것을 말한다.
1. 금융 또는 파이낸스
2. 자본 또는 캐피탈
3. 신용 또는 크레디트
4. 투자 또는 인베스트먼트
5. 자산운용 또는 자산관리
6. 펀드·보증·팩토링 또는 선물
7. 제1호 내지 제6호의 명칭과 같은 의미를 가지는 외국어용어(그의 한글표기용어 포함)

제6조(벌칙) ① 제3조를 위반하여 유사수신행위를 한 자는 5년 이하의 징역 또는 5천만원 이하의 벌금에 처한다.

② 제4조를 위반하여 표시 또는 광고를 한 자는 2년 이하의 징역 또는 2천만원 이하의 벌금에 처한다.

제7조(양벌규정) 법인의 대표자나 법인 또는 개인의 대리인, 사용인, 그 밖의 종업원이 그 법인 또는 개인의 업무에 관하여 제6조의 위반행위를 하면 그 행위자를 벌하는 외에 그 법인 또는 개인에게도 해당 조문의 벌금형을 과(科)한다. 다만, 법인 또는 개인이 그 위반행위를 방지하기 위하여 해당 업무에 관하여 상당한 주의와 감독을 게을리 하지 아니한 경우에는 그러하지 아니하다.

제8조(과태료) ① 제5조를 위반하여 유사수신행위를 하기 위하여 금융업 유사상호를 사용한 자에게는 5천만원 이하의 과태료를 부과한다.

② 제1항에 따른 과태료는 대통령령으로 정하는 바에 따라 금융위원회가 부과·징수한다.

부 칙<제10045호, 2010.2.4.>
①(시행일) 이 법은 공포한 날부터 시행한다.
②(경과조치) 이 법 시행 전의 행위에 대하여 벌칙을 적용할 때에는 종전의 규정에 따른다.

음악산업진흥에 관한 법률

[시행 2017.3.28.]

제1장 총 칙

제1조(목적) 이 법은 음악산업의 진흥에 필요한 사항을 정하여 관련 산업의 발전을 촉진함으로써 국민의 문화적 삶의 질을 높이고 국민경제의 발전에 이바지함을 목적으로 한다.

제2조(정의) 이 법에서 사용하는 용어의 정의는 다음과 같다.

1. "음악"이라 함은 소리를 소재로 박자·선율·화성·음색 등을 일정한 법칙과 형식으로 종합하여 사상과 감정을 나타낸 것을 말한다.
2. "음악산업"이라 함은 음악의 창작·공연·교육, 음반·음악파일·음악영상물·음악영상파일의 제작·유통·수출·수입, 악기·음향기기 제조 및 노래연습장업 등과 이와 관련된 산업을 말한다.
3. "음원"이라 함은 음 또는 음의 표현으로서 유형물에 고정시킬 수 있거나 전자적 형태로 수록할 수 있는 것을 말한다.
4. "음반"이라 함은 음원이 유형물에 고정되어 재생하여 들을 수 있도록 제작된 것을 말한다.
5. "음악파일"이라 함은 음원이 복제·전송·송신·수신될 수 있도록 전자적 형태로 제작되거나 전자적 기기에 수록된 것을 말한다.
6. "음악영상물"이라 함은 음원의 내용을 표현하기 위하여 당해 음원에 영상이 포함되어 제작된 것을 말하며 음악의 실연(實演)에 대한 영상물을 포함한다.
7. "음악영상파일"이라 함은 음악영상물이 복제·전송·송신·수신될 수 있도록 전자적 형태로 제작되거나 전자적 기기에 수록된 것을 말한다.
8. "음반·음악영상물제작업"이라 함은 음반, 음악파일, 음악영상물, 음악영상파일(이하 "음반등"이라 한다)을 기획제작하거나 복제제작하는 영업을 말한다.
9. "음반·음악영상물배급업"이라 함은 음반등을 수입(원판수입을 포함한다)하거나 그 저작권을 소유·관리하여 음반·음악영상물판매업자 또는 온라인음악서비스제공업자에게 공급하는 영업을 말한다.
10. "음반·음악영상물판매업"이라 함은 음반 및 음악영상물을 소비자에게 직접 판매하는 영업을 말한다.
11. "온라인음악서비스제공업"이라 함은 「정보통신망 이용촉진 및 정보보호 등에 관한 법률」 제2조제1항제1호의 규정에 따른 정보통신망을 이용하여 음악파일·음악영상파일을 소비자의 이용에 제공하는 영업을 말한다.
12. "식별표시"라 함은 음반등의 유통통계·검색·검증 등에 활용하기 위하여 「콘텐츠산업 진흥법」 제23조에 따라 문화체육관광부장관이 음반 등에 부여한 식별번호·기호 등을 말한다.
13. "노래연습장업"이라 함은 연주자를 두지 아니하고 반주에 맞추어 노래를 부를 수 있도록 하는 영상 또는 무영상 반주장치 등의 시설을 갖추고 공중의 이용에 제공하는 영업을 말한다.
14. "청소년"이라 함은 18세 미만의 자(「초·중등교육법」 제2조의 규정에 따른 고등학교에 재학 중인 학생 포함)를 말한다.

제11조(노래연습장업자의 교육) ①시장·군수·구청장(자치구의 구청장을 말한다. 이하 같다)은 다음 각 호의 경우에는 대통령령이 정하는 바에 따라 노래연습장업자에 대하여 준수사항, 재난예방, 제도변경사항 등에 관한 교육을 실시할 수 있다.

1. 노래연습장업을 신규등록하는 경우
2. 노래연습장업의 운영 및 재난방지방법 등 관련 제도가 변경된 경우
3. 그 밖에 시장·군수·구청장이 필요하다고 인정하는 경우

제16조(음반·음악영상물제작업 등의 신고) ①음반·음악영상물제작업 또는 음반·음악영상물배급업을 영위하고자 하는 자는 특별시장·광역시장·도지사(이하 "시·도지사"라 한다)에게 신고하여야 한다. 다만, 다음 각 호의 어느 하나에 해당하는 경우에는 신고하지 아니하고 이를 할 수 있다.
1. 국가 또는 지방자치단체가 제작하는 경우
2. 법령에 따라 설립된 교육기관 또는 연수기관이 자체교육 또는 연수의 목적으로 사용하기 위하여 제작하는 경우
3. 「방송법」에 따른 방송사업자가 방송의 목적에 사용하기 위하여 제작하는 경우
4. 「공공기관의 운영에 관한 법률」에 따른 공공기관이 그 사업의 홍보에 사용하기 위하여 제작하는 경우
5. 관혼상제 또는 종교의식 등의 행사를 기념하기 위한 목적으로 제작하는 경우. 다만, 공중에게 유통하거나 시청 또는 이용에 제공하는 경우를 제외한다.
6. 그 밖에 대통령령이 정하는 경우

> **제7조(음반·음악영상물제작업의 신고 예외)** 법 제16조제1항제6호에서 "그 밖에 대통령령이 정하는 경우"라 함은 다수인을 대상으로 하지 아니하면서 유통·시청에 제공할 목적 외의 다른 목적으로 음반등을 제작하는 경우를 말한다.

②온라인음악서비스제공업을 영위하고자 하는 자는 시장·군수·구청장에게 신고하여야 한다. 다만, 대통령령으로 정하는 온라인음악서비스제공업의 경우에는 그러하지 아니하다.

제17조(음악영상물 등의 등급분류 등) ①음악영상물과 음악영상파일을 제작 또는 배급(수입을 포함한다)하는 자는 당해 음악영상물과 음악영상파일을 공급하기 전에 그 내용에 관하여 「영화 및 비디오물의 진흥에 관한 법률」 제71조의 규정에 따른 영상물등급위원회로부터 등급분류를 받아야 한다.

제18조(노래연습장업의 등록) ①노래연습장업을 영위하고자 하는 자는 문화체육관광부령으로 정하는 노래연습장 시설을 갖추어 시장·군수·구청장에게 등록하여야 한다.

제19조(영업의 제한) 제16조 및 제18조에 따라 신고 또는 등록하고자 하는 자가 다음 각 호의 어느 하나에 해당하는 때에는 제16조 및 제18조의 규정에 따른 신고 또는 등록을 할 수 없다.
1. 제27조제1항의 규정에 따라 영업의 폐쇄명령 또는 등록의 취소처분을 받은 후 1년이 경과되지 아니하거나 영업정지처분을 받은 후 그 기간이 종료되지 아니한 지(법인의 경우에는 그 대표지 또는 임원을 포함한다)가 같은 업종을 다시 영위하고자 하는 때
2. 노래연습장업자가 제27조제1항의 규정에 따라 영업의 폐쇄명령 또는 등록의 취소처분을 받은 후 1년이 경과되지 아니하거나 영업정지처분을 받은 후 그 기간이 종료되지 아니한 경우에 같은 장소에서 같은 업종을 다시 영위하고자 하는 때

제21조(신고 또는 등록사항의 변경) ①제16조 및 제18조의 규정에 따라 신고 또는 등록을 한 자가 문화체육관광부령이 정하는 중요사항을 변경하고자 하는 경우에는 문화체육관광부령이 정하는 바에 따라 시·도지사 또는 시장·군수·구청장에게 변경신고 또는 변경등록을 하여야 한다.
②시·도지사 또는 시장·군수·구청장은 제1항의 규정에 따라 변경신고 또는 변경등록을 받은 경우에는 문화체육관광부령이 정하는 바에 따라 신고증 또는 등록증을 갱신하여 교부하여야 한다.

제22조(노래연습장업자의 준수사항 등) ① 노래연습장업자는 다음 각 호의 사항을 지켜야 한다.

1. 영업소 안에 화재 또는 안전사고 예방을 위한 조치를 할 것
2. 당해 영업장소에 대통령령이 정하는 출입시간외에 청소년이 출입하지 아니하도록 할 것. 다만, 부모 등 보호자를 동반하거나 그의 출입동의서를 받은 경우 그 밖에 대통령령이 정하는 경우에는 그러하지 아니하다.

> **제8조(청소년 출입시간 제한 등)** ①법 제22조제1항제2호 본문에서 "대통령령이 정하는 출입시간"이라 함은 오전 9시부터 오후 10시까지를 말한다.
> ②법 제22조제1항제2호 단서에서 "그 밖에 대통령령이 정하는 경우"라 함은 해당청소년의 성년인 친족, 「초·중등교육법」에 따른 소속학교의 교원 또는 이에 준하여 해당청소년을 지도·감독할 수 있는 지위에 있는 자를 동반하는 경우를 말한다.

3. 주류를 판매·제공하지 아니할 것
4. 접대부(남녀를 불문한다)를 고용·알선하거나 호객행위를 하지 아니할 것
5. 「성매매알선 등 행위의 처벌에 관한 법률」 제2조제1항의 규정에 따른 성매매 등의 행위를 하게 하거나 이를 알선·제공하는 행위를 하지 아니할 것
6. 건전한 영업질서의 유지 등에 관하여 대통령령이 정하는 사항을 준수할 것

> **제9조(노래연습장업자의 준수사항)** 법 제22조제1항제6호에 따라 노래연습장업자가 준수하여야 할 사항은 별표 1과 같다.
> ※ [별표 1]
> 노래연습장업자의 준수사항(제9조관련)
> 1. 법 제20조에 따른 등록증을 출입자가 쉽게 볼 수 있는 곳에 붙여야 한다.
> 2. 청소년실 외의 객실에 청소년을 출입하게 하여서는 아니 된다. 다만, 부모 등 보호자를 동반하는 경우에는 그러하지 아니하다.
> 3. 영업소 안에 주류를 보관하거나, 이용자의 주류 반입을 묵인하여서는 아니 된다.

②누구든지 영리를 목적으로 노래연습장에서 손님과 함께 술을 마시거나 노래 또는 춤으로 손님의 유흥을 돋우는 접객행위를 하거나 타인에게 그 행위를 알선하여서는 아니 된다.

제24조(폐업 및 직권말소) ①제16조 또는 제18조의 규정에 따라 신고 또는 등록을 한 자가 영업을 폐지한 때에는 폐지한 날부터 7일 이내에 문화체육관광부령이 정하는 바에 따라 관할 시·도지사 또는 시장·군수·구청장에게 폐업신고를 하여야 한다.

②시·도지사 또는 시장·군수·구청장은 제1항의 규정에 따라 폐업신고를 하지 아니하는 자에 대하여는 문화체육관광부령이 정하는 바에 따라 폐업한 사실을 확인한 후 신고 또는 등록 사항을 직권으로 말소할 수 있다.

제2절 음반등의 유통 및 표시

제25조(표시의무) ①영리의 목적으로 음반등을 제작 또는 수입하거나 이를 복제하는 자는 당해 음반등마다 제작 또는 수입하거나 이를 복제한 자의 상호(도서에 부수되는 음반등의 경우에는 출판사의 상호를 말한다) 등을 표시하여야 한다.

제27조(등록취소 등) ①시·도지사 또는 시장·군수·구청장은 제2조제8호 내지 제11호 및 제13호의 규정에 따른 영업을 영위하는 자가 다음 각 호의 어느 하나에 해당하는 때에는 그 영업의 폐쇄명령, 등록의 취소처분, 6개월 이내의 영업정지명령, 시정조치 또는 경고조치를 할 수 있다. 다만, 제1호 또는 제2호에 해당하는 때에는 영업을 폐쇄하거나 등록을 취소하여야 한다.

1. 거짓 그 밖의 부정한 방법으로 신고 또는 등록을 한 때
2. 영업의 정지명령을 위반하여 영업을 계속한 때

3. 제18조의 규정에 따른 시설기준을 위반한 때
4. 제21조의 규정에 따른 변경신고 또는 변경등록을 하지 아니한 때
5. 제22조의 규정에 따른 노래연습장업자 준수사항을 위반한 때
6. 제29조제3항에 해당하는 음반등을 제작·유통 또는 이용에 제공하거나 이를 위하여 진열·보관 또는 전시한 때

②제1항의 규정에 따라 영업의 폐쇄명령 또는 등록의 취소처분을 받은 자는 그 처분의 통지를 받은 날부터 7일 이내에 신고증 또는 등록증을 반납하여야 한다.

제28조(과징금 부과) ①시장·군수·구청장은 노래연습장업자가 다음 각 호의 어느 하나에 해당하여 영업정지처분을 하여야 하는 때에는 대통령령이 정하는 바에 따라 그 영업정지처분에 갈음하여 3천만원 이하의 과징금을 부과할 수 있다. 이 경우 시장·군수·구청장은 과징금의 부과·징수에 관한 사항을 기록·관리하여야 한다.
1. 제18조의 규정에 따른 시설기준을 갖추지 못한 때
2. 제22조제1항제2호 또는 제6호의 규정을 위반한 때

②시장·군수·구청장은 제1항의 규정에 따라 과징금으로 징수한 금액에 상당하는 금액을 다음 각 호의 용도에 사용하여야 하며 매년 다음 연도의 과징금 운용계획을 수립·시행하여야 한다.
1. 노래연습장업의 건전한 운영
2. 노래연습장업자의 교육 및 자율지도

제29조(영업소폐쇄 및 음반등의 수거·폐기) ①문화체육관광부장관, 시·도지사 또는 시장·군수·구청장은 제16조 및 제18조의 규정에 따른 신고 또는 등록을 하지 아니하고 영업을 하는 자와 제27조제1항의 규정에 따른 영업의 폐쇄명령 또는 등록의 취소처분을 받고 계속하여 영업을 하는 자에 대하여는 관계공무원으로 하여

금 그 영업소를 폐쇄하기 위하여 다음 각 호의 조치를 하게 할 수 있다.
1. 당해 영업 또는 영업소의 간판 그 밖의 영업표지물의 제거·삭제
2. 당해 영업 또는 영업소가 위법한 것임을 알리는 게시물의 부착
3. 영업을 위하여 필요한 기구 또는 시설물을 사용할 수 없게 하는 봉인
4. 당해 영업을 위하여 필요한 인터넷 주소 및 서버 등의 사용 중지 또는 압류

②제1항의 조치를 함에 있어서는 미리 당해 영업자 또는 그 대리인에게 서면으로 이를 알려 주어야 한다. 다만, 대통령령으로 정하는 급박한 사유가 있는 경우에는 그러하지 아니하다.

③문화체육관광부장관, 시·도지사 또는 시장·군수·구청장은 제16조의 규정에 따른 신고를 하지 아니한 자가 영리목적으로 제작한 음반등을 발견한 때에는 관계 공무원 등으로 하여금 이를 수거하여 삭제 또는 폐기하게 할 수 있다.

④제3항의 규정에 따라 관계 공무원 등이 당해 음반등을 수거한 때에는 그 소유자 또는 점유자에게 수거증을 교부하여야 한다. 다만, 수거증의 인수를 거부한 경우에는 그러하지 아니하다.

⑤문화체육관광부장관, 시·도지사 또는 시장·군수·구청장은 제3항의 규정에 따라 관계 공무원 등이 수거·폐기 등을 함에 있어서 필요한 때에는 관련 협회 또는 단체에 협조를 요청할 수 있다.

제30조(청문) ①시·도지사 또는 시장·군수·구청장은 제27조의 규정에 따라 영업의 폐쇄명령 또는 등록의 취소를 하고자 하는 경우에는 청문을 실시하여야 한다.

②문화체육관광부장관, 시·도지사 또는 시장·군수·구청장은 제29조제1항제4호의 규정에 따른 조치를 취하고자 하는 경우에는 청문을 실시하여야 한다.

제32조(권한의 위임·위탁) ①문화체육관광

부장관 또는 시·도지사는 이 법의 규정에 따른 권한의 일부를 대통령령이 정하는 바에 따라 시·도지사 또는 시장·군수·구청장에게 위임할 수 있다.

제33조(벌칙 적용에서의 공무원 의제) 제32조제2항의 규정에 따라 문화체육관광부장관 등이 위탁한 업무에 종사하는 관련 협회 또는 단체의 임·직원은 「형법」 제129조 내지 제132조에 따른 벌칙의 적용에 있어서는 이를 공무원으로 본다.

제34조(벌칙) ①제29조제1항 각 호의 규정에 따른 조치를 위반하여 영업을 한 자는 5년 이하의 징역 또는 5천만원 이하의 벌금에 처한다.
②제22조제1항제4호 또는 제5호의 규정을 위반한 노래연습장업자는 3년 이하의 징역 또는 3천만원 이하의 벌금에 처한다.
③다음 각 호의 어느 하나에 해당하는 자는 2년 이하의 징역 또는 2천만원 이하의 벌금에 처한다.
1. 제18조제1항의 규정을 위반하여 등록을 하지 아니하고 노래연습장업을 영위한 자
2. 제22조제1항제2호 또는 제3호의 규정을 위반하여 청소년을 출입하게 하거나 주류를 판매·제공한 노래연습장업자
2의2. 제26조제1항을 위반하여 금지행위를 한 자 또는 같은 조 제3항에 따른 명령을 이행하지 아니한 자
3. 제27조제1항의 규정에 따른 영업정지명령을 위반하여 영업을 계속한 자(제18조제1항의 규정에 따라 영업등록을 한 자에 한한다)
4. 제29조제3항의 규정에 해당하는 음반등을 제작·유통 또는 이용에 제공하거나 그 목적으로 진열·보관 또는 전시한 자
④제22조제2항의 규정을 위반한 자는 1년 이하의 징역 또는 300만원 이하의 벌금에 처한다.
⑤다음 각 호의 어느 하나에 해당하는 자는 1천만원 이하의 벌금에 처한다.

1. 제16조의 규정을 위반하여 신고를 하지 아니하고 영업을 한 자
2. 제27조제1항의 규정에 따른 영업정지명령을 위반하여 영업을 계속한 자(제16조의 규정에 따른 영업의 신고를 한 자에 한한다)
3. 제29조제1항 또는 제3항의 규정에 따른 관계공무원의 조치를 거부·방해 또는 기피한 자

제35조(양벌규정) 법인의 대표자나 법인 또는 개인의 대리인, 사용인, 그 밖의 종업원이 그 법인 또는 개인의 업무에 관하여 제34조의 위반행위를 하면 그 행위자를 벌하는 외에 그 법인 또는 개인에게도 해당 조문의 벌금형을 과(科)한다. 다만, 법인 또는 개인이 그 위반행위를 방지하기 위하여 해당 업무에 관하여 상당한 주의와 감독을 게을리하지 아니한 경우에는 그러하지 아니하다.

제36조(과태료) ①다음 각 호의 어느 하나에 해당하는 자는 1천만원 이하의 과태료에 처한다.
1. 제11조의 규정을 위반하여 교육을 받지 아니한 노래연습장업자
2. 제21조제1항의 규정을 위반하여 변경신고 또는 변경등록을 하지 아니한 자
3. 제25조제1항의 규정을 위반하여 상호 등을 표시하지 아니한 자
②제1항의 규정에 따른 과태료는 대통령령이 정하는 바에 따라 시·도지사 또는 시장·군수·구청장(이하 "부과권자"라 한다)이 부과·징수한다.
③제2항의 규정에 따른 과태료 처분에 불복이 있는 자는 그 처분의 고지를 받은 날부터 30일 이내에 부과권자에게 이의를 제기할 수 있다.

부 칙〈제14476호, 2016.12.27.〉
제1조(시행일) 이 법은 공포 후 3개월이 경과한 날부터 시행한다.

정보통신망 이용촉진 및 정보보호 등에 관한 법률

[시행 2017.7.26.]

제1장 총 칙

제1조(목적) 이 법은 정보통신망의 이용을 촉진하고 정보통신서비스를 이용하는 자의 개인정보를 보호함과 아울러 정보통신망을 건전하고 안전하게 이용할 수 있는 환경을 조성하여 국민생활의 향상과 공공복리의 증진에 이바지함을 목적으로 한다.

제2조(정의) ① 이 법에서 사용하는 용어의 뜻은 다음과 같다.

1. "정보통신망"이란 「전기통신사업법」 제2조제2호에 따른 전기통신설비를 이용하거나 전기통신설비와 컴퓨터 및 컴퓨터의 이용기술을 활용하여 정보를 수집·가공·저장·검색·송신 또는 수신하는 정보통신체제를 말한다.

2. "정보통신서비스"란 「전기통신사업법」 제2조제6호에 따른 전기통신역무와 이를 이용하여 정보를 제공하거나 정보의 제공을 매개하는 것을 말한다.

3. "정보통신서비스 제공자"란 「전기통신사업법」 제2조제8호에 따른 전기통신사업자와 영리를 목적으로 전기통신사업자의 전기통신역무를 이용하여 정보를 제공하거나 정보의 제공을 매개하는 자를 말한다.

4. "이용자"란 정보통신서비스 제공자가 제공하는 정보통신서비스를 이용하는 자를 말한다.

5. "전자문서"란 컴퓨터 등 정보처리능력을 가진 장치에 의하여 전자적인 형태로 작성되어 송수신되거나 저장된 문서형식의 자료로서 표준화된 것을 말한다.

6. "개인정보"란 생존하는 개인에 관한 정보로서 성명·주민등록번호 등에 의하여 특정한 개인을 알아볼 수 있는 부호·문자·음성·음향 및 영상 등의 정보(해당 정보만으로는 특정 개인을 알아볼 수 없어도 다른 정보와 쉽게 결합하여 알아볼 수 있는 경우에는 그 정보 포함)를 말한다.

7. "침해사고"란 해킹, 컴퓨터바이러스, 논리폭탄, 메일폭탄, 서비스 거부 또는 고출력 전자기파 등의 방법으로 정보통신망 또는 이와 관련된 정보시스템을 공격하는 행위를 하여 발생한 사태를 말한다.

9. "게시판"이란 그 명칭과 관계없이 정보통신망을 이용하여 일반에게 공개할 목적으로 부호·문자·음성·음향·화상·동영상 등의 정보를 이용자가 게재할 수 있는 컴퓨터 프로그램이나 기술적 장치를 말한다.

10. "통신과금서비스"란 정보통신서비스로서 다음 각 목의 업무를 말한다.

    가. 타인이 판매·제공하는 재화 또는 용역(이하 "재화등"이라 한다)의 대가를 자신이 제공하는 전기통신역무의 요금과 함께 청구·징수하는 업무

    나. 타인이 판매·제공하는 재화등의 대가가 가목의 업무를 제공하는 자의 전기통신역무의 요금과 함께 청구·징수되도록 거래정보를 전자적으로 송수신하는 것 또는 그 대가의 정산을 대행하거나 매개하는 업무

11. "통신과금서비스제공자"란 제53조에 따라 등록을 하고 통신과금서비스를 제공하는 자를 말한다.

12. "통신과금서비스이용자"란 통신과금서비스제공자로부터 통신과금서비스를 이용하여 재화등을 구입·이용하는 자를 말한다.

13. "전자적 전송매체"란 정보통신망을 통하여 부호·문자·음성·화상 또는 영상 등을 수신자에게 전자문서 등의 전자적 형태로 전송하는 매체를 말한다.
② 이 법에서 사용하는 용어의 뜻은 제1항에서 정하는 것 외에는 「국가정보화 기본법」에서 정하는 바에 따른다.

제5조(다른 법률과의 관계) 정보통신망 이용촉진 및 정보보호등에 관하여는 다른 법률에서 특별히 규정된 경우 외에는 이 법으로 정하는 바에 따른다. 다만, 제7장의 통신과금서비스에 관하여 이 법과 「전자금융거래법」의 적용이 경합하는 때에는 이 법을 우선 적용한다.

제22조(개인정보의 수집·이용 동의 등) ① 정보통신서비스 제공자는 이용자의 개인정보를 이용하려고 수집하는 경우에는 다음 각 호의 모든 사항을 이용자에게 알리고 동의를 받아야 한다. 다음 각 호의 어느 하나의 사항을 변경하려는 경우에도 또한 같다.
1. 개인정보의 수집·이용 목적
2. 수집하는 개인정보의 항목
3. 개인정보의 보유·이용 기간
② 정보통신서비스 제공자는 다음 각 호의 어느 하나에 해당하는 경우에는 제1항에 따른 동의 없이 이용자의 개인정보를 수집·이용할 수 있다.
1. 정보통신서비스의 제공에 관한 계약을 이행하기 위하여 필요한 개인정보로서 경제적·기술적인 사유로 통상적인 동의를 받는 것이 뚜렷하게 곤란한 경우
2. 정보통신서비스의 제공에 따른 요금정산을 위하여 필요한 경우
3. 이 법 또는 다른 법률에 특별한 규정이 있는 경우

제22조의2(접근권한에 대한 동의) ① 정보통신서비스 제공자는 해당 서비스를 제공하기 위하여 이용자의 이동통신단말장치 내에 저장되어 있는 정보 및 이동통신단말장치에 설치된 기능에 대하여 접근할 수 있는 권한(이하 "접근권한"이라 한다)이 필요한 경우 다음 각 호의 사항을 이용자가 명확하게 인지할 수 있도록 알리고 이용자의 동의를 받아야 한다.
1. 해당 서비스를 제공하기 위하여 반드시 필요한 접근권한인 경우
   가. 접근권한이 필요한 정보 및 기능의 항목
   나. 접근권한이 필요한 이유
2. 해당 서비스를 제공하기 위하여 반드시 필요한 접근권한이 아닌 경우
   가. 접근권한이 필요한 정보 및 기능의 항목
   나. 접근권한이 필요한 이유
   다. 접근권한 허용에 대하여 동의하지 아니할 수 있다는 사실
② 정보통신서비스 제공자는 해당 서비스를 제공하기 위하여 반드시 필요하지 아니한 접근권한을 설정하는 데 이용자가 동의하지 아니한다는 이유로 이용자에게 해당 서비스의 제공을 거부하여서는 아니 된다.
③ 이동통신단말장치의 기본 운영체제(이동통신단말장치에서 소프트웨어를 실행할 수 있는 기반 환경을 말한다)를 제작하여 공급하는 자와 이동통신단말장치 제조업자 및 이동통신단말장치의 소프트웨어를 제작하여 공급하는 자는 정보통신서비스 제공자가 이동통신단말장치 내에 저장되어 있는 정보 및 이동통신단말장치에 설치된 기능에 접근하려는 경우 접근권한에 대한 이용자의 동의 및 철회방법을 마련하는 등 이용자 정보 보호에 필요한 조치를 하여야 한다.

제23조(개인정보의 수집 제한 등) ① 정보통신서비스 제공자는 사상, 신념, 가족 및 친인척관계, 학력·병력, 기타 사회활동 경력 등 개인의 권리·이익이나 사생활을 뚜렷하게 침해할 우려가 있는 개인정보를 수집하여서는 아니 된다. 다만,

제22조제1항에 따른 이용자의 동의를 받거나 다른 법률에 따라 특별히 수집 대상 개인정보로 허용된 경우에는 필요한 범위에서 최소한으로 그 개인정보를 수집할 수 있다.

② 정보통신서비스 제공자는 이용자의 개인정보를 수집하는 경우에는 정보통신서비스의 제공을 위하여 필요한 범위에서 최소한의 개인정보만 수집하여야 한다.

③ 정보통신서비스 제공자는 이용자가 필요한 최소한의 개인정보 이외의 개인정보를 제공하지 아니한다는 이유로 그 서비스의 제공을 거부하여서는 아니 된다. 이 경우 필요한 최소한의 개인정보는 해당 서비스의 본질적 기능을 수행하기 위하여 반드시 필요한 정보를 말한다.

제23조의2(주민등록번호의 사용 제한) ① 정보통신서비스 제공자는 다음 각 호의 어느 하나에 해당하는 경우를 제외하고는 이용자의 주민등록번호를 수집·이용할 수 없다.

1. 제23조의3에 따라 본인확인기관으로 지정받은 경우
2. 법령에서 이용자의 주민등록번호 수집·이용을 허용하는 경우
3. 영업상 목적을 위하여 이용자의 주민등록번호 수집·이용이 불가피한 정보통신서비스 제공자로서 방송통신위원회가 고시하는 경우

② 제1항제2호 또는 제3호에 따라 주민등록번호를 수집·이용할 수 있는 경우에도 이용자의 주민등록번호를 사용하지 아니하고 본인을 확인하는 방법(이하 "대체수단"이라 한다)을 제공하여야 한다.

제25조(개인정보의 처리위탁) ① 정보통신서비스 제공자와 그로부터 제24조의2제1항에 따라 이용자의 개인정보를 제공받은 자(이하 "정보통신서비스 제공자등"이라 한다)는 제3자에게 이용자의 개인정보를

수집, 생성, 연계, 연동, 기록, 저장, 보유, 가공, 편집, 검색, 출력, 정정(訂正), 복구, 이용, 제공, 공개, 파기(破棄), 그 밖에 이와 유사한 행위(이하 "처리"라 한다)를 할 수 있도록 업무를 위탁(이하 "개인정보 처리위탁"이라 한다)하는 경우에는 다음 각 호의 사항 모두를 이용자에게 알리고 동의를 받아야 한다. 다음 각 호의 어느 하나의 사항이 변경되는 경우에도 또한 같다.

1. 개인정보 처리위탁을 받는 자(이하 "수탁자"라 한다)
2. 개인정보 처리위탁을 하는 업무의 내용

② 정보통신서비스 제공자등은 정보통신서비스의 제공에 관한 계약을 이행하고 이용자 편의 증진 등을 위하여 필요한 경우로서 제1항 각 호의 사항 모두를 제27조의2 제1항에 따라 공개하거나 전자우편 등 대통령령으로 정하는 방법에 따라 이용자에게 알린 경우에는 개인정보 처리위탁에 따른 제1항의 고지절차와 동의절차를 거치지 아니할 수 있다. 제1항 각 호의 어느 하나의 사항이 변경되는 경우에도 또한 같다.

③ 정보통신서비스 제공자등은 개인정보 처리위탁을 하는 경우에는 수탁자가 이용자의 개인정보를 처리할 수 있는 목적을 미리 정하여야 하며, 수탁자는 이 목적을 벗어나서 이용자의 개인정보를 처리하여서는 아니 된다.

④ 정보통신서비스 제공자등은 수탁자가 이 장의 규정을 위반하지 아니하도록 관리·감독 및 교육하여야 한다.

⑤ 수탁자가 개인정보 처리위탁을 받은 업무와 관련하여 이 장의 규정을 위반하여 이용자에게 손해를 발생시키면 그 수탁자를 손해배상책임에 있어서 정보통신서비스 제공자등의 소속 직원으로 본다.

⑥ 정보통신서비스 제공자등이 수탁자에게 개인정보 처리위탁을 할 때에는 문서에 의하여야 한다.

⑦ 수탁자는 개인정보 처리위탁을 한 정

보통신서비스 제공자등의 동의를 받은 경우에 한하여 제1항에 따라 위탁받은 업무를 제3자에게 재위탁할 수 있다.

제26조(영업의 양수 등에 따른 개인정보의 이전) ① 정보통신서비스 제공자등이 영업의 전부 또는 일부의 양도·합병 등으로 그 이용자의 개인정보를 타인에게 이전하는 경우에는 미리 다음 각 호의 사항 모두를 인터넷 홈페이지 게시, 전자우편 등 대통령령으로 정하는 방법에 따라 이용자에게 알려야 한다.

1. 개인정보를 이전하려는 사실
2. 개인정보를 이전받는 자(이하 "영업양수자등"이라 한다)의 성명(법인의 경우에는 법인의 명칭을 말한다. 이하 이 조에서 같다)·주소·전화번호 및 그 밖의 연락처
3. 이용자가 개인정보의 이전을 원하지 아니하는 경우 그 동의를 철회할 수 있는 방법과 절차

② 영업양수자등은 개인정보를 이전받으면 지체 없이 그 사실 및 영업양수자등의 성명·주소·전화번호 및 그 밖의 연락처를 인터넷 홈페이지 게시, 전자우편 등 대통령령으로 정하는 방법에 따라 이용자에게 알려야 한다.

③ 영업양수자등은 정보통신서비스 제공자등이 이용자의 개인정보를 이용하거나 제공할 수 있는 당초 목적의 범위에서만 개인정보를 이용하거나 제공할 수 있다. 다만, 이용자로부터 별도의 동의를 받은 경우에는 그러하지 아니하다.

제26조의2(동의를 받는 방법) 제22조제1항, 제23조제1항 단서, 제24조의2제1항·제2항, 제25조제1항, 제26조제3항 단서 또는 제63조제2항에 따른 동의(이하 "개인정보 수집·이용·제공 등의 동의"라 한다)를 받는 방법은 개인정보의 수집매체, 업종의 특성 및 이용자의 수 등을 고려하여 대통령령으로 정한다.

제28조(개인정보의 보호조치) ① 정보통신서비스 제공자등이 개인정보를 처리할 때에는 개인정보의 분실·도난·유출·위조·변조 또는 훼손을 방지하고 개인정보의 안전성을 확보하기 위하여 대통령령으로 정하는 기준에 따라 다음 각 호의 기술적·관리적 조치를 하여야 한다.

1. 개인정보를 안전하게 처리하기 위한 내부관리계획의 수립·시행
2. 개인정보에 대한 불법적인 접근을 차단하기 위한 침입차단시스템 등 접근 통제장치의 설치·운영
3. 접속기록의 위조·변조 방지를 위한 조치
4. 개인정보를 안전하게 저장·전송할 수 있는 암호화기술 등을 이용한 보안조치
5. 백신 소프트웨어의 설치·운영 등 컴퓨터바이러스에 의한 침해 방지조치
6. 그 밖에 개인정보의 안전성 확보를 위하여 필요한 보호조치

② 정보통신서비스 제공자등은 이용자의 개인정보를 처리하는 자를 최소한으로 제한하여야 한다.

제28조의2(개인정보의 누설금지) ① 이용자의 개인정보를 처리하고 있거나 처리하였던 자는 직무상 알게 된 개인정보를 훼손·침해 또는 누설하여서는 아니 된다.

② 누구든지 그 개인정보가 누설된 사정을 알면서도 영리 또는 부정한 목적으로 개인정보를 제공받아서는 아니 된다.

제29조(개인정보의 파기) ①정보통신서비스 제공자등은 다음 각 호의 어느 하나에 해당하는 경우에는 지체 없이 해당 개인정보를 복구·재생할 수 없도록 파기하여야 한다. 다만, 다른 법률에 따라 개인정보를 보존하여야 하는 경우에는 그러하지 아니하다.

1. 제22조제1항, 제23조제1항 단서 또는 제24조의2제1항·제2항에 따라 동의를 받은 개인정보의 수집·이용 목적이나 제22조제2항 각 호에서 정한 해당

목적을 달성한 경우
2. 제22조제1항, 제23조제1항 단서 또는 제24조의2제1항·제2항에 따라 동의를 받은 개인정보의 보유 및 이용 기간이 끝난 경우
3. 제22조제2항에 따라 이용자의 동의를 받지 아니하고 수집·이용한 경우에는 제27조의2제2항제3호에 따른 개인정보의 보유 및 이용 기간이 끝난 경우
4. 사업을 폐업하는 경우
② 정보통신서비스 제공자등은 정보통신서비스를 1년의 기간 동안 이용하지 아니하는 이용자의 개인정보를 보호하기 위하여 대통령령으로 정하는 바에 따라 개인정보의 파기 등 필요한 조치를 취하여야 한다. 다만, 그 기간에 대하여 다른 법령 또는 이용자의 요청에 따라 달리 정한 경우에는 그에 따른다.
③ 정보통신서비스 제공자등은 제2항의 기간 만료 30일 진까지 개인정보가 파기되는 사실, 기간 만료일 및 파기되는 개인정보의 항목 등 대통령령으로 정하는 사항을 전자우편 등 대통령령으로 정하는 방법으로 이용자에게 알려야 한다.

제16조(개인정보의 파기 등) ② 정보통신서비스 제공자등은 이용자가 정보통신서비스를 법 제29조제2항의 기간 동안 이용하지 아니하는 경우에는 이용자의 개인정보를 해당 기간 경과 후 즉시 파기하거나 다른 이용자의 개인정보와 분리하여 별도로 저장·관리하여야 한다. 다만, 법 제29조제2항 본문에 따른 기간(법 제29조제2항 단서에 따라 이용자의 요청에 따라 달리 정한 경우에는 그 기간을 말한다)이 경과한 경우로서 다른 법령에 따라 이용자의 개인정보를 보존하여야 하는 경우에는 다른 법령에서 정한 기간이 경과할 때까지 다른 이용자의 개인정보와 분리하여 별도로 저장·관리하여야 한다.
③ 정보통신서비스 제공자등은 제2항에 따라 개인정보를 별도로 저장·관리하는 경우

에는 법 또는 다른 법률에 특별한 규정이 있는 경우를 제외하고는 해당 개인정보를 이용하거나 제공하여서는 아니 된다.
④ 법 제29조제3항에서 "개인정보가 파기되는 사실, 기간 만료일 및 파기되는 개인정보의 항목 등 대통령령으로 정하는 사항"이란 다음 각 호의 사항을 말한다.
1. 개인정보를 파기하는 경우: 개인정보가 파기되는 사실, 기간 만료일 및 파기되는 개인정보의 항목
2. 다른 이용자의 개인정보와 분리하여 개인정보를 저장·관리하는 경우: 개인정보가 분리되어 저장·관리되는 사실, 기간 만료일 및 분리·저장되어 관리되는 개인정보의 항목
⑤ 법 제29조제3항에서 "전자우편 등 대통령령으로 정하는 방법"이란 전자우편·서면·모사전송·전화 또는 이와 유사한 방법을 말한다.

제30조(이용자의 권리 등) ① 이용자는 정보통신서비스 제공자등에 대하여 언제든지 개인정보 수집·이용·제공 등의 동의를 철회할 수 있다.
② 이용자는 정보통신서비스 제공자등에 대하여 본인에 관한 다음 각 호의 어느 하나의 사항에 대한 열람이나 제공을 요구할 수 있고 오류가 있는 경우에는 그 정정을 요구할 수 있다.
1. 정보통신서비스 제공자등이 가지고 있는 이용자의 개인정보
2. 정보통신서비스 제공자등이 이용자의 개인정보를 이용하거나 제3자에게 제공한 현황
3. 정보통신서비스 제공자등에게 개인정보 수집·이용·제공 등의 동의를 한 현황
③ 정보통신서비스 제공자등은 이용자가 제1항에 따라 동의를 철회하면 지체 없이 수집된 개인정보를 복구·재생할 수 없도록 파기하는 등 필요한 조치를 하여야 한다.
④ 정보통신서비스 제공자등은 제2항에 따라 열람 또는 제공을 요구받으면 지체 없이 필요한 조치를 하여야 한다.

⑤ 정보통신서비스 제공자등은 제2항에 따라 오류의 정정을 요구받으면 지체 없이 그 오류를 정정하거나 정정하지 못하는 사유를 이용자에게 알리는 등 필요한 조치를 하여야 하고, 필요한 조치를 할 때까지는 해당 개인정보를 이용하거나 제공하여서는 아니 된다. 다만, 다른 법률에 따라 개인정보의 제공을 요청받은 경우에는 그 개인정보를 제공하거나 이용할 수 있다.

⑥ 정보통신서비스 제공자등은 제1항에 따른 동의의 철회 또는 제2항에 따른 개인정보의 열람·제공 또는 오류의 정정을 요구하는 방법을 개인정보의 수집방법보다 쉽게 하여야 한다.

⑦ 영업양수자등에 대하여는 제1항부터 제6항까지의 규정을 준용한다. 이 경우 "정보통신서비스 제공자등"은 "영업양수자등"으로 본다.

제30조의2(개인정보 이용내역의 통지) ① 정보통신서비스 제공자등으로서 대통령령으로 정하는 기준에 해당하는 자는 제22조 및 제23조제1항 단서에 따라 수집한 이용자 개인정보의 이용내역(제24조의2에 따른 제공 및 제25조에 따른 개인정보 처리위탁을 포함한다)을 주기적으로 이용자에게 통지하여야 한다. 다만, 연락처 등 이용자에게 통지할 수 있는 개인정보를 수집하지 아니한 경우에는 그러하지 아니하다.

제17조(개인정보 이용내역의 통지) ① 법 제30조의2제1항 본문에서 "대통령령으로 정하는 기준에 해당하는 자"란 전년도 말 기준 직전 3개월간 그 개인정보가 저장·관리되고 있는 이용자 수가 일일평균 100만명 이상이거나 정보통신서비스 부문 전년도(법인인 경우에는 전 사업연도를 말한다) 매출액이 100억원 이상인 정보통신서비스 제공자등을 말한다.
② 법 제30조의2제1항에 따라 이용자에게 통지하여야 하는 정보의 종류는 다음 각 호와 같다.
1. 개인정보의 수집·이용 목적 및 수집한 개인정보의 항목
2. 개인정보를 제공받은 자와 그 제공 목적 및 제공한 개인정보의 항목. 다만, 「통신비밀보호법」 제13조, 제13조의2, 제13조의4 및 「전기통신사업법」 제83조제3항에 따라 제공한 정보는 제외한다.
3. 법 제25조에 따른 개인정보 처리위탁을 받은 자 및 그 처리위탁을 하는 업무의 내용
③ 법 제30조의2제1항에 따른 통지는 전자우편·서면·모사전송·전화 또는 이와 유사한 방법 중 어느 하나의 방법으로 연 1회 이상 하여야 한다.

제31조(법정대리인의 권리) ① 정보통신서비스 제공자등이 만 14세 미만의 아동으로부터 개인정보 수집·이용·제공 등의 동의를 받으려면 그 법정대리인의 동의를 받아야 한다. 이 경우 정보통신서비스 제공자는 그 아동에게 법정대리인의 동의를 받기 위하여 필요한 법정대리인의 성명 등 최소한의 정보를 요구할 수 있다.

② 법정대리인은 해당 아동의 개인정보에 대하여 제30조제1항 및 제2항에 따른 이용자의 권리를 행사할 수 있다.

③ 제2항에 따른 법정대리인의 동의 철회, 열람 또는 오류정정의 요구에 관하여는 제30조제3항부터 제5항까지의 규정을 준용한다.

제32조(손해배상) ①이용자는 정보통신서비스 제공자등이 이 장의 규정을 위반한 행위로 손해를 입으면 그 정보통신서비스 제공자등에게 손해배상을 청구할 수 있다. 이 경우 해당 정보통신서비스 제공자등은 고의 또는 과실이 없음을 입증하지 아니하면 책임을 면할 수 없다.

② 정보통신서비스 제공자등의 고의 또는 중대한 과실로 인하여 개인정보가 분실·도난·유출·위조·변조 또는 훼손된 경우로서 이용자에게 손해가 발생한 때에는 법원은 그 손해액의 3배를 넘지 아니하는 범위에서 손해배상액을 정할 수 있다. 다만, 정보통신서비스 제공자등이 고의 또는 중대한 과실이 없음을 증명한 경우에는 그러하지 아니하다.

③ 법원은 제2항의 손해배상액을 정할 때에는 다음 각 호의 사항을 고려하여야 한다.
1. 고의 또는 손해 발생의 우려를 인식한 정도
2. 위반행위로 인하여 입은 피해 규모
3. 위반행위로 인하여 정보통신서비스 제공자등이 취득한 경제적 이익
4. 위반행위에 따른 벌금 및 과징금
5. 위반행위의 기간·횟수 등
6. 정보통신서비스 제공자등의 재산상태
7. 정보통신서비스 제공자등이 이용자의 개인정보 분실·도난·유출 후 해당 개인정보를 회수하기 위하여 노력한 정도
8. 정보통신서비스 제공자등이 이용자의 피해구제를 위하여 노력한 정도

제32조의2(법정손해배상의 청구) ① 이용자는 다음 각 호의 모두에 해당하는 경우에는 대통령령으로 정하는 기간 내에 정보통신서비스 제공자등에게 제32조에 따른 손해배상을 청구하는 대신 300만원 이하의 범위에서 상당한 금액을 손해액으로 하여 배상을 청구할 수 있다. 이 경우 해당 정보통신서비스 제공자등은 고의 또는 과실이 없음을 입증하지 아니하면 책임을 면할 수 없다.
1. 정보통신서비스 제공자등이 고의 또는 과실로 이 장의 규정을 위반한 경우
2. 개인정보가 분실·도난·유출·위조·변조 또는 훼손된 경우
② 법원은 제1항에 따른 청구가 있는 경우에 변론 전체의 취지와 증거조사의 결과를 고려하여 제1항의 범위에서 상당한 손해액을 인정할 수 있다.
③ 제32조에 따라 손해배상을 청구한 이용자는 사실심의 변론이 종결되기 전까지 그 청구를 제1항에 따른 청구로 변경할 수 있다.

제32조의3(노출된 개인정보의 삭제·차단) ① 정보통신서비스 제공자등은 주민등록번호, 계좌정보, 신용카드정보 등 이용자의 개인정보가 정보통신망을 통하여 공중에 노출되지 아니하도록 하여야 한다.
② 정보통신서비스 제공자등은 방송통신위원회 또는 한국인터넷진흥원의 요청이 있는 경우 제1항의 노출된 개인정보에 대한 삭제·차단 등 필요한 조치를 취하여야 한다.

제42조(청소년유해매체물의 표시) 전기통신사업자의 전기통신역무를 이용하여 일반에게 공개를 목적으로 정보를 제공하는 자(이하 "정보제공자"라 한다) 중 「청소년 보호법」 제2조제2호마목에 따른 매체물로서 같은 법 제2조제3호에 따른 청소년유해매체물을 제공하려는 자는 대통령령으로 정하는 표시방법에 따라 그 정보가 청소년유해매체물임을 표시하여야 한다.

제24조(청소년유해매체물의 표시방법)
① 법 제42조에 따른 청소년유해매체물을 제공하는 자는 그 매체물에 19세 미만의 자는 이용할 수 없다는 취지의 내용을 누구나 쉽게 확인할 수 있도록 음성·문자 또는 영상으로 표시하여야 한다.
② 제1항에 따른 표시를 하여야 하는 자 중 인터넷을 이용하여 정보를 제공하는 자의 경우에는 기호·부호·문자 또는 숫자를 사용하여 청소년유해매체물임을 나타낼 수 있는 전자적 표시도 함께 하여야 한다.

제42조의2(청소년유해매체물의 광고금지) 누구든지 「청소년 보호법」 제2조제2호마목에 따른 매체물로서 같은 법 제2조제3호에 따른 청소년유해매체물을 광고하는 내용의 정보를 정보통신망을 이용하여 부호·문자·음성·음향·화상 또는 영상 등의 형태로 같은 법 제2조제1호에 따른 청소년에게 전송하거나 청소년 접근을 제한하는 조치 없이 공개적으로 전시하여서는 아니 된다.

제42조의3(청소년 보호 책임자의 지정 등) ① 정보통신서비스 제공자 중 일일 평균 이용자의 수, 매출액 등이 대통령령으로

정하는 기준에 해당하는 자는 정보통신망의 청소년유해정보로부터 청소년을 보호하기 위하여 청소년 보호 책임자를 지정하여야 한다.

제25조(청소년보호책임자 지정의무자의 범위) 법 제42조의3제1항에서 "일일평균 이용자의 수, 매출액 등이 대통령령으로 정하는 기준에 해당하는 자"란 다음 각 호의 요건에 모두 해당하는 자를 말한다.
1. 다음 각 목의 어느 하나에 해당하는 자
가. 전년도말 기준 직전 3개월간의 일일평균이용자가 10만 명 이상인 자
나. 정보통신서비스부문 전년도(법인의 경우에는 전 사업연도) 매출액이 10억원 이상인 자
2. 「청소년 보호법」 제2조제3호에 따른 청소년유해매체물을 제공하거나 매개하는 자

② 청소년 보호 책임자는 해당 사업자의 임원 또는 청소년 보호와 관련된 업무를 담당하는 부서의 장에 해당하는 지위에 있는 자 중에서 지정한다.
③ 청소년 보호 책임자는 정보통신망의 청소년유해정보를 차단·관리하고, 청소년유해정보로부터의 청소년 보호계획을 수립하는 등 청소년 보호업무를 하여야 한다.

제43조(영상 또는 음향정보 제공사업자의 보관의무) ① 「청소년 보호법」 제2조제2호마목에 따른 매체물로서 같은 법 제2조제3호에 따른 청소년유해매체물을 이용자의 컴퓨터에 저장 또는 기록되지 아니하는 방식으로 제공하는 것을 영업으로 하는 정보제공자 중 대통령령으로 정하는 자는 해당 정보를 보관하여야 한다.

제44조의2(정보의 삭제요청 등) ① 정보통신망을 통하여 일반에게 공개를 목적으로 제공된 정보로 사생활 침해나 명예훼손 등 타인의 권리가 침해된 경우 그 침해를 받은 자는 해당 정보를 처리한 정보통신서비스 제공자에게 침해사실을 소명하여 그 정보의 삭제 또는 반박내용의 게재(이하 "삭제등"이라 한다)를 요청할 수 있다.
② 정보통신서비스 제공자는 제1항에 따른 해당 정보의 삭제등을 요청받으면 지체 없이 삭제·임시조치 등의 필요한 조치를 하고 즉시 신청인 및 정보게재자에게 알려야 한다. 이 경우 정보통신서비스 제공자는 필요한 조치를 한 사실을 해당 게시판에 공시하는 등의 방법으로 이용자가 알 수 있도록 하여야 한다.
③ 정보통신서비스 제공자는 자신이 운영·관리하는 정보통신망에 제42조에 따른 표시방법을 지키지 아니하는 청소년유해매체물이 게재되어 있거나 제42조의2에 따른 청소년 접근을 제한하는 조치 없이 청소년유해매체물을 광고하는 내용이 전시되어 있는 경우에는 지체 없이 그 내용을 삭제하여야 한다.
④ 정보통신서비스 제공자는 제1항에 따른 정보의 삭제요청에도 불구하고 권리의 침해 여부를 판단하기 어렵거나 이해당사자 간에 다툼이 예상되는 경우에는 해당 정보에 대한 접근을 임시적으로 차단하는 조치(이하 "임시조치"라 한다)를 할 수 있다. 이 경우 임시조치의 기간은 30일 이내로 한다.
⑤ 정보통신서비스 제공자는 필요한 조치에 관한 내용·절차 등을 미리 약관에 구체적으로 밝혀야 한다.
⑥ 정보통신서비스 제공자는 자신이 운영·관리하는 정보통신망에 유통되는 정보에 대하여 제2항에 따른 필요한 조치를 하면 이로 인한 배상책임을 줄이거나 면제받을 수 있다.

제44조의3(임의의 임시조치) ① 정보통신서비스 제공자는 자신이 운영·관리하는 정보통신망에 유통되는 정보가 사생활 침해 또는 명예훼손 등 타인의 권리를 침해한다고 인정되면 임의로 임시조치를 할 수 있다.
② 제1항에 따른 임시조치에 관하여는 제44조의2제2항 후단, 제4항 후단 및 제5항을 준용한다.

제44조의6(이용자 정보의 제공청구) ① 특정한 이용자에 의한 정보의 게재나 유통으로 사생활 침해 또는 명예훼손 등 권리를 침해당하였다고 주장하는 자는 민·형사상의 소를 제기하기 위하여 침해사실을 소명하여 제44조의10에 따른 명예훼손 분쟁조정부에 해당 정보통신서비스 제공자가 보유하고 있는 해당 이용자의 정보(민·형사상의 소를 제기하기 위한 성명·주소 등 대통령령으로 정하는 최소한의 정보를 말한다)를 제공하도록 청구할 수 있다.

② 명예훼손 분쟁조정부는 제1항에 따른 청구를 받으면 해당 이용자와 연락할 수 없는 등의 특별한 사정이 있는 경우 외에는 그 이용자의 의견을 들어 정보제공 여부를 결정하여야 한다.

③ 제1항에 따라 해당 이용자의 정보를 제공받은 자는 해당 이용자의 정보를 민·형사상의 소를 제기하기 위한 목적 외의 목적으로 사용하여서는 아니 된다.

④ 그 밖의 이용자 정보 제공청구의 내용과 절차에 필요한 사항은 대통령령으로 정한다.

제44조의7(불법정보의 유통금지 등) ① 누구든지 정보통신망을 통하여 다음 각 호의 어느 하나에 해당하는 정보를 유통하여서는 아니 된다.

1. 음란한 부호·문언·음향·화상 또는 영상을 배포·판매·임대하거나 공공연하게 전시하는 내용의 정보
2. 사람을 비방할 목적으로 공공연하게 사실이나 거짓의 사실을 드러내어 타인의 명예를 훼손하는 내용의 정보
3. 공포심이나 불안감을 유발하는 부호·문언·음향·화상 또는 영상을 반복적으로 상대방에게 도달하도록 하는 내용의 정보
4. 정당한 사유 없이 정보통신시스템, 데이터 또는 프로그램 등을 훼손·멸실·변경·위조하거나 그 운용을 방해하는 내용의 정보
5. 「청소년 보호법」에 따른 청소년유해매체물로서 상대방의 연령 확인, 표시의무 등 법령에 따른 의무를 이행하지 아니하고 영리를 목적으로 제공하는 내용의 정보
6. 법령에 따라 금지되는 사행행위에 해당하는 내용의 정보
6의2. 이 법 또는 개인정보 보호에 관한 법령을 위반하여 개인정보를 거래하는 내용의 정보
7. 법령에 따라 분류된 비밀 등 국가기밀을 누설하는 내용의 정보
8. 「국가보안법」에서 금지하는 행위를 수행하는 내용의 정보
9. 그 밖에 범죄를 목적으로 하거나 교사(敎唆) 또는 방조하는 내용의 정보

② 방송통신위원회는 제1항제1호부터 제6호까지 및 제6호의2의 정보에 대하여는 심의위원회의 심의를 거쳐 정보통신서비스 제공자 또는 게시판 관리·운영자로 하여금 그 처리를 거부·정지 또는 제한하도록 명할 수 있다. 다만, 제1항제2호 및 제3호에 따른 정보의 경우에는 해당 정보로 인하여 피해를 받은 자가 구체적으로 밝힌 의사에 반하여 그 처리의 거부·정지 또는 제한을 명할 수 없다.

③ 방송통신위원회는 제1항제7호부터 제9호까지의 정보가 다음 각 호의 모두에 해당하는 경우에는 정보통신서비스 제공자 또는 게시판 관리·운영자에게 해당 정보의 처리를 거부·정지 또는 제한하도록 명하여야 한다.

1. 관계 중앙행정기관의 장의 요청이 있었을 것
2. 제1호의 요청을 받은 날부터 7일 이내에 심의위원회의 심의를 거친 후 「방송통신위원회의 설치 및 운영에 관한 법률」제21조제4호에 따른 시정 요구를 하였을 것
3. 정보통신서비스 제공자나 게시판 관리

・운영자가 시정 요구에 따르지 아니하였을 것

④ 방송통신위원회는 제2항 및 제3항에 따른 명령의 대상이 되는 정보통신서비스제공자, 게시판 관리・운영자 또는 해당 이용자에게 미리 의견제출의 기회를 주어야 한다. 다만, 다음 각 호의 어느 하나에 해당하는 경우에는 의견제출의 기회를 주지 아니할 수 있다.

1. 공공의 안전 또는 복리를 위하여 긴급히 처분을 할 필요가 있는 경우
2. 의견청취가 뚜렷이 곤란하거나 명백히 불필요한 경우로서 대통령령으로 정하는 경우
3. 의견제출의 기회를 포기한다는 뜻을 명백히 표시한 경우

제48조(정보통신망 침해행위 등의 금지) ① 누구든지 정당한 접근권한 없이 또는 허용된 접근권한을 넘어 정보통신망에 침입하여서는 아니 된다.

② 누구든지 정당한 사유 없이 정보통신시스템, 데이터 또는 프로그램 등을 훼손・멸실・변경・위조하거나 그 운용을 방해할 수 있는 프로그램(이하 "악성프로그램"이라 한다)을 전달 또는 유포하여서는 아니 된다.

③ 누구든지 정보통신망의 안정적 운영을 방해할 목적으로 대량의 신호 또는 데이터를 보내거나 부정한 명령을 처리하도록 하는 등의 방법으로 정보통신망에 장애가 발생하게 하여서는 아니 된다.

제48조의3(침해사고의 신고 등) ① 다음 각 호의 어느 하나에 해당하는 자는 침해사고가 발생하면 즉시 그 사실을 과학기술정보통신부장관이나 한국인터넷진흥원에 신고하여야 한다. 이 경우 「정보통신기반보호법」 제13조제1항에 따른 통지가 있으면 전단에 따른 신고를 한 것으로 본다.

1. 정보통신서비스 제공자

2. 집적정보통신시설 사업자

② 과학기술정보통신부장관이나 한국인터넷진흥원은 제1항에 따라 침해사고의 신고를 받거나 침해사고를 알게 되면 제48조의2제1항 각 호에 따른 필요한 조치를 하여야 한다. <개정 2017.7.26.>

제49조(비밀 등의 보호) 누구든지 정보통신망에 의하여 처리・보관 또는 전송되는 타인의 정보를 훼손하거나 타인의 비밀을 침해・도용 또는 누설하여서는 아니 된다.

제49조의2(속이는 행위에 의한 개인정보의 수집금지 등) ① 누구든지 정보통신망을 통하여 속이는 행위로 다른 사람의 정보를 수집하거나 다른 사람이 정보를 제공하도록 유인하여서는 아니 된다.

② 정보통신서비스 제공자는 제1항을 위반한 사실을 발견하면 즉시 과학기술정보통신부장관, 방송통신위원회 또는 한국인터넷진흥원에 신고하여야 한다.

③ 과학기술정보통신부장관, 방송통신위원회 또는 한국인터넷진흥원은 제2항에 따른 신고를 받거나 제1항을 위반한 사실을 알게 되면 다음 각 호의 필요한 조치를 하여야 한다. <개정 2017.7.26.>

1. 위반 사실에 관한 정보의 수집・전파
2. 유사 피해에 대한 예보・경보
3. 정보통신서비스 제공자에게 접속경로의 차단을 요청하거나 이용자에게 제1항의 위반행위에 노출되었다는 사실을 알리도록 요청하는 등 피해 예방 및 피해 확산을 방지하기 위한 긴급조치
④ 과학기술정보통신부장관 또는 방송통신위원회는 제3항제3호의 조치를 취하기 위하여 정보통신서비스 제공자에게 정보통신서비스 제공자 간 정보통신망을 통하여 속이는 행위에 대한 정보 공유 등 필요한 조치를 취하도록 명할 수 있다.

제50조(영리목적의 광고성 정보 전송 제한) ① 누구든지 전자적 전송매체를 이용하여 영

리목적의 광고성 정보를 전송하려면 그 수신자의 명시적인 사전 동의를 받아야 한다. 다만, 다음 각 호의 어느 하나에 해당하는 경우에는 사전 동의를 받지 아니한다.

1. 재화등의 거래관계를 통하여 수신자로부터 직접 연락처를 수집한 자가 대통령령으로 정한 기간 이내에 자신이 처리하고 수신자와 거래한 것과 동종의 재화등에 대한 영리목적의 광고성 정보를 전송하려는 경우

2. 「방문판매 등에 관한 법률」에 따른 전화권유판매자가 육성으로 수신자에게 개인정보의 수집출처를 고지하고 전화권유를 하는 경우

② 전자적 전송매체를 이용하여 영리목적의 광고성 정보를 전송하려는 자는 제1항에도 불구하고 수신자가 수신거부의사를 표시하거나 사전 동의를 철회한 경우에는 영리목적의 광고성 정보를 전송하여서는 아니 된다.

③ 오후 9시부터 그 다음 날 오전 8시까지의 시간에 전자적 전송매체를 이용하여 영리목적의 광고성 정보를 전송하려는 자는 제1항에도 불구하고 그 수신자로부터 별도의 사전 동의를 받아야 한다. 다만, 대통령령으로 정하는 매체의 경우에는 그러하지 아니하다.

④ 전자적 전송매체를 이용하여 영리목적의 광고성 정보를 전송하는 자는 대통령령으로 정하는 바에 따라 다음 각 호의 사항 등을 광고성 정보에 구체적으로 밝혀야 한다.

1. 전송자의 명칭 및 연락처

2. 수신의 거부 또는 수신동의의 철회 의사표시를 쉽게 할 수 있는 조치 및 방법에 관한 사항

⑤ 전자적 전송매체를 이용하여 영리목적의 광고성 정보를 전송하는 자는 다음 각 호의 어느 하나에 해당하는 조치를 하여서는 아니 된다.

1. 광고성 정보 수신자의 수신거부 또는 수신동의의 철회를 회피·방해하는 조치

2. 숫자·부호 또는 문자를 조합하여 전화번호·전자우편주소 등 수신자의 연락처를 자동으로 만들어 내는 조치

3. 영리목적의 광고성 정보를 전송할 목적으로 전화번호 또는 전자우편주소를 자동으로 등록하는 조치

4. 광고성 정보 전송자의 신원이나 광고 전송 출처를 감추기 위한 각종 조치

5. 영리목적의 광고성 정보를 전송할 목적으로 수신자를 기망하여 회신을 유도하는 각종 조치

⑥ 전자적 전송매체를 이용하여 영리목적의 광고성 정보를 전송하는 자는 수신자가 수신거부나 수신동의의 철회를 할 때 발생하는 전화요금 등의 금전적 비용을 수신자가 부담하지 아니하도록 대통령령으로 정하는 바에 따라 필요한 조치를 하여야 한다.

⑦ 전자적 전송매체를 이용하여 영리목적의 광고성 정보를 전송하려는 자는 수신자가 제1항에 따른 사전 동의, 제2항에 따른 수신거부의사 또는 수신동의 철회 의사를 표시할 때에는 해당 수신자에게 대통령령으로 정하는 바에 따라 수신동의, 수신거부 또는 수신동의 철회에 대한 처리 결과를 알려야 한다.

제50조의3(영리목적의 광고성 정보 전송의 위탁 등) ① 영리목적의 광고성 정보의 전송을 타인에게 위탁한 자는 그 업무를 위탁받은 자가 제50조를 위반하지 아니하도록 관리·감독하여야 한다.

② 제1항에 따라 영리목적의 광고성 정보의 전송을 위탁받은 자는 그 업무와 관련한 법을 위반하여 발생한 손해의 배상책임에 있어 정보 전송을 위탁한 자의 소속 직원으로 본다.

제50조의4(정보 전송 역무 제공 등의 제한)
① 정보통신서비스 제공자는 다음 각 호의 어느 하나에 해당하는 경우에 해당 역무의

제공을 거부하는 조치를 할 수 있다.

1. 광고성 정보의 전송 또는 수신으로 역무의 제공에 장애가 일어나거나 일어날 우려가 있는 경우
2. 이용자가 광고성 정보의 수신을 원하지 아니하는 경우

② 정보통신서비스 제공자는 제1항 또는 제4항에 따른 거부조치를 하려면 해당 역무 제공의 거부에 관한 사항을 그 역무의 이용자와 체결하는 정보통신서비스 이용계약의 내용에 포함하여야 한다.

③ 정보통신서비스 제공자는 제1항 또는 제4항에 따른 거부조치 사실을 그 역무를 제공받는 이용자 등 이해관계인에게 알려야 한다. 다만, 미리 알리는 것이 곤란한 경우에는 거부조치를 한 후 지체 없이 알려야 한다.

④ 정보통신서비스 제공자는 이용계약을 통하여 해당 정보통신서비스 제공자가 이용자에게 제공하는 서비스가 제50조 또는 제50조의8을 위반하여 영리목적의 광고성 정보전송에 이용되고 있는 경우 해당 역무의 제공을 거부하거나 정보통신망이나 서비스의 취약점을 개선하는 등 필요한 조치를 강구하여야 한다.

제50조의7(영리목적의 광고성 정보 게시의 제한) ① 누구든지 영리목적의 광고성 정보를 인터넷 홈페이지에 게시하려면 인터넷 홈페이지 운영자 또는 관리자의 사전 동의를 받아야 한다. 다만, 별도의 권한 없이 누구든지 쉽게 접근하여 글을 게시할 수 있는 게시판의 경우에는 사전 동의를 받지 아니한다.

② 영리목적의 광고성 정보를 게시하려는 자는 제1항에도 불구하고 인터넷 홈페이지 운영자 또는 관리자가 명시적으로 게시 거부의사를 표시하거나 사전 동의를 철회한 경우에는 영리목적의 광고성 정보를 게시하여서는 아니 된다.

③ 인터넷 홈페이지 운영자 또는 관리자는 제1항 또는 제2항을 위반하여 게시된

영리목적의 광고성 정보를 삭제하는 등의 조치를 할 수 있다.

제50조의8(불법행위를 위한 광고성 정보 전송금지) 누구든지 정보통신망을 이용하여 이 법 또는 다른 법률에서 금지하는 재화 또는 서비스에 대한 광고성 정보를 전송하여서는 아니 된다.

제51조(중요 정보의 국외유출 제한 등) ① 정부는 국내의 산업·경제 및 과학기술 등에 관한 중요 정보가 정보통신망을 통하여 국외로 유출되는 것을 방지하기 위하여 정보통신서비스 제공자 또는 이용자에게 필요한 조치를 하도록 할 수 있다.

② 제1항에 따른 중요 정보의 범위는 다음 각 호와 같다.

1. 국가안전보장과 관련된 보안정보 및 주요 정책에 관한 정보
2. 국내에서 개발된 첨단과학 기술 또는 기기의 내용에 관한 정보

③ 정부는 제2항 각 호에 따른 정보를 처리하는 정보통신서비스 제공자에게 다음 각 호의 조치를 하도록 할 수 있다.

1. 정보통신망의 부당한 이용을 방지할 수 있는 제도적·기술적 장치의 설정
2. 정보의 불법파괴 또는 불법조작을 방지할 수 있는 제도적·기술적 조치
3. 정보통신서비스 제공자가 처리 중 알게 된 중요 정보의 유출을 방지할 수 있는 조치

제53조(통신과금서비스제공자의 등록 등) ① 통신과금서비스를 제공하려는 자는 대통령령으로 정하는 바에 따라 다음 각 호의 사항을 갖추어 과학기술정보통신부장관에게 등록하여야 한다. <개정 2017.7.26.>

1. 재무건전성
2. 통신과금서비스이용자보호계획
3. 업무를 수행할 수 있는 인력과 물적 설비
4. 사업계획서

② 제1항에 따라 등록할 수 있는 자는 「상법」제170조에 따른 회사 또는 「민법」제32조

에 따른 법인으로서 자본금·출자총액 또는 기본재산이 5억원 이상의 범위에서 대통령령으로 정하는 금액 이상이어야 한다.

③ 통신과금서비스제공자는 「전기통신사업법」 제22조에도 불구하고 부가통신사업자의 신고를 하지 아니할 수 있다.

④ 「전기통신사업법」 제23조부터 제26조까지의 규정은 통신과금서비스제공자의 등록사항의 변경, 사업의 양도·양수 또는 합병·상속, 사업의 승계, 사업의 휴지·폐지·해산 등에 준용한다. 이 경우 "별정통신사업자"는 "통신과금서비스제공자"로 보고, "별정통신사업"은 "통신과금서비스제공업"으로 본다.

제61조(통신과금서비스의 이용제한) 과학기술정보통신부장관은 통신과금서비스제공자에게 다음 각 호의 어느 하나에 해당하는 자에 대한 서비스의 제공을 거부, 정지 또는 제한하도록 명할 수 있다.

1. 「청소년 보호법」 제16조를 위반하여 청소년유해매체물을 청소년에게 판매·대여·제공하는 자
2. 다음 각 목의 어느 하나에 해당하는 수단을 이용하여 통신과금서비스이용자로 하여금 재화등을 구매·이용하게 함으로써 통신과금서비스이용자의 이익을 현저하게 저해하는 자
   가. 제50조를 위반한 영리목적의 광고성 정보 전송
   나. 통신과금서비스이용자에 대한 기망 또는 부당한 유인
3. 이 법 또는 다른 법률에서 금지하는 재화등을 판매·제공하는 자

제64조(자료의 제출 등) ① 과학기술정보통신부장관 또는 방송통신위원회는 다음 각 호의 어느 하나에 해당하는 경우에는 정보통신서비스 제공자등(제67조에 따라 준용되는 자를 포함한다. 이하 이 조에서 같다)에게 관계 물품·서류 등을 제출하게 할 수 있다. <개정 2017.7.26.>

1. 이 법에 위반되는 사항을 발견하거나 혐의가 있음을 알게 된 경우
2. 이 법의 위반에 대한 신고를 받거나 민원이 접수된 경우
2의2. 이용자 정보의 안전성과 신뢰성 확보를 현저히 해치는 사건·사고 등이 발생하였거나 발생할 가능성이 있는 경우
3. 그 밖에 이용자 보호를 위하여 필요한 경우로서 대통령령으로 정하는 경우

② 방송통신위원회는 이 법을 위반하여 영리목적 광고성 정보를 전송한 자에게 다음 각 호의 조치를 하기 위하여 정보통신서비스 제공자등에게 해당 광고성 정보 전송자의 성명·주소·주민등록번호·이용기간 등에 대한 자료의 열람이나 제출을 요청할 수 있다.

1. 제4항에 따른 시정조치
2. 제76조에 따른 과태료 부과
3. 그 밖에 이에 준하는 조치

③ 과학기술정보통신부장관 또는 방송통신위원회는 정보통신서비스 제공자등이 제1항 및 제2항에 따른 자료를 제출하지 아니하거나 이 법을 위반한 사실이 있다고 인정되면 소속 공무원에게 정보통신서비스 제공자등, 해당 법 위반 사실과 관련한 관계인의 사업장에 출입하여 업무상황, 장부 또는 서류 등을 검사하도록 할 수 있다.

④ 과학기술정보통신부장관 또는 방송통신위원회는 이 법을 위반한 정보통신서비스 제공자등에게 해당 위반행위의 중지나 시정을 위하여 필요한 시정조치를 명할 수 있고, 시정조치의 명령을 받은 정보통신서비스 제공자등에게 시정조치의 명령을 받은 사실을 공표하도록 할 수 있다.

제64조의4(청문) 과학기술정보통신부장관 또는 방송통신위원회는 다음 각 호의 어느 하나에 해당하는 경우에는 청문을 하여야 한다. <개정 2017.7.26.>

1. 제9조제2항에 따라 인증기관의 지정을 취소하려는 경우

2. 제23조의4제1항에 따라 본인확인기관의 지정을 취소하려는 경우
3. 제47조제10항(제47조의3제3항에서 준용하는 경우를 포함한다)에 따라 정보보호 관리체계 인증을 취소하려는 경우
4. 제47조의2제1항(제47조의3제4항에서 준용하는 경우를 포함한다)에 따라 정보보호 관리체계 인증기관의 지정을 취소하려는 경우
5. 제47조의5제4항에 따라 정보보호 관리등급을 취소하려는 경우
6. 제55조제1항에 따라 등록을 취소하려는 경우

제65조(권한의 위임·위탁) ① 이 법에 따른 과학기술정보통신부장관 또는 방송통신위원회의 권한은 대통령령으로 정하는 바에 따라 그 일부를 과학기술정보통신부 소속 기관의 장 또는 지방우정청장에게 위임·위탁할 수 있다.
② 과학기술정보통신부장관은 제13조에 따른 정보통신망의 이용촉진 등에 관한 사업을 대통령령으로 정하는 바에 따라 「국가정보화 기본법」 제14조에 따른 한국정보화진흥원에 위탁할 수 있다.
③ 과학기술정보통신부장관 또는 방송통신위원회는 제64조제1항 및 제2항에 따른 자료의 제출 요구 및 검사에 관한 업무를 대통령령으로 정하는 바에 따라 인터넷진흥원에 위탁할 수 있다.

제66조(비밀유지 등) 다음 각 호의 어느 하나에 해당하는 업무에 종사하는 자 또는 종사하였던 자는 그 직무상 알게 된 비밀을 타인에게 누설하거나 직무 외의 목적으로 사용하여서는 아니 된다. 다만, 다른 법률에 특별한 규정이 있는 경우에는 그러하지 아니하다.
2. 제47조에 따른 정보보호 관리체계 인증 업무
2의2. 제47조의3에 따른 개인정보보호 관리체계 인증 업무

3. 제52조제3항제4호에 따른 정보보호시스템의 평가 업무
5. 제44조의10에 따른 명예훼손 분쟁조정부의 분쟁조정 업무

제69조(벌칙 적용 시의 공무원 의제) 과학기술정보통신부장관 또는 방송통신위원회가 제65조제2항 및 제3항에 따라 위탁한 업무에 종사하는 한국정보화진흥원과 인터넷진흥원의 임직원은 「형법」 제129조부터 제132조까지의 규정에 따른 벌칙을 적용할 때에는 공무원으로 본다.

제69조의2(고발) ①방송통신위원회는 제64조의3제1항 각 호의 어느 하나에 해당하는 행위가 있다고 인정하는 경우에는 해당 정보통신서비스 제공자등을 검찰 등 수사기관에 고발할 수 있다.
② 방송통신위원회는 개인정보 보호와 관련하여 이 법을 위반한 정보통신서비스 제공자등에게 책임이 있는 자(대표자 및 책임있는 임원을 포함한다)를 징계할 것을 권고할 수 있다. 이 경우 권고를 받은 사람은 이를 존중하여야 하며 그 결과를 방송통신위원회에 통보하여야 한다.

제70조(벌칙) ① 사람을 비방할 목적으로 정보통신망을 통하여 공공연하게 사실을 드러내어 다른 사람의 명예를 훼손한 자는 3년 이하의 징역 또는 3천만원 이하의 벌금에 처한다.
② 사람을 비방할 목적으로 정보통신망을 통하여 공공연하게 거짓의 사실을 드러내어 다른 사람의 명예를 훼손한 자는 7년 이하의 징역, 10년 이하의 자격정지 또는 5천만원 이하의 벌금에 처한다.
③ 제1항과 제2항의 죄는 피해자가 구체적으로 밝힌 의사에 반하여 공소를 제기할 수 없다.

제70조의2(벌칙) 제48조제2항을 위반하여 악성프로그램을 전달 또는 유포하는 자는 7년 이하의 징역 또는 7천만원 이하의 벌금에 처한다.

제71조(벌칙) ①다음 각 호의 어느 하나에 해당하는 자는 5년 이하의 징역 또는 5천만원 이하의 벌금에 처한다.

1. 제22조제1항(제67조에 따라 준용되는 경우를 포함한다)을 위반하여 이용자의 동의를 받지 아니하고 개인정보를 수집한 자

2. 제23조제1항(제67조에 따라 준용되는 경우를 포함한다)을 위반하여 이용자의 동의를 받지 아니하고 개인의 권리·이익이나 사생활을 뚜렷하게 침해할 우려가 있는 개인정보를 수집한 자

3. 제24조, 제24조의2제1항 및 제2항 또는 제26조제3항(제67조에 따라 준용되는 경우를 포함한다)을 위반하여 개인정보를 이용하거나 제3자에게 제공한 자 및 그 사정을 알면서도 영리 또는 부정한 목적으로 개인정보를 제공받은 자

4. 제25조제1항(제67조에 따라 준용되는 경우를 포함한다)을 위반하여 이용자의 동의를 받지 아니하고 개인정보 처리위탁을 한 자

5. 제28조의2제1항(제67조에 따라 준용되는 경우를 포함한다)을 위반하여 이용자의 개인정보를 훼손·침해 또는 누설한 자

6. 제28조의2제2항을 위반하여 그 개인정보가 누설된 사정을 알면서도 영리 또는 부정한 목적으로 개인정보를 제공받은 자

7. 제30조제5항(제30조제7항, 제31조제3항 및 제67조에 따라 준용되는 경우를 포함한다)을 위반하여 필요한 조치를 하지 아니하고 개인정보를 제공하거나 이용한 자

8. 제31조제1항(제67조에 따라 준용되는 경우를 포함한다)을 위반하여 법정대리인의 동의를 받지 아니하고 만 14세 미만인 아동의 개인정보를 수집한 자

9. 제48조제1항을 위반하여 정보통신망에 침입한 자

10. 제48조제3항을 위반하여 정보통신망에 장애가 발생하게 한 자

11. 제49조를 위반하여 타인의 정보를 훼손하거나 타인의 비밀을 침해·도용 또는 누설한 자

② 제1항제9호의 미수범은 처벌한다.

제72조(벌칙) ① 다음 각 호의 어느 하나에 해당하는 자는 3년 이하의 징역 또는 3천만원 이하의 벌금에 처한다.

2. 제49조의2제1항을 위반하여 다른 사람의 개인정보를 수집한 자

2의2. 「재난 및 안전관리 기본법」 제14조제1항에 따른 대규모 재난 상황을 이용하여 제50조의8을 위반하여 광고성 정보를 전송한 자

3. 제53조제1항에 따른 등록을 하지 아니하고 그 업무를 수행한 자

4. 다음 각 목의 어느 하나에 해당하는 행위를 통하여 자금을 융통하여 준 자 또는 이를 알선·중개·권유·광고한 자

   가. 재화등의 판매·제공을 가장하거나 실제 매출금액을 초과하여 통신과금서비스에 의한 서래를 하거나 이를 대행하게 하는 행위

   나. 통신과금서비스이용자로 하여금 통신과금서비스에 의하여 재화등을 구매·이용하도록 한 후 통신과금서비스이용자가 구매·이용한 재화등을 할인하여 매입하는 행위

5. 제66조를 위반하여 직무상 알게 된 비밀을 타인에게 누설하거나 직무 외의 목적으로 사용한 자

제73조(벌칙) 다음 각 호의 어느 하나에 해당하는 자는 2년 이하의 징역 또는 2천만원 이하의 벌금에 처한다.

1. 제28조제1항제2호부터 제5호까지(제67조에 따라 준용되는 경우를 포함한다)의 규정에 따른 기술적·관리적 조치를 하지 아니하여 이용자의 개인정보를 분실·도난·유출·위조·변조 또는 훼손한 자

1의2. 제29조제1항을 위반하여 개인정보를 파기하지 아니한 자(제67조에 따라

준용되는 경우를 포함한다)
2. 제42조를 위반하여 청소년유해매체물임을 표시하지 아니하고 영리를 목적으로 제공한 자
3. 제42조의2를 위반하여 청소년유해매체물을 광고하는 내용의 정보를 청소년에게 전송하거나 청소년 접근을 제한하는 조치 없이 공개적으로 전시한 자
4. 제44조의6제3항을 위반하여 이용자의 정보를 민·형사상의 소를 제기하는 것 외의 목적으로 사용한 자
5. 제44조의7제2항 및 제3항에 따른 방송통신위원회의 명령을 이행하지 아니한 자
6. 제48조의4제3항에 따른 명령을 위반하여 관련 자료를 보전하지 아니한 자
7. 제49조의2제1항을 위반하여 개인정보의 제공을 유인한 자
8. 제61조에 따른 명령을 이행하지 아니한 자

제74조(벌칙) ① 다음 각 호의 어느 하나에 해당하는 자는 1년 이하의 징역 또는 1천만원 이하의 벌금에 처한다.
1. 제8조제4항을 위반하여 비슷한 표시를 한 제품을 표시·판매 또는 판매할 목적으로 진열한 자
2. 제44조의7제1항제1호를 위반하여 음란한 부호·문언·음향·화상 또는 영상을 배포·판매·임대하거나 공공연하게 전시한 자
3. 제44조의7제1항제3호를 위반하여 공포심이나 불안감을 유발하는 부호·문언·음향·화상 또는 영상을 반복적으로 상대방에게 도달하게 한 자
4. 제50조제5항을 위반하여 조치를 한 자
6. 제50조의8을 위반하여 광고성 정보를 전송한 자
7. 제53조제4항을 위반하여 등록사항의 변경등록 또는 사업의 양도·양수 또는 합병·상속의 신고를 하지 아니한 자
② 제1항제3호의 죄는 피해자가 구체적으로 밝힌 의사에 반하여 공소를 제기할 수 없다.

제75조(양벌규정) 법인의 대표자나 법인 또는 개인의 대리인, 사용인, 그 밖의 종업원이 그 법인 또는 개인의 업무에 관하여 제71조부터 제73조까지 또는 제74조제1항의 어느 하나에 해당하는 위반행위를 하면 그 행위자를 벌하는 외에 그 법인 또는 개인에게도 해당 조문의 벌금형을 과(科)한다. 다만, 법인 또는 개인이 그 위반행위를 방지하기 위하여 해당 업무에 관하여 상당한 주의와 감독을 게을리하지 아니한 경우에는 그러하지 아니하다.

제75조의2(몰수·추징) 제71조제1항제1호부터 제8호까지, 제72조제1항제2호 및 제73조제1호·제1호의2·제7호의 어느 하나에 해당하는 죄를 지은 자가 해당 위반행위와 관련하여 취득한 금품이나 그 밖의 이익은 몰수할 수 있으며, 이를 몰수할 수 없을 때에는 그 가액을 추징할 수 있다. 이 경우 몰수 또는 추징은 다른 벌칙에 부가하여 과할 수 있다.

제76조(과태료) ① 다음 각 호의 어느 하나에 해당하는 자와 제7호부터 제11호까지의 경우에 해당하는 행위를 하도록 한 자에게는 3천만원 이하의 과태료를 부과한다.
1. 제22조의2제2항 또는 제23조제3항(제67조에 따라 준용되는 경우를 포함한다)을 위반하여 서비스의 제공을 거부한 자
1의2. 제22조의2제3항(제67조에 따라 준용되는 경우를 포함한다)을 위반하여 접근권한에 대한 이용자의 동의 및 철회방법을 마련하는 등 이용자 정보 보호를 위하여 필요한 조치를 하지 아니한 자
2. 제23조의2제1항을 위반하여 주민등록번호를 수집·이용하거나 같은 조 제2항에 따른 필요한 조치를 하지 아니한 자(제67조에 따라 준용되는 경우를 포함한다)
2의2. 제24조의2제3항(제67조에 따라 준용되는 경우를 포함한다)을 위반하여 제공

또는 처리위탁에 대한 동의를 받을 때 개인정보의 수집·이용에 대한 동의와 구분하여 받지 아니하거나 이에 동의하지 아니한 이유로 서비스 제공을 거부한 자

2의3. 제27조의3제1항(제67조에 따라 준용되는 경우를 포함한다)을 위반하여 이용자·방송통신위원회 및 한국인터넷진흥원에 통지 또는 신고하지 아니하거나 정당한 사유 없이 24시간을 경과하여 통지 또는 신고한 자

2의4. 제27조의3제3항에 따른 소명을 하지 아니하거나 거짓으로 한 자

3. 제28조제1항(제67조에 따라 준용되는 경우를 포함한다)에 따른 기술적·관리적 조치를 하지 아니한 자

4. 제29조제2항(제67조에 따라 준용되는 경우를 포함한다)을 위반하여 개인정보 파기 등의 조치를 취하지 아니한 자

5. 제30조제3항·제4항 및 제6항(제30조제7항, 제31조제3항 및 제67조에 따라 준용되는 경우를 포함한다)을 위반하여 필요한 조치를 하지 아니한 자

5의2. 제30조의2제1항 본문을 위반하여 개인정보의 이용내역을 통지하지 아니한 자(제67조에 따라 준용되는 경우를 포함한다)

6의2. 제45조의3제1항을 위반하여 정보보호 최고책임자의 지정을 신고하지 아니한 자

6의3. 제47조제2항을 위반하여 정보보호 관리체계 인증을 받지 아니한 자

7. 제50조제1항부터 제3항까지의 규정을 위반하여 영리 목적의 광고성 정보를 전송한 자

8. 제50조제4항을 위반하여 광고성 정보를 전송할 때 밝혀야 하는 사항을 밝히지 아니하거나 거짓으로 밝힌 자

9. 제50조제6항을 위반하여 비용을 수신자에게 부담하도록 한 자

9의2. 제50조제8항을 위반하여 수신동의 여부를 확인하지 아니한 자

10. 제50조의5를 위반하여 이용자의 동의를 받지 아니하고 프로그램을 설치한 자

11. 제50조의7제1항 또는 제2항을 위반하여 인터넷 홈페이지에 영리목적의 광고성 정보를 게시한 자

12. 이 법을 위반하여 제64조제4항에 따라 과학기술정보통신부장관 또는 방송통신위원회로부터 받은 시정조치 명령을 이행하지 아니한 자

② 다음 각 호의 어느 하나에 해당하는 자에게는 2천만원 이하의 과태료를 부과한다.

1. 제25조제2항(제67조에 따라 준용되는 경우를 포함한다)을 위반하여 이용자에게 개인정보 처리위탁에 관한 사항을 공개하지 아니하거나 알리지 아니한 자

1의2. 제25조제7항(제67조에 따라 준용되는 경우를 포함한다)을 위반하여 개인정보 처리위탁을 한 정보통신서비스 제공자등의 동의를 받지 아니하고 제3자에게 재위탁한 자

2. 제26조제1항 및 제2항(제67조에 따라 준용되는 경우를 포함한다)을 위반하여 이용자에게 개인정보의 이전사실을 알리지 아니한 자

3. 제27조제1항(제67조에 따라 준용되는 경우를 포함한다)을 위반하여 개인정보 보호책임자를 지정하지 아니한 자

4. 제27조의2제1항(제67조에 따라 준용되는 경우를 포함한다)을 위반하여 개인정보 처리방침을 공개하지 아니한 자

5. 제63조제2항 단서를 위반하여 제63조제3항 각 호의 사항 모두를 공개하거나 이용자에게 알리지 아니하고 이용자의 개인정보를 국외에 처리위탁·보관한 자

③ 다음 각 호의 어느 하나에 해당하는 자에게는 1천만원 이하의 과태료를 부과한다.

2의2. 제23조의3제1항을 위반하여 본인확인기관의 지정을 받지 아니하고 본인확인업무를 한 자

2의3. 제23조의3제2항에 따른 본인확인업무의 휴지 또는 같은 조 제3항에 따른 본인확인업무의 폐지 사실을 이용자

에게 통보하지 아니하거나 방송통신위
원회에 신고하지 아니한 자
2의4. 제23조의4제1항에 따른 본인확인업
무의 정지 및 지정취소 처분에도 불구
하고 본인확인업무를 계속한 자
2의5. 제25조제6항(제67조에 따라 준용
되는 경우를 포함한다)을 위반하여 개
인정보 처리위탁을 할 때에 문서에 의
하지 아니한 자
3. 제42조의3제1항을 위반하여 청소년 보
호 책임자를 지정하지 아니한 자
4. 제43조를 위반하여 정보를 보관하지
아니한 자
5. 제46조제2항을 위반하여 보험에 가입하
지 아니한 자
7. 제47조제9항 및 제47조의3제3항을 위반하
여 인증받은 내용을 거짓으로 홍보한 자
10. 제47조의4제3항을 위반하여 소프트
웨어 사용자에게 알리지 아니한 자
11. 제48조의2제4항에 따른 시정명령을
이행하지 아니한 자
11의2. 제48조의3제1항을 위반하여 침해
사고의 신고를 하지 아니한 자
12. 제48조의4제4항에 따른 사업장 출입 및
조사를 방해하거나 거부 또는 기피한 자
12의2. 제49조의2제4항을 위반하여 과학
기술정보통신부장관 또는 방송통신위원
회의 명령을 이행하지 아니한 자
12의3. 제50조제7항을 위반하여 수신동의,
수신거부 또는 수신동의 철회에 대한 처
리 결과를 알리지 아니한 자
12의4. 제50조의4제4항을 위반하여 필요
한 조치를 하지 아니한 자
13. 제52조제6항을 위반하여 한국인터넷
진흥원의 명칭을 사용한 자
14. 제53조제4항을 위반하여 사업의 휴지
·폐지·해산의 신고를 아니한 자
15. 제56조제1항을 위반하여 약관을 신고
하지 아니한 자
16. 제57조제2항을 위반하여 관리적 조치

또는 기술적 조치를 하지 아니한 자
17. 제58조제1항을 위반하여 통신과금서
비스 이용일시 등을 통신과금서비스이
용자에게 고지하지 아니한 자
18. 제58조제2항을 위반하여 통신과금서
비스이용자가 구매·이용 내역을 확인
할 수 있는 방법을 제공하지 아니하거
나 통신과금서비스이용자의 제공 요청
에 응하지 아니한 자
19. 제58조제3항을 위반하여 통신과금서비스
이용자로부터 받은 통신과금에 대한 정정
요구가 이유 있음에도 결제대금의 지급을
유보하지 아니하거나 통신과금서비스이용
자의 요청에 대한 처리 결과를 통신과금
서비스이용자에게 알려 주지 아니한 자
20. 제58조제4항을 위반하여 통신과금서비
스에 관한 기록을 보존하지 아니한 자
20의2. 제58조제5항을 위반하여 통신과금
서비스이용자의 동의를 받지 아니하고
통신과금서비스를 제공하거나 이용한도
액을 증액한 자
20의3. 제58조제6항을 위반하여 통신과
금서비스 약관의 변경에 관한 통지를
하지 아니한 자
21. 제59조제2항을 위반하여 통신과금서비
스이용자의 이의신청 및 권리구제를 위한
절차를 마련하지 아니하거나 통신과금서
비스 계약 시 이를 명시하지 아니한 자
22. 제64조제1항에 따른 관계 물품·서류 등을
제출하지 아니하거나 거짓으로 제출한 자
23. 제64조제2항에 따른 자료의 열람·제
출요청에 따르지 아니한 자
24. 제64조제3항에 따른 출입·검사를 거
부·방해 또는 기피한 자

부 칙 <제14839호, 2017.7.26.>
제1조(시행일) ① 이 법은 공포한 날부터
시행한다.

즉결심판에 관한 절차법

[시행 2017.7.26.]

제1조(목적) 이 법은 범증이 명백하고 죄질이 경미한 범죄사건을 신속·적정한 절차로 심판하기 위하여 즉결심판에 관한 절차를 정함을 목적으로 한다.

제2조(즉결심판의 대상) 지방법원, 지원 또는 시·군법원의 판사(이하 "判事"라 한다)는 즉결심판절차에 의하여 피고인에게 20만원 이하의 벌금, 구류 또는 과료에 처할 수 있다.

제3조(즉결심판청구) ①즉결심판은 관할경찰서장 또는 관할해양경찰서장(이하 경찰서장"이라 한다)이 관할법원에 이를 청구한다.<개정 2017.7.26.>
②즉결심판을 청구한에는 즉결심판청구서를 제출하여야 하며, 즉결심판청구서에는 피고인의 성명 기타 피고인을 특정할 수 있는 사항, 죄명, 범죄사실과 적용법조를 기재하여야 한다.
③ 즉결심판을 청구할 때에는 사전에 피고인에게 즉결심판의 절차를 이해하는 데 필요한 사항을 서면 또는 구두로 알려주어야 한다.

제3조의2(관할에 대한 특례) 지방법원 또는 그 지원의 판사는 소속 지방법원장의 명령을 받아 소속 법원의 관할사무와 관계없이 즉결심판청구사건을 심판할 수 있다.

제4조(서류·증거물의 제출) 경찰서장은 즉결심판의 청구와 동시에 즉결심판을 함에 필요한 서류 또는 증거물을 판사에게 제출하여야 한다.

제5조(청구의 기각등) ①판사는 사건이 즉결심판을 할 수 없거나 즉결심판절차에 의하여 심판함이 적당하지 아니하다고 인정할 때에는 결정으로 즉결심판의 청구를 기각하여야 한다.
②제1항의 결정이 있는 때에는 경찰서장은 지체없이 사건을 관할지방검찰청 또는 지청의 장에게 송치하여야 한다.

제6조(심판) 즉결심판의 청구가 있는 때에는 판사는 제5조제1항의 경우를 제외하고 즉시 심판을 하여야 한다.

제7조(개정) ①즉결심판절차에 의한 심리와 재판의 선고는 공개된 법정에서 행하되, 그 법정은 경찰관서(해양경찰관서를 포함한다) 외의 장소에 설치되어야 한다.
②법정은 판사와 법원서기관, 법원사무관, 법원주사 또는 법원주사보(이하 "法院事務官등"이라 한다)가 열석하여 개정한다.
③제1항 및 제2항의 규정에 불구하고 판사는 상당한 이유가 있는 경우에는 개정없이 피고인의 진술서와 제4조의 서류 또는 증거물에 의하여 심판할 수 있다. 다만, 구류에 처하는 경우에는 그러하지 아니하다.

제8조(피고인의 출석) 피고인이 기일에 출석하지 아니한 때에는 이 법 또는 다른 법률에 특별한 규정이 있는 경우를 제외하고는 개정할 수 없다.

제8조의2(불출석심판) ①벌금 또는 과료를 선고하는 경우에는 피고인이 출석하지 아니하더라도 심판할 수 있다.
②피고인 또는 즉결심판출석통지서를 받은 자(이하 "被告人등"이라 한다)는 법원에 불출석심판을 청구할 수 있고, 법원이 이를 허가한 때에는 피고인이 출석하지 아니하더라도 심판할 수 있다.
③제2항의 규정에 의한 불출석심판의 청구와 그 허가절차에 관하여 필요한 사항

은 대법원규칙으로 정한다.

제9조(기일의 심리) ①판사는 피고인에게 피고사건의 내용과 「형사소송법」 제283조의2에 규정된 진술거부권이 있음을 알리고 변명할 기회를 주어야 한다.
②판사는 필요하다고 인정할 때에는 적당한 방법에 의하여 재정하는 증거에 한하여 조사할 수 있다.
③변호인은 기일에 출석하여 제2항의 증거조사에 참여할 수 있으며 의견을 진술할 수 있다.

제10조(증거능력) 즉결심판절차에 있어서는 형사소송법 제310조, 제312조제3항 및 제313조의 규정은 적용하지 아니한다.

제11조(즉결심판의 선고) ①즉결심판으로 유죄를 선고할 때에는 형, 범죄사실과 적용법조를 명시하고 피고인은 7일 이내에 정식재판을 청구할 수 있다는 것을 고지하여야 한다.
②참여한 법원사무관등은 제1항의 선고의 내용을 기록하여야 한다.
③피고인이 판사에게 정식재판청구의 의사를 표시하였을 때에는 이를 제2항의 기록에 명시하여야 한다.
④제7조제3항 또는 제8조의2의 경우에는 법원사무관등은 7일 이내에 정식재판을 청구할 수 있음을 부기한 즉결심판서의 등본을 피고인에게 송달하여 고지한다. 다만, 제8조의2제2항의 경우에 피고인등이 미리 즉결심판서의 등본송달을 요하지 아니한다는 뜻을 표시한 때에는 그러하지 아니하다.
⑤판사는 사건이 무죄·면소 또는 공소기각을 함이 명백하다고 인정할 때에는 이를 선고·고지할 수 있다.

제12조(즉결심판서) ①유죄의 즉결심판서에는 피고인의 성명 기타 피고인을 특정할 수 있는 사항, 주문, 범죄사실과 적용법조를 명시하고 판사가 서명·날인하여야 한다.
②피고인이 범죄사실을 자백하고 정식재

판의 청구를 포기한 경우에는 제11조의 기록작성을 생략하고 즉결심판서에 선고한 주문과 적용법조를 명시하고 판사가 기명·날인한다.

제13조(즉결심판서등의 보존) 즉결심판의 판결이 확정된 때에는 즉결심판서 및 관계서류와 증거는 관할경찰서 또는 지방해양경찰관서가 이를 보존한다.

제14조(정식재판의 청구) ①정식재판을 청구하고자 하는 피고인은 즉결심판의 선고·고지를 받은 날부터 7일 이내에 정식재판청구서를 경찰서장에게 제출하여야 한다. 정식재판청구서를 받은 경찰서장은 지체없이 판사에게 이를 송부하여야 한다.
②경찰서장은 제11조제5항의 경우에 그 선고·고지를 한 날부터 7일 이내에 정식재판을 청구할 수 있다. 이 경우 경찰서장은 관할지방검찰청 또는 지청의 검사(이하 "檢事"라 한다)의 승인을 얻어 정식재판청구서를 판사에게 제출하여야 한다.
③판사는 정식재판청구서를 받은 날부터 7일 이내에 경찰서장에게 정식재판청구서를 첨부한 사건기록과 증거물을 송부하고, 경찰서장은 지체없이 관할지방검찰청 또는 지청의 장에게 이를 송부하여야 하며, 그 검찰청 또는 지청의 장은 지체없이 관할법원에 이를 송부하여야 한다.
④형사소송법 제340조 내지 제342조, 제344조 내지 제352조, 제354조, 제454조, 제455조의 규정은 정식재판의 청구 또는 그 포기·취하에 이를 준용한다.

제15조(즉결심판의 실효) 즉결심판은 정식재판의 청구에 의한 판결이 있는 때에는 그 효력을 잃는다.

제16조(즉결심판의 효력) 즉결심판은 정식재판의 청구기간의 경과, 정식재판청구권의 포기 또는 그 청구의 취하에 의하여 확정판결과 동일한 효력이 생긴다. 정식재판청구를 기각하는 재판이 확정된 때에도 같다.

제17조(유치명령등) ①판사는 구류의 선고를 받은 피고인이 일정한 주소가 없거나 또는 도망할 염려가 있을 때에는 5일을 초과하지 아니하는 기간 경찰서유치장(지방해양경찰관서의 유치장을 포함한다. 이하 같다)에 유치할 것을 명령할 수 있다. 다만, 이 기간은 선고기간을 초과할 수 없다. <개정 2017.7.26.>
②집행된 유치기간은 본형의 집행에 산입한다.
③형사소송법 제334조의 규정은 판사가 벌금 또는 과료를 선고하였을 때에 이를 준용한다.

제18조(형의 집행) ①형의 집행은 경찰서장이 하고 그 집행결과를 지체없이 검사에게 보고하여야 한다.
②구류는 경찰서유치장·구치소 또는 교도소에서 집행하며 구치소 또는 교도소에서 집행할 때에는 검사가 이를 지휘한다.
③벌금, 과료, 몰수는 그 집행을 종료하면 지체없이 검사에게 이를 인계하여야 한다. 다만, 즉결심판 확정후 상당기간내에 집행할 수 없을 때에는 검사에게 통지하여야 한다. 통지를 받은 검사는 형사소송법 제477조에 의하여 집행할 수 있다.
④형의 집행정지는 사전에 검사의 허가를 얻어야 한다.

제19조(형사소송법의 준용) 즉결심판절차에 있어서 이 법에 특별한 규정이 없는 한 그 성질에 반하지 아니한 것은 형사소송법의 규정을 준용한다.

부 칙 <제14839호, 2017.7.26.>
제1조(시행일) ① 이 법은 공포한 날부터 시행한다. 다만, 부칙 제5조에 따라 개정되는 법률 중 이 법 시행 전에 공포되었으나 시행일이 도래하지 아니한 법률을 개정한 부분은 각각 해당 법률의 시행일부터 시행한다.

집회 및 시위에 관한 법률

[시행 2017.1.28.]

제1조(목적) 이 법은 적법한 집회 및 시위를 최대한 보장하고 위법한 시위로부터 국민을 보호함으로써 집회 및 시위의 권리 보장과 공공의 안녕질서가 적절히 조화를 이루도록 하는 것을 목적으로 한다.

제2조(정의) 이 법에서 사용하는 용어의 뜻은 다음과 같다.

1. "옥외집회"란 천장이 없거나 사방이 폐쇄되지 아니한 장소에서 여는 집회를 말한다.
2. "시위"란 여러 사람이 공동의 목적을 가지고 도로, 광장, 공원 등 일반인이 자유로이 통행할 수 있는 장소를 행진하거나 위력(威力) 또는 기세(氣勢)를 보여, 불특정한 여러 사람의 의견에 영향을 주거나 제압(制壓)을 가하는 행위를 말한다.
3. "주최자(主催者)"란 자기 이름으로 자기 책임 아래 집회나 시위를 여는 사람이나 단체를 말한다. 주최자는 주관자(主管者)를 따로 두어 집회 또는 시위의 실행을 맡아 관리하도록 위임할 수 있다. 이 경우 주관자는 그 위임의 범위 안에서 주최자로 본다.
4. "질서유지인"이란 주최자가 자신을 보좌하여 집회 또는 시위의 질서를 유지하게 할 목적으로 임명한 자를 말한다.
5. "질서유지선"이란 관할 경찰서장이나 지방경찰청장이 적법한 집회 및 시위를 보호하고 질서유지나 원활한 교통 소통을 위하여 집회 또는 시위의 장소나 행진 구간을 일정하게 구획하여 설정한 띠, 방책, 차선 등의 경계 표지를 말한다.
6. "경찰관서"란 국가경찰관서를 말한다.

제3조(집회 및 시위에 대한 방해 금지) ① 누구든지 폭행, 협박, 그 밖의 방법으로 평화적인 집회 또는 시위를 방해하거나 질서를 문란하게 하여서는 아니 된다.

②누구든지 폭행, 협박, 그 밖의 방법으로 집회 또는 시위의 주최자나 질서유지인의 이 법의 규정에 따른 임무 수행을 방해하여서는 아니 된다.

③집회 또는 시위의 주최자는 평화적인 집회 또는 시위가 방해받을 염려가 있다고 인정되면 관할 경찰관서에 그 사실을 알려 보호를 요청할 수 있다. 이 경우 관할 경찰관서의 장은 정당한 사유 없이 보호 요청을 거절하여서는 아니 된다.

제4조(특정인 참가의 배제) 집회 또는 시위의 주최자 및 질서유지인은 특정한 사람이나 단체가 집회나 시위에 참가하는 것을 막을 수 있다. 다만, 언론사의 기자는 출입이 보장되어야 하며, 이 경우 기자는 신분증을 제시하고 기자임을 표시한 완장(腕章)을 착용하여야 한다.

제5조(집회 및 시위의 금지) ①누구든지 다음 각 호의 어느 하나에 해당하는 집회나 시위를 주최하여서는 아니 된다.

1. 헌법재판소의 결정에 따라 해산된 정당의 목적을 달성하기 위한 집회 또는 시위
2. 집단적인 폭행, 협박, 손괴(損壞), 방화 등으로 공공의 안녕 질서에 직접적인 위협을 끼칠 것이 명백한 집회 또는 시위

②누구든지 제1항에 따라 금지된 집회 또는 시위를 할 것을 선전하거나 선동하여서는 아니 된다.

제6조(옥외집회 및 시위의 신고 등) ①옥외집회나 시위를 주최하려는 자는 그에 관한 다음 각 호의 사항 모두를 적은 신고서를 옥외집회나 시위를 시작하기 720시간 전

부터 48시간 전에 관할 경찰서장에게 제출하여야 한다. 다만, 옥외집회 또는 시위 장소가 두 곳 이상의 경찰서의 관할에 속하는 경우에는 관할 지방경찰청장에게 제출하여야 하고, 두 곳 이상의 지방경찰청 관할에 속하는 경우에는 주최지를 관할하는 지방경찰청장에게 제출하여야 한다.

1. 목적
2. 일시(필요한 시간을 포함한다)
3. 장소
4. 주최자(단체인 경우에는 그 대표자를 포함한다), 연락책임자, 질서유지인에 관한 다음 각 목의 사항
   가. 주소　　나. 성명
   다. 직업　　라. 연락처
5. 참가 예정인 단체와 인원
6. 시위의 경우 그 방법(진로와 약도를 포함한다)

제2조(시위방법) 「집회 및 시위에 관한 법률」(이하 "법"이라 한다) 제6조제1항제6호에 따른 시위방법은 다음 각 호의 사항을 말한다.
1. 시위의 대형
2. 차량, 확성기, 입간판, 그 밖에 주장을 표시한 시설물의 이용 여부와 그 수
3. 구호 제창의 여부
4. 진로(출발지, 경유지, 중간 행사지, 도착지 등)
5. 약도(시위행진의 진행방향을 도면으로 표시한 것)
6. 차도·보도·교차로의 통행방법
7. 그 밖에 시위방법과 관련되는 사항

②관할 경찰서장 또는 지방경찰청장(이하 "관할경찰관서장"이라 한다)은 제1항에 따른 신고서를 접수하면 신고자에게 접수 일시를 적은 접수증을 즉시 내주어야 한다.
③ 주최자는 제1항에 따라 신고한 옥외집회 또는 시위를 하지 아니하게 된 경우에는 신고서에 적힌 집회 일시 24시간 전에 그 철회사유 등을 적은 철회신고서를 관할경찰관서장에게 제출하여야 한다.
④제3항에 따라 철회신고서를 받은 관할경찰관서장은 제8조제3항에 따라 금지 통고를 한 집회나 시위가 있는 경우에는 그 금지 통고를 받은 주최자에게 제3항에 따른 사실을 즉시 알려야 한다. <개정 2016.1.27.>
⑤제4항에 따라 통지를 받은 주최자는 그 금지 통고된 집회 또는 시위를 최초에 신고한 대로 개최할 수 있다. 다만, 금지 통고 등으로 시기를 놓친 경우에는 일시를 새로 정하여 집회 또는 시위를 시작하기 24시간 전에 관할경찰관서장에게 신고서를 제출하고 집회 또는 시위를 개최할 수 있다.

제7조(신고서의 보완 등) ①관할경찰관서장은 제6조제1항에 따른 신고서의 기재 사항에 미비한 점을 발견하면 접수증을 교부한 때부터 12시간 이내에 주최자에게 24시간을 기한으로 그 기재 사항을 보완할 것을 통고할 수 있다.
②제1항에 따른 보완 통고는 보완할 사항을 분명히 밝혀 서면으로 주최자 또는 연락책임자에게 송달하여야 한다.

제3조(보완 통고서의 송달) 법 제6조제1항의 규정에 따른 신고서를 접수한 관할경찰서장 또는 지방경찰청장(이하 "관할경찰관서장"이라 한다)은 법 제7조제2항에 따른 보완 통고서를 주최자나 연락책임자의 책임 있는 사유로 주최자나 연락책임자에게 직접 송달할 수 없는 때에는 다음 각 호의 방법으로 송달할 수 있다.
1. 주최자가 단체인 경우
   주최자 또는 연락책임자의 대리인이나 단체의 사무소에서 근무하는 직원에게 전달하되, 대리인 또는 사무소에서 근무하는 직원에게 전달할 수 없는 때에는 단체의 사무소가 있는 건물의 관리인이나 건물 소재지의 통장 또는 반장에게 전달할 수 있다.
2. 주최자가 개인인 경우
   주최자 또는 연락책임자의 세대주나 가족 중 성년자에게 전달하되, 주최자 또는 연락책임자의 세대주나 가족 중 성년자에게 전

달할 수 없는 때에는 주최자 또는 연락책임
자가 거주하는 건물의 관리인이나 건물 소
재지의 통장 또는 반장에게 전달할 수 있다.

제8조(집회 및 시위의 금지 또는 제한 통고)
①제6조제1항에 따른 신고서를 접수한 관할경
찰관서장은 신고된 옥외집회 또는 시위가
다음 각 호의 어느 하나에 해당하는 때에는
신고서를 접수한 때부터 48시간 이내에 집
회 또는 시위를 금지할 것을 주최자에게 통
고할 수 있다. 다만, 집회 또는 시위가 집단
적인 폭행, 협박, 손괴, 방화 등으로 공공의
안녕 질서에 직접적인 위험을 초래한 경우
에는 남은 기간의 해당 집회 또는 시위에
대하여 신고서를 접수한 때부터 48시간이
지난 경우에도 금지 통고를 할 수 있다.

1. 제5조제1항, 제10조 본문 또는 제11조
   에 위반된다고 인정될 때
2. 제7조제1항에 따른 신고서 기재 사항
   을 보완하지 아니한 때
3. 제12조에 따라 금지할 집회 또는 시위
   라고 인정될 때

② 관할경찰관서장은 집회 또는 시위의
시간과 장소가 중복되는 2개 이상의 신고
가 있는 경우 그 목적으로 보아 서로 상
반되거나 방해가 된다고 인정되면 각 옥
외집회 또는 시위 간에 시간을 나누거나
장소를 분할하여 개최하도록 권유하는 등
각 옥외집회 또는 시위가 서로 방해되지
아니하고 평화적으로 개최·진행될 수 있
도록 노력하여야 한다.
③ 관할경찰관서장은 제2항에 따른 권유가
받아들여지지 아니하면 뒤에 접수된 옥외집
회 또는 시위에 대하여 제1항에 준하여 그
집회 또는 시위의 금지를 통고할 수 있다.
④ 제3항에 따라 뒤에 접수된 옥외집회 또는
시위가 금지 통고된 경우 먼저 신고를 접수
하여 옥외집회 또는 시위를 개최할 수 있는
자는 집회 시작 1시간 전에 관할경찰관서장
에게 집회 개최 사실을 통지하여야 한다.
⑤다음 각 호의 어느 하나에 해당하는 경

우로서 그 거주자나 관리자가 시설이나
장소의 보호를 요청하는 경우에는 집회나
시위의 금지 또는 제한을 통고할 수 있
다. 이 경우 집회나 시위의 금지 통고에
대하여는 제1항을 준용한다.

1. 제6조제1항의 신고서에 적힌 장소(이하
   이 항에서 "신고장소"라 한다)가 다른 사
   람의 주거지역이나 이와 유사한 장소로서
   집회나 시위로 재산 또는 시설에 심각한
   피해가 발생하거나 사생활의 평온(平穩)
   을 뚜렷하게 해칠 우려가 있는 경우
2. 신고장소가 「초·중등교육법」 제2조에 따른
   학교의 주변 지역으로서 집회 또는 시위로
   학습권을 뚜렷이 침해할 우려가 있는 경우
3. 신고장소가 「군사기지 및 군사시설 보
   호법」 제2조제2호에 따른 군사시설의
   주변 지역으로서 집회 또는 시위로 시
   설이나 군 작전의 수행에 심각한 피해
   가 발생할 우려가 있는 경우

제4조(주거지역 등의 범위) ① 법 제8조
제5항제1호에서 "이와 유사한 장소"란 주
택 또는 사실상 주거의 용도로 사용되고
있는 건축물이 있는 지역과 이와 인접한
공터·도로 등을 포함한 장소를 말한다.
② 법 제8조제5항제1호에 따른 재산 또
는 시설에 피해가 발생하거나 사생활의
평온을 해치는 경우란 함성, 구호의 제
창, 확성기·북·징·꽹과리 등 기계·
기구(이하 "확성기등"이라 한다)의 사용,
사람에게 모욕을 줄 수 있는 구호·낙서
및 유인물 배포, 돌·화염병의 투척 등
폭력행위나 그 밖의 방법으로 재산·시
설에 손해를 입히거나 사생활의 평온을
해치는 것을 말한다.
③ 법 제8조제5항제2호 및 제3호에서 "
주변 지역"이란 학교 또는 군사시설의 출
입문, 담장 및 이와 인접한 공터·도로
등을 포함한 장소를 말한다.
**제5조(주거지역 등에서의 집회 또는 시
위의 제한·금지 요청)** 법 제8조제5항에
따른 시설이나 장소의 보호 요청은 주거
지역이나 이와 유사한 장소의 거주자나

관리자 또는 학교나 군사시설의 거주자나 관리자가 그 이유 등을 명확하게 밝혀 관할 경찰관서장이나 집회 또는 시위의 장소에 있는 국가경찰공무원에게 서면이나 구두로 하여야 한다. 이 경우 구두로 요청할 때에는 지체 없이 그 이유 등을 명확하게 밝힌 서면을 제출하여야 한다.

제6조(주거지역 등에서의 집회 또는 시위의 제한 내용) 법 제8조제5항에 따라 집회 또는 시위를 제한할 수 있는 내용은 다음 각 호와 같다.

1. 집회 또는 시위의 일시·장소 및 참가 인원

2. 확성기등의 사용, 구호의 제창, 낙서, 유인물 배포 등 집회 또는 시위의 방법

⑥집회 또는 시위의 금지 또는 제한 통고는 그 이유를 분명하게 밝혀 서면으로 주최자 또는 연락책임자에게 송달하여야 한다.

제9조(집회 및 시위의 금지 통고에 대한 이의 신청 등) ①집회 또는 시위의 주최자는 제8조에 따른 금지 통고를 받은 날부터 10일 이내에 해당 경찰관서의 바로 위의 상급경찰관서의 장에게 이의를 신청할 수 있다.

②제1항에 따른 이의 신청을 받은 경찰관서의 장은 접수 일시를 적은 접수증을 이의 신청인에게 즉시 내주고 접수한 때부터 24시간 이내에 재결(裁決)을 하여야 한다. 이 경우 접수한 때부터 24시간 이내에 재결서를 발송하지 아니하면 관할경찰관서장의 금지 통고는 소급하여 그 효력을 잃는다.

③이의 신청인은 제2항에 따라 금지 통고가 위법하거나 부당한 것으로 재결되거나 그 효력을 잃게 된 경우 처음 신고한 대로 집회 또는 시위를 개최할 수 있다. 다만, 금지 통고 등으로 시기를 놓친 경우에는 일시를 새로 정하여 집회 또는 시위를 시작하기 24시간 전에 관할경찰관서장에게 신고함으로써 집회 또는 시위를 개최할 수 있다.

제10조(옥외집회와 시위의 금지 시간) 누구든지 해가 뜨기 전이나 해가 진 후에는 옥외집회 또는 시위를 하여서는 아니 된다. 다만, 집회의 성격상 부득이하여 주최자가 질서유지인을 두고 미리 신고한 경우에는 관할경찰관서장은 질서 유지를 위한 조건을 붙여 해가 뜨기 전이나 해가 진 후에도 옥외집회를 허용할 수 있다.

제11조(야간 옥외집회의 조건부 허용) ① 법 제10조 단서에 따라 해가 뜨기 전이나 해가 진 후의 옥외집회를 신고하는 자는 해가 뜨기 전이나 해가 진 후 옥외집회를 하여야 하는 사유를 적고 필요한 자료를 제출하여야 한다.

② 관할 경찰관서장은 법 제10조 단서에 따라 해가 뜨기 전이나 해가 진 후의 옥외집회를 허용하는 경우에는 서면으로 질서 유지를 위한 조건을 구체적으로 밝혀 주최자에게 알려야 한다.

제11조(옥외집회와 시위의 금지 장소) 누구든지 다음 각 호의 어느 하나에 해당하는 청사 또는 저택의 경계 지점으로부터 100미터 이내의 장소에서는 옥외집회 또는 시위를 하여서는 아니 된다.

1. 국회의사당, 각급 법원, 헌법재판소

2. 대통령 관저(官邸), 국회의장 공관, 대법원장 공관, 헌법재판소장 공관

3. 국무총리 공관. 다만, 행진의 경우에는 해당하지 아니한다.

4. 국내 주재 외국의 외교기관이나 외교사절의 숙소 다만, 다음 각 목의 어느 하나에 해당하는 경우로서 외교기관 또는 외교사절 숙소의 기능이나 안녕을 침해할 우려가 없다고 인정되는 때에는 해당하지 아니한다.

   가. 해당 외교기관 또는 외교사절의 숙소를 대상으로 하지 아니하는 경우

   나. 대규모 집회 또는 시위로 확산될 우려가 없는 경우

   다. 외교기관의 업무가 없는 휴일에 개최하는 경우

제12조(교통 소통을 위한 제한) ①관할경찰

관서장은 대통령령으로 정하는 주요 도시의 주요 도로에서의 집회 또는 시위에 대하여 교통 소통을 위하여 필요하다고 인정하면 이를 금지하거나 교통질서 유지를 위한 조건을 붙여 제한할 수 있다.

②집회 또는 시위의 주최자가 질서유지인을 두고 도로를 행진하는 경우에는 제1항에 따른 금지를 할 수 없다. 다만, 해당 도로와 주변 도로의 교통 소통에 장애를 발생시켜 심각한 교통 불편을 줄 우려가 있으면 제1항에 따른 금지를 할 수 있다.

제13조(질서유지선의 설정) ①제6조제1항에 따른 신고를 받은 관할경찰관서장은 집회 및 시위의 보호와 공공의 질서 유지를 위하여 필요하다고 인정하면 최소한의 범위를 정하여 질서유지선을 설정할 수 있다.

제13조(질서유지선의 설정·고지 등) ① 관할 경찰관서장은 집회 및 시위의 보호와 공공의 질서 유지를 위하여 다음 각 호의 어느 하나에 해당하는 경우에는 법 제13조제1항에 따라 질서유지선을 설정할 수 있다.

1. 집회·시위의 장소를 한정하거나 집회·시위의 참가자와 일반인을 구분할 필요가 있을 경우

2. 집회·시위의 참가자를 일반인이나 차량으로부터 보호할 필요가 있을 경우

3. 일반인의 통행 또는 교통 소통 등을 위하여 필요할 경우

4. 다음 각 목의 어느 하나의 시설 등에 접근하거나 행진하는 것을 금지하거나 제한할 필요가 있을 경우

  가. 법 제11조에 따른 집회 또는 시위가 금지되는 장소

  나. 통신시설 등 중요시설

  다. 위험물시설

  라. 그 밖에 안전 유지 또는 보호가 필요한 재산·시설 등

5. 집회·시위의 행진로를 확보하거나 이를 위한 임시횡단보도를 설치할 필요가 있을 경우

6. 그 밖에 집회·시위의 보호와 공공의 질서 유지를 위하여 필요할 경우

②법 제13조제2항에 따른 질서유지선의 설정 고지는 서면으로 하여야 한다. 다만, 집회 또는 시위 장소의 상황에 따라 질서유지선을 새로 설정하거나 변경하는 경우에는 집회 또는 시위의 장소에 있는 국가경찰공무원이 구두로 알릴 수 있다.

②제1항에 따라 경찰관서장이 질서유지선을 설정할 때에는 주최자 또는 연락책임자에게 이를 알려야 한다.

제14조(확성기등 사용의 제한) ①집회 또는 시위의 주최자는 확성기, 북, 징, 꽹과리 등의 기계·기구(이하 이 조에서 "확성기등"이라 한다)를 사용하여 타인에게 심각한 피해를 주는 소음으로서 대통령령으로 정하는 기준을 위반하는 소음을 발생시켜서는 아니 된다.

제14조(확성기등의 소음기준) 법 제14조제1항에 따른 확성기등의 소음기준은 별표 2와 같다.

※ 확성기 등의 소음기준 (제14조 관련)
[단위: Leq dB(A)]

대상 지역 \ 시간대	주간	야간
주거지역, 학교, 종합병원, 공공도서관	65 이하	60 이하
그 밖의 지역	75 이하	65 이하

비고

1. 확성기등의 소음은 관할 경찰서장(현장 경찰공무원)이 측정한다.

2. 소음 측정 장소는 피해자가 위치한 건물의 외벽에서 소음원 방향으로 1~3.5m 떨어진 지점으로 하되, 소음도가 높을 것으로 예상되는 지점의 지면 위 1.2~1.5m 높이에서 측정한다. 다만, 주된 건물의 경비 등을 위하여 사용되는 부속 건물, 광장·공원이나 도로상의 영업시설물, 공원의 관리사무소 등은 소음 측정 장소에서 제외한다.

3. 제2호의 장소에서 확성기등의 대상소음이 있을 때 10분간(소음 발생 시간이 10분 이내인 경우에는 그 발생 시간 동안을 말한다) 측정한 소음도를 측정소음도로 하고, 같은 장소에서 확성기등의 대상소음이 없을 때 5분간 측정한 소음도를 배경소음도로 한다.

4. 측정소음도가 배경소음도보다 10dB 이상

크면 배경소음의 보정 없이 측정소음도를 대상소음도로 하고, 측정소음도가 배경소음도보다 3.0~9.9dB 차이로 크면 아래 표의 보정치에 따라 측정소음도에서 배경소음을 보정한 소음도를 대상소음도로 하며, 측정소음도가 배경소음도보다 3dB 미만으로 크면 다시 한 번 측정소음도를 측정하고, 다시 측정하여도 3dB 미만으로 크면 확성기등의 소음으로 보지 아니한다.

②관할경찰관서장은 집회 또는 시위의 주최자가 제1항에 따른 기준을 초과하는 소음을 발생시켜 타인에게 피해를 주는 경우에는 그 기준 이하의 소음 유지 또는 확성기등의 사용 중지를 명하거나 확성기 등의 일시보관 등 필요한 조치를 할 수 있다.

제15조(적용의 배제) 학문, 예술, 체육, 종교, 의식, 친목, 오락, 관혼상제 및 국경행사(國慶行事)에 관한 집회에는 제6조부터 제12조까지의 규정을 적용하지 아니한다.

제16조(주최자의 준수 사항) ①집회 또는 시위의 주최자는 집회 또는 시위에 있어서의 질서를 유지하여야 한다.

②집회 또는 시위의 주최자는 집회 또는 시위의 질서 유지에 관하여 자신을 보좌하도록 18세 이상의 사람을 질서유지인으로 임명할 수 있다.

③집회 또는 시위의 주최자는 제1항에 따른 질서를 유지할 수 없으면 그 집회 또는 시위의 종결(終結)을 선언하여야 한다.

④집회 또는 시위의 주최자는 다음 각 호의 어느 하나에 해당하는 행위를 하여서는 아니 된다.

1. 총포, 폭발물, 도검, 철봉, 곤봉, 돌덩이 등 다른 사람의 생명을 위협하거나 신체에 해를 끼칠 수 있는 기구를 휴대하거나 사용하는 행위 또는 다른 사람에게 이를 휴대하게 하거나 사용하게 하는 행위
2. 폭행, 협박, 손괴, 방화 등으로 질서를 문란하게 하는 행위
3. 신고한 목적, 일시, 장소, 방법 등의 범위를 뚜렷이 벗어나는 행위

⑤옥내집회의 주최자는 확성기를 설치하는 등 주변에서의 옥외 참가를 유발하는 행위를 하여서는 아니 된다.

제17조(질서유지인의 준수사항 등) ①질서유지인은 주최자의 지시에 따라 집회 또는 시위 질서가 유지되도록 하여야 한다.

②질서유지인은 제16조제4항 각 호의 어느 하나에 해당하는 행위를 하여서는 아니 된다.

③질서유지인은 참가자 등이 질서유지인임을 쉽게 알아볼 수 있도록 완장, 모자, 어깨띠, 상의 등을 착용하여야 한다.

제15조(질서유지인의 완장 등의 통일) 법 제17조제3항에 따른 질서유지인의 완장·모자·어깨띠 또는 상의 등은 종류·모양 및 색상이 통일되어야 한다.

④관할경찰관서장은 집회 또는 시위의 주최자와 협의하여 질서유지인의 수(數)를 적절하게 조정할 수 있다.

⑤집회나 시위의 주최자는 제1항에 따라 질서유지인의 수를 조정한 경우 집회 또는 시위를 개최하기 전에 조정된 질서유지인의 명단을 관할경찰관서장에게 알려야 한다.

제16조(조정된 질서유지인 명단의 통보 방법) 법 제17조제4항 및 제5항에 따라 조정된 질서유지인의 명단은 서면으로 통보하여야 한다.

제18조(참가자의 준수 사항) ①집회나 시위에 참가하는 자는 주최자 및 질서유지인의 질서 유지를 위한 지시에 따라야 한다.

②집회나 시위에 참가하는 자는 제16조제4항제1호 및 제2호에 해당하는 행위를 하여서는 아니 된다.

제19조(경찰관의 출입) ①경찰관은 집회 또는 시위의 주최자에게 알리고 그 집회 또는 시위의 장소에 정복(正服)을 입고 출입할 수 있다. 다만, 옥내집회 장소에 출입하는 것은 직무 집행을 위하여 긴급한 경우에만 할 수 있다.

②집회나 시위의 주최자, 질서유지인 또는 장소관리자는 질서를 유지하기 위한 경찰관의 직무집행에 협조하여야 한다.

제20조(집회 또는 시위의 해산) ①관할경찰관서장은 다음 각 호의 어느 하나에 해당하는 집회 또는 시위에 대하여는 상당한 시간 이내에 자진 해산할 것을 요청하고 이에 따르지 아니하면 해산을 명할 수 있다.

1. 제5조제1항, 제10조 본문 또는 제11조를 위반한 집회 또는 시위

2. 제6조제1항에 따른 신고를 하지 아니하거나 제8조 또는 제12조에 따라 금지된 집회 또는 시위

3. 제8조제5항에 따른 제한, 제10조 단서 또는 제12조에 따른 조건을 위반하여 교통 소통 등 질서 유지에 직접적인 위험을 명백하게 초래한 집회 또는 시위

4. 제16조제3항에 따른 종결 선언을 한 집회 또는 시위

5. 제16조제4항 각 호의 어느 하나에 해당하는 행위로 질서를 유지할 수 없는 집회 또는 시위

②집회 또는 시위가 제1항에 따른 해산명령을 받았을 때에는 모든 참가자는 지체 없이 해산하여야 한다.

③제1항에 따른 자진 해산의 요청과 해산명령의 고지(告知) 등에 필요한 사항은 대통령령으로 정한다.

제17조(집회 또는 시위의 자진 해산의 요청 등) 법 제20조에 따라 집회 또는 시위를 해산시키려는 때에는 관할 경찰관서장 또는 관할 경찰관서장으로부터 권한을 부여받은 국가경찰공무원은 다음 각 호의 순서에 따라야 한다. 다만, 법 제20조제1항제1호·제2호 또는 제4호에 해당하는 집회·시위의 경우와 주최자·주관자·연락책임자 및 질서유지인이 집회 또는 시위 장소에 없는 경우에는 종결 선언의 요청을 생략할 수 있다.

1. 종결 선언의 요청

   주최자에게 집회 또는 시위의 종결 선언을 요청하되, 주최자의 소재를 알 수 없는 경우에는 주관자·연락책임자 또는 질서유지인을 통하여 종결 선언을 요청할 수 있다.

2. 자진 해산의 요청

   제1호의 종결 선언 요청에 따르지 아니하거나 종결 선언에도 불구하고 집회 또는 시위의 참가자들이 집회 또는 시위를 계속하는 경우에는 직접 참가자들에 대하여 자진 해산할 것을 요청한다.

3. 해산명령 및 직접 해산

   제2호에 따른 자진 해산 요청에 따르지 아니하는 경우에는 세 번 이상 자진 해산할 것을 명령하고, 참가자들이 해산명령에도 불구하고 해산하지 아니하면 직접 해산시킬 수 있다.

제21조(집회·시위자문위원회) ①집회 및 시위의 자유와 공공의 안녕 질서가 조화를 이루도록 하기 위하여 각급 경찰관서에 다음 각 호의 사항에 관하여 각급 경찰관서장의 자문 등에 응하는 집회·시위자문위원회를 둘 수 있다.

1. 제8조에 따른 집회 또는 시위의 금지 또는 제한 통고

2. 제9조제2항에 따른 이의 신청에 관한 재결

3. 집회 또는 시위에 대한 사례 검토

4. 집회 또는 시위 업무의 처리와 관련하여 필요한 사항

②위원회에는 위원장 1명을 두되, 위원장을 포함한 5명 이상 7명 이하의 위원으로 구성된다.

③위원장과 위원은 각급 경찰관서장이 전문성과 공정성 등을 고려하여 다음 각 호의 사람 중에서 위촉한다.

1. 변호사

2. 교수

3. 시민단체에서 추천하는 사람

4. 관할 지역의 주민대표

④위원회의 구성·운영 등에 필요한 사항은 대통령령으로 정한다.

제18조(집회·시위자문위원회의 운영 등) ①

법 제21조에 따른 집회·시위자문위원회(이하 이 조에서 "위원회"라 한다)의 위원장 및 위원의 임기는 2년으로 한다.

② 위원장은 위원회를 대표하며, 위원회의 업무를 총괄한다.

③ 위원장이 부득이한 사유로 직무를 수행할 수 없을 때에는 위원 중 연장자 순으로 위원장의 직무를 대리한다.

④ 위원회의 회의는 각급 경찰관서장의 요청에 따라 위원장이 소집한다.

⑤ 위원회의 회의는 재적위원 과반수의 출석으로 개의하고 출석위원 과반수의 찬성으로 의결한다.

⑥ 위원회는 필요하면 위원이 아닌 자를 위원회의 회의에 출석하게 하여 그 의견을 들을 수 있다.

⑦ 각급 경찰관서장은 위원회의 위원 등에 대하여 예산의 범위에서 수당, 여비, 그 밖의 필요한 경비를 지급할 수 있다.

제22조(벌칙) ①제3조제1항 또는 제2항을 위반한 자는 3년 이하의 징역 또는 300만원 이하의 벌금에 처한다. 다만, 군인·검사 또는 경찰관이 제3조제1항 또는 제2항을 위반한 경우에는 5년 이하의 징역에 처한다.

②제5조제1항 또는 제6조제1항을 위반하거나 제8조에 따라 금지를 통고한 집회 또는 시위를 주최한 자는 2년 이하의 징역 또는 200만원 이하의 벌금에 처한다.

③제5조제2항 또는 제16조제4항을 위반한 자는 1년 이하의 징역 또는 100만원 이하의 벌금에 처한다.

④그 사실을 알면서 제5조제1항을 위반한 집회 또는 시위에 참가한 자는 6개월 이하의 징역 또는 50만원 이하의 벌금·구류 또는 과료에 처한다.

제23조(벌칙) 제10조 본문 또는 제11조를 위반한 자, 제12조에 따른 금지를 위반한 자는 다음 각 호의 구분에 따라 처벌한다.

1. 주최자는 1년 이하의 징역 또는 100만원 이하의 벌금
2. 질서유지인은 6개월 이하의 징역 또는 50만원 이하의 벌금·구류 또는 과료
3. 그 사실을 알면서 참가한 자는 50만원 이하의 벌금·구류 또는 과료

제24조(벌칙) 다음 각 호의 어느 하나에 해당하는 자는 6개월 이하의 징역 또는 50만원 이하의 벌금·구류 또는 과료에 처한다.

1. 제4조에 따라 주최자 또는 질서유지인이 참가를 배제했는데도 그 집회 또는 시위에 참가한 자
2. 제6조제1항에 따른 신고를 거짓으로 하고 집회 또는 시위를 개최한 자
3. 제13조에 따라 설정한 질서유지선을 경찰관의 경고에도 불구하고 정당한 사유 없이 상당 시간 침범하거나 손괴·은닉·이동 또는 제거하거나 그 밖의 방법으로 그 효용을 해친 자
4. 제14조제2항에 따른 명령을 위반하거나 필요한 조치를 거부·방해한 자
5. 제16조제5항, 제17조제2항, 제18조제2항 또는 제20조제2항을 위반한 자

제25조(단체의 대표자에 대한 벌칙 적용) 단체가 집회 또는 시위를 주최하는 경우에는 이 법의 벌칙 적용에서 그 대표자를 주최자로 본다.

제26조(과태료) ① 제8조제4항에 해당하는 먼저 신고된 옥외집회 또는 시위의 주최자가 정당한 사유 없이 제6조제3항을 위반한 경우에는 100만원 이하의 과태료를 부과한다.

② 제1항에 따른 과태료는 대통령령으로 정하는 바에 따라 지방경찰청장 또는 경찰서장이 부과·징수한다.

부 칙 <제13834호, 2016.1.27.>

제1조(시행일) 이 법은 공포 후 1개월이 경과한 날부터 시행한다. 다만, 제26조의 개정규정은 공포 후 1년이 경과한 날부터 시행한다.

제2조(적용례) 제8조제4항 및 제26조의 개정규정은 각각 이 법 시행 후 최초로 접수되는 옥외집회 또는 시위의 신고분부터 적용한다.

청소년보호법

[시행 2018.3.13.]

제1장 총 칙

제1조(목적) 이 법은 청소년에게 유해한 매체물과 약물 등이 청소년에게 유통되는 것과 청소년이 유해한 업소에 출입하는 것 등을 규제하고 청소년을 유해한 환경으로부터 보호·구제함으로써 청소년이 건전한 인격체로 성장할 수 있도록 함을 목적으로 한다.

제2조(정의) 이 법에서 사용하는 용어의 뜻은 다음과 같다. <개정 2017.12.12.>

1. "청소년"이란 만 19세 미만인 사람을 말한다. 다만, 만 19세가 되는 해의 1월 1일을 맞이한 사람은 제외한다.

2. "매체물"이란 다음 각 목의 어느 하나에 해당하는 것을 말한다.

   가. 「영화 및 비디오물의 진흥에 관한 법률」에 따른 영화 및 비디오물

   나. 「게임산업진흥에 관한 법률」에 따른 게임물

   다. 「음악산업진흥에 관한 법률」에 따른 음반, 음악파일, 음악영상물 및 음악영상파일

   라. 「공연법」에 따른 공연(국악공연은 제외한다)

   마. 「전기통신사업법」에 따른 전기통신을 통한 부호·문언·음향 또는 영상정보

   바. 「방송법」에 따른 방송프로그램(보도방송프로그램은 제외한다)

   사. 「신문 등의 진흥에 관한 법률」에 따른 일반일간신문(주로 정치·경제·사회에 관한 보도·논평 및 여론을 전파하는 신문은 제외한다), 특수일간신문(경제·산업·과학·종교 분야는 제외한다), 일반주간신문(정치·경제 분야는 제외한다), 특수주간신문(경제·산업·과학·시사·종교 분야는 제외한다), 인터넷신문(주로 보도·논평 및 여론을 전파하는 기사는 제외한다) 및 인터넷뉴스서비스

   아. 「잡지 등 정기간행물의 진흥에 관한 법률」에 따른 잡지(정치·경제·사회·시사·산업·과학·종교 분야는 제외한다), 정보간행물, 전자간행물 및 그 밖의 간행물

   자. 「출판문화산업 진흥법」에 따른 간행물, 전자출판물 및 외국간행물(사목 및 아목에 해당하는 매체물은 제외한다)

   차. 「옥외광고물 등의 관리와 옥외광고산업 진흥에 관한 법률」에 따른 옥외광고물과 가목부터 자목까지의 매체물에 수록·게재·전시되거나 그 밖의 방법으로 포함된 상업적 광고선전물

   카. 그 밖에 청소년의 정신적·신체적 건강을 해칠 우려가 있어 대통령령으로 정하는 매체물

> **제2조(매체물의 범위)** 「청소년 보호법」(이하 "법"이라 한다) 제2조제2호카목에서 "대통령령으로 정하는 매체물"이란 사무실·가정 등 옥내(屋內)에 배포되는 광고용의 전단(傳單) 및 이와 유사한 광고 선전물을 말한다.

3. "청소년유해매체물"이란 다음 각 목의 어느 하나에 해당하는 것을 말한다.

   가. 제7조제1항 본문 및 제11조에 따라 청소년보호위원회가 청소년에게 유해한 것으로 결정하거나 확인하여 여성가족부장관이 고시한 매체물

   나. 제7조제1항 단서 및 제11조에 따라 각 심의기관이 청소년에게 유해한 것으로 심의하거나 확인하여 여성가족부장관이 고시한 매체물

4. "청소년유해약물등"이란 청소년에게 유해한 것으로 인정되는 다음 가목의 약물(이하 "청소년유해약물"이라 한다)과 청소년에게 유해한 것으로 인정되는 다음 나목의 물건(이하 "청소년유해물건"이라 한다)을 말한다.

가. 청소년유해약물

1) 「주세법」에 따른 주류

2) 「담배사업법」에 따른 담배

3) 「마약류 관리에 관한 법률」에 따른 마약류

4) 「화학물질관리법」에 따른 환각물질

5) 그 밖에 중추신경에 작용하여 습관성, 중독성, 내성 등을 유발하여 인체에 유해하게 작용할 수 있는 약물 등 청소년의 사용을 제한하지 아니하면 청소년의 심신을 심각하게 손상시킬 우려가 있는 약물로서 대통령령으로 정하는 기준에 따라 관계기관의 의견을 늘어 제36소에 나른 청소년보호위원회(이하 "청소년보호위원회"라 한다)가 결정하고 여성가족부장관이 고시한 것

제3조(청소년유해약물의 결정기준) 법 제2조제4호가목5)에서 "대통령령으로 정하는 기준"이란 다음 각 호의 어느 하나에 해당하는 것을 말한다.
1. 청소년의 정신기능에 영향을 미쳐 판단력 장애 등 일시적 또는 영구적 정신장애를 초래할 수 있는 약물일 것
2. 청소년의 신체기능에 영향을 미쳐 정상적인 신체발육에 장애를 초래할 수 있는 약물일 것.
3. 습관성, 중독성, 내성(耐性) 또는 금단증상 등을 유발함으로써 청소년의 정상적인 심신발달에 장애를 초래할 수 있는 약물일 것

나. 청소년유해물건

1) 청소년에게 음란한 행위를 조장하는 성기구 등 청소년의 사용을 제한하지 아니하면 청소년의 심신을 심각하게 손상시킬 우려가 있는 성 관련 물건으로서 대통령령으로 정하는 기준에 따라 청소년보호위원회가 결정하고 여성가족부장관이 고시한 것

2) 청소년에게 음란성·포악성·잔인성·사행성 등을 조장하는 완구류 등 청소년의 사용을 제한하지 아니하면 청소년의 심신을 심각하게 손상시킬 우려가 있는 물건으로서 대통령령으로 정하는 기준에 따라 청소년보호위원회가 결정하고 여성가족부장관이 고시한 것

3) 청소년유해약물과 유사한 형태의 제품으로 청소년의 사용을 제한하지 아니하면 청소년의 청소년유해약물 이용습관을 심각하게 조장할 우려가 있는 물건으로서 대통령령으로 정하는 기준에 따라 청소년보호위원회가 결정하고 여성가족부장관이 고시한 것

5. "청소년유해업소"란 청소년의 출입과 고용이 청소년에게 유해한 것으로 인정되는 다음 가목의 업소(이하 "청소년 출입·고용금지업소"라 한다)와 청소년의 출입은 가능하나 고용이 청소년에게 유해한 것으로 인정되는 다음 나목의 업소(이하 "청소년고용금지업소"라 한다)를 말한다. 이 경우 업소의 구분은 그 업소가 영업을 할 때 다른 법령에 따라 요구되는 허가·인가·등록·신고 등의 여부와 관계없이 실제로 이루어지고 있는 영업행위를 기준으로 한다.

가. 청소년 출입·고용금지업소

1) 「게임산업진흥에 관한 법률」에 따른 일반게임제공업 및 복합유통게임제공업 중 대통령령으로 정하는 것

제5조(청소년 출입·고용금지업소의 범위)
① 법 제2조제5호가목1)에서 "대통령령으로 정하는 것"이란 다음 각 호의 어느 하나에 해당하는 영업을 말한다.
1. 일반게임제공업
2. 복합유통게임제공업. 다만, 둘 이상의

업종(1개의 기기에서 게임, 노래연습, 영화감상 등 다양한 콘텐츠를 제공하는 경우는 제외한다)을 같은 장소에서 영업하는 경우로서 제1호의 업소 및 법 제2조제5호가목2)부터 9)까지의 청소년 출입·고용금지업소가 포함되지 아니한 업소는 청소년의 출입을 허용한다.
② 법 제2조제5호가목3)에서 "대통령령으로 정하는 것"이란 단란주점영업 및 유흥주점영업을 말한다.
③ 법 제2조제5호가목5)에서 "대통령령으로 정하는 것"이란 노래연습장업을 말한다. 다만, 청소년실을 갖춘 노래연습장업의 경우에는 청소년실에 한정하여 청소년의 출입을 허용한다.
④ 법 제2조제5호가목9)에서 "청소년의 출입과 고용이 청소년에게 유해하다고 인정되는 영업으로서 대통령령으로 정하는 기준"이란 다음 각 호의 어느 하나에 해당하는 것을 말한다.
1. 영업의 형태나 목적이 주로 성인을 대상으로 한 술·노래·춤의 제공 등 유흥접객행위가 이루어지는 영업일 것
2. 주로 성인용의 매체물을 유통하는 영업일 것
3. 청소년유해매체물·청소년유해약물등을 제작·생산·유통하는 영업 중 청소년의 출입·고용이 청소년의 심신발달에 장애를 초래할 우려가 있는 영업일 것

2) 「사행행위 등 규제 및 처벌 특례법」에 따른 사행행위영업
3) 「식품위생법」에 따른 식품접객업 중 대통령령으로 정하는 것
4) 「영화 및 비디오물의 진흥에 관한 법률」 제2조제16호에 따른 비디오물감상실업·제한관람가비디오물소극장업 및 복합영상물제공업
5) 「음악산업진흥에 관한 법률」에 따른 노래연습장업 중 대통령령으로 정하는 것
6) 「체육시설의 설치·이용에 관한 법률」에 따른 무도학원업 및 무도장업

7) 전기통신설비를 갖추고 불특정한 사람들 사이의 음성대화 또는 화상대화를 매개하는 것을 주된 목적으로 하는 영업. 다만, 「전기통신사업법」 등 다른 법률에 따라 통신을 매개하는 영업은 제외한다.
8) 불특정한 사람 사이의 신체적인 접촉 또는 은밀한 부분의 노출 등 성적 행위가 이루어지거나 이와 유사한 행위가 이루어질 우려가 있는 서비스를 제공하는 영업으로서 청소년보호위원회가 결정하고 여성가족부장관이 고시한 것
9) 청소년유해매체물 및 청소년유해약물등을 제작·생산·유통하는 영업 등 청소년의 출입과 고용이 청소년에게 유해하다고 인정되는 영업으로서 대통령령으로 정하는 기준에 따라 청소년보호위원회가 결정하고 여성가족부장관이 고시한 것
10) 「한국마사회법」 제6조제2항에 따른 장외발매소(경마가 개최되는 날에 한정한다)
11) 「경륜·경정법」 제9조제2항에 따른 장외매장(경륜·경정이 개최되는 날에 한정한다)
나. 청소년고용금지업소
1) 「게임산업진흥에 관한 법률」에 따른 청소년게임제공업 및 인터넷컴퓨터게임시설제공업
2) 「공중위생관리법」에 따른 숙박업, 목욕장업, 이용업 중 대통령령으로 정하는 것
3) 「식품위생법」에 따른 식품접객업 중 대통령령으로 정하는 것
4) 「영화 및 비디오물의 진흥에 관한 법률」에 따른 비디오물소극장업
5) 「화학물질관리법」에 따른 유해화학물질 영업. 다만, 유해화학물질 사용과 직접 관련이 없는 영업으로서 대통령령으로 정하는 영업은 제외한다.

6) 회비 등을 받거나 유료로 만화를 빌려 주는 만화대여업

7) 청소년유해매체물 및 청소년유해약물등을 제작·생산·유통하는 영업 등 청소년의 고용이 청소년에게 유해하다고 인정되는 영업으로서 대통령령으로 정하는 기준에 따라 청소년보호위원회가 결정하고 여성가족부장관이 고시한 것

제6조(청소년고용금지업소의 범위) ① 법 제2조제5호나목2)에서 "대통령령으로 정하는 것"이란 다음 각 호의 어느 하나에 해당하는 영업을 말한다.

1. 숙박업. 다만, 「관광진흥법」 제3조제1항제2호나목에 따른 휴양 콘도미니엄업과 「농어촌정비법」 또는 「국제회의산업 육성에 관한 법률」을 적용받는 숙박시설에 의한 숙박업은 제외한다.

2. 목욕장업 중 안마실을 설치하여 영업을 하거나 개별실로 구획하여 하는 영업

3. 이용업. 다만, 다른 법령에 따라 취업이 금지되지 아니한 남자 청소년을 고용하는 경우는 제외한다.

② 법 제2조제5호나목3)에서 "대통령령으로 정하는 것"이란 다음 각 호의 어느 하나에 해당하는 영업을 말한다.

1. 휴게음식점영업으로서 주로 차 종류를 조리·판매하는 영업 중 종업원에게 영업장을 벗어나 차 종류 등을 배달·판매하게 하면서 소요 시간에 따라 대가를 받게 하거나 이를 조장 또는 묵인하는 형태로 운영되는 영업

2. 일반음식점영업 중 음식류의 조리·판매보다는 주로 주류의 조리·판매를 목적으로 하는 소주방·호프·카페 등의 형태로 운영되는 영업

③ 법 제2조제5호나목5)에서 "대통령령으로 정하는 영업"이란 「화학물질관리법」 제27조제5호에 따른 유해화학물질 사용업 중 유해화학물질을 직접 사용하지 아니하는 장소에서 이루어지는 영업을 말한다.

④ 법 제2조제5호나목7)에서 "대통령령으로 정하는 기준"이란 다음 각 호의 어느 하나에 해당하는 것을 말한다.

1. 청소년유해매체물 또는 청소년유해약물등을 제작·생산·유통하는 영업으로서 청소년이 고용되어 근로할 경우에 청소년유해매체물 또는 청소년유해약물등에 쉽게 접촉되어 고용 청소년의 건전한 심신발달에 장애를 초래할 우려가 있는 영업일 것

2. 외관상 영업행위가 성인·청소년 모두를 대상으로 하지만 성인 대상의 영업이 이루어짐으로써 고용 청소년에게 유해한 근로행위를 요구할 것이 우려되는 영업일

6. "유통"이란 매체물 또는 약물 등을 판매·대여·배포·방송·공연·상영·전시·진열·광고하거나 시청 또는 이용하도록 제공하는 행위와 이러한 목적으로 매체물 또는 약물 등을 인쇄·복제 또는 수입하는 행위를 말한다.

7. "청소년폭력·학대"란 폭력이나 학대를 통하여 청소년에게 신체적·정신적 피해를 발생하게 하는 행위를 말한다.

8. "청소년유해환경"이란 청소년유해매체물, 청소년유해약물등, 청소년유해업소 및 청소년폭력·학대를 말한다.

제6조(다른 법률과의 관계) 이 법은 청소년유해환경의 규제에 관한 형사처벌을 할 때 다른 법률보다 우선하여 적용한다.

제8조(등급 구분 등) ① 청소년보호위원회와 각 심의기관은 제7조에 따라 매체물을 심의·결정하는 경우 청소년유해매체물로 심의·결정하지 아니한 매체물에 대하여는 그 매체물의 특성, 청소년 유해의 정도, 이용시간과 장소 등을 고려하여 이용 대상 청소년의 나이에 따른 등급을 구분할 수 있다.

제8조(등급 구분의 종류·방법) ① 청소년보호위원회와 각 심의기관은 법 제8조제1항에 따라 청소년유해매체물로 심의·결정되지 아니한 매체물에 대하여 다음 각 호의 구분에 따라 매체물의 등급을 구분할 수 있다.

다만, 각 심의기관에서 소관 매체물에 대하여 별도로 등급을 구분하고 있는 경우에는 그러하지 아니하다.

1. 9세 이상 가: 9세 이상 청소년이 이용할 수 있는 매체물

2. 12세 이상 가: 12세 이상 청소년이 이용할 수 있는 매체물

3. 15세 이상 가: 15세 이상 청소년이 이용할 수 있는 매체물

② 제1항에 따른 등급 구분의 기준은 청소년보호위원회 또는 각 심의기관이 정한다.

제9조(청소년유해매체물의 심의 기준) ① 청소년보호위원회와 각 심의기관은 제7조에 따른 심의를 할 때 해당 매체물이 다음 각 호의 어느 하나에 해당하는 경우에는 청소년유해매체물로 결정하여야 한다.

1. 청소년에게 성적인 욕구를 자극하는 선정적인 것이거나 음란한 것

2. 청소년에게 포악성이나 범죄의 충동을 일으킬 수 있는 것

3. 성폭력을 포함한 각종 형태의 폭력 행위와 약물의 남용을 자극하거나 미화하는 것

4. 도박과 사행심을 조장하는 등 청소년의 건전한 생활을 현저히 해칠 우려가 있는 것

5. 청소년의 건전한 인격과 시민의식의 형성을 저해하는 반사회적·비윤리적인 것

6. 그 밖에 청소년의 정신적·신체적 건강에 명백히 해를 끼칠 우려가 있는 것

② 제1항에 따른 기준을 구체적으로 적용할 때에는 사회의 일반적인 통념에 따르며 그 매체물이 가지고 있는 문학적·예술적·교육적·의학적·과학적 측면과 그 매체물의 특성을 함께 고려하여야 한다.

제13조(청소년유해표시 의무) ① 다음 각 호의 구분에 따른 자는 청소년유해매체물에 대하여 청소년에게 유해한 것임을 나타내는 표시(이하 "청소년유해표시"라 한다)를 하여야 한다. 다만, 다른 법령에서 청소년유해표시를 하여야 할 자를 따로 정한 경

우에는 해당 법령에서 정하는 바에 따른다.

제13조(청소년유해표시의 종류·방법) ① 법 제13조제1항에 따른 청소년유해표시 의무자는 법 제21조제2항에 따른 청소년유해매체물의 고시가 있으면 지체 없이 별표 4에서 정하는 바에 따라 누구나 쉽게 알아볼 수 있는 방법으로 청소년유해표시를 하여야 한다. 다만, 다른 법령에서 유해표시방법을 정하고 있는 경우에는 그 법령에서 정하는 바에 따른다.

② 청소년유해표시가 되지 아니한 청소년유해매체물을 유통의 목적으로 소지하고 있는 자는 법 제13조제1항에 따른 청소년유해표시 의무자에게 지체 없이 청소년유해표시를 하여 줄 것을 요구하거나 직접 청소년유해표시를 하여 유통시킬 수 있다.

1. 청소년유해매체물이 「영화 및 비디오물의 진흥에 관한 법률」에 따른 영화인 경우: 「영화 및 비디오물의 진흥에 관한 법률」 제2조제9호라목에 따른 영화상영업자

2. 청소년유해매체물이 「영화 및 비디오물의 진흥에 관한 법률」에 따른 비디오물인 경우: 해당 비디오물을 제작·수입·복제한 자 또는 제공하는 자

3. 청소년유해매체물이 「게임산업진흥에 관한 법률」에 따른 게임물인 경우: 해당 게임물을 제작·수입·복제한 자 또는 제공하는 자

4. 청소년유해매체물이 「음악산업진흥에 관한 법률」에 따른 음반, 음악파일, 음악영상물 및 음악영상파일인 경우: 해당 음반, 음악파일, 음악영상물 및 음악영상파일을 제작·수입·복제한 자 또는 제공하는 자

5. 청소년유해매체물이 「공연법」에 따른 공연(국악공연은 제외한다)인 경우: 「공연법」 제2조제3호에 따른 공연자 중 공연을 주재(主宰)하는 자

6. 청소년유해매체물이 「전기통신사업법」에 따른 전기통신을 통한 부호·문언·음향

또는 영상 정보인 경우: 해당 부호·문언
·음향 또는 영상 정보를 제공하는 자

7. 청소년유해매체물이 「방송법」에 따른 방
송프로그램인 경우: 「방송법」 제2조제3
호에 따른 방송사업자

8. 청소년유해매체물이 「신문 등의 진흥에
관한 법률」에 따른 신문, 인터넷신문인
경우: 「신문 등의 진흥에 관한 법률」
제2조제7호에 따른 발행인

9. 청소년유해매체물이 「잡지 등 정기간행
물의 진흥에 관한 법률」에 따른 잡지,
정보간행물, 전자간행물, 기타간행물인
경우: 해당 잡지, 정보간행물, 전자간행
물, 기타간행물을 제작·수입·발행한
자 또는 제공하는 자

10. 청소년유해매체물이 「출판문화산업
진흥법」에 따른 간행물, 전자출판물,
외국간행물인 경우: 해당 간행물, 전자
출판물, 외국간행물을 제작·수입·발
행한 자 또는 제공하는 자

11. 청소년유해매체물이 광고선전물 중
간행물에 포함된 것인 경우: 해당 간행
물의 표시의무자

제14조(포장 의무) ① 청소년유해매체물은 포
장하여야 한다. 이 경우 매체물의 특성으로
인하여 포장할 수 없는 것은 포장에 준하
는 보호조치를 마련하여 시행하여야 한다.

제15조(표시·포장의 훼손 금지) 누구든지 제
13조에 따른 청소년유해표시와 제14조에 따
른 포장을 훼손하여서는 아니 된다.

제16조(판매 금지 등) ① 청소년유해매체물
로서 대통령령으로 정하는 매체물을 판매
·대여·배포하거나 시청·관람·이용하
도록 제공하려는 자는 그 상대방의 나이
및 본인 여부를 확인하여야 하고, 청소년
에게 판매·대여·배포하거나 시청·관람
·이용하도록 제공하여서는 아니 된다.

> **제16조(판매 금지 등)** 법 제16조제1항에
> 따라 청소년에게 판매·대여·배포하거나
> 시청·관람·이용(이하 "판매등"이라 한다)
> 에 제공하는 것이 금지되는 청소년유해매
> 체물은 법 제2조제2호가목부터 마목까지
> 및 사목부터 카목까지의 규정에 해당하는
> 청소년유해매체물을 말한다.
>
> **제17조(나이 및 본인 여부 확인방법)** ①법
> 제16조제1항에 따라 청소년유해매체물을 판
> 매등에 제공하는 경우에는 다음 각 호의 어느
> 하나에 해당하는 수단이나 방법으로 그 상대
> 방의 나이 및 본인 여부를 확인하여야 한다.
>
> 1. 대면(對面)을 통한 신분증 확인이나 팩
> 스 또는 우편으로 수신한 신분증 사본 확인
>
> 2. 「전자서명법」 제2조제8호에 따른 공인
> 인증서
>
> 3. 「정보통신망 이용촉진 및 정보보호 등에
> 관한 법률」 제23조의2제2항에 따른 주민
> 등록번호를 사용하지 아니하고 본인을 확
> 인하는 방법
>
> 4. 「개인정보 보호법」 제24조제2항에 따라
> 주민등록번호를 사용하지 아니하고 회원으
> 로 가입할 수 있는 방법
>
> 5. 신용카드를 통한 인증
>
> 6. 휴대전화를 통한 인증. 이 경우 휴대전
> 화를 통한 문자전송, 음성 자동응답 등의
> 방법을 추가하여 나이 및 본인 여부를 확인
> 하여야 한다.
>
> ② 제1항에도 불구하고 정보통신망(「정보
> 통신망 이용촉진 및 정보보호 등에 관한 법
> 률」 제2조제1항제1호에 따른 정보통신망
> 을 말한다)을 통하여 전자적 형태의 청소년
> 유해매체물을 판매등에 제공하는 인터넷
> 사이트 등에 회원으로 가입한 상대방에 대
> 하여 제1항에 따라 그 상대방의 나이 및 본
> 인 여부를 확인한 경우에는 그 확인 후 1년
> 까지는 해당 인터넷 사이트 등에 가입된 회
> 원임을 확인하는 방법으로 제1항에 따른
> 확인을 갈음할 수 있다.

② 제13조에 따라 청소년유해표시를 하여
야 할 매체물은 청소년유해표시가 되지
아니한 상태로 판매나 대여를 위하여 전
시하거나 진열하여서는 아니 된다.

③ 제14조에 따라 포장을 하여야 할 매체
물은 포장을 하지 아니한 상태로 판매나
대여를 위하여 전시하거나 진열하여서는
아니 된다.
④ 제1항에 따른 상대방의 나이 및 본인
여부의 확인방법, 그 밖에 청소년유해매
체물의 판매 금지 등에 필요한 사항은 대
통령령으로 정한다.

제17조(구분·격리 등) ① 청소년유해매체물
은 청소년에게 유통이 허용된 매체물과 구
분·격리하지 아니하고서는 판매나 대여를
위하여 전시하거나 진열하여서는 아니 된다.
② 청소년유해매체물로서 제2조제2호가목
부터 다목까지 및 사목부터 자목까지에 해
당하는 매체물은 자동기계장치 또는 무인
판매장치를 통하여 유통시킬 목적으로 전
시하거나 진열하여서는 아니 된다. 다만,
다음 각 호의 어느 하나에 해당하는 경우
에는 예외로 한다.
1. 자동기계장치나 무인판매장치를 설치하
   는 자가 이를 이용하는 청소년의 청소
   년유해매체물 구입 행위 등을 제지할
   수 있는 경우
2. 청소년 출입·고용금지업소 안에 설치
   하는 경우

제18조(방송시간 제한) 청소년유해매체물로
서 제2조제2호바목에 해당하는 매체물과
같은 호 차목·카목에 해당하는 매체물 중
방송을 이용하는 매체물은 대통령령으로
정하는 시간에는 방송하여서는 아니 된다.

제19조(청소년 시청 보호시간대) ① 법
제18조에 따라 청소년유해매체물을 방송
해서는 아니 되는 방송시간은 평일은 오
전 7시부터 오전 9시까지와 오후 1시부
터 오후 10시까지로 하고, 토요일과 「관
공서의 공휴일에 관한 규정」 제2조에 따
른 공휴일 및 여성가족부장관이 정하여
고시하는 「초·중등교육법」 제2조에 따
른 초등학교·중학교·고등학교의 방학
기간에는 오전 7시부터 오후 10시까지로

한다. 다만, 「방송법」에 따른 방송 중 시
청자와의 계약에 의하여 채널별로 대가를
받고 제공하는 방송의 경우에는 오후 6시
부터 오후 10시까지로 한다.

제19조(광고선전 제한) ① 청소년유해매체
물로서 제2조제2호차목에 해당하는 매체
물 중 「옥외광고물 등의 관리와 옥외광고
산업 진흥에 관한 법률」에 따른 옥외광고
물을 다음 각 호의 어느 하나에 해당하는
장소에 공공연하게 설치·부착 또는 배포
하여서는 아니 되며, 상업적 광고선전물
을 청소년의 접근을 제한하는 기능이 없
는 컴퓨터 통신을 통하여 설치·부착 또
는 배포하여서도 아니 된다.
1. 청소년 출입·고용금지업소 외의 업소
2. 일반인들이 통행하는 장소
② 청소년유해매체물로서 제2조제2호차목에
해당하는 매체물(「옥외광고물 등의 관리와
옥외광고산업 진흥에 관한 법률」에 따른
옥외광고물은 제외한다)은 청소년을 대상으
로 판매·대여·배포하거나 시청·관람 또
는 이용하도록 제공하여서는 아니 된다.

제20조(청소년유해매체물의 결정 취소) 청
소년보호위원회와 각 심의기관은 청소년
유해매체물이 더 이상 청소년에게 유해
하지 아니하다고 인정할 때에는 제7조
에 따른 청소년유해매체물의 결정을 취
소하여야 한다.

**제21조(청소년유해매체물 결정 등의 통보·
고시)** ① 각 심의기관은 청소년유해매체
물의 결정, 확인 또는 결정 취소를 한 경
우 청소년유해매체물의 목록과 그 사유를
청소년보호위원회에 통보하여야 한다.
② 여성가족부장관은 청소년보호위원회와
각 심의기관이 결정, 확인 또는 결정 취
소한 청소년유해매체물의 목록과 그 사유
및 효력 발생 시기를 구체적으로 밝힌 목
록표(이하 "청소년유해매체물 목록표"라
한다)를 고시하여야 한다.

③ 여성가족부장관은 청소년유해매체물 목록표를 각 심의기관, 청소년 또는 매체물과 관련이 있는 중앙행정기관, 지방자치단체, 청소년 보호와 관련된 지도·단속 기관, 그 밖에 청소년 보호를 위한 관련 단체 등(이하 "관계기관등"이라 한다)에 통보하여야 하고, 필요한 경우 매체물의 유통을 업으로 하는 개인·법인·단체에 통보할 수 있으며, 친권자등의 요청이 있는 경우 친권자등에게 통지할 수 있다.

제22조(외국 매체물에 대한 특례) 누구든지 외국에서 제작·발행된 매체물로서 제9조의 심의 기준에 해당하는 청소년유해매체물(번역, 번안, 편집, 자막삽입 등을 한 경우를 포함한다)을 영리를 목적으로 청소년을 대상으로 유통하게 하거나 이와 같은 목적으로 소지하여서는 아니 된다.

제23조(정보통신망을 통한 청소년유해매체물 제공자 등의 공표) ① 여성가족부장관은 「정보통신망 이용촉진 및 정보보호 등에 관한 법률」 제2조제1항제1호에 따른 정보통신망을 이용하여 청소년유해매체물을 제작·발행하거나 유통하는 자가 다음 각 호의 어느 하나에 해당하는 경우 해당 청소년유해매체물의 제작자·발행자나 유통행위자 등의 업체명·대표자명·위반행위의 내용 등을 공표할 수 있다.

1. 청소년유해매체물임을 표시하지 아니하고 청소년유해매체물을 청소년에게 제공한 경우
2. 청소년유해매체물의 광고를 청소년에게 전송하거나 청소년 접근을 제한하는 조치 없이 공개적으로 전시한 경우

② 여성가족부장관은 제1항에 따라 정보를 공표하기 전에 정보 공표 대상자에게 의견제출의 기회를 주어야 한다.

제24조(인터넷게임 이용자의 친권자등의 동의) ① 「게임산업진흥에 관한 법률」에 따른 게임물 중 「정보통신망 이용촉진 및 정보보호

등에 관한 법률」 제2조제1항제1호에 따른 정보통신망을 통하여 실시간으로 제공되는 게임물(이하 "인터넷게임"이라 한다)의 제공자(「전기통신사업법」 제22조에 따라 부가통신사업자로 신고한 자를 말하며, 같은 조 제1항 후단 및 제4항에 따라 신고한 것으로 보는 경우를 포함한다. 이하 같다)는 회원으로 가입하려는 사람이 16세 미만의 청소년일 경우에는 친권자등의 동의를 받아야 한다.

제25조(인터넷게임 제공자의 고지 의무) ① 인터넷게임의 제공자는 16세 미만의 청소년 회원가입자의 친권자등에게 해당 청소년과 관련된 다음 각 호의 사항을 알려야 한다.

1. 제공되는 게임의 특성·등급(「게임산업진흥에 관한 법률」 제21조에 따른 게임물의 등급을 말한다)·유료화정책 등에 관한 기본적인 사항
2. 인터넷게임 이용시간
3. 인터넷게임 이용 등에 따른 결제성보

② 제1항에 따른 고지에 필요한 사항은 「게임산업진흥에 관한 법률」에서 정하는 바에 따른다.

제26조(심야시간대의 인터넷게임 제공시간 제한) ① 인터넷게임의 제공자는 16세 미만의 청소년에게 오전 0시부터 오전 6시까지 인터넷게임을 제공하여서는 아니 된다.

② 여성가족부장관은 문화체육관광부장관과 협의하여 제1항에 따른 심야시간대 인터넷게임의 제공시간 제한대상 게임물의 범위가 적절한지를 대통령령으로 정하는 바에 따라 2년마다 평가하여 개선 등의 조치를 하여야 한다.

③ 제2항에 따른 평가의 방법 및 절차 등에 필요한 사항은 「게임산업진흥에 관한 법률」에서 정하는 바에 따른다.

제27조(인터넷게임 중독 등의 피해 청소년 지원) ① 여성가족부장관은 관계 중앙행정기관의 장과 협의하여 인터넷게임 중독

(인터넷게임의 지나친 이용으로 인하여 인터넷게임 이용자가 일상생활에서 쉽게 회복할 수 없는 신체적·정신적·사회적 기능 손상을 입은 것을 말한다) 등 매체물의 오용·남용으로 신체적·정신적·사회적 피해를 입은 청소년에 대하여 예방·상담 및 치료와 재활 등의 서비스를 지원할 수 있다.

제28조(청소년유해약물등의 판매·대여 등의 금지) ① 누구든지 청소년을 대상으로 청소년유해약물등을 판매·대여·배포(자동기계장치·무인판매장치·통신장치를 통하여 판매·대여·배포하는 경우를 포함한다)하거나 무상으로 제공하여서는 아니 된다. 다만, 교육·실험 또는 치료를 위한 경우로서 대통령령으로 정하는 경우는 예외로 한다.

② 누구든지 청소년의 의뢰를 받아 청소년유해약물등을 구입하여 청소년에게 제공하여서는 아니 된다.

③ 청소년유해약물등을 판매·대여·배포하고자 하는 자는 그 상대방의 나이 및 본인 여부를 확인하여야 한다.

④ 다음 각 호의 어느 하나에 해당하는 자가 청소년유해약물 중 주류나 담배(이하 "주류등"이라 한다)를 판매·대여·배포하는 경우 그 업소(자동기계장치·무인판매장치를 포함한다)에 청소년을 대상으로 주류등의 판매·대여·배포를 금지하는 내용을 표시하여야 한다. 다만, 청소년 출입·고용금지업소는 제외한다.

1. 「주세법」에 따른 주류소매업의 영업자
2. 「담배사업법」에 따른 담배소매업의 영업자
3. 그 밖에 대통령령으로 정하는 업소의 영업자

⑤ 여성가족부장관은 청소년유해약물등 목록표를 작성하여 청소년유해약물등과 관련이 있는 관계기관등에 통보하여야 하고, 필요한 경우 약물 유통을 업으로 하는 개인·법인·단체에 통보할 수 있으며, 친권자등의 요청이 있는 경우 친권자등에게 통지할 수 있다.

⑥ 다음 각 호의 어느 하나에 해당하는 자는 청소년유해약물등에 대하여 청소년유해표시를 하여야 한다.

1. 청소년유해약물을 제조·수입한 자
2. 청소년유해물건을 제작·수입한 자

⑦ 제5항에 따른 청소년유해약물등 목록표의 작성 방법, 통보 시기, 통보 대상, 그 밖에 필요한 사항은 여성가족부령으로 정한다.

⑧ 제4항에 따른 표시의 문구, 크기와 제6항에 따른 청소년유해표시의 종류와 시기·방법, 그 밖에 필요한 사항은 대통령령으로 정한다.

⑨ 청소년유해약물등의 포장에 관하여는 제14조 및 제15조를 준용한다. 이 경우 "청소년유해매체물" 및 "매체물"은 각각 "청소년유해약물등"으로 본다.

제29조(청소년 고용 금지 및 출입 제한 등)
① 청소년유해업소의 업주는 청소년을 고용하여서는 아니 된다. 청소년유해업소의 업주가 종업원을 고용하려면 미리 나이를 확인하여야 한다.

② 청소년 출입·고용금지업소의 업주와 종사자는 출입자의 나이를 확인하여 청소년이 그 업소에 출입하지 못하게 하여야 한다.

③ 제2조제5호나목2)의 숙박업을 운영하는 업주는 종사자를 배치하거나 대통령령으로 정하는 설비 등을 갖추어 출입자의 나이를 확인하고 제30조제8호의 우려가 있는 경우에는 청소년의 출입을 제한하여야 한다.

④ 청소년유해업소의 업주와 종사자는 제1항부터 제3항까지에 따른 나이 확인을 위하여 필요한 경우 주민등록증이나 그 밖에 나이를 확인할 수 있는 증표(이하 이 항에서 "증표"라 한다)의 제시를 요구할 수 있으며, 증표 제시를 요구받고도 정당한 사

유 없이 증표를 제시하지 아니하는 사람에게는 그 업소의 출입을 제한할 수 있다.
⑤ 제2항에도 불구하고 청소년이 친권자등을 동반할 때에는 대통령령으로 정하는 바에 따라 출입하게 할 수 있다. 다만, 「식품위생법」에 따른 식품접객업 중 대통령령으로 정하는 업소의 경우에는 출입할 수 없다.
⑥ 청소년유해업소의 업주와 종사자는 그 업소에 대통령령으로 정하는 바에 따라 청소년의 출입과 고용을 제한하는 내용을 표시하여야 한다.

제28조(청소년 출입·고용 제한 표시)
법 제29조제6항에 따라 청소년 출입·고용금지업소(청소년실을 갖춘 노래연습장업소를 제외한다)의 업주 및 종사자는 해당 업소의 출입구 중 가장 잘 보이는 곳에 별표 8에 따른 방법으로 청소년의 출입·이용과 고용을 제한하는 내용의 표지를 부착하여야 한다.

제30조(청소년유해행위의 금지) 누구든지 청소년에게 다음 각 호의 어느 하나에 해당하는 행위를 하여서는 아니 된다.
1. 영리를 목적으로 청소년으로 하여금 신체적인 접촉 또는 은밀한 부분의 노출 등 성적 접대행위를 하게 하거나 이러한 행위를 알선·매개하는 행위
2. 영리를 목적으로 청소년으로 하여금 손님과 함께 술을 마시거나 노래 또는 춤 등으로 손님의 유흥을 돋우는 접객행위를 하게 하거나 이러한 행위를 알선·매개하는 행위
3. 영리나 흥행을 목적으로 청소년에게 음란한 행위를 하게 하는 행위
4. 영리나 흥행을 목적으로 청소년의 장애나 기형 등의 모습을 일반인들에게 관람시키는 행위
5. 청소년에게 구걸을 시키거나 청소년을 이용하여 구걸하는 행위
6. 청소년을 학대하는 행위
7. 영리를 목적으로 청소년으로 하여금 거리에서 손님을 유인하는 행위를 하게 하는 행위
8. 청소년을 남녀 혼숙하게 하는 등 풍기를 문란하게 하는 영업행위를 하거나 이를 목적으로 장소를 제공하는 행위
9. 주로 차 종류를 조리·판매하는 업소에서 청소년으로 하여금 영업장을 벗어나 차 종류를 배달하는 행위를 하게 하거나 이를 조장하거나 묵인하는 행위

제31조(청소년 통행금지·제한구역의 지정 등)
① 특별자치시장·특별자치도지사·시장·군수·구청장(구청장은 자치구의 구청장을 말하며, 이하 "시장·군수·구청장"이라 한다)은 청소년 보호를 위하여 필요하다고 인정할 경우 청소년의 정신적·신체적 건강을 해칠 우려가 있는 구역을 청소년 통행금지구역 또는 청소년 통행제한구역으로 지정하여야 한다.
② 시장·군수·구청장은 청소년 범죄 또는 탈선의 예방 등 특별한 이유가 있으면 대통령령으로 정하는 바에 따라 시산을 정하여 제1항에 따라 지정된 구역에 청소년이 통행하는 것을 금지하거나 제한할 수 있다.
③ 제1항과 제2항에 따른 청소년 통행금지구역 또는 통행제한구역의 구체적인 지정기준과 선도 및 단속 방법 등은 조례로 정하여야 한다. 이 경우 관할 경찰관서 및 학교 등 해당 지역의 관계 기관과 지역 주민의 의견을 반영하여야 한다.
④ 시장·군수·구청장 및 관할 경찰서장은 청소년이 제2항을 위반하여 청소년 통행금지구역 또는 통행제한구역을 통행하려고 할 때에는 통행을 막을 수 있으며, 통행하고 있는 청소년은 해당 구역 밖으로 나가게 할 수 있다.

제29조(청소년 통행금지구역 등의 설정)
법 제31조에 따른 청소년 통행금지구역은 청소년의 통행을 24시간 금지하는 구역으로 하고, 청소년 통행제한구역은 청소년의 통행을 일정 시간 제한하는 구역으로 한다. 다만, 친권자, 후견인, 교사 그 밖에

해당 청소년을 보호할 수 있는 보호자를 동반하는 때에는 통행할 수 있다.

제32조(청소년에 대하여 가지는 채권의 효력 제한) ① 제30조에 따른 행위를 한 자가 그 행위와 관련하여 청소년에 대하여 가지는 채권은 그 계약의 형식이나 명목에 관계없이 무효로 한다.

② 제2조제5호가목3) 및 나목3)에 따른 업소의 업주가 고용과 관련하여 청소년에 대하여 가지는 채권은 그 계약의 형식이나 명목에 관계없이 무효로 한다.

제34조의2(환각물질 중독치료 등) ① 여성가족부장관은 다음 각 호의 사항을 지원하기 위하여 중독정신의학 또는 청소년정신의학 전문의 등의 인력과 관련 장비를 갖춘 시설 또는 기관을 청소년 환각물질 중독 전문 치료기관(이하 "청소년 전문 치료기관"이라 한다)으로 지정·운영할 수 있다. 이 경우 판별 검사, 치료와 재활에 필요한 비용의 전부 또는 일부를 지원할 수 있다.

1. 환각물질 흡입 청소년의 중독 여부 판별 검사
2. 환각물질 중독으로 판명된 청소년에 대한 치료와 재활

② 여성가족부장관은 환각물질 흡입 청소년에 대하여 본인, 친권자 등 대통령령으로 정하는 사람의 신청, 「소년법」에 따른 법원의 보호처분결정 또는 검사의 조건부기소유예처분 등이 있는 경우 청소년 전문 치료기관에서 중독 여부를 판별하기 위한 검사를 받도록 지원할 수 있다. 이 경우 검사 기간은 1개월 이내로 한다.

③ 여성가족부장관은 환각물질 중독자로 판명된 청소년에 대하여 본인, 친권자 등 대통령령으로 정하는 사람의 신청, 「소년법」에 따른 법원의 보호처분결정 또는 검사의 조건부기소유예처분 등이 있는 경우 청소년 전문 치료기관에서 치료와 재활을 받도록 지원할 수 있다. 이 경우 치료 및

재활 기간은 6개월 이내로 하되, 3개월의 범위에서 연장할 수 있다.

④ 여성가족부장관은 제2항 및 제3항에 따른 결정을 하는 경우에 정신과 전문의 등에게 자문할 수 있다.

⑤ 청소년 전문 치료기관의 장과 그 종사자 또는 그 직에 있었던 사람은 직무상 알게 된 비밀을 누설하여서는 아니 된다.

제42조(보고 등) 여성가족부장관 또는 시장·군수·구청장은 이 법에서 정하고 있는 사항의 이행 및 위반 여부를 확인하기 위하여 필요하다고 인정하면 청소년유해매체물과 청소년유해약물등을 유통하는 자와 청소년유해업소의 업주 등에게 대통령령으로 정하는 바에 따라 필요한 보고와 자료 제출을 요구할 수 있다.

제43조(검사 및 조사 등) ① 여성가족부장관 또는 시장·군수·구청장은 이 법에서 정하고 있는 사항의 이행 및 위반 여부를 확인하기 위하여 필요하다고 인정하면 소속 공무원으로 하여금 청소년유해매체물 및 청소년유해약물등의 유통과 청소년의 청소년유해업소 고용 및 출입 등에 관련된 장부, 서류, 장소, 그 밖에 필요한 물건을 검사·조사하게 할 수 있으며, 대통령령으로 정하는 장소에서 당사자·이해관계인 또는 참고인의 진술을 듣게 할 수 있다.

② 여성가족부장관 또는 시장·군수·구청장은 필요하다고 인정하면 특별한 학식·경험이 있는 자에게 감정을 의뢰할 수 있다.

③ 제1항에 따라 업무를 수행하는 공무원은 그 권한을 표시하는 증표를 지니고 이를 관계인에게 보여주어야 한다.

제44조(수거·파기) ① 여성가족부장관 또는 시장·군수·구청장은 청소년유해매체물 및 청소년유해약물등이 다음 각 호의 어느 하나에 해당하면 소유자나 유통에 종사하는 자에게 그 청소년유해매체물 또는 청소년유해약물등의 수거를 명할 수 있다.

1. 제13조제1항 및 제28조제6항에 따른 청소년유해표시가 되어 있지 아니하거나 제14조(제28조제9항에서 준용하는 경우를 포함한다)에 따라 포장되지 아니하고 유통되고 있는 경우
2. 청소년에게 유해한지에 대하여 각 심의기관의 심의를 받지 아니하고 유통되고 있는 매체물로서 청소년유해매체물로 결정된 경우
② 여성가족부장관 또는 시장·군수·구청장은 제1항에 따른 수거명령을 받을 자를 알 수 없거나 수거명령을 받은 자가 이에 따르지 아니할 경우에는 대통령령으로 정하는 바에 따라 청소년유해매체물 또는 청소년유해약물등을 직접 수거하거나 파기할 수 있다.
③ 여성가족부장관, 시장·군수·구청장 또는 관할 경찰서장은 청소년이 소유하거나 소지하는 청소년유해약물등과 청소년유해매체물을 수거하여 폐기하거나 그 밖에 필요한 처분을 할 수 있다.
④ 여성가족부장관, 시장·군수·구청상 또는 관할 경찰서장은 제3항에 따른 처분을 한 경우에는 그 품명·수량·소유자 또는 소지자 및 그 처분 내용 등을 관계 장부에 적어야 한다.

제45조(시정명령) ① 여성가족부장관 또는 시장·군수·구청장은 다음 각 호의 어느 하나에 해당하는 자에게 그 시정을 명할 수 있다.
1. 제13조제1항 및 제28조제6항을 위반하여 청소년유해매체물 또는 청소년유해약물등에 청소년유해표시를 하지 아니한 자
2. 제14조(제28조제9항에서 준용하는 경우를 포함한다)를 위반하여 청소년유해매체물 또는 청소년유해약물등을 포장하지 아니한 자
3. 영리를 목적으로 제16조제2항을 위반하여 청소년유해매체물을 청소년유해표시가 되지 아니한 상태에서 판매나 대여를 위하여 전시하거나 진열한 자
4. 영리를 목적으로 제16조제3항을 위반하여 청소년유해매체물을 포장하지 아니

한 상태에서 판매나 대여를 위하여 전시하거나 진열한 자
5. 영리를 목적으로 제17조제1항을 위반하여 청소년유해매체물을 구분·격리하지 아니하고 판매나 대여를 위하여 전시하거나 진열한 자
6. 영리를 목적으로 제17조제2항을 위반하여 청소년유해매체물로서 제2조제2호가목부터 다목까지 및 사목부터 자목까지에 해당하는 매체물을 자동기계장치나 무인판매장치를 통하여 유통시킬 목적으로 전시하거나 진열한 자
7. 제19조제1항을 위반하여 청소년유해매체물로서 제2조제2호차목에 해당하는 매체물 중 「옥외광고물 등의 관리와 옥외광고산업 진흥에 관한 법률」에 따른 옥외광고물을 청소년 출입·고용금지업소 외의 업소나 일반인들이 통행하는 장소에 공공연하게 설치·부착 또는 배포한 자 또는 상업적 광고선전물을 청소년이 접근을 제한하는 기능이 없는 컴퓨터 통신을 통하여 설치·부착 또는 배포한 자
7의2. 제28조제4항을 위반하여 주류등의 판매·대여·배포를 금지하는 내용을 표시하지 아니한 자
8. 제29조제6항을 위반하여 청소년유해업소에 청소년의 출입과 고용을 제한하는 내용을 표시하지 아니한 자

제46조(처분의 이유 명시) 여성가족부장관 또는 시장·군수·구청장은 제44조와 제45조에 따른 처분을 할 때에는 대통령령으로 정하는 바에 따라 처분의 이유를 구체적으로 밝혀야 한다.

제47조(관계 행정기관의 장의 협조) ① 여성가족부장관은 이 법의 시행을 위하여 필요하다고 인정할 때에는 관계 행정기관의 장의 의견을 들을 수 있다.
② 여성가족부장관은 이 법에 따른 의무를 반드시 이행하도록 하기 위하여 필요

하다고 인정할 때에는 관계 행정기관의 장에게 필요한 협조를 의뢰할 수 있다.

제48조(민간단체에 대한 행정적 지원 등) ① 여성가족부장관 또는 지방자치단체의 장은 청소년유해환경 개선활동을 수행하는 민간단체에 행정적·재정적 지원을 할 수 있으며, 지방자치단체의 장은 필요한 경우 효율적인 업무 수행을 위하여 대통령령으로 정하는 바에 따라 청소년유해환경으로부터 청소년을 보호하는 활동을 하고 있음을 나타내는 증표를 발급할 수 있다.

제49조(신고) ① 다음 각 호의 어느 하나에 해당하는 경우에는 누구든지 그 사실을 시장·군수·구청장에게 신고하여야 한다.
1. 청소년에게 유해하다고 생각되는 매체물과 약물 등이 청소년에게 유통되고 있는 것을 발견하였을 때
2. 청소년에게 유해한 업소에 청소년이 고용되어 있거나 출입하고 있는 것을 발견하였을 때
3. 그 밖에 이 법을 위반하는 사실이 있다고 인정할 때
② 시장·군수·구청장은 제1항에 따른 신고의 활성화를 위하여 필요한 시책을 시행하여야 하며 필요한 경우 신고자 포상 등을 할 수 있다.

제50조(선도·보호조치 대상 청소년의 통보) ① 여성가족부장관, 시장·군수·구청장 및 관할 경찰서장은 제16조제1항, 제28조제1항, 제29조제1항·제2항, 제30조제1호부터 제3호까지 및 제7호부터 제9호까지를 위반하는 행위를 적극적으로 유발하게 하거나 나이를 속이는 등 그 위반행위의 원인을 제공한 청소년에 대하여는 친권자등에게 그 사실을 통보하여야 한다.
② 여성가족부장관, 시장·군수·구청장 및 관할 경찰서장은 제1항의 청소년 중 그 내용·정도 등을 고려하여 선도·보호조치가 필요하다고 인정되는 청소년에 대하여는 소속 학교의 장(학생인 경우만 해당한다) 및 친권자등에게 그 사실을 통보하여야 한다.

제52조(권한의 위탁) 여성가족부장관은 이 법에 따른 권한의 일부를 대통령령으로 정하는 바에 따라 청소년 보호, 매체물 또는 약물 등과 관련된 비영리법인 또는 단체에 위탁할 수 있다.

제53조(벌칙 적용 시의 공무원 의제) 청소년보호위원회의 사무에 종사하는 사람 중 공무원이 아닌 위원 또는 직원은 「형법」 제129조부터 제132조까지 및 「특정범죄 가중처벌 등에 관한 법률」 제2조를 적용할 때에는 공무원으로 본다.

제54조(과징금) ① 여성가족부장관은 제2조제2호사목·아목에 따른 매체물을 발행하거나 수입한 자가 제9조제1항 각 호의 심의 기준에 저촉되는 매체물을 제13조 및 제14조에 준하는 청소년유해표시 또는 포장을 하지 아니하고 해당 청소년유해매체물의 결정·고시 전에 유통하였거나 유통 중일 때에는 그 매체물을 발행하거나 수입한 자에게 2천만원 이하의 과징금을 부과·징수할 수 있다.
② 시장·군수·구청장은 제58조 각 호의 어느 하나 또는 제59조 각 호의 어느 하나에 해당하는 행위로 인하여 이익을 취득한 자에게 대통령령으로 정하는 바에 따라 1천만원 이하의 과징금을 부과·징수할 수 있다. 다만, 다른 법률에 따라 영업허가 취소, 영업소 폐쇄, 영업정지 또는 과징금 부과 등의 처분이 이루어진 경우에는 과징금을 부과·징수하지 아니한다.
③ 시장·군수·구청장은 제58조제1호·제3호·제4호 또는 제59조제6호·제8호에 해당하는 행위로 인하여 이익을 취득한 자에 대하여 과징금을 부과하는 경우 청소년이 위·변조 또는 도용된 신분증을 사용하여 그 행위자로 하여금 청소년인 사실을 알지 못하게 한 사정 또는 행위자에게 폭

행 또는 협박을 하여 청소년임을 확인하지 못하게 한 사정이 인정되면 대통령령으로 정하는 바에 따라 과징금을 부과·징수하지 아니할 수 있다.

④ 제1항 또는 제2항에 따른 과징금을 기한까지 납부하지 아니한 경우에는 여성가족부장관 또는 시장·군수·구청장이 국세 체납처분의 예 또는 「지방세외수입금의 징수 등에 관한 법률」에 따라 징수한다.

⑤ 여성가족부장관 또는 시장·군수·구청장은 다음 각 호의 어느 하나에 해당하는 사유로 과징금의 전액을 한꺼번에 납부하기 어렵다고 인정하는 경우에는 그 납부기한을 연장하거나 분할납부하게 할 수 있다.

1. 자연재해 또는 화재 등으로 재산에 큰 손실을 입은 경우
2. 영업에 큰 손실을 입어 중대한 위기에 처한 경우
3. 과징금을 한꺼번에 납부하면 생계가 곤란할 것으로 예상되는 경우
4. 그 밖에 제1호부터 제3호까지에 준하는 사유가 있는 경우

⑥ 제1항, 제2항 및 제4항에 따라 과징금으로 징수한 금액은 징수 주체가 사용하되, 다음 각 호의 용도로 사용하여야 한다.

1. 청소년유해환경 개선을 위한 프로그램의 개발과 보급
2. 청소년에게 유익한 매체물의 제작과 지원
3. 민간의 청소년 선도·보호사업 및 청소년유해환경 개선을 위한 시민운동 지원
4. 그 밖에 청소년 선도·보호를 위한 사업으로서 대통령령으로 정하는 사업

제55조(벌칙) 제30조제1호의 위반행위를 한 자는 1년 이상 10년 이하의 징역에 처한다.

제56조(벌칙) 제30조제2호 또는 제3호의 위반행위를 한 자는 10년 이하의 징역에 처한다.

제57조(벌칙) 제30조제4호부터 제6호까지의 위반행위를 한 자는 5년 이하의 징역에 처한다.

제58조(벌칙) 다음 각 호의 어느 하나에 해당하는 자는 3년 이하의 징역 또는 3천만원 이하의 벌금에 처한다.

1. 영리를 목적으로 제16조제1항을 위반하여 청소년에게 청소년유해매체물을 판매·대여·배포하거나 시청·관람·이용하도록 제공한 자
2. 영리를 목적으로 제22조를 위반하여 청소년을 대상으로 청소년유해매체물을 유통하게 한 자
3. 제28조제1항을 위반하여 청소년에게 제2조제4호가목4)·5)의 청소년유해약물 또는 같은 호 나목1)·2)의 청소년유해물건을 판매·대여·배포(자동기계장치·무인판매장치·통신장치를 통하여 판매·대여·배포한 경우를 포함한다) 한 자
4. 제29조제1항을 위반하여 청소년을 청소년유해업소에 고용한 자
5. 제30조제7호부터 제9호까지의 위반행위를 한 자
6. 제44조제1항을 위반하여 청소년유해매체물 또는 청소년유해약물등을 수거하지 아니한 자

제59조(벌칙) 다음 각 호의 어느 하나에 해당하는 자는 2년 이하의 징역 또는 2천만원 이하의 벌금에 처한다.

1. 제13조제1항 및 제28조제6항을 위반하여 청소년유해매체물 또는 청소년유해약물등에 청소년유해표시를 하지 아니한 자
2. 제14조(제28조제9항에서 준용하는 경우를 포함한다)를 위반하여 청소년유해매체물 또는 청소년유해약물등을 포장하지 아니한 자
3. 제18조를 위반하여 청소년유해매체물을 방송한 자
4. 제19조제1항을 위반하여 청소년유해매체물로서 제2조제2호차목에 해당하는 매체물 중 「옥외광고물 등의 관리와 옥외광고산업 진흥에 관한 법률」에 따른 옥

외광고물을 청소년 출입·고용금지업소 외의 업소나 일반인들이 통행하는 장소에 공공연하게 설치·부착 또는 배포한 자 또는 상업적 광고선전물을 청소년의 접근을 제한하는 기능이 없는 컴퓨터 통신을 통하여 설치·부착 또는 배포한 자

5. 제26조를 위반하여 심야시간대에 16세 미만의 청소년에게 인터넷게임을 제공한 자

6. 제28조제1항을 위반하여 청소년에게 제2조제4호가목1)·2)의 청소년유해약물 또는 같은 호 나목3)의 청소년유해물건을 판매·대여·배포(자동기계장치·무인판매장치·통신장치를 통하여 판매·대여·배포한 경우를 포함한다)하거나 영리를 목적으로 무상 제공한 자

7. 제28조제2항을 위반하여 청소년의 의뢰를 받아 제2조제4호가목1)·2)의 청소년유해약물을 구입하여 청소년에게 제공한 자

7의2. 제28조제4항을 위반하여 주류등의 판매·대여·배포를 금지하는 내용을 표시하지 아니한 자

8. 제29조제2항을 위반하여 청소년을 청소년 출입·고용금지업소에 출입시킨 자

9. 제29조제6항을 위반하여 청소년유해업소에 청소년의 출입과 고용을 제한하는 내용을 표시하지 아니한 자

제60조(벌칙) 제15조(제28조제9항에서 준용하는 경우를 포함한다)를 위반하여 청소년유해매체물이나 청소년유해약물등의 청소년유해표시 또는 포장을 훼손한 자는 500만원 이하의 벌금에 처한다.

제61조(벌칙) ① 제34조의2제5항을 위반하여 직무상 알게 된 비밀을 누설한 사람은 2년 이하의 징역 또는 2천만원 이하의 벌금에 처한다.

② 제43조를 위반하여 관계 공무원의 검사 및 조사를 거부·방해 또는 기피한 사람은 300만원 이하의 벌금에 처한다.

제62조(양벌규정) 법인의 대표자나 법인 또는 개인의 대리인, 사용인, 그 밖의 종업원이 그 법인 또는 개인의 업무에 관하여 제55조부터 제57조까지의 어느 하나에 해당하는 위반행위를 하면 그 행위자를 벌하는 외에 그 법인 또는 개인을 5천만원 이하의 벌금에 처하고, 제58조부터 제61조까지의 어느 하나에 해당하는 위반행위를 하면 그 행위자를 벌하는 외에 그 법인 또는 개인에게도 해당 조문의 벌금형을 과(科)한다. 다만, 법인 또는 개인이 그 위반행위를 방지하기 위하여 해당 업무에관하여 상당한 주의와 감독을 게을리하지 아니한 경우에는 그러하지 아니하다.

제63조(형의 감경) 제59조의 죄를 범한 자가 제45조에 따른 시정명령을 받고 이를 이행하면 그 형을 감경할 수 있다.

제64조(과태료) ① 제45조제1항제1호·제2호·제7호·제7호의2·제8호에 대한 시정명령을 이행하지 아니한 자에게는 500만원 이하의 과태료를 부과한다.

② 다음 각 호의 어느 하나에 해당하는 자에게는 100만원 이하의 과태료를 부과한다.

1. 제42조에 따른 보고와 자료 제출을 요구받고도 요구에 따르지 아니한 자 또는 거짓으로 보고하거나 자료를 제출한 자

2. 제45조제1항제3호부터 제6호까지에 따른 시정명령을 이행하지 아니한 자

③ 제1항 및 제2항에 따른 과태료는 대통령령으로 정하는 바에 따라 여성가족부장관 또는 시장·군수·구청장이 부과·징수한다.

부 칙<제15209호, 2017.12.12.>
이 법은 공포 후 3개월이 경과한 날부터 시행한다.

특정경제범죄 가중처벌 등에 관한 법률

[시행 2018.3.20.]

제1조(목적) 이 법은 건전한 국민경제윤리에 반하는 특정경제범죄에 대한 가중처벌과 그 범죄행위자에 대한 취업제한 등을 규정함으로써 경제질서를 확립하고 나아가 국민경제 발전에 이바지함을 목적으로 한다.

제2조(정의) 이 법에서 사용하는 용어의 뜻은 다음과 같다.

1. "금융회사등"이란 다음 각 목의 어느 하나에 해당하는 것을 말한다.
   가. 「한국은행법」에 따른 한국은행, 「금융위원회의 설치 등에 관한 법률」에 따른 금융감독원 및 「은행법」이나 그 밖의 법률에 따른 은행
   나. 「자본시장과 금융투자업에 관한 법률」에 따른 투자매매업자, 투자중개업자, 집합투자업자, 신탁업자, 증권금융회사 및 종합금융회사
   다. 「상호저축은행법」에 따른 상호저축은행과 그 중앙회
   라. 「농업협동조합법」에 따른 조합과 농협은행
   마. 「수산업협동조합법」에 따른 조합과 수협은행
   바. 「신용협동조합법」에 따른 신용협동조합과 그 중앙회
   사. 「새마을금고법」에 따른 새마을금고와 그 연합회
   아. 「보험업법」에 따른 보험업을 경영하는 자
   자. 「신용보증기금법」에 따른 신용보증기금
   차. 「기술보증기금법」에 따른 기술보증기금
   카. 그 밖에 가목부터 차목까지의 기관과 같거나 유사한 업무를 하는 기관으로서 대통령령으로 정하는 기관
2. "저축"이란 다음 각 목의 어느 하나에 해당하는 것을 금융회사등에 예입(預入), 납입(納入) 또는 신탁(信託)하거나 금융회사등으로부터 수령(受領) 또는 매입(買入)하는 것을 말한다.
   가. 예금, 적금, 부금(賦金), 계금(계金) 및 신탁재산
   나. 주식, 채권, 수익증권, 어음, 수표 및 채무증서
   다. 보험료
   라. 그 밖에 가목부터 다목까지의 규정에 준하는 것으로서 대통령령으로 정하는 것
3. "대출등"이란 금융회사등이 취급하는 대출, 채무의 보증 또는 인수(引受), 급부(給付), 채권 또는 어음의 할인이나 그 밖에 이에 준하는 것으로서 대통령령으로 정하는 것을 말한다.

제2조(대출등의 범위) 「특정경제범죄 가중처벌 등에 관한 법률」(이하 "법"이라 한다) 제2조제3호에서 "대통령령이 정하는 것"이라 함은 다음 각호의 1에 해당하는 것을 말한다.

1. 외자의 전대
2. 어음의 매입
3. 설비 또는 운전자금의 투융자, 대부, 지급, 지급보증, 금전융자, 채권취득등 명목여하를 불문하고 법 제2조제1호의 규정에 의한 금융기관이 그 업무와 관련하여 자금수요자에게 자금을 융통하여 주거나 채무를 보증하여 주는 것

제3조(특정재산범죄의 가중처벌) ① 「형법」 제347조(사기), 제347조의2(컴퓨터등 사용사기), 제350조(공갈), 제350조의2(특

수공갈), 제351조(제347조, 제347조의2, 제350조 및 제350조의2의 상습범만 해당한다), 제355조(횡령·배임) 또는 제356조(업무상의 횡령과 배임)의 죄를 범한 사람은 그 범죄행위로 인하여 취득하거나 제3자로 하여금 취득하게 한 재물 또는 재산상 이익의 가액(이하 이 조에서 "이득액"이라 한다)이 5억원 이상일 때에는 다음 각 호의 구분에 따라 가중처벌한다. <개정 2017.12.19.>

1. 이득액이 50억원 이상일 때: 무기 또는 5년 이상의 징역
2. 이득액이 5억원 이상 50억원 미만일 때: 3년 이상의 유기징역

② 제1항의 경우 이득액 이하에 상당하는 벌금을 병과(倂科)할 수 있다.

제4조(재산국외도피의 죄) ① 법령을 위반하여 대한민국 또는 대한민국국민의 재산을 국외로 이동하거나 국내로 반입하여야 할 재산을 국외에서 은닉 또는 처분하여 도피시켰을 때에는 1년 이상의 유기징역 또는 해당 범죄행위의 목적물 가액(이하 이 조에서 "도피액"이라 한다)의 2배 이상 10배 이하에 상당하는 벌금에 처한다.

② 제1항의 경우 도피액이 5억원 이상일 때에는 다음 각 호의 구분에 따라 가중처벌한다.

1. 도피액이 50억원 이상일 때: 무기 또는 10년 이상의 징역
2. 도피액이 5억원 이상 50억원 미만일 때: 5년 이상의 유기징역

③ 제1항 또는 제2항의 미수범은 각 죄에 해당하는 형으로 처벌한다.

④ 법인의 대표자나 법인 또는 개인의 대리인, 사용인, 그 밖의 종업원이 그 법인 또는 개인의 업무에 관하여 제1항부터 제3항까지의 어느 하나에 해당하는 위반행위를 하면 그 행위자를 벌하는 외에 그 법인 또는 개인에게도 제1항의 벌금형을 과(科)한다. 다만, 법인 또는 개인이 그

위반행위를 방지하기 위하여 해당 업무에 관하여 상당한 주의와 감독을 게을리하지 아니한 경우에는 그러하지 아니하다.

제5조(수재 등의 죄) ① 금융회사등의 임직원이 그 직무에 관하여 금품이나 그 밖의 이익을 수수(收受), 요구 또는 약속하였을 때에는 5년 이하의 징역 또는 10년 이하의 자격정지에 처한다.

② 금융회사등의 임직원이 그 직무에 관하여 부정한 청탁을 받고 제3자에게 금품이나 그 밖의 이익을 공여(供與)하게 하거나 공여하게 할 것을 요구 또는 약속하였을 때에는 제1항과 같은 형에 처한다.

③ 금융회사등의 임직원이 그 지위를 이용하여 소속 금융회사등 또는 다른 금융회사등의 임직원의 직무에 속하는 사항의 알선에 관하여 금품이나 그 밖의 이익을 수수, 요구 또는 약속하였을 때에는 제1항과 같은 형에 처한다.

④ 제1항부터 제3항까지의 경우에 수수, 요구 또는 약속한 금품이나 그 밖의 이익의 가액(이하 이 조에서 "수수액"이라 한다)이 3천만원 이상일 때에는 다음 각 호의 구분에 따라 가중처벌한다.

1. 수수액이 1억원 이상일 때: 무기 또는 10년 이상의 징역
2. 수수액이 5천만원 이상 1억원 미만일 때: 7년 이상의 유기징역
3. 수수액이 3천만원 이상 5천만원 미만일 때: 5년 이상의 유기징역

⑤ 제1항부터 제4항까지의 경우에 수수액의 2배 이상 5배 이하의 벌금을 병과한다.

제6조(증재 등의 죄) ① 제5조에 따른 금품이나 그 밖의 이익을 약속, 공여 또는 공여의 의사를 표시한 사람은 5년 이하의 징역 또는 3천만원 이하의 벌금에 처한다.

② 제1항의 행위에 제공할 목적으로 제3자에게 금품을 교부하거나 그 정황을 알면서 교부받은 사람은 제1항과 같은 형에 처한다.

제7조(알선수재의 죄) 금융회사등의 임직원의 직무에 속하는 사항의 알선에 관하여 금품이나 그 밖의 이익을 수수, 요구 또는 약속한 사람 또는 제3자에게 이를 공여하게 하거나 공여하게 할 것을 요구 또는 약속한 사람은 5년 이하의 징역 또는 5천만원 이하의 벌금에 처한다.

제8조(사금융 알선 등의 죄) 금융회사등의 임직원이 그 지위를 이용하여 자기의 이익 또는 소속 금융회사등 외의 제3자의 이익을 위하여 자기의 계산으로 또는 소속 금융회사등 외의 제3자의 계산으로 금전의 대부, 채무의 보증 또는 인수를 하거나 이를 알선하였을 때에는 7년 이하의 징역 또는 7천만원 이하의 벌금에 처한다.

제9조(저축 관련 부당행위의 죄) ① 저축을 하는 사람 또는 저축을 중개하는 사람이 금융회사등의 임직원으로부터 그 저축에 관하여 법령 또는 약관이나 그 밖에 이에 준하는 금융회사등의 규정에 따라 정하여진 이자, 복금(福金), 보험금, 배당금, 보수 외에 어떤 명목으로든 금품이나 그 밖의 이익을 수수하거나 제3자에게 공여하게 하였을 때에는 5년 이하의 징역 또는 5천만원 이하의 벌금에 처한다.
② 저축을 하는 사람이 그 저축과 관련하여 그 저축을 중개하는 자 또는 그 저축과 관계없는 제3자에게 금융회사등으로부터 대출등을 받게 하였을 때 또는 저축을 중개하는 사람이 그 저축과 관련하여 금융회사등으로부터 대출등을 받거나 그 저축과 관계없는 제3자에게 대출등을 받게 하였을 때에는 제1항과 같은 형에 처한다.
③ 금융회사등의 임직원이 제1항 또는 제2항에 규정된 금품이나 그 밖의 이익을 공여하거나 대출등을 하였을 때에는 제1항 또는 제2항과 같은 형에 처한다.
④ 제1항부터 제3항까지의 경우 징역과 벌금을 병과할 수 있다.

⑤ 금융회사등의 임직원이 소속 금융회사등의 업무에 관하여 제3항의 위반행위를 하면 그 행위자를 벌하는 외에 그 소속 금융회사등에도 같은 항의 벌금형을 과(科)한다. 다만, 소속 금융회사등이 그 위반행위를 방지하기 위하여 해당 업무에 관하여 상당한 주의와 감독을 게을리하지 아니한 경우에는 그러하지 아니하다.

제10조(몰수·추징) ① 제4조제1항부터 제3항까지의 경우 범인이 도피시키거나 도피시키려고 한 재산은 몰수한다.
② 제5조부터 제7조까지 및 제9조제1항·제3항의 경우 범인 또는 정황을 아는 제3자가 받은 금품이나 그 밖의 이익은 몰수한다.
③ 제1항 또는 제2항의 경우 몰수할 수 없을 때에는 그 가액을 추징한다.

제11조(무인가 단기금융업의 가중처벌) ① 「자본시장과 금융투자업에 관한 법률」 제444조제22호(단기금융업무만 해당한다)의 죄를 범한 사람은 그 영업으로 인하여 취득한 이자, 할인 및 수입료 또는 그 밖의 수수료의 금액(이하 이 조에서 "수수료액"이라 한다)이 연 1억원 이상일 때에는 다음 각 호의 구분에 따라 가중처벌한다.
1. 수수료액이 연 10억원 이상일 때: 3년 이상의 유기징역
2. 수수료액이 연 1억원 이상 10억원 미만일 때: 1년 이상의 유기징역
② 제1항의 경우에 취득한 수수료액의 100분의 10 이상 수수료액 이하에 상당하는 벌금을 병과한다.

제12조(보고의무 등) ① 금융회사등의 임직원은 그의 감독을 받는 사람이 그 직무에 관하여 이 법에 규정된 죄를 범한 정황을 알았을 때에는 지체 없이 소속 금융회사등의 장이나 감사 또는 검사(檢査)의 직무를 담당하는 부서의 장에게 보고하여야 한다.
② 금융회사등의 장이나 감사 또는 검사의

직무에 종사하는 임직원 또는 감독기관의 감독업무에 종사하는 사람은 그 직무를 수행할 때 금융회사등의 임직원이 그 직무에 관하여 이 법에 규정된 죄를 범한 정황을 알았을 때에는 지체 없이 수사기관에 알려야 한다.

③ 정당한 사유 없이 제1항을 위반한 사람은 100만원 이하의 벌금에 처한다.

④ 정당한 사유 없이 제2항을 위반한 사람은 200만원 이하의 벌금에 처한다.

⑤ 제3항 또는 제4항의 죄를 범한 사람이 본범과 친족일 때에는 그 형을 감경하거나 면제할 수 있다.

제14조(일정 기간의 취업제한 및 인가·허가 금지 등)

① 제3조, 제4조제2항(미수범을 포함한다), 제5조제4항 또는 제8조에 따라 유죄판결을 받은 사람은 다음 각 호의 기간 동안 금융회사등, 국가·지방자치단체가 자본금의 전부 또는 일부를 출자한 기관 및 그 출연(出捐)이나 보조를 받는 기관과 유죄판결된 범죄행위와 밀접한 관련이 있는 기업체에 취업할 수 없다. 다만, 대통령령으로 정하는 바에 따라 법무부장관의 승인을 받은 경우에는 그러하지 아니하다.

1. 징역형의 집행이 종료되거나 집행을 받지 아니하기로 확정된 날부터 5년
2. 징역형의 집행유예기간이 종료된 날부터 2년
3. 징역형의 선고유예기간

② 제1항에 규정된 사람 또는 그를 대표자나 임원으로 하는 기업체는 제1항 각 호의 기간 동안 대통령령으로 정하는 관허업(官許業)의 허가·인가·면허·등록·지정 등(이하 이 조에서 "허가등"이라 한다)을 받을 수 없다. 다만, 대통령령으로 정하는 바에 따라 법무부장관의 승인을 받은 경우에는 그러하지 아니하다.

③ 제1항의 경우 국가·지방자치단체가 자본금의 전부 또는 일부를 출자한 기관 및 그 출연이나 보조를 받는 기관과 유죄판결된 범죄행위와 밀접한 관련이 있는 기업체의 범위는 대통령령으로 정한다.

④ 법무부장관은 제1항 또는 제2항을 위반한 사람이 있을 때에는 그 사람이 취업하고 있는 기관이나 기업체의 장 또는 허가등을 한 행정기관의 장에게 그의 해임(解任)이나 허가등의 취소를 요구하여야 한다.

⑤ 제4항에 따라 해임 요구를 받은 기관이나 기업체의 장은 지체 없이 그 요구에 따라야 한다.

⑥ 제1항, 제2항 또는 제5항을 위반한 자는 1년 이하의 징역 또는 500만원 이하의 벌금에 처한다.

부 칙 <제15256호, 2017.12.19.>

이 법은 공포 후 3개월이 경과한 날부터 시행한다.

특정범죄 가중처벌 등에 관한 법률

[시행 2017.3.28.]

제1조(목적) 이 법은 「형법」, 「관세법」, 「조세범 처벌법」, 「지방세기본법」, 「산림자원의 조성 및 관리에 관한 법률」 및 「마약류관리에 관한 법률」에 규정된 특정범죄에 대한 가중처벌 등을 규정함으로써 건전한 사회질서의 유지와 국민경제의 발전에 이바지함을 목적으로 한다.

제2조(뇌물죄의 가중처벌) ① 「형법」 제129조·제130조 또는 제132조에 규정된 죄를 범한 사람은 그 수수(收受)·요구 또는 약속한 뇌물의 가액(價額)(이하 이 조에서 "수뢰액"이라 한다)에 따라 다음 각 호와 같이 가중처벌한다.
1. 수뢰액이 1억원 이상인 경우에는 무기 또는 10년 이상의 징역에 처한다.
2. 수뢰액이 5천만원 이상 1억원 미만인 경우에는 7년 이상의 유기징역에 처한다.
3. 수뢰액이 3천만원 이상 5천만원 미만인 경우에는 5년 이상의 유기징역에 처한다.

② 「형법」 제129조·제130조 또는 제132조에 규정된 죄를 범한 사람은 그 죄에 대하여 정한 형(제1항의 경우를 포함한다)에 수뢰액의 2배 이상 5배 이하의 벌금을 병과(倂科)한다.

제3조(알선수재) 공무원의 직무에 속한 사항의 알선에 관하여 금품이나 이익을 수수·요구 또는 약속한 사람은 5년 이하의 징역 또는 1천만원 이하의 벌금에 처한다.

제4조(뇌물죄 적용대상의 확대) ① 다음 각 호의 어느 하나에 해당하는 기관 또는 단체로서 대통령령으로 정하는 기관 또는 단체의 간부직원은 「형법」 제129조부터 제132조까지의 규정을 적용할 때에는 공무원으로 본다.

제2조(기관 또는 단체의 범위) 법 제4조제1항에 따른 기관 또는 단체의 범위는 다음과 같다.
1. 한국은행
2. 한국산업은행
3. 중소기업은행
4. 한국조폐공사
5. 한국수출입은행
6. 신용보증기금
7. 기술보증기금
8. 금융감독원
9. 한국거래소
10. 한국소비자원
11. 한국국제협력단
12. 한국소방산업기술원
13. 국립공원관리공단
14. 한국마사회
15. 한국농수산식품유통공사
16. 한국농어촌공사
17. 한국전력공사
18. 대한석탄공사
19. 대한무역투자진흥공사
20. 한국광물자원공사
21. 한국전기안전공사
22. 한국지역난방공사
23. 한국가스공사
24. 한국가스안전공사
25. 한국에너지공단
26. 중소기업진흥공단
27. 한국석유공사
28. 한국방송통신전파진흥원
29. 한국환경공단
30. 국민건강보험공단
31. 근로복지공단
32. 한국산업인력공단
33. 한국토지주택공사

34. 한국수자원공사
35. 한국도로공사
36. 한국관광공사
37. 「한국감정원법」에 따른 한국감정원
38. 인천국제공항공사
39. 한국공항공사
40. 한국철도시설공단
41. 한국방송공사
42. 농업협동조합중앙회 및 그 회원조합
43. 수산업협동조합중앙회 및 그 회원조합
44. 산림조합중앙회 및 그 회원조합
45. 「항만공사법」에 따른 항만공사
46. 「한국철도공사법」에 따른 한국철도공사

1. 국가 또는 지방자치단체가 직접 또는 간접으로 자본금의 2분의 1 이상을 출자하였거나 출연금·보조금 등 그 재정지원의 규모가 그 기관 또는 단체 기본재산의 2분의 1 이상인 기관 또는 단체
2. 국민경제 및 산업에 중대한 영향을 미치고 있고 업무의 공공성(公共性)이 현저하여 국가 또는 지방자치단체가 법령에서 정하는 바에 따라 지도·감독하거나 주주권의 행사 등을 통하여 중요 사업의 결정 및 임원의 임면(任免) 등 운영 전반에 관하여 실질적인 지배력을 행사하고 있는 기관 또는 단체

② 제1항의 간부직원의 범위는 제1항의 기관 또는 단체의 설립목적, 자산, 직원의 규모 및 해당 직원의 구체적인 업무 등을 고려하여 대통령령으로 정한다.

제3조(간부직원의 범위) 법 제4조제2항에 따른 기관 또는 단체의 간부직원의 범위는 다음 각 호와 같다. 다만, 다른 법령에 따라 공무원 또는 공무원에 준하는 신분을 가지는 경우에는 그 법령의 적용을 배제하지 아니한다.
1. 제2조제1호부터 제40호까지, 제45호 및 제46호의 기관 또는 단체와 농업협동조합중앙회, 수산업협동조합중앙회 및 산림조합중앙회의 임원과 과장대리급(과장대리급제가

없는 기관 또는 단체는 과장급) 이상의 직원
2. 한국방송공사, 지역농업협동조합, 지역축산업협동조합, 품목별·업종별협동조합 및 품목조합연합회(「농업협동조합법」에 따라 설립된 것을 말한다), 지구별수산업협동조합, 업종별수산업협동조합, 수산물가공수산업협동조합, 지역산림조합 및 품목별·업종별산림조합의 임원

제4조의2(체포·감금 등의 가중처벌) ①「형법」 제124조·제125조에 규정된 죄를 범하여 사람을 상해(傷害)에 이르게 한 경우에는 1년 이상의 유기징역에 처한다.
② 「형법」 제124조·제125조에 규정된 죄를 범하여 사람을 사망에 이르게 한 경우에는 무기 또는 3년 이상의 징역에 처한다.

제4조의3(공무상 비밀누설의 가중처벌) 「국회법」 제54조의2제2항을 위반한 사람은 5년 이하의 징역 또는 500만원 이하의 벌금에 처한다.

제5조(국고 등 손실) 「회계관계직원 등의 책임에 관한 법률」 제2조제1호·제2호 또는 제4호(제1호 또는 제2호에 규정된 사람의 보조자로서 그 회계사무의 일부를 처리하는 사람만 해당한다)에 규정된 사람이 국고(國庫) 또는 지방자치단체에 손실을 입힐 것을 알면서 그 직무에 관하여 「형법」 제355조의 죄를 범한 경우에는 다음 각 호의 구분에 따라 가중처벌한다.
1. 국고 또는 지방자치단체의 손실이 5억원 이상인 경우에는 무기 또는 5년 이상의 징역에 처한다.
2. 국고 또는 지방자치단체의 손실이 1억원 이상 5억원 미만인 경우에는 3년 이상의 유기징역에 처한다.

제5조의2(약취·유인죄의 가중처벌) ① 13세 미만의 미성년자에 대하여 「형법」 제287조의 죄를 범한 사람은 그 약취(略取) 또는 유인(誘引)의 목적에 따라 다음 각 호와 같이 가중처벌한다.
1. 약취 또는 유인한 미성년자의 부모나 그

밖에 그 미성년자의 안전을 염려하는 사람의 우려를 이용하여 재물이나 재산상의 이익을 취득할 목적인 경우에는 무기 또는 5년 이상의 징역에 처한다.

2. 약취 또는 유인한 미성년자를 살해할 목적인 경우에는 사형, 무기 또는 7년 이상의 징역에 처한다.

② 13세 미만의 미성년자에 대하여 「형법」 제287조의 죄를 범한 사람이 다음 각 호의 어느 하나에 해당하는 행위를 한 경우에는 다음 각 호와 같이 가중처벌한다.

1. 약취 또는 유인한 미성년자의 부모나 그 밖에 그 미성년자의 안전을 염려하는 사람의 우려를 이용하여 재물이나 재산상의 이익을 취득하거나 이를 요구한 경우에는 무기 또는 10년 이상의 징역에 처한다.

2. 약취 또는 유인한 미성년자를 살해한 경우에는 사형 또는 무기징역에 처한다.

3. 약취 또는 유인한 미성년자를 폭행·상해·감금 노는 유기(遺棄)하거나 그 미성년자에게 가혹한 행위를 한 경우에는 무기 또는 5년 이상의 징역에 처한다.

4. 제3호의 죄를 범하여 미성년자를 사망에 이르게 한 경우에는 사형, 무기 또는 7년 이상의 징역에 처한다.

③ 제1항 또는 제2항의 죄를 범한 사람을 방조하여 약취 또는 유인된 미성년자를 은닉하거나 그 밖의 방법으로 귀가하지 못하게 한 사람은 5년 이상의 유기징역에 처한다.

⑥ 제1항 및 제2항(제2항제4호는 제외한다)에 규정된 죄의 미수범은 처벌한다.

⑦ 제1항부터 제3항까지 및 제6항의 죄를 범한 사람을 은닉하거나 도피하게 한 사람은 3년 이상 25년 이하의 징역에 처한다.

⑧ 제1항 또는 제2항제1호·제2호의 죄를 범할 목적으로 예비하거나 음모한 사람은 1년 이상 10년 이하의 징역에 처한다.

제5조의3(도주차량 운전자의 가중처벌) ①

「도로교통법」 제2조에 규정된 자동차·원동기장치자전거의 교통으로 인하여 「형법」 제268조의 죄를 범한 해당 차량의 운전자(이하 "사고운전자"라 한다)가 피해자를 구호(救護)하는 등 「도로교통법」 제54조제1항에 따른 조치를 하지 아니하고 도주한 경우에는 다음 각 호의 구분에 따라 가중처벌한다.

1. 피해자를 사망에 이르게 하고 도주하거나, 도주 후에 피해자가 사망한 경우에는 무기 또는 5년 이상의 징역에 처한다.

2. 피해자를 상해에 이르게 한 경우에는 1년 이상의 유기징역 또는 500만원 이상 3천만원 이하의 벌금에 처한다.

② 사고운전자가 피해자를 사고 장소로부터 옮겨 유기하고 도주한 경우에는 다음 각 호의 구분에 따라 가중처벌한다.

1. 피해자를 사망에 이르게 하고 도주하거나, 도주 후에 피해자가 사망한 경우에는 사형, 무기 또는 5년 이상의 징역에 처한다.

2. 피해자를 상해에 이르게 한 경우에는 3년 이상의 유기징역에 처한다.

제5조의4(상습 강도·절도죄 등의 가중처벌)

② 5명 이상이 공동하여 상습적으로 「형법」 제329조부터 제331조까지의 죄 또는 그 미수죄를 범한 사람은 2년 이상 20년 이하의 징역에 처한다.

⑤ 「형법」 제329조부터 제331조까지, 제333조부터 제336조까지 및 제340조·제362조의 죄 또는 그 미수죄로 세 번 이상 징역형을 받은 사람이 다시 이들 죄를 범하여 누범(累犯)으로 처벌하는 경우에는 다음 각 호의 구분에 따라 가중처벌한다.

1. 「형법」 제329조부터 제331조까지의 죄(미수범을 포함한다)를 범한 경우에는 2년 이상 20년 이하의 징역에 처한다.

2. 「형법」 제333조부터 제336조까지의 죄 및 제340조제1항의 죄(미수범을 포함한다)를 범한 경우에는 무기 또는 10년 이상의 징역에 처한다.

3. 「형법」 제362조의 죄를 범한 경우에는 2년 이상 20년 이하의 징역에 처한다.

⑥ 상습적으로 「형법」 제329조부터 제331조까지의 죄나 그 미수죄 또는 제2항의 죄로 두 번 이상 실형을 선고받고 그 집행이 끝나거나 면제된 후 3년 이내에 다시 상습적으로 「형법」 제329조부터 제331조까지의 죄나 그 미수죄 또는 제2항의 죄를 범한 경우에는 3년 이상 25년 이하의 징역에 처한다.

제5조의5(강도상해 등 재범자의 가중처벌) 「형법」 제337조·제339조의 죄 또는 그 미수죄로 형을 선고받고 그 집행이 끝나거나 면제된 후 3년 내에 다시 이들 죄를 범한 사람은 사형, 무기 또는 10년 이상의 징역에 처한다.

제5조의9(보복범죄의 가중처벌 등) ① 자기 또는 타인의 형사사건의 수사 또는 재판과 관련하여 고소·고발 등 수사단서의 제공, 진술, 증언 또는 자료제출에 대한 보복의 목적으로 「형법」 제250조제1항의 죄를 범한 사람은 사형, 무기 또는 10년 이상의 징역에 처한다. 고소·고발 등 수사단서의 제공, 진술, 증언 또는 자료제출을 하지 못하게 하거나 고소·고발을 취소하게 하거나 거짓으로 진술·증언·자료제출을 하게 할 목적인 경우에도 또한 같다.
② 제1항과 같은 목적으로 「형법」 제257조제1항·제260조제1항·제276조제1항 또는 제283조제1항의 죄를 범한 사람은 1년 이상의 유기징역에 처한다.
③ 제2항의 죄 중 「형법」 제257조제1항·제260조제1항 또는 제276조제1항의 죄를 범하여 사람을 사망에 이르게 한 경우에는 무기 또는 3년 이상의 징역에 처한다.
④ 자기 또는 타인의 형사사건의 수사 또는 재판과 관련하여 필요한 사실을 알고 있는 사람 또는 그 친족에게 정당한 사유 없이 면담을 강요하거나 위력(威力)을 행사한 사람은 3년 이하의 징역 또는 300만원 이하의 벌금에 처한다.

제5조의10(운행 중인 자동차 운전자에 대한 폭행 등의 가중처벌) ① 운행 중(「여객자동차 운수사업법」 제2조제3호에 따른 여객자동차운송사업을 위하여 사용되는 자동차를 운행하는 중 운전자가 여객의 승차·하차 등을 위하여 일시 정차한 경우를 포함한다)인 자동차의 운전자를 폭행하거나 협박한 사람은 5년 이하의 징역 또는 2천만원 이하의 벌금에 처한다.
② 제1항의 죄를 범하여 사람을 상해에 이르게 한 경우에는 3년 이상의 유기징역에 처하고, 사망에 이르게 한 경우에는 무기 또는 5년 이상의 징역에 처한다.

제5조의11(위험운전 치사상) 음주 또는 약물의 영향으로 정상적인 운전이 곤란한 상태에서 자동차(원동기장치자전거를 포함한다)를 운전하여 사람을 상해에 이르게 한 사람은 10년 이하의 징역 또는 500만원 이상 3천만원 이하의 벌금에 처하고, 사망에 이르게 한 사람은 1년 이상의 유기징역에 처한다.

제5조의12(도주선박의 선장 또는 승무원에 대한 가중처벌) 「해사안전법」 제2조에 따른 선박의 교통으로 인하여 「형법」 제268조의 죄를 범한 해당 선박의 선장 또는 는 승무원이 피해자를 구호하는 등 「수상에서의 수색·구조 등에 관한 법률」 제18조제1항 단서에 따른 조치를 하지 아니하고 도주한 경우에는 다음 각 호의 구분에 따라 가중 처벌한다.
1. 피해자를 사망에 이르게 하고 도주하거나, 도주 후에 피해자가 사망한 경우에는 무기 또는 5년 이상의 징역에 처한다.
2. 피해자를 상해에 이르게 한 경우에는 1년 이상의 유기징역 또는 1천만원 이상 1억원 이하의 벌금에 처한다.

제6조(「관세법」 위반행위의 가중처벌) ① 「관세법」 제269조제1항에 규정된 죄를 범한 사람은 다음 각 호의 구분에 따라 가중처벌한다.

1. 수출 또는 수입한 물품의 가액이 1억원 이상인 경우에는 무기 또는 7년 이상의 징역에 처한다.
2. 물품가액이 3천만원 이상 1억원 미만인 경우에는 3년 이상의 유기징역에 처한다.

② 「관세법」 제269조제2항에 규정된 죄를 범한 사람은 다음 각 호의 구분에 따라 가중처벌한다.

1. 수입한 물품의 원가가 5억원 이상인 경우에는 무기 또는 5년 이상의 징역에 처한다.
2. 수입한 물품의 원가가 2억원 이상 5억원 미만인 경우에는 3년 이상의 유기징역에 처한다.

③ 「관세법」 제269조제3항에 규정된 죄를 범한 사람이 수출하거나 반송한 물품의 원가가 5억원 이상인 경우에는 1년 이상의 유기징역에 처한다.

④ 「관세법」 제270조제1항제1호 또는 같은 조 제4항·제5항에 규정된 죄를 범한 사람은 다음 각 호의 구분에 따라 가중처벌한다.

1. 포탈(逋脫)·면탈하거나 감면(減免)·환급받은 세액이 2억원 이상인 경우에는 무기 또는 5년 이상의 징역에 처한다.
2. 포탈·면탈하거나 감면·환급받은 세액이 5천만원 이상 2억원 미만인 경우에는 3년 이상의 유기징역에 처한다.

⑤ 「관세법」 제270조제1항제2호 또는 같은 조 제2항에 규정된 죄를 범한 사람은 다음 각 호의 구분에 따라 가중처벌한다.

1. 수입한 물품의 원가가 5억원 이상인 경우에는 3년 이상의 유기징역에 처한다.
2. 수입한 물품의 원가가 2억원 이상 5억원 미만인 경우에는 1년 이상의 유기징역에 처한다.

⑥ 제1항부터 제5항까지의 경우에는 다음 각 호의 구분에 따른 벌금을 병과한다.

1. 제1항의 경우: 물품가액의 2배 이상 10배 이하
2. 제2항의 경우: 수입한 물품 원가의 2배
3. 제3항의 경우: 수출하거나 반송한 물품의 원가
4. 제4항의 경우: 포탈·면탈하거나 감면·환급받은 세액의 2배 이상 10배 이하
5. 제5항의 경우: 수입한 물품의 원가

⑦ 「관세법」 제271조에 규정된 죄를 범한 사람은 제1항부터 제6항까지의 예에 따른 그 정범(正犯) 또는 본죄(本罪)에 준하여 처벌한다.

⑧ 단체 또는 집단을 구성하거나 상습적으로 「관세법」 제269조부터 제271조까지 또는 제274조에 규정된 죄를 범한 사람은 무기 또는 10년 이상의 징역에 처한다.

제7조(관계 공무원의 무기 사용) 「관세법」 위반사범을 단속할 권한이 있는 공무원은 해상에서 「관세법」 제269조 또는 제270조에 규정된 죄를 범한 사람이 정지명령을 받고 도피하는 경우에 이를 제지하기 위하여 필요하다고 인정되는 상당한 이유가 있을 때에는 총기를 사용할 수 있다.

제8조(조세 포탈의 가중처벌) ① 「조세범 처벌법」 제3조제1항, 제4조 및 제5조, 「지방세기본법」 제102조제1항에 규정된 죄를 범한 사람은 다음 각 호의 구분에 따라 가중처벌한다.

1. 포탈하거나 환급받은 세액 또는 징수하지 아니하거나 납부하지 아니한 세액(이하 "포탈세액등"이라 한다)이 연간 10억원 이상인 경우에는 무기 또는 5년 이상의 징역에 처한다.
2. 포탈세액등이 연간 5억원 이상 10억원 미만인 경우에는 3년 이상의 유기징역에 처한다.

② 제1항의 경우에는 그 포탈세액등의 2배 이상 5배 이하에 상당하는 벌금을 병과한다.

제8조의2(세금계산서 교부의무 위반 등의 가중처벌) ① 영리를 목적으로 「조세범처벌법」 제10조제3항 및 제4항 전단의 죄를 범한 사람은 다음 각 호의 구분에 따라 가중처벌한다.

1. 세금계산서 및 계산서에 기재된 공급가액이나 매출처별세금계산서합계표·매

입처별세금계산서합계표에 기재된 공급가액 또는 매출·매입금액의 합계액(이하 이 조에서 "공급가액등의 합계액"이라 한다)이 50억원 이상인 경우에는 3년 이상의 유기징역에 처한다.

2. 공급가액등의 합계액이 30억원 이상 50억원 미만인 경우에는 1년 이상의 유기징역에 처한다.

② 제1항의 경우에는 공급가액등의 합계액에 부가가치세의 세율을 적용하여 계산한 세액의 2배 이상 5배 이하의 벌금을 병과한다.

제9조(「산림자원의 조성 및 관리에 관한 법률」 등 위반행위의 가중처벌) ① 「산림자원의 조성 및 관리에 관한 법률」 제73조 및 제74조에 규정된 죄를 범한 사람은 다음 각 호의 구분에 따라 가중처벌한다.

1. 임산물(林産物)의 원산지 가격이 1억원 이상이거나 산림 훼손면적이 5만제곱미터 이상인 경우에는 3년 이상 25년 이하의 징역에 처한다.

2. 임산물의 원산지 가격이 1천만원 이상 1억원 미만이거나 산림 훼손면적이 5천제곱미터 이상 5만제곱미터 미만인 경우에는 2년 이상 20년 이하의 징역에 처한다.

제11조(마약사범 등의 가중처벌) ① 「마약류관리에 관한 법률」 제58조제1항제1호부터 제4호까지 및 제6호·제7호에 규정된 죄(매매, 수수 및 제공에 관한 죄와 매매목적, 매매 알선목적 또는 수수목적의 소지·소유에 관한 죄는 제외한다) 또는 그 미수죄를 범한 사람은 다음 각 호의 구분에 따라 가중처벌한다.

1. 수출입·제조·소지·소유 등을 한 마약이나 향정신성의약품 등의 가액이 5천만원 이상인 경우에는 무기 또는 10년 이상의 징역에 처한다.

2. 수출입·제조·소지·소유 등을 한 마약이나 향정신성의약품 등의 가액이 500만원 이상 5천만원 미만인 경우에는 무기 또는 7년 이상의 징역에 처한다.

② 「마약류관리에 관한 법률」 제59조제1항부터 제3항까지 및 제60조에 규정된 죄(마약 및 향정신성의약품에 관한 죄만 해당한다)를 범한 사람은 다음 각 호의 구분에 따라 가중처벌한다.

1. 소지·소유·재배·사용·수출입·제조 등을 한 마약 및 향정신성의약품의 가액이 5천만원 이상인 경우에는 무기 또는 7년 이상의 징역에 처한다.

2. 소지·소유·재배·사용·수출입·제조 등을 한 마약 및 향정신성의약품의 가액이 500만원 이상 5천만원 미만인 경우에는 무기 또는 3년 이상의 징역에 처한다.

제12조(외국인을 위한 탈법행위) 외국인에 의한 취득이 금지 또는 제한된 재산권을 외국인을 위하여 외국인의 자금으로 취득한 사람은 다음 각 호의 구분에 따라 처벌한다.

1. 재산권의 가액이 1억원 이상인 경우에는 무기 또는 10년 이상의 징역에 처한다.

2. 재산권의 가액이 1억원 미만인 경우에는 무기 또는 3년 이상의 유기징역에 처한다.

제13조(몰수) 제3조 또는 제12조의 죄를 범하여 범인이 취득한 해당 재산은 몰수하며, 몰수할 수 없을 때에는 그 가액을 추징(追徵)한다.

제14조(무고죄) 이 법에 규정된 죄에 대하여 「형법」 제156조에 규정된 죄를 범한 사람은 3년 이상의 유기징역에 처한다.

제15조(특수직무유기) 범죄 수사의 직무에 종사하는 공무원이 이 법에 규정된 죄를 범한 사람을 인지하고 그 직무를 유기한 경우에는 1년 이상의 유기징역에 처한다.

제16조(소추에 관한 특례) 제6조 및 제8조의 죄에 대한 공소(公訴)는 고소 또는 고발이 없는 경우에도 제기할 수 있다.

부 칙 <제14474호, 2016.12.27.>

제1조(시행일) 이 법은 공포 후 3개월이 경과한 날부터 시행한다.

폭력행위 등 처벌에 관한 법률

[시행 2016.1.6.]

제1조(목적) 이 법은 집단적 또는 상습적으로 폭력행위 등을 범하거나 흉기 또는 그 밖의 위험한 물건을 휴대하여 폭력행위 등을 범한 사람 등을 처벌함을 목적으로 한다.

제2조(폭행 등) ② 2명 이상이 공동하여 다음 각 호의 죄를 범한 사람은 「형법」 각 해당 조항에서 정한 형의 2분의 1까지 가중한다.

1. 「형법」 제260조제1항(폭행), 제283조제1항(협박), 제319조(주거침입, 퇴거불응) 또는 제366조(재물손괴 등)의 죄
2. 「형법」 제260조제2항(존속폭행), 제276조제1항(체포, 감금), 제283조제2항(존속협박) 또는 제324조제1항(강요)의 죄
3. 「형법」 제257조제1항(상해)·제2항(존속상해), 제276조제2항(존속체포, 존속감금) 또는 제350조(공갈)의 죄

③ 이 법(「형법」 각 해당 조항 및 각 해당 조항의 상습범, 특수범, 상습특수범, 각 해당 조항의 상습범의 미수범, 특수범의 미수범, 상습특수범의 미수범 포함)을 위반하여 2회 이상 징역형을 받은 사람이 다시 제2항 각 호에 규정된 죄를 범하여 누범(累犯)으로 처벌할 경우에는 다음 각 호의 구분에 따라 가중처벌한다.

1. 제2항제1호에 규정된 죄를 범한 사람: 7년 이하의 징역
2. 제2항제2호에 규정된 죄를 범한 사람: 1년 이상 12년 이하의 징역
3. 제2항제3호에 규정된 죄를 범한 사람: 2년 이상 20년 이하의 징역

④ 제2항과 제3항의 경우에는 「형법」 제260조제3항 및 제283조제3항을 적용하지 아니한다.

제3조(집단적 폭행 등) ④ 이 법(「형법」 각 해당 조항 및 각 해당 조항의 상습범, 특수범, 상습특수범, 각 해당 조항의 상습범의 미수범, 특수범의 미수범, 상습특수범의 미수범을 포함한다)을 위반하여 2회 이상 징역형을 받은 사람이 다시 다음 각 호의 죄를 범하여 누범으로 처벌할 경우에는 다음 각 호의 구분에 따라 가중처벌한다.

1. 「형법」 제261조(특수폭행) (제260조제1항의 죄를 범한 경우에 한정한다), 제284조(특수협박) (제283조제1항의 죄를 범한 경우에 한정한다), 제320조(특수주거침입) 또는 제369조제1항(특수손괴)의 죄: 1년 이상 12년 이하의 징역
2. 「형법」 제261조(특수폭행) (제260조제2항의 죄를 범한 경우에 한정한다), 제278조(특수체포, 특수감금) (제276조제1항의 죄를 범한 경우에 한정한다), 제284조(특수협박) (제283조제2항의 죄를 범한 경우에 한정한다) 또는 제324조제2항(강요)의 죄: 2년 이상 20년 이하의 징역
3. 「형법」 제258조의2제1항(특수상해), 제278조(특수체포, 특수감금) (제276조제2항의 죄를 범한 경우에 한정한다) 또는 제350조의2(특수공갈)의 죄: 3년 이상 25년 이하의 징역

※ 형 법

제258조의2(특수상해) ① 단체 또는 다중의 위력을 보이거나 위험한 물건을 휴대하여 제257조제1항 또는 제2항의 죄를 범한 때에는 1년 이상 10년 이하의 징역에 처한다.

② 단체 또는 다중의 위력을 보이거나 위험한 물건을 휴대하여 제258조의 죄를 범한 때에는 2년 이상 20년 이하의 징역에 처한다.

③ 제1항의 미수범은 처벌한다.

제4조(단체 등의 구성·활동) ① 이 법에 규정된 범죄를 목적으로 하는 단체 또는 집단을 구성하거나 그러한 단체 또는 집단에 가입하거나 그 구성원으로 활동한 사람은 다음 각 호의 구분에 따라 처벌한다.
1. 수괴: 사형, 무기 또는 10년 이상의 징역
2. 간부: 무기 또는 7년 이상의 징역
3. 수괴·간부 외의 사람: 2년 이상의 유기징역

② 제1항의 단체 또는 집단을 구성하거나 그러한 단체 또는 집단에 가입한 사람이 단체 또는 집단의 위력을 과시하거나 단체 또는 집단의 존속·유지를 위하여 다음 각 호의 어느 하나에 해당하는 죄를 범하였을 때에는 그 죄에 대한 형의 장기(長期) 및 단기(短期)의 2분의 1까지 가중한다.
1. 「형법」에 따른 죄 중 다음 각 목의 죄
   가. 「형법」 제8장 공무방해에 관한 죄 중 제136조(공무집행방해), 제141조(공용서류 등의 무효, 공용물의 파괴)의 죄
   나. 「형법」 제24장 살인의 죄 중 제250조제1항(살인), 제252조(촉탁, 승낙에 의한 살인 등), 제253조(위계 등에 의한 촉탁살인 등), 제255조(예비, 음모)의 죄
   다. 「형법」 제34장 신용, 업무와 경매에 관한 죄 중 제314조(업무방해), 제315조(경매, 입찰의 방해)의 죄
   라. 「형법」 제38장 절도와 강도의 죄 중 제333조(강도), 제334조(특수강도), 제335조(준강도), 제336조(인질강도), 제337조(강도상해, 치상), 제339조(강도강간), 제340조제1항(해상강도)·제2항(해상강도상해 또는 치상), 제341조(상습범), 제343조(예비, 음모)의 죄
2. 제2조 또는 제3조의 죄(「형법」 각 해당 조항의 상습범, 특수범, 상습특수범을 포함한다)

③ 타인에게 제1항의 단체 또는 집단에 가입할 것을 강요하거나 권유한 사람은 2년 이상의 유기징역에 처한다.

④ 제1항의 단체 또는 집단을 구성하거나 그러한 단체 또는 집단에 가입하여 그 단체 또는 집단의 존속·유지를 위하여 금품을 모집한 사람은 3년 이상의 유기징역에 처한다.

> ※ **성매매알선등행위의처벌에관한법률 제22조(범죄단체의 가중처벌)** 제18조(벌칙) 또는 제19조(벌칙)에 규정된 범죄를 목적으로 단체 또는 집단을 구성하거나 그러한 단체 또는 집단에 가입한 자는 폭력행위등처벌에관한법률 제4조의 예에 의하여 처벌한다.

제5조(단체 등의 이용·지원) ① 제4조제1항의 단체 또는 집단을 이용하여 이 법이나 그 밖의 형벌 법규에 규정된 죄를 범하게 한 사람은 그 죄에 대한 형의 장기 및 단기의 2분의 1까지 가중한다.
② 제4조제1항의 단체 또는 집단을 구성하거나 그러한 단체 또는 집단에 가입하지 아니한 사람이 그러한 단체 또는 집단의 구성·유지를 위하여 자금을 제공하였을 때에는 3년 이상의 유기징역에 처한다.

제6조(미수범) 제2조, 제3조, 제4조제2항[「형법」 제136조, 제255조, 제314조, 제315조, 제335조, 제337조(강도치상의 죄에 한정한다), 제340조제2항(해상강도치상의 죄에 한정한다) 또는 제343조의 죄를 범한 경우는 제외한다] 및 제5조의 미수범은 처벌한다.

제7조(우범자) 정당한 이유 없이 이 법에 규정된 범죄에 공용(供用)될 우려가 있는 흉기나 그 밖의 위험한 물건을 휴대하거나 제공 또는 알선한 사람은 3년 이하의 징역 또는 300만원 이하의 벌금에 처한다.

제8조(정당방위 등) ① 이 법에 규정된 죄를 범한 사람이 흉기나 그 밖의 위험한 물건 등으로 사람에게 위해를 가하거나 가하려 할 때 이를 예방하거나 방위하기 위하여 한 행위는 벌하지 아니한다.
② 제1항의 경우에 방위 행위가 그 정도를 초과한 때에는 그 형을 감경한다.

③ 제2항의 경우에 그 행위가 야간이나 그 밖의 불안한 상태에서 공포·경악·흥분 또는 당황으로 인한 행위인 때에는 벌하지 아니한다.

제9조(사법경찰관리의 직무유기) ① 사법경찰관리로서 이 법에 규정된 죄를 범한 사람을 수사하지 아니하거나 범인을 알면서 체포하지 아니하거나 수사상 정보를 누설하여 범인의 도주를 용이하게 한 사람은 1년 이상의 유기징역에 처한다.
② 뇌물을 수수(收受), 요구 또는 약속하고 제1항의 죄를 범한 사람은 2년 이상의 유기징역에 처한다.

제10조(사법경찰관리의 행정적 책임) ① 관할 지방검찰청 검사장은 제2조부터 제6조까지의 범죄가 발생하였는데도 그 사실을 자신에게 보고하지 아니하거나 수사를 게을리하거나 수사능력 부족 또는 그 밖의 이유로 사법경찰관리로서 부적당하다고 인정하는 사람에 대해서는 그 임명권자에게 징계, 해임 또는 교체임용을 요구할 수 있다.
② 제1항의 요구를 받은 임명권자는 2주일 이내에 해당 사법경찰관리에 대하여 행정처분을 한 후 그 사실을 관할 지방검찰청 검사장에게 통보하여야 한다.

부 칙 ⟨제13718호, 2016.1.6.⟩
제1조(시행일) 이 법은 공포한 날부터 시행한다.

풍속영업의 규제에 관한 법률

[시행 2016.5.29.]

제1조(목적) 이 법은 풍속영업을 하는 장소에서 선량한 풍속을 해치거나 청소년의 건전한 성장을 저해하는 행위 등을 규제하여 미풍양속을 보존하고 청소년을 유해한 환경으로부터 보호함을 목적으로 한다.

제2조(풍속영업의 범위) 이 법에서 "풍속영업"이란 다음 각 호의 어느 하나에 해당하는 영업을 말한다.

1. 「게임산업진흥에 관한 법률」 제2조제6호에 따른 게임제공업 및 같은 법 제2조제8호에 따른 복합유통게임제공업
2. 「영화 및 비디오물의 진흥에 관한 법률」 제2조제16호가목에 따른 비디오물감상실업
3. 「음악산업진흥에 관한 법률」 제2조제13호에 따른 노래연습장업
4. 「공중위생관리법」 제2조제1항제2호부터 제4호까지의 규정에 따른 숙박업, 목욕장업, 이용업 중 대통령령으로 정하는 것
5. 「식품위생법」 제36조제1항제3호에 따른 식품접객업 중 대통령령으로 정하는 것
6. 「체육시설의 설치·이용에 관한 법률」 제10조제1항제2호에 따른 무도학원업 및 무도장업
7. 그 밖에 선량한 풍속을 해치거나 청소년의 건전한 성장을 저해할 우려가 있는 영업으로 대통령령으로 정하는 것

> **제2조(풍속영업의 범위)** 법 제2조제5호 및 제7호에 따른 풍속영업의 범위는 다음과 같다.
> 1. 법 제2조제5호에서 "식품접객업 중 대통령령으로 정하는 것"이란 「식품위생법 시행령」 제21조제8호다목에 따른 단란주점영업 및 같은 호 라목에 따른 유흥주점영업을 말한다.

> 2. 법 제2조제7호에서 "그 밖에 선량한 풍속을 해치거나 청소년의 건전한 성장을 저해할 우려가 있는 영업으로 대통령령으로 정하는 것"이란 「청소년 보호법」 제2조제5호가목8) 또는 9)에 따른 청소년 출입·고용금지업소에서의 영업을 말한다.

제3조(준수 사항) 풍속영업을 하는 자(허가나 인가를 받지 아니하거나 등록이나 신고를 하지 아니하고 풍속영업을 하는 자를 포함한다. 이하 "풍속영업자"라 한다) 및 대통령령으로 정하는 종사자는 풍속영업을 하는 장소(이하 "풍속영업소"라 한다)에서 다음 각 호의 행위를 하여서는 아니 된다.

1. 「성매매알선 등 행위의 처벌에 관한 법률」 제2조제1항제2호에 따른 성매매알선등행위
2. 음란행위를 하게 하거나 이를 알선 또는 제공하는 행위
3. 음란한 문서·도화(圖畵)·영화·음반·비디오물, 그 밖의 음란한 물건에 대한 다음 각 목의 행위
   가. 반포(頒布)·판매·대여하거나 이를 하게 하는 행위
   나. 관람·열람하게 하는 행위
   다. 반포·판매·대여·관람·열람의 목적으로 진열하거나 보관하는 행위
4. 도박이나 그 밖의 사행(射倖)행위를 하게 하는 행위

> **제3조(풍속영업종사자의 범위)** 법 제3조 각 호 외의 부분, 제6조제1항 및 제9조제1항에서 "대통령령으로 정하는 종사자"란 명칭에 관계없이 영업자를 대리하거나 영업자의 지시를 받아 상시 또는 일시적으로 영업행위를 하는 대리인, 사용인, 그 밖의 종업원(무도학원업의 경우 강사

· 강사보조원을 포함한다)을 말한다.

제4조(풍속영업의 통보) ① 다른 법률에 따라 풍속영업의 허가를 한 자(인가를 하거나 등록·신고를 접수한 자를 포함한다. 이하 "허가관청"이라 한다)는 풍속영업소의 소재지를 관할하는 경찰서장(이하 "경찰서장"이라 한다)에게 다음 각 호의 사항을 알려야 한다.
1. 풍속영업자의 성명 및 주소(법인인 경우에는 대표자의 성명과 주소를 포함한다)
2. 풍속영업소의 명칭 및 주소
3. 풍속영업의 종류

② 허가관청은 풍속영업자가 휴업·폐업하거나 그 영업내용이 변경된 경우와 그 밖에 대통령령으로 정하는 사유가 발생한 경우에는 경찰서장에게 그 사실을 알려야 한다.

제6조(위반사항의 통보 등) ① 경찰서장은 풍속영업자나 대통령령으로 정하는 종사자가 제3조를 위반하면 그 사실을 허가관청에 알리고 과세에 필요한 자료를 국세청장에게 통보하여야 한다.

② 제1항에 따른 통보를 받은 허가관청은 그 내용에 따라 허가취소·영업정지·시설개수 명령 등 필요한 행정처분을 한 후 그 결과를 경찰서장에게 알려야 한다.

③ 경찰청장 및 지방자치단체의 장은 제2항에 따른 행정처분을 받은 풍속영업소에 관한 정보를 공유하기 위하여 정보공유시스템을 구축·운영하여야 한다.

제9조(출입) ① 경찰서장은 특별히 필요한 경우 국가경찰공무원에게 풍속영업소에 출입하여 풍속영업자와 대통령령으로 정하는 종사자가 제3조의 준수 사항을 지키고 있는지를 검사하게 할 수 있다.

② 제1항에 따라 풍속영업소에 출입하여 검사하는 국가경찰공무원은 그 권한을 표시하는 증표를 지니고 이를 관계인에게 내보여야 한다.

제10조(벌칙) ① 제3조제1호를 위반하여 풍속영업소에서 성매매알선등행위를 한 자는 3년 이하의 징역 또는 3천만원 이하의 벌금에 처한다.

② 제3조제2호부터 제4호까지의 규정을 위반하여 음란행위를 하게 하는 등 풍속영업소에서 준수할 사항을 지키지 아니한 자는 3년 이하의 징역 또는 2천만원 이하의 벌금에 처한다.

제12조(양벌규정) 법인의 대표자나 법인 또는 개인의 대리인, 사용인, 그 밖의 종업원이 그 법인 또는 개인의 업무에 관하여 제10조의 위반행위를 하면 그 행위자를 벌하는 외에 그 법인 또는 개인에게도 해당 조문의 벌금형을 과(科)한다. 다만, 법인 또는 개인이 그 위반행위를 방지하기 위하여 해당 업무에 관하여 상당한 주의와 감독을 게을리하지 아니한 경우에는 그리하지 아니하다.

부 칙 <제14267호, 2016.5.29.>
이 법은 공포한 날부터 시행한다.

형 법

[시행 2018.1.7.]

제1편 총 칙
제1장 형법의 적용범위

제1조(범죄의 성립과 처벌) ①범죄의 성립과 처벌은 행위 시의 법률에 의한다.
②범죄후 법률의 변경에 의하여 그 행위가 범죄를 구성하지 아니하거나 형이 구법보다 경한 때에는 신법에 의한다.
③재판확정후 법률의 변경에 의하여 그 행위가 범죄를 구성하지 아니하는 때에는 형의 집행을 면제한다.

제2조(국내범) 본법은 대한민국영역내에서 죄를 범한 내국인과 외국인에게 적용한다.

제3조(내국인의 국외범) 본법은 대한민국영역외에서 죄를 범한 내국인에게 적용한다.

제4조(국외에 있는 내국선박 등에서 외국인이 범한 죄) 본법은 대한민국영역외에 있는 대한민국의 선박 또는 항공기내에서 죄를 범한 외국인에게 적용한다.

제5조(외국인의 국외범) 본법은 대한민국영역외에서 다음에 기재한 죄를 범한 외국인에게 적용한다.
1. 내란의 죄
2. 외환의 죄
3. 국기에 관한 죄
4. 통화에 관한 죄
5. 유가증권, 우표와 인지에 관한 죄
6. 문서에 관한 죄중 제225조 내지 제230조
7. 인장에 관한 죄중 제238조

제6조(대한민국과 대한민국국민에 대한 국외범) 본법은 대한민국영역외에서 대한민국 또는 대한민국국민에 대하여 전조에 기재한 이외의 죄를 범한 외국인에게 적용한다. 단 행위지의 법률에 의하여 범죄를 구성하지 아니하거나 소추 또는 형의 집행을 면제할 경우에는 예외로 한다.

제7조(외국에서 집행된 형의 산입) 죄를 지어 외국에서 형의 전부 또는 일부가 집행된 사람에 대해서는 그 집행된 형의 전부 또는 일부를 선고하는 형에 산입한다.

제8조(총칙의 적용) 본법 총칙은 타법령에 정한 죄에 적용한다. 단, 그 법령에 특별한 규정이 있는 때에는 예외로 한다.

제2장 죄

제1절 죄의 성립과 형의 감면

제9조(형사미성년자) 14세되지 아니한 자의 행위는 벌하지 아니한다.

제10조(심신장애인) ①심신장애로 인하여 사물을 변별할 능력이 없거나 의사를 결정할 능력이 없는 자의 행위는 벌하지 아니한다.
②심신장애로 인하여 전항의 능력이 미약한 자의 행위는 형을 감경한다.
③위험의 발생을 예견하고 자의로 심신장애를 야기한 자의 행위에는 전2항의 규정을 적용하지 아니한다.

제11조(농아자) 농아자의 행위는 형을 감경한다.

제12조(강요된 행위) 저항할 수 없는 폭력이나 자기 또는 친족의 생명, 신체에 대한 위해를 방어할 방법이 없는 협박에 의하여 강요된 행위는 벌하지 아니한다.

제13조(범의) 죄의 성립요소인 사실을 인식하지 못한 행위는 벌하지 아니한다. 단, 법률에 특별한 규정이 있는 경우에는 예

외로 한다.

제14조(과실) 정상의 주의를 태만함으로 인하여 죄의 성립요소인 사실을 인식하지 못한 행위는 법률에 특별한 규정이 있는 경우에 한하여 처벌한다.

제15조(사실의 착오) ①특별히 중한 죄가 되는 사실을 인식하지 못한 행위는 중한 죄로 벌하지 아니한다.
②결과로 인하여 형이 중할 죄에 있어서 그 결과의 발생을 예견할 수 없었을 때에는 중한 죄로 벌하지 아니한다.

제16조(법률의 착오) 자기의 행위가 법령에 의하여 죄가 되지 아니하는 것으로 오인한 행위는 그 오인에 정당한 이유가 있는 때에 한하여 벌하지 아니한다.

제17조(인과관계) 어떤 행위라도 죄의 요소되는 위험발생에 연결되지 아니한 때에는 그 결과로 인하여 벌하지 아니한다.

제18조(부작위범) 위험의 발생을 방지할 의무가 있거나 자기의 행위로 인하여 위험발생의 원인을 야기한 자가 그 위험발생을 방지하지 아니한 때에는 그 발생된 결과에 의하여 처벌한다.

제19조(독립행위의 경합) 동시 또는 이시의 독립행위가 경합한 경우에 그 결과발생의 원인된 행위가 판명되지 아니한 때에는 각 행위를 미수범으로 처벌한다.

제20조(정당행위) 법령에 의한 행위 또는 업무로 인한 행위 기타 사회상규에 위배되지 아니하는 행위는 벌하지 아니한다.

제21조(정당방위) ①자기 또는 타인의 법익에 대한 현재의 부당한 침해를 방위하기 위한 행위는 상당한 이유가 있는 때에는 벌하지 아니한다.
②방위행위가 그 정도를 초과한 때에는 정황에 의하여 그 형을 감경 또는 면제할 수 있다.
③전항의 경우에 그 행위가 야간 기타 불안스러운 상태하에서 공포, 경악, 흥분 또는 당황으로 인한 때에는 벌하지 아니한다.

제22조(긴급피난) ①자기 또는 타인의 법익에 대한 현재의 위난을 피하기 위한 행위는 상당한 이유가 있는 때에는 벌하지 아니한다.
②위난을 피하지 못할 책임이 있는 자에 대하여는 전항의 규정을 적용하지 아니한다.
③전조 제2항과 제3항의 규정은 본조에 준용한다.

제23조(자구행위) ①법정절차에 의하여 청구권을 보전하기 불능한 경우에 그 청구권의 실행불능 또는 현저한 실행곤란을 피하기 위한 행위는 상당한 이유가 있는 때에는 벌하지 아니한다.
②전항의 행위가 그 정도를 초과한 때에는 정황에 의하여 형을 감경 또는 면제할 수 있다.

제24소(피해자의 승낙) 처분할 수 있는 자의 승낙에 의하여 그 법익을 훼손한 행위는 법률에 특별한 규정이 없는 한 벌하지 아니한다.

제2절 미수범

제25조(미수범) ①범죄의 실행에 착수하여 행위를 종료하지 못하였거나 결과가 발생하지 아니한 때에는 미수범으로 처벌한다.
②미수범의 형은 기수범보다 감경할 수 있다.

제26조(중지범) 범인이 자의로 실행에 착수한 행위를 중지하거나 그 행위로 인한 결과의 발생을 방지한 때에는 형을 감경 또는 는 면제한다.

제27조(불능범) 실행의 수단 또는 대상의 착오로 인하여 결과의 발생이 불가능하더라도 위험성이 있는 때에는 처벌한다. 단, 형을 감경 또는 면제할 수 있다.

제28조(음모, 예비) 범죄의 음모 또는 예비

행위가 실행의 착수에 이르지 아니한 때에는 법률에 특별한 규정이 없는 한 벌하지 아니한다.

제29조(미수범의 처벌) 미수범을 처벌할 죄는 각 본조에 정한다.

제3절 공범

제30조(공동정범) 2인 이상이 공동하여 죄를 범한 때에는 각자를 그 죄의 정범으로 처벌한다.

제31조(교사범) ①타인을 교사하여 죄를 범하게 한 자는 죄를 실행한 자와 동일한 형으로 처벌한다.

②교사를 받은 자가 범죄의 실행을 승낙하고 실행의 착수에 이르지 아니한 때에는 교사자와 피교사자를 음모 또는 예비에 준하여 처벌한다.

③교사를 받은 자가 범죄의 실행을 승낙하지 아니한 때에도 교사자에 대하여는 전항과 같다.

제32조(종범) ①타인의 범죄를 방조한 자는 종범으로 처벌한다.

②종범의 형은 정범의 형보다 감경한다.

제33조(공범과 신분) 신분관계로 인하여 성립될 범죄에 가공한 행위는 신분관계가 없는 자에게도 전3조의 규정을 적용한다. 단, 신분관계로 인하여 형의 경중이 있는 경우에는 중한 형으로 벌하지 아니한다.

제34조(간접정범, 특수한 교사, 방조에 대한 형의 가중) ①어느 행위로 인하여 처벌되지 아니하는 자 또는 과실범으로 처벌되는 자를 교사 또는 방조하여 범죄행위의 결과를 발생하게 한 자는 교사 또는 방조의 예에 의하여 처벌한다.

②자기의 지휘, 감독을 받는 자를 교사 또는 방조하여 전항의 결과를 발생하게 한 자는 교사인 때에는 정범에 정한 형의 장기 또는 다액에 그 2분의 1까지 가중하고 방조인 때에는 정범의 형으로 처벌한다.

제4절 누범

제35조(누범) ①금고 이상의 형을 받어 그 집행을 종료하거나 면제를 받은 후 3년내에 금고 이상에 해당하는 죄를 범한 자는 누범으로 처벌한다.

②누범의 형은 그 죄에 정한 형의 장기의 2배까지 가중한다.

제36조(판결선고후의 누범발각) 판결선고후 누범인 것이 발각된 때에는 그 선고한 형을 통산하여 다시 형을 정할 수 있다. 단, 선고한 형의 집행을 종료하거나 그 집행이 면제된 후에는 예외로 한다.

제5절 경합범

제37조(경합범) 판결이 확정되지 아니한 수개의 죄 또는 금고 이상의 형에 처한 판결이 확정된 죄와 그 판결확정전에 범한 죄를 경합범으로 한다.

제38조(경합범과 처벌례) ①경합범을 동시에 판결할 때에는 다음의 구별에 의하여 처벌한다.

1. 가장 중한 죄에 정한 형이 사형 또는 무기징역이나 무기금고인 때에는 가장 중한 죄에 정한 형으로 처벌한다.
2. 각 죄에 정한 형이 사형 또는 무기징역이나 무기금고 이외의 동종의 형인 때에는 가장 중한 죄에 정한 장기 또는 다액에 그 2분의 1까지 가중하되 각 죄에 정한 형의 장기 또는 다액을 합산한 형기 또는 액수를 초과할 수 없다. 단 과료와 과료, 몰수와 몰수는 병과할 수 있다.
3. 각 죄에 정한 형이 무기징역이나 무기금고 이외의 이종의 형인 때에는 병과한다.

②전항 각호의 경우에 있어서 징역과 금고는 동종의 형으로 간주하여 징역형으로 처벌한다.

제39조(판결을 받지 아니한 경합범, 수개의 판결과 경합범, 형의 집행과 경합범) ①

경합범중 판결을 받지 아니한 죄가 있는 때에는 그 죄와 판결이 확정된 죄를 동시에 판결할 경우와 형평을 고려하여 그 죄에 대하여 형을 선고한다. 이 경우 그 형을 감경 또는 면제할 수 있다.

③경합범에 의한 판결의 선고를 받은 자가 경합범 중의 어떤 죄에 대하여 사면 또는 형의 집행이 면제된 때에는 다른 죄에 대하여 다시 형을 정한다.

④전 3항의 형의 집행에 있어서는 이미 집행한 형기를 통산한다.

제40조(상상적 경합) 1개의 행위가 수개의 죄에 해당하는 경우에는 가장 중한 죄에 정한 형으로 처벌한다.

제3장 형

제1절 형의 종류와 경중

제41조(형의 종류) 형의 종류는 다음과 같다.

1. 사형
2. 징역
3. 금고
4. 자격상실
5. 자격정지
6. 벌금
7. 구류
8. 과료
9. 몰수

제42조(징역 또는 금고의 기간) 징역 또는 금고는 무기 또는 유기로 하고 유기는 1개월 이상 30년 이하로 한다. 단, 유기징역 또는 유기금고에 대하여 형을 가중하는 때에는 50년까지로 한다.

제43조(형의 선고와 자격상실, 자격정지) ① 사형, 무기징역 또는 무기금고의 판결을 받은 자는 다음에 기재한 자격을 상실한다.

1. 공무원이 되는 자격
2. 공법상의 선거권과 피선거권
3. 법률로 요건을 정한 공법상의 업무에 관한 자격

4. 법인의 이사, 감사 또는 지배인 기타 법인의 업무에 관한 검사역이나 재산관리인이 되는 자격

②유기징역 또는 유기금고의 판결을 받은 자는 그 형의 집행이 종료하거나 면제될 때까지 전항 제1호 내지 제3호에 기재된 자격이 정지된다. 다만, 다른 법률에 특별한 규정이 있는 경우에는 그 법률에 따른다. <개정 2016.1.6.>

제44조(자격정지) ①전조에 기재한 자격의 전부 또는 일부에 대한 정지는 1년 이상 15년 이하로 한다.

②유기징역 또는 유기금고에 자격정지를 병과한 때에는 징역 또는 금고의 집행을 종료하거나 면제된 날로부터 정지기간을 기산한다.

제45조(벌금) 벌금은 5만원 이상으로 한다. 다만, 감경하는 경우에는 5만원 미만으로 할 수 있다.

제46조(구류) 구류는 1일 이상 30일 미만으로 한다.

제47조(과료) 과료는 2천원 이상 5만원 미만으로 한다.

제48조(몰수의 대상과 추징) ①범인이외의 자의 소유에 속하지 아니하거나 범죄후 범인이외의 자가 정을 알면서 취득한 다음 기재의 물건은 전부 또는 일부를 몰수할 수 있다.

1. 범죄행위에 제공하였거나 제공하려고 한 물건.
2. 범죄행위로 인하여 생하였거나 이로 인하여 취득한 물건.
3. 전 2호의 대가로 취득한 물건.

②전항에 기재한 물건을 몰수하기 불능한 때에는 그 가액을 추징한다.

③문서, 도화, 전자기록등 특수매체기록 또는 유가증권의 일부가 몰수에 해당하는 때에는 그 부분을 폐기한다.

제49조(몰수의 부가성) 몰수는 타형에 부가하여 과한다. 단, 행위자에게 유죄의 재판을 아니할 때에도 몰수의 요건이 있는 때에는 몰수만을 선고할 수 있다.

제50조(형의 경중) ① 형의 경중은 제41조 기재의 순서에 의한다. 단, 무기금고와 유기징역은 금고를 중한 것으로 하고 유기금고의 장기가 유기징역의 장기를 초과하는 때에는 금고를 중한 것으로 한다.
②동종의 형은 장기의 긴 것과 다액의 많은 것을 중한 것으로 하고 장기 또는 다액이 동일한 때에는 그 단기의 긴 것과 소액의 많은 것을 중한 것으로 한다.
③전 2항의 규정에 의한 외에는 죄질과 범정에 의하여 경중을 정한다.

제2절 형의 양정

제51조(양형의 조건) 형을 정함에 있어서는 다음 사항을 참작하여야 한다.
1. 범인의 연령, 성행, 지능과 환경
2. 피해자에 대한 관계
3. 범행의 동기, 수단과 결과
4. 범행 후의 정황

제52조(자수, 자복) ①죄를 범한 후 수사책임이 있는 관서에 자수한 때에는 그 형을 감경 또는 면제할 수 있다.
②피해자의 의사에 반하여 처벌할 수 없는 죄에 있어서 피해자에게 자복한 때에도 전항과 같다.

제53조(작량감경) 범죄의 정상에 참작할 만한 사유가 있는 때에는 작량하여 그 형을 감경할 수 있다.

제54조(선택형과 작량감경) 1개의 죄에 정한 형이 수종인 때에는 먼저 적용할 형을 정하고 그 형을 감경한다.

제55조(법률상의 감경) ①법률상의 감경은 다음과 같다.
1. 사형을 감경할 때에는 무기 또는 20년 이상 50년 이하의 징역 또는 금고로 한다.
2. 무기징역 또는 무기금고를 감경할 때에는 10년 이상 50년 이하의 징역 또는 금고로 한다.
3. 유기징역 또는 유기금고를 감경할 때에는 그 형기의 2분의 1로 한다.
4. 자격상실을 감경할 때에는 7년 이상의 자격정지로 한다.
5. 자격정지를 감경할 때에는 그 형기의 2분의 1로 한다.
6. 벌금을 감경할 때에는 그 다액의 2분의 1로 한다.
7. 구류를 감경할 때에는 그 장기의 2분의 1로 한다.
8. 과료를 감경할 때에는 그 다액의 2분의 1로 한다.
②법률상 감경할 사유가 수개있는 때에는 거듭 감경할 수 있다.

제56조(가중감경의 순서) 형을 가중감경할 사유가 경합된 때에는 다음 순서에 의한다.
1. 각칙 본조에 의한 가중
2. 제34조제2항의 가중
3. 누범가중
4. 법률상감경
5. 경합범가중
6. 작량감경

제57조(판결선고전 구금일수의 통산) ①판결선고전의 구금일수는 그 전부를 유기징역, 유기금고, 벌금이나 과료에 관한 유치 또는 구류에 산입한다.
②전항의 경우에는 구금일수의 1일은 징역, 금고, 벌금이나 과료에 관한 유치 또는 구류의 기간의 1일로 계산한다.

제58조(판결의 공시) ①피해자의 이익을 위하여 필요하다고 인정할 때에는 피해자의 청구가 있는 경우에 한하여 피고인의 부담으로 판결공시의 취지를 선고할 수 있다.
② 피고사건에 대하여 무죄의 판결을 선고하는 경우에는 무죄판결공시의 취지를

선고하여야 한다. 다만, 무죄판결을 받은 피고인이 무죄판결공시 취지의 선고에 동의하지 아니하거나 피고인의 동의를 받을 수 없는 경우에는 그러하지 아니하다.
③ 피고사건에 대하여 면소의 판결을 선고하는 경우에는 면소판결공시의 취지를 선고할 수 있다.

제3절 형의 선고유예

제59조(선고유예의 요건) ①1년 이하의 징역이나 금고, 자격정지 또는 벌금의 형을 선고할 경우에 제51조의 사항을 참작하여 개전의 정상이 현저한 때에는 그 선고를 유예할 수 있다. 단, 자격정지 이상의 형을 받은 전과가 있는 자에 대하여는 예외로 한다.
②형을 병과할 경우에도 형의 전부 또는 일부에 대하여 그 선고를 유예할 수 있다.

제59조의2(보호관찰) ①형의 선고를 유예하는 경우에 재범방지를 위하여 지도 및 원호가 필요한 때에는 보호관찰을 받을 것을 명할 수 있다.
②제1항의 규정에 의한 보호관찰의 기간은 1년으로 한다.

제60조(선고유예의 효과) 형의 선고유예를 받은 날로부터 2년을 경과한 때에는 면소된 것으로 간주한다.

제61조(선고유예의 실효) ①형의 선고유예를 받은 자가 유예기간 중 자격정지 이상의 형에 처한 판결이 확정되거나 자격정지 이상의 형에 처한 전과가 발견된 때에는 유예한 형을 선고한다.
②제59조의2의 규정에 의하여 보호관찰을 명한 선고유예를 받은 자가 보호관찰기간 중에 준수사항을 위반하고 그 정도가 무거운 때에는 유예한 형을 선고할 수 있다.

제4절 형의 집행유예

제62조(집행유예의 요건) ①3년 이하의 징역이나 금고 또는 500만원 이하의 벌금의 형을 선고할 경우에 제51조의 사항을 참작하여 그 정상에 참작할 만한 사유가 있는 때에는 1년 이상 5년 이하의 기간 형의 집행을 유예할 수 있다. 다만, 금고 이상의 형을 선고한 판결이 확정된 때부터 그 집행을 종료하거나 면제된 후 3년까지의 기간에 범한 죄에 대하여 형을 선고하는 경우에는 그러하지 아니하다.
②형을 병과할 경우에는 그 형의 일부에 대하여 집행을 유예할 수 있다.

제62조의2(보호관찰, 사회봉사 · 수강명령) ①형의 집행을 유예하는 경우에는 보호관찰을 받을 것을 명하거나 사회봉사 또는 수강을 명할 수 있다.
②제1항의 규정에 의한 보호관찰의 기간은 집행을 유예한 기간으로 한다. 다만, 법원은 유예기간의 범위내에서 보호관찰기간을 정할 수 있다.
③사회봉사명령 또는 수강명령은 집행유예기간내에 이를 집행한다.

제63조(집행유예의 실효) 집행유예의 선고를 받은 자가 유예기간 중 고의로 범한 죄로 금고 이상의 실형을 선고받아 그 판결이 확정된 때에는 집행유예의 선고는 효력을 잃는다.

제64조(집행유예의 취소) ①집행유예의 선고를 받은 후 제62조 단행의 사유가 발각된 때에는 집행유예의 선고를 취소한다.
②제62조의2의 규정에 의하여 보호관찰이나 사회봉사 또는 수강을 명한 집행유예를 받은 자가 준수사항이나 명령을 위반하고 그 정도가 무거운 때에는 집행유예의 선고를 취소할 수 있다.

제65조(집행유예의 효과) 집행유예의 선고를 받은 후 그 선고의 실효 또는 취소됨이 없이 유예기간을 경과한 때에는 형의 선고는 효력을 잃는다.

제5절 형의 집행

제66조(사형) 사형은 형무소내에서 교수하여 집행한다.

제67조(징역) 징역은 형무소내에 구치하여 정역에 복무하게 한다.

제68조(금고와 구류) 금고와 구류는 형무소에 구치한다.

제69조(벌금과 과료) ①벌금과 과료는 판결확정일로부터 30일내에 납입하여야 한다. 단, 벌금을 선고할 때에는 동시에 그 금액을 완납할 때까지 노역장에 유치할 것을 명할 수 있다.
②벌금을 납입하지 아니한 자는 1일 이상 3년 이하, 과료를 납입하지 아니한 자는 1일 이상 30일 미만의 기간 노역장에 유치하여 작업에 복무하게 한다.

제70조(노역장유치) ①벌금 또는 과료를 선고할 때에는 납입하지 아니하는 경우의 유치기간을 정하여 동시에 선고하여야 한다.
② 선고하는 벌금이 1억원 이상 5억원 미만인 경우에는 300일 이상, 5억원 이상 50억원 미만인 경우에는 500일 이상, 50억원 이상인 경우에는 1,000일 이상의 유치기간을 정하여야 한다.

제71조(유치일수의 공제) 벌금 또는 과료의 선고를 받은 자가 그 일부를 납입한 때에는 벌금 또는 과료액과 유치기간의 일수에 비례하여 납입금액에 상당한 일수를 제한다.

제6절 가석방

제72조(가석방의 요건) ①징역 또는 금고의 집행 중에 있는 자가 그 행상이 양호하여 개전의 정이 현저한 때에는 무기에 있어서는 20년, 유기에 있어서는 형기의 3분의 1을 경과한 후 행정처분으로 가석방을 할 수 있다.

②전항의 경우에 벌금 또는 과료의 병과가 있는 때에는 그 금액을 완납하여야 한다.

제73조(판결선고전 구금과 가석방) ①형기에 산입된 판결선고전 구금의 일수는 가석방에 있어서 집행을 경과한 기간에 산입한다.
②벌금 또는 과료에 관한 유치기간에 산입된 판결선고전 구금일수는 전조제2항의 경우에 있어서 그에 해당하는 금액이 납입된 것으로 간주한다.

제73조의2(가석방의 기간 및 보호관찰) ①가석방의 기간은 무기형에 있어서는 10년으로 하고, 유기형에 있어서는 남은 형기로 하되, 그 기간은 10년을 초과할 수 없다.
②가석방된 자는 가석방기간중 보호관찰을 받는다. 다만, 가석방을 허가한 행정관청이 필요가 없다고 인정한 때에는 그러하지 아니하다.

제74조(가석방의 실효) 가석방중 금고 이상의 형의 선고를 받어 그 판결이 확정된 때에는 가석방처분은 효력을 잃는다. 단 과실로 인한 죄로 형의 선고를 받었을 때에는 예외로 한다.

제75조(가석방의 취소) 가석방의 처분을 받은 자가 감시에 관한 규칙을 위배하거나, 보호관찰의 준수사항을 위반하고 그 정도가 무거운 때에는 가석방처분을 취소할 수 있다.

제76조(가석방의 효과) ①가석방의 처분을 받은 후 그 처분이 실효 또는 취소되지 아니하고 가석방기간을 경과한 때에는 형의 집행을 종료한 것으로 본다.
②전2조의 경우에는 가석방중의 일수는 형기에 산입하지 아니한다.

제7절 형의 시효

제77조(시효의 효과) 형의 선고를 받은 자는 시효의 완성으로 인하여 그 집행이 면제된다.

제78조(시효의 기간) 시효는 형을 선고하는

재판이 확정된 후 그 집행을 받음이 없이 다음의 기간을 경과함으로 인하여 완성된다. <개정 2017.12.12.>
1. 사형은 30년
2. 무기의 징역 또는 금고는 20년
3. 10년 이상의 징역 또는 금고는 15년
4. 3년 이상의 징역이나 금고 또는 10년 이상의 자격정지는 10년
5. 3년 미만의 징역이나 금고 또는 5년 이상의 자격정지는 7년
6. 5년 미만의 자격정지, 벌금, 몰수 또는 추징은 5년
7. 구류 또는 과료는 1년

제79조(시효의 정지) ①시효는 형의 집행의 유예나 정지 또는 가석방 기타 집행할 수 없는 기간은 진행되지 아니한다.
② 시효는 형이 확정된 후 그 형의 집행을 받지 아니한 자가 형의 집행을 면할 목적으로 국외에 있는 기간 동안은 진행되지 아니한다.

제80조(시효의 중단) 시효는 사형, 징역, 금고와 구류에 있어서는 수형자를 체포함으로, 벌금, 과료, 몰수와 추징에 있어서는 강제처분을 개시함으로 인하여 중단된다.

제8절 형의 소멸

제81조(형의 실효) 징역 또는 금고의 집행을 종료하거나 집행이 면제된 자가 피해자의 손해를 보상하고 자격정지 이상의 형을 받음이 없이 7년을 경과한 때에는 본인 또는 검사의 신청에 의하여 그 재판의 실효를 선고할 수 있다.

제82조(복권) 자격정지의 선고를 받은 자가 피해자의 손해를 보상하고 자격정지 이상의 형을 받음이 없이 정지기간의 2분의 1을 경과한 때에는 본인 또는 검사의 신청에 의하여 자격의 회복을 선고할 수 있다.

제4장 기간

제83조(기간의 계산) 연 또는 월로써 정한 기간은 역수에 따라 계산한다.

제84조(형기의 기산) ①형기는 판결이 확정된 날로부터 기산한다.
②징역, 금고, 구류와 유치에 있어서는 구속되지 아니한 일수는 형기에 산입하지 아니한다.

제85조(형의 집행과 시효기간의 초일) 형의 집행과 시효기간의 초일은 시간을 계산함이 없이 1일로 산정한다.

제86조(석방일) 석방은 형기종료일에 하여야 한다.

제2편 각 칙

제1장 내란의 죄

제87조(내란) 국토를 참절하거나 국헌을 문란할 목적으로 폭동한 자는 다음의 구별에 의하여 처단한다.
1. 수괴는 사형, 무기징역 또는 무기금고에 처한다.
2. 모의에 참여하거나 지휘하거나 기타 중요한 임무에 종사한 자는 사형, 무기 또는 5년 이상의 징역이나 금고에 처한다. 살상, 파괴 또는 약탈의 행위를 실행한 자도 같다.
3. 부화수행하거나 단순히 폭동에만 관여한 자는 5년 이하의 징역 또는 금고에 처한다.

제88조(내란목적의 살인) 국토를 참절하거나 국헌을 문란할 목적으로 사람을 살해한 자는 사형, 무기징역 또는 무기금고에 처한다.

제89조(미수범) 전2조의 미수범은 처벌한다.

제90조(예비, 음모, 선동, 선전) ①제87조 또는 제88조의 죄를 범할 목적으로 예비 또는 음모한 자는 3년 이상의 유기징역이나 유기금고에 처한다. 단, 그 목적한 죄

의 실행에 이르기 전에 자수한 때에는 그 형을 감경 또는 면제한다.

②제87조 또는 제88조의 죄를 범할 것을 선동 또는 선전한 자도 전항의 형과 같다.

제91조(국헌문란의 정의) 본장에서 국헌을 문란할 목적이라 함은 다음 각호의 1에 해당함을 말한다.

1. 헌법 또는 법률에 정한 절차에 의하지 아니하고 헌법 또는 법률의 기능을 소멸시키는 것
2. 헌법에 의하여 설치된 국가기관을 강압에 의하여 전복 또는 그 권능행사를 불가능하게 하는 것

제2장 외환의 죄

제92조(외환유치) 외국과 통모하여 대한민국에 대하여 전단을 열게 하거나 외국인과 통모하여 대한민국에 항적한 자는 사형 또는 무기징역에 처한다.

제93조(여적) 적국과 합세하여 대한민국에 항적한 자는 사형에 처한다.

제94조(모병이적) ①적국을 위하여 모병한 자는 사형 또는 무기징역에 처한다.

②전항의 모병에 응한 자는 무기 또는 5년 이상의 징역에 처한다.

제95조(시설제공이적) ①군대, 요새, 진영 또는 군용에 공하는 선박이나 항공기 기타 장소, 설비 또는 건조물을 적국에 제공한 자는 사형 또는 무기징역에 처한다.

②병기 또는 탄약 기타 군용에 공하는 물건을 적국에 제공한 자도 전항의 형과 같다.

제96조(시설파괴이적) 적국을 위하여 전조에 기재한 군용시설 기타 물건을 파괴하거나 사용할 수 없게 한 자는 사형 또는 무기징역에 처한다.

제97조(물건제공이적) 군용에 공하지 아니하는 병기, 탄약 또는 전투용에 공할 수 있는 물건을 적국에 제공한 자는 무기 또는 5년 이상의 징역에 처한다.

제98조(간첩) ①적국을 위하여 간첩하거나 적국의 간첩을 방조한 자는 사형, 무기 또는 7년 이상의 징역에 처한다.

②군사상의 기밀을 적국에 누설한 자도 전항의 형과 같다.

제99조(일반이적) 전7조에 기재한 이외에 대한민국의 군사상 이익을 해하거나 적국에 군사상 이익을 공여한 자는 무기 또는 3년 이상의 징역에 처한다.

제100조(미수범) 전8조의 미수범은 처벌한다.

제101조(예비, 음모, 선동, 선전) ①제92조 내지 제99조의 죄를 범할 목적으로 예비 또는 음모한 자는 2년 이상의 유기징역에 처한다. 단 그 목적한 죄의 실행에 이르기 전에 자수한 때에는 그 형을 감경 또는 면제한다.

②제92조 내지 제99조의 죄를 선동 또는 선전한 자도 전항의 형과 같다.

제102조(준적국) 제93조 내지 전조의 죄에 있어서는 대한민국에 적대하는 외국 또는 외국인의 단체는 적국으로 간주한다.

제103조(전시군수계약불이행) ①전쟁 또는 사변에 있어서 정당한 이유없이 정부에 대한 군수품 또는 군용공작물에 관한 계약을 이행하지 아니한 자는 10년 이하의 징역에 처한다.

②전항의 계약이행을 방해한 자도 전항의 형과 같다.

제104조(동맹국) 본장의 규정은 동맹국에 대한 행위에 적용한다.

제3장 국기에 관한 죄

제105조(국기, 국장의 모독) 대한민국을 모욕할 목적으로 국기 또는 국장을 손상,

제거 또는 오욕한 자는 5년 이하의 징역이나 금고, 10년 이하의 자격정지 또는 700만원 이하의 벌금에 처한다.

제106조(국기, 국장의 비방) 전조의 목적으로 국기 또는 국장을 비방한 자는 1년 이하의 징역이나 금고, 5년 이하의 자격정지 또는 200만원 이하의 벌금에 처한다.

제4장 국교에 관한 죄

제107조(외국원수에 대한 폭행 등) ①대한민국에 체재하는 외국의 원수에 대하여 폭행 또는 협박을 가한 자는 7년 이하의 징역이나 금고에 처한다.
②전항의 외국원수에 대하여 모욕을 가하거나 명예를 훼손한 자는 5년 이하의 징역이나 금고에 처한다.

제108조(외국사절에 대한 폭행 등) ①대한민국에 파견된 외국사절에 대하여 폭행 또는 협박을 가한 자는 5년 이하의 징역이나 금고에 처한다.
②전항의 외국사절에 대하여 모욕을 가하거나 명예를 훼손한 자는 3년 이하의 징역이나 금고에 처한다

제109조(외국의 국기, 국장의 모독) 외국을 모욕할 목적으로 그 나라의 공용에 공하는 국기 또는 국장을 손상, 제거 또는 오욕한 자는 2년 이하의 징역이나 금고 또는 300만원 이하의 벌금에 처한다.

제110조(피해자의 의사) 제107조 내지 제109조의 죄는 그 외국정부의 명시한 의사에 반하여 공소를 제기할 수 없다.

제111조(외국에 대한 사전) ①외국에 대하여 사전한 자는 1년 이상의 유기금고에 처한다.
②전항의 미수범은 처벌한다.
③제1항의 죄를 범할 목적으로 예비 또는 음모한 자는 3년 이하의 금고 또는 500

만원 이하의 벌금에 처한다. 단 그 목적한 죄의 실행에 이르기 전에 자수한 때에는 감경 또는 면제한다.

제112조(중립명령위반) 외국간의 교전에 있어서 중립에 관한 명령에 위반한 자는 3년 이하의 금고 또는 500만원 이하의 벌금에 처한다.

제113조(외교상기밀의 누설) ①외교상의 기밀을 누설한 자는 5년 이하의 징역 또는 1천만원 이하의 벌금에 처한다.
②누설할 목적으로 외교상의 기밀을 탐지 또는 수집한 자도 전항의 형과 같다.

제5장 공안(公安)을 해하는 죄

제114조(범죄단체 등의 조직) 사형, 무기 또는 장기 4년 이상의 징역에 해당하는 범죄를 목적으로 하는 단체 또는 집단을 조직하거나 이에 가입 또는 그 구성원으로 활동한 사람은 그 목적한 죄에 정한 형으로 처벌한다. 다만, 형을 감경할 수 있다.

제115조(소요) 다중이 집합하여 폭행, 협박 또는 손괴의 행위를 한 자는 1년 이상 10년 이하의 징역이나 금고 또는 1천500만원 이하의 벌금에 처한다.

제116조(다중불해산) 폭행, 협박 또는 손괴의 행위를 할 목적으로 다중이 집합하여 그를 단속할 권한이 있는 공무원으로부터 3회 이상의 해산명령을 받고 해산하지 아니한 자는 2년 이하의 징역이나 금고 또는 300만원 이하의 벌금에 처한다.

제117조(전시공수계약불이행) ①전쟁, 천재 기타 사변에 있어서 국가 또는 공공단체와 체결한 식량 기타 생활필수품의 공급계약을 정당한 이유없이 이행하지 아니한 자는 3년 이하의 징역 또는 500만원 이하의 벌금에 처한다.
②전항의 계약이행을 방해한 자도 전항의

형과 같다.

③전 2항의 경우에는 그 소정의 벌금을 병과할 수 있다.

제118조(공무원자격의 사칭) 공무원의 자격을 사칭하여 그 직권을 행사한 자는 3년 이하의 징역 또는 700만원 이하의 벌금에 처한다.

제6장 폭발물에 관한 죄

제119조(폭발물사용) ①폭발물을 사용하여 사람의 생명, 신체 또는 재산을 해하거나 기타 공안을 문란한 자는 사형, 무기 또는 7년 이상의 징역에 처한다.

②전쟁, 천재 기타 사변에 있어서 전항의 죄를 범한 자는 사형 또는 무기징역에 처한다.

③전2항의 미수범은 처벌한다.

제120조(예비, 음모, 선동) ①전조제1항, 제2항의 죄를 범할 목적으로 예비 또는 음모한 자는 2년 이상의 유기징역에 처한다. 단, 그 목적한 죄의 실행에 이르기 전에 자수한 때에는 그 형을 감경 또는 면제한다.

②전조제1항, 제2항의 죄를 범할 것을 선동한 자도 전항의 형과 같다.

제121조(전시폭발물제조 등) 전쟁 또는 사변에 있어서 정당한 이유없이 폭발물을 제조, 수입, 수출, 수수 또는 소지한 자는 10년 이하의 징역에 처한다.

제7장 공무원의 직무에 관한 죄

제122조(직무유기) 공무원이 정당한 이유없이 그 직무수행을 거부하거나 그 직무를 유기한 때에는 1년 이하의 징역이나 금고 또는 3년 이하의 자격정지에 처한다.

제123조(직권남용) 공무원이 직권을 남용하여 사람으로 하여금 의무없는 일을 하게 하거나 사람의 권리행사를 방해한 때에는

5년 이하의 징역, 10년 이하의 자격정지 또는 1천만원 이하의 벌금에 처한다.

제124조(불법체포, 불법감금) ①재판, 검찰, 경찰 기타 인신구속에 관한 직무를 행하는 자 또는 이를 보조하는 자가 그 직권을 남용하여 사람을 체포 또는 감금한 때에는 7년 이하의 징역과 10년 이하의 자격정지에 처한다.

②전항의 미수범은 처벌한다.

제125조(폭행, 가혹행위) 재판, 검찰, 경찰 기타 인신구속에 관한 직무를 행하는 자 또는 이를 보조하는 자가 그 직무를 행함에 당하여 형사피의자 또는 기타 사람에 대하여 폭행 또는 가혹한 행위를 가한 때에는 5년 이하의 징역과 10년 이하의 자격정지에 처한다.

제126조(피의사실공표) 검찰, 경찰 기타 범죄수사에 관한 직무를 행하는 자 또는 이를 감독하거나 보조하는 자가 그 직무를 행함에 당하여 지득한 피의사실을 공판청구전에 공표한 때에는 3년 이하의 징역 또는 5년 이하의 자격정지에 처한다.

제127조(공무상 비밀의 누설) 공무원 또는 공무원이었던 자가 법령에 의한 직무상 비밀을 누설한 때에는 2년 이하의 징역이나 금고 또는 5년 이하의 자격정지에 처한다.

제128조(선거방해) 검찰, 경찰 또는 군의 직에 있는 공무원이 법령에 의한 선거에 관하여 선거인, 입후보자 또는 입후보자되려는 자에게 협박을 가하거나 기타 방법으로 선거의 자유를 방해한 때에는 10년 이하의 징역과 5년 이상의 자격정지에 처한다.

제129조(수뢰, 사전수뢰) ①공무원 또는 중재인이 그 직무에 관하여 뇌물을 수수, 요구 또는 약속한 때에는 5년 이하의 징역 또는 10년 이하의 자격정지에 처한다.

②공무원 또는 중재인이 될 자가 그 담당

할 직무에 관하여 청탁을 받고 뇌물을 수수, 요구 또는 약속한 후 공무원 또는 중재인이 된 때에는 3년 이하의 징역 또는 7년 이하의 자격정지에 처한다.

제130조(제삼자뇌물제공) 공무원 또는 중재인이 그 직무에 관하여 부정한 청탁을 받고 제3자에게 뇌물을 공여하게 하거나 공여를 요구 또는 약속한 때에는 5년 이하의 징역 또는 10년 이하의 자격정지에 처한다.

제131조(수뢰후부정처사, 사후수뢰) ①공무원 또는 중재인이 전2조의 죄를 범하여 부정한 행위를 한 때에는 1년 이상의 유기징역에 처한다.
②공무원 또는 중재인이 그 직무상 부정한 행위를 한 후 뇌물을 수수, 요구 또는 약속하거나 제삼자에게 이를 공여하게 하거나 공여를 요구 또는 약속한 때에도 전항의 형과 같다.
③공무원 또는 중재인이었던 지기 그 재직 중에 청탁을 받고 직무상 부정한 행위를 한 후 뇌물을 수수, 요구 또는 약속한 때에는 5년 이하의 징역 또는 10년 이하의 자격정지에 처한다.
④전3항의 경우에는 10년 이하의 자격정지를 병과할 수 있다.

제132조(알선수뢰) 공무원이 그 지위를 이용하여 다른 공무원의 직무에 속한 사항의 알선에 관하여 뇌물을 수수, 요구 또는 약속한 때에는 3년 이하의 징역 또는 7년 이하의 자격정지에 처한다.

제133조(뇌물공여등) ①제129조 내지 제132조에 기재한 뇌물을 약속, 공여 또는 공여의 의사를 표시한 자는 5년 이하의 징역 또는 2천만원 이하의 벌금에 처한다.
②전항의 행위에 공할 목적으로 제삼자에게 금품을 교부하거나 그 정을 알면서 교부를 받은 자도 전항의 형과 같다.

제134조(몰수, 추징) 범인 또는 정을 아는 제삼자가 받은 뇌물 또는 뇌물에 공할 금품은 몰수한다. 그를 몰수하기 불능한 때에는 그 가액을 추징한다.

제135조(공무원의 직무상 범죄에 대한 형의 가중) 공무원이 직권을 이용하여 본장 이외의 죄를 범한 때에는 그 죄에 정한 형의 2분의 1까지 가중한다. 단 공무원의 신분에 의하여 특별히 형이 규정된 때에는 예외로 한다.

제8장 공무방해에 관한 죄

제136조(공무집행방해) ①직무를 집행하는 공무원에 대하여 폭행 또는 협박한 자는 5년 이하의 징역 또는 1천만원 이하의 벌금에 처한다.
②공무원에 대하여 그 직무상의 행위를 강요 또는 조지하거나 그 직을 사퇴하게 할 목적으로 폭행 또는 협박한 자도 전항의 형과 같다.

제137조(위계에 의한 공무집행방해) 위계로써 공무원의 직무집행을 방해한 자는 5년 이하의 징역 또는 1천만원 이하의 벌금에 처한다.

제138조(법정 또는 국회회의장모욕) 법원의 재판 또는 국회의 심의를 방해 또는 위협할 목적으로 법정이나 국회회의장 또는 그 부근에서 모욕 또는 소동한 자는 3년 이하의 징역 또는 700만원 이하의 벌금에 처한다.

제139조(인권옹호직무방해) 경찰의 직무를 행하는 자 또는 이를 보조하는 자가 인권옹호에 관한 검사의 직무집행을 방해하거나 그 명령을 준수하지 아니한 때에는 5년 이하의 징역 또는 10년 이하의 자격정지에 처한다.

제140조(공무상비밀표시무효) ①공무원이 그 직무에 관하여 실시한 봉인 또는 압류 기타 강제처분의 표시를 손상 또는 은닉

하거나 기타 방법으로 그 효용을 해한 자는 5년 이하의 징역 또는 700만원 이하의 벌금에 처한다.

②공무원이 그 직무에 관하여 봉함 기타 비밀장치한 문서 또는 도화를 개봉한 자도 제1항의 형과 같다.

③공무원이 그 직무에 관하여 봉함 기타 비밀장치한 문서, 도화 또는 전자기록등 특수매체기록을 기술적 수단을 이용하여 그 내용을 알아낸 자도 제1항의 형과 같다.

제140조의2(부동산강제집행효용침해) 강제집행으로 명도 또는 인도된 부동산에 침입하거나 기타 방법으로 강제집행의 효용을 해한 자는 5년 이하의 징역 또는 700만원 이하의 벌금에 처한다.

제141조(공용서류 등의 무효, 공용물의 파괴) ①공무소에서 사용하는 서류 기타 물건 또는 전자기록등 특수매체기록을 손상 또는 은닉하거나 기타 방법으로 그 효용을 해한 자는 7년 이하의 징역 또는 1천만원 이하의 벌금에 처한다.

②공무소에서 사용하는 건조물, 선박, 기차 또는 항공기를 파괴한 자는 1년 이상 10년 이하의 징역에 처한다.

제142조(공무상 보관물의 무효) 공무소로부터 보관명령을 받거나 공무소의 명령으로 타인이 관리하는 자기의 물건을 손상 또는 은닉하거나 기타 방법으로 그 효용을 해한 자는 5년 이하의 징역 또는 700만원 이하의 벌금에 처한다.

제143조(미수범) 제140조 내지 전조의 미수범은 처벌한다.

제144조(특수공무방해) ①단체 또는 다중의 위력을 보이거나 위험한 물건을 휴대하여 제136조, 제138조와 제140조 내지 전조의 죄를 범한 때에는 각조에 정한 형의 2분의 1까지 가중한다.

②제1항의 죄를 범하여 공무원을 상해에 이르게 한 때에는 3년 이상의 유기징역에 처한다. 사망에 이르게 한 때에는 무기 또는 5년 이상의 징역에 처한다.

제9장 도주와 범인은닉의 죄

제145조(도주, 집합명령위반) ①법률에 의하여 체포 또는 구금된 자가 도주한 때에는 1년 이하의 징역에 처한다.

②전항의 구금된 자가 천재, 사변 기타 법령에 의하여 잠시 해금된 경우에 정당한 이유없이 그 집합명령에 위반한 때에도 전항의 형과 같다.

제146조(특수도주) 수용설비 또는 기구를 손괴하거나 사람에게 폭행 또는 협박을 가하거나 2인 이상이 합동하여 전조제1항의 죄를 범한 자는 7년 이하의 징역에 처한다.

제147조(도주원조) 법률에 의하여 구금된 자를 탈취하거나 도주하게 한 자는 10년 이하의 징역에 처한다.

제148조(간수자의 도주원조) 법률에 의하여 구금된 자를 간수 또는 호송하는 자가 이를 도주하게 한 때에는 1년 이상 10년 이하의 징역에 처한다.

제149조(미수범) 전4조의 미수범은 처벌한다.

제150조(예비, 음모) 제147조와 제148조의 죄를 범할 목적으로 예비 또는 음모한 자는 3년 이하의 징역에 처한다.

제151조(범인은닉과 친족간의 특례) ①벌금 이상의 형에 해당하는 죄를 범한 자를 은닉 또는 도피하게 한 자는 3년 이하의 징역 또는 500만원 이하의 벌금에 처한다.

②친족 또는 동거의 가족이 본인을 위하여 전항의 죄를 범한 때에는 처벌하지 아니한다.

제10장 위증과 증거인멸의 죄

제152조(위증, 모해위증) ①법률에 의하여 선서한 증인이 허위의 진술을 한 때에는 5년 이하의 징역 또는 1천만원 이하의 벌금에 처한다.

②형사사건 또는 징계사건에 관하여 피고인, 피의자 또는 징계혐의자를 모해할 목적으로 전항의 죄를 범한 때에는 10년 이하의 징역에 처한다.

제153조(자백, 자수) 전조의 죄를 범한 자가 그 공술한 사건의 재판 또는 징계처분이 확정되기 전에 자백 또는 자수한 때에는 그 형을 감경 또는 면제한다.

제154조(허위의 감정, 통역, 번역) 법률에 의하여 선서한 감정인, 통역인 또는 번역인이 허위의 감정, 통역 또는 번역을 한 때에는 전2조의 예에 의한다.

제155조(증거인멸 등과 친족간의 특례) ①타인의 형사사건 또는 징계사건에 관한 증거를 인멸, 은닉, 위조 또는 변조하거나 위조 또는 변조한 증거를 사용한 자는 5년 이하의 징역 또는 700만원 이하의 벌금에 처한다.

②타인의 형사사건 또는 징계사건에 관한 증인을 은닉 또는 도피하게 한 자도 제1항의 형과 같다.

③피고인, 피의자 또는 징계혐의자를 모해할 목적으로 전2항의 죄를 범한 자는 10년 이하의 징역에 처한다.

④친족 또는 동거의 가족이 본인을 위하여 본조의 죄를 범한 때에는 처벌하지 아니한다.

제11장 무고의 죄

제156조(무고) 타인으로 하여금 형사처분 또는 징계처분을 받게 할 목적으로 공무소 또는 공무원에 대하여 허위의 사실을 신고한 자는 10년 이하의 징역 또는 1천500만원 이하의 벌금에 처한다.

제157조(자백·자수) 제153조는 전조에 준용한다.

제12장 신앙에 관한 죄

제158조(장례식등의 방해) 장례식, 제사, 예배 또는 설교를 방해한 자는 3년 이하의 징역 또는 500만원 이하의 벌금에 처한다.

제159조(사체 등의 오욕) 사체, 유골 또는 유발을 오욕한 자는 2년 이하의 징역 또는 500만원 이하의 벌금에 처한다.

제160조(분묘의 발굴) 분묘를 발굴한 자는 5년 이하의 징역에 처한다.

제161조(사체 등의 영득) ①사체, 유골, 유발 또는 관내에 장치한 물건을 손괴, 유기, 은닉 또는 영득한 자는 7년 이하의 징역에 처한다.

②분묘를 발굴하여 전항의 죄를 범한 자는 10년 이하의 징역에 처한다.

제162조(미수범) 전2조의 미수범은 처벌한다.

제163조(변사체검시방해) 변사자의 사체 또는 변사의 의심있는 사체를 은닉 또는 변경하거나 기타 방법으로 검시를 방해한 자는 700만원 이하의 벌금에 처한다.

제13장 방화와 실화의 죄

제164조(현주건조물등에의 방화) ①불을 놓아 사람이 주거로 사용하거나 사람이 현존하는 건조물, 기차, 전차, 자동차, 선박, 항공기 또는 광갱을 소훼한 자는 무기 또는 3년 이상의 징역에 처한다.

②제1항의 죄를 범하여 사람을 상해에 이르게 한 때에는 무기 또는 5년 이상의 징역에 처한다. 사망에 이르게 한 때에는 사형, 무기 또는 7년이상의 징역에 처한다.

제165조(공용건조물 등에의 방화) 불을 놓

아 공용 또는 공익에 공하는 건조물, 기차, 전차, 자동차, 선박, 항공기 또는 광갱을 소훼한 자는 무기 또는 3년 이상의 징역에 처한다.

제166조(일반건조물 등에의 방화) ①불을 놓아 전2조에 기재한 이외의 건조물, 기차, 전차, 자동차, 선박, 항공기 또는 광갱을 소훼한 자는 2년 이상의 유기징역에 처한다.
②자기소유에 속하는 제1항의 물건을 소훼하여 공공의 위험을 발생하게 한 자는 7년 이하의 징역 또는 1천만원 이하의 벌금에 처한다.

제167조(일반물건에의 방화) ①불을 놓아 전3조에 기재한 이외의 물건을 소훼하여 공공의 위험을 발생하게 한 자는 1년 이상 10년 이하의 징역에 처한다.
②제1항의 물건이 자기의 소유에 속한 때에는 3년 이하의 징역 또는 700만원 이하의 벌금에 처한다.

제168조(연소) ①제166조제2항 또는 전조제2항의 죄를 범하여 제164조, 제165조 또는 제166조제1항에 기재한 물건에 연소한 때에는 1년 이상 10년 이하의 징역에 처한다.
②전조제2항의 죄를 범하여 전조제1항에 기재한 물건에 연소한 때에는 5년 이하의 징역에 처한다.

제169조(진화방해) 화재에 있어서 진화용의 시설 또는 물건을 은닉 또는 손괴하거나 기타 방법으로 진화를 방해한 자는 10년 이하의 징역에 처한다.

제170조(실화) ①과실로 인하여 제164조 또는 제165조에 기재한 물건 또는 타인의 소유에 속하는 제166조에 기재한 물건을 소훼한 자는 1천500만원 이하의 벌금에 처한다.
②과실로 인하여 자기의 소유에 속하는 제166조 또는 제167조에 기재한 물건을 소훼하여 공공의 위험을 발생하게 한 자도 전항의 형과 같다.

제171조(업무상실화, 중실화) 업무상과실 또는 중대한 과실로 인하여 제170조의 죄를 범한 자는 3년 이하의 금고 또는 2천만원 이하의 벌금에 처한다.

제172조(폭발성물건파열) ①보일러, 고압가스 기타 폭발성있는 물건을 파열시켜 사람의 생명, 신체 또는 재산에 대하여 위험을 발생시킨 자는 1년 이상의 유기징역에 처한다.
②제1항의 죄를 범하여 사람을 상해에 이르게 한 때에는 무기 또는 3년 이상의 징역에 처한다. 사망에 이르게 한 때에는 무기 또는 5년 이상의 징역에 처한다.

제172조의2(가스 · 전기등 방류) ①가스, 전기, 증기 또는 방사선이나 방사성 물질을 방출, 유출 또는 살포시켜 사람의 생명, 신체 또는 재산에 대하여 위험을 발생시킨 자는 1년 이상 10년 이하의 징역에 처한다.
②제1항의 죄를 범하여 사람을 상해에 이르게 한 때에는 무기 또는 3년 이상의 징역에 처한다. 사망에 이르게 한 때에는 무기 또는 5년 이상의 징역에 처한다.

제173조(가스 · 전기등 공급방해) ①가스, 전기 또는 증기의 공작물을 손괴 또는 제거하거나 기타 방법으로 가스, 전기 또는 증기의 공급이나 사용을 방해하여 공공의 위험을 발생하게 한 자는 1년 이상 10년 이하의 징역에 처한다.
②공공용의 가스, 전기 또는 증기의 공작물을 손괴 또는 제거하거나 기타 방법으로 가스, 전기 또는 증기의 공급이나 사용을 방해한 자도 전항의 형과 같다.
③제1항 또는 제2항의 죄를 범하여 사람을 상해에 이르게 한 때에는 2년 이상의 유기징역에 처한다. 사망에 이르게 한 때에는 무기 또는 3년이상의 징역에 처한다.

제173조의2(과실폭발성물건파열등) ①과실로 제172조제1항, 제172조의2제1항, 제173조제1항과 제2항의 죄를 범한 자는 5년 이하의 금고 또는 1천500만원 이하의 벌금에 처한다. ②업무상과실 또는 중대한 과실로 제1항의 죄를 범한 자는 7년 이하의 금고 또는 2천만원 이하의 벌금에 처한다.

제174조(미수범) 제164조제1항, 제165조, 제166조제1항, 제172조제1항, 제172조의2제1항, 제173조제1항과 제2항의 미수범은 처벌한다.

제175조(예비, 음모) 제164조제1항, 제165조, 제166조제1항, 제172조제1항, 제172조의2제1항, 제173조제1항과 제2항의 죄를 범할 목적으로 예비 또는 음모한 자는 5년 이하의 징역에 처한다. 단 그 목적한 죄의 실행에 이르기 전에 자수한 때에는 형을 감경 또는 면제한다.

제176조(타인의 권리대상이 된 자기의 물건) 자기의 소유에 속하는 물건이라도 압류 기타 강제처분을 받거나 타인의 권리 또는 보험의 목적물이 된 때에는 본장의 규정의 적용에 있어서 타인의 물건으로 간주한다.

제14장 일수와 수리에 관한 죄

제177조(현주건조물등에의 일수) ①물을 넘겨 사람이 주거에 사용하거나 사람이 현존하는 건조물, 기차, 전차, 자동차, 선박, 항공기 또는 광갱을 침해한 자는 무기 또는 3년 이상의 징역에 처한다. ②제1항의 죄를 범하여 사람을 상해에 이르게 한 때에는 무기 또는 5년 이상의 징역에 처한다. 사망에 이르게 한 때에는 무기 또는 7년 이상의 징역에 처한다.

제178조(공용건조물 등에의 일수) 물을 넘겨 공용 또는 공익에 공하는 건조물, 기차, 전차, 자동차, 선박, 항공기 또는 광갱을 침해한 자는 무기 또는 2년 이상의 징역에 처한다.

제179조(일반건조물 등에의 일수) ①물을 넘겨 전2조에 기재한 이외의 건조물, 기차, 전차, 자동차, 선박, 항공기 또는 광갱 기타 타인의 재산을 침해한 자는 1년 이상 10년 이하의 징역에 처한다. ②자기의 소유에 속하는 전항의 물건을 침해하여 공공의 위험을 발생하게 한 때에는 3년 이하의 징역 또는 700만원 이하의 벌금에 처한다. ③제176조의 규정은 본조의 경우에 준용한다.

제180조(방수방해) 수재에 있어서 방수용의 시설 또는 물건을 손괴 또는 은닉하거나 기타 방법으로 방수를 방해한 자는 10년 이하의 징역에 처한다.

제181조(과실일수) 과실로 인하여 제177조 또는 제178조에 기재한 물건을 침해한 자 또는 제179조에 기재한 물건을 침해하여 공공의 위험을 발생하게 한 자는 1천만원 이하의 벌금에 처한다.

제182조(미수범) 제177조 내지 제179조제1항의 미수범은 처벌한다.

제183조(예비, 음모) 제177조 내지 제179조제1항의 죄를 범할 목적으로 예비 또는 음모한 자는 3년 이하의 징역에 처한다.

제184조(수리방해) 제방을 결궤하거나 수문을 파괴하거나 기타 방법으로 수리를 방해한 자는 5년 이하의 징역 또는 700만원 이하의 벌금에 처한다.

제15장 교통방해의 죄

제185조(일반교통방해) 육로, 수로 또는 교량을 손괴 또는 불통하게 하거나 기타 방법으로 교통을 방해한 자는 10년 이하의

징역 또는 1천500만원 이하의 벌금에 처한다.

제186조(기차, 선박 등의 교통방해) 궤도, 등대 또는 표지를 손괴하거나 기타 방법으로 기차, 전차, 자동차, 선박 또는 항공기의 교통을 방해한 자는 1년 이상의 유기징역에 처한다.

제187조(기차 등의 전복 등) 사람의 현존하는 기차, 전차, 자동차, 선박 또는 항공기를 전복, 매몰, 추락 또는 파괴한 자는 무기 또는 3년 이상의 징역에 처한다.

제188조(교통방해치사상) 제185조 내지 제187조의 죄를 범하여 사람을 상해에 이르게 한 때에는 무기 또는 3년 이상의 징역에 처한다. 사망에 이르게 한 때에는 무기 또는 5년 이상의 징역에 처한다.

제189조(과실, 업무상과실, 중과실) ①과실로 인하여 제185조 내지 제187조의 죄를 범한 자는 1천만원 이하의 벌금에 처한다. ②업무상과실 또는 중대한 과실로 인하여 제185조 내지 제187조의 죄를 범한 자는 3년 이하의 금고 또는 2천만원 이하의 벌금에 처한다.

제190조(미수범) 제185조 내지 제187조의 미수범은 처벌한다.

제191조(예비, 음모) 제186조 또는 제187조의 죄를 범할 목적으로 예비 또는 음모한 자는 3년 이하의 징역에 처한다.

제16장 음용수에 관한 죄

제192조(음용수의 사용방해) ①일상음용에 공하는 정수에 오물을 혼입하여 음용하지 못하게 한 자는 1년 이하의 징역 또는 500만원 이하의 벌금에 처한다. ②전항의 음용수에 독물 기타 건강을 해할 물건을 혼입한 자는 10년 이하의 징역에 처한다.

제193조(수도음용수의 사용방해) ①수도에 의하여 공중의 음용에 공하는 정수 또는 그 수원에 오물을 혼입하여 음용하지 못하게 한 자는 1년 이상 10년 이하의 징역에 처한다. ②전항의 음용수 또는 수원에 독물 기타 건강을 해할 물건을 혼입한 자는 2년 이상의 유기징역에 처한다.

제194조(음용수혼독치사상) 제192조제2항 또는 제193조제2항의 죄를 범하여 사람을 상해에 이르게 한 때에는 무기 또는 3년 이상의 징역에 처한다. 사망에 이르게 한 때에는 무기 또는 5년 이상의 징역에 처한다.

제195조(수도불통) 공중의 음용수를 공급하는 수도 기타 시설을 손괴 기타 방법으로 불통하게 한 자는 1년 이상 10년 이하의 징역에 처한다.

제196조(미수범) 제192조제2항, 제193조제2항과 전조의 미수범은 처벌한다.

제197조(예비, 음모) 제192조제2항, 제193조제2항 또는 제195조의 죄를 범할 목적으로 예비 또는 음모한 자는 2년 이하의 징역에 처한다.

제17장 아편에 관한 죄

제198조(아편 등의 제조 등) 아편, 몰핀 또는 그 화합물을 제조, 수입 또는 판매하거나 판매할 목적으로 소지한 자는 10년 이하의 징역에 처한다.

제199조(아편흡식기의 제조 등) 아편을 흡식하는 기구를 제조, 수입 또는 판매하거나 판매할 목적으로 소지한 자는 5년 이하의 징역에 처한다.

제200조(세관 공무원의 아편 등의 수입) 세관의 공무원이 아편, 몰핀이나 그 화합물 또는 아편흡식기구를 수입하거나 그 수입

을 허용한 때에는 1년 이상의 유기징역에 처한다.

제201조(아편흡식 등, 동장소제공) ①아편을 흡식하거나 몰핀을 주사한 자는 5년 이하의 징역에 처한다.
②아편흡식 또는 몰핀 주사의 장소를 제공하여 이익을 취한 자도 전항의 형과 같다.

제202조(미수범) 전4조의 미수범은 처벌한다.

제203조(상습범) 상습으로 전5조의 죄를 범한 때에는 각조에 정한 형의 2분의 1까지 가중한다.

제204조(자격정지 또는 벌금의 병과) 제198조 내지 제203조의 경우에는 10년 이하의 자격정지 또는 2천만원 이하의 벌금을 병과할 수 있다.

제205조(아편 등의 소지) 아편, 몰핀이나 그 화합물 또는 아편흡식기구를 소지한 자는 1년 이하의 징역 또는 500만원 이하의 벌금에 처한다.

제206조(몰수, 추징) 본장의 죄에 제공한 아편, 몰핀이나 그 화합물 또는 아편흡식기구는 몰수한다. 그를 몰수하기 불능한 때에는 그 가액을 추징한다.

제18장 통화에 관한 죄

제207조(통화의 위조 등) ①행사할 목적으로 통용하는 대한민국의 화폐, 지폐 또는 은행권을 위조 또는 변조한 자는 무기 또는 2년 이상의 징역에 처한다.
②행사할 목적으로 내국에서 유통하는 외국의 화폐, 지폐 또는 은행권을 위조 또는 변조한 자는 1년 이상의 유기징역에 처한다.
③행사할 목적으로 외국에서 통용하는 외국의 화폐, 지폐 또는 은행권을 위조 또는 변조한 자는 10년 이하의 징역에 처한다.

④위조 또는 변조한 전3항 기재의 통화를 행사하거나 행사할 목적으로 수입 또는 수출한 자는 그 위조 또는 변조의 각 죄에 정한 형에 처한다.

제208조(위조통화의 취득) 행사할 목적으로 위조 또는 변조한 제207조 기재의 통화를 취득한 자는 5년 이하의 징역 또는 1천500만원 이하의 벌금에 처한다.

제209조(자격정지 또는 벌금의 병과) 제207조 또는 제208조의 죄를 범하여 유기징역에 처할 경우에는 10년 이하의 자격정지 또는 2천만원 이하의 벌금을 병과할 수 있다.

제210조(위조통화취득후의 지정행사) 제207조기재의 통화를 취득한 후 그 정을 알고 행사한 자는 2년 이하의 징역 또는 500만원 이하의 벌금에 처한다.

제211조(통화유사물의 제조 등) ①판매할 목적으로 내국 또는 외국에서 통용하거나 유통하는 화폐, 지폐 또는 은행권에 유사한 물건을 제조, 수입 또는 수출한 자는 3년 이하의 징역 또는 700만원 이하의 벌금에 처한다.
②전항의 물건을 판매한 자도 전항의 형과 같다.

제212조(미수범) 제207조, 제208조와 전조의 미수범은 처벌한다.

제213조(예비, 음모) 제207조제1항 내지 제3항의 죄를 범할 목적으로 예비 또는 음모한 자는 5년 이하의 징역에 처한다. 단, 그 목적한 죄의 실행에 이르기 전에 자수한 때에는 그 형을 감경 또는 면제한다.

제19장 유기증권, 우표와 인지에 관한 죄

제214조(유기증권의 위조 등) ①행사할 목적으로 대한민국 또는 외국의 공채증서 기타

유가증권을 위조 또는 변조한 자는 10년 이하의 징역에 처한다.

②행사할 목적으로 유가증권의 권리의무에 관한 기재를 위조 또는 변조한 자도 전항의 형과 같다.

제215조(자격모용에 의한 유가증권의 작성) 행사할 목적으로 타인의 자격을 모용하여 유가증권을 작성하거나 유가증권의 권리 또는 의무에 관한 사항을 기재한 자는 10년 이하의 징역에 처한다.

제216조(허위유가증권의 작성 등) 행사할 목적으로 허위의 유가증권을 작성하거나 유가증권에 허위사항을 기재한 자는 7년 이하의 징역 또는 3천만원 이하의 벌금에 처한다.

제217조(위조유가증권 등의 행사 등) 위조, 변조, 작성 또는 허위기재한 전3조 기재의 유가증권을 행사하거나 행사할 목적으로 수입 또는 수출한 자는 10년 이하의 징역에 처한다.

제218조(인지·우표의 위조등) ①행사할 목적으로 대한민국 또는 외국의 인지, 우표 기타 우편요금을 표시하는 증표를 위조 또는 변조한 자는 10년 이하의 징역에 처한다.

②위조 또는 변조된 대한민국 또는 외국의 인지, 우표 기타 우편요금을 표시하는 증표를 행사하거나 행사할 목적으로 수입 또는 수출한 자도 제1항의 형과 같다.

제219조(위조인지·우표등의 취득) 행사할 목적으로 위조 또는 변조한 대한민국 또는 외국의 인지, 우표 기타 우편요금을 표시하는 증표를 취득한 자는 3년 이하의 징역 또는 1천만원 이하의 벌금에 처한다.

제220조(자격정지 또는 벌금의 병과) 제214조 내지 제219조의 죄를 범하여 징역에 처하는 경우에는 10년 이하의 자격정지 또는 2천만원 이하의 벌금을 병과할 수 있다.

제221조(소인말소) 행사할 목적으로 대한민국 또는 외국의 인지, 우표 기타 우편요금을 표시하는 증표의 소인 기타 사용의 표지를 말소한 자는 1년 이하의 징역 또는 300만원 이하의 벌금에 처한다.

제222조(인지·우표유사물의 제조 등) ①판매할 목적으로 대한민국 또는 외국의 공채증서, 인지, 우표 기타 우편요금을 표시하는 증표와 유사한 물건을 제조, 수입 또는 수출한 자는 2년 이하의 징역 또는 500만원 이하의 벌금에 처한다.

②전항의 물건을 판매한 자도 전항의 형과 같다.

제223조(미수범) 제214조 내지 제219조와 전조의 미수범은 처벌한다.

제224조(예비, 음모) 제214조, 제215조와 제218조제1항의 죄를 범할 목적으로 예비 또는 음모한 자는 2년 이하의 징역에 처한다.

제20장 문서에 관한 죄

제225조(공문서등의 위조·변조) 행사할 목적으로 공무원 또는 공무소의 문서 또는 도화를 위조 또는 변조한 자는 10년 이하의 징역에 처한다.

제226조(자격모용에 의한 공문서 등의 작성) 행사할 목적으로 공무원 또는 공무소의 자격을 모용하여 문서 또는 도화를 작성한 자는 10년 이하의 징역에 처한다.

제227조(허위공문서작성등) 공무원이 행사할 목적으로 그 직무에 관하여 문서 또는 도화를 허위로 작성하거나 변개한 때에는 7년 이하의 징역 또는 2천만원 이하의 벌금에 처한다.

제227조의2(공전자기록위작·변작) 사무처

리를 그르치게 할 목적으로 공무원 또는 공무소의 전자기록등 특수매체기록을 위작 또는 변작한 자는 10년 이하의 징역에 처한다.

제228조(공정증서원본 등의 부실기재) ① 공무원에 대하여 허위신고를 하여 공정증서원본 또는 이와 동일한 전자기록등 특수매체기록에 부실의 사실을 기재 또는 기록하게 한 자는 5년 이하의 징역 또는 1천만원 이하의 벌금에 처한다.
②공무원에 대하여 허위신고를 하여 면허증, 허가증, 등록증 또는 여권에 부실의 사실을 기재하게 한 자는 3년 이하의 징역 또는 700만원 이하의 벌금에 처한다.

제229조(위조등 공문서의 행사) 제225조 내지 제228조의 죄에 의하여 만들어진 문서, 도화, 전자기록등 특수매체기록, 공정증서원본, 면허증, 허가증, 등록증 또는 여권을 행사한 자는 그 각 죄에 정한 형에 처한다.

제230조(공문서 등의 부정행사) 공무원 또는 공무소의 문서 또는 도화를 부정행사한 자는 2년 이하의 징역이나 금고 또는 500만원 이하의 벌금에 처한다.

제231조(사문서등의 위조·변조) 행사할 목적으로 권리·의무 또는 사실증명에 관한 타인의 문서 또는 도화를 위조 또는 변조한 자는 5년 이하의 징역 또는 1천만원 이하의 벌금에 처한다.

제232조(자격모용에 의한 사문서의 작성) 행사할 목적으로 타인의 자격을 모용하여 권리·의무 또는 사실증명에 관한 문서 또는 도화를 작성한 자는 5년 이하의 징역 또는 1천만원 이하의 벌금에 처한다.

제232조의2(사전자기록위작·변작) 사무처리를 그르치게 할 목적으로 권리·의무 또는 사실증명에 관한 타인의 전자기록등 특수매체기록을 위작 또는 변작한 자는 5

년 이하의 징역 또는 1천만원 이하의 벌금에 처한다.

제233조(허위진단서등의 작성) 의사, 한의사, 치과의사 또는 조산사가 진단서, 검안서 또는 생사에 관한 증명서를 허위로 작성한 때에는 3년 이하의 징역이나 금고, 7년 이하의 자격정지 또는 3천만원 이하의 벌금에 처한다.

제234조(위조사문서등의 행사) 제231조 내지 제233조의 죄에 의하여 만들어진 문서, 도화 또는 전자기록등 특수매체기록을 행사한 자는 그 각 죄에 정한 형에 처한다.

제235조(미수범) 제225조 내지 제234조의 미수범은 처벌한다.

제236조(사문서의 부정행사) 권리·의무 또는 사실증명에 관한 타인의 문서 또는 도화를 부정행사한 자는 1년 이하의 징역이나 금고 또는 300만원 이하의 벌금에 처한다.

제237조(자격정지의 병과) 제225조 내지 제227조의2 및 그 행사죄를 범하여 징역에 처할 경우에는 10년 이하의 자격정지를 병과할 수 있다.

제237조의2(복사문서등) 이 장의 죄에 있어서 전자복사기, 모사전송기 기타 이와 유사한 기기를 사용하여 복사한 문서 또는 도화의 사본도 문서 또는 도화로 본다.

제21장 인장에 관한 죄

제238조(공인 등의 위조, 부정사용) ①행사할 목적으로 공무원 또는 공무소의 인장, 서명, 기명 또는 기호를 위조 또는 부정사용한 자는 5년 이하의 징역에 처한다.
②위조 또는 부정사용한 공무원 또는 공무소의 인장, 서명, 기명 또는 기호를 행사한 자도 전항의 형과 같다.
③전 2항의 경우에는 7년 이하의 자격정지

를 병과할 수 있다.

제239조(사인등의 위조, 부정사용) ①행사할 목적으로 타인의 인장, 서명, 기명 또는 기호를 위조 또는 부정사용한 자는 3년 이하의 징역에 처한다.
②위조 또는 부정사용한 타인의 인장, 서명, 기명 또는 기호를 행사한 때에도 전항의 형과 같다.

제240조(미수범) 본장의 미수범은 처벌한다.

제22장 성풍속에 관한 죄

제241조 삭제 <2016.1.6.>
[법률 제13719호에 의하여 2015.2.26. 헌법재판소에서 위헌 결정된 이 조를 삭제함.]

제242조(음행매개) 영리의 목적으로 사람을 매개하여 간음하게 한 자는 3년 이하의 징역 또는 1천500만원 이하의 벌금에 처한다.

제243조(음화반포등) 음란한 문서, 도화, 필름 기타 물건을 반포, 판매 또는 임대하거나 공연히 전시 또는 상영한 자는 1년 이하의 징역 또는 500만원 이하의 벌금에 처한다.

제244조(음화제조 등) 제243조의 행위에 공할 목적으로 음란한 물건을 제조, 소지, 수입 또는 수출한 자는 1년 이하의 징역 또는 500만원 이하의 벌금에 처한다.

제245조(공연음란) 공연히 음란한 행위를 한 자는 1년 이하의 징역, 500만원 이하의 벌금, 구류 또는 과료에 처한다.

제23장 도박과 복표에 관한 죄

제246조(도박, 상습도박) ① 도박을 한 사람은 1천만원 이하의 벌금에 처한다. 다만, 일시오락 정도에 불과한 경우에는 예외로 한다.

② 상습으로 제1항의 죄를 범한 사람은 3년 이하의 징역 또는 2천만원 이하의 벌금에 처한다.

제247조(도박장소 등 개설) 영리의 목적으로 도박을 하는 장소나 공간을 개설한 사람은 5년 이하의 징역 또는 3천만원 이하의 벌금에 처한다.

제248조(복표의 발매 등) ① 법령에 의하지 아니한 복표를 발매한 사람은 5년 이하의 징역 또는 3천만원 이하의 벌금에 처한다.
② 제1항의 복표발매를 중개한 사람은 3년 이하의 징역 또는 2천만원 이하의 벌금에 처한다.
③ 제1항의 복표를 취득한 사람은 1천만원 이하의 벌금에 처한다.

제249조(벌금의 병과) 제246조제2항, 제247조와 제248조제1항의 죄에 대하여는 1천만원 이하의 벌금을 병과할 수 있다.

제24장 살인의 죄

제250조(살인, 존속살해) ①사람을 살해한 자는 사형, 무기 또는 5년 이상의 징역에 처한다.
②자기 또는 배우자의 직계존속을 살해한 자는 사형, 무기 또는 7년 이상의 징역에 처한다.

제251조(영아살해) 직계존속이 치욕을 은폐하기 위하거나 양육할 수 없음을 예상하거나 특히 참작할 만한 동기로 인하여 분만중 또는 분만직후의 영아를 살해한 때에는 10년 이하의 징역에 처한다.

제252조(촉탁, 승낙에 의한 살인 등) ①사람의 촉탁 또는 승낙을 받어 그를 살해한 자는 1년 이상 10년 이하의 징역에 처한다.
②사람을 교사 또는 방조하여 자살하게 한 자도 전항의 형과 같다.

제253조(위계 등에 의한 촉탁살인 등) 전조의 경우에 위계 또는 위력으로써 촉탁 또는 승낙하게 하거나 자살을 결의하게 한 때에는 제250조의 예에 의한다.

제254조(미수범) 전4조의 미수범은 처벌한다.

제255조(예비, 음모) 제250조와 제253조의 죄를 범할 목적으로 예비 또는 음모한 자는 10년 이하의 징역에 처한다.

제256조(자격정지의 병과) 제250조, 제252조 또는 제253조의 경우에 유기징역에 처할 때에는 10년 이하의 자격정지를 병과할 수 있다.

제25장 상해와 폭행의 죄

제257조(상해, 존속상해) ①사람의 신체를 상해한 자는 7년 이하의 징역, 10년 이하의 자격정지 또는 1천만원 이하의 벌금에 치한디.
②자기 또는 배우자의 직계존속에 대하여 제1항의 죄를 범한 때에는 10년 이하의 징역 또는 1천500만원 이하의 벌금에 처한다.
③전 2항의 미수범은 처벌한다.

제258조(중상해, 존속중상해) ①사람의 신체를 상해하여 생명에 대한 위험을 발생하게 한 자는 1년 이상 10년 이하의 징역에 처한다.
②신체의 상해로 인하여 불구 또는 불치나 난치의 질병에 이르게 한 자도 전항의 형과 같다.
③자기 또는 배우자의 직계존속에 대하여 전2항의 죄를 범한 때에는 2년 이상 15년 이하의 징역에 처한다.

제258조의2(특수상해) ① 단체 또는 다중의 위력을 보이거나 위험한 물건을 휴대하여 제257조제1항 또는 제2항의 죄를 범한 때에는 1년 이상 10년 이하의 징역에 처한다.
② 단체 또는 다중의 위력을 보이거나 위험한 물건을 휴대하여 제258조의 죄를 범한 때에는 2년 이상 20년 이하의 징역

에 처한다.
③ 제1항의 미수범은 처벌한다.

제259조(상해치사) ①사람의 신체를 상해하여 사망에 이르게 한 자는 3년 이상의 유기징역에 처한다.
②자기 또는 배우자의 직계존속에 대하여 전항의 죄를 범한 때에는 무기 또는 5년 이상의 징역에 처한다.

제260조(폭행, 존속폭행) ①사람의 신체에 대하여 폭행을 가한 자는 2년 이하의 징역, 500만원 이하의 벌금, 구류 또는 과료에 처한다.
②자기 또는 배우자의 직계존속에 대하여 제1항의 죄를 범한 때에는 5년 이하의 징역 또는 700만원 이하의 벌금에 처한다.
③제1항 및 제2항의 죄는 피해자의 명시한 의사에 반하여 공소를 제기할 수 없다.

제261조(특수폭행) 단체 또는 다중의 위력을 보이거나 위험한 물건을 휴대하여 제260조제1항 또는 제2항의 죄를 범한 때에는 5년 이하의 징역 또는 1천만원 이하의 벌금에 처한다.

제262조(폭행치사상) 전2조의 죄를 범하여 사람을 사상에 이르게 한때에는 제257조 내지 제259조의 예에 의한다.

제263조(동시범) 독립행위가 경합하여 상해의 결과를 발생하게 한 경우에 있어서 원인된 행위가 판명되지 아니한 때에는 공동정범의 예에 의한다.

제264조(상습범) 상습으로 제257조, 제258조, 제258조의2, 제260조 또는 제261조의 죄를 범한 때에는 그 죄에 정한 형의 2분의 1까지 가중한다.

제265조(자격정지의 병과) 제257조제2항, 제258조, 제258조의2, 제260조제2항, 제261조 또는 전조의 경우에는 10년 이하의 자격정지를 병과할 수 있다.

제26장 과실치사상의 죄

제266조(과실치상) ①과실로 인하여 사람의 신체를 상해에 이르게 한 자는 500만원 이하의 벌금, 구류 또는 과료에 처한다.
②제1항의 죄는 피해자의 명시한 의사에 반하여 공소를 제기할 수 없다.

제267조(과실치사) 과실로 인하여 사람을 사망에 이르게 한 자는 2년 이하의 금고 또는 700만원 이하의 벌금에 처한다.

제268조(업무상과실·중과실 치사상) 업무상과실 또는 중대한 과실로 인하여 사람을 사상에 이르게 한 자는 5년 이하의 금고 또는 2천만원 이하의 벌금에 처한다.

제27장 낙태의 죄

제269조(낙태) ①부녀가 약물 기타 방법으로 낙태한 때에는 1년 이하의 징역 또는 200만원 이하의 벌금에 처한다.
②부녀의 촉탁 또는 승낙을 받아 낙태하게 한 자도 제1항의 형과 같다.
③제2항의 죄를 범하여 부녀를 상해에 이르게 한때에는 3년 이하의 징역에 처한다. 사망에 이르게 한때에는 7년 이하의 징역에 처한다.

제270조(의사 등의 낙태, 부동의낙태) ① 의사, 한의사, 조산사, 약제사 또는 약종상이 부녀의 촉탁 또는 승낙을 받아 낙태하게 한 때에는 2년 이하의 징역에 처한다.
②부녀의 촉탁 또는 승낙없이 낙태하게 한 자는 3년 이하의 징역에 처한다
③제1항 또는 제2항의 죄를 범하여 부녀를 상해에 이르게 한때에는 5년 이하의 징역에 처한다. 사망에 이르게 한때에는 10년 이하의 징역에 처한다.
④전 3항의 경우에는 7년 이하의 자격정지를 병과한다

제28장 유기와 학대의 죄

제271조(유기, 존속유기) ①노유, 질병 기타 사정으로 인하여 부조를 요하는 자를 보호할 법률상 또는 계약상의무 있는 자가 유기한 때에는 3년 이하의 징역 또는 500만원 이하의 벌금에 처한다.
②자기 또는 배우자의 직계존속에 대하여 제1항의 죄를 범한 때에는 10년 이하의 징역 또는 1천500만원 이하의 벌금에 처한다.
③제1항의 죄를 범하여 사람의 생명에 대한 위험을 발생하게 한 때에는 7년 이하의 징역에 처한다.
④제2항의 죄를 범하여 사람의 생명에 대하여 위험을 발생한 때에는 2년 이상의 유기징역에 처한다.

제272조(영아유기) 직계존속이 치욕을 은폐하기 위하거나 양육할 수 없음을 예상하거나 특히 참작할 만한 동기로 인하여 영아를 유기한 때에는 2년 이하의 징역 또는 300만원 이하의 벌금에 처한다.

제273조(학대, 존속학대) ①자기의 보호 또는 감독을 받는 사람을 학대한 자는 2년 이하의 징역 또는 500만원 이하의 벌금에 처한다.
②자기 또는 배우자의 직계존속에 대하여 전항의 죄를 범한 때에는 5년 이하의 징역 또는 700만원 이하의 벌금에 처한다.

제274조(아동혹사) 자기의 보호 또는 감독을 받는 16세 미만의 자를 그 생명 또는 신체에 위험한 업무에 사용할 영업자 또는 그 종업자에게 인도한 자는 5년 이하의 징역에 처한다. 그 인도를 받은 자도 같다.

제275조(유기등 치사상) ①제271조 내지 제273조의 죄를 범하여 사람을 상해에 이르게 한 때에는 7년 이하의 징역에 처한다. 사망에 이르게 한 때에는 3년 이상의 유기징역에 처한다.
②자기 또는 배우자의 직계존속에 대하여

제271조 또는 제273조의 죄를 범하여 상해에 이르게 한 때에는 3년 이상의 유기징역에 처한다. 사망에 이르게 한 때에는 무기 또는 5년이상의 징역에 처한다.

제29장 체포와 감금의 죄

제276조(체포, 감금, 존속체포, 존속감금) ①사람을 체포 또는 감금한 자는 5년 이하의 징역 또는 700만원 이하의 벌금에 처한다.
②자기 또는 배우자의 직계존속에 대하여 제1항의 죄를 범한 때에는 10년 이하의 징역 또는 1천500만원 이하의 벌금에 처한다.

제277조(중체포, 중감금, 존속중체포, 존속중감금) ①사람을 체포 또는 감금하여 가혹한 행위를 가한 자는 7년 이하의 징역에 처한다.
②자기 또는 배우자의 직계존속에 대하여 전항의 죄를 범한 때에는 2년 이상의 유기징역에 처한다.

제278조(특수체포, 특수감금) 단체 또는 다중의 위력을 보이거나 위험한 물건을 휴대하여 전 2조의 죄를 범한 때에는 그 죄에 정한 형의 2분의 1까지 가중한다.

제279조(상습범) 상습으로 제276조 또는 제277조의 죄를 범한 때에는 전조의 예에 의한다.

제280조(미수범) 전4조의 미수범은 처벌한다.

제281조(체포·감금등의 치사상) ①제276조 내지 제280조의 죄를 범하여 사람을 상해에 이르게 한 때에는 1년 이상의 유기징역에 처한다. 사망에 이르게 한 때에는 3년 이상의 유기징역에 처한다.
②자기 또는 배우자의 직계존속에 대하여 제276조 내지 제280조의 죄를 범하여 상해에 이르게 한 때에는 2년 이상의 유기징역에 처한다. 사망에 이르게 한 때에는

무기 또는 5년이상의 징역에 처한다.

제282조(자격정지의 병과) 본장의 죄에는 10년 이하의 자격정지를 병과할 수 있다.

제30장 협박의 죄

제283조(협박, 존속협박) ①사람을 협박한 자는 3년 이하의 징역, 500만원 이하의 벌금, 구류 또는 과료에 처한다.
②자기 또는 배우자의 직계존속에 대하여 제1항의 죄를 범한 때에는 5년 이하의 징역 또는 700만원 이하의 벌금에 처한다.
③제1항 및 제2항의 죄는 피해자의 명시한 의사에 반하여 공소를 제기할 수 없다.

제284조(특수협박) 단체 또는 다중의 위력을 보이거나 위험한 물건을 휴대하여 전조제1항, 제2항의 죄를 범한 때에는 7년 이하의 징역 또는 1천만원 이하의 벌금에 처한다.

제285조(상습범) 상습으로 제283조제1항, 제2항 또는 전조의 죄를 범한 때에는 그 죄에 정한 형의 2분의 1까지 가중한다.

제286조(미수범) 전3조의 미수범은 처벌한다.

제31장 약취(略取), 유인(誘引) 및 인신매매의 죄

제287조(미성년자의 약취, 유인) 미성년자를 약취 또는 유인한 사람은 10년 이하의 징역에 처한다.

제288조(추행 등 목적 약취, 유인 등) ① 추행, 간음, 결혼 또는 영리의 목적으로 사람을 약취 또는 유인한 사람은 1년 이상 10년 이하의 징역에 처한다.
② 노동력 착취, 성매매와 성적 착취, 장기적출을 목적으로 사람을 약취 또는 유인한 사람은 2년 이상 15년 이하의 징역에 처한다.

③ 국외에 이송할 목적으로 사람을 약취 또는 유인하거나 약취 또는 유인된 사람을 국외에 이송한 사람도 제2항과 동일한 형으로 처벌한다.

제289조(인신매매) ① 사람을 매매한 사람은 7년 이하의 징역에 처한다.

② 추행, 간음, 결혼 또는 영리의 목적으로 사람을 매매한 사람은 1년 이상 10년 이하의 징역에 처한다.

③ 노동력 착취, 성매매와 성적 착취, 장기 적출을 목적으로 사람을 매매한 사람은 2년 이상 15년 이하의 징역에 처한다.

④ 국외에 이송할 목적으로 사람을 매매하거나 매매된 사람을 국외로 이송한 사람도 제3항과 동일한 형으로 처벌한다.

제290조(약취, 유인, 매매, 이송 등 상해·치상) ① 제287조부터 제289조까지의 죄를 범하여 약취, 유인, 매매 또는 이송된 사람을 상해한 때에는 3년 이상 25년 이하의 징역에 처한다.

② 제287조부터 제289조까지의 죄를 범하여 약취, 유인, 매매 또는 이송된 사람을 상해에 이르게 한 때에는 2년 이상 20년 이하의 징역에 처한다.

제291조(약취, 유인, 매매, 이송 등 살인·치사) ① 제287조부터 제289조까지의 죄를 범하여 약취, 유인, 매매 또는 이송된 사람을 살해한 때에는 사형, 무기 또는 7년 이상의 징역에 처한다.

② 제287조부터 제289조까지의 죄를 범하여 약취, 유인, 매매 또는 이송된 사람을 사망에 이르게 한 때에는 무기 또는 5년 이상의 징역에 처한다.

제292조(약취, 유인, 매매, 이송된 사람의 수수·은닉 등) ① 제287조부터 제289조까지의 죄로 약취, 유인, 매매 또는 이송된 사람을 수수(授受) 또는 은닉한 사람은 7년 이하의 징역에 처한다.

② 제287조부터 제289조까지의 죄를 범할 목적으로 사람을 모집, 운송, 전달한 사람도 제1항과 동일한 형으로 처벌한다.

제293조 삭제 <2013.4.5.>

제294조(미수범) 제287조부터 제289조까지, 제290조제1항, 제291조제1항과 제292조제1항의 미수범은 처벌한다.

제295조(벌금의 병과) 제288조부터 제291조까지, 제292조제1항의 죄와 그 미수범에 대하여는 5천만원 이하의 벌금을 병과할 수 있다.

제295조의2(형의 감경) 제287조부터 제290조까지, 제292조와 제294조의 죄를 범한 사람이 약취, 유인, 매매 또는 이송된 사람을 안전한 장소로 풀어준 때에는 그 형을 감경할 수 있다.

제296조(예비, 음모) 제287조부터 제289조까지, 제290조제1항, 제291조제1항과 제292조제1항의 죄를 범할 목적으로 예비 또는 음모한 사람은 3년 이하의 징역에 처한다.

제296조의2(세계주의) 제287조부터 제292조까지 및 제294조는 대한민국 영역 밖에서 죄를 범한 외국인에게도 적용한다.

제32장 강간과 추행의 죄

제297조(강간) 폭행 또는 협박으로 사람을 강간한 자는 3년 이상의 유기징역에 처한다.

제297조의2(유사강간) 폭행 또는 협박으로 사람에 대하여 구강, 항문 등 신체(성기는 제외한다)의 내부에 성기를 넣거나 성기, 항문에 손가락 등 신체(성기는 제외한다)의 일부 또는 도구를 넣는 행위를 한 사람은 2년 이상의 유기징역에 처한다.

제298조(강제추행) 폭행 또는 협박으로 사람에 대하여 추행을 한 자는 10년 이하의 징역 또는 1천500만원 이하의 벌금에 처한다.

제299조(준강간, 준강제추행) 사람의 심신 상실 또는 항거불능의 상태를 이용하여 간음 또는 추행을 한 자는 제297조, 제297조의2 및 제298조의 예에 의한다.

제300조(미수범) 제297조, 제297조의2, 제298조 및 제299조의 미수범은 처벌한다.

제301조(강간 등 상해·치상) 제297조, 제297조의2 및 제298조부터 제300조까지의 죄를 범한 자가 사람을 상해하거나 상해에 이르게 한 때에는 무기 또는 5년 이상의 징역에 처한다.

제301조의2(강간등 살인·치사) 제297조, 제297조의2 및 제298조부터 제300조까지의 죄를 범한 자가 사람을 살해한 때에는 사형 또는 무기징역에 처한다. 사망에 이르게 한 때에는 무기 또는 10년 이상의 징역에 처한다.

제302조(미성년자 등에 대한 간음) 미성년자 또는 심신미약자에 대하여 위계 또는 위력으로써 간음 또는 추행을 한 자는 5년 이하의 징역에 처한다.

제303조(업무상위력 등에 의한 간음) ①업무, 고용 기타 관계로 인하여 자기의 보호 또는 감독을 받는 사람에 대하여 위계 또는 위력으로써 간음한 자는 5년 이하의 징역 또는 1천500만원 이하의 벌금에 처한다.
②법률에 의하여 구금된 사람을 감호하는 자가 그 사람을 간음한 때에는 7년 이하의 징역에 처한다.

제304조 삭제 <2012.12.18.>

제305조(미성년자에 대한 간음, 추행) 13세 미만의 사람에 대하여 간음 또는 추행을 한 자는 제297조, 제297조의2, 제298조, 제301조 또는 제301조의2의 예에 의한다.

제305조의2(상습범) 상습으로 제297조, 제297조의2, 제298조부터 제300조까지, 제302조, 제303조 또는 제305조의 죄를 범한 자는 그 죄에 정한 형의 2분의 1까지 가중한다.

제306조 삭제 <2012.12.18.>

제33장 명예에 관한 죄

제307조(명예훼손) ①공연히 사실을 적시하여 사람의 명예를 훼손한 자는 2년 이하의 징역이나 금고 또는 500만원 이하의 벌금에 처한다.
②공연히 허위의 사실을 적시하여 사람의 명예를 훼손한 자는 5년 이하의 징역, 10년 이하의 자격정지 또는 1천만원 이하의 벌금에 처한다.

제308조(사자의 명예훼손) 공연히 허위의 사실을 적시하여 사자의 명예를 훼손한 자는 2년 이하의 징역이나 금고 또는 500만원 이하의 벌금에 처한나.

제309조(출판물 등에 의한 명예훼손) ①사람을 비방할 목적으로 신문, 잡지 또는 라디오 기타 출판물에 의하여 제307조제1항의 죄를 범한 자는 3년 이하의 징역이나 금고 또는 700만원 이하의 벌금에 처한다.
②제1항의 방법으로 제307조제2항의 죄를 범한 자는 7년 이하의 징역, 10년 이하의 자격정지 또는 1천500만원 이하의 벌금에 처한다.

제310조(위법성의 조각) 제307조제1항의 행위가 진실한 사실로서 오로지 공공의 이익에 관한 때에는 처벌하지 아니한다.

제311조(모욕) 공연히 사람을 모욕한 자는 1년 이하의 징역이나 금고 또는 200만원 이하의 벌금에 처한다.

제312조(고소와 피해자의 의사) ①제308조와 제311조의 죄는 고소가 있어야 공소를 제기할 수 있다.

②제307조와 제309조의 죄는 피해자의 명시한 의사에 반하여 공소를 제기할 수 없다.

제34장 신용, 업무와 경매에 관한 죄

제313조(신용훼손) 허위의 사실을 유포하거나 기타 위계로써 사람의 신용을 훼손한 자는 5년 이하의 징역 또는 1천500만원 이하의 벌금에 처한다.

제314조(업무방해) ①제313조의 방법 또는 위력으로써 사람의 업무를 방해한 자는 5년 이하의 징역 또는 1천500만원 이하의 벌금에 처한다.
②컴퓨터등 정보처리장치 또는 전자기록등 특수매체기록을 손괴하거나 정보처리장치에 허위의 정보 또는 부정한 명령을 입력하거나 기타 방법으로 정보처리에 장애를 발생하게 하여 사람의 업무를 방해한 자도 제1항의 형과 같다.

제315조(경매, 입찰의 방해) 위계 또는 위력 기타 방법으로 경매 또는 입찰의 공정을 해한 자는 2년 이하의 징역 또는 700만원 이하의 벌금에 처한다.

제35장 비밀침해의 죄

제316조(비밀침해) ①봉함 기타 비밀장치한 사람의 편지, 문서 또는 도화를 개봉한 자는 3년 이하의 징역이나 금고 또는 500만원 이하의 벌금에 처한다.
②봉함 기타 비밀장치한 사람의 편지, 문서, 도화 또는 전자기록등 특수매체기록을 기술적 수단을 이용하여 그 내용을 알아낸 자도 제1항의 형과 같다.

제317조(업무상비밀누설) ①의사, 한의사, 치과의사, 약제사, 약종상, 조산사, 변호사, 변리사, 공인회계사, 공증인, 대서업자나 그 직무상 보조자 또는 차등의 직에 있던 자가 그 직무처리중 지득한 타인의 비밀을 누설한 때에는 3년 이하의 징역이나 금고, 10년 이하의 자격정지 또는 700만원 이하의 벌금에 처한다.
②종교의 직에 있는 자 또는 있던 자가 그 직무상 지득한 사람의 비밀을 누설한 때에도 전항의 형과 같다.

제318조(고소) 본장의 죄는 고소가 있어야 공소를 제기할 수 있다.

제36장 주거침입의 죄

제319조(주거침입, 퇴거불응) ①사람의 주거, 관리하는 건조물, 선박이나 항공기 또는 점유하는 방실에 침입한 자는 3년 이하의 징역 또는 500만원 이하의 벌금에 처한다.
②전항의 장소에서 퇴거요구를 받고 응하지 아니한 자도 전항의 형과 같다.

제320조(특수주거침입) 단체 또는 다중의 위력을 보이거나 위험한 물건을 휴대하여 전조의 죄를 범한 때에는 5년 이하의 징역에 처한다.

제321조(주거·신체 수색) 사람의 신체, 주거, 관리하는 건조물, 자동차, 선박이나 항공기 또는 점유하는 방실을 수색한 자는 3년 이하의 징역에 처한다.

제322조(미수범) 본장의 미수범은 처벌한다.

제37장 권리행사를 방해하는 죄

제323조(권리행사방해) 타인의 점유 또는 권리의 목적이 된 자기의 물건 또는 전자기록등 특수매체기록을 취거, 은닉 또는 손괴하여 타인의 권리행사를 방해한 자는 5년 이하의 징역 또는 700만원 이하의 벌금에 처한다.

제324조(강요) ①폭행 또는 협박으로 사람의 권리행사를 방해하거나 의무없는 일을

하게 한 자는 5년 이하의 징역 또는 3천만원 이하의 벌금에 처한다.

② 단체 또는 다중의 위력을 보이거나 위험한 물건을 휴대하여 제1항의 죄를 범한 자는 10년 이하의 징역 또는 5천만원 이하의 벌금에 처한다.

제324조의2(인질강요) 사람을 체포·감금·약취 또는 유인하여 이를 인질로 삼아 제3자에 대하여 권리행사를 방해하거나 의무없는 일을 하게 한 자는 3년 이상의 유기징역에 처한다.

제324조의3(인질상해·치상) 제324조의2의 죄를 범한 자가 인질을 상해하거나 상해에 이르게 한 때에는 무기 또는 5년 이상의 징역에 처한다.

제324조의4(인질살해·치사) 제324조의2의 죄를 범한 자가 인질을 살해한 때에는 사형 또는 무기징역에 처한다. 사망에 이르게 한 때에는 무기 또는 10년 이상의 징역에 처한다.

제324조의5(미수범) 제324조 내지 제324조의4의 미수범은 처벌한다.

제324조의6(형의 감경) 제324조의2 또는 제324조의3의 죄를 범한 자 및 그 죄의 미수범이 인질을 안전한 장소로 풀어준 때에는 그 형을 감경할 수 있다.

제325조(점유강취, 준점유강취) ①폭행 또는 협박으로 타인의 점유에 속하는 자기의 물건을 강취한 자는 7년 이하의 징역 또는 10년 이하의 자격정지에 처한다.

②타인의 점유에 속하는 자기의 물건을 취거함에 당하여 그 탈환을 항거하거나 체포를 면탈하거나 죄적을 인멸할 목적으로 폭행 또는 협박을 가한 때에도 전항의 형과 같다.

③전 2항의 미수범은 처벌한다.

제326조(중권리행사방해) 제324조 또는 제325조의 죄를 범하여 사람의 생명에 대한 위험을 발생하게 한 자는 10년 이하의 징역에 처한다.

제327조(강제집행면탈) 강제집행을 면할 목적으로 재산을 은닉, 손괴, 허위양도 또는 허위의 채무를 부담하여 채권자를 해한 자는 3년 이하의 징역 또는 1천만원 이하의 벌금에 처한다.

제328조(친족간의 범행과 고소) ①직계혈족, 배우자, 동거친족, 동거가족 또는 그 배우자간의 제323조의 죄는 그 형을 면제한다.

②제1항이외의 친족간에 제323조의 죄를 범한 때에는 고소가 있어야 공소를 제기할 수 있다.

③전 2항의 신분관계가 없는 공범에 대하여는 전 이항을 적용하지 아니한다.

제38장 절도와 강도의 죄

제329조(절도) 타인의 재물을 절취한 자는 6년 이하의 징역 또는 1천만원 이하의 벌금에 처한다.

제330조(야간주거침입절도) 야간에 사람의 주거, 간수하는 저택, 건조물이나 선박 또는 점유하는 방실에 침입하여 타인의 재물을 절취한 자는 10년 이하의 징역에 처한다.

제331조(특수절도) ①야간에 문호 또는 장벽 기타 건조물의 일부를 손괴하고 전조의 장소에 침입하여 타인의 재물을 절취한 자는 1년 이상 10년 이하의 징역에 처한다.

②흉기를 휴대하거나 2인 이상이 합동하여 타인의 재물을 절취한 자도 전항의 형과 같다.

제331조의2(자동차등 불법사용) 권리자의 동의없이 타인의 자동차, 선박, 항공기 또는 원동기장치자전거를 일시 사용한 자는 3년 이하의 징역, 500만원 이하의 벌금,

구류 또는 과료에 처한다.

제332조(상습범) 상습으로 제329조 내지 제331조의2의 죄를 범한 자는 그 죄에 정한 형의 2분의 1까지 가중한다.

제333조(강도) 폭행 또는 협박으로 타인의 재물을 강취하거나 기타 재산상의 이익을 취득하거나 제삼자로 하여금 이를 취득하게 한 자는 3년 이상의 유기징역에 처한다.

제334조(특수강도) ①야간에 사람의 주거, 관리하는 건조물, 선박이나 항공기 또는 점유하는 방실에 침입하여 제333조의 죄를 범한 자는 무기 또는 5년 이상의 징역에 처한다.
②흉기를 휴대하거나 2인 이상이 합동하여 전조의 죄를 범한 자도 전항의 형과 같다.

제335조(준강도) 절도가 재물의 탈환을 항거하거나 체포를 면탈하거나 죄적을 인멸할 목적으로 폭행 또는 협박을 가한 때에는 전2조의 예에 의한다.

제336조(인질강도) 사람을 체포·감금·약취 또는 유인하여 이를 인질로 삼아 재물 또는 재산상의 이익을 취득하거나 제3자로 하여금 이를 취득하게 한 자는 3년 이상의 유기징역에 처한다.

제337조(강도상해, 치상) 강도가 사람을 상해하거나 상해에 이르게 한때에는 무기 또는 7년 이상의 징역에 처한다.

제338조(강도살인·치사) 강도가 사람을 살해한 때에는 사형 또는 무기징역에 처한다. 사망에 이르게 한 때에는 무기 또는 10년 이상의 징역에 처한다.

제339조(강도강간) 강도가 사람을 강간한 때에는 무기 또는 10년 이상의 징역에 처한다.

제340조(해상강도) ①다중의 위력으로 해상에서 선박을 강취하거나 선박내에 침입하여 타인의 재물을 강취한 자는 무기 또는 7년 이상의 징역에 처한다.

②제1항의 죄를 범한 자가 사람을 상해하거나 상해에 이르게 한때에는 무기 또는 10년 이상의 징역에 처한다.
③제1항의 죄를 범한 자가 사람을 살해 또는 사망에 이르게 하거나 강간한 때에는 사형 또는 무기징역에 처한다.

제341조(상습범) 상습으로 제333조, 제334조, 제336조 또는 전조제1항의 죄를 범한 자는 무기 또는 10년 이상의 징역에 처한다.

제342조(미수범) 제329조 내지 제341조의 미수범은 처벌한다.

제343조(예비, 음모) 강도할 목적으로 예비 또는 음모한 자는 7년 이하의 징역에 처한다.

제344조(친족간의 범행) 제328조의 규정은 제329조 내지 제332조의 죄 또는 미수범에 준용한다.

제345조(자격정지의 병과) 본장의 죄를 범하여 유기징역에 처할 경우에는 10년 이하의 자격정지를 병과할 수 있다.

제346조(동력) 본장의 죄에 있어서 관리할 수 있는 동력은 재물로 간주한다.

제39장 사기와 공갈의 죄

제347조(사기) ①사람을 기망하여 재물의 교부를 받거나 재산상의 이익을 취득한 자는 10년 이하의 징역 또는 2천만원 이하의 벌금에 처한다.
②전항의 방법으로 제삼자로 하여금 재물의 교부를 받게 하거나 재산상의 이익을 취득하게 한 때에도 전항의 형과 같다.

제347조의2(컴퓨터등 사용사기) 컴퓨터등 정보처리장치에 허위의 정보 또는 부정한 명령을 입력하거나 권한 없이 정보를 입력·변경하여 정보처리를 하게 함으로써 재산상의 이익을 취득하거나 제3자로 하여금 취득하게 한 자는 10년 이하의 징

역 또는 2천만원 이하의 벌금에 처한다.

제348조(준사기) ①미성년자의 지려천박 또는 사람의 심신장애를 이용하여 재물의 교부를 받거나 재산상의 이익을 취득한 자는 10년 이하의 징역 또는 2천만원 이하의 벌금에 처한다.

②전항의 방법으로 제삼자로 하여금 재물의 교부를 받게 하거나 재산상의 이익을 취득하게 한 때에도 전항의 형과 같다.

제348조의2(편의시설부정이용) 부정한 방법으로 대가를 지급하지 아니하고 자동판매기, 공중전화 기타 유료자동설비를 이용하여 재물 또는 재산상의 이익을 취득한 자는 3년 이하의 징역, 500만원 이하의 벌금, 구류 또는 과료에 처한다.

제349조(부당이득) ①사람의 궁박한 상태를 이용하여 현저하게 부당한 이익을 취득한 자는 3년 이하의 징역 또는 1천만원 이하의 벌금에 처한다.

②전항의 방법으로 제삼자로 하여금 부당한 이익을 취득하게 한 때에도 전항의 형과 같다.

제350조(공갈) ①사람을 공갈하여 재물의 교부를 받거나 재산상의 이익을 취득한 자는 10년 이하의 징역 또는 2천만원 이하의 벌금에 처한다.

②전항의 방법으로 제삼자로 하여금 재물의 교부를 받게 하거나 재산상의 이익을 취득하게 한 때에도 전항의 형과 같다.

제350조의2(특수공갈) 단체 또는 다중의 위력을 보이거나 위험한 물건을 휴대하여 제350조의 죄를 범한 자는 1년 이상 15년 이하의 징역에 처한다.

제351조(상습범) 상습으로 제347조 내지 전조의 죄를 범한 자는 그 죄에 정한 형의 2분의 1까지 가중한다.

제352조(미수범) 제347조 내지 제348조의2, 제350조, 제350조의2와 제351조의 미수범은 처벌한다.

제353조(자격정지의 병과) 본장의 죄에는 10년 이하의 자격정지를 병과할 수 있다.

제354조(친족간의 범행, 동력) 제328조와 제346조의 규정은 본장의 죄에 준용한다.

제40장 횡령과 배임의 죄

제355조(횡령, 배임) ①타인의 재물을 보관하는 자가 그 재물을 횡령하거나 그 반환을 거부한 때에는 5년 이하의 징역 또는 1천500만원 이하의 벌금에 처한다.

②타인의 사무를 처리하는 자가 그 임무에 위배하는 행위로써 재산상의 이익을 취득하거나 제삼자로 하여금 이를 취득하게 하여 본인에게 손해를 가한 때에도 전항의 형과 같다.

제356조(업무상의 횡령과 배임) 업무상의 임무에 위배하여 제355조의 죄를 범한 자는 10년 이하의 징역 또는 3천만원 이하의 벌금에 처한다.

제357조(배임수증재) ① 타인의 사무를 처리하는 자가 그 임무에 관하여 부정한 청탁을 받고 재물 또는 재산상의 이익을 취득하거나 제3자로 하여금 이를 취득하게 한 때에는 5년 이하의 징역 또는 1천만원 이하의 벌금에 처한다.

②제1항의 재물 또는 이익을 공여한 자는 2년 이하의 징역 또는 500만원 이하의 벌금에 처한다.

③ 범인 또는 정(情)을 아는 제3자가 취득한 제1항의 재물은 몰수한다. 그 재물을 몰수하기 불가능하거나 재산상의 이익을 취득한 때에는 그 가액을 추징한다.

제358조(자격정지의 병과) 전3조의 죄에는 10년 이하의 자격정지를 병과할 수 있다.

제359조(미수범) 제355조 내지 제357조의 미수범은 처벌한다.

제360조(점유이탈물횡령) ①유실물, 표류물

또는 타인의 점유를 이탈한 재물을 횡령한 자는 1년 이하의 징역이나 300만원 이하의 벌금 또는 과료에 처한다.
②매장물을 횡령한 자도 전항의 형과 같다.

제361조(친족간의 범행, 동력) 제328조와 제346조의 규정은 본장의 죄에 준용한다.

제41장 장물에 관한 죄

제362조(장물의 취득, 알선 등) ①장물을 취득, 양도, 운반 또는 보관한 자는 7년 이하의 징역 또는 1천500만원 이하의 벌금에 처한다.
②전항의 행위를 알선한 자도 전항의 형과 같다.

제363조(상습범) ①상습으로 전조의 죄를 범한 자는 1년 이상 10년 이하의 징역에 처한다.
②제1항의 경우에는 10년 이하의 자격정지 또는 1천500만원 이하의 벌금을 병과할 수 있다.

제364조(업무상과실, 중과실) 업무상과실 또는 중대한 과실로 인하여 제362조의 죄를 범한 자는 1년 이하의 금고 또는 500만원 이하의 벌금에 처한다.

제365조(친족간의 범행) ①전3조의 죄를 범한 자와 피해자간에 제328조제1항, 제2항의 신분관계가 있는 때에는 동조의 규정을 준용한다.
②전3조의 죄를 범한 자와 본범간에 제328조제1항의 신분관계가 있는 때에는 그 형을 감경 또는 면제한다. 단, 신분관계가 없는 공범에 대하여는 예외로 한다.

제42장 손괴의 죄

제366조(재물손괴등) 타인의 재물, 문서 또는 전자기록등 특수매체기록을 손괴 또는 은닉 기타 방법으로 기 효용을 해한 자는 3년이하의 징역 또는 700만원 이하의 벌금에 처한다.

제367조(공익건조물파괴) 공익에 공하는 건조물을 파괴한 자는 10년 이하의 징역 또는 2천만원 이하의 벌금에 처한다.

제368조(중손괴) ①전2조의 죄를 범하여 사람의 생명 또는 신체에 대하여 위험을 발생하게 한 때에는 1년 이상 10년 이하의 징역에 처한다.
②제366조 또는 제367조의 죄를 범하여 사람을 상해에 이르게 한 때에는 1년 이상의 유기징역에 처한다. 사망에 이르게 한 때에는 3년 이상의 유기징역에 처한다.

제369조(특수손괴) ①단체 또는 다중의 위력을 보이거나 위험한 물건을 휴대하여 제366조의 죄를 범한 때에는 5년 이하의 징역 또는 1천만원 이하의 벌금에 처한다.
②제1항의 방법으로 제367조의 죄를 범한 때에는 1년 이상의 유기징역 또는 2천만원 이하의 벌금에 처한다.

제370조(경계침범) 경계표를 손괴, 이동 또는 제거하거나 기타 방법으로 토지의 경계를 인식 불능하게 한 자는 3년 이하의 징역 또는 500만원 이하의 벌금에 처한다.

제371조(미수범) 제366조, 제367조와 제369조의 미수범은 처벌한다.

제372조(동력) 본장의 죄에는 제346조를 준용한다.

부 칙<제15163호, 2017.12.12.>
제1조(시행일) 이 법은 공포한 날부터 시행한다.
제2조(시효의 기간에 관한 적용례) 제78조제5호 및 제6호의 개정규정은 이 법 시행 후 최초로 재판이 확정되는 경우부터 적용한다.

형사소송법

[시행 2018.1.7.]

제1편 총 칙

제1장 법원의 관할

제1조(관할의 직권조사) 법원은 직권으로 관할을 조사하여야 한다.

제2조(관할위반과 소송행위의 효력) 소송행위는 관할위반인 경우에도 그 효력에 영향이 없다.

제3조(관할구역 외에서의 집무) ①법원은 사실발견을 위하여 필요하거나 긴급을 요하는 때에는 관할구역 외에서 직무를 행하거나 사실조사에 필요한 처분을 할 수 있다.
②전항의 규정은 수명법관에게 준용한다.

제4조(토지관할) ①토지관할은 범죄지, 피고인의 주소, 거소 또는 현재지로 한다.
②국외에 있는 대한민국 선박 내에서 범한 죄에 관하여는 전항에 규정한 곳 외에 선적지 또는 범죄 후의 선착지로 한다.
③전항의 규정은 국외에 있는 대한민국 항공기 내에서 범한 죄에 관하여 준용한다.

제5조(토지관할의 병합) 토지관할을 달리하는 수개의 사건이 관련된 때에는 1개의 사건에 관하여 관할권 있는 법원은 다른 사건까지 관할할 수 있다.

제6조(토지관할의 병합심리) 토지관할을 달리하는 수개의 관련사건이 각각 다른 법원에 계속된 때에는 공통되는 직근 상급법원은 검사 또는 피고인의 신청에 의하여 결정으로 1개 법원으로 하여금 병합심리하게 할 수 있다.

제7조(토지관할의 심리분리) 토지관할을 달리하는 수개의 관련사건이 동일법원에 계속된 경우에 병합심리의 필요가 없는 때에는 법원은 결정으로 이를 분리하여 관할권 있는 다른 법원에 이송할 수 있다.

제8조(사건의 직권이송) ①법원은 피고인이 그 관할구역 내에 현재하지 아니하는 경우에 특별한 사정이 있으면 결정으로 사건을 피고인의 현재지를 관할하는 동급법원에 이송할 수 있다.
②단독판사의 관할사건이 공소장변경에 의하여 합의부 관할사건으로 변경된 경우에 법원은 결정으로 관할권이 있는 법원에 이송한다.

제9조(사물관할의 병합) 사물관할을 달리하는 수개의 사건이 관련된 때에는 법원합의부는 병합관할한다 단, 결정으로 관할권 있는 법원단독판사에게 이송할 수 있다.

제10조(사물관할의 병합심리) 사물관할을 달리하는 수개의 관련사건이 각각 법원합의부와 단독판사에 계속된 때에는 합의부는 결정으로 단독판사에 속한 사건을 병합하여 심리할 수 있다.

제11조(관련사건의 정의) 관련사건은 다음과 같다.
1. 1인이 범한 수죄
2. 수인이 공동으로 범한 죄
3. 수인이 동시에 동일장소에서 범한 죄
4. 범인은닉죄, 증거인멸죄, 위증죄, 허위감정통역죄 또는 장물에 관한 죄와 그 본범의 죄

제12조(동일사건과 수개의 소송계속) 동일사건이 사물관할을 달리하는 수개의 법원에 계속된 때에는 법원합의부가 심판한다.

제13조(관할의 경합) 동일사건이 사물관할을 같이하는 수개의 법원에 계속된 때에

는 먼저 공소를 받은 법원이 심판한다. 단, 각 법원에 공통되는 직근 상급법원은 검사 또는 피고인의 신청에 의하여 결정으로 뒤에 공소를 받은 법원으로 하여금 심판하게 할 수 있다.

제14조(관할지정의 청구) 검사는 다음 경우에는 관계있는 제1심법원에 공통되는 직근 상급법원에 관할지정을 신청하여야 한다.
1. 법원의 관할이 명확하지 아니한 때
2. 관할위반을 선고한 재판이 확정된 사건에 관하여 다른 관할법원이 없는 때

제15조(관할이전의 신청) 검사는 다음 경우에는 직근 상급법원에 관할이전을 신청하여야 한다. 피고인도 이 신청을 할 수 있다.
1. 관할법원이 법률상의 이유 또는 특별한 사정으로 재판권을 행할 수 없는 때
2. 범죄의 성질, 지방의 민심, 소송의 상황 기타 사정으로 재판의 공평을 유지하기 어려운 염려가 있는 때

제16조(관할의 지정 또는 이전신청의 방식)
①관할의 지정 또는 이전을 신청함에는 그 사유를 기재한 신청서를 직근 상급법원에 제출하여야 한다.
②공소를 제기한 후 관할의 지정 또는 이전을 신청하는 때에는 즉시 공소를 접수한 법원에 통지하여야 한다.

제16조의2(사건의 군사법원 이송) 법원은 공소가 제기된 사건에 대하여 군사법원이 재판권을 가지게 되었거나 재판권을 가졌음이 판명된 때에는 결정으로 사건을 재판권이 있는 같은 심급의 군사법원으로 이송한다. 이 경우에 이송전에 행한 소송행위는 이송후에도 그 효력에 영향이 없다.

제2장 법원직원의 제척, 기피, 회피

제17조(제척의 원인) 법관은 다음 경우에는 직무집행에서 제척된다.

1. 법관이 피해자인 때
2. 법관이 피고인 또는 피해자의 친족 또는 친족관계가 있었던 자인 때
3. 법관이 피고인 또는 피해자의 법정대리인, 후견감독인인 때
4. 법관이 사건에 관하여 증인, 감정인, 피해자의 대리인으로 된 때
5. 법관이 사건에 관하여 피고인의 대리인, 변호인, 보조인으로 된 때
6. 법관이 사건에 관하여 검사 또는 사법경찰관의 직무를 행한 때
7. 법관이 사건에 관하여 전심재판 또는 그 기초되는 조사, 심리에 관여한 때

제18조(기피의 원인과 신청권자) ①검사 또는 피고인은 다음 경우에 법관의 기피를 신청할 수 있다.
1. 법관이 전조 각 호의 사유에 해당되는 때
2. 법관이 불공평한 재판을 할 염려가 있는 때
②변호인은 피고인의 명시한 의사에 반하지 아니하는 때에 한하여 법관에 대한 기피를 신청할 수 있다.

제19조(기피신청의 관할) ①합의법원의 법관에 대한 기피는 그 법관의 소속법원에 신청하고 수명법관, 수탁판사 또는 단독판사에 대한 기피는 당해 법관에게 신청하여야 한다.
②기피사유는 신청한 날로부터 3일 이내에 서면으로 소명하여야 한다.

제20조(기피신청기각과 처리) ①기피신청이 소송의 지연을 목적으로 함이 명백하거나 제19조의 규정에 위배된 때에는 신청을 받은 법원 또는 법관은 결정으로 이를 기각한다.
②기피당한 법관은 전항의 경우를 제한 외에는 지체없이 기피신청에 대한 의견서를 제출하여야 한다.
③전항의 경우에 기피당한 법관이 기피의 신청을 이유있다고 인정하는 때에는 그

결정이 있은 것으로 간주한다.

제21조(기피신청에 대한 재판) ①기피신청에 대한 재판은 기피당한 법관의 소속법원합의부에서 결정으로 하여야 한다.
②기피당한 법관은 전항의 결정에 관여하지 못한다.
③기피당한 판사의 소속법원이 합의부를 구성하지 못하는 때에는 직근 상급법원이 결정하여야 한다.

제22조(기피신청과 소송의 정지) 기피신청이 있는 때에는 제20조제1항의 경우를 제한 외에는 소송진행을 정지하여야 한다. 단, 급속을 요하는 경우에는 예외로 한다.

제23조(기피신청기각과 즉시항고) ①기피신청을 기각한 결정에 대하여는 즉시항고를 할 수 있다.
②제20조제1항의 기각결정에 대한 즉시항고는 재판의 집행을 정지하는 효력이 없다.

제24조(회피의 원인 등) ①법관이 제18조의 규정에 해당하는 사유가 있다고 사료한 때에는 회피하여야 한다.
②회피는 소속법원에 서면으로 신청하여야 한다.
③제21조의 규정은 회피에 준용한다.

제25조(법원사무관등에 대한 제척·기피·회피) ①본장의 규정은 제17조제7호의 규정을 제한 외에는 법원서기관·법원사무관·법원주사 또는 법원주사보(이하 "법원사무관등")와 통역인에 준용한다.
②전항의 법원사무관등과 통역인에 대한 기피재판은 그 소속법원이 결정으로 하여야 한다. 단, 제20조제1항의 결정은 기피당한 자의 소속법관이 한다.

제3장 소송행위의 대리와 보조

제26조(의사무능력자와 소송행위의 대리) 「형법」 제9조 내지 제11조의 규정의 적용을 받지 아니하는 범죄사건에 관하여 피고인 또는 피의자가 의사능력이 없는 때에는 그 법정대리인이 소송행위를 대리한다.

제27조(법인과 소송행위의 대표) ①피고인 또는 피의자가 법인인 때에는 그 대표자가 소송행위를 대표한다.
②수인이 공동하여 법인을 대표하는 경우에도 소송행위에 관하여는 각자가 대표한다.

제28조(소송행위의 특별대리인) ①전2조의 규정에 의하여 피고인을 대리 또는 대표할 자가 없는 때에는 법원은 직권 또는 검사의 청구에 의하여 특별대리인을 선임하여야 하며 피의자를 대리 또는 대표할 자가 없는 때에는 법원은 검사 또는 이해관계인의 청구에 의하여 특별대리인을 선임하여야 한다.
②특별대리인은 피고인 또는 피의자를 대리 또는 대표하여 소송행위를 할 자가 있을 때까지 그 임무를 행한다.

제29조(보조인) ①피고인 또는 피의자의 법정대리인, 배우자, 직계친족과 형제자매는 보조인이 될 수 있다.
② 보조인이 될 수 있는 자가 없거나 장애 등의 사유로 보조인으로서 역할을 할 수 없는 경우에는 피고인 또는 피의자와 신뢰관계 있는 자가 보조인이 될 수 있다.
③보조인이 되고자 하는 자는 심급별로 그 취지를 신고하여야 한다.
④보조인은 독립하여 피고인 또는 피의자의 명시한 의사에 반하지 아니하는 소송행위를 할 수 있다. 단, 법률에 다른 규정이 있는 때에는 예외로 한다.

제4장 변호

제30조(변호인선임권자) ①피고인 또는 피의자는 변호인을 선임할 수 있다.
②피고인 또는 피의자의 법정대리인, 배우자, 직계친족과 형제자매는 독립하여 변

호인을 선임할 수 있다.

제31조(변호인의 자격과 특별변호인) 변호인은 변호사 중에서 선임하여야 한다. 단, 대법원 이외의 법원은 특별한 사정이 있으면 변호사 아닌 자를 변호인으로 선임함을 허가할 수 있다.

제32조(변호인선임의 효력) ①변호인의 선임은 심급마다 변호인과 연명날인한 서면으로 제출하여야 한다.
②공소제기 전의 변호인 선임은 제1심에도 그 효력이 있다.

제32조의2(대표변호인) ①수인의 변호인이 있는 때에는 재판장은 피고인·피의자 또는 변호인의 신청에 의하여 대표변호인을 지정할 수 있고 그 지정을 철회 또는 변경할 수 있다.
②제1항의 신청이 없는 때에는 재판장은 직권으로 대표변호인을 지정할 수 있고 그 지정을 철회 또는 변경할 수 있다.
③대표변호인은 3인을 초과할 수 없다.
④대표변호인에 대한 통지 또는 서류의 송달은 변호인 전원에 대하여 효력이 있다.
⑤제1항 내지 제4항의 규정은 피의자에게 수인의 변호인이 있는 때에 검사가 대표변호인을 지정하는 경우에 이를 준용한다.

제33조(국선변호인) ①다음 각 호의 어느 하나에 해당하는 경우에 변호인이 없는 때에는 법원은 직권으로 변호인을 선정하여야 한다.
1. 피고인이 구속된 때
2. 피고인이 미성년자인 때
3. 피고인이 70세 이상인 때
4. 피고인이 농아자인 때
5. 피고인이 심신장애의 의심이 있는 때
6. 피고인이 사형, 무기 또는 단기 3년 이상의 징역이나 금고에 해당하는 사건으로 기소된 때
②법원은 피고인이 빈곤 그 밖의 사유로 변호인을 선임할 수 없는 경우에 피고인의 청구가 있는 때에는 변호인을 선정하여야 한다.
③법원은 피고인의 연령·지능 및 교육정도 등을 참작하여 권리보호를 위하여 필요하다고 인정하는 때에는 피고인의 명시적 의사에 반하지 아니하는 범위 안에서 변호인을 선정하여야 한다.

제34조(피고인, 피의자와의 접견, 교통, 수진) 변호인 또는 변호인이 되려는 자는 신체구속을 당한 피고인 또는 피의자와 접견하고 서류 또는 물건을 수수할 수 있으며 의사로 하여금 진료하게 할 수 있다.

제35조(서류·증거물의 열람·복사) ①피고인과 변호인은 소송계속 중의 관계 서류 또는 증거물을 열람하거나 복사할 수 있다.
②피고인의 법정대리인, 제28조에 따른 특별대리인, 제29조에 따른 보조인 또는 피고인의 배우자·직계친족·형제자매로서 피고인의 위임장 및 신분관계를 증명하는 문서를 제출한 자도 제1항과 같다.
③ 재판장은 피해자, 증인 등 사건관계인의 생명 또는 신체의 안전을 현저히 해칠 우려가 있는 경우에는 제1항 및 제2항에 따른 열람·복사에 앞서 사건관계인의 성명 등 개인정보가 공개되지 아니하도록 보호조치를 할 수 있다.
④ 제3항에 따른 개인정보 보호조치의 방법과 절차, 그 밖에 필요한 사항은 대법원규칙으로 정한다.

제36조(변호인의 독립소송행위권) 변호인은 독립하여 소송행위를 할 수 있다. 단, 법률에 다른 규정이 있는 때에는 예외로 한다.

제5장 재판

제37조(판결, 결정, 명령) ①판결은 법률에 다른 규정이 없으면 구두변론에 의거하여야 한다.
②결정 또는 명령은 구두변론에 의거하지

아니 할 수 있다.

③결정 또는 명령을 함에 필요한 경우에는 사실을 조사할 수 있다.

④전항의 조사는 부원에게 명할 수 있고 다른 지방법원의 판사에게 촉탁할 수 있다.

제38조(재판서의 방식) 재판은 법관이 작성한 재판서에 의하여야 한다. 단, 결정 또는 명령을 고지하는 경우에는 재판서를 작성하지 아니하고 조서에만 기재하여 할 수 있다.

제39조(재판의 이유) 재판에는 이유를 명시하여야 한다. 단, 상소를 불허하는 결정 또는 명령은 예외로 한다.

제40조(재판서의 기재요건) ①재판서에는 법률에 다른 규정이 없으면 재판을 받는 자의 성명, 연령, 직업과 주거를 기재하여야 한다.

②재판을 받는 자가 법인인 때에는 그 명칭과 사무소를 기재하여야 한다.

③ 판결서에는 기소한 검사와 공판에 관여한 검사의 관직, 성명과 변호인의 성명을 기재하여야 한다.

제41조(재판서의 서명 등) ①재판서에는 재판한 법관이 서명날인하여야 한다.

②재판장이 서명날인할 수 없는 때에는 다른 법관이 그 사유를 부기하고 서명날인하여야 하며 다른 법관이 서명날인할 수 없는 때에는 재판장이 그 사유를 부기하고 서명날인하여야 한다.

③판결서 기타 대법원규칙이 정하는 재판서를 제외한 재판서에 대하여는 제1항 및 제2항의 서명날인에 갈음하여 기명날인할 수 있다.

제42조(재판의 선고, 고지의 방식) 재판의 선고 또는 고지는 공판정에서는 재판서에 의하여야 하고 기타의 경우에는 재판서등본의 송달 또는 다른 적당한 방법으로 하여야 한다. 단, 법률에 다른 규정이 있는 때에는 예외로 한다.

제43조(동전) 재판의 선고 또는 고지는 재판장이 한다. 판결을 선고함에는 주문을 낭독하고 이유의 요지를 설명하여야 한다.

제44조(검사의 집행지휘를 요하는 사건) 검사의 집행지휘를 요하는 재판은 재판서 또는 재판을 기재한 조서의 등본 또는 초본을 재판의 선고 또는 고지한 때로부터 10일 이내에 검사에게 송부하여야 한다. 단, 법률에 다른 규정이 있는 때에는 예외로 한다.

제45조(재판서의 등본, 초본의 청구) 피고인 기타의 소송관계인은 비용을 납입하고 재판서 또는 재판을 기재한 조서의 등본 또는 초본의 교부를 청구할 수 있다.

제46조(재판서의 등, 초본의 작성) 재판서 또는 재판을 기재한 조서의 등본 또는 초본은 원본에 의하여 작성하여야 한다. 단, 부득이한 경우에는 등본에 의하여 작성한 수 있다.

제6장 서류

제47조(소송서류의 비공개) 소송에 관한 서류는 공판의 개정 전에는 공익상 필요 기타 상당한 이유가 없으면 공개하지 못한다.

제48조(조서의 작성방법) ①피고인, 피의자, 증인, 감정인, 통역인 또는 번역인을 신문하는 때에는 참여한 법원사무관등이 조서를 작성하여야 한다.

②조서에는 다음 사항을 기재하여야 한다.

1. 피고인, 피의자, 증인, 감정인, 통역인 또는 번역인의 진술

2. 증인, 감정인, 통역인 또는 번역인이 선서를 하지 아니한 때에는 그 사유

③조서는 진술자에게 읽어주거나 열람하게 하여 기재내용의 정확여부를 물어야 한다.

④진술자가 증감변경의 청구를 한 때에는 그 진술을 조서에 기재하여야 한다.

⑤신문에 참여한 검사, 피고인, 피의자 또는 변호인이 조서의 기재의 정확성에 대하여 이의를 진술한 때에는 그 진술의 요지를 조서에 기재하여야 한다.
⑥전항의 경우에는 재판장 또는 신문한 법관은 그 진술에 대한 의견을 기재하게 할 수 있다.
⑦조서에는 진술자로 하여금 간인한 후 서명날인하게 하여야 한다. 단, 진술자가 서명날인을 거부한 때에는 그 사유를 기재하여야 한다.

제49조(검증 등의 조서) ①검증, 압수 또는 수색에 관하여는 조서를 작성하여야 한다.
②검증조서에는 검증목적물의 현상을 명확하게 하기 위하여 도화나 사진을 첨부할 수 있다.
③압수조서에는 품종, 외형상의 특징과 수량을 기재하여야 한다.

제50조(각종 조서의 기재요건) 전2조의 조서에는 조사 또는 처분의 연월일시와 장소를 기재하고 그 조사 또는 처분을 행한 자와 참여한 법원사무관등이 기명날인 또는 서명하여야 한다. 단, 공판기일 외에 법원이 조사 또는 처분을 행한 때에는 재판장 또는 법관과 참여한 법원사무관등이 기명날인 또는 서명하여야 한다.

제51조(공판조서의 기재요건) ①공판기일의 소송절차에 관하여는 참여한 법원사무관등이 공판조서를 작성하여야 한다.
②공판조서에는 다음 사항 기타 모든 소송절차를 기재하여야 한다.
1. 공판을 행한 일시와 법원
2. 법관, 검사, 법원사무관등의 관직, 성명
3. 피고인, 대리인, 대표자, 변호인, 보조인과 통역인의 성명
4. 피고인의 출석여부
5. 공개의 여부와 공개를 금한 때에는 그 이유
6. 공소사실의 진술 또는 그를 변경하는

서면의 낭독
7. 피고인에게 그 권리를 보호함에 필요한 진술의 기회를 준 사실과 그 진술한 사실
8. 제48조제2항에 기재한 사항
9. 증거조사를 한 때에는 증거될 서류, 증거물과 증거조사의 방법
10. 공판정에서 행한 검증 또는 압수
11. 변론의 요지
12. 재판장이 기재를 명한 사항 또는 소송관계인의 청구에 의하여 기재를 허가한 사항
13. 피고인 또는 변호인에게 최종 진술할 기회를 준 사실과 그 진술한 사실
14. 판결 기타의 재판을 선고 또는 고지한 사실

제52조(공판조서작성상의 특례) 공판조서 및 공판기일외의 증인신문조서에는 제48조제3항 내지 제7항의 규정에 의하지 아니한다. 단, 진술자의 청구가 있는 때에는 그 진술에 관한 부분을 읽어주고 증감변경의 청구가 있는 때에는 그 진술을 기재하여야 한다.

제53조(공판조서의 서명 등) ①공판조서에는 재판장과 참여한 법원사무관등이 기명날인 또는 서명하여야 한다.
②재판장이 기명날인 또는 서명할 수 없는 때에는 다른 법관이 그 사유를 부기하고 기명날인 또는 서명하여야 하며 법관 전원이 기명날인 또는 서명할 수 없는 때에는 참여한 법원사무관등이 그 사유를 부기하고 기명날인 또는 서명하여야 한다.
③법원사무관등이 기명날인 또는 서명할 수 없는 때에는 재판장 또는 다른 법관이 그 사유를 부기하고 기명날인 또는 서명하여야 한다.

제54조(공판조서의 정리 등) ①공판조서는 각 공판기일 후 신속히 정리하여야 한다.
②다음 회의 공판기일에 있어서는 전회의 공판심리에 관한 주요사항의 요지를 조서

에 의하여 고지하여야 한다. 다만, 다음 회의 공판기일까지 전회의 공판조서가 정리되지 아니한 때에는 조서에 의하지 아니하고 고지할 수 있다.
③검사, 피고인 또는 변호인은 공판조서의 기재에 대하여 변경을 청구하거나 이의를 제기할 수 있다.
④제3항에 따른 청구나 이의가 있는 때에는 그 취지와 이에 대한 재판장의 의견을 기재한 조서를 당해 공판조서에 첨부하여야 한다.

제55조(피고인의 공판조서열람권등) ①피고인은 공판조서의 열람 또는 등사를 청구할 수 있다.
②피고인이 공판조서를 읽지 못하는 때에는 공판조서의 낭독을 청구할 수 있다.
③전2항의 청구에 응하지 아니한 때에는 그 공판조서를 유죄의 증거로 할 수 없다.

제56조(공판조서의 증명력) 공판기일의 소송절차로서 공판조서에 기재된 것은 그 조서만으로써 증명한다.

제56조의2(공판정에서의 속기·녹음 및 영상녹화) ①법원은 검사, 피고인 또는 변호인의 신청이 있는 때에는 특별한 사정이 없는 한 공판정에서의 심리의 전부 또는 일부를 속기사로 하여금 속기하게 하거나 녹음장치 또는 영상녹화장치를 사용하여 녹음 또는 영상녹화(녹음이 포함된 것을 말한다. 이하 같다)하여야 하며, 필요하다고 인정하는 때에는 직권으로 이를 명할 수 있다.
②법원은 속기록·녹음물 또는 영상녹화물을 공판조서와 별도로 보관하여야 한다.
③검사, 피고인 또는 변호인은 비용을 부담하고 제2항에 따른 속기록·녹음물 또는 영상녹화물의 사본을 청구할 수 있다.

제57조(공무원의 서류) ①공무원이 작성하는 서류에는 법률에 다른 규정이 없는 때에는 작성 연월일과 소속공무소를 기재하고 기명날인 또는 서명하여야 한다.
②서류에는 간인하거나 이에 준하는 조치를 하여야 한다.

제58조(공무원의 서류) ①공무원이 서류를 작성함에는 문자를 변개하지 못한다.
②삽입, 삭제 또는 난외기재를 할 때에는 이 기재한 곳에 날인하고 그 자수를 기재하여야 한다. 단, 삭제한 부분은 해득할 수 있도록 자체를 존치하여야 한다.

제59조(비공무원의 서류) 공무원 아닌 자가 작성하는 서류에는 연월일을 기재하고 기명날인 또는 서명하여야 한다. 인장이 없으면 지장으로 한다. <개정 2017.12.12.>

제59조의2(재판확정기록의 열람·등사) ① 누구든지 권리구제·학술연구 또는 공익적 목적으로 재판이 확정된 사건의 소송기록을 보관하고 있는 검찰청에 그 소송기록의 열람 또는 등사를 신청할 수 있다.
②검사는 다음 각 호의 어느 하나에 해당하는 경우에는 소송기록의 전부 또는 일부의 열람 또는 등사를 제한할 수 있다. 다만, 소송관계인이나 이해관계 있는 제3자가 열람 또는 등사에 관하여 정당한 사유가 있다고 인정되는 경우에는 그러하지 아니하다.
1. 심리가 비공개로 진행된 경우
2. 소송기록의 공개로 인하여 국가의 안전보장, 선량한 풍속, 공공의 질서유지 또는 공공복리를 현저히 해할 우려가 있는 경우
3. 소송기록의 공개로 인하여 사건관계인의 명예나 사생활의 비밀 또는 생명·신체의 안전이나 생활의 평온을 현저히 해할 우려가 있는 경우
4. 소송기록의 공개로 인하여 공범관계에 있는 자 등의 증거인멸 또는 도주를 용이하게 하거나 관련 사건의 재판에 중대한 영향을 초래할 우려가 있는 경우
5. 소송기록의 공개로 인하여 피고인의 개

선이나 갱생에 현저한 지장을 초래할
우려가 있는 경우
6. 소송기록의 공개로 인하여 사건관계인
의 영업비밀(「부정경쟁방지 및 영업비
밀보호에 관한 법률」 제2조제2호의 영
업비밀을 말한다)이 현저하게 침해될
우려가 있는 경우
7. 소송기록의 공개에 대하여 당해 소송관
계인이 동의하지 아니하는 경우
③검사는 제2항에 따라 소송기록의 열람
또는 등사를 제한하는 경우에는 신청인에
게 그 사유를 명시하여 통지하여야 한다.
④검사는 소송기록의 보존을 위하여 필요
하다고 인정하는 경우에는 그 소송기록의
등본을 열람 또는 등사하게 할 수 있다.
다만, 원본의 열람 또는 등사가 필요한
경우에는 그러하지 아니하다.
⑤소송기록을 열람 또는 등사한 자는 열람
또는 등사에 의하여 알게 된 사항을 이용
하여 공공의 질서 또는 선량한 풍속을 해
하거나 피고인의 개선 및 갱생을 방해하
거나 사건관계인의 명예 또는 생활의 평
온을 해하는 행위를 하여서는 아니 된다.
⑥제1항에 따라 소송기록의 열람 또는 등사
를 신청한 자는 열람 또는 등사에 관한 검사
의 처분에 불복하는 경우에는 당해 기록을
보관하고 있는 검찰청에 대응한 법원에 그
처분의 취소 또는 변경을 신청할 수 있다.
⑦제418조 및 제419조는 제6항의 불복신
청에 관하여 준용한다.

제59조의3(확정 판결서등의 열람·복사) ①
누구든지 판결이 확정된 사건의 판결서
또는 그 등본, 증거목록 또는 그 등본, 그
밖에 검사나 피고인 또는 변호인이 법원
에 제출한 서류·물건의 명칭·목록 또는
이에 해당하는 정보(이하 "판결서등"이라
한다)를 보관하는 법원에서 해당 판결서
등을 열람 및 복사(인터넷, 그 밖의 전산
정보처리시스템을 통한 전자적 방법을 포
함한다. 이하 이 조에서 같다)할 수 있다.

다만, 다음 각 호의 어느 하나에 해당하
는 경우에는 판결서등의 열람 및 복사를
제한할 수 있다.
1. 심리가 비공개로 진행된 경우
2. 「소년법」 제2조에 따른 소년에 관한
사건인 경우
3. 공범관계에 있는 자 등의 증거인멸 또
는 도주를 용이하게 하거나 관련 사건
의 재판에 중대한 영향을 초래할 우려
가 있는 경우
4. 국가의 안전보장을 현저히 해할 우려가
명백하게 있는 경우
5. 제59조의2제2항제3호 또는 제6호의
사유가 있는 경우. 다만, 소송관계인의
신청이 있는 경우에 한정한다.
② 법원사무관등이나 그 밖의 법원공무원
은 제1항에 따른 열람 및 복사에 앞서 판
결서등에 기재된 성명 등 개인정보가 공
개되지 아니하도록 대법원규칙으로 정하
는 보호조치를 하여야 한다.
③ 제2항에 따른 개인정보 보호조치를 한
법원사무관등이나 그 밖의 법원공무원은
고의 또는 중대한 과실로 인한 것이 아니
면 제1항에 따른 열람 및 복사와 관련하
여 민사상·형사상 책임을 지지 아니한다.
④ 열람 및 복사에 관하여 정당한 사유가
있는 소송관계인이나 이해관계 있는 제3
자는 제1항 단서에도 불구하고 제1항 본
문에 따른 법원의 법원사무관등이나 그
밖의 법원공무원에게 판결서등의 열람 및
복사를 신청할 수 있다. 이 경우 법원사
무관등이나 그 밖의 법원공무원의 열람
및 복사에 관한 처분에 불복하는 경우에
는 제1항 본문에 따른 법원에 처분의 취
소 또는 변경을 신청할 수 있다.
⑤ 제4항의 불복신청에 대하여는 제417
조 및 제418조를 준용한다.
⑥ 판결서등의 열람 및 복사의 방법과 절차,
개인정보 보호조치의 방법과 절차, 그 밖에
필요한 사항은 대법원규칙으로 정한다.

제7장 송달

제60조(송달받기 위한 신고) ①피고인, 대리인, 대표자, 변호인 또는 보조인이 법원 소재지에 서류의 송달을 받을 수 있는 주거 또는 사무소를 두지 아니한 때에는 법원 소재지에 주거 또는 사무소 있는 자를 송달영수인으로 선임하여 연명한 서면으로 신고하여야 한다.
②송달영수인은 송달에 관하여 본인으로 간주하고 그 주거 또는 사무소는 본인의 주거 또는 사무소로 간주한다.
③송달영수인의 선임은 같은 지역에 있는 각 심급법원에 대하여 효력이 있다.
④전3항의 규정은 신체구속을 당한 자에게 적용하지 아니한다.

제61조(우체에 부치는 송달) ①주거, 사무소 또는 송달영수인의 선임을 신고하여야 할 자가 그 신고를 하지 아니하는 때에는 법원사무관등은 서류를 우체에 부치거나 기타 적당한 방법에 의하여 송달할 수 있다.
②서류를 우체에 부친 경우에는 도달된 때에 송달된 것으로 간주한다.

제62조(검사에 대한 송달) 검사에 대한 송달은 서류를 소속검찰청에 송부하여야 한다.

제63조(공시송달의 원인) ①피고인의 주거, 사무소와 현재지를 알 수 없는 때에는 공시송달을 할 수 있다.
②피고인이 재판권이 미치지 아니하는 장소에 있는 경우에 다른 방법으로 송달할 수 없는 때에도 전항과 같다.

제64조(공시송달의 방식) ①공시송달은 대법원규칙의 정하는 바에 의하여 법원이 명한 때에 한하여 할 수 있다.
②공시송달은 법원사무관등이 송달할 서류를 보관하고 그 사유를 법원게시장에 공시하여야 한다.
③법원은 전항의 사유를 관보나 신문지상에 공고할 것을 명할 수 있다.

④최초의 공시송달은 제2항의 공시를 한 날로부터 2주일을 경과하면 그 효력이 생긴다. 단, 제2회이후의 공시송달은 5일을 경과하면 그 효력이 생긴다.

제65조(「민사소송법」의 준용) 서류의 송달에 관하여 법률에 다른 규정이 없는 때에는 「민사소송법」을 준용한다.

제8장 기 간

제66조(기간의 계산) ①기간의 계산에 관하여는 시로써 계산하는 것은 즉시부터 기산하고 일, 월 또는 연으로써 계산하는 것은 초일을 산입하지 아니한다. 단, 시효와 구속기간의 초일은 시간을 계산함이 없이 1일로 산정한다.
②연 또는 월로써 정한 기간은 역서에 따라 계산한다.
③기간의 말일이 공휴일 또는 토요일에 해당하는 날은 기간에 산입하지 아니한다. 단, 시효와 구속의 기간에 관하여서는 예외로 한다.

제67조(법정기간의 연장) 법정기간은 소송행위를 할 자의 주거 또는 사무소의 소재지와 법원 또는 검찰청 소재지와의 거리 및 교통통신의 불편정도에 따라 대법원규칙으로 이를 연장할 수 있다.

제9장 피고인의 소환, 구속

제68조(소환) 법원은 피고인을 소환할 수 있다.

제69조(구속의 정의) 본법에서 구속이라 함은 구인과 구금을 포함한다.

제70조(구속의 사유) ①법원은 피고인이 죄를 범하였다고 의심할 만한 상당한 이유가 있고 다음 각 호의 1에 해당하는 사유가 있는 경우에는 피고인을 구속할 수 있다.

1. 피고인이 일정한 주거가 없는 때
2. 피고인이 증거를 인멸할 염려가 있는 때
3. 피고인이 도망하거나 도망할 염려가 있
   는 때
②법원은 제1항의 구속사유를 심사함에 있어서 범죄의 중대성, 재범의 위험성, 피해자 및 중요 참고인 등에 대한 위해우려 등을 고려하여야 한다.
③다액 50만원이하의 벌금, 구류 또는 과료에 해당하는 사건에 관하여는 제1항제1호의 경우를 제한 외에는 구속할 수 없다.

제71조(구인의 효력) 구인한 피고인을 법원에 인치한 경우에 구금할 필요가 없다고 인정한 때에는 그 인치한 때로부터 24시간 내에 석방하여야 한다.

제71조의2(구인 후의 유치) 법원은 인치받은 피고인을 유치할 필요가 있는 때에는 교도소·구치소 또는 경찰서 유치장에 유치할 수 있다. 이 경우 유치기간은 인치한 때부터 24시간을 초과할 수 없다.

제72조(구속과 이유의 고지) 피고인에 대하여 범죄사실의 요지, 구속의 이유와 변호인을 선임할 수 있음을 말하고 변명할 기회를 준 후가 아니면 구속할 수 없다 다만, 피고인이 도망한 경우에는 그러하지 아니하다.

제72조의2(수명법관) 법원은 합의부원으로 하여금 제72조의 절차를 이행하게 할 수 있다.

제73조(영장의 발부) 피고인을 소환함에는 소환장을, 구인 또는 구금함에는 구속영장을 발부하여야 한다.

> 형사소송규칙 **제178조(영장의 유효기간)**
> 영장의 유효기간은 7일로 한다. 다만, 법원 또는 법관이 상당하다고 인정하는 때에는 7일을 넘는 기간을 정할 수 있다.

제74조(소환장의 방식) 소환장에는 피고인의 성명, 주거, 죄명, 출석일시, 장소와 정당한 이유없이 출석하지 아니하는 때에는 도망

할 염려가 있다고 인정하여 구속영장을 발부할 수 있음을 기재하고 재판장 또는 수명법관이 기명날인 또는 서명하여야 한다.

제75조(구속영장의 방식) ①구속영장에는 피고인의 성명, 주거, 죄명, 공소사실의 요지, 인치 구금할 장소, 발부년월일, 그 유효기간과 그 기간을 경과하면 집행에 착수하지 못하며 영장을 반환하여야 할 취지를 기재하고 재판장 또는 수명법관이 서명날인하여야 한다.
②피고인의 성명이 분명하지 아니한 때에는 인상, 체격, 기타 피고인을 특정할 수 있는 사항으로 피고인을 표시할 수 있다.
③피고인의 주거가 분명하지 아니한 때에는 그 주거의 기재를 생략할 수 있다.

> 형사소송규칙 **제46조(구속영장의 기재사항)**
> 구속영장에는 법 제75조에 규정한 사항외에 피고인의 주민등록번호(외국인인 경우에는 외국인등록번호, 위 번호들이 없거나 이를 알 수 없는 경우에는 생년월일 및 성별, 다음부터 '주민등록번호 등'이라 한다)·직업 및 법 제70조제1항 각호에 규정한 구속의 사유를 기재하여야 한다.

제76조(소환장의 송달) ①소환장은 송달하여야 한다.
②피고인이 기일에 출석한다는 서면을 제출하거나 출석한 피고인에 대하여 차회기일을 정하여 출석을 명한 때에는 소환장의 송달과 동일한 효력이 있다.
③전항의 출석을 명한 때에는 그 요지를 조서에 기재하여야 한다.
④구금된 피고인에 대하여는 교도관에게 통지하여 소환한다.
⑤피고인이 교도관으로부터 소환통지를 받은 때에는 소환장의 송달과 동일한 효력이 있다.

제77조(구속의 촉탁) ①법원은 피고인의 현재지의 지방법원판사에게 피고인의 구속을 촉탁할 수 있다.

②수탁판사는 피고인이 관할구역 내에 현재하지 아니한 때에는 그 현재지의 지방법원판사에게 전촉할 수 있다.

③수탁판사는 구속영장을 발부하여야 한다.

④제75조의 규정은 전항의 구속영장에 준용한다.

제78조(촉탁에 의한 구속의 절차) ①전조의 경우에 촉탁에 의하여 구속영장을 발부한 판사는 피고인을 인치한 때로부터 24시간 이내에 그 피고인임에 틀림없는가를 조사하여야 한다.

②피고인임에 틀림없는 때에는 신속히 지정된 장소에 송치하여야 한다.

제79조(출석, 동행명령) 법원은 필요한 때에는 지정한 장소에 피고인의 출석 또는 동행을 명할 수 있다.

제80조(요급처분) 재판장은 급속을 요하는 경우에는 제68조부터 제71조까지, 제71조의2, 제73조, 제76조, 제77조와 전조에 규정한 처분을 할 수 있고 또는 합의부원으로 하여금 처분을 하게 할 수 있다.

제81조(구속영장의 집행) ①구속영장은 검사의 지휘에 의하여 사법경찰관리가 집행한다. 단, 급속을 요하는 경우에는 재판장, 수명법관 또는 수탁판사가 그 집행을 지휘할 수 있다.

②제1항 단서의 경우에는 법원사무관등에게 그 집행을 명할 수 있다. 이 경우에 법원사무관등은 그 집행에 관하여 필요한 때에는 사법경찰관리·교도관 또는 법원경위에게 보조를 요구할 수 있으며 관할구역 외에서도 집행할 수 있다.

③교도소 또는 구치소에 있는 피고인에 대하여 발부된 구속영장은 검사의 지휘에 의하여 교도관이 집행한다.

제82조(수통의 구속영장의 작성) ①구속영장은 수통을 작성하여 사법경찰관리 수인에게 교부할 수 있다.

②전항의 경우에는 그 사유를 구속영장에 기재하여야 한다.

제83조(관할구역 외에서의 구속영장의 집행과 그 촉탁) ①검사는 필요에 의하여 관할구역 외에서 구속영장의 집행을 지휘할 수 있고 또는 당해 관할구역의 검사에게 집행지휘를 촉탁할 수 있다.

②사법경찰관리는 필요에 의하여 관할구역 외에서 구속영장을 집행할 수 있고 또는 당해 관할구역의 사법경찰관리에게 집행을 촉탁할 수 있다.

제84조(고등검찰청검사장 또는 지방검찰청검사장에 대한 수사촉탁) 피고인의 현재지가 분명하지 아니한 때에는 재판장은 고등검찰청검사장 또는 지방검찰청검사장에게 그 수사와 구속영장의 집행을 촉탁할 수 있다.

제85조(구속영장집행의 절차) ①구속영장을 집행함에는 피고인에게 반드시 이를 제시하여야 하며 신속히 지정된 법원 기타 장소에 인치하여야 한다.

②제77조제3항의 구속영장에 관하여는 이를 발부한 판사에게 인치하여야 한다.

③구속영장을 소지하지 아니한 경우에 급속을 요하는 때에는 피고인에 대하여 공소사실의 요지와 영장이 발부되었음을 고하고 집행할 수 있다.

④전항의 집행을 완료한 후에는 신속히 구속영장을 제시하여야 한다.

제86조(호송 중의 가유치) 구속영장의 집행을 받은 피고인을 호송할 경우에 필요한 때에는 가장 접근한 교도소 또는 구치소에 임시로 유치할 수 있다.

제87조(구속의 통지) ①피고인을 구속한 때에는 변호인이 있는 경우에는 변호인에게, 변호인이 없는 경우에는 제30조제2항에 규정한 자 중 피고인이 지정한 자에게 피고사건명, 구속일시·장소, 범죄사실

의 요지, 구속의 이유와 변호인을 선임할 수 있는 취지를 알려야 한다.

②제1항의 통지는 지체없이 서면으로 하여야 한다.

형사소송규칙 **제51조(구속의 통지)** ①피고인을 구속한 때에 그 변호인이나 법 제30조제2항에 규정한 자가 없는 경우에는 피고인이 지정하는 자 1인에게 법 제87조제1항에 규정한 사항을 통지하여야 한다.
②구속의 통지는 구속을 한 때로부터 늦어도 24시간이내에 서면으로 하여야 한다. 제1항에 규정한 자가 없어 통지를 하지 못한 경우에는 그 취지를 기재한 서면을 기록에 철하여야 한다.
③급속을 요하는 경우에는 구속되었다는 취지 및 구속의 일시·장소를 전화 또는 모사전송기 기타 상당한 방법에 의하여 통지할 수 있다. 다만, 이 경우에도 구속통지는 다시 서면으로 하여야 한다.

제88조(구속과 공소사실 등의 고지) 피고인을 구속한 때에는 즉시 공소사실의 요지와 변호인을 선임할 수 있음을 알려야 한다.

제89조(구속된 피고인과의 접견, 수진) 구속된 피고인은 법률의 범위 내에서 타인과 접견하고 서류 또는 물건을 수수하며 의사의 진료를 받을 수 있다.

제90조(변호인의 의뢰) ①구속된 피고인은 법원, 교도소장 또는 구치소장 또는 그 대리자에게 변호사를 지정하여 변호인의 선임을 의뢰할 수 있다.
②전항의 의뢰를 받은 법원, 교도소장 또는 구치소장 또는 그 대리자는 급속히 피고인이 지명한 변호사에게 그 취지를 통지하여야 한다.

제91조(비변호인과의 접견, 교통의 접견) 법원은 도망하거나 또는 죄증을 인멸할 염려가 있다고 인정할 만한 상당한 이유가 있는 때에는 직권 또는 검사의 청구에 의하여 결정으로 구속된 피고인과 제34조에 규정

한 외의 타인과의 접견을 금하거나 수수할 서류 기타 물건의 검열, 수수의 금지 또는 압수를 할 수 있다. 단, 의류, 양식, 의료품의 수수를 금지 또는 압수할 수 없다.

제92조(구속기간과 갱신) ①구속기간은 2개월로 한다.
②제1항에도 불구하고 특히 구속을 계속할 필요가 있는 경우에는 심급마다 2개월 단위로 2차에 한하여 결정으로 갱신할 수 있다. 다만, 상소심은 피고인 또는 변호인이 신청한 증거의 조사, 상소이유를 보충하는 서면의 제출 등으로 추가 심리가 필요한 부득이한 경우에는 3차에 한하여 갱신할 수 있다.
③제22조, 제298조제4항, 제306조제1항 및 제2항의 규정에 의하여 공판절차가 정지된 기간 및 공소제기전의 체포·구인·구금 기간은 제1항 및 제2항의 기간에 산입하지 아니한다.

제93조(구속의 취소) 구속의 사유가 없거나 소멸된 때에는 법원은 직권 또는 검사, 피고인, 변호인과 제30조제2항에 규정한 자의 청구에 의하여 결정으로 구속을 취소하여야 한다.

제94조(보석의 청구) 피고인, 피고인의 변호인·법정대리인·배우자·직계친족·형제자매·가족·동거인 또는 고용주는 법원에 구속된 피고인의 보석을 청구할 수 있다.

제95조(필요적 보석) 보석의 청구가 있는 때에는 다음 이외의 경우에는 보석을 허가하여야 한다.
1. 피고인이 사형, 무기 또는 장기 10년이 넘는 징역이나 금고에 해당하는 죄를 범한 때
2. 피고인이 누범에 해당하거나 상습범인 죄를 범한 때
3. 피고인이 죄증을 인멸하거나 인멸할 염려가 있다고 믿을 만한 충분한 이유가 있는 때

4. 피고인이 도망하거나 도망할 염려가 있
　다고 믿을 만한 충분한 이유가 있는 때
5. 피고인의 주거가 분명하지 아니한 때
6. 피고인이 피해자, 당해 사건의 재판에
　필요한 사실을 알고 있다고 인정되는
　자 또는 그 친족의 생명·신체나 재산
　에 해를 가하거나 가할 염려가 있다고
　믿을만한 충분한 이유가 있는 때

제96조(임의적 보석) 법원은 제95조의 규정
　에 불구하고 상당한 이유가 있는 때에는
　직권 또는 제94조에 규정한 자의 청구에
　의하여 결정으로 보석을 허가할 수 있다.

제97조(보석, 구속의 취소와 검사의 의견)
　①재판장은 보석에 관한 결정을 하기 전
　에 검사의 의견을 물어야 한다.
　②구속의 취소에 관한 결정을 함에 있어
　서도 검사의 청구에 의하거나 급속을 요
　하는 경우외에는 제1항과 같다.
　③검사는 제1항 및 제2항에 따른 의견요청에
　대하여 지체 없이 의견을 표명하여야 한다.
　④구속을 취소하는 결정에 대하여는 검사
　는 즉시항고를 할 수 있다.

제98조(보석의 조건) 법원은 보석을 허가하
　는 경우에는 필요하고 상당한 범위 안에
　서 다음 각 호의 조건 중 하나 이상의 조
　건을 정하여야 한다.
1. 법원이 지정하는 일시·장소에 출석하
　고 증거를 인멸하지 아니하겠다는 서약
　서를 제출할 것
2. 법원이 정하는 보증금 상당의 금액을 납
　입할 것을 약속하는 약정서를 제출할 것
3. 법원이 지정하는 장소로 주거를 제한하
　고 이를 변경할 필요가 있는 경우에는
　법원의 허가를 받는 등 도주를 방지하
　기 위하여 행하는 조치를 수인할 것
4. 피해자, 당해 사건의 재판에 필요한 사
　실을 알고 있다고 인정되는 자 또는 그
　친족의 생명·신체·재산에 해를 가하
　는 행위를 하지 아니하고 주거·직장

등 그 주변에 접근하지 아니할 것
5. 피고인 외의 자가 작성한 출석보증서를
　제출할 것
6. 법원의 허가 없이 외국으로 출국하지
　아니할 것을 서약할 것
7. 법원이 지정하는 방법으로 피해자의 권
　리회복에 필요한 금원을 공탁하거나 그
　에 상당한 담보를 제공할 것
8. 피고인 또는 법원이 지정하는 자가 보
　증금을 납입하거나 담보를 제공할 것
9. 그 밖에 피고인의 출석을 보증하기 위
　하여 법원이 정하는 적당한 조건을 이
　행할 것

제99조(보석조건의 결정 시 고려사항) ①법
　원은 제98조의 조건을 정함에 있어서 다
　음 각 호의 사항을 고려하여야 한다.
1. 범죄의 성질 및 죄상(罪狀)
2. 증거의 증명력
3. 피고인의 전과·성격·환경 및 자산
4. 피해자에 대한 배상 등 범행 후의 정황
　에 관련된 사항
②법원은 피고인의 자력 또는 자산 정도로
　는 이행할 수 없는 조건을 정할 수 없다.

제100조(보석집행의 절차) ①제98조제1호
　·제2호·제5호·제7호 및 제8호의 조건
　은 이를 이행한 후가 아니면 보석허가결
　정을 집행하지 못하며, 법원은 필요하다
　고 인정하는 때에는 다른 조건에 관하여
　도 그 이행 이후 보석허가결정을 집행하
　도록 정할 수 있다.
②법원은 보석청구자 이외의 자에게 보증
　금의 납입을 허가할 수 있다.
③법원은 유가증권 또는 피고인 외의 자
　가 제출한 보증서로써 보증금에 갈음함을
　허가할 수 있다.
④전항의 보증서에는 보증금액을 언제든
　지 납입할 것을 기재하여야 한다.
⑤법원은 보석허가결정에 따라 석방된 피고인
　이 보석조건을 준수하는데 필요한 범위 안에

서 관공서나 그 밖의 공사단체에 대하여 적절한 조치를 취할 것을 요구할 수 있다.

제100조의2(출석보증인에 대한 과태료) ① 법원은 제98조제5호의 조건을 정한 보석허가결정에 따라 석방된 피고인이 정당한 사유 없이 기일에 불출석하는 경우에는 결정으로 그 출석보증인에 대하여 500만원 이하의 과태료를 부과할 수 있다.
②제1항의 결정에 대하여는 즉시항고를 할 수 있다.

제101조(구속의 집행정지) ①법원은 상당한 이유가 있는 때에는 결정으로 구속된 피고인을 친족·보호단체 기타 적당한 자에게 부탁하거나 피고인의 주거를 제한하여 구속의 집행을 정지할 수 있다.
②전항의 결정을 함에는 검사의 의견을 물어야 한다. 단, 급속을 요하는 경우에는 그러하지 아니하다.
④헌법 제44조에 의하여 구속된 국회의원에 대한 석방요구가 있으면 당연히 구속영장의 집행이 정지된다.
⑤전항의 석방요구의 통고를 받은 검찰총장은 즉시 석방을 지휘하고 그 사유를 수소법원에 통지하여야 한다.

제102조(보석조건의 변경과 취소 등) ①법원은 직권 또는 제94조에 규정된 자의 신청에 따라 결정으로 피고인의 보석조건을 변경하거나 일정기간 동안 당해 조건의 이행을 유예할 수 있다.
②법원은 피고인이 다음 각 호의 어느 하나에 해당하는 경우에는 직권 또는 검사의 청구에 따라 결정으로 보석 또는 구속의 집행정지를 취소할 수 있다. 다만, 제101조제4항에 따른 구속영장의 집행정지는 그 회기 중 취소하지 못한다.
1. 도망한 때
2. 도망하거나 죄증을 인멸할 염려가 있다고 믿을 만한 충분한 이유가 있는 때
3. 소환을 받고 정당한 사유 없이 출석하

지 아니한 때
4. 피해자, 당해 사건의 재판에 필요한 사실을 알고 있다고 인정되는 자 또는 그 친족의 생명·신체·재산에 해를 가하거나 가할 염려가 있다고 믿을 만한 충분한 이유가 있는 때
5. 법원이 정한 조건을 위반한 때
③법원은 피고인이 정당한 사유 없이 보석조건을 위반한 경우에는 결정으로 피고인에 대하여 1천만원 이하의 과태료를 부과하거나 20일 이내의 감치에 처할 수 있다.
④제3항의 결정에 대하여는 즉시항고를 할 수 있다.

제103조(보증금 등의 몰취) ①법원은 보석을 취소하는 때에는 직권 또는 검사의 청구에 따라 결정으로 보증금 또는 담보의 전부 또는 일부를 몰취할 수 있다.
②법원은 보증금의 납입 또는 담보제공을 조건으로 석방된 피고인이 동일한 범죄사실에 관하여 형의 선고를 받고 그 판결이 확정된 후 집행하기 위한 소환을 받고 정당한 사유 없이 출석하지 아니하거나 도망한 때에는 직권 또는 검사의 청구에 따라 결정으로 보증금 또는 담보의 전부 또는 는 일부를 몰취하여야 한다.

제104조(보증금 등의 환부) 구속 또는 보석을 취소하거나 구속영장의 효력이 소멸된 때에는 몰취하지 아니한 보증금 또는 담보를 청구한 날로부터 7일 이내에 환부하여야 한다.

제104조의2(보석조건의 효력상실 등) ①구속영장의 효력이 소멸한 때에는 보석조건은 즉시 그 효력을 상실한다.
②보석이 취소된 경우에도 제1항과 같다. 다만, 제98조제8호의 조건은 예외로 한다.

제105조(상소와 구속에 관한 결정) 상소기간 중 또는 상소 중의 사건에 관하여 구속기간의 갱신, 구속의 취소, 보석, 구속의 집행정지와 그 정지의 취소에 대한 결

정은 소송기록이 원심법원에 있는 때에는 원심법원이 하여야 한다.

제10장 압수와 수색

제106조(압수) ①법원은 필요한 때에는 피고사건과 관계가 있다고 인정할 수 있는 것에 한정하여 증거물 또는 몰수할 것으로 사료하는 물건을 압수할 수 있다. 단, 법률에 다른 규정이 있는 때에는 예외로 한다.
②법원은 압수할 물건을 지정하여 소유자, 소지자 또는 보관자에게 제출을 명할 수 있다.
③ 법원은 압수의 목적물이 컴퓨터용디스크, 그 밖에 이와 비슷한 정보저장매체(이하 이 항에서 "정보저장매체등"이라 한다)인 경우에는 기억된 정보의 범위를 정하여 출력하거나 복제하여 제출받아야 한다. 다만, 범위를 정하여 출력 또는 복제하는 방법이 불가능하거나 압수의 목적을 달성하기에 현저히 곤란하다고 인정되는 때에는 정보저장매체등을 압수할 수 있다.
④ 법원은 제3항에 따라 정보를 제공받은 경우 「개인정보 보호법」 제2조제3호에 따른 정보주체에게 해당 사실을 지체 없이 알려야 한다.

제107조(우체물의 압수) ① 법원은 필요한 때에는 피고사건과 관계가 있다고 인정할 수 있는 것에 한정하여 우체물 또는 「통신비밀보호법」 제2조제3호에 따른 전기통신(이하 "전기통신"이라 한다)에 관한 것으로서 체신관서, 그 밖의 관련 기관 등이 소지 또는 보관하는 물건의 제출을 명하거나 압수를 할 수 있다.
③제1항에 따른 처분을 할 때에는 발신인이나 수신인에게 그 취지를 통지하여야 한다. 단, 심리에 방해될 염려가 있는 경우에는 예외로 한다.

제108조(임의 제출물 등의 압수) 소유자, 소지자 또는 보관자가 임의로 제출한 물건 또는 유류한 물건은 영장없이 압수할 수 있다.

제109조(수색) ① 법원은 필요한 때에는 피고사건과 관계가 있다고 인정할 수 있는 것에 한정하여 피고인의 신체, 물건 또는 주거, 그 밖의 장소를 수색할 수 있다.
②피고인 아닌 자의 신체, 물건, 주거 기타 장소에 관하여는 압수할 물건이 있음을 인정할 수 있는 경우에 한하여 수색할 수 있다.

제110조(군사상 비밀과 압수) ①군사상 비밀을 요하는 장소는 그 책임자의 승낙 없이는 압수 또는 수색할 수 없다.
②전항의 책임자는 국가의 중대한 이익을 해하는 경우를 제외하고는 승낙을 거부하지 못한다.

제111조(공무상 비밀과 압수) ①공무원 또는 공무원이었던 자가 소지 또는 보관하는 물건에 관하여는 본인 또는 그 해당 공무소가 직무상의 비밀에 관한 것임을 신고한 때에는 그 소속공무소 또는 당해 감독관공서의 승낙 없이는 압수하지 못한다.
②소속공무소 또는 당해 감독관공서는 국가의 중대한 이익을 해하는 경우를 제외하고는 승낙을 거부하지 못한다.

제112조(업무상비밀과 압수) 변호사, 변리사, 공증인, 공인회계사, 세무사, 대서업자, 의사, 한의사, 치과의사, 약사, 약종상, 조산사, 간호사, 종교의 직에 있는 자 또는 이러한 직에 있던 자가 그 업무상 위탁을 받아 소지 또는 보관하는 물건으로 타인의 비밀에 관한 것은 압수를 거부할 수 있다. 단, 그 타인의 승낙이 있거나 중대한 공익상 필요가 있는 때에는 예외로 한다.

제113조(압수·수색영장) 공판정 외에서 압수 또는 수색을 함에는 영장을 발부하여 시행하여야 한다.

제114조(영장의 방식) ①압수·수색영장에

는 피고인의 성명, 죄명, 압수할 물건, 수색할 장소, 신체, 물건, 발부년월일, 유효기간과 그 기간을 경과하면 집행에 착수하지 못하며 영장을 반환하여야 한다는 취지 기타 대법원규칙으로 정한 사항을 기재하고 재판장 또는 수명법관이 서명날인하여야 한다. 다만, 압수·수색할 물건이 전기통신에 관한 것인 경우에는 작성기간을 기재하여야 한다.
②제75조제2항의 규정은 전항의 영장에 준용한다.

제115조(영장의 집행) ①압수·수색영장은 검사의 지휘에 의하여 사법경찰관리가 집행한다. 단, 필요한 경우에는 재판장은 법원사무관등에게 그 집행을 명할 수 있다.
②제83조의 규정은 압수·수색영장의 집행에 준용한다.

제116조(주의사항) 압수·수색영장의 집행에 있어서는 타인의 비밀을 보지하여야 하며 처분받은 자의 명예를 해하지 아니하도록 주의하여야 한다.

제117조(집행의 보조) 법원사무관등은 압수·수색영장의 집행에 관하여 필요한 때에는 사법경찰관리에게 보조를 구할 수 있다.

제118조(영장의 제시) 압수·수색영장은 처분을 받는 자에게 반드시 제시하여야 한다.

제119조(집행 중의 출입금지) ①압수·수색영장의 집행 중에는 타인의 출입을 금지할 수 있다.
②전항의 규정에 위배한 자에게는 퇴거하게 하거나 집행종료시까지 간수자를 붙일 수 있다.

제120조(집행과 필요한 처분) ①압수·수색영장의 집행에 있어서는 건정을 열거나 개봉 기타 필요한 처분을 할 수 있다.
②전항의 처분은 압수물에 대하여도 할 수 있다.

제121조(영장집행과 당사자의 참여) 검사, 피고인 또는 변호인은 압수·수색영장의 집행에 참여할 수 있다.

제122조(영장집행과 참여권자에의 통지) 압수·수색영장을 집행함에는 미리 집행의 일시와 장소를 전조에 규정한 자에게 통지하여야 한다. 단, 전조에 규정한 자가 참여하지 아니한다는 의사를 명시한 때 또는 급속을 요하는 때에는 예외로 한다.

제123조(영장의 집행과 책임자의 참여) ① 공무소, 군사용의 항공기 또는 선차 내에서 압수·수색영장을 집행함에는 그 책임자에게 참여할 것을 통지하여야 한다.
②전항에 규정한 이외의 타인의 주거, 간수자 있는 가옥, 건조물, 항공기 또는 선차 내에서 압수·수색영장을 집행함에는 주거주, 간수자 또는 이에 준하는 자를 참여하게 하여야 한다.
③전항의 자를 참여하게 하지 못할 때에는 인거인 또는 지방공공단체의 직원을 참여하게 하여야 한다.

제124조(여자의 수색과 참여) 여자의 신체에 대하여 수색할 때에는 성년의 여자를 참여하게 하여야 한다.

제125조(야간집행의 제한) 일출 전, 일몰 후에는 압수·수색영장에 야간집행을 할 수 있는 기재가 없으면 그 영장을 집행하기 위하여 타인의 주거, 간수자 있는 가옥, 건조물, 항공기 또는 선차 내에 들어가지 못한다.

제126조(야간집행제한의 예외) 다음 장소에서 압수·수색영장을 집행함에는 전조의 제한을 받지 아니한다.
1. 도박 기타 풍속을 해하는 행위에 상용된다고 인정하는 장소
2. 여관, 음식점 기타 야간에 공중이 출입할 수 있는 장소. 단, 공개한 시간 내에 한한다.

제127조(집행중지와 필요한 처분) 압수·수색영장의 집행을 중지한 경우에 필요한 때에는 집행이 종료될 때까지 그 장소를 폐쇄하거나 간수자를 둘 수 있다.

제128조(증명서의 교부) 수색한 경우에 증거물 또는 몰취할 물건이 없는 때에는 그 취지의 증명서를 교부하여야 한다.

제129조(압수목록의 교부) 압수한 경우에는 목록을 작성하여 소유자, 소지자, 보관자 기타 이에 준할 자에게 교부하여야 한다.

제130조(압수물의 보관과 폐기) ①운반 또는 보관에 불편한 압수물에 관하여는 간수자를 두거나 소유자 또는 적당한 자의 승낙을 얻어 보관하게 할 수 있다.
②위험발생의 염려가 있는 압수물은 폐기할 수 있다.
③법령상 생산·제조·소지·소유 또는 유통이 금지된 압수물로서 부패의 염려가 있거나 보관하기 어려운 압수물은 소유자 등 권한 있는 자의 동의를 받아 폐기할 수 있다.

제131조(주의사항) 압수물에 대하여는 그 상실 또는 파손등의 방지를 위하여 상당한 조치를 하여야 한다.

제132조(압수물의 대가보관) ①몰수하여야 할 압수물로서 멸실·파손·부패 또는 현저한 가치 감소의 염려가 있거나 보관하기 어려운 압수물은 매각하여 대가를 보관할 수 있다.
②환부하여야 할 압수물 중 환부를 받을 자가 누구인지 알 수 없거나 그 소재가 불명한 경우로서 그 압수물의 멸실·파손·부패 또는 현저한 가치 감소의 염려가 있거나 보관하기 어려운 압수물은 매각하여 대가를 보관할 수 있다.

제133조(압수물의 환부, 가환부) ①압수를 계속할 필요가 없다고 인정되는 압수물은 피고사건 종결 전이라도 결정으로 환부하여야 하고 증거에 공할 압수물은 소유자, 소지자, 보관자 또는 제출인의 청구에 의하여 가환부할 수 있다.
②증거에만 공할 목적으로 압수한 물건으로서 그 소유자 또는 소지자가 계속 사용하여야 할 물건은 사진촬영 기타 원형보존의 조치를 취하고 신속히 가환부하여야 한다.

제134조(압수장물의 피해자환부) 압수한 장물은 피해자에게 환부할 이유가 명백한 때에는 피고사건의 종결 전이라도 결정으로 피해자에게 환부할 수 있다.

제135조(압수물처분과 당사자에의 통지) 전3조의 결정을 함에는 검사, 피해자, 피고인 또는 변호인에게 미리 통지하여야 한다.

제136조(수명법관, 수탁판사) ①법원은 압수 또는 수색을 합의부원에게 명할 수 있고 그 목적물의 소재지를 관할하는 지방법원 판사에게 촉탁할 수 있다.
②수탁판사는 압수 또는 수색의 목적물이 그 관할구역 내에 없는 때에는 그 목적물 소재지지방법원 판사에게 전촉할 수 있다.
③수명법관, 수탁판사가 행하는 압수 또는 수색에 관하여는 법원이 행하는 압수 또는 수색에 관한 규정을 준용한다.

제137조(구속영장집행과 수색) 검사, 사법경찰관리 또는 제81조제2항의 규정에 의한 법원사무관등이 구속영장을 집행할 경우에 필요한 때에는 타인의 주거, 간수자 있는 가옥, 건조물, 항공기, 선차 내에 들어가 피고인을 수색할 수 있다.

제138조(준용규정) 제119조, 제120조, 제123조와 제127조의 규정은 전조의 규정에 의한 검사, 사법경찰관리, 법원사무관 등의 수색에 준용한다.

제11장 검증

제139조(검증) 법원은 사실을 발견함에 필

요한 때에는 검증을 할 수 있다.

제140조(검증과 필요한 처분) 검증을 함에는 신체의 검사, 사체의 해부, 분묘의 발굴, 물건의 파괴 기타 필요한 처분을 할 수 있다.

제141조(신체검사에 관한 주의) ①신체의 검사에 관하여는 검사를 당하는 자의 성별, 연령, 건강상태 기타 사정을 고려하여 그 사람의 건강과 명예를 해하지 아니하도록 주의하여야 한다.
②피고인 아닌 자의 신체검사는 증적의 존재를 확인할 수 있는 현저한 사유가 있는 경우에 한하여 할 수 있다.
③여자의 신체를 검사하는 경우에는 의사나 성년의 여자를 참여하게 하여야 한다.
④사체의 해부 또는 분묘의 발굴을 하는 때에는 예를 잊지 아니하도록 주의하고 미리 유족에게 통지하여야 한다.

제142조(신체검사와 소환) 법원은 신체를 검사하기 위하여 피고인 아닌 자를 법원 기타 지정한 장소에 소환할 수 있다.

제143조(시각의 제한) ①일출 전, 일몰 후에는 가주, 간수자 또는 이에 준하는 자의 승낙이 없으면 검증을 하기 위하여 타인의 주거, 간수자 있는 가옥, 건조물, 항공기, 선차 내에 들어가지 못한다. 단, 일출 후에는 검증의 목적을 달성할 수 없을 염려가 있는 경우에는 예외로 한다.
②일몰 전에 검증에 착수한 때에는 일몰 후라도 검증을 계속할 수 있다.
③제126조에 규정한 장소에는 제1항의 제한을 받지 아니한다.

제144조(검증의 보조) 검증을 함에 필요한 때에는 사법경찰관리에게 보조를 명할 수 있다.

제145조(준용규정) 제110조, 제119조 내지 제123조, 제127조와 제136조의 규정은 검증에 관하여 준용한다.

제12장 증인신문

제146조(증인의자격) 법원은 법률에 다른 규정이 없으면 누구든지 증인으로 신문할 수 있다.

제147조(공무상 비밀과 증인자격) ①공무원 또는 공무원이었던 자가 그 직무에 관하여 알게 된 사실에 관하여 본인 또는 당해 공무소가 직무상 비밀에 속한 사항임을 신고한 때에는 그 소속공무소 또는 감독관공서의 승낙 없이는 증인으로 신문하지 못한다.
②그 소속공무소 또는 당해 감독관공서는 국가에 중대한 이익을 해하는 경우를 제외하고는 승낙을 거부하지 못한다.

제148조(근친자의 형사책임과 증언거부) 누구든지 자기나 다음 각 호의 1에 해당한 관계있는 자가 형사소추 또는 공소제기를 당하거나 유죄판결을 받을 사실이 발로될 염려있는 증언을 거부할 수 있다.
1. 친족 또는 친족관계가 있었던 자
2. 법정대리인, 후견감독인

제149조(업무상비밀과 증언거부) 변호사, 변리사, 공증인, 공인회계사, 세무사, 대서업자, 의사, 한의사, 치과의사, 약사, 약종상, 조산사, 간호사, 종교의 직에 있는 자또는 이러한 직에 있던 자가 그 업무상 위탁을 받은 관계로 알게 된 사실로서 타인의 비밀에 관한 것은 증언을 거부할 수 있다. 단, 본인의 승낙이 있거나 중대한 공익상 필요있는 때에는 예외로 한다.

제150조(증언거부사유의 소명) 증언을 거부하는 자는 거부사유를 소명하여야 한다.

제150조의2(증인의 소환) ①법원은 소환장의 송달, 전화, 전자우편, 그 밖의 상당한 방법으로 증인을 소환한다.

형사소송규칙 **제67조의2(증인의 소환방법)**

① 법 제150조의2제1항에 따른 증인의 소환은 소환장의 송달, 전화, 전자우편, 모사전송, 휴대전화 문자전송 그 밖에 적당한 방법으로 할 수 있다.
② 증인을 신청하는 자는 증인의 소재, 연락처와 출석 가능성 및 출석 가능 일시 그 밖에 증인의 소환에 필요한 사항을 미리 확인하는 등 증인 출석을 위한 합리적인 노력을 다하여야 한다.

②증인을 신청한 자는 증인이 출석하도록 합리적인 노력을 할 의무가 있다.

제151조(증인이 출석하지 아니한 경우의 과태료 등) ①법원은 소환장을 송달받은 증인이 정당한 사유 없이 출석하지 아니한 때에는 결정으로 당해 불출석으로 인한 소송비용을 증인이 부담하도록 명하고, 500만원 이하의 과태료를 부과할 수 있다. 제153조에 따라 준용되는 제76조제2항·제5항에 따라 소환장의 송달과 동일한 효력이 있는 경우에도 또한 같다.
②법원은 증인이 제1항에 따른 과태료 재판을 받고도 정당한 사유 없이 다시 출석하지 아니한 때에는 결정으로 증인을 7일 이내의 감치에 처한다.
③법원은 감치재판기일에 증인을 소환하여 제2항에 따른 정당한 사유가 있는지의 여부를 심리하여야 한다.
④감치는 그 재판을 한 법원의 재판장의 명령에 따라 사법경찰관리·교도관·법원경위 또는 법원사무관등이 교도소·구치소 또는 경찰서유치장에 유치하여 집행한다.
⑤감치에 처하는 재판을 받은 증인이 제4항에 규정된 감치시설에 유치된 경우 당해 감치시설의 장은 즉시 그 사실을 법원에 통보하여야 한다.
⑥법원은 제5항의 통보를 받은 때에는 지체 없이 증인신문기일을 열어야 한다.
⑦법원은 감치의 재판을 받은 증인이 감치의 집행 중에 증언을 한 때에는 즉시 감치결정을 취소하고 그 증인을 석방하도록 명하여야 한다.
⑧제1항과 제2항의 결정에 대하여는 즉시항고를 할 수 있다. 이 경우 제410조는 적용하지 아니한다.

제152조(소환불응과 구인) 정당한 사유없이 소환에 응하지 아니하는 증인은 구인할 수 있다.

제153조(준용규정) 제73조, 제74조, 제76조의 규정은 증인의 소환에 준용한다.

제154조(구내증인의 소환) 증인이 법원의 구내에 있는 때에는 소환함이 없이 신문할 수 있다.

제155조(준용규정) 제73조, 제75조, 제77조, 제81조 내지 제83조, 제85조제1항, 제2항의 규정은 증인의 구인에 준용한다.

제156조(증인의 선서) 증인에게는 신문 전에 선서하게 하여야 한다. 단, 법률에 다른 규정이 있는 경우에는 예외로 한다.

제157조(선서의 방식) ①선서는 선서서에 의하여야 한다.
②선서서에는 「양심에 따라 숨김과 보탬이 없이 사실 그대로 말하고 만일 거짓말이 있으면 위증의 벌을 받기로 맹세합니다」라고 기재하여야 한다.
③재판장은 증인으로 하여금 선서서를 낭독하고 기명날인 또는 서명하게 하여야 한다. 단, 증인이 선서서를 낭독하지 못하거나 서명을 하지 못하는 경우에는 참여한 법원사무관등이 이를 대행한다.
④선서는 기립하여 엄숙히 하여야 한다.

제158조(선서한 증인에 대한 경고) 재판장은 선서할 증인에 대하여 선서 전에 위증의 벌을 경고하여야 한다.

제159조(선서 무능력) 증인이 다음 각 호의 1에 해당한 때에는 선서하게 하지 아니하고 신문하여야 한다.
1. 16세미만의 자

2. 선서의 취지를 이해하지 못하는 자

제160조(증언거부권의 고지) 증인이 제148조, 제149조에 해당하는 경우에는 재판장은 신문 전에 증언을 거부할 수 있음을 설명하여야 한다.

제161조(선서, 증언의 거부와 과태료) ①증인이 정당한 이유없이 선서나 증언을 거부한 때에는 결정으로 50만원이하의 과태료에 처할 수 있다.
②제1항의 결정에 대하여는 즉시항고를 할 수 있다.

제161조의2(증인신문의 방식) ①증인은 신청한 검사, 변호인 또는 피고인이 먼저 이를 신문하고 다음에 다른 검사, 변호인 또는 피고인이 신문한다.

> **형사소송규칙 제75조(주신문)** ①법 제161조의2제1항 전단의 규정에 의한 신문(이하 "주신문"이라 한다)은 증명할 사항과 이에 관련된 사항에 관하여 한다.
> ②주신문에 있어서는 유도신문을 하여서는 아니된다. 다만, 다음 각호의 1의 경우에는 그러하지 아니하다.
> 1. 증인과 피고인과의 관계, 증인의 경력, 교우관계등 실질적인 신문에 앞서 미리 밝혀둘 필요가 있는 준비적인 사항에 관한 신문의 경우
> 2. 검사, 피고인 및 변호인 사이에 다툼이 없는 명백한 사항에 관한 신문의 경우
> 3. 증인이 주신문을 하는 자에 대하여 적의 또는 반감을 보일 경우
> 4. 증인이 종전의 진술과 상반되는 진술을 하는 때에 그 종전진술에 관한 신문의 경우
> 5. 기타 유도신문을 필요로 하는 특별한 사정이 있는 경우
> ③재판장은 제2항 단서의 각호에 해당하지 아니하는 경우의 유도신문은 이를 제지하여야 하고, 유도신문의 방법이 상당하지 아니하다고 인정할 때에는 이를 제한할 수 있다.
> **제76조(반대신문)** ①법 제161조의2제1항 후단의 규정에 의한 신문(이하 "반대신문"이라 한다)은 주신문에 나타난 사항과 이에 관련된 사항에 관하여 한다.
> ②반대신문에 있어서 필요할 때에는 유도신문을 할 수 있다.
> ③재판장은 유도신문의 방법이 상당하지 아니하다고 인정할 때에는 이를 제한할 수 있다.
> ④반대신문의 기회에 주신문에 나타나지 아니한 새로운 사항에 관하여 신문하고자 할 때에는 재판장의 허가를 받아야 한다.
> ⑤제4항의 신문은 그 사항에 관하여는 주신문으로 본다.

②재판장은 전항의 신문이 끝난 뒤에 신문할 수 있다.
③재판장은 필요하다고 인정하면 전2항의 규정에 불구하고 어느 때나 신문할 수 있으며 제1항의 신문순서를 변경할 수 있다.
④법원이 직권으로 신문할 증인이나 범죄로 인한 피해자의 신청에 의하여 신문할 증인의 신문방식은 재판장이 정하는 바에 의한다.

> **형사소송규칙 제81조(직권에 의한 증인의 신문)** 법 제161조의2제4항에 규정한 증인에 대하여 재판장이 신문한 후 검사, 피고인 또는 변호인이 신문하는 때에는 반대신문의 예에 의한다.

⑤합의부원은 재판장에게 고하고 신문할 수 있다.

제162조(개별신문과 대질) ①증인신문은 각 증인에 대하여 신문하여야 한다.
②신문하지 아니한 증인이 재정한 때에는 퇴정을 명하여야 한다.
③필요한 때에는 증인과 다른 증인 또는 피고인과 대질하게 할 수 있다.

제163조(당사자의 참여권, 신문권) ①검사, 피고인 또는 변호인은 증인신문에 참여할 수 있다.
②증인신문의 시일과 장소는 전항의 규정에 의하여 참여할 수 있는 자에게 미리

통지하여야 한다. 단, 참여하지 아니한다는 의사를 명시한 때에는 예외로 한다.

제163조의2(신뢰관계에 있는 자의 동석) ① 법원은 범죄로 인한 피해자를 증인으로 신문하는 경우 증인의 연령, 심신의 상태, 그 밖의 사정을 고려하여 증인이 현저하게 불안 또는 긴장을 느낄 우려가 있다고 인정하는 때에는 직권 또는 피해자·법정대리인·검사의 신청에 따라 피해자와 신뢰관계에 있는 자를 동석하게 할 수 있다.
②법원은 범죄로 인한 피해자가 13세 미만이거나 신체적 또는 정신적 장애로 사물을 변별하거나 의사를 결정할 능력이 미약한 경우에 재판에 지장을 초래할 우려가 있는 등 부득이한 경우가 아닌 한 피해자와 신뢰관계에 있는 자를 동석하게 하여야 한다.
③제1항 또는 제2항에 따라 동석한 자는 법원·소송관계인의 신문 또는 증인의 진술을 방해하거나 그 진술의 내용에 부당한 영향을 미칠 수 있는 행위를 하여서는 아니 된다.
④제1항 또는 제2항에 따라 동석할 수 있는 신뢰관계에 있는 자의 범위, 동석의 절차 및 방법 등에 관하여 필요한 사항은 대법원규칙으로 정한다.

> 형사소송규칙 **제84조의3(신뢰관계에 있는 사람의 동석)** ① 법 제163조의2에 따라 피해자와 동석할 수 있는 신뢰관계에 있는 사람은 피해자의 배우자, 직계친족, 형제자매, 가족, 동거인, 고용주, 변호사, 그 밖에 피해자의 심리적 안정과 원활한 의사소통에 도움을 줄 수 있는 사람을 말한다.
> ② 법 제163조의2제1항에 따른 동석 신청에는 동석하고자 하는 자와 피해자 사이의 관계, 동석이 필요한 사유 등을 명시하여야 한다.
> ③ 재판장은 법 제163조의2제1항 또는 제2항에 따라 동석한 자가 부당하게 재판의 진행을 방해하는 때에는 동석을 중지시킬 수 있다.

제164조(신문의 청구) ①검사, 피고인 또는 변호인이 증인신문에 참여하지 아니할 경우에는 법원에 대하여 필요한 사항의 신문을 청구할 수 있다.
②피고인 또는 변호인의 참여없이 증인을 신문한 경우에 피고인에게 예기하지 아니한 불이익의 증언이 진술된 때에는 반드시 그 진술내용을 피고인 또는 변호인에게 알려주어야 한다.

제165조(증인의 법정 외 신문) 법원은 증인의 연령, 직업, 건강상태 기타의 사정을 고려하여 검사, 피고인 또는 변호인의 의견을 묻고 법정 외에 소환하거나 현재지에서 신문할 수 있다.

제165조의2(비디오 등 중계장치 등에 의한 증인신문) 법원은 다음 각 호의 어느 하나에 해당하는 자를 증인으로 신문하는 경우 상당하다고 인정하는 때에는 검사와 피고인 또는 변호인의 의견을 들어 비디오 등 중계장치에 의한 중계시설을 통하여 신문하거나 차폐(遮蔽)시설 등을 설치하고 신문할 수 있다.
1. 「아동복지법」 제71조제1항제1호부터 제3호까지에 해당하는 죄의 피해자
2. 「아동·청소년의 성보호에 관한 법률」 제7조, 제8조, 제11조부터 제15조까지 및 제17조제1항의 규정에 해당하는 죄의 대상이 되는 아동·청소년 또는 피해자
3. 범죄의 성질, 증인의 연령, 심신의 상태, 피고인과의 관계, 그 밖의 사정으로 인하여 피고인 등과 대면하여 진술하는 경우 심리적인 부담으로 정신의 평온을 현저하게 잃을 우려가 있다고 인정되는 자

> 형사소송규칙 **제84조의4(비디오 등 중계장치 등에 의한 신문 여부의 결정)** ① 법원은 신문할 증인이 법 제165조의2제1호부터 제3호까지에서 정한 자에 해당한다고 인정될 경

우, 증인으로 신문하는 결정을 할 때 비디오 등 중계장치에 의한 중계시설 또는 차폐시설을 통한 신문 여부를 함께 결정하여야 한다. 이 때 증인의 연령, 증언할 당시의 정신적·심리적 상태, 범행의 수단과 결과 및 범행 후의 피고인이나 사건관계인의 태도 등을 고려하여 판단하여야 한다.

② 법원은 증인신문 전 또는 증인신문 중에도 비디오 등 중계장치에 의한 중계시설 또는 차폐시설을 통하여 신문할 것을 결정할 수 있다.

제84조의8(증인을 위한 배려) ① 법 제165조의2에 따라 증인신문을 하는 경우, 증인은 증언을 보조할 수 있는 인형, 그림 그 밖에 적절한 도구를 사용할 수 있다.

② 제1항의 증인은 증언을 하는 동안 담요, 장난감, 인형 등 증인이 선택하는 물품을 소지할 수 있다.

제84조의9(차폐시설) 법원은 법 제165조의2에 따라 차폐시설을 설치함에 있어 피고인과 증인이 서로의 모습을 볼 수 없도록 필요한 조치를 취하여야 한다.

제166조(동행명령과 구인) ①법원은 필요한 때에는 결정으로 지정한 장소에 증인의 동행을 명할 수 있다.

②증인이 정당한 사유없이 동행을 거부하는 때에는 구인할 수 있다.

제167조(수명법관, 수탁판사) ①법원은 합의부원에게 법정 외의 증인신문을 명할 수 있고 또는 증인 현재지의 지방법원판사에게 그 신문을 촉탁할 수 있다.

②수탁판사는 증인이 관할구역 내에 현재하지 아니한 때에는 그 현재지의 지방법원판사에게 전촉할 수 있다.

③수명법관 또는 수탁판사는 증인의 신문에 관하여 법원 또는 재판장에 속한 처분을 할 수 있다.

제168조(증인의 여비, 일당, 숙박료) 소환받은 증인은 법률의 규정한 바에 의하여 여비, 일당과 숙박료를 청구할 수 있다.

단, 정당한 사유없이 선서 또는 증언을 거부한 자는 예외로 한다.

제13장 감정

제169조(감정) 법원은 학식 경험있는 자에게 감정을 명할 수 있다.

제170조(선서) ①감정인에게는 감정 전에 선서하게 하여야 한다.

②선서는 선서서에 의하여야 한다.

③선서서에는 「양심에 따라 성실히 감정하고 만일 거짓이 있으면 허위감정의 벌을 받기로 맹서합니다」라고 기재하여야 한다.

④제157조제3항, 제4항과 제158조의 규정은 감정인의 선서에 준용한다.

제171조(감정보고) ①감정의 경과와 결과는 감정인으로 하여금 서면으로 제출하게 하여야 한다.

②감정인이 수인인 때에는 각각 또는 공동으로 제출하게 할 수 있다.

③감정의 결과에는 그 판단의 이유를 명시하여야 한다.

④필요한 때에는 감정인에게 설명하게 할 수 있다.

제172조(법원 외의 감정) ①법원은 필요한 때에는 감정인으로 하여금 법원 외에서 감정하게 할 수 있다.

②전항의 경우에는 감정을 요하는 물건을 감정인에게 교부할 수 있다.

③피고인의 정신 또는 신체에 관한 감정에 필요한 때에는 법원은 기간을 정하여 병원 기타 적당한 장소에 피고인을 유치하게 할 수 있고 감정이 완료되면 즉시 유치를 해제하여야 한다.

④전항의 유치를 함에는 감정유치장을 발부하여야 한다.

⑤제3항의 유치를 함에 있어서 필요한 때에는 법원은 직권 또는 피고인을 수용할 병원 기타 장소의 관리자의 신청에 의하

여 사법경찰관리에게 피고인의 간수를 명할 수 있다.

⑥법원은 필요한 때에는 유치기간을 연장하거나 단축할 수 있다.

⑦구속에 관한 규정은 이 법률에 특별한 규정이 없는 경우에는 제3항의 유치에 관하여 이를 준용한다. 단, 보석에 관한 규정은 그러하지 아니하다.

⑧제3항의 유치는 미결구금일수의 산입에 있어서는 이를 구속으로 간주한다.

제172조의2(감정유치와 구속) ①구속 중인 피고인에 대하여 감정유치장이 집행되었을 때에는 피고인이 유치되어 있는 기간 구속은 그 집행이 정지된 것으로 간주한다.

②전항의 경우에 전조 제3항의 유치처분이 취소되거나 유치기간이 만료된 때에는 구속의 집행정지가 취소된 것으로 간주한다.

제173조(감정에 필요한 처분) ①감정인은 감정에 관하서 필요한 때에는 법원의 허가를 얻어 타인의 주거, 간수자 있는 가옥, 건조물, 항공기, 선차 내에 들어 갈 수 있고 신체의 검사, 사체의 해부, 분묘 발굴, 물건의 파괴를 할 수 있다.

②전항의 허가에는 피고인의 성명, 죄명, 들어갈 장소, 검사할 신체, 해부할 사체, 발굴할 분묘, 파괴할 물건, 감정인의 성명과 유효기간을 기재한 허가장을 발부하여야 한다.

③감정인은 제1항의 처분을 받는 자에게 허가장을 제시하여야 한다.

④전2항의 규정은 감정인이 공판정에서 행하는 제1항의 처분에는 적용하지 아니한다.

⑤제141조, 제143조의 규정은 제1항의 경우에 준용한다.

제174조(감정인의 참여권, 신문권) ①감정인은 감정에 관하여 필요한 경우에는 재판장의 허가를 얻어 서류와 증거물을 열람 또는 등사하고 피고인 또는 증인의 신문에 참여할 수 있다.

②감정인은 피고인 또는 증인의 신문을 구하거나 재판장의 허가를 얻어 직접 발문할 수 있다.

제175조(수명법관) 법원은 합의부원으로 하여금 감정에 관하여 필요한 처분을 하게 할 수 있다.

제176조(당사자의 참여) ①검사, 피고인 또는 변호인은 감정에 참여할 수 있다.

②제122조의 규정은 전항의 경우에 준용한다.

제177조(준용규정) 전장의 규정은 구인에 관한 규정을 제한 외에는 감정에 관하여 준용한다.

제178조(여비, 감정료 등) 감정인은 법률의 정하는 바에 의하여 여비, 일당, 숙박료 외에 감정료와 체당금의 변상을 청구할 수 있다.

제179조(감정증인) 특별한 지식에 의하여 알게 된 과거의 사실을 신문하는 경우에는 본장의 규정에 의하지 아니하고 전장의 규정에 의한다.

제179조의2(감정의 촉탁) ①법원은 필요하다고 인정하는 때에는 공무소·학교·병원 기타 상당한 설비가 있는 단체 또는 기관에 대하여 감정을 촉탁할 수 있다. 이 경우 선서에 관한 규정은 이를 적용하지 아니한다.

②제1항의 경우 법원은 당해 공무소·학교·병원·단체 또는 기관이 지정한 자로 하여금 감정서의 설명을 하게 할 수 있다.

제14장 통역과 번역

제180조(통역) 국어에 통하지 아니하는 자의 진술에는 통역인으로 하여금 통역하게 하여야 한다.

제181조(농아자의 통역) 농자 또는 아자의 진술에는 통역인으로 하여금 통역하게 할

수 있다.

제182조(번역) 국어 아닌 문자 또는 부호는 번역하게 하여야 한다.

제183조(준용규정) 전장의 규정은 통역과 번역에 준용한다.

제15장 증거보전

제184조(증거보전의 청구와 그 절차) ①검사, 피고인, 피의자 또는 변호인은 미리 증거를 보전하지 아니하면 그 증거를 사용하기 곤란한 사정이 있는 때에는 제1회 공판기일 전이라도 판사에게 압수, 수색, 검증, 증인신문 또는 감정을 청구할 수 있다.
②전항의 청구를 받은 판사는 그 처분에 관하여 법원 또는 재판장과 동일한 권한이 있다.
③제1항의 청구를 함에는 서면으로 그 사유를 소명하여야 한다.
④제1항의 청구를 기각하는 결정에 대하여는 3일 이내에 항고할 수 있다.

제185조(서류의 열람등) 검사, 피고인, 피의자 또는 변호인은 판사의 허가를 얻어 전조의 처분에 관한 서류와 증거물을 열람 또는 등사할 수 있다.

제16장 소송비용

제186조(피고인의 소송비용부담) ①형의 선고를 하는 때에는 피고인에게 소송비용의 전부 또는 일부를 부담하게 하여야 한다. 다만, 피고인의 경제적 사정으로 소송비용을 납부할 수 없는 때에는 그러하지 아니하다.
②피고인에게 책임지울 사유로 발생된 비용은 형의 선고를 하지 아니하는 경우에도 피고인에게 부담하게 할 수 있다.

제187조(공범의 소송비용) 공범의 소송비용은 공범인에게 연대부담하게 할 수 있다.

제188조(고소인등의 소송비용부담) 고소 또는 고발에 의하여 공소를 제기한 사건에 관하여 피고인이 무죄 또는 면소의 판결을 받은 경우에 고소인 또는 고발인에게 고의 또는 중대한 과실이 있는 때에는 그 자에게 소송비용의 전부 또는 일부를 부담하게 할 수 있다.

제189조(검사의 상소취하와 소송비용부담) 검사만이 상소 또는 재심청구를 한 경우에 상소 또는 재심의 청구가 기각되거나 취하된 때에는 그 소송비용을 피고인에게 부담하게 하지 못한다.

제190조(제삼자의 소송비용부담) ①검사 아닌 자가 상소 또는 재심청구를 한 경우에 상소 또는 재심의 청구가 기각되거나 취하된 때에는 그 자에게 그 소송비용을 부담하게 할 수 있다.
②피고인 아닌 자가 피고인이 제기한 상소 또는 재심의 청구를 취하한 경우에도 전항과 같다.

제191조(소송비용부담의 재판) ①재판으로 소송절차가 종료되는 경우에 피고인에게 소송비용을 부담하게 하는 때에는 직권으로 재판하여야 한다.
②전항의 재판에 대하여는 본안의 재판에 관하여 상소하는 경우에 한하여 불복할 수 있다.

제192조(제삼자부담의 재판) ①재판으로 소송절차가 종료되는 경우에 피고인 아닌 자에게 소송비용을 부담하게 하는 때에는 직권으로 결정을 하여야 한다.
②전항의 결정에 대하여는 즉시항고를 할 수 있다.

제193조(재판에 의하지 아니한 절차종료) ①재판에 의하지 아니하고 소송절차가 종료되는 경우에 소송비용을 부담하게 하는 때에는 사건의 최종계속법원이 직권으로

결정을 하여야 한다.

②전항의 결정에 대하여는 즉시항고를 할 수 있다.

제194조(부담액의 산정) 소송비용의 부담을 명하는 재판에 그 금액을 표시하지 아니한 때에는 집행을 지휘하는 검사가 산정한다.

제194조의2(무죄판결과 비용보상) ①국가는 무죄판결이 확정된 경우에는 당해 사건의 피고인이었던 자에 대하여 그 재판에 소요된 비용을 보상하여야 한다.

②다음 각 호의 어느 하나에 해당하는 경우에는 제1항에 따른 비용의 전부 또는 일부를 보상하지 아니할 수 있다.

1. 피고인이었던 자가 수사 또는 재판을 그르칠 목적으로 거짓 자백을 하거나 다른 유죄의 증거를 만들어 기소된 것으로 인정된 경우

2. 1개의 재판으로써 경합범의 일부에 대하여 무죄판결이 확정되고 다른 부분에 대하여 유죄판결이 확정된 경우

3. 「형법」 제9조 및 제10조제1항의 사유에 따른 무죄판결이 확정된 경우

4. 그 비용이 피고인이었던 자에게 책임지울 사유로 발생한 경우

제194조의3(비용보상의 절차 등) ①제194조의2제1항에 따른 비용의 보상은 피고인이었던 자의 청구에 따라 무죄판결을 선고한 법원의 합의부에서 결정으로 한다.

②제1항에 따른 청구는 무죄판결이 확정된 사실을 안 날부터 3년, 무죄판결이 확정된 때부터 5년 이내에 하여야 한다.

③제1항의 결정에 대하여는 즉시항고를 할 수 있다.

제194조의4(비용보상의 범위) ①제194조의2에 따른 비용보상의 범위는 피고인이었던 자 또는 그 변호인이었던 자가 공판준비 및 공판기일에 출석하는데 소요된 여비·일당·숙박료와 변호인이었던 자에 대한 보수에 한한다. 이 경우 보상금액에 관하여는 「형사소송비용 등에 관한 법률」을 준용하되, 피고인이었던 자에 대하여는 증인에 관한 규정을, 변호인이었던 자에 대하여는 국선변호인에 관한 규정을 준용한다.

②법원은 공판준비 또는 공판기일에 출석한 변호인이 2인 이상이었던 경우에는 사건의 성질, 심리 상황, 그 밖의 사정을 고려하여 변호인이었던 자의 여비·일당 및 숙박료를 대표변호인이나 그 밖의 일부 변호인의 비용만으로 한정할 수 있다.

제194조의5(준용규정) 비용보상청구, 비용보상절차, 비용보상과 다른 법률에 따른 손해배상과의 관계, 보상을 받을 권리의 양도·압류 또는 피고인이었던 자의 상속인에 대한 비용보상에 관하여 이 법에 규정한 것을 제외하고는 「형사보상법」에 따른 보상의 예에 따른다.

제2편 제1심

제1장 수사

제195조(검사의 수사) 검사는 범죄의 혐의 있다고 사료하는 때에는 범인, 범죄사실과 증거를 수사하여야 한다.

제196조(사법경찰관리) ① 수사관, 경무관, 총경, 경정, 경감, 경위는 사법경찰관으로서 모든 수사에 관하여 검사의 지휘를 받는다.

② 사법경찰관은 범죄의 혐의가 있다고 인식하는 때에는 범인, 범죄사실과 증거에 관하여 수사를 개시·진행하여야 한다.

③ 사법경찰관리는 검사의 지휘가 있는 때에는 이에 따라야 한다. 검사의 지휘에 관한 구체적 사항은 대통령령으로 정한다.

④ 사법경찰관은 범죄를 수사한 때에는 관계 서류와 증거물을 지체 없이 검사에게 송부하여야 한다.

⑤ 경사, 경장, 순경은 사법경찰리로서 수사의 보조를 하여야 한다.

⑥ 제1항 또는 제5항에 규정한 자 이외에 법률로써 사법경찰관리를 정할 수 있다.

제197조(특별사법경찰관리) 삼림, 해사, 전매, 세무, 군수사기관 기타 특별한 사항에 관하여 사법경찰관리의 직무를 행할 자와 그 직무의 범위는 법률로써 정한다.

제198조(준수사항) ①피의자에 대한 수사는 불구속 상태에서 함을 원칙으로 한다.

②검사·사법경찰관리와 그 밖에 직무상 수사에 관계있는 자는 피의자 또는 다른 사람의 인권을 존중하고 수사과정에서 취득한 비밀을 엄수하며 수사에 방해되는 일이 없도록 하여야 한다.

③ 검사·사법경찰관리와 그 밖에 직무상 수사에 관계있는 자는 수사과정에서 수사와 관련하여 작성하거나 취득한 서류 또는 물건에 대한 목록을 빠짐 없이 작성하여야 한다.

제198조의2(검사의 체포·구속장소감찰) ① 지방검찰청 검사장 또는 지청장은 불법체포·구속의 유무를 조사하기 위하여 검사로 하여금 매월 1회 이상 관하수사관서의 피의자의 체포·구속장소를 감찰하게 하여야 한다. 감찰하는 검사는 체포 또는 구속된 자를 심문하고 관련서류를 조사하여야 한다.

②검사는 적법한 절차에 의하지 아니하고 체포 또는 구속된 것이라고 의심할 만한 상당한 이유가 있는 경우에는 즉시 체포 또는 구속된 자를 석방하거나 사건을 검찰에 송치할 것을 명하여야 한다.

제199조(수사와 필요한 조사) ①수사에 관하여는 그 목적을 달성하기 위하여 필요한 조사를 할 수 있다. 다만, 강제처분은 이 법률에 특별한 규정이 있는 경우에 한하며, 필요한 최소한도의 범위 안에서만 하여야 한다.

②수사에 관하여는 공무소 기타 공사단체에 조회하여 필요한 사항의 보고를 요구

할 수 있다.

제200조(피의자의 출석요구) 검사 또는 사법경찰관은 수사에 필요한 때에는 피의자의 출석을 요구하여 진술을 들을 수 있다.

제200조의2(영장에 의한 체포) ①피의자가 죄를 범하였다고 의심할 만한 상당한 이유가 있고, 정당한 이유없이 제200조의 규정에 의한 출석요구에 응하지 아니하거나 응하지 아니할 우려가 있는 때에는 검사는 관할 지방법원판사에게 청구하여 체포영장을 발부받아 피의자를 체포할 수 있고, 사법경찰관은 검사에게 신청하여 검사의 청구로 관할지방법원판사의 체포영장을 발부받아 피의자를 체포할 수 있다. 다만, 다액 50만원이하의 벌금, 구류 또는 과료에 해당하는 사건에 관하여는 피의자가 일정한 주거가 없는 경우 또는 정당한 이유없이 제200조의 규정에 의한 출석요구에 응하지 아니한 경우에 한한다.

②제1항의 청구를 받은 지방법원판사는 상당하다고 인정할 때에는 체포영장을 발부한다. 다만, 명백히 체포의 필요가 인정되지 아니하는 경우에는 그러하지 아니하다.

③제1항의 청구를 받은 지방법원판사가 체포영장을 발부하지 아니할 때에는 청구서에 그 취지 및 이유를 기재하고 서명날인하여 청구한 검사에게 교부한다.

④검사가 제1항의 청구를 함에 있어서 동일한 범죄사실에 관하여 그 피의자에 대하여 전에 체포영장을 청구하였거나 발부받은 사실이 있는 때에는 다시 체포영장을 청구하는 취지 및 이유를 기재하여야 한다.

⑤체포한 피의자를 구속하고자 할 때에는 체포한 때부터 48시간이내에 제201조의 규정에 의하여 구속영장을 청구하여야 하고, 그 기간내에 구속영장을 청구하지 아니하는 때에는 피의자를 즉시 석방하여야 한다.

형사소송규칙 **제95조(체포영장청구서의**

기재사항) 체포영장의 청구서에는 다음 각 호의 사항을 기재하여야 한다.

1. 피의자의 성명(분명하지 아니한 때에는 인상, 체격, 그 밖에 피의자를 특정할 수 있는 사항), 주민등록번호 등, 직업, 주거

2. 피의자에게 변호인이 있는 때에는 그 성명

3. 죄명 및 범죄사실의 요지

4. 7일을 넘는 유효기간을 필요로 하는 때에는 그 취지 및 사유

5. 여러 통의 영장을 청구하는 때에는 그 취지 및 사유

6. 인치구금할 장소

7. 법 제200조의2제1항에 규정한 체포의 사유

8. 동일한 범죄사실에 관하여 그 피의자에 대하여 전에 체포영장을 청구하였거나 발부받은 사실이 있는 때에는 다시 체포영장을 청구하는 취지 및 이유

9. 현재 수사 중인 다른 범죄사실에 관하여 그 피의자에 대하여 발부된 유효한 체포영장이 있는 경우에는 그 취지 및 그 범죄사실

제200조의3(긴급체포) ①검사 또는 사법경찰관은 피의자가 사형·무기 또는 장기 3년이상의 징역이나 금고에 해당하는 죄를 범하였다고 의심할 만한 상당한 이유가 있고, 다음 각 호의 어느 하나에 해당하는 사유가 있는 경우에 긴급을 요하여 지방법원판사의 체포영장을 받을 수 없는 때에는 그 사유를 알리고 영장없이 피의자를 체포할 수 있다. 이 경우 긴급을 요한다 함은 피의자를 우연히 발견한 경우 등과 같이 체포영장을 받을 시간적 여유가 없는 때를 말한다.

1. 피의자가 증거를 인멸할 염려가 있는 때

2. 피의자가 도망하거나 도망할 우려가 있는 때

②사법경찰관이 제1항의 규정에 의하여 피의자를 체포한 경우에는 즉시 검사의 승인을 얻어야 한다.

③검사 또는 사법경찰관은 제1항의 규정에 의하여 피의자를 체포한 경우에는 즉시 긴급체포서를 작성하여야 한다.

④제3항의 규정에 의한 긴급체포서에는 범죄사실의 요지, 긴급체포의 사유등을 기재하여야 한다.

제200조의4(긴급체포와 영장청구기간) ①검사 또는 사법경찰관이 제200조의3의 규정에 의하여 피의자를 체포한 경우 피의자를 구속하고자 할 때에는 지체 없이 검사는 관할지방법원판사에게 구속영장을 청구하여야 하고, 사법경찰관은 검사에게 신청하여 검사의 청구로 관할지방법원판사에게 구속영장을 청구하여야 한다. 이 경우 구속영장은 피의자를 체포한 때부터 48시간 이내에 청구하여야 하며, 제200조의3제3항에 따른 긴급체포서를 첨부하여야 한다.

②제1항의 규정에 의하여 구속영장을 청구하지 아니하거나 발부받지 못한 때에는 피의자를 즉시 석방하여야 한다.

③제2항의 규정에 의하여 석방된 자는 영장없이는 동일한 범죄사실에 관하여 체포하지 못한다.

④검사는 제1항에 따른 구속영장을 청구하지 아니하고 피의자를 석방한 경우에는 석방한 날부터 30일 이내에 서면으로 다음 각 호의 사항을 법원에 통지하여야 한다. 이 경우 긴급체포서의 사본을 첨부하여야 한다.

1. 긴급체포 후 석방된 자의 인적사항

2. 긴급체포의 일시·장소와 긴급체포하게 된 구체적 이유

3. 석방의 일시·장소 및 사유

4. 긴급체포 및 석방한 검사 또는 사법경찰관의 성명

⑤긴급체포 후 석방된 자 또는 그 변호인·법정대리인·배우자·직계친족·형제자매는 통지서 및 관련 서류를 열람하거나

등사할 수 있다.

⑥사법경찰관은 긴급체포한 피의자에 대하여 구속영장을 신청하지 아니하고 석방한 경우에는 즉시 검사에게 보고하여야 한다.

제200조의5(체포와 피의사실 등의 고지) 검사 또는 사법경찰관은 피의자를 체포하는 경우에는 피의사실의 요지, 체포의 이유와 변호인을 선임할 수 있음을 말하고 변명할 기회를 주어야 한다.

제200조의6(준용규정) 제75조, 제81조제1항 본문 및 제3항, 제82조, 제83조, 제85조제1항·제3항 및 제4항, 제86조, 제87조, 제89조부터 제91조까지, 제93조, 제101조제4항 및 제102조제2항 단서의 규정은 검사 또는 사법경찰관이 피의자를 체포하는 경우에 이를 준용한다. 이 경우 "구속"은 이를 "체포"로, "구속영장"은 이를 "체포영장"으로 본다.

제201조(구속) ①피의자가 죄를 범하였다고 의심할 만한 상당한 이유가 있고 제70조제1항 각 호의 1에 해당하는 사유가 있을 때에는 검사는 관할지방법원판사에게 청구하여 구속영장을 받아 피의자를 구속할 수 있고 사법경찰관은 검사에게 신청하여 검사의 청구로 관할지방법원판사의 구속영장을 받아 피의자를 구속할 수 있다. 다만, 다액 50만원이하의 벌금, 구류 또는 과료에 해당하는 범죄에 관하여는 피의자가 일정한 주거가 없는 경우에 한한다.

②구속영장의 청구에는 구속의 필요를 인정할 수 있는 자료를 제출하여야 한다.

③제1항의 청구를 받은 지방법원판사는 신속히 구속영장의 발부여부를 결정하여야 한다.

④제1항의 청구를 받은 지방법원판사는 상당하다고 인정할 때에는 구속영장을 발부한다. 이를 발부하지 아니할 때에는 청구서에 그 취지 및 이유를 기재하고 서명날인하여 청구한 검사에게 교부한다.

⑤검사가 제1항의 청구를 함에 있어서 동일한 범죄사실에 관하여 그 피의자에 대하여 전에 구속영장을 청구하거나 발부받은 사실이 있을 때에는 다시 구속영장을 청구하는 취지 및 이유를 기재하여야 한다.

제201조의2(구속영장 청구와 피의자 심문)

①제200조의2·제200조의3 또는 제212조에 따라 체포된 피의자에 대하여 구속영장을 청구받은 판사는 지체 없이 피의자를 심문하여야 한다. 이 경우 특별한 사정이 없는 한 구속영장이 청구된 날의 다음날까지 심문하여야 한다.

②제1항 외의 피의자에 대하여 구속영장을 청구받은 판사는 피의자가 죄를 범하였다고 의심할 만한 이유가 있는 경우에 구인을 위한 구속영장을 발부하여 피의자를 구인한 후 심문하여야 한다. 다만, 피의자가 도망하는 등의 사유로 심문할 수 없는 경우에는 그러하지 아니하다.

③판사는 제1항의 경우에는 즉시, 제2항의 경우에는 피의자를 인치한 후 즉시 검사, 피의자 및 변호인에게 심문기일과 장소를 통지하여야 한다. 이 경우 검사는 피의자가 체포되어 있는 때에는 심문기일에 피의자를 출석시켜야 한다.

④검사와 변호인은 제3항에 따른 심문기일에 출석하여 의견을 진술할 수 있다.

⑤판사는 제1항 또는 제2항에 따라 심문하는 때에는 공범의 분리심문이나 그 밖에 수사상의 비밀보호를 위하여 필요한 조치를 하여야 한다.

⑥제1항 또는 제2항에 따라 피의자를 심문하는 경우 법원사무관등은 심문의 요지 등을 조서로 작성하여야 한다.

⑦피의자심문을 하는 경우 법원이 구속영장청구서·수사 관계 서류 및 증거물을 접수한 날부터 구속영장을 발부하여 검찰청에 반환한 날까지의 기간은 제202조 및 제203조의 적용에 있어서 그 구속기간에 이를 산입하지 아니한다.

⑧심문할 피의자에게 변호인이 없는 때에는 지방법원판사는 직권으로 변호인을 선정하여야 한다. 이 경우 변호인의 선정은 피의자에 대한 구속영장 청구가 기각되어 효력이 소멸한 경우를 제외하고는 제1심까지 효력이 있다.

⑨법원은 변호인의 사정이나 그 밖의 사유로 변호인 선정결정이 취소되어 변호인이 없게 된 때에는 직권으로 변호인을 다시 선정할 수 있다.

⑩제71조, 제71조의2, 제75조, 제81조부터 제83조까지, 제85조제1항·제3항·제4항, 제86조, 제87조제1항, 제89조부터 제91조까지 및 제200조의5는 제2항에 따라 구인을 하는 경우에 준용하고, 제48조, 제51조, 제53조, 제56조의2 및 제276조의2는 피의자에 대한 심문의 경우에 준용한다.

형사소송규칙 **제96조의12(심문기일의 지정, 통지)** ②체포된 피의자외의 피의자에 대한 심문기일은 관계인에 대한 심문기일의 통지 및 그 출석에 소요되는 시간 등을 고려하여 피의자가 법원에 인치된 때로부터 가능한 한 빠른 일시로 지정하여야 한다.

③심문기일의 통지는 서면 이외에 구술·전화·모사전송·전자우편·휴대전화 문자전송 그 밖에 적당한 방법으로 신속하게 하여야 한다. 이 경우 통지의 증명은 그 취지를 심문조서에 기재함으로써 할 수 있다.

제96조의13(피의자의 심문절차) ① 판사는 피의자가 심문기일에의 출석을 거부하거나 질병 그 밖의 사유로 출석이 현저하게 곤란하고, 피의자를 심문 법정에 인치할 수 없다고 인정되는 때에는 피의자의 출석 없이 심문절차를 진행할 수 있다.

② 검사는 피의자가 심문기일에의 출석을 거부하는 때에는 판사에게 그 취지 및 사유를 기재한 서면을 작성 제출하여야 한다.

③ 제1항의 규정에 의하여 심문절차를 진행할 경우에는 출석한 검사 및 변호인의 의견을 듣고, 수사기록 그 밖에 적당하다고 인정하는

방법으로 구속사유의 유무를 조사할 수 있다.

제96조의14(심문의 비공개) 피의자에 대한 심문절차는 공개하지 아니한다. 다만, 판사는 상당하다고 인정하는 경우에는 피의자의 친족, 피해자 등 이해관계인의 방청을 허가할 수 있다.

제96조의15(심문장소) 피의자의 심문은 법원청사내에서 하여야 한다. 다만, 피의자가 출석을 거부하거나 질병 기타 부득이한 사유로 법원에 출석할 수 없는 때에는 경찰서, 구치소 기타 적당한 장소에서 심문할 수 있다.

제96조의16(심문기일의 절차) ① 판사는 피의자에게 구속영장청구서에 기재된 범죄사실의 요지를 고지하고, 피의자에게 일체의 진술을 하지 아니하거나 개개의 질문에 대하여 진술을 거부할 수 있으며, 이익 되는 사실을 진술할 수 있음을 알려주어야 한다.

② 판사는 구속 여부를 판단하기 위하여 필요한 사항에 관하여 신속하고 간결하게 심문하여야 한다. 증거인멸 또는 도망의 염려를 판단하기 위하여 필요한 때에는 피의자의 경력, 가족관계나 교우관계 등 개인적인 사항에 관하여 심문할 수 있다.

③ 검사와 변호인은 판사의 심문이 끝난 후에 의견을 진술할 수 있다. 다만, 필요한 경우에는 심문 도중에도 판사의 허가를 얻어 의견을 진술할 수 있다.

④ 피의자는 판사의 심문 도중에도 변호인에게 조력을 구할 수 있다.

⑤ 판사는 구속 여부의 판단을 위하여 필요하다고 인정하는 때에는 심문장소에 출석한 피해자 그 밖의 제3자를 심문할 수 있다.

⑥ 구속영장이 청구된 피의자의 법정대리인, 배우자, 직계친족, 형제자매나 가족, 동거인 또는 고용주는 판사의 허가를 얻어 사건에 관한 의견을 진술할 수 있다.

⑦ 판사는 심문을 위하여 필요하다고 인정하는 경우에는 호송경찰관 기타의 자를 퇴실하게 하고 심문을 진행할 수 있다.

제202조(사법경찰관의 구속기간) 사법경찰관이 피의자를 구속한 때에는 10일 이내에 피의자를 검사에게 인치하지 아니하면

석방하여야 한다.

제203조(검사의 구속기간) 검사가 피의자를 구속한 때 또는 사법경찰관으로부터 피의자의 인치를 받은 때에는 10일 이내에 공소를 제기하지 아니하면 석방하여야 한다.

형사소송규칙 **제98조(구속기간연장기간의 계산)** 구속기간연장허가결정이 있은 경우에 그 연장기간은 법 제203조의 규정에 의한 구속기간만료 다음날로부터 기산한다.

제203조의2(구속기간에의 산입) 피의자가 제200조의2 · 제200조의3 · 제201조의2 제2항 또는 제212조의 규정에 의하여 체포 또는 구인된 경우에는 제202조 또는 제203조의 구속기간은 피의자를 체포 또는 구인한 날부터 기산한다.

제204조(영장발부와 법원에 대한 통지) 체포영장 또는 구속영장의 발부를 받은 후 피의자를 체포 또는 구속하지 아니하거나 체포 또는 구속한 피의자를 석방한 때에는 지체없이 검사는 영장을 발부한 법원에 그 사유를 서면으로 통지하여야 한다.

형사소송규칙　**제96조의19(영장발부와 통지)** ①법 제204조의 규정에 의한 통지는 다음 각호의 1에 해당하는 사유가 발생한 경우에 이를 하여야 한다.
1. 피의자를 체포 또는 구속하지 아니하거나 못한 경우
2. 체포후 구속영장 청구기간이 만료하거나 구속후 구속기간이 만료하여 피의자를 석방한 경우
3. 체포 또는 구속의 취소로 피의자를 석방한 경우
4. 체포된 국회의원에 대하여 헌법 제44조의 규정에 의한 석방요구가 있어 체포영장의 집행이 정지된 경우
5. 구속집행정지의 경우
②제1항의 통지서에는 다음 각호의 사항을 기재하여야 한다.
1. 피의자의 성명

2. 제1항 각호의 사유 및 제1항제2호 내지 제5호에 해당하는 경우에는 그 사유발생일
3. 영장 발부 연월일 및 영장번호
③제1항제1호에 해당하는 경우에는 체포영장 또는 구속영장의 원본을 첨부하여야 한다.

제205조(구속기간의 연장) ①지방법원판사는 검사의 신청에 의하여 수사를 계속함에 상당한 이유가 있다고 인정한 때에는 10일을 초과하지 아니하는 한도에서 제203조의 구속기간의 연장을 1차에 한하여 허가할 수 있다.
②전항의 신청에는 구속기간의 연장의 필요를 인정할 수 있는 자료를 제출하여야 한다.

제208조(재구속의 제한) ①검사 또는 사법경찰관에 의하여 구속되었다가 석방된 자는 다른 중요한 증거를 발견한 경우를 제외하고는 동일한 범죄사실에 관하여 재차 구속하지 못한다.
②전항의 경우에는 1개의 목적을 위하여 동시 또는 수단결과의 관계에서 행하여진 행위는 동일한 범죄사실로 간주한다.

제209조(준용규정) 제70조제2항, 제71조, 제75조, 제81조제1항 본문 · 제3항, 제82조, 제83조, 제85조부터 제87조까지, 제89조부터 제91조까지, 제93조, 제101조제1항, 제102조제2항 본문(보석의 취소에 관한 부분은 제외한다) 및 제200조의5는 검사 또는 사법경찰관의 피의자 구속에 관하여 준용한다.

제210조(사법경찰관리의 관할구역 외의 수사) 사법경찰관리가 관할구역 외에서 수사하거나 관할구역 외의 사법경찰관리의 촉탁을 받아 수사할 때에는 관할지방검찰청 검사장 또는 지청장에게 보고하여야 한다. 다만, 제200조의3, 제212조, 제214조, 제216조와 제217조의 규정에 의한 수사를 하는 경우에 긴급을 요할 때에는

사후에 보고할 수 있다.

제211조(현행범인과 준현행범인) ①범죄의 실행 중이거나 실행의 즉후인 자를 현행범인이라 한다.

②다음 각 호의 1에 해당하는 자는 현행범인으로 간주한다.

1. 범인으로 호창되어 추적되고 있는 때
2. 장물이나 범죄에 사용되었다고 인정함에 충분한 흉기 기타의 물건을 소지하고 있는 때
3. 신체 또는 의복류에 현저한 증적이 있는 때
4. 누구임을 물음에 대하여 도망하려 하는 때

제212조(현행범인의 체포) 현행범인은 누구든지 영장없이 체포할 수 있다.

제213조(체포된 현행범인의 인도) ①검사 또는 사법경찰관리 아닌 자가 현행범인을 체포한 때에는 즉시 검사 또는 사법경찰관리에게 인도하여야 한다.

②사법경찰관리가 현행범인의 인도를 받은 때에는 체포자의 성명, 주거, 체포의 사유를 물어야 하고 필요한 때에는 체포자에 대하여 경찰관서에 동행함을 요구할 수 있다.

제213조의2(준용규정) 제87조, 제89조, 제90조, 제200조의2제5항 및 제200조의5의 규정은 검사 또는 사법경찰관리가 현행범인을 체포하거나 현행범인을 인도받은 경우에 이를 준용한다.

제214조(경미사건과 현행범인의 체포) 다액 50만원이하의 벌금, 구류 또는 과료에 해당하는 죄의 현행범인에 대하여는 범인의 주거가 분명하지 아니한 때에 한하여 제212조 내지 제213조의 규정을 적용한다.

제214조의2(체포와 구속의 적부심사) ①체포 또는 구속된 피의자 또는 그 변호인, 법정대리인, 배우자, 직계친족, 형제자매나 가족, 동거인 또는 고용주는 관할법원에 체포 또는 구속의 적부심사를 청구할 수 있다.

형사소송규칙 **제102조(체포·구속적부심사 청구서의 기재사항)** 체포 또는 구속의 적부심사청구서에는 다음 사항을 기재하여야 한다.

1. 체포 또는 구속된 피의자의 성명, 주민등록번호 등, 주거
2. 체포 또는 구속된 일자
3. 청구의 취지 및 청구의 이유
4. 청구인의 성명 및 체포 또는 구속된 피의자와의 관계

②피의자를 체포 또는 구속한 검사 또는 사법경찰관은 체포 또는 구속된 피의자와 제1항에 규정된 자 중에서 피의자가 지정하는 자에게 제1항에 따른 적부심사를 청구할 수 있음을 알려야 한다.

③법원은 제1항에 따른 청구가 다음 각 호의 어느 하나에 해당하는 때에는 제4항에 따른 심문 없이 결정으로 청구를 기각할 수 있다.

1. 청구권자 아닌 자가 청구하거나 동일한 체포영장 또는 구속영장의 발부에 대하여 재청구한 때
2. 공범 또는 공동피의자의 순차청구가 수사방해의 목적임이 명백한 때

④제1항의 청구를 받은 법원은 청구서가 접수된 때부터 48시간 이내에 체포 또는 구속된 피의자를 심문하고 수사관계서류와 증거물을 조사하여 그 청구가 이유없다고 인정한 때에는 결정으로 이를 기각하고, 이유있다고 인정한 때에는 결정으로 체포 또는 구속된 피의자의 석방을 명하여야 한다. 심사청구후 피의자에 대하여 공소제기가 있는 경우에도 또한 같다.

⑤법원은 구속된 피의자(심사청구후 공소제기된 자를 포함한다)에 대하여 피의자의 출석을 보증할 만한 보증금의 납입을 조건으로 하여 결정으로 제4항의 석방을 명할 수 있다. 다만, 다음 각 호에 해당하는 경우에는 그러하지 아니하다.

1. 죄증을 인멸할 염려가 있다고 믿을만한 충분한 이유가 있는 때
2. 피해자, 당해 사건의 재판에 필요한 사실을 알고 있다고 인정되는 자 또는 그 친족의 생명·신체나 재산에 해를 가하거나 가할 염려가 있다고 믿을만한 충분한 이유가 있는 때

⑥제5항의 석방결정을 하는 경우에 주거의 제한, 법원 또는 검사가 지정하는 일시·장소에 출석할 의무 기타 적당한 조건을 부가할 수 있다.

⑦제99조 및 100조는 제5항에 따라 보증금의 납입을 조건으로 하는 석방을 하는 경우에 준용한다.

⑧제3항과 제4항의 결정에 대하여는 항고하지 못한다.

⑨검사·변호인·청구인은 제4항의 심문기일에 출석하여 의견을 진술할 수 있다.

⑩체포 또는 구속된 피의자에게 변호인이 없는 때에는 제33조의 규정을 준용한다.

⑪법원은 제4항의 심문을 하는 경우 공범의 분리심문이나 그 밖에 수사상의 비밀보호를 위한 적절한 조치를 취하여야 한다.

⑫체포영장 또는 구속영장을 발부한 법관은 제4항부터 제6항까지의 심문·조사·결정에 관여하지 못한다. 다만, 체포영장 또는 구속영장을 발부한 법관외에는 심문·조사·결정을 할 판사가 없는 경우에는 그러하지 아니하다.

⑬법원이 수사 관계 서류와 증거물을 접수한 때부터 결정 후 검찰청에 반환된 때까지의 기간은 제200조의2제5항(제213조의2에 따라 준용되는 경우를 포함한다) 및 제200조의4제1항의 적용에 있어서는 그 제한기간에 산입하지 아니하고, 제202조·제203조 및 제205조의 적용에 있어서는 그 구속기간에 산입하지 아니한다.

⑭제201조의2제6항은 제4항에 따라 피의자를 심문하는 경우에 준용한다.

제214조의3(재체포 및 재구속의 제한) ①제214조의2제4항의 규정에 의한 체포 또는 구속적부심사결정에 의하여 석방된 피의자가 도망하거나 죄증을 인멸하는 경우를 제외하고는 동일한 범죄사실에 관하여 재차 체포 또는 구속하지 못한다.

②제214조의2제5항에 따라 석방된 피의자에 대하여 다음 각 호의 1에 해당하는 사유가 있는 경우를 제외하고는 동일한 범죄사실에 관하여 재차 체포 또는 구속하지 못한다.

1. 도망한 때
2. 도망하거나 죄증을 인멸할 염려가 있다고 믿을만한 충분한 이유가 있는 때
3. 출석요구를 받고 정당한 이유없이 출석하지 아니한 때
4. 주거의 제한 기타 법원이 정한 조건을 위반한 때

제214조의4(보증금의 몰수) ①법원은 다음 각 호의 1의 경우에 직권 또는 검사의 청구에 의하여 결정으로 제214조의2제5항에 따라 납입된 보증금의 전부 또는 일부를 몰수할 수 있다.

1. 제214조의2제5항에 따라 석방된 자를 제214조의3제2항에 열거된 사유로 재차 구속할 때
2. 공소가 제기된 후 법원이 제214조의2제5항에 따라 석방된 자를 동일한 범죄사실에 관하여 재차 구속할 때

②법원은 제214조의2제5항에 따라 석방된 자가 동일한 범죄사실에 관하여 형의 선고를 받고 그 판결이 확정된 후, 집행하기 위한 소환을 받고 정당한 이유없이 출석하지 아니하거나 도망한 때에는 직권 또는 검사의 청구에 의하여 결정으로 보증금의 전부 또는 일부를 몰수하여야 한다.

제215조(압수, 수색, 검증) ① 검사는 범죄수사에 필요한 때에는 피의자가 죄를 범하였다고 의심할 만한 정황이 있고 해당 사건과 관계가 있다고 인정할 수 있는 것

에 한정하여 지방법원판사에게 청구하여 발부받은 영장에 의하여 압수, 수색 또는 검증을 할 수 있다.

② 사법경찰관이 범죄수사에 필요한 때에는 피의자가 죄를 범하였다고 의심할 만한 정황이 있고 해당 사건과 관계가 있다고 인정할 수 있는 것에 한정하여 검사에게 신청하여 검사의 청구로 지방법원판사가 발부한 영장에 의하여 압수, 수색 또는 검증을 할 수 있다.

형사소송규칙 **제107조(압수, 수색, 검증 영장청구서의 기재사항)** ①압수, 수색 또는 검증을 위한 영장의 청구서에는 다음 각호의 사항을 기재하여야 한다.

1. 제95조제1호부터 제5호까지에 규정한 사항
2. 압수할 물건, 수색 또는 검증할 장소, 신체나 물건
3. 압수, 수색 또는 검증의 사유
4. 일출전 또는 일몰후에 압수, 수색 또는 건증을 할 필요가 있는 때에는 그 취지 및 사유
5. 법 제216조제3항에 따라 청구하는 경우에는 영장 없이 압수, 수색 또는 검증을 한 일시 및 장소
6. 법 제217조제2항에 따라 청구하는 경우에는 체포한 일시 및 장소와 영장 없이 압수, 수색 또는 검증을 한 일시 및 장소
7. 「통신비밀보호법」제2조제3호에 따른 전기통신을 압수·수색하고자 할 경우 그 작성기간

②신체검사를 내용으로 하는 검증을 위한 영장의 청구서에는 제1항 각호의 사항외에 신체검사를 필요로 하는 이유와 신체검사를 받을 자의 성별, 건강상태를 기재하여야 한다.

제108조(자료의 제출) ①법 제215조의 규정에 의한 청구를 할 때에는 피의자에게 범죄의 혐의가 있다고 인정되는 자료와 압수, 수색 또는 검증의 필요 및 해당 사건과의 관련성을 인정할 수 있는 자료를 제출하여야 한다.

②피의자 아닌 자의 신체, 물건, 주거 기타 장소의 수색을 위한 영장의 청구를 할 때에는 압수하여야 할 물건이 있다고 인정될 만한 자료를 제출하여야 한다.

제216조(영장에 의하지 아니한 강제처분)
①검사 또는 사법경찰관은 제200조의2·제200조의3·제201조 또는 제212조의 규정에 의하여 피의자를 체포 또는 구속하는 경우에 필요한 때에는 영장없이 다음 처분을 할 수 있다.

1. 타인의 주거나 타인이 간수하는 가옥, 건조물, 항공기, 선차 내에서의 피의자 수사
2. 체포현장에서의 압수, 수색, 검증

②전항 제2호의 규정은 검사 또는 사법경찰관이 피고인에 대한 구속영장의 집행의 경우에 준용한다.

③범행 중 또는 범행직후의 범죄 장소에서 긴급을 요하여 법원판사의 영장을 받을 수 없는 때에는 영장없이 압수, 수색 또는 검증을 할 수 있다. 이 경우에는 사후에 지체없이 영장을 받아야 한다.

제217조(영장에 의하지 아니하는 강제처분)
①검사 또는 사법경찰관은 제200조의3에 따라 체포된 자가 소유·소지 또는 보관하는 물건에 대하여 긴급히 압수할 필요가 있는 경우에는 체포한 때부터 24시간 이내에 한하여 영장 없이 압수·수색 또는 검증을 할 수 있다.

②검사 또는 사법경찰관은 제1항 또는 제216조제1항제2호에 따라 압수한 물건을 계속 압수할 필요가 있는 경우에는 지체없이 압수수색영장을 청구하여야 한다. 이 경우 압수수색영장의 청구는 체포한 때부터 48시간 이내에 하여야 한다.

③검사 또는 사법경찰관은 제2항에 따라 청구한 압수수색영장을 발부받지 못한 때에는 압수한 물건을 즉시 반환하여야 한다.

제218조(영장에 의하지 아니한 압수) 검사,

사법경찰관은 피의자 기타인의 유류한 물건이나 소유자, 소지자 또는 보관자가 임의로 제출한 물건을 영장없이 압수할 수 있다.

제218조의2(압수물의 환부, 가환부) ① 검사는 사본을 확보한 경우 등 압수를 계속할 필요가 없다고 인정되는 압수물 및 증거에 사용할 압수물에 대하여 공소제기 전이라도 소유자, 소지자, 보관자 또는 제출인의 청구가 있는 때에는 환부 또는 가환부하여야 한다.

② 제1항의 청구에 대하여 검사가 이를 거부하는 경우에는 신청인은 해당 검사의 소속 검찰청에 대응한 법원에 압수물의 환부 또는 가환부 결정을 청구할 수 있다.

③ 제2항의 청구에 대하여 법원이 환부 또는 가환부를 결정하면 검사는 신청인에게 압수물을 환부 또는 가환부하여야 한다.

④ 사법경찰관의 환부 또는 가환부 처분에 관하여는 제1항부터 제3항까지의 규정을 준용한다. 이 경우 사법경찰관은 검사의 지휘를 받아야 한다.

제219조(준용규정) 제106조, 제107조, 제109조 내지 제112조, 제114조, 제115조 제1항 본문, 제2항, 제118조부터 제132조까지, 제134조, 제135조, 제140조, 제141조, 제333조제2항, 제486조의 규정은 검사 또는 사법경찰관의 본장의 규정에 의한 압수, 수색 또는 검증에 준용한다. 단, 사법경찰관이 제130조, 제132조 및 제134조에 따른 처분을 함에는 검사의 지휘를 받아야 한다.

제220조(요급처분) 제216조의 규정에 의한 처분을 하는 경우에 급속을 요하는 때에는 제123조제2항, 제125조의 규정에 의함을 요하지 아니한다.

제221조(제3자의 출석요구 등) ①검사 또는 사법경찰관은 수사에 필요한 때에는 피의자가 아닌 자의 출석을 요구하여 진술을 들을 수 있다. 이 경우 그의 동의를 받아

영상녹화할 수 있다.

②검사 또는 사법경찰관은 수사에 필요한 때에는 감정·통역 또는 번역을 위촉할 수 있다.

③제163조의2제1항부터 제3항까지는 검사 또는 사법경찰관이 범죄로 인한 피해자를 조사하는 경우에 준용한다.

제221조의2(증인신문의 청구) ①범죄의 수사에 없어서는 아니될 사실을 안다고 명백히 인정되는 자가 전조의 규정에 의한 출석 또는 진술을 거부한 경우에는 검사는 제1회 공판기일 전에 한하여 판사에게 그에 대한 증인신문을 청구할 수 있다.

③제1항의 청구를 함에는 서면으로 그 사유를 소명하여야 한다.

④제1항의 청구를 받은 판사는 증인신문에 관하여 법원 또는 재판장과 동일한 권한이 있다.

⑤판사는 제1항의 청구에 따라 증인신문기일을 정한 때에는 피고인·피의자 또는 변호인에게 이를 통지하여 증인신문에 참여할 수 있도록 하여야 한다.

⑥판사는 제1항의 청구에 의한 증인신문을 한 때에는 지체없이 이에 관한 서류를 검사에게 송부하여야 한다.

제221조의3(감정의 위촉과 감정유치의 청구) ①검사는 제221조의 규정에 의하여 감정을 위촉하는 경우에 제172조제3항의 유치처분이 필요할 때에는 판사에게 이를 청구하여야 한다.

②판사는 제1항의 청구가 상당하다고 인정할 때에는 유치처분을 하여야 한다. 제172조 및 제172조의2의 규정은 이 경우에 준용한다.

> 형사소송규칙 **제113조(감정유치청구서의 기재사항)** 법 제221조의3에 따른 감정유치청구서에는 다음 각호의 사항을 기재하여야 한다.
> 1. 제95조제1호부터 제5호까지에 규정한 사항

2. 유치할 장소 및 유치기간
3. 감정의 목적 및 이유
4. 감정인의 성명, 직업

제221조의4(감정에 필요한 처분, 허가장)
①제221조의 규정에 의하여 감정의 위촉을 받은 자는 판사의 허가를 얻어 제173조제1항에 규정된 처분을 할 수 있다.
②제1항의 허가의 청구는 검사가 하여야 한다.
③판사는 제2항의 청구가 상당하다고 인정할 때에는 허가장을 발부하여야 한다.
④제173조제2항, 제3항 및 제5항의 규정은 제3항의 허가장에 준용한다.

제222조(변사자의 검시) ①변사자 또는 변사의 의심있는 사체가 있는 때에는 그 소재지를 관할하는 지방검찰청 검사가 검시하여야 한다.
②전항의 검시로 범죄의 혐의를 인정하고 긴급을 요할 때에는 영장없이 검증할 수 있다.
③검사는 사법경찰관에게 전2항의 처분을 명할 수 있다.

제223조(고소권자) 범죄로 인한 피해자는 고소할 수 있다.

제224조(고소의 제한) 자기 또는 배우자의 직계존속을 고소하지 못한다.

제225조(비피해자인 고소권자) ①피해자의 법정대리인은 독립하여 고소할 수 있다.
②피해자가 사망한 때에는 그 배우자, 직계친족 또는 형제자매는 고소할 수 있다. 단, 피해자의 명시한 의사에 반하지 못한다.

> 형사소송규칙 **제116조(고소인의 신분관계 자료제출)** ①법 제225조 내지 제227조의 규정에 의하여 고소할 때에는 고소인과 피해자와의 신분관계를 소명하는 서면을, 법 제229조에 의하여 고소할 때에는 혼인의 해소 또는 이혼소송의 제기사실을 소명하는 서면을 각

> 제출하여야 한다.
> ②법 제228조의 규정에 의하여 검사의 지정을 받은 고소인이 고소할 때에는 그 지정받은 사실을 소명하는 서면을 제출하여야 한다.

제226조(동전) 피해자의 법정대리인이 피의자이거나 법정대리인의 친족이 피의자인 때에는 피해자의 친족은 독립하여 고소할 수 있다.

제227조(동전) 사자의 명예를 훼손한 범죄에 대하여는 그 친족 또는 자손은 고소할 수 있다.

제228조(고소권자의 지정) 친고죄에 대하여 고소할 자가 없는 경우에 이해관계인의 신청이 있으면 검사는 10일 이내에 고소할 수 있는 자를 지정하여야 한다.

제229조(배우자의 고소) ①「형법」 제241조의 경우에는 혼인이 해소되거나 이혼소송을 제기한 후가 아니면 고소할 수 없다.
②전항의 경우에 다시 혼인을 하거나 이혼소송을 취하한 때에는 고소는 취소된 것으로 간주한다.

제230조(고소기간) ①친고죄에 대하여는 범인을 알게 된 날로부터 6월을 경과하면 고소하지 못한다. 단, 고소할 수 없는 불가항력의 사유가 있는 때에는 그 사유가 없어진 날로부터 기산한다.

제231조(수인의 고소권자) 고소할 수 있는 자가 수인인 경우에는 1인의 기간의 해태는 타인의 고소에 영향이 없다.

제232조(고소의 취소) ①고소는 제1심 판결선고 전까지 취소할 수 있다.
②고소를 취소한 자는 다시 고소하지 못한다.
③피해자의 명시한 의사에 반하여 죄를 논할 수 없는 사건에 있어서 처벌을 희망하는 의사표시의 철회에 관하여도 전2항의 규정을 준용한다.

제233조(고소의 불가분) 친고죄의 공범 중 그 1인 또는 수인에 대한 고소 또는 그 취소는 다른 공범자에 대하여도 효력이 있다.

제234조(고발) ①누구든지 범죄가 있다고 사료하는 때에는 고발할 수 있다.
②공무원은 그 직무를 행함에 있어 범죄가 있다고 사료하는 때에는 고발하여야 한다.

제235조(고발의 제한) 제224조의 규정은 고발에 준용한다.

제236조(대리고소) 고소 또는 그 취소는 대리인으로 하여금하게 할 수 있다.

제237조(고소, 고발의 방식) ①고소 또는 고발은 서면 또는 구술로써 검사 또는 사법경찰관에게 하여야 한다.
②검사 또는 사법경찰관이 구술에 의한 고소 또는 고발을 받은 때에는 조서를 작성하여야 한다.

제238조(고소, 고발과 사법경찰관의 조치) 사법경찰관이 고소 또는 고발을 받은 때에는 신속히 조사하여 관계서류와 증거물을 검사에게 송부하여야 한다.

제239조(준용규정) 전2조의 규정은 고소 또는 고발의 취소에 관하여 준용한다.

제240조(자수와 준용규정) 제237조와 제238조의 규정은 자수에 대하여 준용한다.

제241조(피의자신문) 검사 또는 사법경찰관이 피의자를 신문함에는 먼저 그 성명, 연령, 등록기준지, 주거와 직업을 물어 피의자임에 틀림없음을 확인하여야 한다.

제242조(피의자신문사항) 검사 또는 사법경찰관은 피의자에 대하여 범죄사실과 정상에 관한 필요사항을 신문하여야 하며 그 이익되는 사실을 진술할 기회를 주어야 한다.

제243조(피의자신문과 참여자) 검사가 피의자를 신문함에는 검찰청수사관 또는 서기관이나 서기를 참여하게 하여야 하고 사법경찰관이 피의자를 신문함에는 사법경찰관리를 참여하게 하여야 한다.

제243조의2(변호인의 참여 등) ①검사 또는 사법경찰관은 피의자 또는 그 변호인·법정대리인·배우자·직계친족·형제자매의 신청에 따라 변호인을 피의자와 접견하게 하거나 정당한 사유가 없는 한 피의자에 대한 신문에 참여하게 하여야 한다.
②신문에 참여하고자 하는 변호인이 2인 이상인 때에는 피의자가 신문에 참여할 변호인 1인을 지정한다. 지정이 없는 경우에는 검사 또는 사법경찰관이 이를 지정할 수 있다.
③신문에 참여한 변호인은 신문 후 의견을 진술할 수 있다. 다만, 신문 중이라도 부당한 신문방법에 대하여 이의를 제기할 수 있고, 검사 또는 사법경찰관의 승인을 얻어 의견을 진술할 수 있다.
④제3항에 따른 변호인의 의견이 기재된 피의자신문조서는 변호인에게 열람하게 한 후 변호인으로 하여금 그 조서에 기명날인 또는 서명하게 하여야 한다.
⑤검사 또는 사법경찰관은 변호인의 신문 참여 및 그 제한에 관한 사항을 피의자신문조서에 기재하여야 한다.

제244조(피의자신문조서의 작성) ①피의자의 진술은 조서에 기재하여야 한다.
②제1항의 조서는 피의자에게 열람하게 하거나 읽어 들려주어야 하며, 진술한 대로 기재되지 아니하였거나 사실과 다른 부분의 유무를 물어 피의자가 증감 또는 변경의 청구 등 이의를 제기하거나 의견을 진술한 때에는 이를 조서에 추가로 기재하여야 한다. 이 경우 피의자가 이의를 제기하였던 부분은 읽을 수 있도록 남겨두어야 한다.

③피의자가 조서에 대하여 이의나 의견이 없음을 진술한 때에는 피의자로 하여금 그 취지를 자필로 기재하게 하고 조서에 간인한 후 기명날인 또는 서명하게 한다.

제244조의2(피의자진술의 영상녹화) ①피의자의 진술은 영상녹화할 수 있다. 이 경우 미리 영상녹화사실을 알려주어야 하며, 조사의 개시부터 종료까지의 전 과정 및 객관적 정황을 영상녹화하여야 한다.

②제1항에 따른 영상녹화가 완료된 때에는 피의자 또는 변호인 앞에서 지체 없이 그 원본을 봉인하고 피의자로 하여금 기명날인 또는 서명하게 하여야 한다.

③제2항의 경우에 피의자 또는 변호인의 요구가 있는 때에는 영상녹화물을 재생하여 시청하게 하여야 한다. 이 경우 그 내용에 대하여 이의를 진술하는 때에는 그 취지를 기재한 서면을 첨부하여야 한다.

제244조의3(진술거부권 등의 고지) ①검사 또는 사법경찰관은 피의자를 신문하기 전에 다음 각 호의 사항을 알려주어야 한다.
1. 일체의 진술을 하지 아니하거나 개개의 질문에 대하여 진술을 하지 아니할 수 있다는 것
2. 진술을 하지 아니하더라도 불이익을 받지 아니한다는 것
3. 진술을 거부할 권리를 포기하고 행한 진술은 법정에서 유죄의 증거로 사용될 수 있다는 것
4. 신문을 받을 때에는 변호인을 참여하게 하는 등 변호인의 조력을 받을 수 있다는 것

②검사 또는 사법경찰관은 제1항에 따라 알려 준 때에는 피의자가 진술을 거부할 권리와 변호인의 조력을 받을 권리를 행사할 것인지의 여부를 질문하고, 이에 대한 피의자의 답변을 조서에 기재하여야 한다. 이 경우 피의자의 답변은 피의자로 하여금 자필로 기재하게 하거나 검사 또는 사법경찰관이 피의자의 답변을 기재한 부분에 기명날인 또는 서명하게 하여야 한다.

제244조의4(수사과정의 기록) ①검사 또는 사법경찰관은 피의자가 조사장소에 도착한 시각, 조사를 시작하고 마친 시각, 그 밖에 조사과정의 진행경과를 확인하기 위하여 필요한 사항을 피의자신문조서에 기록하거나 별도의 서면에 기록한 후 수사기록에 편철하여야 한다.

②제244조제2항 및 제3항은 제1항의 조서 또는 서면에 관하여 준용한다.

③제1항 및 제2항은 피의자가 아닌 자를 조사하는 경우에 준용한다.

제244조의5(장애인 등 특별히 보호를 요하는 자에 대한 특칙) 검사 또는 사법경찰관은 피의자를 신문하는 경우 다음 각 호의 어느 하나에 해당하는 때에는 직권 또는 피의자·법정대리인의 신청에 따라 피의자와 신뢰관계에 있는 자를 동석하게 할 수 있다.
1. 피의자가 신체적 또는 정신적 장애로 사물을 변별하거나 의사를 결정·전달할 능력이 미약한 때
2. 피의자의 연령·성별·국적 등의 사정을 고려하여 그 심리적 안정의 도모와 원활한 의사소통을 위하여 필요한 경우

제245조(참고인과의 대질) 검사 또는 사법경찰관이 사실을 발견함에 필요한 때에는 피의자와 다른 피의자 또는 피의자 아닌 자와 대질하게 할 수 있다.

제245조의2(전문수사자문위원의 참여) ① 검사는 공소제기 여부와 관련된 사실관계를 분명하게 하기 위하여 필요한 경우에는 직권이나 피의자 또는 변호인의 신청에 의하여 전문수사자문위원을 지정하여 수사절차에 참여하게 하고 자문을 들을 수 있다.

② 전문수사자문위원은 전문적인 지식에 의한 설명 또는 의견을 기재한 서면을 제

출하거나 전문적인 지식에 의하여 설명이나 의견을 진술할 수 있다.

③ 검사는 제2항에 따라 전문수사자문위원이 제출한 서면이나 전문수사자문위원의 설명 또는 의견의 진술에 관하여 피의자 또는 변호인에게 구술 또는 서면에 의한 의견진술의 기회를 주어야 한다.

제245조의3(전문수사자문위원 지정 등) ① 제245조의2제1항에 따라 전문수사자문위원을 수사절차에 참여시키는 경우 검사는 각 사건마다 1인 이상의 전문수사자문위원을 지정한다.

② 검사는 상당하다고 인정하는 때에는 전문수사자문위원의 지정을 취소할 수 있다.

③ 피의자 또는 변호인은 검사의 전문수사자문위원 지정에 대하여 관할 고등검찰청검사장에게 이의를 제기할 수 있다.

④ 전문수사자문위원에게는 수당을 지급하고, 필요한 경우에는 그 밖의 여비, 일당 및 숙박료를 지급할 수 있다.

⑤ 전문수사자문위원의 지정 및 지정취소, 이의제기 절차 및 방법, 수당지급, 그 밖에 필요한 사항은 법무부령으로 정한다.

제245조의4(준용규정) 제279조의7 및 제279조의8은 검사의 전문수사자문위원에게 준용한다.

제2장 공소

제246조(국가소추주의) 공소는 검사가 제기하여 수행한다.

제247조(기소편의주의) 검사는「형법」제51조의 사항을 참작하여 공소를 제기하지 아니할 수 있다.

제248조(공소효력의 범위) ①공소는 검사가 피고인으로 지정한 사람 외의 다른 사람에게는 그 효력이 미치지 아니한다.

②범죄사실의 일부에 대한 공소는 그 효력이 전부에 미친다.

제249조(공소시효의 기간) ①공소시효는 다음 기간의 경과로 완성한다.

1. 사형에 해당하는 범죄에는 25년
2. 무기징역 또는 무기금고에 해당하는 범죄에는 15년
3. 장기 10년 이상의 징역 또는 금고에 해당하는 범죄에는 10년
4. 장기 10년 미만의 징역 또는 금고에 해당하는 범죄에는 7년
5. 장기 5년 미만의 징역 또는 금고, 장기 10년 이상의 자격정지 또는 벌금에 해당하는 범죄에는 5년
6. 장기 5년 이상의 자격정지에 해당하는 범죄에는 3년
7. 장기 5년 미만의 자격정지, 구류, 과료 또는 몰수에 해당하는 범죄에는 1년

②공소가 제기된 범죄는 판결의 확정이 없이 공소를 제기한 때로부터 25년을 경과하면 공소시효가 완성한 것으로 간주한다.

제250조(2개 이상의 형과 시효기간) 2개 이상의 형을 병과하거나 2개 이상의 형에서 그 1개를 과할 범죄에는 중한 형에 의하여 전조의 규정을 적용한다.

제251조(형의 가중, 감경과 시효기간) 「형법」에 의하여 형을 가중 또는 감경한 경우에는 가중 또는 감경하지 아니한 형에 의하여 제249조의 규정을 적용한다.

제252조(시효의 기산점) ①시효는 범죄행위의 종료한 때로부터 진행한다.

②공범에는 최종행위의 종료한 때로부터 전공범에 대한 시효기간을 기산한다.

제253조(시효의 정지와 효력) ①시효는 공소의 제기로 진행이 정지되고 공소기각 또는 관할위반의 재판이 확정된 때로부터 진행한다.

②공범의 1인에 대한 전항의 시효정지는 다른 공범자에게 대하여 효력이 미치고

당해 사건의 재판이 확정된 때로부터 진행한다.

③범인이 형사처분을 면할 목적으로 국외에 있는 경우 그 기간 동안 공소시효는 정지된다.

제253조의2(공소시효의 적용배제) 사람을 살해한 범죄(종범은 제외한다)로 사형에 해당하는 범죄에 대하여는 제249조부터 제253조까지에 규정된 공소시효를 적용하지 아니한다.

제254조(공소제기의 방식과 공소장) ①공소를 제기함에는 공소장을 관할법원에 제출하여야 한다.

②공소장에는 피고인수에 상응한 부본을 첨부하여야 한다.

③공소장에는 다음 사항을 기재하여야 한다.
1. 피고인의 성명 기타 피고인을 특정할 수 있는 사항
2. 죄명
3. 공소사실
4. 적용법조

④공소사실의 기재는 범죄의 시일, 장소와 방법을 명시하여 사실을 특정할 수 있도록 하여야 한다.

⑤수개의 범죄사실과 적용법조를 예비적 또는 택일적으로 기재할 수 있다.

제255조(공소의 취소) ①공소는 제1심판결의 선고 전까지 취소할 수 있다.

②공소취소는 이유를 기재한 서면으로 하여야 한다. 단, 공판정에서는 구술로써 할 수 있다.

제256조(타관송치) 검사는 사건이 그 소속 검찰청에 대응한 법원의 관할에 속하지 아니한 때에는 사건을 서류와 증거물과 함께 관할법원에 대응한 검찰청검사에게 송치하여야 한다.

제256조의2(군검사에의 사건송치) 검사는 사건이 군사법원의 재판권에 속하는 때에는 사건을 서류와 증거물과 함께 재판권을 가진 관할 군검찰부 군검사에게 송치하여야 한다. 이 경우에 송치전에 행한 소송행위는 송치후에도 그 효력에 영향이 없다.

제257조(고소등에 의한 사건의 처리) 검사가 고소 또는 고발에 의하여 범죄를 수사할 때에는 고소 또는 고발을 수리한 날로부터 3월 이내에 수사를 완료하여 공소제기여부를 결정하여야 한다.

제258조(고소인등에의 처분고지) ①검사는 고소 또는 고발있는 사건에 관하여 공소를 제기하거나 제기하지 아니하는 처분, 공소의 취소 또는 제256조의 송치를 한 때에는 그 처분한 날로부터 7일 이내에 서면으로 고소인 또는 고발인에게 그 취지를 통지하여야 한다.

②검사는 불기소 또는 제256조의 처분을 한 때에는 피의자에게 즉시 그 취지를 통지하여야 한다.

제259조(고소인등에의 공소불제기이유고지) 검사는 고소 또는 고발있는 사건에 관하여 공소를 제기하지 아니하는 처분을 한 경우에 고소인 또는 고발인의 청구가 있는 때에는 7일 이내에 고소인 또는 고발인에게 그 이유를 서면으로 설명하여야 한다.

제259조의2(피해자 등에 대한 통지) 검사는 범죄로 인한 피해자 또는 그 법정대리인(피해자가 사망한 경우에는 그 배우자·직계친족·형제자매를 포함한다)의 신청이 있는 때에는 당해 사건의 공소제기여부, 공판의 일시·장소, 재판결과, 피의자·피고인의 구속·석방 등 구금에 관한 사실 등을 신속하게 통지하여야 한다.

제260조(재정신청) ①고소권자로서 고소를 한 자(「형법」 제123조부터 제126조까지의 죄에 대하여는 고발을 한 자를 포함한다. 이하 이 조에서 같다)는 검사로부터 공소를 제기하지 아니한다는 통지를 받은

때에는 그 검사 소속의 지방검찰청 소재지를 관할하는 고등법원(이하 "관할 고등법원"이라 한다)에 그 당부에 관한 재정을 신청할 수 있다. 다만, 「형법」 제126조의 죄에 대하여는 피공표자의 명시한 의사에 반하여 재정을 신청할 수 없다.

②제1항에 따른 재정신청을 하려면 「검찰청법」 제10조에 따른 항고를 거쳐야 한다. 다만, 다음 각 호의 어느 하나에 해당하는 경우에는 그러하지 아니하다.

1. 항고 이후 재기수사가 이루어진 다음에 다시 공소를 제기하지 아니한다는 통지를 받은 경우
2. 항고 신청 후 항고에 대한 처분이 행하여지지 아니하고 3개월이 경과한 경우
3. 검사가 공소시효 만료일 30일 전까지 공소를 제기하지 아니하는 경우

③제1항에 따른 재정신청을 하려는 자는 항고기각 결정을 통지받은 날 또는 제2항 각 호의 사유가 발생한 날부터 10일 이내에 지방검찰청검사장 또는 지청장에게 재정신청서를 제출하여야 한다. 다만, 제2항제3호의 경우에는 공소시효 만료일 전날까지 재정신청서를 제출할 수 있다.

④ 재정신청서에는 재정신청의 대상이 되는 사건의 범죄사실 및 증거 등 재정신청을 이유있게 하는 사유를 기재하여야 한다.

제261조(지방검찰청검사장 등의 처리) 제260조제3항에 따라 재정신청서를 제출받은 지방검찰청검사장 또는 지청장은 재정신청서를 제출받은 날부터 7일 이내에 재정신청서·의견서·수사 관계 서류 및 증거물을 관할 고등검찰청을 경유하여 관할 고등법원에 송부하여야 한다. 다만, 제260조제2항 각 호의 어느 하나에 해당하는 경우에는 지방검찰청검사장 또는 지청장은 다음의 구분에 따른다.

1. 신청이 이유 있는 것으로 인정하는 때에는 즉시 공소를 제기하고 그 취지를 관할 고등법원과 재정신청인에게 통지한다.
2. 신청이 이유 없는 것으로 인정하는 때에는 30일 이내에 관할 고등법원에 송부한다.

제262조(심리와 결정) ①법원은 재정신청서를 송부받은 때에는 송부받은 날부터 10일 이내에 피의자에게 그 사실을 통지하여야 한다.

②법원은 재정신청서를 송부받은 날부터 3개월 이내에 항고의 절차에 준하여 다음 각 호의 구분에 따라 결정한다. 이 경우 필요한 때에는 증거를 조사할 수 있다.

1. 신청이 법률상의 방식에 위배되거나 이유 없는 때에는 신청을 기각한다.
2. 신청이 이유 있는 때에는 사건에 대한 공소제기를 결정한다.

③재정신청사건의 심리는 특별한 사정이 없는 한 공개하지 아니한다.

④제2항제1호의 결정에 대하여는 제415조에 따른 즉시항고를 할 수 있고, 제2항제2호의 결정에 대하여는 불복할 수 없다. 제2항제1호의 결정이 확정된 사건에 대하여는 다른 중요한 증거를 발견한 경우를 제외하고는 소추할 수 없다.

⑤법원은 제2항의 결정을 한 때에는 즉시 그 정본을 재정신청인·피의자와 관할 지방검찰청검사장 또는 지청장에게 송부하여야 한다. 이 경우 제2항제2호의 결정을 한 때에는 관할 지방검찰청검사장 또는 지청장에게 사건기록을 함께 송부하여야 한다.

⑥제2항제2호의 결정에 따른 재정결정서를 송부받은 관할 지방검찰청 검사장 또는 는 지청장은 지체 없이 담당 검사를 지정하고 지정받은 검사는 공소를 제기하여야 한다.

제262조의2(재정신청사건 기록의 열람·등사 제한) 재정신청사건의 심리 중에는 관련 서류 및 증거물을 열람 또는 등사할 수 없다. 다만, 법원은 제262조제2항 후단의 증거조사과정에서 작성된 서류의 전

부 또는 일부의 열람 또는 등사를 허가할 수 있다.

제262조의3(비용부담 등) ①법원은 제262조제2항제1호의 결정 또는 제264조제2항의 취소가 있는 경우에는 결정으로 재정신청인에게 신청절차에 의하여 생긴 비용의 전부 또는 일부를 부담하게 할 수 있다.
②법원은 직권 또는 피의자의 신청에 따라 재정신청인에게 피의자가 재정신청절차에서 부담하였거나 부담할 변호인선임료 등 비용의 전부 또는 일부의 지급을 명할 수 있다.

형사소송규칙 **제122조의4(피의자에 대한 비용지급의 범위)** ① 법 제262조의3 제2항과 관련한 비용은 다음 각 호에 해당하는 것으로 한다.
1. 피의자 또는 변호인이 출석함에 필요한 일당·여비·숙박료
2. 피의자가 변호인에게 부담하였거나 부담하여야 할 선임료
3. 기타 재정신청 사건의 절차에서 피의자가 지출한 비용으로 법원이 피의자의 방어권행사에 필요하다고 인정한 비용
② 제1항제2호의 비용을 계산함에 있어 선임료를 부담하였거나 부담할 변호인이 여러 명이 있은 경우에는 그 중 가장 고액의 선임료를 상한으로 한다.
③ 제1항제2호의 변호사 선임료는 사안의 성격·난이도, 조사에 소요된 기간 그 밖에 변호인의 변론활동에 소요된 노력의 정도 등을 종합적으로 고려하여 상당하다고 인정되는 금액으로 정한다.

③제1항 및 제2항의 결정에 대하여는 즉시항고를 할 수 있다.
④제1항 및 제2항에 따른 비용의 지급범위와 절차 등에 대하여는 대법원규칙으로 정한다.

제262조의4(공소시효의 정지 등) ①제260조에 따른 재정신청이 있으면 제262조에 따른 재정결정이 확정될 때까지 공소시효의 진행이 정지된다.
②제262조제2항제2호의 결정이 있는 때에는 공소시효에 관하여 그 결정이 있는 날에 공소가 제기된 것으로 본다.

제264조(대리인에 의한 신청과 1인의 신청의 효력, 취소) ①재정신청은 대리인에 의하여 할 수 있으며 공동신청권자 중 1인의 신청은 그 전원을 위하여 효력을 발생한다.
②재정신청은 제262조제2항의 결정이 있을 때까지 취소할 수 있다. 취소한 자는 다시 재정신청을 할 수 없다.
③전항의 취소는 다른 공동신청권자에게 효력을 미치지 아니한다.

제264조의2(공소취소의 제한) 검사는 제262조제2항제2호의 결정에 따라 공소를 제기한 때에는 이를 취소할 수 없다.

제3장 공판

제1절 공판준비와 공판절차

제266조(공소장부본의 송달) 법원은 공소의 제기가 있는 때에는 지체없이 공소장의 부본을 피고인 또는 변호인에게 송달하여야 한다. 단, 제1회 공판기일 전 5일까지 송달하여야 한다.

제266조의2(의견서의 제출) ①피고인 또는 변호인은 공소장 부본을 송달받은 날부터 7일 이내에 공소사실에 대한 인정 여부, 공판준비절차에 관한 의견 등을 기재한 의견서를 법원에 제출하여야 한다. 다만, 피고인이 진술을 거부하는 경우에는 그 취지를 기재한 의견서를 제출할 수 있다.
②법원은 제1항의 의견서가 제출된 때에는 이를 검사에게 송부하여야 한다.

제266조의3(공소제기 후 검사가 보관하고 있는 서류 등의 열람·등사) ①피고인 또는 변호인은 검사에게 공소제기된 사건에

관한 서류 또는 물건(이하 "서류등"이라 한다)의 목록과 공소사실의 인정 또는 양형에 영향을 미칠 수 있는 다음 서류등의 열람·등사 또는 서면의 교부를 신청할 수 있다. 다만, 피고인에게 변호인이 있는 경우에는 피고인은 열람만을 신청할 수 있다.

1. 검사가 증거로 신청할 서류등
2. 검사가 증인으로 신청할 사람의 성명·사건과의 관계 등을 기재한 서면 또는 그 사람이 공판기일 전에 행한 진술을 기재한 서류등
3. 제1호 또는 제2호의 서면 또는 서류등의 증명력과 관련된 서류등
4. 피고인 또는 변호인이 행한 법률상·사실상 주장과 관련된 서류등(관련 형사재판확정기록, 불기소처분기록 등을 포함한다)

②검사는 국가안보, 증인보호의 필요성, 증거인멸의 염려, 관련 사건의 수사에 장애를 가져올 것으로 예상되는 구체적인 사유 등 열람·등사 또는 서면의 교부를 허용하지 아니할 상당한 이유가 있다고 인정하는 때에는 열람·등사 또는 서면의 교부를 거부하거나 그 범위를 제한할 수 있다.

③검사는 열람·등사 또는 서면의 교부를 거부하거나 그 범위를 제한하는 때에는 지체 없이 그 이유를 서면으로 통지하여야 한다.

④ 피고인 또는 변호인은 검사가 제1항의 신청을 받은 때부터 48시간 이내에 제3항의 통지를 하지 아니하는 때에는 제266조의4제1항의 신청을 할 수 있다.

⑤검사는 제2항에도 불구하고 서류등의 목록에 대하여는 열람 또는 등사를 거부할 수 없다.

⑥제1항의 서류등은 도면·사진·녹음테이프·비디오테이프·컴퓨터용 디스크, 그 밖에 정보를 담기 위하여 만들어진 물건으로서 문서가 아닌 특수매체를 포함한다. 이 경우 특수매체에 대한 등사는 필요 최소한의 범위에 한한다.

제266조의4(법원의 열람·등사에 관한 결정)

①피고인 또는 변호인은 검사가 서류등의 열람·등사 또는 서면의 교부를 거부하거나 그 범위를 제한한 때에는 법원에 그 서류등의 열람·등사 또는 서면의 교부를 허용하도록 할 것을 신청할 수 있다.

②법원은 제1항의 신청이 있는 때에는 열람·등사 또는 서면의 교부를 허용하는 경우에 생길 폐해의 유형·정도, 피고인의 방어 또는 재판의 신속한 진행을 위한 필요성 및 해당 서류등의 중요성 등을 고려하여 검사에게 열람·등사 또는 서면의 교부를 허용할 것을 명할 수 있다. 이 경우 열람 또는 등사의 시기·방법을 지정하거나 조건·의무를 부과할 수 있다.

③법원은 제2항의 결정을 하는 때에는 검사에게 의견을 제시할 수 있는 기회를 부여하여야 한다.

④법원은 필요하다고 인정하는 때에는 검사에게 해당 서류등의 제시를 요구할 수 있고, 피고인이나 그 밖의 이해관계인을 심문할 수 있다.

⑤검사는 제2항의 열람·등사 또는 서면의 교부에 관한 법원의 결정을 지체 없이 이행하지 아니하는 때에는 해당 증인 및 서류등에 대한 증거신청을 할 수 없다.

제266조의5(공판준비절차)

①재판장은 효율적이고 집중적인 심리를 위하여 사건을 공판준비절차에 부칠 수 있다.

②공판준비절차는 주장 및 입증계획 등을 서면으로 준비하게 하거나 공판준비기일을 열어 진행한다.

③검사, 피고인 또는 변호인은 증거를 미리 수집·정리하는 등 공판준비절차가 원활하게 진행될 수 있도록 협력하여야 한다.

제266조의6(공판준비를 위한 서면의 제출)

①검사, 피고인 또는 변호인은 법률상·사실상 주장의 요지 및 입증취지 등이 기

재된 서면을 법원에 제출할 수 있다.

②재판장은 검사, 피고인 또는 변호인에 대하여 제1항에 따른 서면의 제출을 명할 수 있다.

③법원은 제1항 또는 제2항에 따라 서면이 제출된 때에는 그 부본을 상대방에게 송달하여야 한다.

④재판장은 검사, 피고인 또는 변호인에게 공소장 등 법원에 제출된 서면에 대한 설명을 요구하거나 그 밖에 공판준비에 필요한 명령을 할 수 있다.

제266조의7(공판준비기일) ①법원은 검사, 피고인 또는 변호인의 의견을 들어 공판준비기일을 지정할 수 있다.

②검사, 피고인 또는 변호인은 법원에 대하여 공판준비기일의 지정을 신청할 수 있다. 이 경우 당해 신청에 관한 법원의 결정에 대하여는 불복할 수 없다.

③법원은 합의부원으로 하여금 공판준비기일을 진행하게 할 수 있다. 이 경우 수명법관은 공판준비기일에 관하여 법원 또는 재판장과 동일한 권한이 있다.

④공판준비기일은 공개한다. 다만, 공개하면 절차의 진행이 방해될 우려가 있는 때에는 공개하지 아니할 수 있다.

제266조의8(검사 및 변호인 등의 출석) ① 공판준비기일에는 검사 및 변호인이 출석하여야 한다.

②공판준비기일에는 법원사무관등이 참여한다.

③법원은 검사, 피고인 및 변호인에게 공판준비기일을 통지하여야 한다.

④법원은 공판준비기일이 지정된 사건에 관하여 변호인이 없는 때에는 직권으로 변호인을 선정하여야 한다.

⑤법원은 필요하다고 인정하는 때에는 피고인을 소환할 수 있으며, 피고인은 법원의 소환이 없는 때에도 공판준비기일에 출석할 수 있다.

⑥재판장은 출석한 피고인에게 진술을 거부할 수 있음을 알려주어야 한다.

제266조의9(공판준비에 관한 사항) ①법원은 공판준비절차에서 다음 행위를 할 수 있다.

1. 공소사실 또는 적용법조를 명확하게 하는 행위
2. 공소사실 또는 적용법조의 추가·철회 또는 변경을 허가하는 행위
3. 공소사실과 관련하여 주장할 내용을 명확히 하여 사건의 쟁점을 정리하는 행위
4. 계산이 어렵거나 그 밖에 복잡한 내용에 관하여 설명하도록 하는 행위
5. 증거신청을 하도록 하는 행위
6. 신청된 증거와 관련하여 입증 취지 및 내용 등을 명확하게 하는 행위
7. 증거신청에 관한 의견을 확인하는 행위
8. 증거 채부(採否)의 결정을 하는 행위
9. 증거조사의 순서 및 방법을 정하는 행위
10. 서류등의 열람 또는 등사와 관련된 신청의 당부를 결정하는 행위
11. 공판기일을 지정 또는 변경하는 행위
12. 그 밖에 공판절차의 진행에 필요한 사항을 정하는 행위

②제296조 및 제304조는 공판준비절차에 관하여 준용한다.

제266조의10(공판준비기일 결과의 확인) ①법원은 공판준비기일을 종료하는 때에는 검사, 피고인 또는 변호인에게 쟁점 및 증거에 관한 정리결과를 고지하고, 이에 대한 이의의 유무를 확인하여야 한다.

②법원은 쟁점 및 증거에 관한 정리결과를 공판준비기일조서에 기재하여야 한다.

제266조의11(피고인 또는 변호인이 보관하고 있는 서류등의 열람·등사) ①검사는 피고인 또는 변호인이 공판기일 또는 공판준비절차에서 현장부재·심신상실 또는 심신미약 등 법률상·사실상의 주장을 한 때에는 피고인 또는 변호인에게 다음 서

류등의 열람·등사 또는 서면의 교부를 요구할 수 있다.
1. 피고인 또는 변호인이 증거로 신청할 서류등
2. 피고인 또는 변호인이 증인으로 신청할 사람의 성명, 사건과의 관계 등을 기재한 서면
3. 제1호의 서류등 또는 제2호의 서면의 증명력과 관련된 서류등
4. 피고인 또는 변호인이 행한 법률상·사실상의 주장과 관련된 서류등
②피고인 또는 변호인은 검사가 제266조의3제1항에 따른 서류등의 열람·등사 또는 서면의 교부를 거부한 때에는 제1항에 따른 서류등의 열람·등사 또는 서면의 교부를 거부할 수 있다. 다만, 법원이 제266조의4제1항에 따른 신청을 기각하는 결정을 한 때에는 그러하지 아니하다.
③검사는 피고인 또는 변호인이 제1항에 따른 요구를 거부한 때에는 법원에 그 서류등의 열람·등사 또는 서면의 교부를 허용하도록 할 것을 신청할 수 있다.
④제266조의4제2항부터 제5항까지의 규정은 제3항의 신청이 있는 경우에 준용한다.
⑤제1항에 따른 서류등에 관하여는 제266조의3제6항을 준용한다.

제266조의12(공판준비절차의 종결사유) 법원은 다음 각 호의 어느 하나에 해당하는 사유가 있는 때에는 공판준비절차를 종결하여야 한다. 다만, 제2호 또는 제3호에 해당하는 경우로서 공판의 준비를 계속하여야 할 상당한 이유가 있는 때에는 그러하지 아니하다.
1. 쟁점 및 증거의 정리가 완료된 때
2. 사건을 공판준비절차에 부친 뒤 3개월이 지난 때
3. 검사·변호인 또는 소환받은 피고인이 출석하지 아니한 때

제266조의13(공판준비기일 종결의 효과)

①공판준비기일에서 신청하지 못한 증거는 다음 각 호의 어느 하나에 해당하는 경우에 한하여 공판기일에 신청할 수 있다.
1. 그 신청으로 인하여 소송을 현저히 지연시키지 아니하는 때
2. 중대한 과실 없이 공판준비기일에 제출하지 못하는 등 부득이한 사유를 소명한 때
②제1항에도 불구하고 법원은 직권으로 증거를 조사할 수 있다.

제266조의14(준용규정) 제305조는 공판준비기일의 재개에 관하여 준용한다.

제266조의15(기일간 공판준비절차) 법원은 쟁점 및 증거의 정리를 위하여 필요한 경우에는 제1회 공판기일 후에도 사건을 공판준비절차에 부칠 수 있다. 이 경우 기일 전 공판준비절차에 관한 규정을 준용한다.

제266조의16(열람·등사된 서류등의 남용금지) ①피고인 또는 변호인(피고인 또는 변호인이었던 자를 포함한다. 이하 이 조에서 같다)은 검사가 열람 또는 등사하도록 한 제266조의3제1항에 따른 서면 및 서류등의 사본을 당해 사건 또는 관련 소송의 준비에 사용할 목적이 아닌 다른 목적으로 다른 사람에게 교부 또는 제시(전기통신설비를 이용하여 제공하는 것을 포함한다)하여서는 아니 된다.
②피고인 또는 변호인이 제1항을 위반하는 때에는 1년 이하의 징역 또는 500만원 이하의 벌금에 처한다.

제267조(공판기일의 지정) ①재판장은 공판기일을 정하여야 한다.
②공판기일에는 피고인, 대표자 또는 대리인을 소환하여야 한다.
③공판기일은 검사, 변호인과 보조인에게 통지하여야 한다.

제267조의2(집중심리) ①공판기일의 심리는 집중되어야 한다.
②심리에 2일 이상이 필요한 경우에는 부

득이한 사정이 없는 한 매일 계속 개정하
여야 한다.

③재판장은 여러 공판기일을 일괄하여 지
정할 수 있다.

④재판장은 부득이한 사정으로 매일 계속
개정하지 못하는 경우에도 특별한 사정이
없는 한 전회의 공판기일부터 14일 이내
로 다음 공판기일을 지정하여야 한다.

⑤소송관계인은 기일을 준수하고 심리에
지장을 초래하지 아니하도록 하여야 하
며, 재판장은 이에 필요한 조치를 할 수
있다.

제268조(소환장송달의 의제) 법원의 구내에
있는 피고인에 대하여 공판기일을 통지한
때에는 소환장송달의 효력이 있다.

제269조(제1회 공판기일의 유예기간) ①제
1회 공판기일은 소환장의 송달 후 5일
이상의 유예기간을 두어야 한다.

②피고인이 이의없는 때에는 전항의 유예
기간을 두지 아니할 수 있다.

제270조(공판기일의 변경) ①재판장은 직권
또는 검사, 피고인이나 변호인의 신청에
의하여 공판기일을 변경할 수 있다.

②공판기일 변경신청을 기각한 명령은 송
달하지 아니한다.

제271조(불출석사유, 자료의 제출) 공판기
일에 소환 또는 통지서를 받은 자가 질병
기타의 사유로 출석하지 못할 때에는 의
사의 진단서 기타의 자료를 제출하여야
한다.

제272조(공무소등에 대한 조회) ①법원은
직권 또는 검사, 피고인이나 변호인의 신
청에 의하여 공무소 또는 공사단체에 조
회하여 필요한 사항의 보고 또는 그 보관
서류의 송부를 요구할 수 있다.

②전항의 신청을 기각함에는 결정으로 하
여야 한다.

제273조(공판기일 전의 증거조사) ①법원은

검사, 피고인 또는 변호인의 신청에 의하
여 공판준비에 필요하다고 인정한 때에는
공판기일 전에 피고인 또는 증인을 신문
할 수 있고 검증, 감정 또는 번역을 명할
수 있다.

②재판장은 부원으로 하여금 전항의 행위
를 하게 할 수 있다.

③제1항의 신청을 기각함에는 결정으로
하여야 한다.

제274조(당사자의 공판기일 전의 증거제출)
검사, 피고인 또는 변호인은 공판기일 전
에 서류나 물건을 증거로 법원에 제출할
수 있다.

제275조(공판정의 심리) ①공판기일에는 공
판정에서 심리한다.

②공판정은 판사와 검사, 법원사무관등이
출석하여 개정한다.

③검사의 좌석과 피고인 및 변호인의 좌
석은 대등하며, 법대의 좌우측에 마주 보
고 위치하고, 증인의 좌석은 법대의 정면
에 위치한다. 다만, 피고인신문을 하는 때
에는 피고인은 증인석에 좌석한다.

제275조의2(피고인의 무죄추정) 피고인은
유죄의 판결이 확정될 때까지는 무죄로
추정된다.

제275조의3(구두변론주의) 공판정에서의 변
론은 구두로 하여야 한다.

제276조(피고인의 출석권) 피고인이 공판기
일에 출석하지 아니한 때에는 특별한 규
정이 없으면 개정하지 못한다. 단, 피고인
이 법인인 경우에는 대리인을 출석하게
할 수 있다.

**제276조의2(장애인 등 특별히 보호를 요하
는 자에 대한 특칙)** ①재판장 또는 법관
은 피고인을 신문하는 경우 다음 각 호의
어느 하나에 해당하는 때에는 직권 또는
피고인·법정대리인·검사의 신청에 따라
피고인과 신뢰관계에 있는 자를 동석하게

할 수 있다.

1. 피고인이 신체적 또는 정신적 장애로 사물을 변별하거나 의사를 결정·전달할 능력이 미약한 경우
2. 피고인의 연령·성별·국적 등의 사정을 고려하여 그 심리적 안정의 도모와 원활한 의사소통을 위하여 필요한 경우

②제1항에 따라 동석할 수 있는 신뢰관계에 있는 자의 범위, 동석의 절차 및 방법 등에 관하여 필요한 사항은 대법원규칙으로 정한다.

제277조(경미사건 등과 피고인의 불출석) 다음 각 호의 어느 하나에 해당하는 사건에 관하여는 피고인의 출석을 요하지 아니한다. 이 경우 피고인은 대리인을 출석하게 할 수 있다.

1. 다액 500만원 이하의 벌금 또는 과료에 해당하는 사건
2. 공소기각 또는 면소의 재판을 할 것이 명백한 사건
3. 장기 3년 이하의 징역 또는 금고, 다액 500만원을 초과하는 벌금 또는 구류에 해당하는 사건에서 피고인의 불출석허가 신청이 있고 법원이 피고인의 불출석이 그의 권리를 보호함에 지장이 없다고 인정하여 이를 허가한 사건. 다만, 제284조에 따른 절차를 진행하거나 판결을 선고하는 공판기일에는 출석하여야 한다.
4. 제453조제1항에 따라 피고인만이 정식재판의 청구를 하여 판결을 선고하는 사건

제277조의2(피고인의 출석거부와 공판절차) ①피고인이 출석하지 아니하면 개정하지 못하는 경우에 구속된 피고인이 정당한 사유없이 출석을 거부하고, 교도관에 의한 인치가 불가능하거나 현저히 곤란하다고 인정되는 때에는 피고인의 출석 없이 공판절차를 진행할 수 있다.

②제1항의 규정에 의하여 공판절차를 진행할 경우에는 출석한 검사 및 변호인의 의견을 들어야 한다.

제278조(검사의 불출석) 검사가 공판기일의 통지를 2회 이상받고 출석하지 아니하거나 판결만을 선고하는 때에는 검사의 출석 없이 개정할 수 있다.

제279조(재판장의 소송지휘권) 공판기일의 소송지휘는 재판장이 한다.

제279조의2(전문심리위원의 참여) ① 법원은 소송관계를 분명하게 하거나 소송절차를 원활하게 진행하기 위하여 필요한 경우에는 직권으로 또는 검사, 피고인 또는 변호인의 신청에 의하여 결정으로 전문심리위원을 지정하여 공판준비 및 공판기일 등 소송절차에 참여하게 할 수 있다.

② 전문심리위원은 전문적인 지식에 의한 설명 또는 의견을 기재한 서면을 제출하거나 기일에 전문적인 지식에 의하여 설명이나 의견을 진술할 수 있다. 다만, 재판의 합의에는 참여할 수 없다.

③ 전문심리위원은 기일에 재판장의 허가를 받아 피고인 또는 변호인, 증인 또는 감정인 등 소송관계인에게 소송관계를 분명하게 하기 위하여 필요한 사항에 관하여 직접 질문할 수 있다.

④ 법원은 제2항에 따라 전문심리위원이 제출한 서면이나 전문심리위원의 설명 또는 의견의 진술에 관하여 검사, 피고인 또는 변호인에게 구술 또는 서면에 의한 의견진술의 기회를 주어야 한다.

제279조의3(전문심리위원 참여결정의 취소) ① 법원은 상당하다고 인정하는 때에는 검사, 피고인 또는 변호인의 신청이나 직권으로 제279조의2제1항에 따른 결정을 취소할 수 있다.

② 법원은 검사와 피고인 또는 변호인이 합의하여 제279조의2제1항의 결정을 취소할 것을 신청한 때에는 그 결정을 취소하여야 한다.

제279조의4(전문심리위원의 지정 등) ① 제279조의2제1항에 따라 전문심리위원을 소송절차에 참여시키는 경우 법원은 검사, 피고인 또는 변호인의 의견을 들어 각 사건마다 1인 이상의 전문심리위원을 지정한다.

② 전문심리위원에게는 대법원규칙으로 정하는 바에 따라 수당을 지급하고, 필요한 경우에는 그 밖의 여비, 일당 및 숙박료를 지급할 수 있다.

③ 그 밖에 전문심리위원의 지정에 관하여 필요한 사항은 대법원규칙으로 정한다.

제279조의5(전문심리위원의 제척 및 기피) ① 제17조부터 제20조까지 및 제23조는 전문심리위원에게 준용한다.

② 제척 또는 기피 신청이 있는 전문심리위원은 그 신청에 관한 결정이 확정될 때까지 그 신청이 있는 사건의 소송절차에 참여할 수 없나. 이 경우 전문심리위원은 해당 제척 또는 기피 신청에 대하여 의견을 진술할 수 있다.

제279조의6(수명법관 등의 권한) 수명법관 또는 수탁판사가 소송절차를 진행하는 경우에는 제279조의2제2항부터 제4항까지의 규정에 따른 법원 및 재판장의 직무는 그 수명법관이나 수탁판사가 행한다.

제279조의7(비밀누설죄) 전문심리위원 또는 전문심리위원이었던 자가 그 직무수행 중에 알게 된 다른 사람의 비밀을 누설한 때에는 2년 이하의 징역이나 금고 또는 1천만원 이하의 벌금에 처한다.

제279조의8(벌칙 적용에서의 공무원 의제) 전문심리위원은 「형법」 제129조부터 제132조까지의 규정에 따른 벌칙의 적용에서는 공무원으로 본다.

제280조(공판정에서의 신체구속의 금지) 공판정에서는 피고인의 신체를 구속하지 못한다. 다만, 재판장은 피고인이 폭력을 행사하거나 도망할 염려가 있다고 인정하는 때에는 피고인의 신체의 구속을 명하거나 기타 필요한 조치를 할 수 있다.

제281조(피고인의 재정의무, 법정경찰권) ①피고인은 재판장의 허가없이 퇴정하지 못한다.

②재판장은 피고인의 퇴정을 제지하거나 법정의 질서를 유지하기 위하여 필요한 처분을 할 수 있다.

제282조(필요적 변호) 제33조제1항 각 호의 어느 하나에 해당하는 사건 및 같은 조 제2항·제3항의 규정에 따라 변호인이 선정된 사건에 관하여는 변호인 없이 개정하지 못한다. 단, 판결만을 선고할 경우에는 예외로 한다.

제283조(국선변호인) 제282조 본문의 경우 변호인이 출석하지 아니한 때에는 법원은 직권으로 변호인을 선정하여야 한다.

제283조의2(피고인의 진술거부권) ①피고인은 진술하지 아니하거나 개개의 질문에 대하여 진술을 거부할 수 있다.

②재판장은 피고인에게 제1항과 같이 진술을 거부할 수 있음을 고지하여야 한다.

제284조(인정신문) 재판장은 피고인의 성명, 연령, 등록기준지, 주거와 직업을 물어서 피고인임에 틀림없음을 확인하여야 한다.

제285조(검사의 모두진술) 검사는 공소장에 의하여 공소사실·죄명 및 적용법조를 낭독하여야 한다. 다만, 재판장은 필요하다고 인정하는 때에는 검사에게 공소의 요지를 진술하게 할 수 있다.

제286조(피고인의 모두진술) ①피고인은 검사의 모두진술이 끝난 뒤에 공소사실의 인정 여부를 진술하여야 한다. 다만, 피고인이 진술거부권을 행사하는 경우에는 그러하지 아니하다.

②피고인 및 변호인은 이익이 되는 사실 등을 진술할 수 있다.

제286조의2(간이공판절차의 결정) 피고인이 공판정에서 공소사실에 대하여 자백한 때에는 법원은 그 공소사실에 한하여 간이공판절차에 의하여 심판할 것을 결정할 수 있다.

제286조의3(결정의 취소) 법원은 전조의 결정을 한 사건에 대하여 피고인의 자백이 신빙할 수 없다고 인정되거나 간이공판절차로 심판하는 것이 현저히 부당하다고 인정할 때에는 검사의 의견을 들어 그 결정을 취소하여야 한다.

제287조(재판장의 쟁점정리 및 검사·변호인의 증거관계 등에 대한 진술) ①재판장은 피고인의 모두진술이 끝난 다음에 피고인 또는 변호인에게 쟁점의 정리를 위하여 필요한 질문을 할 수 있다.
②재판장은 증거조사를 하기에 앞서 검사 및 변호인으로 하여금 공소사실 등의 증명과 관련된 주장 및 입증계획 등을 진술하게 할 수 있다. 다만, 증거로 할 수 없거나 증거로 신청할 의사가 없는 자료에 기초하여 법원에 사건에 대한 예단 또는 편견을 발생하게 할 염려가 있는 사항은 진술할 수 없다.

제290조(증거조사) 증거조사는 제287조에 따른 절차가 끝난 후에 실시한다.

제291조(동전) ①소송관계인이 증거로 제출한 서류나 물건 또는 제272조, 제273조의 규정에 의하여 작성 또는 송부된 서류는 검사, 변호인 또는 피고인이 공판정에서 개별적으로 지시설명하여 조사하여야 한다.
②재판장은 직권으로 전항의 서류나 물건을 공판정에서 조사할 수 있다.

제291조의2(증거조사의 순서) ①법원은 검사가 신청한 증거를 조사한 후 피고인 또는 변호인이 신청한 증거를 조사한다.

②법원은 제1항에 따른 조사가 끝난 후 직권으로 결정한 증거를 조사한다.
③법원은 직권 또는 검사, 피고인·변호인의 신청에 따라 제1항 및 제2항의 순서를 변경할 수 있다.

제292조(증거서류에 대한 조사방식) ①검사, 피고인 또는 변호인의 신청에 따라 증거서류를 조사하는 때에는 신청인이 이를 낭독하여야 한다.
②법원이 직권으로 증거서류를 조사하는 때에는 소지인 또는 재판장이 이를 낭독하여야 한다.
③재판장은 필요하다고 인정하는 때에는 제1항 및 제2항에도 불구하고 내용을 고지하는 방법으로 조사할 수 있다.
④재판장은 법원사무관등으로 하여금 제1항부터 제3항까지의 규정에 따른 낭독이나 고지를 하게 할 수 있다.
⑤재판장은 열람이 다른 방법보다 적절하다고 인정하는 때에는 증거서류를 제시하여 열람하게 하는 방법으로 조사할 수 있다.

제292조의2(증거물에 대한 조사방식) ①검사, 피고인 또는 변호인의 신청에 따라 증거물을 조사하는 때에는 신청인이 이를 제시하여야 한다.
②법원이 직권으로 증거물을 조사하는 때에는 소지인 또는 재판장이 이를 제시하여야 한다.
③재판장은 법원사무관등으로 하여금 제1항 및 제2항에 따른 제시를 하게 할 수 있다.

제292조의3(그 밖의 증거에 대한 조사방식) 도면·사진·녹음테이프·비디오테이프·컴퓨터용디스크, 그 밖에 정보를 담기 위하여 만들어진 물건으로서 문서가 아닌 증거의 조사에 관하여 필요한 사항은 대법원규칙으로 정한다.

제293조(증거조사 결과와 피고인의 의견) 재판장은 피고인에게 각 증거조사의결과

에 대한 의견을 묻고 권리를 보호함에 필요한 증거조사를 신청할 수 있음을 고지하여야 한다.

제294조(당사자의 증거신청) ①검사, 피고인 또는 변호인은 서류나 물건을 증거로 제출할 수 있고, 증인·감정인·통역인 또는 번역인의 신문을 신청할 수 있다.
②법원은 검사, 피고인 또는 변호인이 고의로 증거를 뒤늦게 신청함으로써 공판의 완결을 지연하는 것으로 인정할 때에는 직권 또는 상대방의 신청에 따라 결정으로 이를 각하할 수 있다.

제294조의2(피해자등의 진술권) ①법원은 범죄로 인한 피해자 또는 그 법정대리인(피해자가 사망한 경우에는 배우자·직계친족·형제자매를 포함한다. 이하 이 조에서 "피해자등"이라 한다)의 신청이 있는 때에는 그 피해자등을 증인으로 신문하여야 한다. 다만, 다음 각 호의 어느 하나에 해당하는 경우에는 그러하지 아니하다.
2. 피해자등 이미 당해 사건에 관하여 공판절차에서 충분히 진술하여 다시 진술할 필요가 없다고 인정되는 경우
3. 피해자등의 진술로 인하여 공판절차가 현저하게 지연될 우려가 있는 경우
②법원은 제1항에 따라 피해자등을 신문하는 경우 피해의 정도 및 결과, 피고인의 처벌에 관한 의견, 그 밖에 당해 사건에 관한 의견을 진술할 기회를 주어야 한다.
③법원은 동일한 범죄사실에서 제1항의 규정에 의한 신청인이 여러 명인 경우에는 진술할 자의 수를 제한할 수 있다.
④제1항의 규정에 의한 신청인이 출석통지를 받고도 정당한 이유없이 출석하지 아니한 때에는 그 신청을 철회한 것으로 본다.

형사소송규칙 **제134조의10(피해자등의 의견진술)** ① 법원은 필요하다고 인정하는 경우에는 직권으로 또는 법 제294조의2제1항에 정한 피해자등(이하 이 조 및 제134

조의11에서 '피해자등'이라 한다)의 신청에 따라 피해자등을 공판기일에 출석하게 하여 법 제294조의2제2항에 정한 사항으로서 범죄사실의 인정에 해당하지 않는 사항에 관하여 증인신문에 의하지 아니하고 의견을 진술하게 할 수 있다.
② 재판장은 재판의 진행상황 등을 고려하여 피해자등의 의견진술에 관한 사항과 그 시간을 미리 정할 수 있다.
③ 재판장은 피해자등의 의견진술에 대하여 그 취지를 명확하게 하기 위하여 피해자등에게 질문할 수 있고, 설명을 촉구할 수 있다.
④ 합의부원은 재판장에게 알리고 제3항의 행위를 할 수 있다.
⑤ 검사, 피고인 또는 변호인은 피해자등이 의견을 진술한 후 그 취지를 명확하게 하기 위하여 재판장의 허가를 받아 피해자등에게 질문할 수 있다.
⑥ 재판장은 다음 각 호의 어느 하나에 해당하는 경우에는 피해자등의 의견진술이나 검사, 피고인 또는 변호인의 피해자등에 대한 질문을 제한할 수 있다.
1. 피해자등이나 피해자 변호사가 이미 해당 사건에 관하여 충분히 진술하여 다시 진술할 필요가 없다고 인정되는 경우
2. 의견진술 또는 질문으로 인하여 공판절차가 현저하게 지연될 우려가 있다고 인정되는 경우
3. 의견진술과 질문이 해당 사건과 관계없는 사항에 해당된다고 인정되는 경우
4. 범죄사실의 인정에 관한 것이거나, 그 밖의 사유로 피해자등의 의견진술로서 상당하지 아니하다고 인정되는 경우

제294조의3(피해자 진술의 비공개) ①법원은 범죄로 인한 피해자를 증인으로 신문하는 경우 당해 피해자·법정대리인 또는 검사의 신청에 따라 피해자의 사생활의 비밀이나 신변보호를 위하여 필요하다고 인정하는 때에는 결정으로 심리를 공개하지 아니할 수 있다.
②제1항의 결정은 이유를 붙여 고지한다.
③법원은 제1항의 결정을 한 경우에도 적

당하다고 인정되는 자의 재정(在廷)을 허가할 수 있다.

제294조의4(피해자 등의 공판기록 열람·등사) ①소송계속 중인 사건의 피해자(피해자가 사망하거나 그 심신에 중대한 장애가 있는 경우에는 그 배우자·직계친족 및 형제자매를 포함한다), 피해자 본인의 법정대리인 또는 이들로부터 위임을 받은 피해자 본인의 배우자·직계친족·형제자매·변호사는 소송기록의 열람 또는 등사를 재판장에게 신청할 수 있다.
②재판장은 제1항의 신청이 있는 때에는 지체 없이 검사, 피고인 또는 변호인에게 그 취지를 통지하여야 한다.
③재판장은 피해자 등의 권리구제를 위하여 필요하다고 인정하거나 그 밖의 정당한 사유가 있는 경우 범죄의 성질, 심리의 상황, 그 밖의 사정을 고려하여 상당하다고 인정하는 때에는 열람 또는 등사를 허가할 수 있다.
④재판장이 제3항에 따라 등사를 허가하는 경우에는 등사한 소송기록의 사용목적을 제한하거나 적당하다고 인정하는 조건을 붙일 수 있다.
⑤제1항에 따라 소송기록을 열람 또는 등사한 자는 열람 또는 등사에 의하여 알게 된 사항을 사용함에 있어서 부당히 관계인의 명예나 생활의 평온을 해하거나 수사와 재판에 지장을 주지 아니하도록 하여야 한다.
⑥제3항 및 제4항에 관한 재판에 대하여는 불복할 수 없다.

제295조(증거신청에 대한 결정) 법원은 제294조 및 제294조의2의 증거신청에 대하여 결정을 하여야 하며 직권으로 증거조사를 할 수 있다.

제296조(증거조사에 대한 이의신청) ①검사, 피고인 또는 변호인은 증거조사에 관하여 이의신청을 할 수 있다.

②법원은 전항의 신청에 대하여 결정을 하여야 한다.

제296조의2(피고인신문) ①검사 또는 변호인은 증거조사 종료 후에 순차로 피고인에게 공소사실 및 정상에 관하여 필요한 사항을 신문할 수 있다. 다만, 재판장은 필요하다고 인정하는 때에는 증거조사가 완료되기 전이라도 이를 허가할 수 있다.
②재판장은 필요하다고 인정하는 때에는 피고인을 신문할 수 있다.
③제161조의2제1항부터 제3항까지 및 제5항은 제1항의 신문에 관하여 준용한다.

제297조(피고인등의 퇴정) ①재판장은 증인 또는 감정인이 피고인 또는 어떤 재정인의 면전에서 충분한 진술을 할 수 없다고 인정한 때에는 그를 퇴정하게 하고 진술하게 할 수 있다. 피고인이 다른 피고인의 면전에서 충분한 진술을 할 수 없다고 인정한 때에도 같다.
②전항의 규정에 의하여 피고인을 퇴정하게 한 경우에 증인, 감정인 또는 공동피고인의 진술이 종료한 때에는 퇴정한 피고인을 입정하게 한 후 법원사무관등으로 하여금 진술의 요지를 고지하게 하여야 한다.

제297조의2(간이공판절차에서의 증거조사) 제286조의2의 결정이 있는 사건에 대하여는 제161조의2, 제290조 내지 제293조, 제297조의 규정을 적용하지 아니하며 법원이 상당하다고 인정하는 방법으로 증거조사를 할 수 있다.

제298조(공소장의 변경) ①검사는 법원의 허가를 얻어 공소장에 기재한 공소사실 또는 적용법조의 추가, 철회 또는 변경을 할 수 있다. 이 경우에 법원은 공소사실의 동일성을 해하지 아니하는 한도에서 허가하여야 한다.
②법원은 심리의 경과에 비추어 상당하다고 인정할 때에는 공소사실 또는 적용법

조의 추가 또는 변경을 요구하여야 한다.

③법원은 공소사실 또는 적용법조의 추가, 철회 또는 변경이 있을 때에는 그 사유를 신속히 피고인 또는 변호인에게 고지하여야 한다.

④법원은 전3항의 규정에 의한 공소사실 또는 적용법조의 추가, 철회 또는 변경이 피고인의 불이익을 증가할 염려가 있다고 인정한 때에는 직권 또는 피고인이나 변호인의 청구에 의하여 피고인으로 하여금 필요한 방어의 준비를 하게 하기 위하여 결정으로 필요한 기간 공판절차를 정지할 수 있다.

제299조(불필요한 변론등의 제한) 재판장은 소송관계인의 진술 또는 신문이 중복된 사항이거나 그 소송에 관계없는 사항인 때에는 소송관계인의 본질적 권리를 해하지 아니하는 한도에서 이를 제한할 수 있다.

제300조(변론의 분리와 병합) 법원은 필요하다고 인정한 때에는 직권 또는 검사, 피고인이나 변호인의 신청에 의하여 결정으로 변론을 분리하거나 병합할 수 있다.

제301조(공판절차의 갱신) 공판개정 후 판사의 경질이 있는 때에는 공판절차를 갱신하여야 한다. 단, 판결의 선고만을 하는 경우에는 예외로 한다.

제301조의2(간이공판절차결정의 취소와 공판절차의 갱신) 제286조의2의 결정이 취소된 때에는 공판절차를 갱신하여야 한다. 단, 검사, 피고인 또는 변호인이 이의가 없는 때에는 그러하지 아니하다.

제302조(증거조사 후의 검사의 의견진술) 피고인 신문과 증거조사가 종료한 때에는 검사는 사실과 법률적용에 관하여 의견을 진술하여야 한다. 단, 제278조의 경우에는 공소장의 기재사항에 의하여 검사의 의견진술이 있는 것으로 간주한다.

제303조(피고인의 최후진술) 재판장은 검사의 의견을 들은 후 피고인과 변호인에게 최종의 의견을 진술할 기회를 주어야 한다.

제304조(재판장의 처분에 대한 이의) ①검사, 피고인 또는 변호인은 재판장의 처분에 대하여 이의신청을 할 수 있다.

②전항의 이의신청이 있는 때에는 법원은 결정을 하여야 한다.

제305조(변론의 재개) 법원은 필요하다고 인정한 때에는 직권 또는 검사, 피고인이나 변호인의 신청에 의하여 결정으로 종결한 변론을 재개할 수 있다.

제306조(공판절차의 정지) ①피고인이 사물의 변별 또는 의사의 결정을 할 능력이 없는 상태에 있는 때에는 법원은 검사와 변호인의 의견을 들어서 결정으로 그 상태가 계속하는 기간 공판절차를 정지하여야 한다.

②피고인이 질병으로 인하여 출정할 수 없는 때에는 법원은 검사와 변호인의 의견을 들어서 결정으로 출정할 수 있을 때까지 공판절차를 정지하여야 한다.

③전2항의 규정에 의하여 공판절차를 정지함에는 의사의 의견을 들어야 한다.

④피고사건에 대하여 무죄, 면소, 형의 면제 또는 공소기각의 재판을 할 것으로 명백한 때에는 제1항, 제2항의 사유있는 경우에도 피고인의 출정없이 재판할 수 있다.

⑤제277조의 규정에 의하여 대리인이 출정할 수 있는 경우에는 제1항 또는 제2항의 규정을 적용하지 아니한다.

제2절 증거

제307조(증거재판주의) ①사실의 인정은 증거에 의하여야 한다.

②범죄사실의 인정은 합리적인 의심이 없는 정도의 증명에 이르러야 한다.

제308조(자유심증주의) 증거의 증명력은 법관의 자유판단에 의한다.

제308조의2(위법수집증거의 배제) 적법한 절차에 따르지 아니하고 수집한 증거는 증거로 할 수 없다.

제309조(강제등 자백의 증거능력) 피고인의 자백이 고문, 폭행, 협박, 신체구속의 부당한 장기화 또는 기망 기타의 방법으로 임의로 진술한 것이 아니라고 의심할 만한 이유가 있는 때에는 이를 유죄의 증거로 하지 못한다.

제310조(불이익한 자백의 증거능력) 피고인의 자백이 그 피고인에게 불이익한 유일의 증거인 때에는 이를 유죄의 증거로 하지 못한다.

제310조의2(전문증거와 증거능력의 제한) 제311조 내지 제316조에 규정한 것 이외에는 공판준비 또는 공판기일에서의 진술에 대신하여 진술을 기재한 서류나 공판준비 또는 공판기일 외에서의 타인의 진술을 내용으로 하는 진술은 이를 증거로 할 수 없다.

제311조(법원 또는 법관의 조서) 공판준비 또는 공판기일에 피고인이나 피고인 아닌 자의 진술을 기재한 조서와 법원 또는 법관의 검증의 결과를 기재한 조서는 증거로 할 수 있다. 제184조 및 제221조의2의 규정에 의하여 작성한 조서도 또한 같다.

제312조(검사 또는 사법경찰관의 조서 등) ①검사가 피고인이 된 피의자의 진술을 기재한 조서는 적법한 절차와 방식에 따라 작성된 것으로서 피고인이 진술한 내용과 동일하게 기재되어 있음이 공판준비 또는 공판기일에서의 피고인의 진술에 의하여 인정되고, 그 조서에 기재된 진술이 특히 신빙할 수 있는 상태하에서 행하여졌음이 증명된 때에 한하여 증거로 할 수 있다.
②제1항에도 불구하고 피고인이 그 조서의 성립의 진정을 부인하는 경우에는 그 조서에 기재된 진술이 피고인이 진술한 내용과 동일하게 기재되어 있음이 영상녹화물이나 그 밖의 객관적인 방법에 의하여 증명되고, 그 조서에 기재된 진술이 특히 신빙할 수 있는 상태 하에서 행하여졌음이 증명된 때에 한하여 증거로 할 수 있다.
③검사 이외의 수사기관이 작성한 피의자신문조서는 적법한 절차와 방식에 따라 작성된 것으로서 공판준비 또는 공판기일에 그 피의자였던 피고인 또는 변호인이 그 내용을 인정할 때에 한하여 증거로 할 수 있다.
④검사 또는 사법경찰관이 피고인이 아닌 자의 진술을 기재한 조서는 적법한 절차와 방식에 따라 작성된 것으로서 그 조서가 검사 또는 사법경찰관 앞에서 진술한 내용과 동일하게 기재되어 있음이 원진술자의 공판준비 또는 공판기일에서의 진술이나 영상녹화물 또는 그 밖의 객관적인 방법에 의하여 증명되고, 피고인 또는 변호인이 공판준비 또는 공판기일에 그 기재 내용에 관하여 원진술자를 신문할 수 있었던 때에는 증거로 할 수 있다. 다만, 그 조서에 기재된 진술이 특히 신빙할 수 있는 상태하에서 행하여졌음이 증명된 때에 한한다.
⑤제1항부터 제4항까지의 규정은 피고인 또는 피고인이 아닌 자가 수사과정에서 작성한 진술서에 관하여 준용한다.
⑥검사 또는 사법경찰관이 검증의 결과를 기재한 조서는 적법한 절차와 방식에 따라 작성된 것으로서 공판준비 또는 공판기일에서의 작성자의 진술에 따라 그 성립의 진정함이 증명된 때에는 증거로 할 수 있다.

제313조(진술서등) ①전2조의 규정 이외에 피고인 또는 피고인이 아닌 자가 작성한 진술서나 그 진술을 기재한 서류로서 그 작성자 또는 진술자의 자필이거나 그 서명 또는 날인이 있는 것(피고인 또는 피고인 아닌 자가 작성하였거나 진술한 내

용이 포함된 문자·사진·영상 등의 정보로서 컴퓨터용디스크, 그 밖에 이와 비슷한 정보저장매체에 저장된 것을 포함한다. 이하 이 조에서 같다)은 공판준비나 공판기일에서의 그 작성자 또는 진술자의 진술에 의하여 그 성립의 진정함이 증명된 때에는 증거로 할 수 있다. 단, 피고인의 진술을 기재한 서류는 공판준비 또는 공판기일에서의 그 작성자의 진술에 의하여 그 성립의 진정함이 증명되고 그 진술이 특히 신빙할 수 있는 상태하에서 행하여진 때에 한하여 피고인의 공판준비 또는 공판기일에서의 진술에 불구하고 증거로 할 수 있다.

② 제1항 본문에도 불구하고 진술서의 작성자가 공판준비나 공판기일에서 그 성립의 진정을 부인하는 경우에는 과학적 분석결과에 기초한 디지털포렌식 자료, 감정 등 객관적 방법으로 성립의 진정함이 증명되는 때에는 증거로 할 수 있다. 다만, 피고인 아닌 자가 작성한 진술서는 피고인 또는 변호인이 공판준비 또는 공판기일에 그 기재 내용에 관하여 작성자를 신문할 수 있었을 것을 요한다.

③ 감정의 경과와 결과를 기재한 서류도 제1항 및 제2항과 같다.

제314조(증거능력에 대한 예외) 제312조 또는 제313조의 경우에 공판준비 또는 공판기일에 진술을 요하는 자가 사망·질병·외국거주·소재불명 그 밖에 이에 준하는 사유로 인하여 진술할 수 없는 때에는 그 조서 및 그 밖의 서류(피고인 또는 피고인 아닌 자가 작성하였거나 진술한 내용이 포함된 문자·사진·영상 등의 정보로서 컴퓨터용디스크, 그 밖에 이와 비슷한 정보저장매체에 저장된 것을 포함한다)를 증거로 할 수 있다. 다만, 그 진술 또는 작성이 특히 신빙할 수 있는 상태하에서 행하여졌음이 증명된 때에 한한다.

제315조(당연히 증거능력이 있는 서류) 다음에 게기한 서류는 증거로 할 수 있다.

1. 가족관계기록사항에 관한 증명서, 공정증서등본 기타 공무원 또는 외국공무원의 직무상 증명할 수 있는 사항에 관하여 작성한 문서
2. 상업장부, 항해일지 기타 업무상 필요로 작성한 통상문서
3. 기타 특히 신용할 만한 정황에 의하여 작성된 문서

제316조(전문의 진술) ①피고인이 아닌 자(공소제기 전에 피고인을 피의자로 조사하였거나 그 조사에 참여하였던 자를 포함한다. 이하 이 조에서 같다)의 공판준비 또는 공판기일에서의 진술이 피고인의 진술을 그 내용으로 하는 것인 때에는 그 진술이 특히 신빙할 수 있는 상태하에서 행하여졌음이 증명된 때에 한하여 이를 증거로 할 수 있다.

②피고인 아닌 자의 공판준비 또는 공판기일에서의 진술이 피고인 아닌 타인의 진술을 그 내용으로 하는 것인 때에는 원진술자가 사망, 질병, 외국거주, 소재불명 그 밖에 이에 준하는 사유로 인하여 진술할 수 없고, 그 진술이 특히 신빙할 수 있는 상태하에서 행하여졌음이 증명된 때에 한하여 이를 증거로 할 수 있다.

제317조(진술의 임의성) ①피고인 또는 피고인 아닌 자의 진술이 임의로 된 것이 아닌 것은 증거로 할 수 없다.

②전항의 서류는 그 작성 또는 내용인 진술이 임의로 되었다는 것이 증명된 것이 아니면 증거로 할 수 없다.

③검증조서의 일부가 피고인 또는 피고인 아닌 자의 진술을 기재한 것인 때에는 그 부분에 한하여 전2항의 예에 의한다.

제318조(당사자의 동의와 증거능력) ①검사와 피고인이 증거로 할 수 있음을 동의한 서류 또는 물건은 진정한 것으로 인정한

때에는 증거로 할 수 있다.

②피고인의 출정없이 증거조사를 할 수 있는 경우에 피고인이 출정하지 아니한 때에는 전항의 동의가 있는 것으로 간주한다. 단, 대리인 또는 변호인이 출정한 때에는 예외로 한다.

제318조의2(증명력을 다투기 위한 증거) ① 제312조부터 제316조까지의 규정에 따라 증거로 할 수 없는 서류나 진술이라도 공판준비 또는 공판기일에서의 피고인 또는 피고인이 아닌 자(공소제기 전에 피고인을 피의자로 조사하였거나 그 조사에 참여하였던 자를 포함한다. 이하 이 조에서 같다)의 진술의 증명력을 다투기 위하여 증거로 할 수 있다.

②제1항에도 불구하고 피고인 또는 피고인이 아닌 자의 진술을 내용으로 하는 영상녹화물은 공판준비 또는 공판기일에 피고인 또는 피고인이 아닌 자가 진술함에 있어서 기억이 명백하지 아니한 사항에 관하여 기억을 환기시켜야 할 필요가 있다고 인정되는 때에 한하여 피고인 또는 피고인이 아닌 자에게 재생하여 시청하게 할 수 있다.

제318조의3(간이공판절차에서의 증거능력에 관한 특례) 제286조의2의 결정이 있는 사건의 증거에 관하여는 제310조의2, 제312조 내지 제314조 및 제316조의 규정에 의한 증거에 대하여 제318조제1항의 동의가 있는 것으로 간주한다. 단, 검사, 피고인 또는 변호인이 증거로 함에 이의가 있는 때에는 그러하지 아니하다.

제3절 공판의 재판

제318조의4(판결선고기일) ①판결의 선고는 변론을 종결한 기일에 하여야 한다. 다만, 특별한 사정이 있는 때에는 따로 선고기일을 지정할 수 있다.

②변론을 종결한 기일에 판결을 선고하는 경우에는 판결의 선고 후에 판결서를 작성할 수 있다.

③제1항 단서의 선고기일은 변론종결 후 14일 이내로 지정되어야 한다.

제319조(관할위반의 판결) 피고사건이 법원의 관할에 속하지 아니한 때에는 판결로써 관할위반의 선고를 하여야 한다.

제320조(토지관할 위반) ①법원은 피고인의 신청이 없으면 토지관할에 관하여 관할위반의 선고를 하지 못한다.

②관할 위반의 신청은 피고사건에 대한 진술 전에 하여야 한다.

제321조(형선고와 동시에 선고될 사항) ① 피고사건에 대하여 범죄의 증명이 있는 때에는 형의 면제 또는 선고유예의 경우 외에는 판결로써 형을 선고하여야 한다.

②형의 집행유예, 판결 전 구금의 산입일수, 노역장의 유치기간은 형의 선고와 동시에 판결로써 선고하여야 한다.

제322조(형면제 또는 형의 선고유예의 판결) 피고사건에 대하여 형의 면제 또는 선고유예를 하는 때에는 판결로써 선고하여야 한다.

제323조(유죄판결에 명시될 이유) ①형의 선고를 하는 때에는 판결이유에 범죄될 사실, 증거의 요지와 법령의 적용을 명시하여야 한다.

②법률상 범죄의 성립을 조각하는 이유 또는 형의 가중, 감면의 이유되는 사실의 진술이 있은 때에는 이에 대한 판단을 명시하여야 한다.

제324조(상소에 대한 고지) 형을 선고하는 경우에는 재판장은 피고인에게 상소할 기간과 상소할 법원을 고지하여야 한다.

제325조(무죄의 판결) 피고사건이 범죄로 되지 아니하거나 범죄사실의 증명이 없는

때에는 판결로써 무죄를 선고하여야 한다.

제326조(면소의 판결) 다음 경우에는 판결로써 면소의 선고를 하여야 한다.
1. 확정판결이 있은 때
2. 사면이 있은 때
3. 공소의 시효가 완성되었을 때
4. 범죄 후의 법령개폐로 형이 폐지되었을 때

제327조(공소기각의 판결) 다음 경우에는 판결로써 공소기각의 선고를 하여야 한다.
1. 피고인에 대하여 재판권이 없는 때
2. 공소제기의 절차가 법률의 규정에 위반하여 무효인 때
3. 공소가 제기된 사건에 대하여 다시 공소가 제기되었을 때
4. 제329조의 규정에 위반하여 공소가 제기되었을 때
5. 고소가 있어야 죄를 논할 사건에 대하여 고소의 취소가 있은 때
6. 피해자의 명시한 의사에 반하여 죄를 논할 수 없는 사건에 대하여 처벌을 희망하지 아니하는 의사표시가 있거나 처벌을 희망하는 의사표시가 철회되었을 때

제328조(공소기각의 결정) ①다음 경우에는 결정으로 공소를 기각하여야 한다.
1. 공소가 취소 되었을 때
2. 피고인이 사망하거나 피고인인 법인이 존속하지 아니하게 되었을 때
3. 제12조 또는 제13조의 규정에 의하여 재판할 수 없는 때
4. 공소장에 기재된 사실이 진실하다 하더라도 범죄가 될 만한 사실이 포함되지 아니하는 때
②전항의 결정에 대하여는 즉시항고를 할 수 있다.

제329조(공소취소와 재기소) 공소취소에 의한 공소기각의 결정이 확정된 때에는 공소취소 후 그 범죄사실에 대한 다른 중요한 증거를 발견한 경우에 한하여 다시 공소를 제기할 수 있다.

제330조(피고인의 진술없이 하는 판결) 피고인이 진술하지 아니하거나 재판장의 허가없이 퇴정하거나 재판장의 질서유지를 위한 퇴정명령을 받은 때에는 피고인의 진술없이 판결할 수 있다.

제331조(무죄등 선고와 구속영장의 효력) 무죄, 면소, 형의 면제, 형의 선고유예, 형의 집행유예, 공소기각 또는 벌금이나 과료를 과하는 판결이 선고된 때에는 구속영장은 효력을 잃는다.

제332조(몰수의 선고와 압수물) 압수한 서류 또는 물품에 대하여 몰수의 선고가 없는 때에는 압수를 해제한 것으로 간주한다.

제333조(압수장물의 환부) ①압수한 장물로서 피해자에게 환부할 이유가 명백한 것은 판결로써 피해자에게 환부하는 선고를 하여야 한다.
②전항의 경우에 장물을 처분하였을 때에는 판결로써 그 대가로 취득한 것을 피해자에게 교부하는 선고를 하여야 한다.
③가환부한 장물에 대하여 별단의 선고가 없는 때에는 환부의 선고가 있는 것으로 간주한다.
④전3항의 규정은 이해관계인이 민사소송절차에 의하여 그 권리를 주장함에 영향을 미치지 아니한다.

제334조(재산형의 가납판결) ①법원은 벌금, 과료 또는 추징의 선고를 하는 경우에 판결의 확정 후에는 집행할 수 없거나 집행하기 곤란할 염려가 있다고 인정한 때에는 직권 또는 검사의 청구에 의하여 피고인에게 벌금, 과료 또는 추징에 상당한 금액의 가납을 명할 수 있다.
②전항의 재판은 형의 선고와 동시에 판결로써 선고하여야 한다.
③전항의 판결은 즉시로 집행할 수 있다.

제335조(형의 집행유예 취소의 절차) ①형의 집행유예를 취소할 경우에는 검사는

피고인의 현재지 또는 최후의 거주지를 관할하는 법원에 청구하여야 한다.

②전항의 청구를 받은 법원은 피고인 또는 그 대리인의 의견을 물은 후에 결정을 하여야 한다.

③전항의 결정에 대하여는 즉시항고를 할 수 있다.

④전2항의 규정은 유예한 형을 선고할 경우에 준용한다.

제336조(경합범 중 다시 형을 정하는 절차)
①「형법」 제36조, 동 제39조제4항 또는 동 제61조의규정에 의하여 형을 정할 경우에는 검사는 그 범죄사실에 대한 최종판결을 한 법원에 청구하여야 한다. 단, 「형법」 제61조의 규정에 의하여 유예한 형을 선고할 때에는 제323조에 의하여야 하고 선고유예를 해제하는 이유를 명시하여야 한다.

②전조 제2항의 규정은 전항의 경우에 준용한다.

제337조(형의 소멸의 재판) ①「형법」 제81조 또는 동 제82조의 규정에 의한 선고는 그 사건에 관한 기록이 보관되어 있는 검찰청에 대응하는 법원에 대하여 신청하여야 한다.

②전항의 신청에 의한 선고는 결정으로 한다.

③제1항의 신청을 각하하는 결정에 대하여는 즉시항고를 할 수 있다.

제3편 상 소

제1장 통 칙

제338조(상소권자) ①검사 또는 피고인은 상소를 할 수 있다.

제339조(항고권자) 검사 또는 피고인 아닌 자가 결정을 받은 때에는 항고할 수 있다.

제340조(당사자 이외의 상소권자) 피고인의 법정대리인은 피고인을 위하여 상소할 수 있다.

제341조(동전) ①피고인의 배우자, 직계친족, 형제자매 또는 원심의 대리인이나 변호인은 피고인을 위하여 상소할 수 있다.

②전항의 상소는 피고인의 명시한 의사에 반하여 하지 못한다.

제342조(일부상소) ①상소는 재판의 일부에 대하여 할 수 있다.

②일부에 대한 상소는 그 일부와 불가분의 관계에 있는 부분에 대하여도 효력이 미친다.

제343조(상소 제기기간) ①상소의 제기는 그 기간 내에 서면으로 한다.

②상소의 제기기간은 재판을 선고 또는 고지한 날로부터 진행된다.

제344조(재소자에 대한 특칙) ①교도소 또는 구치소에 있는 피고인이 상소의 제기기간 내에 상소장을 교도소장 또는 구치소장 또는 그 직무를 대리하는 자에게 제출한 때에는 상소의 제기기간 내에 상소한 것으로 간주한다.

②전항의 경우에 피고인이 상소장을 작성할 수 없는 때에는 교도소장 또는 구치소장은 소속공무원으로 하여금 대서하게 하여야 한다.

제345조(상소권회복청구권자) 제338조 내지 제341조의 규정에 의하여 상소할 수 있는 자는 자기 또는 대리인이 책임질 수 없는 사유로 인하여 상소의 제기기간 내에 상소를 하지 못한 때에는 상소권회복의 청구를 할 수 있다.

제346조(상소권회복청구의 방식) ①상소권회복의 청구는 사유가 종지한 날로부터 상소의 제기기간에 상당한 기간 내에 서면으로 원심법원에 제출하여야 한다.

②상소권회복의 청구를 할 때에는 원인된 사유를 소명하여야 한다.

③상소권의 회복을 청구한 자는 그 청구와 동시에 상소를 제기하여야 한다.

제347조(상소권회복에 대한 결정과 즉시항고) ①상소권회복의 청구를 받은 법원은 청구의 허부에 관한 결정을 하여야 한다.
②전항의 결정에 대하여는 즉시항고를 할 수 있다.

제348조(상소권회복청구와 집행정지) ①상소권회복의 청구가 있는 때에는 법원은 전조의 결정을 할 때까지 재판의 집행을 정지하는 결정을 할 수 있다.
②전항의 집행정지의 결정을 한 경우에 피고인의 구금을 요하는 때에는 구속영장을 발부하여야 한다. 단, 제70조의 요건이 구비된 때에 한한다.

제349조(상소의 포기, 취하) 검사나 피고인 또는 제339조에 규정한 자는 상소의 포기 또는 취하를 할 수 있다. 단, 피고인 또는 제341조에 규정한 자는 사형 또는 무기징역이나 무기금고가 선고된 판결에 대하여는 상소의 포기를 할 수 없다.

제350조(상소의 포기등과 법정대리인의 동의) 법정대리인이 있는 피고인이 상소의 포기 또는 취하를 함에는 법정대리인의 동의를 얻어야 한다. 단, 법정대리인의 사망 기타 사유로 인하여 그 동의를 얻을 수 없는 때에는 예외로 한다.

제351조(상소의 취하와 피고인의 동의) 피고인의 법정대리인 또는 제341조에 규정한 자는 피고인의 동의를 얻어 상소를 취하할 수 있다.

제352조(상소포기 등의 방식) ①상소의 포기 또는 취하는 서면으로 하여야 한다. 단, 공판정에서는 구술로써 할 수 있다.
②구술로써 상소의 포기 또는 취하를 한 경우에는 그 사유를 조서에 기재하여야 한다.

제353조(상소포기 등의 관할) 상소의 포기는 원심법원에, 상소의 취하는 상소법원에 하여야 한다. 단, 소송기록이 상소법원에 송부되지 아니한 때에는 상소의 취하를 원심법원에 제출할 수 있다.

제354조(상소포기 후의 재상소의 금지) 상소를 취하한 자 또는 상소의 포기나 취하에 동의한 자는 그 사건에 대하여 다시 상소를 하지 못한다.

제355조(재소자에 대한 특칙) 제344조의 규정은 교도소 또는 구치소에 있는 피고인이 상소권회복의 청구 또는 상소의 포기나 취하를 하는 경우에 준용한다.

제356조(상소포기등과 상대방의 통지) 상소, 상소의 포기나 취하 또는 상소권회복의 청구가 있는 때에는 법원은 지체없이 상대방에게 그 사유를 통지하여야 한다.

제2장 항소

제357조(항소할 수 있는 판결) 제1심법원의 판결에 대하여 불복이 있으면 지방법원단독판사가 선고한 것은 지방법원 본원합의부에 항소할 수 있으며 지방법원 합의부가 선고한 것은 고등법원에 항소할 수 있다.

제358조(항소제기기간) 항소의 제기기간은 7일로 한다.

제359조(항소제기의 방식) 항소를 함에는 항소장을 원심법원에 제출하여야 한다.

제360조(원심법원의 항소기각 결정) ①항소의 제기가 법률상의 방식에 위반하거나 항소권소멸 후인 것이 명백한 때에는 원심법원은 결정으로 항소를 기각하여야 한다.
②전항의 결정에 대하여는 즉시항고를 할 수 있다.

제361조(소송기록과 증거물의 송부) 제360

조의 경우를 제외하고는 원심법원은 항소장을 받은 날부터 14일이내에 소송기록과 증거물을 항소법원에 송부하여야 한다.

제361조의2(소송기록접수와 통지) ①항소법원이 기록의 송부를 받은 때에는 즉시 항소인과 상대방에게 그 사유를 통지하여야 한다.
②전항의 통지 전에 변호인의 선임이 있는 때에는 변호인에게도 전항의 통지를 하여야 한다.
③피고인이 교도소 또는 구치소에 있는 경우에는 원심법원에 대응한 검찰청검사는 제1항의 통지를 받은 날부터 14일이내에 피고인을 항소법원소재지의 교도소 또는 구치소에 이송하여야 한다.

제361조의3(항소이유서와 답변서) ①항소인 또는 변호인은 전조의 통지를 받은 날로부터 20일 이내에 항소이유서를 항소법원에 제출하여야 한다. 이 경우 제344조를 준용한다.
②항소이유서의 제출을 받은 항소법원은 지체없이 부본 또는 등본을 상대방에게 송달하여야 한다.
③상대방은 전항의 송달을 받은 날로부터 10일 이내에 답변서를 항소법원에 제출하여야 한다.
④답변서의 제출을 받은 항소법원은 지체없이 그 부본 또는 등본을 항소인 또는 변호인에게 송달하여야 한다.

제361조의4(항소기각의 결정) ①항소인이나 변호인이 전조제1항의 기간 내에 항소이유서를 제출하지 아니한 때에는 결정으로 항소를 기각하여야 한다. 단, 직권조사사유가 있거나 항소장에 항소이유의 기재가 있는 때에는 예외로 한다.
②전항의 결정에 대하여는 즉시항고를 할 수 있다.

제361조의5(항소이유) 다음 사유가 있을 경우에는 원심판결에 대한 항소이유로 할

수 있다.
1. 판결에 영향을 미친 헌법·법률·명령 또는 규칙의 위반이 있는 때
2. 판결 후 형의 폐지나 변경 또는 사면이 있는 때
3. 관할 또는 관할위반의 인정이 법률에 위반한 때
4. 판결법원의 구성이 법률에 위반한 때
7. 법률상 그 재판에 관여하지 못할 판사가 그 사건의 심판에 관여한 때
8. 사건의 심리에 관여하지 아니한 판사가 그 사건의 판결에 관여한 때
9. 공판의 공개에 관한 규정에 위반한 때
11. 판결에 이유를 붙이지 아니하거나 이유에 모순이 있는 때
13. 재심청구의 사유가 있는 때
14. 사실의 오인이 있어 판결에 영향을 미칠 때
15. 형의 양정이 부당하다고 인정할 사유가 있는 때

제362조(항소기각의 결정) ①제360조의 규정에 해당한 경우에 원심법원이 항소기각의 결정을 하지 아니한 때에는 항소법원은 결정으로 항소를 기각하여야 한다.
②전항의 결정에 대하여는 즉시 항고를 할 수 있다.

제363조(공소기각의 결정) ①제328조제1항 각 호의 규정에 해당한 사유가 있는 때에는 항소법원은 결정으로 공소를 기각하여야 한다.
②전항의 결정에 대하여는 즉시 항고를 할 수 있다.

제364조(항소법원의 심판) ①항소법원은 항소이유에 포함된 사유에 관하여 심판하여야 한다.
②항소법원은 판결에 영향을 미친 사유에 관하여는 항소이유서에 포함되지 아니한 경우에도 직권으로 심판할 수 있다.
③제1심법원에서 증거로 할 수 있었던 증

거는 항소법원에서도 증거로 할 수 있다.
④항소이유 없다고 인정한 때에는 판결로써 항소를 기각하여야 한다.
⑤항소이유 없음이 명백한 때에는 항소장, 항소이유서 기타의 소송기록에 의하여 변론없이 판결로써 항소를 기각할 수 있다.
⑥항소이유가 있다고 인정한 때에는 원심판결을 파기하고 다시 판결을 하여야 한다.

제364조의2(공동피고인을 위한 파기) 피고인을 위하여 원심판결을 파기하는 경우에 파기의 이유가 항소한 공동피고인에게 공통되는 때에는 그 공동피고인에게 대하여도 원심판결을 파기하여야 한다.

제365조(피고인의 출정) ①피고인이 공판기일에 출정하지 아니한 때에는 다시 기일을 정하여야 한다.
②피고인이 정당한 사유없이 다시 정한 기일에 출정하지 아니한 때에는 피고인의 신술없이 판결을 힐 수 있다.

제366조(원심법원에의 환송) 공소기각 또는 관할위반의 재판이 법률에 위반됨을 이유로 원심판결을 파기하는 때에는 판결로써 사건을 원심법원에 환송하여야 한다.

제367조(관할법원에의 이송) 관할인정이 법률에 위반됨을 이유로 원심판결을 파기하는 때에는 판결로써 사건을 관할법원에 이송하여야 한다. 단, 항소법원이 그 사건의 제1심관할권이 있는 때에는 제1심으로 심판하여야 한다.

제368조(불이익변경의 금지) 피고인이 항소한 사건과 피고인을 위하여 항소한 사건에 대하여는 원심판결의 형보다 중한 형을 선고하지 못한다.

제369조(재판서의 기재방식) 항소법원의 재판서에는 항소이유에 대한 판단을 기재하여야 하며 원심판결에 기재한 사실과 증거를 인용할 수 있다.

제370조(준용규정) 제2편 중 공판에 관한 규정은 본장에 특별한 규정이 없으면 항소의 심판에 준용한다.

제3장 상고

제371조(상고할 수 있는 판결) 제2심판결에 대하여 불복이 있으면 대법원에 상고할 수 있다.

제372조(비약적 상고) 다음 경우에는 제1심판결에 대하여 항소를 제기하지 아니하고 상고를 할 수 있다.
1. 원심판결이 인정한 사실에 대하여 법령을 적용하지 아니하였거나 법령의 적용에 착오가 있는 때
2. 원심판결이 있은 후 형의 폐지나 변경 또는 사면이 있는 때

제373조(항소와 비약적 상고) 제1심판결에 대한 상고는 그 사건에 대한 항소가 제기된 때에는 그 효력을 잃는다. 단, 항소의 취하 또는 항소기각의 결정이 있는 때에는 예외로 한다.

제374조(상고기간) 상고의 제기기간은 7일로 한다.

제375조(상고제기의 방식) 상고를 함에는 상고장을 원심법원에 제출하여야 한다.

제376조(원심법원에서의 상고기각 결정) ① 상고의 제기가 법률상의 방식에 위반하거나 상고권소멸 후인 것이 명백한 때에는 원심법원은 결정으로 상고를 기각하여야 한다.
②전항의 결정에 대하여는 즉시항고를 할 수 있다.

제377조(소송기록과 증거물의 송부) 제376조의 경우를 제외하고는 원심법원은 상고장을 받은 날부터 14일이내에 소송기록과 증거물을 상고법원에 송부하여야 한다.

제378조(소송기록접수와 통지) ①상고법원이 소송기록의 송부를 받은 때에는 즉시 상고인과 상대방에 대하여 그 사유를 통지하여야 한다.

②전항의 통지 전에 변호인의 선임이 있는 때에는 변호인에 대하여도 전항의 통지를 하여야 한다.

제379조(상고이유서와 답변서) ①상고인 또는 변호인이 전조의 통지를 받은 날로부터 20일 이내에 상고이유서를 상고법원에 제출하여야 한다. 이 경우 제344조를 준용한다.

②상고이유서에는 소송기록과 원심법원의 증거조사에 표현된 사실을 인용하여 그 이유를 명시하여야 한다.

③상고이유서의 제출을 받은 상고법원은 지체없이 그 부본 또는 등본을 상대방에 송달하여야 한다.

④상대방은 전항의 송달을 받은 날로부터 10일 이내에 답변서를 상고법원에 제출할 수 있다.

⑤답변서의 제출을 받은 상고법원은 지체없이 그 부본 또는 등본을 상고인 또는 변호인에게 송달하여야 한다.

제380조(상고기각 결정) ①상고인이나 변호인이 전조제1항의 기간 내에 상고이유서를 제출하지 아니한 때에는 결정으로 상고를 기각하여야 한다. 단, 상고장에 이유의 기재가 있는 때에는 예외로 한다.

② 상고장 및 상고이유서에 기재된 상고이유의 주장이 제383조 각 호의 어느 하나의 사유에 해당하지 아니함이 명백한 때에는 결정으로 상고를 기각하여야 한다.

제381조(동전) 제376조의 규정에 해당한 경우에 원심법원이 상고기각의 결정을 하지 아니한 때에는 상고법원은 결정으로 상고를 기각하여야 한다.

제382조(공소기각의 결정) 제328조제1항 각 호의 규정에 해당하는 사유가 있는 때에는 상고법원은 결정으로 공소를 기각하여야 한다.

제383조(상고이유) 다음 사유가 있을 경우에는 원심판결에 대한 상고이유로 할 수 있다.

1. 판결에 영향을 미친 헌법·법률·명령 또는 규칙의 위반이 있을 때
2. 판결후 형의 폐지나 변경 또는 사면이 있는 때
3. 재심청구의 사유가 있는 때
4. 사형, 무기 또는 10년 이상의 징역이나 금고가 선고된 사건에 있어서 중대한 사실의 오인이 있어 판결에 영향을 미친 때 또는 형의 양정이 심히 부당하다고 인정할 현저한 사유가 있는 때

제384조(심판범위) 상고법원은 상고이유서에 포함된 사유에 관하여 심판하여야 한다. 그러나, 전조 제1호 내지 제3호의 경우에는 상고이유서에 포함되지 아니한 때에도 직권으로 심판할 수 있다.

제386조(변호인의 자격) 상고심에는 변호사 아닌 자를 변호인으로 선임하지 못한다.

제387조(변론능력) 상고심에는 변호인 아니면 피고인을 위하여 변론하지 못한다.

제388조(변론방식) 검사와 변호인은 상고이유서에 의하여 변론하여야 한다.

제389조(변호인의 불출석등) ①변호인의 선임이 없거나 변호인이 공판기일에 출정하지 아니한 때에는 검사의 진술을 듣고 판결을 할 수 있다. 단, 제283조의 규정에 해당한 경우에는 예외로 한다.

②전항의 경우에 적법한 이유서의 제출이 있는 때에는 그 진술이 있는 것으로 간주한다.

제389조의2(피고인의 소환 여부) 상고심의 공판기일에는 피고인의 소환을 요하지 아

니한다.

제390조(서면심리에 의한 판결) ①상고법원은 상고장, 상고이유서 기타의 소송기록에 의하여 변론 없이 판결할 수 있다.
②상고법원은 필요한 경우에는 특정한 사항에 관하여 변론을 열어 참고인의 진술을 들을 수 있다.

제391조(원심판결의 파기) 상고이유가 있는 때에는 판결로써 원심판결을 파기하여야 한다.

제392조(공동피고인을 위한 파기) 피고인의 이익을 위하여 원심판결을 파기하는 경우에 파기의 이유가 상고한 공동피고인에 공통되는 때에는 그 공동피고인에 대하여도 원심판결을 파기하여야 한다.

제393조(공소기각과 환송의 판결) 적법한 공소를 기각하였다는 이유로 원심판결 또는 제1심판결을 파기하는 경우에는 판결로써 사건을 원심법원 또는 제1심법원에 환송하여야 한다.

제394조(관할인정과 이송의 판결) 관할의 인정이 법률에 위반됨을 이유로 원심판결 또는 제1심판결을 파기하는 경우에는 판결로써 사건을 관할있는 법원에 이송하여야 한다.

제395조(관할위반과 환송의 판결) 관할위반의 인정이 법률에 위반됨을 이유로 원심판결 또는 제1심판결을 파기하는 경우에는 판결로써 사건을 원심법원 또는 제1심법원에 환송하여야 한다.

제396조(파기자판) ①상고법원은 원심판결을 파기한 경우에 그 소송기록과 원심법원과 제1심법원이 조사한 증거에 의하여 판결하기 충분하다고 인정한 때에는 피고사건에 대하여 직접판결을 할 수 있다.
②제368조의 규정은 전항의 판결에 준용한다.

제397조(환송 또는 이송) 전4조의 경우 외에 원심판결을 파기한 때에는 판결로써 사건을 원심법원에 환송하거나 그와 동등한 다른 법원에 이송하여야 한다.

제398조(재판서의 기재방식) 재판서에는 상고의 이유에 관한 판단을 기재하여야 한다.

제399조(준용규정) 전장의 규정은 본장에 특별한 규정이 없으면 상고의 심판에 준용한다.

제400조(판결정정의 신청) ①상고법원은 그 판결의 내용에 오류가 있음을 발견한 때에는 직권 또는 검사, 상고인이나 변호인의 신청에 의하여 판결로써 정정할 수 있다.
②전항의 신청은 판결의 선고가 있은 날로부터 10일 이내에 하여야 한다.
③제1항의 신청은 신청의 이유를 기재한 서면으로 하여야 한다.

제401조(정정의 판결) ①정정의 판결은 변론없이 할 수 있다
②정정할 필요가 없다고 인정한 때에는 지체없이 결정으로 신청을 기각하여야 한다.

제4장 항 고

제402조(항고할 수 있는 재판) 법원의 결정에 대하여 불복이 있으면 항고를 할 수 있다. 단, 이 법률에 특별한 규정이 있는 경우에는 예외로 한다.

제403조(판결 전의 결정에 대한 항고) ①법원의 관할 또는 판결 전의 소송절차에 관한 결정에 대하여는 특히 즉시항고를 할 수 있는 경우 외에는 항고하지 못한다.
②전항의 규정은 구금, 보석, 압수나 압수물의 환부에 관한 결정 또는 감정하기 위한 피고인의 유치에 관한 결정에 적용하지 아니한다.

제404조(보통항고의 시기) 항고는 즉시항고

외에는 언제든지 할 수 있다. 단, 원심결정을 취소하여도 실익이 없게 된 때에는 예외로 한다.

제405조(즉시항고의 제기기간) 즉시항고의 제기기간은 3일로 한다.

제406조(항고의 절차) 항고를 함에는 항고장을 원심법원에 제출하여야 한다.

제407조(원심법원의 항고기각 결정) ①항고의 제기가 법률상의 방식에 위반하거나 항고권소멸 후인 것이 명백한 때에는 원심법원은 결정으로 항고를 기각하여야 한다.
②전항의 결정에 대하여는 즉시항고를 할 수 있다.

제408조(원심법원의 갱신결정) ①원심법원은 항고가 이유있다고 인정한 때에는 결정을 경정하여야 한다.
②항고의 전부 또는 일부가 이유없다고 인정한 때에는 항고장을 받은 날로부터 3일 이내에 의견서를 첨부하여 항고법원에 송부하여야 한다.

제409조(보통항고와 집행정지) 항고는 즉시항고 외에는 재판의 집행을 정지하는 효력이 없다. 단, 원심법원 또는 항고법원은 결정으로 항고에 대한 결정이 있을 때까지 집행을 정지할 수 있다.

제410조(즉시항고와 집행정지의 효력) 즉시항고의 제기기간 내와 그 제기가 있는 때에는 재판의 집행은 정지된다.

제411조(소송기록등의 송부) ①원심법원이 필요하다고 인정한 때에는 소송기록과 증거물을 항고법원에 송부하여야 한다.
②항고법원은 소송기록과 증거물의 송부를 요구할 수 있다.
③전2항의 경우에 항고법원이 소송기록과 증거물의 송부를 받은 날로부터 5일 이내에 당사자에게 그 사유를 통지하여야 한다.

제412조(검사의 의견진술) 검사는 항고사건에 대하여 의견을 진술할 수 있다.

제413조(항고기각의 결정) 제407조의 규정에 해당한 경우에 원심법원이 항고기각의 결정을 하지 아니한 때에는 항고법원은 결정으로 항고를 기각하여야 한다.

제414조(항고기각과 항고이유 인정) ①항고를 이유없다고 인정한 때에는 결정으로 항고를 기각하여야 한다.
②항고를 이유있다고 인정한 때에는 결정으로 원심결정을 취소하고 필요한 경우에는 항고사건에 대하여 직접 재판을 하여야 한다.

제415조(재항고) 항고법원 또는 고등법원의 결정에 대하여는 재판에 영향을 미친 헌법·법률·명령 또는 규칙의 위반이 있음을 이유로 하는 때에 한하여 대법원에 즉시항고를 할 수 있다.

제416조(준항고) ①재판장 또는 수명법관이 다음 각 호의 1에 해당한 재판을 고지한 경우에 불복이 있으면 그 법관소속의 법원에 재판의 취소 또는 변경을 청구할 수 있다.
1. 기피신청을 기각한 재판
2. 구금, 보석, 압수 또는 압수물환부에 관한 재판
3. 감정하기 위하여 피고인의 유치를 명한 재판
4. 증인, 감정인, 통역인 또는 번역인에 대하여 과태료 또는 비용의 배상을 명한 재판
②지방법원이 전항의 청구를 받은 때에는 합의부에서 결정을 하여야 한다.
③제1항의 청구는 재판의 고지있는 날로부터 3일 이내에 하여야 한다.
④제1항제4호의 재판은 전항의 청구기간 내와 청구가 있는 때에는 그 재판의 집행은 정지된다.

제417조(동전) 검사 또는 사법경찰관의 구

금, 압수 또는 압수물의 환부에 관한 처분과 제243조의2에 따른 변호인의 참여 등에 관한 처분에 대하여 불복이 있으면 그 직무집행지의 관할법원 또는 검사의 소속검찰청에 대응한 법원에 그 처분의 취소 또는 변경을 청구할 수 있다.

제418조(준항고의 방식) 전2조의청구는 서면으로 관할법원에 제출하여야 한다.

제419조(준용규정) 제409조, 제413조, 제414조, 제415조의 규정은 제416조, 제417조의 청구있는 경우에 준용한다.

제4편 특별소송절차

제1장 재심

제420조(재심이유) 재심은 다음 각 호의 1에 해당하는 이유가 있는 경우에 유죄의 확정판결에 대하여 그 선고를 받은 자의 이익을 위하여 청구할 수 있다.

1. 원판결의 증거된 서류 또는 증거물이 확정판결에 의하여 위조 또는 변조인 것이 증명된 때
2. 원판결의 증거된 증언, 감정, 통역 또는 번역이 확정판결에 의하여 허위인 것이 증명된 때
3. 무고로 인하여 유죄의 선고를 받은 경우에 그 무고의 죄가 확정판결에 의하여 증명된 때
4. 원판결의 증거된 재판이 확정재판에 의하여 변경된 때
5. 유죄의 선고를 받은 자에 대하여 무죄 또는 면소를, 형의 선고를 받은 자에 대하여 형의 면제 또는 원판결이 인정한 죄보다 경한 죄를 인정할 명백한 증거가 새로 발견된 때
6. 저작권, 특허권, 실용신안권, 의장권 또는 상표권을 침해한 죄로 유죄의 선고를 받은 사건에 관하여 그 권리에 대한 무효의 심결 또는 무효의 판결이 확정된 때
7. 원판결, 전심판결 또는 그 판결의 기초된 조사에 관여한 법관, 공소의 제기 또는 그 공소의 기초 된 수사에 관여한 검사나 사법경찰관이 그 직무에 관한 죄를 범한 것이 확정판결에 의하여 증명된 때 단, 원판결의 선고 전에 법관, 검사 또는 사법경찰관에 대하여 공소의 제기가 있는 경우에는 원판결의 법원이 그 사유를 알지 못한 때에 한한다.

제421조(동전) ①항소 또는 상고의 기각판결에 대하여는 전조제1호, 제2호, 제7호의 사유있는 경우에 한하여 그 선고를 받은 자의 이익을 위하여 재심을 청구할 수 있다.

②제1심확정판결에 대한 재심청구사건의 판결이 있은 후에는 항소기각 판결에 대하여 다시 재심을 청구하지 못한다.

③제1심 또는 제2심의 확정판결에 대한 재심청구사건의 판결이 있은 후에는 상고기각판결에 대하여 다시 재심을 청구하지 못한다.

제422조(확정판결에 대신하는 증명) 전2조의 규정에 의하여 확정판결로써 범죄가 증명됨을 재심청구의 이유로 할 경우에 그 확정판결을 얻을 수 없는 때에는 그 사실을 증명하여 재심의 청구를 할 수 있다. 단, 증거가 없다는 이유로 확정판결을 얻을 수 없는 때에는 예외로 한다.

제423조(재심의 관할) 재심의 청구는 원판결의 법원이 관할한다.

제424조(재심청구권자) 다음 각 호의 1에 해당하는 자는 재심의 청구를 할 수 있다.

1. 검사
2. 유죄의 선고를 받은 자
3. 유죄의 선고를 받은 자의 법정대리인
4. 유죄의 선고를 받은 자가 사망하거나 심신장애가 있는 경우에는 그 배우자, 직계친족 또는 형제자매

제425조(검사만이 청구할 수 있는 재심) 제420조제7호의 사유에 의한 재심의 청구는 유죄의 선고를 받은 자가 그 죄를 범하게 한 경우에는 검사가 아니면 하지 못한다.

제426조(변호인의 선임) ①검사 이외의 자가 재심의 청구를 하는 경우에는 변호인을 선임할 수 있다.
②전항의 규정에 의한 변호인의 선임은 재심의 판결이 있을 때까지 그 효력이 있다.

제427조(재심청구의 시기) 재심의 청구는 형의 집행을 종료하거나 형의 집행을 받지 아니하게 된 때에도 할 수 있다.

제428조(재심과 집행정지의 효력) 재심의 청구는 형의 집행을 정지하는 효력이 없다. 단 관할법원에 대응한 검찰청검사는 재심청구에 대한 재판이 있을 때까지 형의 집행을 정지할 수 있다.

제429조(재심청구의 취하) ①재심의 청구는 취하할 수 있다.
②재심의 청구를 취하한 자는 동일한 이유로써 다시 재심을 청구하지 못한다.

제430조(재소자에 대한 특칙) 제344조의 규정은 재심의 청구와 그 취하에 준용한다.

제431조(사실조사) ①재심의 청구를 받은 법원은 필요하다고 인정한 때에는 합의부원에게 재심청구의 이유에 대한 사실조사를 명하거나 다른 법원판사에게 이를 촉탁할 수 있다.
②전항의 경우에는 수명법관 또는 수탁판사는 법원 또는 재판장과 동일한 권한이 있다.

제432조(재심에 대한 결정과 당사자의 의견) 재심의 청구에 대하여 결정을 함에는 청구한 자와 상대방의 의견을 들어야 한다. 단, 유죄의 선고를 받은 자의 법정대리인이 청구한 경우에는 유죄의 선고를 받은 자의 의견을 들어야 한다.

제433조(청구기각 결정) 재심의 청구가 법률상의 방식에 위반하거나 청구권의 소멸 후인 것이 명백한 때에는 결정으로 기각하여야 한다.

제434조(동전) ①재심의 청구가 이유없다고 인정한 때에는 결정으로 기각하여야 한다.
②전항의 결정이 있는 때에는 누구든지 동일한 이유로써 다시 재심을 청구하지 못한다.

제435조(재심개시의 결정) ①재심의 청구가 이유있다고 인정한 때에는 재심개시의 결정을 하여야 한다.
②재심개시의 결정을 할 때에는 결정으로 형의 집행을 정지할 수 있다.

제436조(청구의 경합과 청구기각의 결정) ①항소기각의 확정판결과 그 판결에 의하여 확정된 제1심판결에 대하여 재심의 청구가 있는 경우에 제1심법원이 재심의 판결을 한 때에는 항소법원은 결정으로 재심의 청구를 기각하여야 한다.
②제1심 또는 제2심판결에 대한 상고기각의 판결과 그 판결에 의하여 확정된 제1심 또는 제2심의 판결에 대하여 재심의 청구가 있는 경우에 제1심법원 또는 항소법원이 재심의 판결을 한 때에는 상고법원은 결정으로 재심의 청구를 기각하여야 한다.

제437조(즉시항고) 제433조, 제434조제1항, 제435조제1항과 전조제1항의 결정에 대하여는 즉시항고를 할 수 있다.

제438조(재심의 심판) ①재심개시의 결정이 확정한 사건에 대하여는 제436조의 경우 외에는 법원은 그 심급에 따라 다시 심판을 하여야 한다.
②다음 경우에는 제306조제1항, 제328조제1항제2호의 규정은 전항의 심판에 적용하지 아니한다.
1. 사망자 또는 회복할 수 없는 심신장애

인을 위하여 재심의 청구가 있는 때
2. 유죄의 선고를 받은 자가 재심의 판결 전에 사망하거나 회복할 수 없는 심신장애인으로 된 때
③전항의 경우에는 피고인이 출정하지 아니하여도 심판을 할 수 있다. 단, 변호인이 출정하지 아니하면 개정하지 못한다.
④전2항의 경우에 재심을 청구한 자가 변호인을 선임하지 아니한 때에는 재판장은 직권으로 변호인을 선임하여야 한다.

제439조(불이익변경의 금지) 재심에는 원판결의 형보다 중한 형을 선고하지 못한다.

제440조(무죄판결의 공시) 재심에서 무죄의 선고를 한 때에는 그 판결을 관보와 그 법원소재지의 신문지에 기재하여 공고하여야 한다. 다만, 다음 각 호의 어느 하나에 해당하는 사람이 이를 원하지 아니하는 의사를 표시한 경우에는 그러하지 아니하나.
1. 제424조제1호부터 제3호까지의 어느 하나에 해당하는 사람이 재심을 청구한 때에는 재심에서 무죄의 선고를 받은 사람
2. 제424조제4호에 해당하는 사람이 재심을 청구한 때에는 재심을 청구한 그 사람

제2장 비상상고

제441조(비상상고이유) 검찰총장은 판결이 확정한 후 그 사건의 심판이 법령에 위반한 것을 발견한 때에는 대법원에 비상상고를 할 수 있다.

제442조(비상상고의 방식) 비상상고를 함에는 그 이유를 기재한 신청서를 대법원에 제출하여야 한다.

제443조(공판기일) 공판기일에는 검사는 신청서에 의하여 진술하여야 한다.

제444조(조사의 범위, 사실의 조사) ①대법원은 신청서에 포함된 이유에 한하여 조사하여야 한다.
②법원의 관할, 공소의 수리와 소송절차에 관하여는 사실조사를 할 수 있다.
③전항의 경우에는 제431조의 규정을 준용한다.

제445조(기각의 판결) 비상상고가 이유 없다고 인정한 때에는 판결로써 이를 기각하여야 한다.

제446조(파기의 판결) 비상상고가 이유 있다고 인정한 때에는 다음의 구별에 따라 판결을 하여야 한다.
1. 원판결이 법령에 위반한 때에는 그 위반된 부분을 파기하여야 한다. 단, 원판결이 피고인에게 불이익한 때에는 원판결을 파기하고 피고사건에 대하여 다시 판결을 한다.
2. 원심소송절차가 법령에 위반한 때에는 그 위반된 절차를 파기한다.

제447조(판결의 효력) 비상상고의 판결은 전조제1호 단행의 규정에 의한 판결 외에는 그 효력이 피고인에게 미치지 아니한다.

제3장 약식절차

제448조(약식명령을 할 수 있는 사건) ①지방법원은 그 관할에 속한 사건에 대하여 검사의 청구가 있는 때에는 공판절차없이 약식명령으로 피고인을 벌금, 과료 또는 몰수에 처할 수 있다.
②전항의 경우에는 추징 기타 부수의 처분을 할 수 있다.

제449조(약식명령의 청구) 약식명령의 청구는 공소의 제기와 동시에 서면으로 하여야 한다.

제450조(보통의 심판) 약식명령의 청구가 있는 경우에 그 사건이 약식명령으로 할 수 없거나 약식명령으로 하는 것이 적당

하지 아니하다고 인정한 때에는 공판절차에 의하여 심판하여야 한다.

제451조(약식명령의 방식) 약식명령에는 범죄사실, 적용법령, 주형, 부수처분과 약식명령의 고지를 받은 날로부터 7일 이내에 정식재판의 청구를 할 수 있음을 명시하여야 한다.

제452조(약식명령의 고지) 약식명령의 고지는 검사와 피고인에 대한 재판서의 송달에 의하여 한다.

제453조(정식재판의 청구) ①검사 또는 피고인은 약식명령의 고지를 받은 날로부터 7일 이내에 정식재판의 청구를 할 수 있다. 단, 피고인은 정식재판의 청구를 포기할 수 없다.
②정식재판의 청구는 약식명령을 한 법원에 서면으로 제출하여야 한다.
③정식재판의 청구가 있는 때에는 법원은 지체없이 검사 또는 피고인에게 그 사유를 통지하여야 한다.

제454조(정식재판청구의 취하) 정식재판의 청구는 제1심판결선고 전까지 취하할 수 있다.

제455조(기각의 결정) ①정식재판의 청구가 법령상의 방식에 위반하거나 청구권의 소멸 후인 것이 명백한 때에는 결정으로 기각하여야 한다.
②전항의 결정에 대하여는 즉시항고를 할 수 있다.
③정식재판의 청구가 적법한 때에는 공판절차에 의하여 심판하여야 한다.

제456조(약식명령의 실효) 약식명령은 정식재판의 청구에 의한 판결이 있는 때에는 그 효력을 잃는다.

제457조(약식명령의 효력) 약식명령은 정식재판의 청구기간이 경과하거나 그 청구의 취하 또는 청구기각의 결정이 확정한 때에는 확정판결과 동일한 효력이 있다.

제457조의2(형종 상향의 금지 등) ① 피고인이 정식재판을 청구한 사건에 대하여는 약식명령의 형보다 중한 종류의 형을 선고하지 못한다.
② 피고인이 정식재판을 청구한 사건에 대하여 약식명령의 형보다 중한 형을 선고하는 경우에는 판결서에 양형의 이유를 적어야 한다. [전문개정 2017.12.19.]

제458조(준용규정) ①제340조 내지 제342조, 제345조 내지 제352조, 제354조의 규정은 정식재판의 청구 또는 그 취하에 준용한다.
②제365조의 규정은 정식재판절차의 공판기일에 정식재판을 청구한 피고인이 출석하지 아니한 경우에 이를 준용한다.

제5편 재판의 집행

제459조(재판의 확정과 집행) 재판은 이 법률에 특별한 규정이 없으면 확정한 후에 집행한다.

제460조(집행지휘) ①재판의 집행은 그 재판을 한 법원에 대응한 검찰청검사가 지휘한다. 단, 재판의 성질상 법원 또는 법관이 지휘할 경우에는 예외로 한다.
②상소의 재판 또는 상소의 취하로 인하여 하급법원의 재판을 집행할 경우에는 상소법원에 대응한 검찰청검사가 지휘한다. 단, 소송기록이 하급법원 또는 그 법원에 대응한 검찰청에 있는 때에는 그 검찰청검사가 지휘한다.

제461조(집행지휘의 방식) 재판의 집행지휘는 재판서 또는 재판을 기재한 조서의 등본 또는 초본을 첨부한 서면으로 하여야 한다. 단, 형의 집행을 지휘하는 경우 외에는 재판서의 원본, 등본이나 초본 또는 조서의 등본이나 초본에 인정하는 날인으로 할 수 있다.

제462조(형집행의 순서) 2이상의 형의 집행은 자격상실, 자격정지, 벌금, 과료와 몰수 외에는 그 중한 형을 먼저 집행한다. 단, 검사는 소속장관의 허가를 얻어 중한 형의 집행을 정지하고 다른 형의 집행을 할 수 있다.

제463조(사형의 집행) 사형은 법무부장관의 명령에 의하여 집행한다.

제464조(사형판결확정과 소송기록의 제출) 사형을 선고한 판결이 확정한 때에는 검사는 지체없이 소송기록을 법무부장관에게 제출하여야 한다.

제465조(사형집행명령의 시기) ①사형집행의 명령은 판결이 확정된 날로부터 6월 이내에 하여야 한다.
②상소권회복의 청구, 재심의 청구 또는 비상상고의 신청이 있는 때에는 그 절차가 종료할 때까지의 기간은 전항의 기간에 산입하지 아니한다.

제466조(사형집행의 기간) 법무부장관이 사형의 집행을 명한 때에는 5일 이내에 집행하여야 한다.

제467조(사형집행의 참여) ①사형의 집행에는 검사와 검찰청서기관과 교도소장 또는 구치소장이나 그 대리자가 참여하여야 한다.
②검사 또는 교도소장 또는 구치소장의 허가가 없으면 누구든지 형의 집행장소에 들어가지 못한다.

제468조(사형집행조서) 사형의 집행에 참여한 검찰청서기관은 집행조서를 작성하고 검사와 교도소장 또는 구치소장이나 그 대리자와 함께 기명날인 또는 서명하여야 한다.

제469조(사형집행의 정지) ①사형의 선고를 받은 자가 심신의 장애로 의사능력이 없는 상태에 있거나 잉태 중에 있는 여자인 때에는 법무부장관의 명령으로 집행을 정지한다.
②전항의 규정에 의하여 형의 집행을 정지한 경우에는 심신장애의 회복 또는 출산 후 법무부장관의 명령에 의하여 형을 집행한다.

제470조(자유형집행의 정지) ①징역, 금고 또는 구류의 선고를 받은 자가 심신의 장애로 의사능력이 없는 상태에 있는 때에는 형을 선고한 법원에 대응한 검찰청검사 또는 형의 선고를 받은 자의 현재지를 관할하는 검찰청검사의 지휘에 의하여 심신장애가 회복될 때까지 형의 집행을 정지한다.
②전항의 규정에 의하여 형의 집행을 정지한 경우에는 검사는 형의 선고를 받은 자를 감호의무자 또는 지방공공단체에 인도하여 병원 기타 적당한 장소에 수용하게 할 수 있다.
③형의 집행이 정지된 자는 전항의 처분이 있을 때까지 교도소 또는 구치소에 구치하고 그 기간을 형기에 산입한다.

제471조(동전) ①징역, 금고 또는 구류의 선고를 받은 자에 대하여 다음 각 호의 1에 해당한 사유가 있는 때에는 형을 선고한 법원에 대응한 검찰청검사 또는 형의 선고를 받은 자의 현재지를 관할하는 검찰청검사의 지휘에 의하여 형의 집행을 정지할 수 있다.
1. 형의 집행으로 인하여 현저히 건강을 해하거나 생명을 보전할 수 없을 염려가 있는 때
2. 연령 70세 이상인 때
3. 잉태 후 6월 이상인 때
4. 출산 후 60일을 경과하지 아니한 때
5. 직계존속이 연령 70세 이상 또는 중병이나 장애인으로 보호할 다른 친족이 없는 때
6. 직계비속이 유년으로 보호할 다른 친족이 없는 때

7. 기타 중대한 사유가 있는 때
②검사가 전항의 지휘를 함에는 소속 고등검찰청검사장 또는 지방검찰청검사장의 허가를 얻어야 한다.

제471조의2(형집행정지 심의위원회) ① 제471조제1항제1호의 형집행정지 및 그 연장에 관한 사항을 심의하기 위하여 각 지방검찰청에 형집행정지 심의위원회(이하 이 조에서 "심의위원회"라 한다)를 둔다.
② 심의위원회는 위원장 1명을 포함한 10명 이내의 위원으로 구성하고, 위원은 학계, 법조계, 의료계, 시민단체 인사 등 학식과 경험이 있는 사람 중에서 각 지방검찰청 검사장이 임명 또는 위촉한다.
③ 심의위원회의 구성 및 운영 등 그 밖에 필요한 사항은 법무부령으로 정한다.

제472조(소송비용의 집행정지) 제487조에 규정된 신청기간 내와 그 신청이 있는 때에는 소송비용부담의 재판의 집행은 그 신청에 대한 재판이 확정될 때까지 정지된다.

제473조(집행하기 위한 소환) ①사형, 징역, 금고 또는 구류의 선고를 받은 자가 구금되지 아니한 때에는 검사는 형을 집행하기 위하여 이를 소환하여야 한다.
②소환에 응하지 아니한 때에는 검사는 형집행장을 발부하여 구인하여야 한다.
③제1항의 경우에 형의 선고를 받은 자가 도망하거나 도망할 염려가 있는 때 또는 현재지를 알 수 없는 때에는 소환함이 없이 형집행장을 발부하여 구인할 수 있다.

제474조(형집행장의 방식과 효력) ①전조의 형집행장에는 형의 선고를 받은 자의 성명, 주거, 연령, 형명, 형기 기타 필요한 사항을 기재하여야 한다.
②형집행장은 구속영장과 동일한 효력이 있다.

제475조(형집행장의 집행) 전2조의 규정에 의한 형집행장의 집행에는 제1편제9장 피고인의 구속에 관한 규정을 준용한다.

제476조(자격형의 집행) 자격상실 또는 자격정지의 선고를 받은 자에 대하여는 이를 수형자원부에 기재하고 지체없이 그 등본을 형의 선고를 받은 자의 등록기준지와 주거지의 시(區가 設置되지 아니한 市를 말한다. 이하 같다)·구·읍·면장(都農複合形態의 市에 있어서는 洞地域인 경우에는 市·區 의 長, 邑·面地域인 경우에는 邑·面의 長으로 한다)에게 송부하여야 한다.

제477조(재산형 등의 집행) ①벌금, 과료, 몰수, 추징, 과태료, 소송비용, 비용배상 또는 가납의 재판은 검사의 명령에 의하여 집행한다.
②전항의 명령은 집행력 있는 채무명의와 동일한 효력이 있다.
③제1항의 재판의 집행에는 「민사집행법」의 집행에 관한 규정을 준용한다. 단, 집행 전에 재판의 송달을 요하지 아니한다.
④제3항에도 불구하고 제1항의 재판은 「국세징수법」에 따른 국세체납처분의 예에 따라 집행할 수 있다.
⑤검사는 제1항의 재판을 집행하기 위하여 필요한 조사를 할 수 있다. 이 경우 제199조제2항을 준용한다.
⑥ 벌금, 과료, 추징, 과태료, 소송비용 또는 비용배상의 분할납부, 납부연기 및 납부대행기관을 통한 납부 등 납부방법에 필요한 사항은 법무부령으로 정한다.

제478조(상속재산에 대한 집행) 몰수 또는 조세, 전매 기타 공과에 관한 법령에 의하여 재판한 벌금 또는 추징은 그 재판을 받은 자가 재판확정 후 사망한 경우에는 그 상속재산에 대하여 집행할 수 있다.

제479조(합병 후 법인에 대한 집행) 법인에 대하여 벌금 ,과료, 몰수, 추징, 소송비용 또는 비용배상을 명한 경우에 법인이 그

재판확정 후 합병에 의하여 소멸한 때에는 합병 후 존속한 법인 또는 합병에 의하여 설립된 법인에 대하여 집행할 수 있다.

제480조(가납집행의 조정) 제1심가납의 재판을 집행한 후에 제2심가납의 재판이 있는 때에는 제1심재판의 집행은 제2심가납금액의 한도에서 제2심재판의 집행으로 간주한다.

제481조(가납집행과 본형의 집행) 가납의 재판을 집행한 후 벌금, 과료 또는 추징의 재판이 확정한 때에는 그 금액의 한도에서 형의 집행이 된 것으로 간주한다.

제482조(판결확정 전 구금일수 등의 산입) ① 판결선고 후 판결확정 전 구금일수(판결선고 당일의 구금일수를 포함한다)는 전부를 본형에 산입한다.
②상소기각 결정 시에 송달기간이나 즉시항고기간 중의 미결구금일수는 전부를 본형에 산입한다.
③ 제1항 및 제2항의 경우에는 구금일수의 1일을 형기의 1일 또는 벌금이나 과료에 관한 유치기간의 1일로 계산한다.

제483조(몰수물의 처분) 몰수물은 검사가 처분하여야 한다.

제484조(몰수물의 교부) ①몰수를 집행한 후 3월 이내에 그 몰수물에 대하여 정당한 권리있는 자가 몰수물의 교부를 청구한 때에는 검사는 파괴 또는 폐기할 것이 아니면 이를 교부하여야 한다.
②몰수물을 처분한 후 전항의 청구가 있는 경우에는 검사는 공매에 의하여 취득한 대가를 교부하여야 한다.

제485조(위조등의 표시) ①위조 또는 변조한 물건을 환부하는 경우에는 그 물건의 전부 또는 일부에 위조나 변조인 것을 표시하여야 한다.
②위조 또는 변조한 물건이 압수되지 아니한 경우에는 그 물건을 제출하게 하여 전항의 처분을 하여야 한다. 단, 그 물건이 공무소에 속한 것인 때에는 위조나 변조의 사유를 공무소에 통지하여 적당한 처분을 하게 하여야 한다.

제486조(환부불능과 공고) ①압수물의 환부를 받을 자의 소재가 불명하거나 기타 사유로 인하여 환부를 할 수 없는 경우에는 검사는 그 사유를 관보에 공고하여야 한다.
②공고한 후 3월 이내에 환부의 청구가 없는 때에는 그 물건은 국고에 귀속한다.
③전항의 기간 내에도 가치없는 물건은 폐기할 수 있고 보관하기 어려운 물건은 공매하여 그 대가를 보관할 수 있다.

제487조(소송비용의 집행면제의 신청) 소송비용부담의 재판을 받은 자가 빈곤으로 인하여 이를 완납할 수 없는 때에는 그 재판의 확정 후 10일 이내에 재판을 선고한 법원에 소송비용의 전부 또는 일부에 대한 재판의 집행면제를 신청할 수 있다.

제488조(의의신청) 형의 선고를 받은 자는 집행에 관하여 재판의 해석에 대한 의의가 있는 때에는 재판을 선고한 법원에 의의신청을 할 수 있다.

제489조(이의신청) 재판의 집행을 받은 자 또는 그 법정대리인이나 배우자는 집행에 관한 검사의 처분이 부당함을 이유로 재판을 선고한 법원에 이의신청을 할 수 있다.

제490조(신청의 취하) ①전3조의 신청은 법원의 결정이 있을 때까지 취하할 수 있다.
②제344조의 규정은 전3조의 신청과 그 취하에 준용한다.

제491조(즉시항고) ①제487조 내지 제489조의 신청이 있는 때에는 법원은 결정을 하여야 한다.
②전항의 결정에 대하여는 즉시항고를 할 수 있다.

제492조(노역장유치의 집행) 벌금 또는 과

료를 완납하지 못한 자에 대한 노역장유
치의 집행에는 형의 집행에 관한 규정을
준용한다.

제493조(집행비용의 부담) 제477조제1항의
재판집행비용은 집행을 받은 자의 부담으
로 하고 「민사집행법」의 규정에 준하여
집행과 동시에 징수하여야 한다.

부칙<제15257호, 2017.12.19.>

제1조(시행일) 이 법은 공포한 날부터 시행
한다.

제2조(정식재판 청구 사건의 불이익변경의
금지에 관한 경과조치) 이 법 시행 전에
제453조에 따라 정식재판을 청구한 사건
에 대해서는 제457조의2의 개정규정에
도 불구하고 종전의 규정에 따른다.

부 록

* 형법 죄명표
* 특별법 죄명표
  ◆ 특정범죄 가중처벌 등에 관한 법률
  ◆ 특정경제범죄 가중처벌 등에 관한 법률
  ◆ 공연법
  ◆ 국가보안법
  ◆ 보건범죄 단속에 관한 특별조치법
  ◆ 성폭력범죄의 처벌 등에 관한 법률
  ◆ 성폭력방지 및 피해자보호 등에 관한 법률
  ◆ 수산업법
  ◆ 화학물질관리법
  ◆ 도로교통법
  ◆ 마약류관리에 관한 법률
  ◆ 폭력행위 등 처벌에 관한 법률
  ◆ 성매매알선 등 행위의 처벌에 관한 법률
  ◆ 아동·청소년의 성보호에 관한 법률
  ◆ 정보통신망 이용촉진 및 정보보호 등에 관한 법률
  ◆ 부정경쟁방지 및 영업비밀보호에 관한 법률
  ◆ 국민체육진흥법
  ◆ 한국마사회법
  ◆ 아동학대범죄의 처벌 등에 관한 법률
  ◆ 아동복지법
  ◆ 발달장애인 권리보장 및 지원에 관한 법률
  ◆ 교통사고처리 특례법

[별표 1]

형법 죄명표

제1장 내란의 죄

제87조 ① 내란수괴
　　　② 내란(모의참여, 중요임무종사, 실행)
　　　③ 내란부화수행
제88조 내란목적살인
제89조 (제87조, 제88조 각 죄명)미수
제90조 (내란, 내란목적살인)(예비, 음모, 선동, 선
　　　전)

제2장 외환의 죄

제92조 외환(유치, 항적)
제93조 여적
제94조 ① 모병이적
　　　② 응병이적
제95조 ① 군용시설제공이적
　　　② 군용물건제공이적
제96조 군용시설파괴이적
제97조 물건제공이적
제98조 ① 간첩, 간첩방조
　　　② 군사상기밀누설
제99조 일반이적
제100조 (제92조 내지 제99조 각 죄명)미수
제101조 (제92조 내지 제99조 각 죄명)(예비, 음
　　　모, 선동, 선전)
제103조 ① (전시, 비상시)군수계약불이행
　　　② (전시, 비상시)군수계약이행방해

제3장 국기에 관한 죄

제105조 (국기, 국장)모독
제106조 (국기, 국장)비방

제4장 국교에 관한 죄

제107조 ① 외국원수(폭행, 협박)
　　　② 외국원수(모욕, 명예훼손)
제108조 ① 외국사절(폭행, 협박)
　　　② 외국사절(모욕, 명예훼손)

제109조 외국(국기, 국장)모독
제111조 ① 외국에대한사전
　　　② (제1항 죄명)미수
　　　③ (제1항 죄명)(예비, 음모)
제112조 중립명령위반
제113조 ① 외교상기밀누설
　　　② 외교상기밀(탐지, 수집)

제5장 공안을 해하는 죄

제114조 ① 범죄단체(조직, 가입)
　　　② (병역, 납세)거부단체(조직, 가입)
제115조 소요
제116조 다중불해산
제117조 ① (전시, 비상시)공수계약불이행
　　　② (전시, 비상시)공수계약이행방해
제118조 공무원자격사칭

제6장 폭발물에 관한 죄

제119조 ① 폭발물사용
　　　② (전시, 비상시)폭발물사용
　　　③ (제1항, 제2항 각 죄명)미수
제120조 (제119조 제1항, 제2항 각 죄명)(예비, 음
　　　모, 선동)
제121조 (전시, 비상시)폭발물(제조, 수입, 수출, 수
　　　수, 소지)

제7장 공무원의 직무에 관한 죄

제122조 직무유기
제123조 직권남용권리행사방해
제124조 ① 직권남용(체포, 감금)
　　　② (제1항 각 죄명)미수
제125조 독직(폭행, 가혹행위)
제126조 피의사실공표
제127조 공무상비밀누설
제128조 선거방해
제129조 ① 뇌물(수수, 요구, 약속)
　　　② 사전뇌물(수수, 요구, 약속)
제130조 제3자뇌물(수수, 요구, 약속)

제131조 ① 수뢰후부정처사
　　　　② , ③부정처사후수뢰
제132조 알선뇌물(수수, 요구, 약속)
제133조 ① 뇌물(공여, 공여약속, 공여의사표시)
　　　　② 제3자뇌물(교부, 취득)

제8장 공무방해에 관한 죄
제136조 공무집행방해
제137조 위계공무집행방해
제138조 (법정, 국회회의장)(모욕, 소동)
제139조 인권옹호직무(방해, 명령불준수)
제140조 ① 공무상(봉인, 표시)(손상, 은닉, 무효)
　　　　② 공무상비밀(봉함, 문서, 도화)개봉
　　　　③ 공무상비밀(문서, 도화, 전자기록등)내
　　용탐지
제140조의2 부동산강제집행효용침해
제141조 ① 공용(서류, 물건, 전자기록등)(손상, 은닉,
　　무효)
　　　　② 공용(건조물, 선박, 기차, 항공기)파괴
제142조 공무상(보관물, 간수물)(손상, 은닉, 무효)
제143조(제140조 내지 제142조 각 죄명)미수
제144조 ① 특수(제136조, 제138조, 제140조 내지
　　제143조 각 죄명)
　　　　② (제1항 각 죄명, 다만 제143조 미수의
　　죄명은 제외한다)(치상, 치사)

제9장 도주와 범인은닉의 죄
제145조 ① 도주
　　　　② 집합명령위반
제146조 특수도주
제147조 피구금자(탈취, 도주원조)
제148조 간수자도주원조
제149조 (제145조 내지 제148조 각 죄명)미수
제150조 (제147조, 제148조 각 죄명)(예비, 음모)
제151조 범인(은닉, 도피)

제10장 위증과 증거인멸의 죄
제152조 ① 위증
　　　　② 모해위증

제154조 (허위, 모해허위)(감정, 통역, 번역)
제155조 ① 증거(인멸, 은닉, 위조, 변조),(위조, 변
　　조)증거사용
　　　　② 증인(은닉, 도피)
　　　　③ 모해(제1항, 제2항 각 죄명)

제11장 무고의 죄
제156조 무 고

제12장 신앙에 관한 죄
제158조 (장례식, 제사, 예배, 설교)방해
제159조 (사체, 유골, 유발)오욕
제160조 분묘발굴
제161조 ① (사체, 유골, 유발, 관내장치물)(손괴,
　　유기, 은닉, 영득)
　　　　② 분묘발굴(제1항 각 죄명)
제162조 (제160조, 제161조 각 죄명)미수
제163조 변사체검시방해

제13장 방화와 실화의 죄
제164조 ① (현주, 현존)(건조물, 기차, 전차, 자동
　　차, 선박, 항공기, 광갱)방화
　　　　② (제1항 각 죄명)(치상, 치사)
제165조(공용, 공익)(건조물, 기차, 전차, 자동차,
　　선박, 항공기, 광갱)방화
제166조 ① 일반(건조물, 기차, 전차, 자동차, 선
　　박, 항공기, 광갱)방화
　　　　② 자기소유(건조물, 기차, 전차, 자동차,
　　선박, 항공기, 광갱)방화
제167조 ① 일반물건방화
　　　　② 자기소유일반물건방화
제168조 방화연소
제169조 진화방해
제170조 실화
제171조 (업무상, 중)실화
제172조 ① 폭발성물건파열
　　　　② 폭발성물건파열(치상, 치사)
제172조의2 ① (가스, 전기, 증기, 방사선, 방사성
　　물질)(방출, 유출, 살포)

　　　② (제1항 각 죄명)(치상, 치사)
제173조 ① (가스, 전기, 증기)(공급, 사용)방해
　　　② 공공용(제1항 각 죄명)
　　　③ (제1항, 제2항 각 죄명)(치상, 치사)
제173조의2 ① 과실(제172조제1항, 제172조의2제1
　　　항, 제173조제1항, 제2항, 각죄명)
　　　② (업무상, 중)과실(제1항 각 죄명)
제174조 (제164조제1항, 제165조, 제166조제1항, 제
　　　172조제1항, 제172조의2제1항, 제173조제1
　　　항, 제2항 각 죄명)미수
제175조 (제164조제1항, 제165조, 제166조제1항, 제
　　　172조제1항, 제172조의2제1항, 제173조제1
　　　항, 제2항 각 죄명)(예비, 음모)

제14장 일수와 수리에 관한 죄
제177조 ① (현주, 현존)(건조물, 기차, 전차, 자동
　　　차, 선박, 항공기, 광갱)일수
　　　② (제1항 각 죄명)(치상, 치사)
제178조 (공용, 공익)(건조물, 기차, 전차, 자동차,
　　　선박, 항공기, 광갱)일수
제179조 ① 일반(건조물, 기차, 전차, 자동차, 선
　　　박, 항공기, 광갱)일수
　　　② 자기소유(건조물, 기차, 전차, 자동차,
　　　선박, 항공기, 광갱)일수
제180조 방수방해
제181조 과실일수
제182조 (제177조, 제178조, 제179조제1항 각 죄
　　　명)미수
제183조 (제177조, 제178조, 제179조제1항 각 죄
　　　명)(예비, 음모)
제184조 수리방해

제15장 교통방해의 죄
제185조 일반교통방해
제186조 (기차, 전차, 자동차, 선박, 항공기)교통방
　　　해
제187조 (기차, 전차, 자동차, 선박, 항공기)(전복,
　　　매몰, 추락, 파괴)
제188조 (제185조 내지 제187조 각 죄명)(치상, 치사)

제189조 ① 과실(제185조 내지 제187조 각 죄명)
　　　② (업무상, 중)과실(제185조 내지 제187조
　　　각 죄명)
제190조 (제185조 내지 제187조 각 죄명)미수
제191조 (제186조, 제187조 각 죄명)(예비, 음모)

제16장 음용수에 관한 죄
제192조 ① 음용수사용방해
　　　② 음용수(독물, 유해물)혼입
제193조 ① 수도음용수사용방해
　　　② 수도음용수(독물, 유해물)혼입
제194조 (제192조제2항, 제193조제2항 각 죄명)(치상,
　　　치사)
제195조 수도불통
제196조 (제192조제2항, 제193조제2항, 제195조 각
　　　죄명)미수
제197조 (제192조제2항, 제193조제2항, 제195조 각
　　　죄명)(예비, 음모)

제17장 아편에 관한 죄
제198조 (아편, 몰핀)(제조, 수입, 판매, 소지)
제199조 아편흡식기(제조, 수입, 판매, 소지)
제200조 세관공무원(아편, 몰핀, 아편흡식기)(수입,
　　　수입허용)
제201조 ① 아편흡식, 몰핀주사
　　　② (아편흡식, 몰핀주사)장소제공
제202조 (제198조 내지 제201조 각 죄명)미수
제203조 상습(제198조 내지 제202조 각 죄명)
제205조 단순(아편, 몰핀, 아편흡식기)소지

제18장 통화에 관한 죄
제207조 ① 통화(위조, 변조)
　　　②, ③ 외국통화(위조, 변조)
　　　④ (위조, 변조)(통화, 외국통화)(행사, 수
　　　입, 수출)
제208조 (위조, 변조)(통화, 외국통화)취득
제210조 (위조, 변조)(통화, 외국통화)지정행사
제211조 ① 통화유사물(제조, 수입, 수출)
　　　② 통화유사물판매

제212조 (제207조, 제208조, 제211조 각 죄명)미수
제213조 (제207조제1항 내지 제3항 각 죄명)(예비, 음모)

제19장 유가증권, 우표와 인지에 관한 죄
제214조 유가증권(위조, 변조)
제215조 자격모용유가증권(작성, 기재)
제216조 허위유가증권작성, 유가증권허위기재
제217조 (위조유가증권, 변조유가증권, 자격모용작성유가증권, 자격모용기재유가증권, 허위작성유가증권, 허위기재유가증권)(행사, 수입, 수출)
제218조 ① (인지, 우표, 우편요금증표)(위조, 변조)
② (위조, 변조)(인지, 우표, 우편요금증표)(행사, 수입, 수출)
제219조(위조, 변조)(인지, 우표, 우편요금증표)취득
제221조(인지, 우표, 우편요금증표)소인말소
제222조 ① (공채증서, 인지, 우표, 우편요금증표)유사물(제조, 수입, 수출)
② (공채증서, 인지, 우표, 우편요금증표)유사물판매
제223조 (제214조 내지 제219조, 제222조 각 죄명)미수
제224조 (제214조, 제215조, 제218조제1항 각 죄명)(예비, 음모)

제20장 문서에 관한 죄
제225조 (공문서, 공도화)(위조, 변조)
제226조 자격모용(공문서, 공도화)작성
제227조 허위(공문서, 공도화)(작성, 변개)
제227조의2 공전자기록등(위작, 변작)
제228조 ① (공정증서원본, 공전자기록등)불실기재
② (면허증, 허가증, 등록증, 여권)불실기재
제229조 (위조, 변조)(공문서, 공도화)행사, 자격모용작성(공문서, 공도화)행사, 허위(작성, 변개)(공문서, 공도화)행사,(위작, 변작) 공전자기록등행사, 불실기재(공정증서원본, 공전자기록등, 면허증, 허가증, 등록증, 여권)행사
제230조 (공문서, 공도화)부정행사

제231조 (사문서, 사도화)(위조, 변조)
제232조 자격모용(사문서, 사도화)작성
제232조의2 사전자기록등(위작, 변작)
제233조 허위(진단서, 검안서, 증명서)작성
제234조 (위조, 변조)(사문서, 사도화)행사, 자격모용작성(사문서, 사도화)행사,(위작, 변작) 사전자기록등 행사, 허위작성(진단서, 검안서, 증명세)행사
제235조 (제225조 내지 제234조 각 죄명)미수
제236조 (사문서, 사도화)부정행사

제21장 인장에 관한 죄
제238조 ① (공인, 공서명, 공기명, 공기호)(위조, 부정사용)
② (위조, 부정사용)(공인, 공서명, 공기명, 공기호)행사
제239조 ① (사인, 사서명, 사기명, 사기호)(위조, 부정사용)
② (위조, 부정사용)(사인, 사서명, 사기명, 사기호)행사
제240조(제238조, 제239조 각 죄명)미수

제22장 성풍속에 관한 죄
제241조 간통
제242조 음행매개
제243조 (음화, 음란문서, 음란필름, 음란물건)(반포, 판매, 임대, 전시, 상영)
제244조 (음화, 음란문서, 음란필름, 음란물건)(제조, 소지, 수입, 수출)
제245조 공연음란

제23장 도박과 복표에 관한 죄
제246조 ① 도박
② 상습도박
제247조 도박개장
제248조 ① 복표발매
② 복표발매중개
③ 복표취득

제24장 살인의 죄

제250조 ① 살인

　　　　② 존속살해

제251조 영아살해

제252조 ① (촉탁, 승낙)살인

　　　　② 자살(교사, 방조)

제253조 (위계, 위력)(촉탁, 승낙)살인,(위계, 위력)
　　　자살결의

제254조 (제250조 내지 제253조 각 죄명)미수

제255조 (제250조, 제253조 각 죄명)(예비, 음모)

제25장 상해와 폭행의 죄

제257조 ① 상해

　　　　② 존속상해

　　　　③ (제1항, 제2항 각 죄명)미수

제258조 ①, ② 중상해

　　　　③ 중존속상해

제259조 ① 상해치사

　　　　② 존속상해치사

제260조 ① 폭행

　　　　② 존속폭행

제261조 특수(제260조 각 죄명)

제262조 (제260조, 제261조 각 죄명)(치사, 치상)

제264조 상습(제257조, 제258조, 제260조, 제261
　　　조 각 죄명)

제26장 과실치사상의 죄

제266조 과실치상

제267조 과실치사

제268조(업무상, 중)과실(치사, 치상)

제27장 낙태의 죄

제269조 ① 낙태

　　　　② (촉탁, 승낙)낙태

　　　　③ (제2항 각 죄명)(치상, 치사)

제270조 ① 업무상(촉탁, 승낙)낙태

　　　　② 부동의낙태

　　　　③ (1항, 제2항 각 죄명)(치상, 치사)

제28장 유기와 학대의 죄

제271조 ① 유기

　　　　② 존속유기

　　　　③ 중유기

　　　　④ 중존속유기

제272조 영아유기

제273조 ① 학대

　　　　② 존속학대

제274조 아동혹사

제275조 ① (제271조제1항, 제3항, 제272조, 제
　　　273조제1항 각 죄명)(치상, 치사)

　　　　② (제271조제2항, 제4항, 제273조제2항 각
　　　죄명)(치상, 치사)

제29장 체포와 감금의 죄

제276조 ① 체포, 감금

　　　　② 존속(체포, 감금)

제277조 ① 중체포, 중감금

　　　　② 중존속(체포, 감금)

제278조 특수(제276조, 제277조 각 죄명)

제279조 상습(제276조, 제277조 각 죄명)

제280조(제276조 내지 제279조 각 죄명)미수

제281조 ① (제276조제1항, 제277조제1항, 각 죄명),
　　　(치상, 치사),(특수, 상습),(제276조제1항, 제
　　　277조제1항, 각 죄명),(치상, 치사)

　　　　② (제276조제2항, 제277조제2항 각 죄명)
　　　(치상, 치사),(특수, 상습)(제276조제2항,
　　　제277조제2항, 각 죄명)(치상, 치사)

제30장 협박의 죄

제283조 ① 협박

　　　　② 존속협박

제284조 특수(제283조 각 죄명)

제285조 상습(제283조, 제284조 각 죄명)

제286조(제283조 내지 285조 각 죄명)미수

제31장 약취와 유인의 죄

제287조 미성년자(약취, 유인)

제288조 ① (추행, 간음, 영리)(약취, 유인)
　　　　② 부녀매매
　　　　③ 상습(제1항, 제2항 각 죄명)
제289조 ① 국외이송(약취, 유인, 부녀매매)
　　　　② (피약취자, 피유인자, 피매매자)국외이송
　　　　③ 상습(제1항, 제2항 각 죄명)
제290조 (제289조 각 죄명)(예비, 음모)
제291조 결혼(약취, 유인)
제292조 ① (피약취자, 피유인자, 피매매자, 피국
　　　　외이송자)(수수, 은닉)
　　　　② (피약취, 피유인)미성년자(수수, 은닉),
　　　　피결혼(약취자, 유인자)(수수, 은닉)
제293조 ① 상습(제292조 각 죄명)
　　　　② (추행, 간음, 영리)(제292조 각 죄명)
제294조 (제287조 내지 제289조, 제291조 내지 제
　　　　293조 각 죄명)미수

제32장 강간과 추행의 죄
제297조 강간
제298조 강제추행
제299조 준강간, 준강제추행
제300조 (제297조 내지 299조 각 죄명)미수
제301조 (제297조 내지 제299조 각 죄명)(상해, 치상)
제301조의2 (제297조 내지 제299조 각 죄명),(살인,
　　　　치사)
제302조 (미성년자, 심신미약자)(간음, 추행)
제303조 ① (피보호자, 피감독자)간음
　　　　② 피감호자간음
제304조 (혼인빙자, 위계)간음
제305조 미성년자의제(강간, 강제추행, 강간상해,
　　　　강간치상, 강간살인, 강제추행상해, 강제
　　　　추행치상, 강제추행살인, 강제추행치사)

제33장 명예에 관한 죄
제307조 명예훼손
제308조 사자명예훼손
제309조 (출판물, 라디오)에의한명예훼손
제311조 모욕

제34장 신용, 업무와 경매에 관한 죄
제313조 신용훼손
제314조 ① 업무방해
　　　　② (컴퓨터등손괴, 전자기록등손괴, 컴퓨
　　　　터등장애) 업무방해
제315조 (경매, 입찰)방해

제35장 비밀침해의 죄
제316조 ① (편지, 문서, 도화)개봉
　　　　② (편지, 문서, 도화, 전자기록등) 내용
　　　　탐지
제317조 업무상비밀누설

제36장 주거침입의 죄
제319조 ① (주거, 건조물, 선박, 항공기, 방실)침입
　　　　② 퇴거불응
제320조 특수(제319조 각 죄명)
제321조 (신체, 주거, 건조물, 자동차, 선박, 항공
　　　　기, 방실)수색
제322조 (제319조 내지 321조 각 죄명)미수

제37장 권리행사를 방해하는 죄
제323조 권리행사방해
제324조 강요
제324조의2 인질강요
제324조의3 인질(상해, 치상)
제324조의4 인질(살해, 치사)
제324조의5 (제324조, 제324조의2, 제324조의3, 제
　　　　324조의4 각 죄명) 미수
제325조 ① 점유강취
　　　　② 준점유강취
　　　　③ (제1항, 제2항 각 죄명)미수
제326조 중권리행사방해
제327조 강제집행면탈

제38장 절도와 강도의 죄
제329조 절도
제330조 야간(주거, 저택, 건조물, 선박, 방실)침입
　　　　절도

제331조 특수절도
제331조의2 (자동차, 선박, 항공기, 원동기장치자
        전거) 불법사용
제332조 상습(제329조 내지 331조의2 각 죄명)
제333조 강도
제334조 특수강도
제335조 준강도, 준특수강도
제336조 인질강도
제337조 강도(상해, 치상)
제338조 강도(살인, 치사)
제339조 강도강간
제340조 ① 해상강도
        ② 해상강도(상해, 치상)
        ③ 해상강도(살인, 치사, 강간)
제341조 상습(제333조, 제334조, 제336조, 제
        340조제1항 각 죄명)
제342조 (제329조 내지 제341조 각 죄명)미수
제343조 강도(예비, 음모)

제39장 사기와 공갈의 죄
제347조 사기
제347조의2 컴퓨터등사용사기
제348조 준사기
제348조2 편의시설 부정이용
제349조 부당이득
제350조 공갈
제351조 상습(제347조 내지 제350조 각 죄명)
제352조 (제347조, 내지 제348조의2, 제350조, 제
        351조 각 죄명)미수

제40장 횡령과 배임의 죄
제355조 ① 횡령
        ② 배임
제356조 업무상(횡령, 배임)
제357조 ① 배임수재
        ② 배임증재
제359조 (제355조 내지 제357조 각 죄명)미수
제360조 ① 점유이탈물횡령
        ② 매장물횡령

제41장 장물에 관한 죄
제362조 ① 장물(취득, 양도, 운반, 보관)
        ② 장물알선
제363조 상습(제362조 각 죄명)
제364조 (업무상, 중)과실장물(취득, 양도, 운반, 보
        관, 알선)

제42장 손괴의 죄
제366조 (재물, 문서, 전자기록등)(손괴, 은닉)
제367조 공익건조물파괴
제368조 ① 중손괴
        ② (제366조, 제367조 각 죄명)(치상, 치사)
제369조 ① 특수(재물, 문서, 전자기록등)(손괴, 은닉)
        ② 특수공익건조물파괴
제370조 경계침범
제371조 (제366조, 제367조, 제369조 각 죄명)미수

※ **형법 죄명표는 아래와 같은 원칙에 의하여 적용한다.**

가. 괄호안에 들어가지 않은 단어는 괄호안에 들어가 있는 각 단어와 각 결합하여 각 죄명을 이룬다.

【예시1】

○ 외국원수(폭행, 협박)

☞ 외국원수폭행, 외국원수 협박

○ (전시, 비상시)공수계약불이행

☞ 전시공수계약불이행, 비상시공수계약불이행

○ 일반(건조물, 기차, 전차, 자동차, 선박항공기, 광갱)일수

☞ 일반건주물일수, 일반기차일수, 일반전차일수, 일반자동차일수, 일반선박일수, 일반항공기일수, 일반광갱일수

나. 괄호안에 들어가 있는 각 단어는 다른 괄호안에 들어가 있는 각 단어와 각 결합하여 각 죄명을 이룬다.

【예시 2】

○ (허위, 모해허위)(감정, 통역, 번역)

☞ 허위감정, 모해허위감정, 허위통역, 모해허위통역, 허위번역, 모해허위번역

○ 허위(공문서, 공도화)(작성, 변개)

☞ 허위공문서작성, 허위공문서변개, 허위공도화작성, 허위공도화변개

○ (공채증서, 인지, 우표, 우편요금증표)유사물(제조, 수입, 수출)

☞ 공채증서유사물제조, 공채증서유사물수입, 공채증서유사물수출, 인지유사물제조, 인지유사물수입, 인지유사물수출, 우표유사물제조, 우표유사물수입, 우표유사물수출, 우편요금증표유사물제조, 우편요금증표유사물수입, 우편요금증표유사물수출

다. 괄호안에 제○○조의 각 죄명 또는 제○○조 내지 제○○조의 각 죄명으로 표시되어 있는 경우에는 각조에 기재된 각 죄명이 괄호안에 들어가 있는 것을 의미한다.

【예시 3】

○ (제87조, 제88조 각 죄명)미수

☞ (내란수괴, 내란모의참여, 내란중요임무종사, 내란실행, 내란부화수행, 내란목적살인)미수

[별표 3]

특정범죄가중처벌 등에 관한 법률

법조문	죄명표시
제2조	특정범죄 가중처벌 등에 관한 법률 위반(뇌물)
제3조	〃　(알선수재)
제4조의2중 체포, 감금의 경우	〃　(체포, 감금)
제4조의2중 독직폭행, 가혹행위의 경우	〃　(독직폭행, 가혹행위)
제4조의 3중 공무상비밀누설	〃　(공무상비밀누설)
제5조	〃　(국고등 손실)
제5조의 2	〃　(13세미만 약취·유인, 영리약취·유인등)
제5조의3 제1항 제1호	〃　(도주치사)
제5조의3 제1항 제2호	〃　(도주치상)
제5조의3 제2항 제1호	〃　(유기도주치사)
제5조의3 제2항 제2호	〃　(유기도주치상)
제5조의 4중 절도의 경우	〃　(절도)
제5조의 4중 강도의 경우	〃　(강도)
제5조의 4중 장물에 관한죄의 경우	〃　(장물)
제5조의 5	〃　(강도상해등재범)
제5조의 8	〃　(범죄단체조직)
제5조의9 중 살인의 경우	〃　(보복살인등)
제5조의9 중 상해의 경우	〃　(보복상해등)
제5조의9 중 폭행의 경우	〃　(보복폭행등)
제5조의9 중 체포, 감금의 경우	〃　〔보복(체포등,감금등)〕
제5조의9 중 협박의 경우	〃　(보복협박등)
제5조의9 제4항	〃　(면담강요등)
제5조의 10	〃　(운전자폭행등)
제5조의11 중 치사의 경우	〃　(위험운전치사)
제5조의11 중 치상의 경우	〃　(위험운전치상)
제5조의 12	〃　(선박교통사고도주)
제6조	〃　(관세)
제8조	〃　(조세)
제8조의 2	〃　(허위세금계산서교부등)
제9조	〃　(산림)
제11조(마약류관리에관한법률 제2조제2호의 ‘마약’ 관련)	〃　(마약)
제11조(마약류법 제2조제4호의 ‘향정신성의약품’ 관련)	〃　(향정)
제12조	〃　(외국인을위한재산취득)
제14조	〃　(무고)
제15조	〃　(특수직무유기)

[별표 4]

특정경제범죄 가중처벌 등에 관한 법률

법 조 문	죄 명 표 시
제3조중 사기의 경우	특정경제범죄가중처벌 등에 관한 법률위반(사기)
제3조중 공갈의 경우	〃 (공갈)
제3조중 횡령의 경우	〃 (횡령)
제3조중 배임의 경우	〃 (배임)
제4조	〃 (재산국외도피)
제5조	〃 (수재등)
제6조	〃 (중재등)
제7조	〃 (알선수재)
제8조	〃 (사금융알선등)
제9조	〃 (저축관련부당행위)
제11조	〃 (무인가단기금융업)
제12조	〃 (보고의무)
제14조	〃 (취업제한등)

[별표 5]

1. 공 연 법

공연법	죄 명 표 시
제5조 제2항	공연법위반(선전물)
그외	공연법위반

※ 제5조 제2항위반의 경우에만 "(선전물)"표시

2. 국가보안법

국가보안법	죄 명 표 시
제3조	국가보안법위반(반국가단체의구성등)
제4조(제1항 제2호 간첩 제외)	〃 (목적수행)
제4조 제1항 제2호	〃 (간첩)
제5조	〃 (자진지원·금품수수)
제6조 제1항	〃 (잠입·탈출)
제6조 제2항	〃 (특수잠입·탈출)
제7조(제3항 제외)	〃 (찬양·고무등)
제7조 제3항	〃 (이적단체의구성등)
제8조	〃 (회합·통신등)
제9조	〃 (편의제공)
제10조	〃 (불고지)
제11주	〃 (특수직무유기)
제12조	〃 (무고·날조)

3. 보건범죄단속에관한특별조치법

해당조문	죄 명 표 시
제2조	보건범죄단속에관한특별조치법위반(부정식품제조등)
제3조	〃 (부정의약품제조등)
제4조	〃 (부정유독물제조등)
제5조	〃 (부정의료업자)
제9조 제2항	〃 (허위정보제공)

4. 성폭력범죄의 처벌 등에 관한 특례법

해당조문	죄 명 표 시
제3조 제1항	성폭력범죄의처벌등에관한특례법위반 〔(주거침입,절도)(강간,유사강간,강제추행, 준강간, 준유사강간, 준강제추행)〕
제3조 제2항	〔특수강도(강간, 유사강간, 강제추행, 준강간, 준유사강간, 준강제추행)〕
제4조 제1항	(특수강간)
제4조 제2항	(특수강제추행)
제4조 제3항	〔특수(준강간,준강제추행)〕
제5조 제1항	(친족관계에의한강간)
제5조 제2항	(친족관계에의한강제추행)
제5조 제3항	〔친족관계에의한(준강간,준강제추행)〕
제6조 제1항	(장애인강간)
제2항	(장애인유사성행위)
제3항	장애인(준강간, 준유사성행위, 준강제추행)〕
제4항	(장애인준강간등)
제5항	(장애인위계등간음)
제6항	(장애인위계등추행)
제7항	(장애인피보호자간음)
제7조 제1항	(13세미만미성년자강간)
제2항	(13세미만미성년자유사성행위)
제3항	13세미만미성년자(준강간, 준유사성행위,준강제추행)〕
제4항	(13세미만미성년자준강간등)
제5항	〔13세미만미성년자위계등(간음,추행)〕
제8조	〔강간등(상해, 치상)〕
제9조	〔강간등(살인, 치사)〕
제10조	(업무상위력등에의한추행)
제11조	(공중밀집장소에서의추행)
제12조	(성적목적공공장소침입)
제13조	(통신매체이용음란)
제14조	(카메라등이용촬영)
제50조	(비밀준수등)
그외	성폭력범죄의처벌등에관한특례법위반

5. 성폭력방지 및 피해자보호 등에 관한 법률

해당조문	죄 명 표 시
제36조 제1항	성폭력방지및피해자보호등에관한법률위반(피해자해고등)
제36조 제2항 제1호	성폭력방지및피해자보호등에관한법률위반(상담소등설치)
제36조 제2항 제2호	〃 (폐지명령등)
제36조 제2항 제3호	〃 (영리목적운영금지)
제36조 제2항 제4호	〃 (비밀엄수)

6. 수산업법

수산업법	죄 명 표 시
제36조 제1항 제2호, 제3호	수산업법위반(월선조업)
그외	수산업법위반

※ 제34조 제1항 제2호, 제3호위반의 경우에만 "(월선조업)"표시

7. 화학물질 관리법

화학물질 관리법	죄 명 표 시
제43조 제1항	화학물질 관리법위반(환각물질흡입)
그외	화학물질 관리법위반

8. 음반·비디오물및게임물에관한법률

※ 2006. 4. 28. 법률 제7943호에 의하여 「음반·비디오물및게임물에관한법률」 폐지
※ 「영화 및 비디오물의 진흥에 관한 법률」, 「음악산업진흥에 관한 법률」, 「게임산업진
　흥에 관한 법률」 사건의 경우에는 죄명을 세분화하지 아니함

9. 도로교통법

도로교통법	죄 명 표 시
제43조	도로교통법위반(무면허운전)
제44조 제1항	〃　　　(음주운전)
제44조 제2항	〃　　　(음주측정거부)
제46조	〃　　　(공동위험행위)
제54조 제1항	〃　　　(사고후미조치)
그외	도로교통법위반

10. 마약류관리에관한법률

마약류관리에관한법률	죄 명 표 시
제2조 제2호의 '마약'관련	마약류관리에관한법률위반(마약)
제2조 제4호의 '향정신성의약품'관련	〃　　　(향정)
제2조 제5호의 '대마'관련	〃　　　(대마)

11. 폭력행위등 처벌에 관한 법률

해당조문	죄 명 표 시
제2조 제1·3항	폭력행위등 처벌에 관한 법률위반〔상습(폭행, 협박, 주거침입, 퇴거불응, 재물손괴등, 존속폭행, 체포, 감금, 존속협박, 강요, 상해, 존속상해, 존속체포, 존속감금, 공갈)〕
제2조 제2항	폭력행위등 처벌에 관한 법률위반〔공동(폭행, 협박, 주거침입, 퇴거불응, 재물손괴등, 존속폭행, 체포, 감금, 존속협박, 강요, 상해, 존속상해, 존속체포, 존속감금, 공갈)〕
제3조 제1항	폭력행위등 처벌에 관한 법률위반〔집단·흉기등(폭행, 협박, 주거침입, 퇴거불응, 재물손괴등, 존속폭행, 체포, 감금, 존속협박, 강요, 상해, 존속상해, 존속체포, 존속감금, 공갈)〕
제3조 제2항	삭제
제3조 제3항, 제4항	폭력행위등 처벌에 관한 법률위반〔상습집단·흉기등(폭행, 협박, 주거침입, 퇴거불응, 재물손괴등, 존속폭행, 체포, 감금, 존속협박, 강요, 상해, 존속상해, 존속체포, 존속감금, 공갈)〕
제4조 제1항	폭력행위등 처벌에 관한 법률위반(단체등의구성·활동)
제4조 제2항제1호	폭력행위등 처벌에 관한 법률위반【단체등의(공무집행방해, 공용(서류, 물건, 전자기록등)(손상, 은닉, 무효), 공용(건조물, 선박, 기차, 항공기) 파괴, 살인, (촉탁, 승낙)살인, (위계, 위력)(촉탁, 승낙)살인, (위계, 위력)자살결의, (살인, 위계촉탁살인, 위계승낙살인, 위력촉탁살인, 위력승낙살인, 위계자살결의, 위력자살결의)(예비, 음모), 업무방해, (컴퓨터등손괴, 전자기록등손괴, 컴퓨터등장애)업무방해, (경매, 입찰)방해, 강도, 특수강도, 준강도, 준특수강도, 인질강도, 강도(상해, 치상), 강도강간, 해상강도, 해상강도(상해, 치상), 상습(강도, 특수강도, 인질강도, 해상강도), 강도(예비, 음모)】
제4조 제2항제2호	폭력행위등 처벌에 관한 법률위반【단체등의(상습, 공동, 집단·흉기등, 상습집단·흉기등)(폭행, 협박, 주거침입, 퇴거불응, 재물손괴등, 존속폭행, 체포, 감금, 존속협박, 강요, 상해, 존속상해, 존속체포, 존속감금, 공갈)】
제5조	폭력행위등 처벌에 관한 법률위반(단체등의이용·지원)
제7조	폭력행위등 처벌에 관한 법률위반(우범자)
제9조	폭력행위등 처벌에 관한 법률위반(직무유기)

※ 폭력행위등 처벌에 관한 법률 제6조 : 해당 기수죄명 다음에 '미수' 표시하지 아니함

12. 성매매알선 등 행위의 처벌에 관한 법률

법 조 문	죄 명 표 시
제18조	성매매알선등행위의처벌에관한법률위반(성매매강요등)
제19조	성매매알선등행위의처벌에관한법률위반(성매매알선등)
제20조	성매매알선등행위의처벌에관한법률위반(성매매광고)
제21조 제1항 중 아동·청소년의성보호에관한법률 제26조 제1항이 적용되는 경우	성매매알선등행위의처벌에관한법률위반(아동·청소년)
그 외의 제21조 제1항	성매매알선등행위의처벌에관한법률위반(성매매)

※ 그 외에는 성매매알선등행위의처벌에관한법률위반으로 표시

13. 아동·청소년의 성보호에 관한 법률

법 조 문	죄 명 표 시
제7조 제1항	아동·청소년의성보호에관한법률위반(강간)
제2항	아동·청소년의성보호에관한법률위반(유사성행위)
제3항	아동·청소년의성보호에관한법률위반(강제추행)
제4항	아동·청소년의성보호에관한법률위반(준강간,준유사성행위, 준강제추행)
제5항	아동·청소년의성보호에관한법률위반 〔위계등(간음,추행)〕
제8조 제1항	아동·청소년의성보호에관한법률위반(장애인간음)
제8조 제2항	아동·청소년의성보호에관한법률위반(장애인추행)
제9조	아동·청소년의성보호에관한법률위반 〔강간등(상해,치상)〕
제10조	아동·청소년의성보호에관한법률위반 〔강간등(살인,치사)〕
제11조 제5항	아동·청소년의성보호에관한법률위반(음란물소지)
그 외의 11조	아동·청소년의성보호에관한법률위반(음란물제작·배포등)
제12조	아동·청소년의성보호에관한법률위반(매매)
제13조	아동·청소년의성보호에관한법률위반(성매수등)
제14조	아동·청소년의성보호에관한법률위반(강요행위등)
제15조	아동·청소년의성보호에관한법률위반(알선영업행위등)
제16조	아동·청소년의성보호에관한법률위반(합의강요)
제17조 제1항	아동·청소년의성보호에관한법률위반(음란물온라인서비스제공)
제31조	아동·청소년의성보호에관한법률위반(비밀누설)
그 외	아동·청소년의성보호에관한법률위반

14. 정보통신망 이용촉진 및 정보보호 등에 관한 법률

법 조 문	죄 명 표 시
제70조 제1항, 제2항	정보통신망 이용촉진 및 정보보호 등에 관한 법률 위반(명예훼손)
제71조 제1, 3호	〃 (개인정보누설등)
제71조 제4, 5, 6호,	〃 (정보통신망침해등)
제72조 제1항 제1호	
제74조 제1항 제2호	〃 (음란물유포)
그 외	정보통신망 이용촉진 및 정보보호 등에 관한 법률 위반

15. 부정경쟁방지 및 영업비밀보호에 관한 법률

법 조 문	죄 명 표 시
제18조 제1항	부정경쟁방지 및 영업비밀보호에 관한 법률 위반(영업비밀국외누설등)
제18조 제2항	부정경쟁방지 및 영업비밀보호에 관한 법률 위반(영업비밀누설등)
제18조 제3항	부정경쟁방지 및 영업비밀보호에 관한 법률 위반

16. 국민체육진흥법

법 조 문	죄 명 표 시
제47조 제2호	국민체육진흥법위반(도박개장등)
제48조 제3호	국민체육진흥법위반(도박등)
제48조 제4호	국민체육진흥법위반(도박개장등)
그 외	국민체육진흥법위반

17. 한국마사회법

법 조 문	죄 명 표 시
제50조 제1호	한국마사회법 위반(도박개장등)
제50조 제2호	한국마사회법 위반(도박등)
그외	한국마사회법 위반

18. 아동학대범죄의처벌등에관한특례법

법 조 문	죄 명 표 시
제4조	아동학대범죄의처벌등에관한특례법위반(아동학대치사)
제5조	〃 (아동학대중상해)
제6조	〃 〔상습(제2조 제4호 가목 내지 카목의 각 죄명)〕
제7조	〃 (아동복지시설 종사자 등의 아동학대 가중처벌)
제59조 제1항, 제2항	〃 (보호처분 등의 불이행)
제59조 제3항	〃 (이수명령 불이행)
제60조	〃 (피해자 등에 대한 강요행위)
제61조 제1항	〃 〔(폭행, 협박)업무수행 등 방해〕
제2항	〃 〔(단채다중의 위력, 위험한 물건 휴대)업무수행 등 방해〕
제3항	〃 〔업무수행 등 방해(치상, 치사)〕
제62조 제1항	〃 (비밀엄수의무위반)
제2항	〃 (아동학대신고인의 인적사항 공개 및 보도행위)
제3항	〃 (보도금지의무위반)
그외	아동학대범죄의처벌등에관한특례법위반

19. 아동복지법

법 조 문	죄 명 표 시
제71조 제1항 제1호	아동복지법위반(아동매매)
제1의2호	〃 (아동에 대한 음행강요·매개·성희롱 등)
제2호	〃 (아동학대, 아동유기·방임, 장애아동관람, 구걸강요·이용행위)
제3호	〃 (양육알선금품취득, 아동금품유용)
제4호	〃 (곡예강요행위, 제3자인도행위)
제71조 제2항 제3호	〃 (무신고 아동복지시설 설치)
제4호	〃 (허위서류작성 아동복지시설 종사자 자격취득)
제5호	〃 (시설폐쇄명령위반)
제6호	〃 (아동복지업무종사자 비밀누설)
제7호	〃 (조사거부·방해 등)
제72조	〃 [상습(제71조 제1항 각호 각 죄명)]
그외	이동복지법위반

※ 아동복지법 제73조 : 해당 기수 죄명 다음에 '미수' 표시하지 아니함

20. 발달장애인 권리보장 및 지원에 관한 법률

법 조 문	죄 명 표 시
제42조	발달장애인권리보장및지원에관한법률위반

21. 교통사고처리 특례법

법 조 문	죄 명 표 시
제3조 중 치사의 경우	교통사고처리특례법위반(치사)
제3조 중 치상의 경우	〃 (치상)
그 외	교통사고처리특례법위반

◼ 편저 박태곤 ◼　　(E-mail : tg1268@hanmail.net)

◆ 약력 ◆

□ 1980. 4. 경찰공무원 임용
□ 전남청 수사직무학교 교관(2000년~2007년)
□ 경찰청 제1회 전문수사관 인증취득(금융경제범죄)
□ 前 순천서 형사과장(경정)
□ 前 여수서 수사과장, 형사과장
□ 前 목포서 형사과장, 수사과장
□ 前 전남경찰청 지능범죄수사대장
□ 前 광양서 수사과장
□ 前 순천서 수사과장
□ 現 청암대학교 외래교수

◆ 저서 ◆

□ 주관식 형사소송법(고시뱅크)
□ 수사서류 작성과 요령 실무총서(등대지기 Ⅰ)
□ 형법(등대지기 Ⅱ)
□ 형사특별법실무총서(등대지기 Ⅲ)
□ 요양보호사국가시험 요약집 및 문제집

경찰공무원의 필수 바이블

맞춤형 경찰관 법규편람

정가 18,000원

2018年 3月 10日 1판 인쇄
2018年 3月 15日 1판 발행
　편　저 : 박 태 곤
　발행인 : 김 현 호
　발행처 : 법문 북스
　공급처 : 법률미디어

152-050
서울 구로구 구로동 636-62
TEL : 2636-2911~2, FAX : 2636~3012
등록 : 1979년 8월 27일 제5-22호
Home : www.lawb.co.kr

❙ ISBN 978-89-7535-647-6 (13360)
❙ 파본은 교환해 드립니다.

법률서적 명리학서적 외국어서적 서예·한방서적 등
최고의 인터넷 서점으로
각종 명품서적만 제공합니다

각종 명품서적과 신간서적도 보시고
정보도 얻으시고
홈페이지 이벤트를 통해서
상품도 받아갈 수 있는

핵심 법률서적 종합 사이트

www.lawb.co.kr

(모든 신간서적 특별공급)

대표전화 (02) 2636 - 2911

개정경찰관이 일선에서 법을 집행함에 있어
경찰장구 못지않게 중요하며 필요로 하는 것이 있다면
두말할 것 없이 맞춤형 경찰법전일 것이다.

수험 준비를 하고 있는 경찰 수험생들 또한 항상 가까이
두고 활용할 수 있는 소법전이야말로 필기도구처럼 꼭
필요한 것으로 누구나 한 권쯤은 소유하고 싶은 지침서이다.

ISBN 978-89-7535-647-6

18,000원